Benner's Lexicon of Biblical Hebrew

Jeff A. Benner

"Benner's Lexicon of Biblical Hebrew," by Jeff A. Benner. ISBN 978-1-63868-210-3 (softcover); 978-1-63868-209-7 (eBook).

Published 2025 by Virtualbookworm.com Publishing Inc., P.O. Box 9949, College Station, TX 77842, US. ©2025, Jeff A. Benner. All rights reserved. Any part of this book may be copied for educational purposes only, without prior permission.

Contents

ABOUT THE AUTHOR 1
ABOUT THE LEXICON 3
   PERSPECTIVE OF THE LEXICON 3
   THE GHAYIN AND THE SAMEHH 3
   IDENTIFYING WORDS AND ROOTS 4
   THE ANCIENT HEBREW ALPHABET 5
LEXICON 7
   ALEPH 7
   BEYT 25
   GIMEL 58
   DALET 81
   HEY 101
   VAV 110
   ZAYIN 110
   HHET 125
   TET 167
   YUD 176
   KAPH 181
   LAMED 204
   MEM 222
   NUN 244
   SAMEHH 271
   AYIN 299
   PEY 327
   TSADE 358
   QUPH 380
   RESH 405
   SHIN 443
   TAV 485
   GHAYIN 498
   ADOPTED ROOTS 506
   FOUR-LETTER WORDS 520
STRONG'S TO BENNER'S LEXICON 526

Benner's Lexicon of Biblical Hebrew

About the Author

JEFF A. BENNER desires to assist his readers with proper Biblical interpretation, based on the original cultural and linguistic context of the Bible, a key ingredient to Biblical studies that is often ignored, so they may gain a deeper understanding and insight into the intended meaning of the words of the Scriptures. To this end, he has dedicated over 30 years of research, documenting the connections between the language of the Bible and the culture in which it was written.

Author: Mr. Benner has authored over twenty books related to biblical studies. His works include *A Cultural and Linguistic Excavation of the Bible* and *His Name is One*.

Instructor: Mr. Benner is an instructor in Biblical Hebrew and has taught thousands how to read the Bible in Hebrew.

Teacher: Mr. Benner founded the Ancient Hebrew Research Center in 1999 and has spoken at seminars and conferences around the country.

Translator: Mr. Benner developed the mechanical translation method allowing the reader to see the Hebrew text through the English. He has completed his translation of the Torah and currently working on the Psalms.

Benner's Lexicon of Biblical Hebrew

About the Lexicon

Perspective of the Lexicon

The first and foremost concept that a reader of the Biblical text must learn is that the ancient Hebrews were products of an eastern culture while you, the reader, are the product of a western culture. These two cultures are as different as oil and vinegar; they do not mix very well. What may seem rational in our western minds would be considered irrational to an easterner of an ancient Near East culture. The same is true in the reverse, what may be rational to an ancient Easterner would be completely irrational in our western mind.

The authors of the Biblical text are writing from within their cultural worldview and in order to fully understand the text, the reader must interpret this text from within the culture and thought processes of the Hebrew people.

All existing Hebrew Lexicons of the Bible convert the vocabulary of the ancient Hebrews into a vocabulary compatible to our modern western language. The greatest problem with this is that it promotes western thought when reading the Biblical text. In this Lexicon the mind of the reader is transformed into an eastern one in order to understand the text through the eyes of the ancient Hebrews who penned the words of the Bible.

The Ghayin and the Samehh

While the Modern Hebrew alphabet has 22 letters, there is evidence that it, like most other Semitic alphabets, had between 26 and 28 letters. One of these "missing" letters is the *ghayin*, which even exists in Arabic today. At some point in history, the Hebrew alphabet replaced the *ghayin* with the letter *ayin*. This lexicon includes the ghayin as a 23rd letter in the Hebrew alphabet.

In the Modern Hebrew alphbet, the letter *shin* has two sounds, *sh*, called a *shin*, and *s*, called a *sin*. Evidence suggests that the *sin* was originally a *samehh* and this lexicon reflects this by replacing the letter *sin* with a *samehh*.

Identifying Words and Roots

Parent roots (pr) are two-letter root words, from which all other roots and words are derived. To the right of the Hebrew parent root is an English transliteration. This is followed with the action (Act), object (Obj) and abstract (Abs) ideas associated with this parent root. Next is the definition (Def) of the root and then connections of this root with the Ancient Hebrew (AH).

Derived from the parent roots are child (ch) and adopted (ad) roots. A child root is identified by one of four Hebrew letters, *aleph*, *hey*, *vav* or *yud*, placed in front, in the middle or behind the letters of the parent root. In Ancient Hebrew, these four letters were used as consonants and vowels. An adopted root is identified by any other letter being placed within the parent. When known, the relationship to the parent root (Rel) is identified.

Derived from the parent, child and adopted roots are verbs (vrb) and nouns, each of which include an identifying number at the left margin. All nouns are identified as either masculine (masc), feminine (fem) or, in rare instances, common (com).

Following the transliteration of the Hebrew word is a one, or two, word translation (Tran) and occasionally, alternate translations (Alt) of the word. Following the translation is the words definition (Def), the translations of this word in the King James Version (KJV) and the Hebrew words corresponding Strong's number.

Following the Strong's number is the Hebrew word's corresponding Aramaic word when applicable. If the spelling or definition of the Aramaic word is different from the Hebrew, the unique Aramaic spelling and/or definition will be included.

Following the lexicon's alphabetical listings is a section of adopted roots, whose parent root origins is unknown. Following this section are the Hebrew words that are derived from the rare four-letter roots.

In the back of this book is an index of Strong's numbers cross referenced with the numbers in *Benner's Lexicon of Biblical Hebrew*.

The Ancient Hebrew Alphabet

The Hebrew alphabet has a long and complex history, but its origins, more than 4,000 years ago, is a pictographic script.

Each letter represents a sound and a concept. The first letter, ℵ (Note that Hebrew is read from right to left), is the *aleph* (pronounced *ah-leph*) and represents the "*Ah*" and "*Eh*" sounds. *Aleph* is a Hebrew word meaning "ox," and this letter is a picture of an ox head. The *aleph* represents the concept of "strength," from the strength of the ox.

The letter *lamed*, ∠, the twelfth letter, is a picture of a shepherd staff and represents the sound "*L*," The *lamed* represents the concept of "authority," from the authority of the shepherd over the flock.

When these two letters are combined, they form the Hebrew word ∠ℵ (*EL*, written as אל in the Modern Hebrew alphabet), the "strong authority."

Ancient	Modern	Picture	Meaning	Name	Sound
ℵ	א	Ox head	Strong, Power, Leader	Aleph	ah, eh
⌂	ב	Tent floorplan	Family, House, In	Beyt	b, bh(v)
✓	ג	Foot	Gather, Walk	Gimal	g
▽	ד	Door	Move, Hang, Entrance	Dalet	d
⼭	ה	Man with arms raised	Look, Reveal, Breath	Hey	h, ah
Y	ו	Tent peg	Add, Secure, Hook	Vav	w, o, u
⟼	ז	Mattock	Food, Cut, Nourish	Zayin	z
ᛜ	ח	Tent wall	Wall, Outside, Divide, Half	Hhet	hh

5

Benner's Lexicon of Biblical Hebrew

⊗	ט	Basket	Surround, Contain, Mud	Tet	t
﹂	י	Arm and closed hand	Hand, Work, Throw, Worship	Yud	y, ee
⍦	כ	Open palm	Bend, Open, Allow, Tame	Kaph	k, kh
∠	ל	Shepherd Staff	Teach, Yoke, Authority, Bind	Lamed	l
∿	מ	Water	Water, Chaos, Mighty, Blood	Mem	m
⌒	נ	Seed	Seed, Continue, Heir, Son	Nun	n
≢	ס	Thorn	Grab, Hate, Protect	Samehh	s
⊙	ע	Eye	See, Watch, Know, Shade	Ayin	gh(ng)
⌐	פ	Mouth	Open, Blow, Scatter, Edge	Peh	p, ph(f)
⊢	צ	Trail	Trail, Journey, Chase, Hunt	Tsade	ts
ϙ	ק	Sun on the horizon	Condense, Circle, Time	Quph	q
☋	ר	Head of a man	Head, First, Top, Beginning	Resh	r
∽	ש	Two front teeth	Sharp, Press, Eat, Two	Shin/Sin	sh
+	ת	Crossed sticks	Mark, Sign, Signal, Monument	Tav	t
g		Rope	Twist, Dark, Wicked	Ghayin	gh

Benner's Lexicon of Biblical Hebrew

Lexicon

Aleph

אב *AB* (pr) **Act:** Stand **Obj:** Pole, Spear, Wineskin, Grain **Abs:** Enemy, Desire, Hostile **Def:** This can be the tent poles that support the tent, the house, as well as the father who holds up the family, the household. **AH:** ⌂ל- The pictograph ל represents strength, the ⌂ represents the tent. Combined these mean "the strength of the house."

1. אב (masc) *ab* **Tran:** FATHER **Def:** A man who has begotten a child. The provider and support to the household. The ancestor of a family line. The patron of a profession or art. **Rel:** The support of the tent/house. **KJV:** father, chief, families, desire, patrimony, prince, principle **Str:** #0001 **Aramaic:** #0002

   אבב *ABB* (ch)

2. אביב (masc) *aw'beeb* **Tran:** GREEN.GRAIN **Def:** Fresh young stalks of standing grain. Also, the name of a month in the Hebrew calendar. **KJV:** abib, corn **Str:** #0024

   אוב *AWB* (ch) **Def:** The wineskin hangs from the tent pole. A spiritist (possibly from their mumbling like the sound of wine poured out of the wineskin)

3. אוב (masc) *obe* **Tran:** NECROMANCER **Def:** One who communicates with the dead (see 1 Sam 28:8). Used once (Job 32:19) for "wineskin," possibly from the gurgling sound when poured. (It is unclear if the original meaning of this word is "necromancer," with "wineskin" being a derived meaning, or the other way around). **KJV:** bottle, familiar spirit **Str:** #0178

   יאב *YAB* (ch) **Def:** The firm standing of the tent pole.

4. יאב (vrb) *yaw'ab* **Tran:** WISH **Def:** standing firm for what is desired. **KJV:** long **Str:** #2968

אִיב *AYB* (ch) **Def:** The tent pole is pointed at one end and doubles as a spear which can be used against an enemy to defend (also a support of) the family.

5   אִיב (vrb) *aw'yab / o'yabe* **Tran:** ATTACK **Def:** To be antagonistic or unfriendly to another. An action taken by an enemy. **KJV:** enemy, foe **Str:** #0340, #0341

6   אִיב (masc) *abe* **Tran:** FRESH.FRUIT **KJV:** greenness, fruit **Str:** #0003 **Aramaic:** #0004

7   אִיבה (fem) *ay'baw* **Tran:** HOSTILITY **Def:** Conflict, opposition, or resistance; overt acts of warfare. **KJV:** enemy, hatred **Str:** #0342

אד *AD* (pr) **Obj:** Smoke, Mist, Charcoal, Heap **AH:** ﬡﬠﬢ

8   אד (masc) *ade* **Tran:** MIST **Def:** A vapor or fine spray. **Rel:** An overwhelming abundance of ash raked in the fire causing a cloud of dust. **KJV:** mist, vapor **Str:** #0108

אוד *AWD* (ch) **Def:** The abundant remnants of charred wood from a fire that is raked together causing a cloud of ash.

9   אוּד (masc) *ood* **Tran:** CHARCOAL **Def:** The wood remnants of a fire. **KJV:** firebrand, brand, because, cause, concerning **Str:** #0181

10 אדות (fem) *o'doth* **Tran:** CONCERNING **Alt:** on account of. **Def:** Regarding. Marked interest or regard usually arising through a personal tie or relationship. A turning over and bringing together of a thought. **KJV:** because, cause, concerning, thee, sake **Str:** #0182

11 מאוד (masc) *meh'ode* **Tran:** MANY **Alt:** great; greatly; more; much; very; ever; every. **Def:** A large, but indefinite number. An abundance of things (every, many, much, great), actions (complete, wholly, strong, quick) or character (very). **KJV:** very, greatly, sore, exceedingly, great, much, diligently, good, might **Str:** #3966

אִיד *AYD* (ch) **Def:** A pile of charred wood and ash as the remnants of a fire.

12 איד (masc) *ade* **Tran:** CALAMITY **Def:** A disaster. **KJV:** calamity, destruction **Str:** #0343

אה *AH* (pr) **Act:** Sigh **Obj:** Hawk, Sigher **Abs:** Desire, Where **Def:** This can be a sigh when searching as when the ox snorts when desiring food. **AH:** 𐤀𐤔- The pictograph 𐤀 represents strength of the ox. The 𐤔 is one looking at a great sight and sighing. Combined they mean "a strong sigh."

13   אהה / האח / אי / אח (com) *a'haw / awkh / ee* **Tran:** AH **Def:** The sigh of one in exclamation out of a desire. **Rel:** The howling of one searching. **KJV:** ah, aha, alas, woe **Str:** #0162, #0253, #0337, #1889

יאה *YAH* (ch) **Def:** Rightful ownership of what is desired.

14   יאה (vrb) *yaw'aw* **Tran:** BELONG **KJV:** appertain **Str:** #2969

אוה *AWH* (ch) **Def:** A sigh out of a desire.

15   אוה (vrb) *aw'vaw* **Tran:** YEARN **Def:** To have an earnest or strong desire; long. **KJV:** desire, longing, covet, lust, point out **Str:** #0183

16   תאוה (fem) *tah'av'aw* **Tran:** YEARNING **Def:** To long persistently, wistfully, or sadly. What is desired, whether good or bad. **KJV:** desire, lust, greedily **Str:** #8378

איה *AYH* (ch) **Def:** A bird that flies high searching for food and screeches as a loud sigh.

17   איה (fem) *ah'yaw* **Tran:** HAWK **Def:** A bird of prey, probably the hawk, but possibly a kite or vulture. **Rel:** From its cry sounding like a sigh. **KJV:** kite, vulture **Str:** #0344

או *AW* (pr) **Act:** Point **Abs:** Desire **Def:** This root has the idea of adding something out of desire. **AH:** 𐤀𐤅- The pictograph 𐤅, replacing the 𐤔, is a peg representing the idea of attaching something.

18   אוה (fem) *av'vaw* **Tran:** DESIRE **Def:** What is good or bad, that is lusted after. **KJV:** desire, lust after, pleasure **Str:** #0185

19   או (com) *o* **Tran:** OR **Alt:** whether. **Def:** An alternative or optional desire. **KJV:** also, and, desire, either, least, nor, or, otherwise, should, then, whether **Str:** #0176

20 אוֹי (com) *o'ee* **Tran:** OH **Def:** A passionate cry of desire. **KJV:** woe, alas **Str:** #0188

21 אוֹיָה (fem) *o'yaw* **Tran:** WOE **Def:** passionate cry of desire. **KJV:** woe **Str:** #0190

22 אָוֶן (masc) *aw'ven* **Tran:** BARRENNESS **Def:** Action or thought that is vain or for an improper purpose. **KJV:** iniquity, wicked, vanity, affliction, mischief, unrighteous **Str:** #0205

23 מַאֲוַי (masc) *mah'av'ah'ee* **Tran:** COVETING **Def:** What is desired. **KJV:** desires **Str:** #3970

24 תָּאוֹן (masc) *teh'oon* **Tran:** TOIL **Def:** An exhaustive work. **KJV:** lies **Str:** #8383

אוה *AWH* (ch)

25 אָוָה (vrb) *aw'vaw* **Tran:** POINT.OUT **Def:** To show a direction. **KJV:** point **Str:** #0184

~~~

אז *AZ* (pr) **Abs:** Time **Def:** The harvest is a very prominent "time" to the early Hebrews. **AH:** ᴢᵃ- The letter ᴢ represents an agricultural implement of cutting used in the harvest.

26 אָז (com) *awz* **Tran:** AT.THAT.TIME **Def:** A specified moment or time. **Rel:** A specific time. **KJV:** beginning, even, for, from, hitherto, now, old, since, then, time, when, yet **Str:** #0227

27 אֲזַי (com) *az'ah'ee* **Tran:** AT.THAT.TIME **Def:** point in time. **KJV:** then **Str:** #0233

~~~

אח *AHh* (pr) **Act:** Protect **Obj:** Brother, Hearth **Abs:** Brotherhood **Def:** In Hebrew thought, a wall is more than a vertical barrier but anything that separates or divides. The hearth around the fire protected the house from the heat and embers of the fire. **AH:** ᴬᵃ- The pictograph ᵃ represents strength. The ᴬ is a wall. Combined these pictographs mean "strong wall."

28 אָח (masc) *awkh / heh'awkh* **Tran:** BROTHER **Def:** A male who has the same parents as another or shares one parent with another. One who stands between the enemy and the family, a protector. **KJV:** brethren, brother, another, brotherly, kindred **Str:** #0251, #1889 **Aramaic:** #0252

29 אחות (fem) *aw'khoth* **Tran:** SISTER **Def:** A female who has the same parents as another or shares one parent with another. **KJV:** sister, another **Str:** #0269

30 אח (fem) *awkh* **Tran:** HEARTH **Def:** The hearth of a fire as a dividing wall that protects the family. **KJV:** hearth **Str:** #0254

31 אחו (masc) *aw'khoo* **Tran:** MARSH.GRASS **Def:** The tall grasses that line a body of water as a wall. **KJV:** meadow, flag **Str:** #0260

   אוח *AWHh* (ch)

32 אוח (masc) *o'akh* **Tran:** HYENA **Def:** An unknown animal. **KJV:** creature **Str:** #0255

   אחו *AHhW* (ch)

33 אחוה (fem) *akh'av'aw* **Tran:** BROTHERHOOD **Def:** company of brothers. **KJV:** brotherhood **Str:** #0264

אט *ATh* (pr) **Obj:** Corral **Abs:** Gentle **Def:** The idea that one that can be rough and harsh but acts in a gentle manner. **AH:** ⊗𐤋- The pictograph 𐤋 is an ox head. The ⊗ is a basket as used to contain something. Combined these mean "ox contained" in the sense of being tamed or gentle.

34 אט (masc) *at* **Tran:** SOFTLY **Def:** Free from harshness, sternness, or violence. To act softly. A charmer. **KJV:** softly, charmers, gently, secret **Str:** #0328

אי *AY* (pr) **Obj:** Place **Abs:** Where **AH:** ᘁ𐤋- The pictograph ᘁ, replacing the 𐤅, is the hand and adds the idea of pointing to a place.

35 איפוה / איכה / איה / אי (com) *ah'ee / ah'yay / ay'fo / ay'ko* **Tran:** WHERE **Alt:** why. **Def:** At, in, or to what place. **Rel:** A search for an unknown location. **KJV:** where, what, whence **Str:** #0335, #0346, #0351, #0375

36 אי (masc) *ee* **Tran:** ISLAND.BEAST **Def:** An unknown species of animal. **KJV:** beast **Str:** #0338

   אהי *AHY* (ch) **Def:** A search for an unknown location.

37 אהי (vrb) *e'hee* **Tran:** WHERE.NOW **KJV:** will **Str:** #0165

אך *AK* (pr) **Abs:** How **AH:** 𐤀𐤔

38 איככה / איכוה / איך (com) *ake* **Tran:** HOW **Def:** In what way or manner; by what means. **KJV:** how, where **Str:** #0349

אל *AL* (pr) **Act:** Yoke, Guide, Swear **Obj:** Ox, Oak, Yoke **Abs:** Strength, Oath, Learn **Def:** The yoke is understood as a "staff on the shoulders" (see Isaiah 9:4) in order to harness their power for pulling loads such as a wagon or plow. Hence, the two pictographs can also represent "the ox in the yoke." Often two oxen were yoked together. An older, more experienced ox would be teamed up (yoked) with a younger, less experienced ox. The older ox in the yoke is the "strong authority" who, through the yoke, teaches the younger ox. **AH:** 𐤋𐤀- The pictograph 𐤀 is a picture of an ox head and also represents its strength. The 𐤋 is a picture of a shepherd staff and also represents the authority of the shepherd. Combined these two pictographs mean "the strong authority" and can be anyone or thing of strong authority.

39 אל (masc) *ale* **Tran:** MIGHTY.ONE **Def:** One who holds authority over others, such as a judge, chief or god. **Rel:** In the sense of being yoked to one another; the power of the ox's muscles to perform work. **KJV:** God, god, power, mighty, goodly, great, idols, strong, unto, with, against, at, into, in, before, to, of, upon, by, toward, hath, for, on, beside, from, where, after, within **Str:** #0410

40 אל (com) *ale* **Tran:** TO **Alt:** at; by; for; on; into, belonging to. **Def:** Used as a function word to indicate movement or an action or condition suggestive of progress toward a place, person, or thing reached. **Rel:** A moving to or toward something to be with it, as the ox moves toward a destination. **KJV:** unto, with, against, at, into, in, before, to, of, upon, by, toward, has, for, on, beside, from, where, after, within **Str:** #0413

41 אלה (fem) *al'law / ay'law* **Tran:** OAK **Def:** A species of tree with dense, hard, wood. A tough durable wood. **KJV:** oak, elm, teil tree **Str:** #0424, #0427

42 אליה (fem) *al'yaw* **Tran:** RUMP **Def:** The fat part of the hind part of a sheep that is considered an Eastern delicacy. **KJV:** rump **Str:** #0451

אלה *ALH* (ch) **Def:** The yoking together of two parties. A treaty or covenant binds two parties together through an oath (yoke). The oath included blessings for abiding by the covenant and curses for breaking the covenant (see Deuteronomy 28). The God of the Hebrews was seen as the older ox that is yoked to his people in a covenant relationship.

43 אלה (vrb) *aw'law / aw'law* **Tran:** TAKE.AN.OATH **Def:** The placing of oneself in a binding agreement to a course of action including a curse for violating the oath. Also meaning to lament. **KJV:** swear, curse, adjure, lament **Str:** #0421, #0422

44 אלה (fem) *aw'law* **Tran:** OATH **Def:** Something corroborated by a vow. A binding agreement, including the curse for violating the oath. **KJV:** curse, oath, execration, swearing **Str:** #0423

45 אלוה (masc) *el'o'heem / shortened >eloahh {el'o'ah* **Tran:** POWER **Def:** Possession of control, authority, or influence over others; physical might. The power or might of one who rules or teaches. One who yokes with another. Often applies to rulers or a god. Often used in the plural form literally meaning "mighty ones," but often used in a singular sense to mean "The Mighty One." **KJV:** God, god, judge, angel, mighty, godly, heathen deity **Str:** #0430, #0433 **Aramaic:** אלה *el'aw* #0426

46 תאלה (fem) *tah'al'aw* **Tran:** CURSE **KJV:** curse **Str:** #8381

אול *AWL* (ch) **Def:** The strength of the ox.

47 אול (masc) *ool* **Tran:** STRENGTH **KJV:** mighty, strength **Str:** #0193

יאל *YAL* (ch) **Def:** The placing of the yoke upon the shoulders to perform a task.

48 יאל (vrb) *yaw'al* **Tran:** TAKE.UPON **Alt:** agree. **Def:** The placing of a yoke on the shoulders, literally or figuratively, to perform work or undertake a task. **KJV:** content, please, would, taken upon me, began, assayed, willingly **Str:** #2974

איל *AYL* (ch) **Def:** Anyone or anything that functions as the "strong authority" is seen as the older ox. Such as a ram or stag deer (the strong leader of the flock or heard), chief (strong leader of the tribe), pillar (as the strong support of a building), oak tree (one of the strongest of the woods).

49 איל (masc) *ah'yawl / ah'yil / eh'yawl* **Tran:** BUCK **Def:** The large males of a flock of sheep or herd of deer. By extension, anything of strength including a chief, pillar (as the strong support of a building), or oak tree (one of the strongest of the woods). **KJV:** ram, post, mighty, tree, lintel, oak, strength, hart **Str:** #0352, #0353, #0354

50 אילה (fem) *ah'yaw'law* **Tran:** DOE **Def:** The adult female fallow deer. **KJV:** hind **Str:** #0355

51 אילות (fem) *eh'yaw'looth* **Tran:** STRENGTH **KJV:** strength **Str:** #0360

52 אילון (masc) *al'lone / ay'lone* **Tran:** GREAT.TREE **Def:** A tree made of very dense, hard, wood. **KJV:** plain, oak, tree **Str:** #0436, #0437 **Aramaic:** *ee'lawn* #0363

53 אילם (masc) *ay'lawm* **Tran:** ARCH **Alt:** self **Def:** The arch is the strongest architectural design for an entry through a building or wall. **KJV:** arch **Str:** #0361

אלף *ALP* (ad) **Def:** The yoke of the oxen, the yoke of learning. An older experienced ox is yoked to a younger inexperienced one in order to teach it how to pull a load. A thousand, as a large number of oxen. **Rel:** an ox as wearing a yoke for work

54 אלף (vrb) *aw'lof* **Tran:** LEARN **Alt:** teach; teacher **Def:** To learn by example in the sense of being yoked to another. **KJV:** teach, learn, utter **Str:** #0502

55 אלף (vrb) *aw'laf* **Tran:** GIVE.A.THOUSAND **Def:** To make or bring forth a thousand, a thousand-fold. **KJV:** bring forth thousands **Str:** #0503

56 אלף (masc) *eh'lef* **Tran:** THOUSAND **Def:** Ten times one hundred in amount or number. **KJV:** thousand **Str:** #0505 **Aramaic:** *al'af* #0506

57 אלף (masc) *eh'lef* **Tran:** BOVINE **Def:** An adult male of the bovine family. (In Judges 6:15 this word is used for "family"). **KJV:** kine, oxen, family **Str:** #0504

58 אלוף (masc) *al'loof* **Tran:** CHIEF **Def:** Accorded highest rank or office; of greatest importance, significance, or influence. The military commander of a thousand men. One

who is yoked to another to lead and teach. **KJV:** duke, guide, friend, governor, captain, ox **Str:** #0441

אם *AM* (pr) **Act:** Bind **Obj:** Glue, Mother, Arm, Tribe, Pillar **Abs:** Firm **Def:** Glue was made by placing the hides and other animal parts of slaughtered animals in a pot of boiling water. As the hide boiled, a thick sticky substance formed at the surface of the water. This substance was removed and used as a binding agent. **AH:** ᄊᄂ- The pictograph ᄂ represents strength. The ᄊ is water or any other liquid. Combined these pictographs mean "strong liquid."

59   אם (fem) *ame* **Tran:** MOTHER **Def:** A female parent. Maternal tenderness or affection. One who fulfills the role of a mother. **Rel:** The arm that holds things together. The arm is seen as glue that encircles and holds together. A cubit was the length of the arm from elbow to fingertip. The mother of the family is the one who binds the family together by holding in her arms and by the work of her arms. **KJV:** mother, dam **Str:** #0517

60   אמה (fem) *aw'maw* **Tran:** BONDWOMAN **Def:** A female slave. One who is bound to another. **KJV:** handmaid, maidservant, maid, bondwoman, bondmaids **Str:** #0519

61   אמון (masc) *aw'mone* **Tran:** CRAFTSMAN **Def:** An architect or artisan who uses the cubit for measuring. **KJV:** multitude, populace **Str:** #0527

אמם *AMM* (ch) **Def:** The arm that holds things together.

62   אמה (fem) *am'maw* **Tran:** AMMAH **Def:** A linear standard of measure equal to the length of the forearm; a cubit. **KJV:** cubit, measure, post **Str:** #0520

אום *AWM* (ch) **Def:** A binding together.

63   אומה (fem) *oom'maw* **Tran:** TRIBE **Def:** A social group consisting of numerous families, clans or generations together. A family lineage as bound together. **KJV:** people, nation **Str:** #0523 **Aramaic:** #0524

אים *AYM* (ch)

64   אים (com) *eem* **Tran:** IF **Alt:** or; that; therefore. **Def:** Allowing that; on condition that. A desire to bind two ideas together. **KJV:** if, not, or, when, whether, doubtless, while, neither, saving **Str:** #0518

אמן *AMN* (ad) **Def:** From the firmness of the plant that comes out from the seed. Something that grabs hold or supports something else. The passing of strength or skill to the next generation.

65 אמן (vrb) *aw'man* **Tran:** SECURE **Alt:** support. **Def:** Solidly fixed in place; to stand firm; not subject to change or revision. **Rel:** In the sense of a support **KJV:** believe, assurance, faithful, sure, establish, trust, verify, steadfast, continuance, father, bring up, nurse, stand, fail **Str:** #0539 **Aramaic:** *am'an* #0540

66 אמן (masc) *aw'mawn* **Tran:** CRAFTSMAN **Def:** One who is firm in his talents. **KJV:** workman **Str:** #0542

67 אמן (com) *aw'mane* **Tran:** SO.BE.IT **Def:** An affirmation of firmness and support. **KJV:** amen, truly, so be it **Str:** #0543

68 אמנה (fem) *am'aw'naw / om'naw / om'naw* **Tran:** SURE **Def:** Safe from danger or harm; marked by or given to feelings of confident certainty. What is firm. **KJV:** sure, indeed, portion, brought up **Str:** #0545, #0546, #0548

69 אמת (fem) *eh'meth* **Tran:** TRUTH **Def:** The state of being the case. Fact. What is firm. Accurately so. **KJV:** truth, true, truly, faithfully, assured, establishment, faithful, sure **Str:** #0571

70 אמון (masc) *aw'mone* **Tran:** CRAFTSMAN **Def:** One who is firm in his talents. **KJV:** brought up **Str:** #0525

71 אמון (masc) אמונה (fem) *ay'moon / em'oo'naw* **Tran:** SECURE **Alt:** security **Def:** Firmly fixed in place. **KJV:** faithfulness, truth, faithfully, office, faithful, faith, stability, steady, truly, trusty **Str:** #0529, #0530

72 אומן (masc) *oh'men* **Tran:** SECURE **KJV:** truth **Str:** #0544

73 אומנה (fem) *om'me'naw* **Tran:** PILLAR **Def:** The support of a structure. **KJV:** pillar **Str:** #0547

74 אמנם (masc) *om'nawm* **Tran:** SURE **KJV:** truth, indeed, true, surely, no doubt **Str:** #0551

75 אומנם (com) *oom'nawm* **Tran:** INDEED **Def:** Without any question. **KJV:** indeed, surety **Str:** #0552

אן *AN* (pr) **Act:** Produce **Obj:** Produce, Ship **Abs:** Where, Complain, Vigor, Nothing **Def:** The male searches out the female and approaches her for reproducing (see Jeremiah 2:24). This can also be a search for the purpose of producing something. **AH:** ⌒𝒴- The pictograph 𝒴 represents the ox. The ⌒ is a picture of a seed (plant, animal or man).

76   אן / אנה (com) *awn* **Tran:** WHEREVER **Alt:** how long. **Def:** Anywhere at all. A search for a person, place or time. **Rel:** A ship searches through the sea for a distant coastline (of an island or mainland in search of the produce for trade). The fig tree produces fruit that is desirable and prolific, since the fig is green and blends in with the leaves, the fruit must be searched out. The searching may result in success or failure. **KJV:** whither, how, where, whithersoever, hither **Str:** #0575

77   אנוכי / אני (com) *an'ee / aw'no'kee* **Tran:** I **Alt:** me. **Def:** A person aware of possessing a personal identity in self-reference. **Rel:** Through the sense of approaching. **KJV:** I, me, mine, which **Str:** #0589, #0595 **Aramaic:** אנא / אנה *an'aw* #0576

78   אנחנו / נחנו / אנו (com) *an'akh'noo / an'oo / nakh'noo* **Tran:** WE **Alt:** us **Def:** I and the rest of a group. **Rel:** Through the sense of approaching. **KJV:** we, us **Str:** #0580, #0587, #5168 **Aramaic:** אנחנא / אנחנה *an'akh'naw* #0586

79   אתה (masc) *a'taw* **Tran:** YOU(ms) **Def:** Pronoun, second person, masculine singular. **Rel:** Through the sense of approaching. **KJV:** thou, thee, you, ye **Str:** #0859 **Aramaic:** אנת *an'taw* #0607

80   אתם (masc) *a'tem* **Tran:** YOU(mp) **Def:** Pronoun, second person, masculine plural. **Rel:** Through the sense of approaching. **KJV:** ye, you **Str:** #0859 **Aramaic:** אנתון *an'toon* #0608

81   את (masc) *et* **Tran:** YOU(fs) **Def:** Pronoun, second person, feminine singular. **Rel:** Through the sense of approaching. **KJV:** thou, you, ye **Str:** #0859אנת

82   אתן (masc) *a'ten* **Tran:** YOU(fp) **Def:** Pronoun, second person, feminine plural. **Rel:** Through the sense of approaching. **KJV:** thou, you, ye **Str:** #0859

83 מהאן (masc) Tran: BOWL Def: As the shape of a ship. KJV: vessel **Aramaic:** *mawn* #3984

84 אי (masc) *ee / ee* Tran: ISLAND Def: A tract of land surrounded by water. Also, a country in the sense of isolated. **Rel:** As the destination of a ship. **KJV:** isle, island, country **Str:** #0336, #0339

85 תאן (fem) *teh'ane* Tran: FIG Def: An oblong or pear-shaped fruit from a tree of the fichus genus. **Rel:** A desirable and prolific fruit that must be searched for, as the fruit is green, thus blending in with the leaves and making it difficult to see. **KJV:** fig tree, fig **Str:** #8384

אנן *ANN* (ch) **Def:** A complaining from a lack of production.

86 אנן (vrb) *aw'nan* Tran: COMPLAIN Def: To grumble over ones undesired circumstances. **KJV:** complain **Str:** #0596

אנה *ANH* (ch) **Def:** The seeking out of another to meet with. A chance encounter or an arrival to another.

87 אנה (vrb) *aw'naw* Tran: APPROACH Alt: delivers. Def: To come near or nearer to. **KJV:** deliver **Str:** #0579

88 תאנה / תואנה (fem) *tah'an'aw* Tran: OCCASION Def: The time of sexual urges when the male searches out the female and approaches her for reproducing. This word can also be applied to any occasion as a result of searching. **KJV:** occasion **Str:** #8385

און *AWN* (ch)

89 און (masc) *one* Tran: VIGOR Def: Active bodily or mental strength or force. The power within the belly or loins for reproduction or creative work. **KJV:** strength, might, force, goods, substance **Str:** #0202

אין *AYN* (ch) **Def:** A search or work with no results.

90 אין (masc) אין (com) *ah'yin / ah'yin / een* Tran: WITHOUT Alt: no; not; none; nothing; there is no; unable; where. Def: A lacking of something or the inability to do or have something. The search for a place of unknown origin. **KJV:** except, fail, fatherless, incurable, infinite, innumerable, neither, never, no, none, not, nothing, nought, without, there not, where, whence **Str:** #0369, #0370, #0371

אני *ANY* (ch) **Def:** A ship searches through the sea for a distant shore.

91 אני (masc) *on'ee* **Tran:** NAVY **Def:** As searching through the sea for a distant shore. **KJV:** navy, galley **Str:** #0590

92 אניה (masc) *on'ee'yaw* **Tran:** SHIP **Def:** A large sea-going vessel. As searching through the sea for a distant shore. **KJV:** ship **Str:** #0591

אף *AP* (pr) **Act:** Bake, Snort **Obj:** Nose, Hot, Oven, Breath **Abs:** Anger, Adultery **Def:** The nostrils (holes) are for breathing. **AH:** ᴗ&- The pictograph & represents strength. The ᴗ is a picture of the mouth and represents any type of hole.

93 אף (masc) *af* **Tran:** NOSE **Alt:** nostrils. **Def:** The organ bearing the nostrils on the anterior of the face. Also, meaning "anger," from the flaring of the nostrils and the redness of the nose when angry. **Rel:** The nostrils of man flares when he breathes heavy in passion or anger. **KJV:** anger, wrath, face, nostrils, nose, angry **Str:** #0639

94 אף (com) *af* **Tran:** MOREOVER **Def:** In addition to what has been said. **KJV:** before, also, even, yet, moreover, yea, with, low, therefore, much, before, also, even, yet, moreover, yea, with, low, therefore, much **Str:** #0637 **Aramaic:** #0638

אפה *APH* (ch) **Def:** A heat for baking. The heat of anger.

95 אפה (vrb) *aw'faw* **Tran:** BAKE **Def:** To cook using dry heat, especially in an oven. **KJV:** bake, baker **Str:** #0644

96 מאפה (masc) *mah'af'eh* **Tran:** BAKED **Def:** What is cooked in a dry heat such as an oven. **KJV:** baken **Str:** #3989

אוף *AWP* (ch) **Def:** The heat of passion. The heating of foods.

97 תופין (masc) *too'feen* **Tran:** COOKED **Def:** A food that is heated in or over a fire to heat it or make it edible. **KJV:** baken **Str:** #8601

איף *AYP* (ch)

98 איפה (fem) *ay'faw* **Tran:** EYPHAH **Def:** A dry standard of measure equal to 3 se'ahs or 10 omers. The same as the liquid measure bath which is about 9 imperial gallons or 40 liters. **KJV:** ephah, measure **Str:** #0374

אנף *ANP* (ad) **Rel:** the nose as a breathing of the nose

99 אנף (vrb) *aw'naf* **Tran:** SNORT **Def:** A heavy breathing through the nose out of anger. **KJV:** angry, displeased **Str:** #0599

100 אנף (masc) **Tran:** SNOUT **Def:** As the face. (Only used in the masculine plural form) **KJV:** face, visage **Aramaic:** *an'af* #0600

101 אנפה (fem) *an'aw'faw* **Tran:** HERON **Def:** A bird with a large beak (nose). Probably the heron. **KJV:** heron **Str:** #0601

נאף *NAP* (ad) **Rel:** heated passion

102 נאף (vrb) *naw'af* **Tran:** COMMIT.ADULTERY **Def:** To perform voluntary violation of the marriage bed. **KJV:** adultery, adulterer, adulteress, adulterous, break wedlock **Str:** #5003

103 ניאוף (masc) *nee'oof* **Tran:** ADULTERY **KJV:** adulteries **Str:** #5004

104 נאפוף (masc) *nah'af'oof* **Tran:** ADULTERY **KJV:** adulteries **Str:** #5005

אץ *ATs* (pr) **Act:** Press, Compel **Obj:** Narrow **Def:** A narrow ravine where the walls press in. **AH:** ⌐ℓ- The letter ⌐ represents the side as in the sides of a ravine.

אוץ *AWTs* (ch) **Def:** The pressing into or on something causing it to move.

105 אוץ (vrb) *oots* **Tran:** COMPEL **Def:** To drive or urge forcefully or irresistibly. A pressing into an action or narrow place. **KJV:** haste, narrow **Str:** #0213

אק *AQ* (pr) **Obj:** Wild Goat **AH:** ϘΆ

106 אקו (masc) *ak'ko* **Tran:** WILD.GOAT **Def:** An undomesticated goat. **KJV:** wild goat **Str:** #0689

אר *AR* (pr) **Act:** Gather, Order **Obj:** Box, Light **Def:** Boxes are used to store items and keep them in order. Light is also necessary for order. **AH:** ϘΆ

ארה *ARH* (ch) **Def:** A gathering of items or livestock to place in a box or pen.

107 ארה (vrb) *aw'raw* **Tran:** COLLECT **Def:** To Accumulate. Add to the amount. To gather up together. **KJV:** pluck, gather **Str:** #0717

108 אורה (fem) *av'ay'raw* **Tran:** STALL **Def:** box for the livestock. **KJV:** cote **Str:** #0220

109 אריה / ארוה (fem) *oor'vaw* **Tran:** STALL **Def:** box for the livestock. **KJV:** stall **Str:** #0723

110 ארון (masc) *aw'rone* **Tran:** BOX **Def:** A rigid rectangular receptacle often with a cover. Any box-shaped object. **KJV:** ark, chest, coffin **Str:** #0727

אור *AWR* (ch)

111 אור (vrb) *ore* **Tran:** LIGHT **Alt:** shine, enlighten **Def:** To shine with an intense light; be or give off light; to be bright. **KJV:** light, enlightened **Str:** #0215

112 אור (com) *ore / ore* **Tran:** LIGHT **Def:** The illumination from the sun, moon, stars, fire, candle or other source. **KJV:** light, fire, day, bright, clear, lightning, morning, sun **Str:** #0216, #0217

113 אורה (fem) *o'raw* **Tran:** RADIANCE **KJV:** herbs, light **Str:** #0219

114 מאור (masc) *maw'ore* **Tran:** LUMINARY **Def:** That which gives off light. **KJV:** light, bright **Str:** #3974

115 מאורה (fem) *meh'oo'raw* **Tran:** DEN **Def:** The entrance has a lighted hole when viewed from inside. **KJV:** den **Str:** #3975

אש *ASh* (pr) **Act:** Press, Shine **Obj:** Fire, Foundation, Pillar **Abs:** Despair, Pressure **Def:** A fire is made by firmly pressing a wooden rod down onto a wooden board and spinning the rod with a bow drill. Wood dust is generated from the two woods rubbing together and is heated by the friction creating a small ember in the dust. Small tinder is then placed on the ember and is blown ignited the tinder. **AH:** ܦܠ- The pictograph ܠ represents strength. The ܦ is a picture of teeth and imply pressing as one does with the teeth to chew food. Combined these pictures mean "a strong pressing down."

116 אש (fem) *aysh* **Tran:** FIRE **Def:** The phenomenon of combustion manifested by heat, light and flame. **Rel:** The pressing of wood together with a fire drill to produce fire through friction. **KJV:** fire, burning, fiery, flaming, hot **Str:** #0784 **Aramaic:** אשא #0785

117 אשה (fem) *esh'shaw* **Tran:** FIRE **Def:** fire as well as an offering made by fire. **KJV:** fire **Str:** #0800

118 אשון (masc) **Tran:** FURNACE **KJV:** furnace **Aramaic:** אתון *at'toon* #0861

אשש *AShSh* (ch) **Def:** The firm pressing down on something.

119 אשיש (fem) *aw'sheesh* **Tran:** FOUNDATION **Def:** Soil that has been firmly packed to form a firm and flat surface. **KJV:** foundation **Str:** #0808

120 אשישה (fem) *ash'ee'shaw* **Tran:** RAISIN.CAKE **Def:** Dried raisins, a food staple, were pressed into cakes. **KJV:** flagon **Str:** #0809

אשא *AShA* (ch) **Def:** The firm pressing down on something.

121 אושא (masc) **Tran:** FOUNDATION **Def:** The pressing down of the soil to form a firm and flat surface. **KJV:** foundation **Aramaic:** אשא *ohsh* #0787

אשה *AShH* (ch)

122 אישה (masc) *ish'shaw* **Tran:** FIRE.OFFERING **Def:** A sacrifice that is placed in a fire as an offering. **KJV:** offering **Str:** #0801

יאש *YASh* (ch) **Def:** A strong pressing down on someone bringing despair or hopelessness.

123 יאש (vrb) *yaw'ash* **Tran:** DESPAIR **Def:** pressure of hopelessness. **KJV:** despair, desperate, no hope **Str:** #2976

איש *AYSh* (ch) **Def:** The charred wood after being burned in the fire.

124 אישון (masc) *ee'shone* **Tran:** DEEP.BLACK **Def:** The black of night or the pupil of the eye. **Rel:** In the sense of charring from a fire. **KJV:** apple, obscure, black **Str:** #0380

אשי *AShY* (ch) **Def:** A strong pressing down on something.

125 אשויה (fem) *ash'oo'yah* **Tran:** PILLAR **Def:** support for a roof where the roof presses down on the pillar. **KJV:** foundation **Str:** #0803

דעך *DAhK* (ad)

126 דעך (vrb) *daw'ak* **Tran:** EXTINGUISH **Def:** To put out a flame. **KJV:** put out, extinct, consume, quench **Str:** #1846

עשק *AhShQ* (ad)

127 עשק (vrb) *aw'shak* **Tran:** OPPRESS **Def:** To press into or on another through force or deceit. **KJV:** oppress, oppressor, defraud, wrong, deceive, deceit, get, oppression, drink, violence **Str:** #6231

128 עשקה (fem) *osh'kaw* **Tran:** OPPRESSED **KJV:** oppressed **Str:** #6234

129 מעשקה (fem) *mah'ash'ak'kaw* **Tran:** OPPRESSION **KJV:** oppressor, oppression **Str:** #4642

130 עשוק (masc) *aw'shoke* **Tran:** OPPRESSOR **KJV:** oppressor **Str:** #6216

131 עשוק (masc) *aw'shook* **Tran:** OPPRESSION **KJV:** oppression, oppressed **Str:** #6217

132 עושק (masc) *o'shek* **Tran:** OPPRESSION **Def:** The act of pressing into or on another through force or deceit. **KJV:** oppression, cruelly, extortion, thing **Str:** #6233

עשר *AhShR* (ad) **Rel:** as one who presses

133 עשר (vrb) *aw'shar* **Tran:** BE.RICH **Def:** To have a large accumulation of resources, means, or funds. To be wealthy. **KJV:** rich, enrich **Str:** #6238

134 עשיר (masc) *aw'sheer* **Tran:** RICH **Def:** Having wealth or great possessions; abundantly supplied with resources, means, or funds. **KJV:** rich **Str:** #6223

135 עושר (masc) *o'sher* **Tran:** RICHES **Def:** Wealth. The possessions that make one wealthy. **KJV:** riches, far **Str:** #6239

עשת *AhShT* (ad) **Def:** The polishing of stone, metal or ivory by rubbing to make shine. **Rel:** rubbing

136 עשת (vrb) *aw'shath* **Tran:** GLEEM **Def:** To shine bright as being polished; to shine with an idea. **KJV:** shine, think **Str:** #6245 **Aramaic:** *ash'eeth* #6246

137 עשת (masc) *eh'sheth* **Tran:** BRIGHT **KJV:** bright **Str:** #6247

138 עשתות (fem) *ash'tooth* **Tran:** THOUGHT **Def:** As shining. **KJV:** thought **Str:** #6248

139 עשׁוֹת (masc) *aw'shoth* **Tran:** BRIGHT **KJV:** bright **Str:** #6219

140 עשתי (com) *ash'tay* **Tran:** ONE **Def:** Existing, acting, or considered as a single unit, entity, or individual. **KJV:** one **Str:** #6249

141 עשתונה (fem) *esh'to'naw* **Tran:** THOUGHT **Def:** As shining. **KJV:** thought **Str:** #6250

את *AT* (pr) **Act:** Plow **Obj:** Plow, Mark, Entrance **Abs:** Arrive, Agree **Def:** When plowing a field with oxen, the plowman drives the oxen toward a distant mark in order to keep the furrow straight. A traveler arrives at his destination by following a mark. The traveling toward a mark, destination or person. The arrival of one to the mark. A "you" is an individual who has arrived to a "me." The coming toward a mark. A standard, or flag, with the family mark hangs as a sign. An agreement or covenant by two where a sign or mark of the agreement is made as a reminder to both parties. **AH:** +𐤏- The pictograph 𐤏 is a picture of an ox. The + is a picture of two crossed sticks used to make a sign or mark. Combined these pictures represent "an ox moving toward a mark."

142 את (masc) *ayth* **Tran:** PLOWSHARE **Def:** The cutting point of a plow. **Rel:** The plowing of a field by driving the oxen to a distant mark. **KJV:** plowshare, coulter **Str:** #0855

143 את (com) *ayth / ayth* **Tran:** AT **Alt:** by; for; to; upon; with. **Def:** A function word to indicate presence or occurrence, a goal of an implied or indicated action, etc. Commonly used as a grammatical tool to identify the direct object of a verb. **KJV:** against, with, in, upon **Str:** #0853, #0854 **Aramaic:** ית *yath* #3487

אתה *ATH* (ch) **Def:** The traveling toward a mark, destination or a person. The arrival of one to the mark.

144 אתה (vrb) *aw'thaw* **Tran:** ARRIVE **Def:** To come to or bring to a destination. **KJV:** come, bring **Str:** #0857 **Aramaic:** אתא #0858

אות *AWT* (ch) **Def:** The coming toward a mark. A standard, or flag, with the family mark hangs as a sign. An agreement or covenant by two where a sign or mark of the agreement is made as a reminder to both parties.

145 אות (vrb) *ooth* **Tran:** AGREE **Def:** Two parties to be in concert or concurrence. **KJV:** consent **Str:** #0225

146 אות (fem) *oth* **Tran:** SIGN **Def:** The motion, gesture, or mark representing an agreement between two parties. A wondrous or miraculous sign. **KJV:** sign, token, ensign, miracle, mark **Str:** #0226 **Aramaic:** את *awth* #0852

אית *AYT* (ch) **Def:** The entering into the area of destination.

147 איתון (masc) *yeh'ee'thone* **Tran:** ENTRANCE **KJV:** entrance **Str:** #2978

Beyt

בא *BA* (pr) **Act:** Fill, Enter **Obj:** Entrance **Abs:** Void **Def:** The filling of an empty space. **AH:** ṭl

148 באה (fem) *be'aw* **Tran:** ENTRANCE **Rel:** To fill a space by entering it. **KJV:** entry **Str:** #0872

בוא *BWA* (ch) **Def:** To come or go into a space is to fill it. A void within oneself that desires to be filled.

149 בוא (vrb) *bo* **Tran:** COME **Alt:** bring. **Def:** To move toward something; approach; enter. This can be understood as to come or to go. **Rel:** To fill a void by entering it. **KJV:** come, enter, go **Str:** #0935

150 מבוא (masc) *maw'bo* **Tran:** ENTRANCE **Def:** A place of entering. Once (Zechariah 8:7) used for the west as the place where the sun enters the underworld. **KJV:** going down, entry, come, entrance, enter, in, west **Str:** #3996

151 תבואה (fem) *teb'oo'aw* **Tran:** PRODUCTION **Def:** Total output of a commodity or an industry. An increase of produce, usually of fruit. **KJV:** increase, fruit, revenue, gain **Str:** #8393

152 מבואה (fem) *meb'o'aw* **Tran:** ENTRANCE **Def:** place of entering. **KJV:** entry **Str:** #3997

נבא *NBA* (ch) **Def:** A fruit produced from the inside of man. A knowledge of something that is not known by the five senses.

153 נבא (vrb) *naw'baw* **Tran:** ANNOUNCE **Def:** To utter the words or instructions of Elohiym received through a vision or dream. **KJV:** prophecy, prophet **Str:** #5012 **Aramaic:** *neb'aw* #5013

154 נביא (masc) נביאה (fem) *naw'bee / neb'ee'yaw* **Tran:** ANNOUNCER **Def:** One who utters the words or instructions of Elohiym that are received through a vision or dream. One gifted with more than ordinary spiritual and moral insight. **Rel:** One who brings forth the inner fruit. **KJV:** prophet, prophecy, prophetess **Str:** #5030, #5031 **Aramaic:** *neb'ee* #5029

155 נבואה (fem) *neb'oo'aw* **Tran:** PROPHECY **KJV:** prophecy **Str:** #5016 **Aramaic:** #5017

בב *BB* (pr) **Obj:** Pupil **AH:** טט

156 בבה (fem) *baw'baw* **Tran:** PUPIL **Rel:** Pupil of the eye **KJV:** apple **Str:** #0892

בד *BD* (pr) **Act:** Separate, Perish, Devise **Obj:** Ruins, Pieces **Abs:** Alone, Destruction, Virginity **Def:** The father of the tent often sat alone at the door of the tent. Here he could receive shade from the sun, watch over his household and watch the road for approaching strangers. (see Genesis 18:1,2) **AH:** טQ- The pictograph ט is a representation of a tent. The Q is a picture of the tent door. These two pictographs represent "the door of the tent."

157 בד (masc) *bad / bad* **Tran:** STRAND **Alt:** linen; part; apart; alone; aside; only; self; that alone. **Def:** A branch (which may be used as a staff or stave), string or filament, as separated from the tree or plant. Linen that is made from the fibers of the flax plant. Often used in the idiom "to his/her own strand"

meaning "alone" or "self;" stranded. **Rel:** Anyone or anything that is alone, apart or separated from the whole or from something else. **KJV:** linen, stave, beside, branches, alone, only, strength **Str:** #0905, #0906

בדד *BDD* (ch) **Def:** Someone or something that is alone and separated from the whole.

158 בדד (vrb) *baw'dad* **Tran:** BE.ALONE **KJV:** alone **Str:** #0909

159 בדד (masc) *baw'dawd* **Tran:** ALONE **Def:** One who is separated from the group; solitary; desolate. **KJV:** alone, solitary, only, desolate **Str:** #0910

אבד *ABD* (ch) **Def:** A wanderer is one alone or lost. A place separated from people is a place of ruin.

160 אבד (vrb) *aw'bad / o'bade* **Tran:** PERISH **Alt:** destroy. **Def:** To be deserted or abandoned; separated from the whole, life or functionality. **KJV:** lost thing, that which was lost, perish **Str:** #0006, #0008 **Aramaic:** *ab'ad* #0007

161 אבדה (fem) *ab'ay'daw* **Tran:** LOST.THING **Def:** An object that is missing or misplaced. **KJV:** lost thing, that which was lost **Str:** #0009

162 אבדון / אבדו (fem) *ab'ad'do* **Tran:** DESTRUCTION **Def:** place of ruin. **KJV:** destruction **Str:** #0010, #0011

163 אבדן (masc) *ab'dawn / ob'dawn* **Tran:** DESTRUCTION **Def:** separation through extinction. **KJV:** destruction **Str:** #0012, #0013

בדא *BDA* (ch) **Def:** A separation from truth.

164 בדא (vrb) *baw'daw* **Tran:** DEVISE **Def:** To invent a false account or story. **KJV:** devise, feign **Str:** #0908

165 בד (masc) *bad* **Tran:** LIE **Def:** A lie or liar, as what causes a separation through careless words, lying, or bragging. **KJV:** lie, liar, parts **Str:** #0907

ביד *BYD* (ch) **Def:** Something brought to ruin and left alone.

166 פיד (masc) *peed* **Tran:** RUIN **Def:** Someone or something brought to ruin. **KJV:** destruction, ruin **Str:** #6365

בדל *BDL* (ad)

Benner's Lexicon of Biblical Hebrew

167 בדל (vrb) *baw'dal* **Tran:** SEPARATE **Def:** To set or keep apart. **KJV:** separate, divide, difference, asunder, severed **Str:** #0914

168 בדל (masc) *baw'dawl* **Tran:** PIECE **Def:** Something that is divided or separated from something else. **KJV:** piece **Str:** #0915

169 בדיל (masc) *bed'eel* **Tran:** TIN **Def:** A metal separated out by smelting. **KJV:** tin **Str:** #0913

170 מבדלה (fem) *mib'daw'law* **Tran:** SEPARATE.PLACE **Def:** place separated. **KJV:** separate **Str:** #3995

בדק *BDQ* (ad) **Rel:** as a separation

171 בדק (vrb) *baw'dak* **Tran:** REPAIR **Def:** The repairing of a breach in a wall. **KJV:** repair **Str:** #0918

172 בדק (masc) *beh'dek* **Tran:** BREACH **Def:** breach in the wall of a building or ship. **KJV:** breach, calker **Str:** #0919

בדר *BDR* (ad) **Rel:** as a separation

173 בדר (masc) **Tran:** SCATTER **KJV:** scatter **Aramaic:** *bed'ar* #0921

בטל *BThL* (ad)

174 בטל (vrb) *baw'tale* **Tran:** HALT **Def:** To stop an action through hinderance. **KJV:** cease, hindered **Str:** #0988 **Aramaic:** *bet'ale* #0989

בתל *BTL* (ad)

175 בתול (masc) *beth'oo'leem* **Tran:** VIRGINITY **Def:** The state of being absolutely chaste; the sign of virginity (Always written in the plural form). **KJV:** virginity **Str:** #1331

176 בתולה (fem) *beth'oo'law* **Tran:** VIRGIN **Def:** An unmarried young woman who is absolutely chaste. **KJV:** virgin, maid, maiden **Str:** #1330

שבט *ShBTh* (ad) **Def:** A branch used as a staff, scepter, spear, writing implement or measuring rod.

177 שבט (masc) *shay'bet* **Tran:** STAFF **Def:** A walking stick made from the branch of a tree. Also, a tribe as a branch of the family. **KJV:** tribe, rod, sceptre, staff, pen, dart, correction **Str:** #7626 **Aramaic:** *sheb'at* #7625

בה *BH* (pr) **Act:** Need, Consent **Obj:** Box **Abs:** Empty **Def:** An empty space needing to be filled. **AH:** ש‎ץ

    אבה *ABH* (ch) **Def:** A void within oneself that desires to be filled.

178   אבה (vrb) *aw'baw* **Tran:** CONSENT **Def:** To give approval; to be in concord in opinion or sentiment; agreement as to action or opinion; to be willing to go somewhere or do something. **KJV:** would, will, willing, consent, rest, content **Str:** #0014

179   אבה (masc) *ay'beh* **Tran:** BOX **Def:** An empty container to be filled. **KJV:** swift **Str:** #0016

180   אבי (fem) *aw'beh* **Tran:** DESIRE **KJV:** desire **Str:** #0015

    בוה *BWH* (ch) **Def:** An empty space needing to be filled.

181   בוהו (masc) *bo'hoo* **Tran:** UNFILLED **Def:** Empty. As an empty box that needs to be filled. **KJV:** void, emptiness **Str:** #0922

בו *BW* (pr) **Act:** Spoil **Obj:** Spoils **AH:** ש‎ץ

182   בג (masc) *bag* **Tran:** SPOILS **KJV:** spoil **Str:** #0897

בז *BZ* (pr) **Act:** Spoil, Divide, Despise **Obj:** Spoils **Abs:** Profit **Def:** An enemy would plunder a household for goods to supply themselves as a bird of prey attacks its prey. **AH:** ש‎-ץ The pictograph ש represents a house. The ץ represents an agricultural implement or a weapon. Combined these pictographs have the meaning of "a house cut" or "attacked."

183   בז (masc) *baz* **Tran:** PLUNDER **Def:** What is seized by war or robbery; prey; booty; spoils **Rel:** The removal of what is of value as when an attacking army takes from the defeated all that is of value or the loss of value of a food due to spoilage. **KJV:** prey, spoil, booty **Str:** #0957

184   בזה (fem) *biz'zaw* **Tran:** SPOILS **KJV:** spoil, prey **Str:** #0961

    בזז *BZZ* (ch)

185 בזז (vrb) *baw'zaz* **Tran:** PLUNDER **Def:** To commit robbery or looting. **KJV:** spoil, take away, prey, rob, take, caught, gathering, robber **Str:** #0962

בזא *BZA* (ch) **Def:** A division of what is plundered.

186 בזא (vrb) *baw'zaw* **Tran:** DIVIDE **Def:** division made by cutting into pieces. **KJV:** spoiled **Str:** #0958

בזה *BZH* (ch) **Def:** To treat something as spoiled, no longer of value.

187 בזה (vrb) *baw'zaw* **Tran:** DISDAIN **Def:** A feeling of contempt for what is beneath one; to look upon with scorn; to treat something as spoiled or no longer of value. **KJV:** despise, disdain, scorn, contemned **Str:** #0959

188 בזוה (masc) *baw'zo* **Tran:** DISDAIN **Def:** Something that is considered vile. **KJV:** despise **Str:** #0960

189 בזיון (masc) *biz'zaw'yone* **Tran:** DISDAIN **Def:** Something that is treated as spoiled, no longer of value. **KJV:** contempt **Str:** #0963

בוז *BWZ* (ch) **Def:** To treat something as spoiled, no longer of value.

190 בוז (vrb) *booz* **Tran:** DESPISE **Def:** To look down on with contempt or aversion. **KJV:** despise, contemned **Str:** #0936

191 בוז (masc) *booz* **Tran:** DESPISED **Alt:** despisableness **Def:** One who is looked down upon with contempt or aversion. **KJV:** contempt, despise, shame **Str:** #0937

192 בוזה (fem) *boo'zaw* **Tran:** DESPISED **KJV:** despised **Str:** #0939

בזק *BZQ* (ad)

193 בזק (masc) *baw'zawk* **Tran:** LIGHTNING **KJV:** lightning **Str:** #0965

בזר *BZR* (ad)

194 בזר (vrb) *baw'zar* **Tran:** SCATTER **KJV:** scatter **Str:** #0967

בצע *BTsAh* (ad) **Rel:** a plunder as a cutting

195 בצע (vrb) *baw'tsah* **Tran:** PILLAGE **Def:** To cut something off to destroy it; to take something by force or greed (in the sense of cutting away) **KJV:** cut off, gained, given, greedy, covet, finish, wound **Str:** #1214

196 בצע (masc) *beh'tsah* **Tran:** PROFIT **Def:** A valuable return; to derive benefit. The taking of money or something of value through force. **Rel:** In the sense of cutting. **KJV:** covetousness, gain, profit, lucre **Str:** #1215

בח *BHh* (pr) **Act:** Slaughter, Sacrifice, Examine, Choose **Obj:** Knife, Watchtower, Firstfruits, Altar **Abs:** Youth **Def:** The killing of an animal for slaughter by inserting the point of the knife into throat to sever the artery. **AH:** ט𐤐

אבח *ABHh* (ch)

197 אבחה (fem) *ib'khaw* **Tran:** POINT **Def:** The point of a sword or knife. **KJV:** point **Str:** #0019

בחן *BHhN* (ad) **Def:** A close and careful examination of a place or something. An inspection to determine effectiveness. **Rel:** examination to select a choice one

198 בחן (vrb) *baw'khan* **Tran:** WATCH.OVER **Def:** To inspect closely; to test, try or scrutinize. **KJV:** try, prove, examine, tempt, trial **Str:** #0974

199 בחן (masc) *bakh'an* **Tran:** WATCHTOWER **Def:** place of inspection. **KJV:** tower **Str:** #0975

200 בחין (masc) *bakh'een* **Tran:** WATCHTOWER **Def:** place of inspection. **KJV:** tower **Str:** #0971

201 בחון (masc) *baw'khone* **Tran:** WATCHTOWER **Def:** place of inspection. **KJV:** tower **Str:** #0969

202 בוחן (masc) *bo'khan* **Tran:** TESTED **Def:** Something that has been tested through inspection and found worthy. **KJV:** tried **Str:** #0976

בחר *BHhR* (ad) **Def:** An examination to determine the choicest. **Rel:** choosing a choice one

203 בחר (vrb) *baw'khar* **Tran:** CHOOSE **Def:** To select freely and after consideration. **KJV:** choose, chosen, choice, acceptable, appoint, excellent **Str:** #0977

204 בחיר (masc) *baw'kheer* **Tran:** CHOSEN **KJV:** chosen, choice one, chosen one, elect **Str:** #0972

205 בחור (masc) *baw'khoor* **Tran:** YOUTH **Def:** A young person as one chosen for an activity. **KJV:** young, chosen **Str:** #0970

206 בחורות (fem) *bekh'oo'rothe* **Tran:** YOUTH **Def:** The state of being at a young age. **KJV:** youth **Str:** #0979

207 מבחר (masc) *mib'khawr* **Tran:** CHOSEN **Def:** Someone or something that is the object of choice or of divine favor. **KJV:** choose, chosen, choice, acceptable, appoint, excellent **Str:** #4005

208 מבחור (masc) *mib'khore* **Tran:** CHOICE **Def:** The best of a group. **KJV:** choice **Str:** #4004

בכר *BKR* (ad) **Def:** The firstfruits of the crop or womb. Can also be used for someone or something of great prominence as the firstborn is the prominent one who receives the greater inheritance and respect from the family. **Rel:** the firstfruits being the choicest

209 בכר (vrb) *baw'kar* **Tran:** BE.FIRSTBORN **Def:** To give birth to the first out of the womb or the first produce of the crops. **KJV:** firstborn, new fruit, firstling **Str:** #1069

210 בכר (masc) *beh'ker* **Tran:** YOUNG.CAMEL **Def:** A dromedary of short age. **KJV:** dromedary **Str:** #1070

211 בכירה (fem) *bek'ee'raw* **Tran:** FIRSTBORN.FEMALE **Def:** The daughter that is born first; the prominent one. **KJV:** firstborn **Str:** #1067

212 בכור (masc) *bek'ore* **Tran:** FIRSTBORN **Def:** The first offspring, usually a son, of a man or animal; the prominent one. **KJV:** firstborn, firstling, eldest **Str:** #1060

213 בכורה (fem) *bek'o'raw* **Tran:** BIRTHRIGHT **Def:** Rights, privileges or possessions to which a person is entitled by birth. The rights of the firstborn son (see Deut. 21:17). Also, meaning the "firstborn." **KJV:** birthright, firstling, firstborn **Str:** #1062

214 בכורה (fem) *bak'koo'raw* **Tran:** FIRSTRIPE **Def:** The first fruits of the harvest. **KJV:** firstripe **Str:** #1073

215 ביכרה (fem) *bik'raw* **Tran:** CAMEL **Def:** young female camel. **KJV:** dromedary **Str:** #1072

216 ביכור (masc) *bik'koor* **Tran:** FIRST.FRUIT **Def:** The first gathered fruits of a harvest; the first results of an undertaking. **KJV:** firstfruit, firstripe, hasty **Str:** #1061

217 ביכורה (fem) *bik'koo'raw* **Tran:** FIRSTFRUIT **KJV:** firstripe **Str:** #1063

זבח *ZBHh* (ad) **Def:** The killing of an animal for food or sacrifice.

218 זבח (vrb) *zaw'bakh* **Tran:** SACRIFICE **Def:** An act of offering to deity something precious; to kill an animal for an offering. **KJV:** sacrifice, offer, kill, slay **Str:** #2076 **Aramaic:** דבח *deb'akh* #1684

219 זבח (masc) *zeh'bakh* **Tran:** SACRIFICE **Def:** An animal killed for an offering. **KJV:** sacrifice, offering, offer **Str:** #2077 **Aramaic:** דבח *deb'akh* #1685

220 מזבח (masc) **Tran:** ALTAR **Def:** The place of sacrifice. **KJV:** alter **Aramaic:** מדבח *mad'bakh* #4056

221 מזבח (masc) *miz'bay'akh* **Tran:** ALTAR **Def:** The place of sacrifice. **KJV:** alter **Str:** #4196

טבח *ThBHh* (ad)

222 טבח (vrb) *taw'bakh* **Tran:** BUTCHER **Def:** One who slaughters animals or dresses their flesh. **KJV:** kill, slaughter, slay **Str:** #2873

223 טבח (masc) *tab'bawkh / teh'bakh* **Tran:** SLAUGHTERING **Def:** The act of slaughtering, the meat of the slaughter or one who slaughters. Also, an executioner as one who slaughters. **KJV:** slaughter, slay, sore, beast, guard, cook **Str:** #2874, #2876 **Aramaic:** *tab'bawkh* #2877

224 טבחה (fem) *tab'baw'khaw* **Tran:** COOK **Def:** One who slaughters animals for food. **KJV:** cook **Str:** #2879

225 מטבח (masc) *mat'bay'akh* **Tran:** SLAUGHTER **KJV:** slaughter **Str:** #4293

226 טיבחה (fem) *tib'khaw* **Tran:** SLAUGHTER **Def:** The act of slaughtering. Also the meat of the slaughter. **KJV:** flesh, slaughter **Str:** #2878

בט *BTh* (pr) **Act:** Utter **Obj:** Cracks, Marble, Belly, Waist **Def:** Something that is broken up into pieces. **AH:** ⊗ט

227 בתה (fem) *bat'taw / baw'thaw* **Tran:** DESOLATION **Rel:** The crevices, clefts and cracks in rock cliffs and outcroppings. Something that is broken into pieces. A place of desolation. **KJV:** waste, desolate **Str:** #1326, #1327

בטא *BThA* (ch) **Def:** An incoherent, broken or rash utterance of words usually spoken as a vow.

228 בטה (vrb) *baw'taw* **Tran:** UTTER **Def:** To speak out words. **KJV:** pronounce, speak unadvisedly **Str:** #0981

229 מבטא (masc) *mib'taw* **Tran:** UTTERANCE **Def:** Words that are spoken out. **KJV:** uttered **Str:** #4008

בהט *BHTh* (ch) **Def:** The intersecting lines of marble appear as broken pieces.

230 בהט (masc) *bah'hat* **Tran:** RED.MARBLE **KJV:** red **Str:** #0923

בטן *BThN* (ad) **Rel:** the middle of the body as a division

231 בטן (fem) *beh'ten* **Tran:** WOMB **Def:** An organ where something is generated or grows before birth. **KJV:** belly, womb, body, within, born **Str:** #0990

232 בוטן (masc) *bo'ten* **Tran:** PISTACHIO **Def:** A greenish-yellow nut from a small tree of the same name. From its belly shape. **KJV:** nuts **Str:** #0992

בנט *BNTh* (ad) **Rel:** The middle of the body as a division

233 אבנט (masc) *ab'nate* **Tran:** SASH **Def:** A waistband worn around the waist. **KJV:** girdle **Str:** #0073

בתק *BTQ* (ad) **Def:** A cutting into pieces.

234 בתק (vrb) *baw'thak* **Tran:** CUT **KJV:** thrust **Str:** #1333

בתר *BTR* (ad) **Def:** A cutting into two pieces.

235 בתר (vrb) *baw'thar* **Tran:** CUT.IN.TWO **Def:** To sever into two pieces or parts. **KJV:** divide **Str:** #1334

236 בתר (masc) *beh'ther* **Tran:** CUT.PIECE **Def:** A sacrificial animal that has been cut into pieces. **KJV:** piece, part **Str:** #1335

בי *BY* (pr) **Act:** Need **Obj:** Empty **Abs:** Sorrow **Def:** An empty hand desiring to be filled. **AH:** ב⌐ט- The pictograph ט , a picture of the house represents what is inside. The ⌐ב is the hand. When combined these mean "inside the hand."

אבי *ABY* (ch) **Def:** A void within oneself that desires to be filled.

237 אבוי (masc) *ab'o'ee* **Tran:** SORROW **Def:** pain of desire. **KJV:** sorrow **Str:** #0017

238 אביון (masc) *eb'yone* **Tran:** NEEDY **Def:** In a condition of need or want. **KJV:** needy, poor, beggar **Str:** #0034

239 אביונה (fem) *ab'ee'yo'naw* **Tran:** WANTS **Def:** void that one desires to fill. **KJV:** desire **Str:** #0035

בך *BK* (pr) **Act:** Weep, Roll, Entangle **Obj:** Tears, Spring **Abs:** Confusion **Def:** The placing of one eyes in the palms when crying. A weeping from mourning or from the billowing of smoke in the eyes. **AH:** ש‌ט- The pictograph ט is a tent representing what is inside. The ש is the palms of the hand. Combined these mean the "inside the palms."

אבך *ABK* (ch) **Def:** The rolling of the tears down the cheek.

240 אבך (vrb) *aw'bak* **Tran:** ROLL **Def:** The rolling of smoke. **KJV:** mount up **Str:** #0055

בכא *BKA* (ch)

241 בכא (masc) *baw'kaw* **Tran:** BALSAM **Def:** tree that weeps sap when cut. **KJV:** mulberry tree **Str:** #1057

בכה *BKH* (ch)

242 בכה (vrb) *baw'kaw / beh'keh* **Tran:** WEEP **Def:** To express deep sorrow, especially by shedding tears. **KJV:** weep, bewail, sore, mourned, wail **Str:** #1058, #1059

243 בכית (fem) *bek'eeth* **Tran:** TIME.OF.WEEPING **Def:** A period of sadness or mourning. **KJV:** mourning **Str:** #1068

244 בכי (masc) *bek'ee* **Tran:** WEEPINGS **Def:** The act of expressing sorrow by shedding tears. **KJV:** weep, overflowing, sore **Str:** #1065

בוך *BWK* (ch) **Def:** To be tangled, confused or lost in a place of uncertainty that can bring one to tears.

245 בוך (vrb) *book* **Tran:** ENTANGLED **Def:** Twisted together or interwoven in a confused manner. Involved. **KJV:** perplexed, entangled **Str:** #0943

246 מבוכה (fem) *meb'oo'kaw* **Tran:** CONFUSION **Def:** state of entanglement. **KJV:** perplexity **Str:** #3998

נבך *NBK* (ad) **Rel:** a weeping of the land

247 נבך (masc) *nay'bek* **Tran:** SPRING **Def:** spring of water. **KJV:** spring **Str:** #5033

בל *BL* (pr) **Act:** Flow, Wear, Stir, Mix, Twist **Obj:** Fodder, Stream, Flood, Old **Abs:** Nothing, Trouble **Def:** A flowing of any substance. **AH:** ט/

248 בל (com) *bal* **Tran:** NONE **Def:** Not any, no part. **Rel:** To come to nothing when effort is given. **KJV:** none, not, nor, lest, nothing, not, neither, no **Str:** #1077

249 בלי (masc) *bel'ee* **Tran:** UNAWARE **Alt:** not; nothing; lack of. **Def:** Without design, attention, preparation, or premeditation. **KJV:** not, without, lack, confusion **Str:** #1097

250 תבלית (fem) *tab'leeth* **Tran:** RUIN **Def:** complete flowing away of something by destruction. **KJV:** destruction **Str:** #8399

251 בלו (masc) **Tran:** TRIBUTE **KJV:** tribute **Aramaic:** *bel'o* #1093

בלל *BLL* (ch) **Def:** A flowing or mixing of a liquid or solid.

252 בלל (vrb) *baw'lal* **Tran:** MIX **Def:** To combine in one mass; to mingle together. **KJV:** mingle, confound, anoint, mix **Str:** #1101

253 בליל (masc) *bel'eel* **Tran:** FODDER **Def:** mixed feed for livestock. **KJV:** fodder, corn, provender **Str:** #1098

254 תבל (fem) *teh'bel* **Tran:** UNNATURAL.MIX **Def:** An action that lacks any results. **KJV:** confusion **Str:** #8397

255 תבלול (masc) *teb'al'lool* **Tran:** CATARACT **Def:** The clouding color of the eyes that appear as a mixture. **KJV:** blemish **Str:** #8400

אבל *ABL* (ch) **Def:** A flowing of tears.

256 אבל (vrb) *aw'bal* **Tran:** MOURN **Def:** To feel or express grief or sorrow. **KJV:** mourn, mourner, lament **Str:** #0056

257 אבל (fem) *aw'bale / aw'bale / ay'bel* **Tran:** MOURNING **Def:** A flowing of tears. Also, a meadow as a weeping ground. **KJV:** mourning, plain **Str:** #0057, #0058, #0060

258 אבל (masc) *ab'awl* **Tran:** NEVERTHELESS **Def:** In spite of that. A flowing of certainty. **KJV:** but, nevertheless, indeed **Str:** #0061

259 אובל (masc) *oo'bawl* **Tran:** WATERWAY **Def:** flowing of water. **KJV:** river **Str:** #0180

בלא *BLA* (ch) **Def:** A flowing away life.

260 בלוא / בלוי (masc) *bel'o* **Tran:** OLD **KJV:** old **Str:** #1094

הבל *HBL* (ch) **Def:** A flowing out or away of contents.

261 הבל (vrb) *haw'bal* **Tran:** BE.VAIN **Def:** To be empty of contents or usefulness. **KJV:** become vain **Str:** #1891

262 הבל (masc) *heh'bel* **Tran:** VANITY **Def:** The state of being empty of contents or usefulness. **KJV:** vanity **Str:** #1892

בהל *BHL* (ch) **Def:** The flowing of the insides through trouble, amazement, haste or anxiety.

263 בהל (vrb) *baw'hal* **Tran:** STIR **Def:** To disturb the quiet of; agitate. **KJV:** haste, trouble, amaze, afraid, vex, rash, dismay, speedy, thrust out **Str:** #0926 **Aramaic:** *be'hal* #0927

264 בהלה (fem) *beh'haw'law* **Tran:** DISMAY **Def:** Sudden trouble, terror or ruin. **KJV:** trouble, terror **Str:** #0928

265 בהילו (masc) **Tran:** HASTE **KJV:** haste **Aramaic:** *be'hee'loo* #0924

בלה *BLH* (ch) **Def:** A flowing away of function, life or strength.

266 בלה (vrb) *baw'lah / baw'law* **Tran:** WEAR.OUT **Def:** To make useless, especially by long or hard usage. **KJV:** waxed old, old, consume, waste, enjoy **Str:** #1086, #1089

267 בלה (masc) *baw'leh* **Tran:** WORN.OUT **KJV:** old, wear out **Str:** #1087 **Aramaic:** בלא *bel'aw* #1080

268 בלהה (fem) *bal'law'haw* **Tran:** TERROR **Def:** flowing away of the insides. **KJV:** terror **Str:** #1091

בול *BWL* (ch) **Def:** A large flowing of water. As the river rises and overflows its banks, the surrounding lands are flooded depositing the water for growing the crops.

269 בול (masc) *bool* **Tran:** OVERGROWTH **Def:** The large amount of vegetation that grows on the banks of a river. **KJV:** food, stock **Str:** #0944

270 מבול (masc) *mab'bool* **Tran:** FLOOD **Def:** To cover with an overwhelming quantity or volume of water. **KJV:** flood **Str:** #3999

יבל *YBL* (ch) **Def:** A flowing of wealth, water or sound.

271 יבל (vrb) *yaw'bal* **Tran:** BRING **Def:** To cause to come by carrying, leading or dragging. **KJV:** carry, brought **Str:** #2986 **Aramaic:** *yeb'al* #2987

272 יבל (masc) *yaw'bawl* **Tran:** WATERCOURSE **Def:** A flowing body of water. **KJV:** stream, course **Str:** #2988

273 יבלת (fem) *yab'bale* **Tran:** ULCER **Def:** A flowing or seeping lesion. **KJV:** wen **Str:** #2990

274 יבול (masc) *yeb'ool* **Tran:** PRODUCT **Def:** The produce of fruits and crops that flourish in fields frequently flooded. **KJV:** increase, fruit **Str:** #2981

275 יובל (masc) *yo'bale* **Tran:** JUBILEE **Def:** A special celebration every fifty years. Also, the jubilee horn of a ram that was used to announce the time of celebration. **KJV:** jubilee, ram's horn, trumpet **Str:** #3104

276 תיבל (fem) *tay'bale* **Tran:** EARTH **Def:** The whole of the land or region. **Rel:** A land flowing with substance. **KJV:** world, habitable part **Str:** #8398

277 יובל (masc) *yoo'bal* **Tran:** CREEK **Def:** A flowing body of water. **KJV:** river **Str:** #3105

בלם *BLM* (ad) **Def:** A binding of the mouth to restrain an animal.

278   בלם (vrb) *baw'lam* **Tran:** MUZZLE **KJV:** held **Str:** #1102

בלע *BLAh* (ad) **Rel:** flowing down the throat

279   בלע (vrb) *baw'lah* **Tran:** SWALLOW **Def:** To pass through the mouth and move into the esophagus to the stomach. **KJV:** swallow, destroy, devour, covered **Str:** #1104

280   בלע (masc) *beh'lah* **Tran:** SWALLOWED **Def:** To take in so as to envelope. **KJV:** devouring, swallowed **Str:** #1105

בלק *BLQ* (ad) **Rel:** as a flowing away

281   בלק (vrb) *baw'lak* **Tran:** LAY.WASTE **Def:** To devestate, destroy or ruin. **KJV:** waste **Str:** #1110

בלת *BLT* (ad) **Rel:** as a flowing away

282   בילתי (com) *bil'tee* **Tran:** EXCEPT **Alt:** none; not. **Def:** With the exclusion of from the whole. The whole with the exception of one or more. **KJV:** not, except **Str:** #1115

דבל *DBL* (ad)

283   דבלה (fem) *deb'ay'law* **Tran:** CAKE **Def:** A bread made of pressed figs. **KJV:** cake, lump **Str:** #1690

טבל *ThBL* (ad)

284   טבל (vrb) *taw'bal* **Tran:** DIP **Def:** To plunge or immerse momentarily or partially, as under the surface of a liquid, to moisten, cool, or coat. **KJV:** dip, plunge **Str:** #2881

285   טבול (masc) *taw'bool* **Tran:** TURBAN **Rel:** **KJV:** dyed **Str:** #2871

כבל *KBL* (ad) **Rel:** the fibers flowing over each other

286   כבל (masc) *keh'bel* **Tran:** FETTER **Def:** As twisted together. **KJV:** fetters **Str:** #3525

נבל *NBL* (ad)

287   נבל (vrb) *naw'bale* **Tran:** FADE **Def:** To degrade a person, action or object. To droop or pass away. To wither away as a leaf. To wear out of strength. To act unproductively. **KJV:** fall, esteem, foolishly, nought, vile **Str:** #5034

288 נבל (masc) *neh'bel* **Tran:** PITCHER **Def:** A vessel for holding liquids such as a bottle or skin bag. Also a musical instrument of similar shape. **KJV:** psalteries, bottle, viol, flagon, pitcher, vessel **Str:** #5035

289 נבלה (fem) *neb'ay'law* **Tran:** CARCASS **Def:** The remains of a creature or person that has lost its life. **KJV:** carcass, die, dead, body **Str:** #5038

290 נבלות (fem) *nab'looth* **Tran:** VAGINA **Def:** In the sense of flowing. **KJV:** lewdness **Str:** #5040

נבל *NBL* (ad)

291 נבל (masc) *naw'bawl* **Tran:** FOOL **Def:** A silly or stupid person. **Rel:** In the sense of fading away. **KJV:** fool, foolish, vile **Str:** #5036

292 נבלה (fem) *neb'aw'law* **Tran:** FOLLY **Def:** Lack of good sense or prudence and foresight. In the sense of fading away. **KJV:** folly, villany, vile **Str:** #5039

סבל *SBL* (ad) **Rel:** raising

293 סבל (vrb) *saw'bal* **Tran:** CARRY **Def:** To transfer from one place to another; to transport as by vehicle. **Rel:** See the child root יבל. **KJV:** carry, bear, labour, burden **Str:** #5445 **Aramaic:** *seb'al* #5446

294 סבל (masc) *sab'bawl / say'bel* **Tran:** BURDEN **KJV:** burden, charge **Str:** #5447, #5449

295 סבלה (fem) *seb'aw'law* **Tran:** BURDEN **Def:** The heavy load carried in bondage. **KJV:** burden **Str:** #5450

296 סובל (masc) *so'bel* **Tran:** BURDEN **KJV:** burden **Str:** #5448

שבל *ShBL* (ad) **Def:** The flooding of the river which provides water to the surrounding crop fields. **Rel:** as a flowing

297 שבר (vrb) *shaw'bar* **Tran:** EXCHANGE **Def:** The act of giving or taking one thing in return for another. To buy or sell produce, usually grain. Bartering. **KJV:** buy, sell **Str:** #7666

298 שבר (masc) *sheh'ber* **Tran:** GRAIN.SEEDS **Def:** A family of grasses used for food. **Rel:** In the sense of being traded or sold. **KJV:** corn, victuals **Str:** #7668

Benner's Lexicon of Biblical Hebrew

299 שביל (masc) *shaw'beel* **Tran:** PATH **Def:** As the path of a stream. **KJV:** path **Str:** #7635

300 שובל (masc) *show'bel* **Tran:** UPPER.LEG **Def:** The thigh muscle of the lower appendages. **KJV:** leg **Str:** #7640

301 שבלול (masc) *shab'lool* **Tran:** SNAIL **Def:** From the trail it leaves appearing like a stream. **KJV:** snail **Str:** #7642

302 שיבולת (fem) שיבול (masc) שיבול / סבלת *shib'bole / sib'bo'leth* **Tran:** EAR.OF.GRAIN **Def:** The cluster of seeds found on grass crops. **Rel:** From the floods that gives water to the soil for growing crops. **KJV:** branch, channel, flood, ear **Str:** #5451, #7641

שבק *ShBQ* (ad) **Rel:** empty

303 שבק (vrb) **Tran:** BE.LET.ALONE **Def:** To be let go. **KJV:** leave, alone **Aramaic:** *sheb'ak* #7662

בם *BM* (pr) **Act:** Marry **Obj:** High, Beast, Brother-in-law **Def:** Anything that is tall, high or that is lifted up or exalted. **AH:** ~~ט

בהם *BHM* (ch) **Def:** A tall creature.

304 בהמה (fem) *be'hay'maw / be'hay'mohth* **Tran:** BEAST **Def:** An animal as distinguished from man or a plant. A tall or large creature. Also, representative of wealth, as one who is exalted. **KJV:** beast, cattle **Str:** #0929, #0930

במה *BMH* (ch)

305 במה (fem) *bam'maw* **Tran:** PLATFORM **Def:** A place higher than the surrounding area. Often used in reference to sacred, or exalted, places. **KJV:** high place, heights, wave **Str:** #1116

יבם *YBM* (ch) **Def:** When a husband dies his brother takes his place as his sister-in-laws husband. Any children born to him will be of his brother's line in order to continue, lift up, his family.

306 יבם (vrb) *yaw'bam* **Tran:** DO.THE.MARRIAGE.DUTY **Def:** To perform the duty of the brother-in-law. When a brother dies, it is his brother's responsibility to marry his sister-in-law to provide his brother a child there-by, exalting the woman to her responsibility of bringing a child for her dead husband. **KJV:** marry **Str:** #2992

Benner's Lexicon of Biblical Hebrew

307 יבם (masc) *yaw'bawm* **Tran:** BROTHER-IN-LAW **Def:** A male sibling of one's spouse. **KJV:** husband's brother **Str:** #2993

308 יבמת (fem) *yeb'ay'meth* **Tran:** SISTER-IN-LAW **Def:** A female sibling of one's spouse. **KJV:** brother's wife, sister in law **Str:** #2994

ב *BN* (pr) **Act:** Build, Plan **Obj:** Tent panel, Son, Stone, Thumb, Building, White **Abs:** Intelligence, Understanding **Def:** The tent was constructed of woven goat hair. Over time the sun bleaches and weakens the goat hair necessitating their continual replacement. Each year the women make a new panel, approximately 3 feet wide and the length of the tent. The old panel is removed (being recycled into a wall or floor) and the new strip is added to the tent. Since the tent is only replaced one small piece at a time the tent essentially lasts forever. **AH:** ⌐⌐ - The pictograph ⌐ is a picture of the tent. The ⌐ is a picture of a sprouting seed and represents continuity as the seed continues the next generation. The combined meaning of these letters means "the continuing of the house."

309 בן (masc) *bane / bar* **Tran:** SON **Def:** A male offspring. This can be the son or a later male descendant of the father. One who continues the family line. **Rel:** There are many similarities between building a tent out of goat hair panels and the building of a house out of sons (The idea of building a house with sons can be seen in Genesis 30.3). Just as the tent panels are added to continue the tent, sons are born to the family to continue the family line. Just as the tent is continually being renewed with new panels, the family is continually being renewed with new sons. **KJV:** son, children, old, first, man, young, stranger, people **Str:** #1121, #1248 **Aramaic:** בר #1123, #1247

310 בת (fem) *bath* **Tran:** DAUGHTER **Def:** A female having the relation of a child to parent. A village that resides outside of the city walls; as "the daughter of the city." **KJV:** daughter, town, village, first, apple, branches, children, company, eye, old **Str:** #1323

311 תבן (masc) *teh'ben* **Tran:** STRAW **Def:** Stalks of grain after threshing; dry, stalky plant residue. When more permanent structures were built, they were constructed of stones and bricks made of clay and straw; replacing the tent panels as the

main component of construction for dwellings. **KJV:** straw, stubble, chaff **Str:** #8401

312 מתבן (masc) *math'bane* **Tran:** STRAW **Def:** When more permanent structures were built, they were constructed of stones and bricks, made of clay and straw, replacing the tent panels as the main component of construction for dwellings. **KJV:** straw **Str:** #4963

בנן *BNN* (ch) **Def:** The building of a family or a structure for housing the family.

313 בנין (masc) *bin'yawn* **Tran:** BUILDING **KJV:** building **Str:** #1146 **Aramaic:** #1147

אבן *ABN* (ch)

314 אבן (fem) *eh'ben* **Tran:** STONE **Def:** A piece of rock, often in the context of building material. **KJV:** stone **Str:** #0068 **Aramaic:** #0069

315 אובן (masc) *o'ben* **Tran:** STONE.STOOL **Def:** A platform made of stone and used by a potter or a midwife. **KJV:** stone, wheel **Str:** #0070

הבן *HBN* (ch) **Def:** The hardness of stone or brick.

316 הבן (masc) *ho'ben* **Tran:** EBONY **Def:** hard wood. **KJV:** ebony **Str:** #1894

בהן *BHN* (ch) **Def:** The part of the body understood as the builder by the Hebrews.

317 בוהן (fem) *bo'hen* **Tran:** THUMB **Def:** The opposable digit of the hand. Also, the big toe of the foot. Perceived as the builder because of its unique abilities. **KJV:** thumb, great toe **Str:** #0931

בנה *BNH* (ch) **Def:** A structure built for occupation.

318 בנה (vrb) *baw'naw* **Tran:** BUILD **Def:** To construct a building or home with wood, stone or other material or a family with sons. **KJV:** build, build up, builder, repair, set up, building, make, children **Str:** #1129 **Aramaic:** בנא *ben'aw* #1124

319 בניה (fem) *bin'yaw* **Tran:** BUILDING **KJV:** building **Str:** #1140

320   מבנה (masc) *mib'neh* **Tran:** STRUCTURE **Def:** The framework of a building. **KJV:** frame **Str:** #4011

321   תבנית (fem) *tab'neeth* **Tran:** PATTERN **Def:** A model or instructions detailing a construction. **KJV:** pattern, likeness, form, similtude, figure **Str:** #8403

     בון *BWN* (ch) **Def:** The skill of the mind and hands to build. Before the tent is constructed the location and orientation must be carefully considered according to weather, view and size. The planning and building of a house, structure or family.

322   תבון (masc) תבונה (fem) *taw'boon* **Tran:** INTELLIGENCE **Def:** The ability to learn, reason, plan and build. **KJV:** understanding, discretion, reasons, skillfulness, wisdom **Str:** #8394

     בין *BYN* (ch) **Def:** The tent was usually divided into two parts, one for the females and the other for the male. The wall makes a distinction between the two sides. Understanding as the ability to discern between two or more things.

323   בין (vrb) *bene* **Tran:** UNDERSTAND **Def:** To grasp the meaning of; to have comprehension. **KJV:** understand, cunning, skilful, teacher, taught, consider, perceive, wise, viewed, discern, prudent, consider **Str:** #0995

324   בין (com) *bane / bay'nah'yim* **Tran:** BETWEEN **Def:** Intermediate to, in time, quantity, or degree. **Rel:** As the wall is between the two sides of the tent. **KJV:** between, among, asunder, betwixt, within, out of, from **Str:** #0996, #1143 **Aramaic:** *bane* #0997

325   בינה (fem) *bee'naw* **Tran:** UNDERSTANDING **Def:** A comprehension of the construction of a structure or thought. **KJV:** understanding, wisdom, knowledge, meaning, perfectly, understand **Str:** #0998 **Aramaic:** #0999

     לבן *LBN* (ad) **Rel:** a building material

326   לבן (vrb) *law'ban* **Tran:** MAKE.BRICKS **Alt:** Be white, from the color of the bricks. **Def:** To shape moist clay or earth into blocks for construction purposes. **Rel:** Bricks, like stones, are used to "build" houses. **KJV:** white, brick, whiter **Str:** #3835

Benner's Lexicon of Biblical Hebrew

327 לבן (masc) לבנה (fem) *law'bawn* **Tran:** WHITE **Def:** Free from color, the color of bricks in the Near East. **KJV:** white **Str:** #3836

328 לבנה (fem) *leb'ay'naw / lib'naw* **Tran:** BRICK **Def:** A building material typically whitish in color, rectangular and made of moist clay hardened by heat. **KJV:** paved, brick, tile **Str:** #3840, #3843

329 לבנה (fem) *leb'aw'naw* **Tran:** WHITE.MOON **Def:** As a bright white. **KJV:** moon **Str:** #3842

330 לבונה (fem) *leb'o'naw* **Tran:** FRANKINCENSE **Def:** A resin or gum that is a residue from the bark of a particular ash or fir tree. Used as incense, perfume, or with an offering. **Rel:** From its whiteness. **KJV:** frankincense, incense **Str:** #3828

331 ליבנה (fem) *lib'neh* **Tran:** POPLAR **Def:** A tree with white bark. **Rel:** From its whiteness. **KJV:** poplar **Str:** #3839

332 מלבן (masc) *mal'bane* **Tran:** BRICK.KILN **Def:** furnace for firing bricks. **KJV:** brickkiln **Str:** #4404

בס *BS* (pr) **Act:** Trample, Feed, Swell, Subdue **Obj:** Corral, Fat, Spice, Footstool, Dough **Abs:** Anger **Def:** The corral or pen is used for storing livestock. **AH:** ₸ֶט

אבס *ABS* (ch) **Def:** Livestock chosen for slaughter are placed in pens and fed to make them.

333 אבס (vrb) *aw'bas* **Tran:** FEED.GRAIN **Def:** To feed livestock or fowl grain to make fat. **KJV:** fatted, stalled **Str:** #0075

334 אבוס (masc) *ay'booce* **Tran:** MANGER **Def:** feeding trough. **KJV:** crib **Str:** #0018

335 מאבוס (masc) *mah'ab'ooce* **Tran:** GRANARY **Def:** place for storing feed. **KJV:** storehouse **Str:** #3965

בוס *BWS* (ch) **Def:** The ground inside the stall is heavily trampled by the livestock and made hard and compact.

336 בוס (vrb) *boos* **Tran:** TRAMPLE.DOWN **Def:** To purposely destroy by stomping upon to break or smash. **KJV:** tread, loathe **Str:** #0947

337 תבוסה (fem) *teb'oo'saw* **Tran:** TRAMPLED **Def:** To be destroyed by being tread upon. **KJV:** destruction **Str:** #8395

338 מבוסה (fem) *meb'oo'saw* **Tran:** TRAMPLED **KJV:** tread down, tread under foot **Str:** #4001

בנס *BNS* (ad)

339 בנס (vrb) **Tran:** ANGER **KJV:** angry **Aramaic:** *ben'as* #1149

בצק *BTsQ* (ad) **Def:** The swelling of dough as it ferments.

340 בצק (vrb) *baw'tsake* **Tran:** SWELL.UP **Def:** To rise or increase in size. **KJV:** swell **Str:** #1216

341 בצק (masc) *baw'tsake* **Tran:** DOUGH **Def:** A mass of flour and water that rises when yeast is added and is then baked into bread or cakes. **KJV:** dough, flour **Str:** #1217

בשס *BShS* (ad)

342 בשס (vrb) *baw'shas* **Tran:** TRAMPLE **KJV:** tread **Str:** #1318

כבס *KBS* (ad) **Def:** Clothes were placed in the cleaning solution and trampled on.

343 כבס (vrb) *kaw'bas* **Tran:** WASH **Def:** To immerse articles of clothing into a cleaning solution and agitate them, usually by treading upon them, to clean them; to clean the body. **KJV:** wash, fuller **Str:** #3526

כבש *KBSh* (ad)

344 כבש (vrb) *kaw'bash* **Tran:** SUBDUE **Def:** To conquer and bring into subjection; bring under control. Place the foot on the land in the sense of subduing it. Also, to place one's foot into another nation in the sense of subduing it. **KJV:** subdue, subjection, bondage, under, force **Str:** #3533

345 כבש (masc) *keh'besh* **Tran:** FOOTSTOOL **KJV:** footstool **Str:** #3534

346 כיבשן (masc) *kib'shawn* **Tran:** FURNACE **Def:** An enclosed structure in which heat is produced by burning wood inside. **KJV:** furnace **Str:** #3536

בע *BAh* (pr) **Act**: Swell, Burn, Belch, Shake, Kick **Obj**: Spring, Heap, Boils, Thigh **Abs**: Fear **Def**: A gushing over or swelling up as an eruption or a fountain. **AH**: ⊙ש

347 בעי (masc) *beh'ee* **Tran**: HEAP **Def**: mound of dirt over a grave. **KJV**: grave **Str**: #1164

אבע *ABAh* (ch)

348 אבעבועה (fem) *ab'ah'boo'aw* **Tran**: PUSTULE **Def**: A swelling irritation that festers on the skin. An inflammatory pustule as an eruption. **KJV**: blains **Str**: #0076

בעה *BAhH* (ch)

349 בעה (vrb) *baw'aw* **Tran**: SEEK **KJV**: boil, swelling, seek, enquire, ask, desire, pray, request **Str**: #1158 **Aramaic**: בעא *beh'aw* #1156

בוע *BWAh* (ch) **Def**: A swelling up of water from the ground.

350 מבוע (masc) *mab'boo'ah* **Tran**: SPRING **KJV**: fountain **Str**: #4002

בעט *BAhTh* (ad)

351 בעט (vrb) *baw'at* **Tran**: KICK **Def**: To strike with the foot. **KJV**: kick **Str**: #1163

בער *BAhR* (ad) **Def**: A burning with fire or rage.

352 בער (vrb) *baw'ar* **Tran**: BURN **Alt**: ignite. **Def**: To undergo rapid combustion or consume fuel in such a way as to give off heat, gases, and, usually, light; be on fire; have fierce anger **KJV**: burn, kindle, brutish, eaten, set **Str**: #1197

353 בער (masc) *bah'ar* **Tran**: BARBARIAN **Def**: One who destroys everything in his path as a fire does. **KJV**: brutish, foolish **Str**: #1198

354 בערה (fem) *be'ay'raw* **Tran**: BURNING **Def**: Something that is aflame with fire. **KJV**: fire **Str**: #1200

בעת *BAhT* (ad)

355 באת (vrb) *baw'ath* **Tran**: TERRIFY **KJV**: troubled, afraid, terrify, affrighted **Str**: #1204

356 בעתה (fem) *beh'aw'thaw* **Tran:** TROUBLE **Def:** What causes fear. **KJV:** trouble **Str:** #1205

357 ביעות (masc) *be'oo'theme* **Tran:** TERROR **Def:** What causes fear. **KJV:** terror **Str:** #1161

טבע *ThBAh* (ad)

358 טבע (vrb) *taw'bah* **Tran:** SINK **Def:** To fall, drop, or descend down to a lower level. **KJV:** sink, drown, settle, fasten **Str:** #2883

359 טבעת (fem) *tab'bah'ath* **Tran:** RING **Def:** A circular band of metal or other durable material. Also, the signet ring containing the mark of the owner that is sunk into a lump of clay as a seal. **KJV:** ring **Str:** #2885

נבע *NBAh* (ad) **Rel:** as a swelling of the stomach

360 נבע (vrb) *naw'bah* **Tran:** BELCH.OUT **Def:** To eject gas noisily from the stomach through the mouth; to issue out with force. **KJV:** utter, pour, send, flow **Str:** #5042

פחד *PHhD* (ad) **Def:** The shaking and trembling of the thighs when afraid or in reverence of an awesome thing.

361 פחד (vrb) *paw'kkad* **Tran:** SHAKE.IN.AWE **Def:** To physically or mentally tremble in amazement or fear. **KJV:** fear, afraid, awe, shake **Str:** #6342

362 פחד (masc) *pakh'ad / pakh'ad* **Tran:** AWE **Def:** As shaking when in the presence of an awesome sight. **KJV:** fear, dread, terror, stone **Str:** #6343, #6344

363 פחדה (fem) *pakh'daw* **Tran:** AWESOMENESS **KJV:** fear **Str:** #6345

צבע *TsBAh* (ad) **Def:** The dipping of the finger into a vat of dye and dripping color onto something.

364 צבע (vrb) *tsaw'boo'ah* **Tran:** WET **Def:** To be wet with the drops of dew. **KJV:** wet **Str:** #6641 **Aramaic:** *tseb'ah* #6647

365 צבע (masc) *tseh'bah* **Tran:** SPOTS **Def:** Something spotted with different colors. **KJV:** colors **Str:** #6648

366 אצבע (fem) *ets'bah* **Tran:** FINGER **Def:** The extension of the hand. Can be used to point. **Rel:** Through the sense of

dipping into a liquid, such as blood, and dripping drops onto something. **KJV:** finger, toe **Str:** #0676 **Aramaic:** #0677

בץ *BTs* (pr) **Obj:** Mud, Linen, Egg **AH:** ט‎ך

367 בץ (masc) *botse* **Tran:** MUD **KJV:** mire **Str:** #1206

368 בצה (fem) *bits'tsaw* **Tran:** SWAMP **KJV:** mire, fens, miry place **Str:** #1207

בוץ *BWTs* (ch)

369 בוץ (masc) *boots* **Tran:** LINEN **Def:** White and fine linen. **KJV:** linen **Str:** #0948

ביץ *BYTs* (ch) **Def:** The miry texture of egg whites.

370 ביצה (fem) *bay'tsaw* **Tran:** EGG **Def:** The roundish reproductive body produced by the female bird. **KJV:** egg **Str:** #1000

בק *BQ* (pr) **Act:** Drain, Fail, Wrestle **Obj:** Bottle, Dust, Empty **Def:** A thing or place empty of contents or inhabitants. **AH:** טפ

371 בקבוק (masc) *bak'book* **Tran:** BOTTLE **KJV:** bottle, cruse **Str:** #1228

בקק *BQQ* (ch)

372 בקק (vrb) *baw'kah* **Tran:** EMPTY.OUT **Def:** To be drained away. **KJV:** empty, make void, emptier, fail **Str:** #1238

אבק *ABQ* (ch) **Def:** The arid landscape of an empty land.

373 אבק (vrb) *aw'bak* **Tran:** GRAPPLE **Def:** A hand-to-hand struggle. Rolling around in the dust when wrestling. **KJV:** wrestled **Str:** #0079

374 אבק (masc) *aw'bawk* **Tran:** DUST **Def:** Fine particles of earth or other material that are easily disturbed to create a cloud. **KJV:** dust, powder **Str:** #0080

375 אבקה (fem) *ab'aw'kaw* **Tran:** AROMATIC.POWDER **KJV:** powders **Str:** #0081

בהק *BHQ* (ch) **Def:** A harmless skin rash or spot empty of fluid.

376 בוהק (masc) *bo'hak* **Tran:** RASH **Def:** A harmless eruption of the skin. **KJV:** freckled spot **Str:** #0933

בוק *BWQ* (ch)

377 בוקה (fem) *boo'kaw* **Tran:** VACANT **Def:** In a state of emptiness, void or waste. **KJV:** empty **Str:** #0950

378 מבוקה (fem) *meb'oo'kah* **Tran:** DRAINED **KJV:** void **Str:** #4003

דבק *DBQ* (ad)

379 דבק (vrb) *daw'bak* **Tran:** ADHERE **Def:** To join or stick to someone or something. **KJV:** cleave, follow, overtake, stick, keep, abide, close, join, pursue **Str:** #1692 **Aramaic:** *deb'ak* #1693

380 דבק (masc) *daw'bake / deh'bek* **Tran:** FASTENER **Def:** An item for joining items together. **KJV:** joint, soldering, cleave, join, stick **Str:** #1694, #1695

בר *BR* (pr) **Act:** Feed, Fly, Fatten, Divide, Eat, Kneel, Thrust, Kneel **Obj:** Grain, Soap, Wing, Pit, Fat, Meat, Palace, Warrior, Cypress, Sword, Knee **Abs:** Covenant, Prevail **Def:** The plant families of grains such as wheat and barley have a cluster of seeds at the top of the stalk called "heads." These grains were used for food for both man and livestock. **AH:** ࠨט- The pictograph ט is a picture of a tent but also represents the family which resides inside the tent. The ࠨ is a picture of a head. Combined these have the meaning of "family of heads."

381 בר (masc) *bawr* **Tran:** GRAIN **Def:** A seed or fruit of a cereal grass. The grain and the field as a place for growing grain. **Rel:** Grains grown in fields were used for meal to make flour as well as feed for livestock. The stalks of the grains were burned to make potash for making soap. What is cleaned with soap becomes white or bright. **KJV:** corn, wheat, field **Str:** #1250 **Aramaic:** *bar* Field, as the place of grain. #1251

382 ברבור (masc) *bar'boor* **Tran:** FOWL **Def:** Birds fattened on the grains in the field. **KJV:** fowl **Str:** #1257

ברר *BRR* (ch) **Def:** The stalks of the grains were burned to make potash for making soap.

383 ברר (vrb) *baw'rar* **Tran:** BE.PURE **Def:** The cleaning or polishing of something to make it bright or pure. May also

mean "choice" in the sense of being clean or pure. **KJV:** pure, choice, chosen, clean, clearly, manifest, bright, purge out, polished, purge, purified **Str:** #1305

384 בר (masc) ברה (fem) *bar* **Tran:** PURE **Def:** Without impurity; clean (physically or morally). **KJV:** clean, pure, clear **Str:** #1249

אבר *ABR* (ch) **Def:** The fowl, fed on grain, becomes strong for the long flight.

385 אבר (vrb) *aw'bar* **Tran:** SOAR **KJV:** fly **Str:** #0082

386 אבר (masc) *ay'ber* **Tran:** LONG.WINGED **Def:** A large appendage of a bird used for flight. **KJV:** wing, winged **Str:** #0083

387 אברה (fem) *eb'raw* **Tran:** FEATHER **Def:** The principle covering of birds. **KJV:** features, wing **Str:** #0084

388 אביר (masc) *ab'beer / aw'beer* **Tran:** VALIANT **Def:** Possessing or acting with bravery or boldness. The mighty power of a bird in flight. Anything or anyone of great mental or physical strength. **KJV:** might, bulls, strong, mighty, stouthearted, valiant, angels, chiefest **Str:** #0046, #0047

באר *BAR* (ch)

389 באר (vrb) *baw'ar* **Tran:** EXPLAIN **Def:** To provide a meaning. **KJV:** plain, plainly, declare **Str:** #0874

390 באר (fem) *be'ayr* **Tran:** WELL **Def:** A dug-out hole, usually a well or cistern. **KJV:** well, pit, slimepit **Str:** #0875

391 בואר (masc) *bore* **Tran:** PIT **Def:** dug-out hole. **KJV:** cistern **Str:** #0877

392 בור (masc) *bore / khoor / khore* **Tran:** CISTERN **Def:** An artificial reservoir for storing water. A hole or well as dug-out. **KJV:** pit, cistern, well, dungeon, fountain **Str:** #0953, #2352, #2356

ברא *BRA* (ch) **Def:** Grain is fed to the livestock making them fat or full.

393 ברא (vrb) *baw'raw* **Tran:** SHAPE **Def:** To mold into a desired form; to engineer. **KJV:** create, creator, choose, make, cut down, dispatch, done, fat **Str:** #1254

394 בריאה (fem) *ber'ee'aw* **Tran:** SHAPE **Def:** A unique form. **KJV:** new thing **Str:** #1278

הבר *HBR* (ch)

395 הבר (vrb) *haw'bar* **Tran:** DIVIDE **KJV:** astrologer **Str:** #1895

בהר *BHR* (ch) **Def:** What is cleaned with soap becomes white or bright.

396 בהרת (fem) *bo'heh'reth* **Tran:** BRIGHT.SPOT **Def:** A thin sac or cyst on the skin, containing watery matter or serum, as from a burn or other injury; a possible sign of leprosy. **Rel:** From an unused root meaning to "be bright." **KJV:** bright spot **Str:** #0934

397 בהיר (masc) *baw'here* **Tran:** BRIGHT **KJV:** bright **Str:** #0925

ברה *BRH* (ch) **Def:** The grain is used as food for man or livestock. Livestock fed grains become fat and are the choicest for slaughter.

398 ברא / ברה (vrb) *baw'raw* **Tran:** SELECT **Alt:** Make fat **Def:** To choose in the sense of choosing the best piece of meat. **KJV:** eat, choose, give **Str:** #1262

399 ברות (fem) *baw'rooth,* **Tran:** MEAT **Def:** The choicest meats are those from fatted livestock. **KJV:** meat **Str:** #1267

400 בריא (masc) *baw'ree* **Tran:** FED.FAT **Alt:** fattening. **Def:** A member of the livestock that has been fed grains to fatten it for the slaughter. **KJV:** fat, rank, firm, fatter, fed, plenteous **Str:** #1277

401 ברית (fem) *ber'eeth* **Tran:** COVENANT **Def:** A solemn and binding agreement between two or more parties especially for the performance of some action. Often instituted through a sacrifice. **KJV:** covenant, league, confederacy, confederate **Str:** #1285

402 בריה (masc) *ber'ee* **Tran:** FATTENED **Def:** Livestock that are fed grains become fat. **KJV:** fat **Str:** #1274

403 ביריה (fem) *beer'yaw* **Tran:** MEAT **KJV:** meat **Str:** #1279

בור *BWR* (ch)

Benner's Lexicon of Biblical Hebrew

404 בור (masc) *bore / bore* **Tran:** CLEAN **KJV:** cleanness, pureness, never **Str:** #1252, #1253

405 בורית (fem) *bo'reeth* **Tran:** SOAP **KJV:** soap **Str:** #1287

ביר *BYR* (ch)

406 בירה (fem) *bee'raw* **Tran:** PALACE **KJV:** palace **Str:** #1002 **Aramaic:** #1001

407 בירנית (fem) *bee'raw'neeth* **Tran:** CASTLE **KJV:** castle **Str:** #1003

ברך *BRK* (ad) **Def:** The bending at the knee to drink from a pond or present a gift. **Rel:** as a filling with a gift; with the letter kaph, the full meaning being "to fill the palm."

408 ברך (vrb) *baw'rak* **Tran:** KNEEL **Alt:** exalt. **Def:** To bend the knee, to kneel in homage or to kneel down to get a drink water. Figuartively, to exalt. **KJV:** bless, salute, curse, blaspheme, praise, kneel, congratulate **Str:** #1288 **Aramaic:** *ber'ak* #1289

409 ברך (masc) *beh'rek* **Tran:** KNEE **Def:** The joint between the femur and tibia of the leg. **KJV:** knee **Str:** #1290 **Aramaic:** #1291

410 ברכה (fem) *ber'aw'kaw / ber'ay'kaw* **Tran:** PRESENT **Alt:** pool (from the idea of kneeling down to drink from it). **Def:** A gift given to another in respect as if on bended knee. Also, a pool of water as a place where one kneels down to drink from. **KJV:** blessing, blessed, present, liberal, pool, fishpool **Str:** #1293, #1295

411 אברך (masc) *ab'rake* **Tran:** BEND.THE.KNEE **Def:** A kneeling down, often as a sign of respect to another. **KJV:** knee **Str:** #0086

ברק *BRQ* (ad) **Def:** The shining flash of a sword as it is thrust. **Rel:** being bright

412 ברק (vrb) *baw'rak* **Tran:** THRUST **Alt:** blow (as a thrusting of the breath through a trumpet) **Def:** To thrust a sword or throw lightning bolts. **KJV:** cast **Str:** #1299

413 ברק (masc) *baw'rawk* **Tran:** FLASH **Def:** The bright light shining off the edge of a sword. The bright light of lightning. **KJV:** lightning, glittering, bright, glitter, sword **Str:** #1300

414 ברקת (fem) *baw'reh'keth* **Tran:** EMERALD **Def:** Possibly the Emerald, a green variety of Beryl. The Hebrew word is from a root meaning "to flash" or "shimmer," while the Septuagint uses Smaragdos meaning a "green stone." Other possible translations are Beryl or Quartz. **KJV:** carbuncle **Str:** #1304

415 ברקן (masc) *bar'kwan* **Tran:** THORN.QUILL **Def:** As a sharp sword. **KJV:** brier **Str:** #1303

ברש *BRSh* (ad) **Rel:** as a choice wood

416 ברוש / ברות (masc) *ber'osh / ber'oth* **Tran:** CYPRESS **Def:** The tree or the wood. **KJV:** fir **Str:** #1265, #1266

גבר *GBR* (ad) **Def:** One of great strength (warrior) or authority (master). **Rel:** great strength

417 גבר (vrb) *gaw'bar* **Tran:** OVERCOME **Def:** To get the better of. Be successful in strength or authority. **KJV:** prevail, strengthen, great, confirm, exceed, mighty, put, strong, valiant **Str:** #1396

418 גבר (masc) *gheb'ar / gheh'ber* **Tran:** WARRIOR **Def:** One of great strength in battle, such as a warrior. One who is strong in authority, such as a master. **KJV:** man, mighty, every **Str:** #1397, #1399 **Aramaic:** *gheb'ar* #1400

419 גברת (fem) *gheb'eh'reth* **Tran:** FEMALE.OWNER **Def:** A female master overseeing slaves or servants. **KJV:** mistress, lady **Str:** #1404

420 גביר (masc) *gheb'eer* **Tran:** OWNER **Def:** Possessor of an article or property. **KJV:** lord **Str:** #1376

421 גבירה (fem) *gheb'ee'raw* **Tran:** MISTRESS **KJV:** queen **Str:** #1377

422 גבורה (fem) *gheb'oo'raw* **Tran:** BRAVERY **Def:** An act of defending one's property, convictions or beliefs. Control through physical strength. **KJV:** might, strength, power, mighty, force, mastery **Str:** #1369 **Aramaic:** #1370

423 גיבר (masc) **Tran:** MIGHTY **KJV:** mighty **Aramaic:** *ghib'bawr* #1401

424 גיבור (masc) *ghib'bore* **Tran:** COURAGEOUS **Def:** Having or characterized by mental or moral strength to venture, persevere, and withstand danger, fear or difficulty. **KJV:**

mighty, strong, valiant, upright, champion, chief, excel, giant **Str:** #1368

עבר *AhBR* (ad) **Def:** The crossing over or passing through a land or water to gain access to the side beyond. **Rel:** filling a land

425 עבר (vrb) *aw'bar / aw'boor* **Tran:** CROSS.OVER **Alt:** on account of 'or' in order that. **Def:** To pass from one side to the other; to go across a river or through a land; to transgress in the sense of crossing over. **KJV:** over, pass, through, go, away **Str:** #5668, #5674 **Aramaic:** *ab'ar* #5675

426 עבר (masc) *ay'ber* **Tran:** OTHER.SIDE **Def:** As being across from this side. **KJV:** over, pass, through, go, away **Str:** #5676

427 עברה (fem) *ab'aw'raw / eb'raw* **Tran:** WRATH **Def:** Strong vengeful anger. As crossing over from peace. **KJV:** wrath, rage, anger **Str:** #5678, #5679

428 מעבר (masc) *mah'ab'awr* **Tran:** CROSSING **Def:** A place or structure as on a street or over a river where pedestrians or vehicles pass from one side to the other. In the river for crossing. **KJV:** ferry **Str:** #4569

429 עבור (masc) *aw'boor* **Tran:** GRAIN **KJV:** corn **Str:** #5669

בש *BSh* (pr) **Act:** Wither, Stink, Dry, Rot **Obj:** Genitals **Abs:** Shame **Def:** A drying up of a land, stream, plant, etc. When a wetland dries up the fish and vegetation die and begin to stink from the rotting matter. Shame in the sense of being whithered up. **AH:** טܘ

430 בשנה (masc) *bosh'naw* **Tran:** SHAME **Def:** A fact or circumstance bringing disgrace or regret. **Rel:** In the sense of being whithered up. **KJV:** shame **Str:** #1317

באש *BASh* (ch) **Def:** The smell of a dried up marsh.

431 באש (vrb) *baw'ash* **Tran:** STINK **Def:** To emit a bad odor or be loathsome. **KJV:** stink, abhor, abomination, loathsome, stinking, savour, displeased **Str:** #0887 **Aramaic:** *be'aysh* #0888

432 באש (masc) *be'oshe* **Tran:** STINK **Def:** foul odor. **KJV:** stink **Str:** #0889

433 באשה (fem) *bosh'aw* **Tran:** STINKWEED **KJV:** cockle **Str:** #0890

434 באוש (fem) *be'oo'sheem* **Tran:** STINK **KJV:** stink, bad **Str:** #0891 **Aramaic:** *be'oosh* #0873

בוש *BWSh* (ch) **Def:** Shame in the sense of being whithered up.

435 בוש (vrb) *boosh* **Tran:** BE.ASHAMED **Alt:** refrained. **Def:** Feeling shame, guilt or disgrace; to be dried-up (as with shame); to stink (as a dried-up bog). **KJV:** ashamed, confounded, shame, confusion, delayed, dry, long, shamed **Str:** #0954

436 בושה (fem) *boo'shaw* **Tran:** SHAME **Def:** In the sense of being whithered and dried up. **KJV:** shame **Str:** #0955

437 בושת (fem) *bo'sheth* **Tran:** SHAME **Def:** A state of confusion in the sense of being dried up. **KJV:** shame, confusion, ashamed, greatly, shameful thing **Str:** #1322

438 מבוש (masc) *maw'boosh* **Tran:** GENITALS **Def:** The sexual organs. **Rel:** The feeling of shame when exposed. **KJV:** secrets **Str:** #4016

יבש *YBSh* (ch) **Def:** A dried up and withered land.

439 יבש (vrb) *yaw'bashe* **Tran:** DRY.OUT **Def:** To be withered, ashamed or confused. **KJV:** dry up, withered, confounded, ashamed, dry, wither away, clean, shamed, shamefully **Str:** #3001

440 יבש (masc) יבשה (fem) *yaw'bashe* **Tran:** DRY **Def:** Void of water or moisture. **KJV:** dry **Str:** #3002

441 יבשה (fem) *yab'baw'shaw* **Tran:** DRY.GROUND **Def:** Land that has become parched or void of water. **KJV:** dry, dry land, dry ground, land **Str:** #3004

442 יבשת (fem) *yab'beh'sheth* **Tran:** DRY.LAND **Def:** An area void of moisture or water. **KJV:** dry, land **Str:** #3006 **Aramaic:** #3007

לבש *LBSh* (ad)

443 לבש (vrb) *law'bash* **Tran:** WEAR **Alt:** clothe. **Def:** To cover with cloth or clothing; to provide with clothing; put on

clothing. **KJV**: clothe, put, array, wear, arm, came, apparel, upon **Str**: #3847 **Aramaic**: *leb'ash* #3848

444 לבוש (masc) *leb'oosh* **Tran**: CLOTHING **Def**: Garments in general. **KJV**: clothing, garment, apparel, vesture, clothed, put, raiment, vestment **Str**: #3830 **Aramaic**: #3831

445 מלבוש (masc) *mal'boosh* **Tran**: CLOTHING **KJV**: apparel, raiment, vestment **Str**: #4403

446 תלבושת (fem) *tal'bo'sheth* **Tran**: CLOTHING **KJV**: clothing **Str**: #8516

עבש *AhBSh* (ad) **Def**: Something that is withered and dried up. **Rel**: dried up

447 עבש (vrb) *aw'bash* **Tran**: ROT **KJV**: rot **Str**: #5685

בת *BT* (pr) **Act**: Lodge **Obj**: House **Def**: The family mark is the name of the patriarch of the family (such as "the house of Jacob"). The primary function of the tent is to provide a protection and a sleeping area at night. **AH**: ✝ט- The pictograph ט is the tent or house. The ✝ is two crossed sticks meaning a mark or sign.

448 בת (masc) *bath* **Tran**: BAT **Def**: liquid standard of measure equal to 9 Imperial gallon. **KJV**: bath **Str**: #1324 **Aramaic**: #1325

בות *BWT* (ch) **Def**: A place for spending the night.

449 בות (vrb) **Tran**: LODGE **Def**: To spend the night. **KJV**: passed the night **Aramaic**: #0956

בית *BYT* (ch) **Def**: The house or tent where the family spends the night.

450 בית (masc) *bah'yith* **Tran**: HOUSE **Alt**: inside. **Def**: The structure or the family, as a household that resides within the house. A housing. Within. **KJV**: house, household, home, within, family, temple, prison, place, dungeon **Str**: #1004 **Aramaic**: #1005

451 ביתן (masc) *bee'thawn* **Tran**: PALACE **Def**: large house. **KJV**: palace **Str**: #1055

Gimel

גא *GA* (pr) **Act:** High **Obj:** Valley **Abs:** Pride **Def:** To lift something up high. **AH:** 𐤏𐤋- The pictograph ✓, a picture of the foot representing the idea to carry or lift. The 𐤏 represents strength. Combined these letters mean a "lifting strength."

452 גא (masc) *gay* **Tran:** PRIDE **Def:** Someone that is elevated to a higher position. **KJV:** pride **Str:** #1341

453 גאה (fem) *gay'aw* **Tran:** PRIDE **Def:** lifting up of oneself. **KJV:** pride **Str:** #1344

454 גאות (fem) *gay'ooth* **Tran:** MAJESTICNESS **Def:** In an elevated state or of higher position. **KJV:** pride, majesty, proudly, raging, lift up, excellent things **Str:** #1348

455 גאון (masc) *gaw'ohn* **Tran:** MAJESTY **Def:** Elevated to a higher position. Supreme greatness or authority. **KJV:** pride, excellency, majesty, pomp, swelling, arrogancy, excellent, proud **Str:** #1347

456 גאיון (masc) *gah'ah'yone* **Tran:** PRIDE **Def:** Someone that is elevated to a higher position. **KJV:** proud **Str:** #1349

גאו *GAW* (ch)

457 גאוה (fem) *gah'av'aw* **Tran:** PRIDE **Def:** A lifting up of one's status in a positive or negative sense. **KJV:** pride, excellency, haughtiness, arrogancy, highness, proud, proudly, swelling **Str:** #1346

גיא *GYA* (ch) **Def:** The high walls of a valley, gorge or ravine.

458 גיא / גי (com) *gah'ee* **Tran:** STEEP.VALLEY **Def:** An elongated depression between uplands, hills, or mountains. **KJV:** valley **Str:** #1516

גב *GB* (pr) **Act:** Lift, Dig **Obj:** Back, Field, Arch, Cistern, Locust, Hill, Helmet, Tower **Def:** The high arched curve of the back when digging. **AH:** ט✓

459 גב / גף (com) *gab / gaf* **Tran:** ARCH **Def:** A curved object. The bowing of the back as when digging. Also, any high

arched or convex thing such as the eyebrow or the rim of a wheel. **KJV:** back, eminent place, rings, body, bosses, eyebrows, naves, higher place, among **Str:** #1354, #1610 **Aramaic:** *gab* #1355

460 גוה (fem) *gay'vaw* **Tran:** BACK **KJV:** body, corpse, carcass **Str:** #1465

גבא *GBA* (ch) **Def:** The work of the back of digging a pit for collecting water.

461 גבא (masc) *geh'beh* **Tran:** CISTERN **KJV:** pit, marshes **Str:** #1360

גבה *GBH* (ch) **Def:** From the high arch of the back when digging. Something that is lifted up high. This can be something physical or mental such as pride as the lifting up of the heart.

462 גבה (vrb) *gaw'bah* **Tran:** BE.HIGH **Def:** To lift up to a greater elevation or stature. **KJV:** exalt, up, haughty, higher, high, above, height, proud, upward **Str:** #1361

463 גבה (masc) *gaw'bawh* **Tran:** HIGH **KJV:** high, proud **Str:** #1362

464 גבהות (fem) *gab'hooth* **Tran:** LOFTY **KJV:** lofty, loftiness **Str:** #1365

465 גבוה (masc) *gaw'bo'ah* **Tran:** HIGH **Def:** Advanced in height such as a wall or hill. **KJV:** high, higher, lofty, exceeding, haughty, height, highest, proud, proudly **Str:** #1364

466 גובה (masc) *go'bah* **Tran:** LOFTINESS **KJV:** height, excellency, haughty, loftiness **Str:** #1363

גוב *GWB* (ch)

467 גוב (vrb) *goob* **Tran:** DIG **Rel:** From the arched shape of a dug-out pit or from the arched back of the digger. **KJV:** husbandman **Str:** #1461

468 גוב (masc) *gabe* **Tran:** ARCHED.THING **Def:** A pit, trench, or beam that has the shape of an arch. **Rel:** From the arched shape of a dug-out pit or from the arched back of the digger. **KJV:** den, pit, beam, ditch **Str:** #1356 **Aramaic:** *gobe* #1358

469 גוב / גב (masc) *gabe / gobe* **Tran:** JUMPING.LOCUST **Def:** An unknown species of locust. **Rel:** From the arch shape of its jump. **KJV:** grasshopper, locust **Str:** #1357, #1462

יגב *YGB* (ch)

470 יגב (vrb) *yaw'gab* **Tran:** DIG **KJV:** husbandman **Str:** #3009

471 יגב (masc) *yaw'gabe* **Tran:** FARM **Def:** place plowed or dug up for planting crops. **KJV:** field **Str:** #3010

גבח *GBHh* (ad) **Def:** A bald forehead. **Rel:** being high in the forehead

472 גבח (masc) גבחת (fem) *gab'bakh'ath / ghib'bay'akh* **Tran:** BARE.SPOT **Def:** A lack of hair on the front part of the head. **KJV:** bald **Str:** #1371, #1372

גבן *GBN* (ad) **Rel:** as a back bent over

473 גבינה (fem) *gheb'ee'naw* **Tran:** CHEESE **Def:** From the lumps formed out of the milk. **KJV:** cheese **Str:** #1385

474 גיבן (masc) *gib'bane* **Tran:** HUNCHBACK **Def:** A large lump of the back causing one to be bent over. **Rel:** From its arched shape. **KJV:** crookbackt **Str:** #1384

475 גבנן (masc) *gab'nohn* **Tran:** LUMP **Def:** The hump of a hill. **KJV:** high **Str:** #1386

גבע *GBAh* (ad)

476 גביע (masc) *gheb'ee'ah* **Tran:** BOWL **Def:** A concave vessel especially for holding liquids. As with high sides. **KJV:** bowl, cup, pot **Str:** #1375

477 גיבעה (fem) *ghib'aw* **Tran:** KNOLL **Def:** A small round hill. **Rel:** The hill being in the shape of an arch. **KJV:** hill **Str:** #1389

478 מגביעת (fem) *mig'baw'aw* **Tran:** HEADDRESS **Def:** A bowl shaped covering for the head. A covering for protection. **KJV:** bonnet **Str:** #4021

חגב *HhGB* (ad)

479 חגב (masc) *khaw'gawb* **Tran:** GRASSHOPPER **Def:** A species of insect with hind legs used for leaping and mouthparts that chew. **KJV:** grasshopper, locust **Str:** #2284

כבע *KBAh* (ad) **Rel:** being high

480 כובע (masc) *ko'bah* **Tran:** HELMET **Def:** As sitting high on the head. **KJV:** helmet **Str:** #3553

סגב *SGB* (ad) **Rel:** high

481 שגב (vrb) *saw'gab* **Tran:** LIFT.HIGH **Def:** To be raised up in height; to be exalted. **KJV:** high, exalt, defend, safe, excellent **Str:** #7682

482 משגב (masc) *mis'gawb* **Tran:** CITADEL **Def:** A strongly fortified place; stronghold; a high place of defense and protection. **KJV:** defense, refuge, tower, fort **Str:** #4869

עגב *AhGB* (ad)

483 עגב (vrb) *aw'gab* **Tran:** LUST **KJV:** dote, lover **Str:** #5689

484 עגב (masc) *eh'gheb* **Tran:** LUST **KJV:** love, lovely **Str:** #5690

485 עגבה (fem) *ag'aw'baw* **Tran:** LUSTFULNESS **KJV:** love **Str:** #5691

486 עוגב (masc) *oo'gawb* **Tran:** REED.PIPE **Def:** A wind instrument made of reeds. **Rel:** Through the sense of heavy breathing as when in passion. **KJV:** organ, flute, pipe **Str:** #5748

רגב *RGB* (ad) **Def:** A pile or lump of clay.

487 רגב (masc) *reh'gheb* **Tran:** CLOD **KJV:** clod **Str:** #7263

גג *GG* (pr) **Obj:** Roof **AH:** ✓✓

488 גג (masc) *gawg* **Tran:** ROOF **Def:** The covering of a dwelling place. **KJV:** roof, housetop, top, house **Str:** #1406

גד *GD* (pr) **Act:** Slice, Band, Invade, Magnify **Obj:** Bunch, Riverbank, Company, Band, Sinew, Coriander, Rope **AH:** ▽✓

489 גד (masc) *gawd* **Tran:** FORTUNE **Def:** A store of material possessions. **Rel:** A seed cut out of the plant. A prized spice. **KJV:** troop **Str:** #1409

490 גד (masc) *gad* **Tran:** CORIANDER **Def:** A class of plants with seeds which are in the form of the size of a peppercorn.

They are used medicinally and as a spice. Likened to the manna in its form and color. **KJV:** coriander **Str:** #1407

גדד *GDD* (ch)

491   גדד (vrb) *gaw'dad* **Tran:** BAND.TOGETHER **Def:** To gather or assemble as a group for attacking or raiding. **KJV:** gather together, assemble by troop, gather **Str:** #1413

492   גדוד (masc) *ghed'ood* **Tran:** BAND **Def:** A gathering of men for attacking or raiding. **KJV:** band, troop, army, company, men **Str:** #1416

אגד *AGD* (ch)

493   אגודה (fem) *ag'ood'daw* **Tran:** BUNCH **Def:** A group of men or things bound together. **KJV:** troop, bunch, burdens **Str:** #0092

גדה *GDH* (ch) **Def:** The water rushing by the bank undercuts a furrow inside the bank.

494   גדה (fem) *gaw'daw* **Tran:** RIVERBANK **KJV:** bank **Str:** #1415

495   גדיה (fem) *ghid'yaw* **Tran:** RIVERBANK **KJV:** bank **Str:** #1428

גוד *GWD* (ch) **Def:** A group of men or things bound together.

496   גוד (vrb) *goode* **Tran:** INVADE **Def:** To enter for conquest or plunder. The slicing through of a band of men. **KJV:** overcome, invade with troops **Str:** #1464

גיד *GYD* (ch) **Def:** The animal's tendon is used for making bowstrings and cords. The tendon is removed by making a slit in the flesh for its removal. The sinews are used for making cordage and bowstrings.

497   גיד (masc) *gheed* **Tran:** SINEW **Def:** A tendon of the muscles. **KJV:** sinew **Str:** #1517

גדל *GDL* (ad) **Def:** A cord is made by twisting fibers together, the larger and more numerous the fibers, the stronger the cord will be. Anything that is large or great in size or stature. **Rel:** from the twisting of sinew to make cords.

Benner's Lexicon of Biblical Hebrew

498 גדל (vrb) *gaw'dal* **Tran:** MAGNIFY **Def:** To increase in size or one's position of honor. **KJV:** magnify, great, grow, nourish **Str:** #1431

499 גדל (masc) *gaw'dale* **Tran:** MAGNIFIED **Def:** An increased significance or size. **KJV:** grow, great **Str:** #1432

500 גדיל (masc) *ghed'eel* **Tran:** TASSEL **Def:** An ornament consisting of twisted threads, small cords, or other strands. **KJV:** fringe, wreath **Str:** #1434

501 גדול (masc) גדולה (fem) *gaw'dole / ghed'oo'law* **Tran:** GREAT **Def:** Something with increased size, power or authority. **KJV:** great, greatness, high, loud, elder, mighty **Str:** #1419, #1420

502 גודל (masc) *go'del* **Tran:** MAGNIFICENCE **Def:** An increase in size power or authority. **KJV:** greatness, stout, stoutness **Str:** #1433

503 מגדל (masc) *mig'dawl* **Tran:** TOWER **Def:** A structure higher than its diameter and high relative to its surroundings. Place of great size. **KJV:** tower, castle, flower, pulpit **Str:** #4026

גדע *GDAh* (ad) **Def:** A cutting down or into pieces.

504 גדע (vrb) *gaw'dah* **Tran:** CUT.DOWN **Def:** To bring down usually by slicing, hacking or chopping. **KJV:** cut, down, asunder **Str:** #1438

גדף *GDP* (ad) **Rel:** a slicing

505 גדף (vrb) *gaw'daf* **Tran:** TAUNT **Def:** To reproach in a sarcastic, insulting, or jeering manner; mock. **KJV:** blaspheme, reproach **Str:** #1442

506 גדופה (fem) *ghed'oo'faw* **Tran:** TAUNT **KJV:** taunt **Str:** #1422

507 גידוף (masc) *ghid'doof* **Tran:** TAUNTING **KJV:** revilings, reproaches **Str:** #1421

מגד *MGD* (ad)

508 מגד (masc) *meh'ghed* **Tran:** PRECIOUS **Def:** What is choice or excellent. **KJV:** precious, pleasant **Str:** #4022

509 מגדנה (fem) *mig'daw'naw* **Tran:** ORNAMENT **Def:** Something that lends grace and beauty. Precious ornaments probably with gems. **KJV:** precious, present **Str:** #4030

גה *GH* (pr) **Act:** Lift, Heal **Obj:** Medicine **Abs:** Pride **Def:** A lifting high of something. **AH:** ᛣ✓

גאה *GAH* (ch) **Def:** The lifting up of something or oneself.

510 גאה (vrb) *gaw'aw* **Tran:** RISE.UP **Def:** To lift or grow up high. **KJV:** triumph, risen, grow up, increase **Str:** #1342

511 גאה (masc) *gay'eh* **Tran:** PROUD **Def:** One who lifts himself up. **KJV:** proud **Str:** #1343

הגה *HGH* (ch)

512 הגה (vrb) *haw'gaw* **Tran:** LIFT.OUT **Def:** To lift something out of something else. **KJV:** take away, stayed **Str:** #1898

גהה *GHH* (ch) **Def:** The lifting of an illness.

513 גהה (vrb) *gaw'haw* **Tran:** HEAL **KJV:** cure **Str:** #1455

514 גהה (fem) *gay'haw* **Tran:** MEDICINE **KJV:** medicine **Str:** #1456

גו *GW* (pr) **Obj:** Back **Def:** The back as the middle part of the body, used in lifting. **AH:** ૪✓

515 גו (masc) *gav / gave* **Tran:** BACK **Def:** The middle or in the midst. **KJV:** midst, within the same, wherein, therein **Str:** #1458, #1460 **Aramaic:** *gav* #1459

516 גוה (fem) *gay'vaw* **Tran:** PRIDE **Def:** lifting up of something or oneself in a positive or negative sense. **KJV:** pride, lifting up **Str:** #1466 **Aramaic:** #1467

517 גוי (masc) *go'ee* **Tran:** NATION **Def:** A community of people of one or more nationalities and having a more or less defined territory and government. The people as the back, or body of the nation. **KJV:** nation, heathen, gentiles, people **Str:** #1471

518 גויה (fem) *ghev'ee'yaw* **Tran:** BODY **Def:** The physical form of a person or animal, either alive or dead; a corpse. **KJV:** body, corpse, carcass **Str:** #1472

גז GZ (pr) **Act:** Shear, Sweep, Pluck **Obj:** Fleece, Nut, Stump, Feather, Caterpillar, Axe **Def:** The sheering and removal of the wool fleece from the sheep for clothing as well as the cutting of other materials with one stroke. **AH:** 𐤌✓- The pictograph ✓ is a picture of the foot and has a meaning of lifting. The 𐤌 is an agricultural implement for harvesting or cutting.

519   גז (masc) *gaze* **Tran:** FLEECE **Def:** The coat of wool that covers a sheep or a similar animal. Also, the grasses that are sheared off with a sickle in harvest. **KJV:** fleece, mowings, mown grass **Str:** #1488

520   גזית (fem) *gaw'zeeth* **Tran:** HEWN.STONE **Def:** Rocks that are sheared or chipped to form flat sides or an object. **KJV:** hewn, wrought **Str:** #1496

גזז *GZZ* (ch)

521   גזז (vrb) *gaw'zaz* **Tran:** SHEAR **Def:** To cut or clip wool or hair from something. **KJV:** shear, sheepshearer, shearers, cut off, poll, shave, cut down **Str:** #1494

אגז *AGZ* (ch) **Def:** The sheering of a nut tree.

522   אגוז (masc) *eg'oze* **Tran:** NUT **KJV:** nuts **Str:** #0093

גזא *GZA* (ch) **Def:** A sheared off tree.

523   גזא (masc) *geh'zah* **Tran:** STUMP **KJV:** stock, stem **Str:** #1503

גזה *GZH* (ch)

524   גזה (vrb) *gaw'zaw* **Tran:** SEVER **KJV:** take **Str:** #1491

גוז *GWZ* (ch) **Def:** The back-and-forth sweeping action of a sickle cutting grasses.

525   גוז (vrb) *gooz* **Tran:** SWEEP **Def:** To move or remove (dust, dirt, etc.) with or as if with a broom, brush, or the wind. **KJV:** cut off, brought **Str:** #1468

גיז *GYZ* (ch)

526   גיזה (fem) *gaz'zaw* **Tran:** FLEECE **KJV:** fleece **Str:** #1492

גזל *GZL* (ad) **Def:** The plucking of feathers from a bird. **Rel:** a plucking as a sheering

Benner's Lexicon of Biblical Hebrew

527 גזל (vrb) *gaw'zal* **Tran:** PLUCK.AWAY **Def:** To take off something or someone by force through picking off, robbing or plundering. **KJV:** spoil, take, rob, pluck, caught, consume, exercise, force, torn, violence **Str:** #1497

528 גזל (masc) *gaw'zale / ghe'zel* **Tran:** PLUCKING **Def:** To pull with sudden force or with a jerk. **KJV:** robbery, taken **Str:** #1498, #1499

529 גזלה (fem) *ghez'ay'law* **Tran:** PLUCKED **Def:** To pull with sudden force or with a jerk. **KJV:** violence, robbed, that **Str:** #1500

530 גוזל (masc) *go'zawl* **Tran:** YOUNG.PIGEON **Def:** A young featherless bird as plucked. **KJV:** pigeon, young **Str:** #1469

גזם *GZM* (ad) **Rel:** sheering the crop

531 גזם (masc) *gaw'zawm* **Tran:** PALMERWORM **Def:** An unknown species of insect that devours crops. **KJV:** palmerworm **Str:** #1501

גזר *GZR* (ad) **Def:** A cutting or separation into two or more pieces. **Rel:** cutting

532 גזר (vrb) *gaw'zar* **Tran:** CUT.DOWN **Def:** To separate by cutting or removing. **KJV:** cut, divide, decree, snatch **Str:** #1504 **Aramaic:** *ghez'ar* #1505

533 גזר (masc) *gheh'zer* **Tran:** DIVIDED.PART **Def:** A part of a whole that was split and separated. **KJV:** piece, part **Str:** #1506

534 גזרה (fem) *ghez'ay'raw* **Tran:** UNINHABITED **Def:** A place barren of people; a place that is cut off. **KJV:** inhabited, decree **Str:** #1509 **Aramaic:** Decree #1510

535 מגזרה (fem) *mag'zay'raw* **Tran:** AXE **Def:** What is used to cut something in half. **KJV:** axe **Str:** #4037

536 גיזרה (fem) *ghiz'raw* **Tran:** OPPOSITE **Def:** The place separate from an adjacent place. **KJV:** separate, polishing **Str:** #1508

גח *GHh* (pr) **Act:** Burst **Obj:** Belly **AH:** 𐤂✓

Benner's Lexicon of Biblical Hebrew

537 גחון (masc) *gaw'khone* **Tran:** BELLY **Def:** The undersurface of an animal; the stomach and other digestive organs. **KJV:** belly **Str:** #1512

גיח *GYHh* (ch) **Def:** The bursting forth of an infant from the womb.

538 גיח / גוח / גח (vrb) *ghee'akh* **Tran:** BURST **Def:** forceful bursting forth from the womb (see Job 38:8), or other forceful bursting. **KJV:** come forth, take, bring forth, draw up **Str:** #1518 **Aramaic:** #1519

גל *GL* (pr) **Act:** Roll, Uncover, Round, Wrap, Shave **Obj:** Circle, Wheel, Drop, Infant, Boundary **Abs:** Redeem **Def:** Something that is round or a second time around of a time or event. A dancing in a circle. **AH:** ∠ ✓

539 גל (masc) *gal* **Tran:** MOUND **Def:** An artificial hill or bank of earth or stones. A pile of rocks or soil. A spring gushing out of the ground. **KJV:** heap, wave, spring, billow, bowl **Str:** #1530

540 גלה (fem) *gool'law* **Tran:** MOUND **Def:** mound or pile of something such as a spring out of the ground or other rounded object. **KJV:** spring, bowl, pommel **Str:** #1543

541 גלגל (masc) *gal'gal / ghil'gawl* **Tran:** ROLLING.THING **Def:** The wheel of a cart or a whirlwind. **KJV:** wheel, heaven, rolling thing, whirlwind **Str:** #1534, #1536 **Aramaic:** *gal'gal* #1535

542 גולגולת (fem) *gul'go'leth* **Tran:** SKULL **Alt:** individual. **Def:** The bones of the head. The roundness of the head or skull. Also, a census by the counting of heads. **KJV:** poll, skull, every, head **Str:** #1538

גלל *GLL* (ch)

543 גלל (vrb) *gaw'lal* **Tran:** ROLL **Alt:** glean. **Def:** To move along a surface by revolving or turning over and over, as a ball or a wheel. **KJV:** roll, seek occasion, wallow, trust, commit, remove, run down **Str:** #1556

544 גלל (masc) *gaw'lawl / gay'lel* **Tran:** ROUND.THING **Def:** Something round such as stones or dung. **KJV:** dung, great **Str:** #1557, #1561 **Aramaic:** *ghel'awl* #1560

545 גלל (com) *gaw'lawl* **Tran:** ON.ACCOUNT.OF **Def:** A telling of what occurred previously. Thus used in Hebrew as a rolling back around. (Always prefixed with the letter ב). **KJV:** because, sake, for **Str:** #1558

546 גליל (masc) *gaw'leel* **Tran:** RING **KJV:** folding, ring **Str:** #1550

547 גלילה (fem) *ghel'ee'law* **Tran:** BORDER **Def:** As going around something. The border of a country is also representative of the country itself. **KJV:** border, coast, country **Str:** #1552

548 גילול (masc) *ghil'lool* **Tran:** IDOL **Def:** The image of a god made from wood or stone that is revered. **KJV:** idol, image **Str:** #1544

549 עוללה (fem) *o'lay'law* **Tran:** GRAPE **Def:** The harvested round grapes. **KJV:** gleaning grapes, grapegleanings, grapes **Str:** #5955

אגל *AGL* (ch) **Def:** A drop of dew as round.

550 אגל (masc) *eh'ghel* **Tran:** DROP **KJV:** drop **Str:** #0096

גאל *GAL* (ch) **Def:** The buying back, a bringing back around, of someone or something.

551 גאל (vrb) *gaw'al* **Tran:** REDEEM **Def:** To buy back. Restore one to his original position or avenge his death. In the participle form this verb means "avenger," as it is the role of the nearest relative to buy back one in slavery or avenge his murder. **KJV:** redeem, redeemer, kinsman, revenger, avenger, ransom, deliver, kinsfolks, kinsman's, part, purchase, stain, wise **Str:** #1350

552 גאולה (fem) *geh'ool'law* **Tran:** REDEMPTION **Def:** An act of redeeming or atoning for a fault or mistake, or the state of being redeemed. **KJV:** redeem, redemption, again, kindred **Str:** #1353

גלה *GLH* (ch)

553 גלה (vrb) *gaw'law* **Tran:** REMOVE.THE.COVER **Alt:** uncover. **Def:** To reveal something by exposing it. Usually from the removal of clothing. **Rel:** To roll a rock over to reveal what is underneath. **KJV:** uncover, discover, captive,

Benner's Lexicon of Biblical Hebrew

carry away, reveal, open, captivity, show, remove, appear, brought, carry **Str:** #1540 **Aramaic:** *ghel'aw* #1541

554 גלה (vrb) **Tran:** BOWL **Rel:** To roll a rock over to reveal what is underneath. **KJV:** bowl **Str:** #1541

גול *GWL* (ch) **Def:** A rejoicing at the birth of a child.

555 עול (vrb) *ool* **Tran:** GIVE.MILK **Def:** To provide nourishment to the young by the female. **KJV:** milch, young **Str:** #5763

556 עול (masc) *ool* **Tran:** INFANT **Def:** One who takes milk. **KJV:** infant, child, babe, little one **Str:** #5764

557 עויל (masc) *av'eel* **Tran:** YOUNG **KJV:** young, little one **Str:** #5759

558 עולל (masc) *o'lale* **Tran:** YOUNG.ONE **Def:** One who takes milk. **KJV:** suckling, infant **Str:** #5768

גיל *GYL* (ch) **Def:** A continual rolling or circling.

559 גיל / גול (vrb) *gheel* **Tran:** DANCE.AROUND **Def:** To celebrate or rejoice by spinning or moving around in a circle. **KJV:** rejoice, glad, joyful, joy, delight **Str:** #1523

560 גיל (masc) *gheel* **Tran:** DANCING.AROUND **Def:** A circle of rejoicing. **KJV:** rejoice, joy, gladness **Str:** #1524

561 גילה / גילת (fem) *ghee'law* **Tran:** CIRCLE **Def:** circle of rejoicing. **KJV:** rejoicing, joy **Str:** #1525

562 מגילה (fem) *meg'il'law* **Tran:** SCROLL **Def:** The leather or papyrus sheets of written text that are rolled up. **KJV:** roll, volume **Str:** #4039 **Aramaic:** #4040

563 גיליון (masc) *ghil'law'yone* **Tran:** SCROLL **Def:** The leather or papyrus sheets of written text that are rolled up. **KJV:** glasses, roll **Str:** #1549

גבל *GBL* (ad) **Def:** The edge or ends of a region. Borders were often defined by a coastline or a landmark. **Rel:** as being around a land

564 גבל (vrb) *gaw'bal* **Tran:** BOUND **Def:** To be defined by a border. **KJV:** border, bound, set **Str:** #1379

565 גבלות (fem) *gab'looth* **Tran:** EDGING **Def:** Furnished with a border or trim. Added to a garment for ornamentation. **Rel:** in the sense of being a boundary. **KJV:** end **Str:** #1383

566 גבול (masc) *gheb'ool* **Tran:** BORDER **Def:** The outer edge of a region. Also, the area within the borders. **KJV:** border, coast, bound, landmark, space, limit, quarter **Str:** #1366

567 גבולה (fem) *gheb'oo'law* **Tran:** BORDER **KJV:** coast, bounds, place, border, landmark **Str:** #1367

568 מגבלה (fem) *mig'baw'law* **Tran:** BOUNDARY **Def:** Marks the outer edge, the end, of a definite area or region. Idiomatically used for an entire region. **KJV:** end **Str:** #4020

גלב *GLB* (ad) **Rel:** going around the head

569 גלב (masc) *gal'lawb* **Tran:** BARBER **KJV:** barber **Str:** #1532

גלד *GLD* (ad) **Rel:** going around the body

570 גלד (masc) *ghe'led* **Tran:** OUTER.FLESH **KJV:** skin **Str:** #1539

גלח *GLHh* (ad) **Rel:** going around the head

571 גלח (vrb) *gaw'lakh* **Tran:** SHAVE **Def:** To cut off the hair from the face or another part of the body. **KJV:** shave **Str:** #1548

גלם *GLM* (ad) **Rel:** being wrapped around

572 גלם (vrb) *gaw'lam* **Tran:** WRAP **KJV:** wrap **Str:** #1563

573 גלום (masc) *ghel'ome* **Tran:** WRAPPING **Def:** piece of clothing wrapped around the body. **KJV:** clothes **Str:** #1545

574 גולם (masc) *go'lem* **Tran:** INFANT **Def:** As wrapped around by the womb. **KJV:** unformed **Str:** #1564

דגל *DGL* (ad) **Def:** An identification banner used by an army that is hung high on a pole.

575 דגל (vrb) *daw'gal* **Tran:** LIFT.THE.BANNER **Def:** To raise up a standard. **KJV:** banner **Str:** #1713

576 דגל (masc) *deh'gel* **Tran:** BANNER **Def:** An ensign of cloth hung from a pole bearing the emblem of the family. **KJV:** standard, banner **Str:** #1714

עגל *AhGL* (ad) **Rel:** From its round wheels.

577 עגלה (fem) *ag'aw'law* **Tran:** CART **Def:** A heavy, two-wheeled vehicle, animal-drawn, used for transporting freight or for farming. **Rel:** From its round wheels. **KJV:** cart, wagon, chariot **Str:** #5699

578 מעגל (masc) מעגלה (fem) *mah'gawl* **Tran:** TRENCH **Def:** The trench made from the wheels of carts. Also an entrenchment. **KJV:** path, trench, goings, ways **Str:** #4570

579 עגיל (masc) *aw'gheel* **Tran:** EARRING **Def:** A circular ornament worn on or hanging from the lobe of the ear. **KJV:** earring **Str:** #5694

580 עגול (masc) *aw'gole* **Tran:** ROUND **KJV:** round **Str:** #5696

עגל *AhGL* (ad) **Rel:** Attached to a large millstone and walking around in a circle.

581 עגל (masc) *ay'ghel* **Tran:** BULLOCK **Def:** A young bull. Also, insinuating strength. **KJV:** calf, bullock **Str:** #5695

582 עגלה (fem) *eg'law* **Tran:** HEIFER **Def:** A young cow, especially one that has not had a calf. **KJV:** heifer, cow, calf **Str:** #5697

גם *GM* (pr) **Act:** Gather, Drink, Yield **Obj:** Foot, Pool, Reed **Def:** The watering well or other place of water is a gathering place for men, animals and plants for drinking. Men and animals may walk great distances for these watering holes while plants grow in abundance in them. **AH:** ᨊᨆ- The pictograph ᨆ is a picture of the foot and means to walk. The ᨊ is water. Combined these mean "walking to water."

583 גם (masc) *gam* **Tran:** ALSO **Alt:** and; both; even; should; since. **Def:** In addition to. The idea of a gathering of objects or ideas. **Rel:** Any gathering of people, things or ideas. **KJV:** also, as, again, and **Str:** #1571

584 מגמה (fem) *meg'am'maw* **Tran:** ACCUMULATION **Def:** horde or troop gathered. **KJV:** sup up **Str:** #4041

אגם *AGM* (ch) **Def:** The place of gathering of reeds. Ropes are made from the fibers of the reeds.

585 אגם (masc) *ag'am / aw'game* **Tran:** POOL **Def:** A collection of water, either natural or manmade. Once (Jeremiah 51:32)

used for the reeds which line the pond. **KJV:** pools, standing, reeds **Str:** #0098, #0099

586 אגמון (masc) *ag'mone* **Tran:** REED **Def:** As a large gathering in a pond. Also a rope that is made from reeds from reeds. **KJV:** rush, bulrushes, caldron, hook **Str:** #0100

גמא *GMA* (ch) **Def:** A plant that grows near the water.

587 גמא (vrb) *gaw'maw* **Tran:** GUZZLE **Def:** To drink greedily, continually, or habitually. A drinking of water as from a pond. **KJV:** swallow, drink **Str:** #1572

588 גומא (masc) *go'meh* **Tran:** BULRUSH **Def:** A reed that grows in, or on the edge of, a pond or river. **KJV:** rush, bulrush **Str:** #1573

גמל *GML* (ad) **Def:** The ripening of a crop or the weaning of a child as one now able to yield work. Also, the yielding of good or evil as a reward. **Rel:** a gathering of the yield

589 גמל (vrb) *gaw'mal* **Tran:** YIELD **Def:** To produce or be productive. **KJV:** wean, reward, bountifully, do, bestow **Str:** #1580

590 גמל (com) *gaw'mawl* **Tran:** CAMEL **Def:** Either of two ruminant mammals used as draft animals in the desert. The produce of the fields was tied in large bundles and transported on camels. (Also related in meaning to the original parent root גם, as one who gathers at the watering hole). **KJV:** camel **Str:** #1581

591 גמול (masc) גמולה (fem) *ghem'oo'law / ghem'ool* **Tran:** YIELDING **Def:** The production of a product as a benefit or reward. **KJV:** recompense, reward, benefit, give, deserve, deed **Str:** #1576, #1578

592 תגמול (masc) *tag'mool* **Tran:** YIELD **Def:** The production of a product as a benefit or reward. **KJV:** benefit **Str:** #8408

גן *GN* (pr) **Act:** Store, Steal, Deliver **Obj:** Garden, Shield, Treasure, Burden, Thief **Abs:** Protection, Theft **Def:** A place for growing crops and is often surrounded by a rock wall or hedge to protect it from grazing animals. **AH:** ᒐ✓- The pictograph ✓ is a picture of the foot and means to walk with an extended meaning to gather. The ᒐ

is a picture of a sprouting seed. Combined these mean "a gathering of seeds."

593 גן (com) *gan* **Tran:** GARDEN **Def:** A plot of ground where crops are grown. A place for growing crops, and often surrounded by a rock wall or hedge to protect it from grazing animals. **Rel:** A garden enclosed by walls for protection. A shield as a wall of protection. **KJV:** garden **Str:** #1588

594 גנה (fem) *gan'naw* **Tran:** WALLED.GARDEN **Def:** place for growing crops and is often surrounded by a rock wall or hedge to protect it from grazing animals. **KJV:** garden **Str:** #1593

595 מגן (masc) *maw'gane* **Tran:** SHIELD **Def:** A broad piece of defensive armor carried on the arm. A protective structure. Wall of protection. **KJV:** shield, buckler, armed, defense, ruler **Str:** #4043

596 גינה (fem) *ghin'naw* **Tran:** ESTATE.GARDEN **Def:** place for growing ornamentals and is often surrounded by a rock wall or hedge to protect it from grazing animals. **KJV:** garden **Str:** #1594

גנן *GNN* (ch) **Def:** A wall of protection.

597 גנן (vrb) *gaw'nan* **Tran:** SHIELD **Def:** protection of an individual or community. **KJV:** defend **Str:** #1598

אגן *AGN* (ch) **Def:** A container enclosed by walls.

598 אגן (masc) *ag'gawn* **Tran:** GOBLET **Def:** A cup for containing liquids. **KJV:** basons, cup, goblet **Str:** #0101

גנב *GNB* (ad) **Rel:** what a garden is protected from

599 גנב (vrb) *gaw'nab* **Tran:** STEAL **Alt:** steal away. **Def:** To wrongfully take the property of another; rob. **KJV:** steal, carry, brought **Str:** #1589

600 גנב (masc) *gaw'nab* **Tran:** THIEF **Def:** One who steals the property of another. **KJV:** thief **Str:** #1590

601 גנבה (fem) *ghen'ay'baw* **Tran:** THEFT **Def:** The unlawful taking of another's property. **KJV:** theft **Str:** #1591

גנז *GNZ* (ad) **Def:** A treasury stored away. **Rel:** as a place protected

602 גנז (masc) *gheh'nez* **Tran:** TREASURY **KJV:** treasury, chest, treasure **Str:** #1595 **Aramaic:** *ghen'az* #1596

מגן *MGN* (ad)

603 מגן (vrb) *maw'gan* **Tran:** DELIVER.UP **Def:** To hand over to another. (A denominative verb of -a shield). **KJV:** deliver **Str:** #4042

604 מגנה (fem) *meg'in'naw* **Tran:** BURDEN **Def:** heavy burden that is to be delivered. **KJV:** sorrow **Str:** #4044

גע *GAh* (pr) **Act:** Gasp, Bellow, Expire **Obj:** Labor **Abs:** Weary **AH:** ⊙✓

געה *GAhH* (ch)

605 געה (vrb) *gaw'aw* **Tran:** BELLOW **KJV:** low **Str:** #1600

גוע *GWAh* (ch) **Def:** A breathing out at the point of death.

606 גוע (vrb) *gaw'vah* **Tran:** EXPIRE **Def:** To breathe one's last breath; the last breath of death. **KJV:** die, give up the ghost, dead, perish **Str:** #1478

יגע *YGAh* (ch) **Def:** Work that brings about heavy breathing and weariness.

607 יגע (vrb) *yaw'gah* **Tran:** BE.WEARY **Def:** To be exhausted from vigorous labor. **KJV:** weary, labour, fainted **Str:** #3021

608 יגע (masc) *yaw'gaw / yaw'gay'ah* **Tran:** WEARY **Def:** The state of being exhausted from vigorous work. **KJV:** labour, weary **Str:** #3022, #3023

609 יגיע (masc) *yaw'ghee'ah / yeg'ee'ah* **Tran:** TOIL **Def:** The act of working one's self to exhaustion. **KJV:** labour, work, weary **Str:** #3018, #3019

610 יגיעה (fem) *yeg'ee'aw* **Tran:** WEARINESS **KJV:** weariness **Str:** #3024

גלע *GLAh* (ad)

611 גלע (vrb) *gaw'lah* **Tran:** QUARREL **KJV:** meddle **Str:** #1566

געל *GAhL* (ad)

612   געל (vrb) *gaw'al* **Tran:** CAST.AWAY **Def:** To throw or hurl. **KJV:** abhor, lothe, cast away, fail **Str:** #1602

613   געל (masc) *go'al* **Tran:** DETESTING **KJV:** loathe **Str:** #1604

גער *GAhR* (ad)

614   גער (vrb) *gaw'ar* **Tran:** REPROVE **Def:** To communicate toward a disorderly person to effect a return to their rightful place of order. **KJV:** rebuke, corrupt, reprove **Str:** #1605

615   גערה (fem) *gheh'aw'raw* **Tran:** CRITICISM **KJV:** rebuke, reproof **Str:** #1606

616   מגערת (fem) *mig'eh'reth* **Tran:** REPROOF **Def:** A communication directed toward a disorderly person to effect a return to their rightful place of order. **KJV:** rebuke **Str:** #4045

געש *GAhSh* (ad)

617   געש (vrb) *gaw'ash* **Tran:** TREMOR **Def:** A shaking or quaking. **KJV:** shake, move, trouble, toss **Str:** #1607

גף *GP* (pr) **Obj:** Troop, Shut **AH:** ᎤᏙ

אגף *AGP* (ch)

618   אגף (masc) *ag'gawf* **Tran:** TROOP **Def:** An army or band of men. **KJV:** band **Str:** #0102

גוף *GWP* (ch)

619   גוף (vrb) *goof* **Tran:** CLOSE.UP **Def:** To close or shut something. **KJV:** shut **Str:** #1479

620   גופה (fem) *goo'faw* **Tran:** CARCASS **Def:** From the closed eyes. **KJV:** body **Str:** #1480

גר *GR* (pr) **Act:** Sojourn, Chew, Gather, Prostrate, Fight, Cast **Obj:** Traveler, Limestone, Throat, Dwelling **Abs:** Fear **Def:** One traveling through a foreign land is a stranger to the people and culture. Fear is associated with strangers and seen as an enemy. This root also has the idea of laying out flat to sleep through the idea of spending the night. **AH:** ᎤᏙ- The pictograph Ꮩ is a picture of the foot and means to walk. The Ꭴ is a picture of a man. Combined these mean "a walking man."

621 גרה (fem) *gay'raw* **Tran:** CUD **Def:** The portion of food that a ruminant returns from the first stomach to the mouth to chew a second time. **KJV:** cud **Str:** #1625

622 גרה (fem) *gay'raw* **Tran:** GERAH **Def:** A dry weight measure equal to a 20th part of a shekel. **KJV:** gerah **Str:** #1626

623 גרות (fem) *gay'rooth* **Tran:** LODGE **Def:** temporary residence. **KJV:** habitation **Str:** #1628

624 תגרה (fem) *tig'raw* **Tran:** WHACK **Def:** striking of another out of anger. **KJV:** blow **Str:** #8409

625 גרון (masc) *gaw'rone* **Tran:** THROAT **Def:** The throat is the place where fear is felt. **KJV:** throat, neck, mouth **Str:** #1627

626 מגרה (fem) *meg'ay'raw* **Tran:** SAW **Def:** Used in stone cutting (in the sense of chewing). **KJV:** saw, axe **Str:** #4050

627 גרגר (masc) *gar'gar* **Tran:** BERRY **Def:** food harvested and consumed by travelers along the road. **KJV:** berry **Str:** #1620

628 גרגרת (fem) *gar'gher'owth* **Tran:** NECK **KJV:** neck **Str:** #1621

גרר *GRR* (ch) **Def:** The throat is the place where fear is felt.

629 גרר (vrb) *gaw'rar* **Tran:** CHEW **Def:** To mash food with the teeth for the purpose of digesting. **KJV:** catch, destroy, chew, saw, continuing **Str:** #1641

אגר *AGR* (ch) **Def:** A gathering together of small items for traveling such as grain, berries or coins.

630 אגר (vrb) *aw'gar* **Tran:** GATHER.FOOD **Def:** To bring together a nourishing substance that is eaten or drunk. **KJV:** gather **Str:** #0103

631 אגורה (fem) *ag'o'raw* **Tran:** COIN **Def:** Carried by travelers for the purchase of supplies. **KJV:** coin **Str:** #0095

632 אגרת (fem) *ig'eh'reth* **Tran:** LETTER **KJV:** letter **Str:** #0107 **Aramaic:** *ig'er'aw* #0104

גהר *GHR* (ch) **Def:** When a stranger meets another he lays prostrate in homage to the other.

633 גהר (vrb) *gaw'har* **Tran:** PROSTRATE **KJV:** stretch, cast down **Str:** #1457

גרה GRH (ch) **Def:** The place of chewing and growling out of anger. Also scratching of the throat from fear or affliction.

634 גרה (vrb) *gaw'raw* **Tran:** MEDDLE **Def:** To struggle with to gain control over. **KJV:** stir up, meddle, contend, strive **Str:** #1624

גור GWR (ch) **Def:** A temporary place of dwelling for the traveler.

635 גור (vrb) *goor* **Tran:** IMMIGRATE **Alt:** fear. **Def:** To dwell as a non-native. Travel in a strange land. Also, the extended meaning of "to be afraid" as an immigrant. **KJV:** sojourn, dwell, afraid, stranger, assemble **Str:** #1481

636 גר / גיר (masc) *gare* **Tran:** IMMIGRANT **Def:** A foreigner that permanently or temporarily resides with a native. A person or thing unknown or with whom one is unacquainted. **Rel:** One who travels in a strange land. Also, the throat as the place where fear is felt. **KJV:** stranger, alien, sojourner, chalkstone **Str:** #1616

637 גור (masc) גורה (fem) *goor / gore* **Tran:** WHELP **Def:** Usually a young lion. (May be derived from the sound of the lion). **KJV:** whelp, young one **Str:** #1482, #1484

638 מגור (masc) *maw'gore* **Tran:** FRIGHT **Def:** Strangers bring fear to the inhabitants. **KJV:** fear, terror **Str:** #4032

639 מגור (masc) *maw'goor* **Tran:** IMMIGRATION **Def:** A journey of an immigrant; the course of life on earth. One who travels in a strange land. The dwelling place of an immigrant. **KJV:** pilgrimage, stranger, dwelling, sojourn **Str:** #4033

640 מגורה (fem) *meg'o'raw* **Tran:** FRIGHTENINGS **Def:** fear of an enemy. **KJV:** fear **Str:** #4034

641 מגורה (fem) *meg'oo'raw* **Tran:** PANIC **Def:** fear of an enemy. **KJV:** fear, barn **Str:** #4035

יגר YGR (ch) **Def:** Fear of a stranger or enemy.

642 יגר (vrb) *yaw'gore* **Tran:** BE.AFRAID **Def:** Having the feeling fear; filled with apprehension. **KJV:** afraid, fear **Str:** #3025

643 יגור (masc) *yaw'gore* **Tran:** AFRAID **Def:** The feeling fear; filled with apprehension. **KJV:** fear, afraid **Str:** #3016

גיר *GYR* (ch) **Def:** Used to make a plaster for making a flat level floor.

644 גיר (masc) *gheer* **Tran:** PLASTER **KJV:** plaister **Str:** #1615 **Aramaic:** #1528

גרב *GRB* (ad)

645 גרב (masc) *gaw'rawb* **Tran:** IRRITATION **Def:** To have or feel a peculiar tingling or uneasy itch of the skin that causes a desire to scratch the part affected. **KJV:** scurvy, scab **Str:** #1618

גרד *GRD* (ad) **Rel:** as in scratching

646 גרד (vrb) *gaw'rad* **Tran:** SCRAPE **KJV:** scrape **Str:** #1623

גרז *GRZ* (ad)

647 גרז (vrb) *gaw'raz* **Tran:** CUT.OFF **KJV:** cut off **Str:** #1629

648 גרזן (masc) *gar'zen* **Tran:** AX **Def:** An instrument with a bladed head on a handle or helve, used for hewing, cleaving, chopping, etc. **KJV:** axe **Str:** #1631

גרל *GRL* (ad) **Def:** An abrasive stone for scratching or sanding. **Rel:** scratching

649 גרל (masc) *gaw'role* **Tran:** ROUGH **Def:** Rough like a stone. **KJV:** great **Str:** #1632

650 גורל (masc) *go'rawl* **Tran:** LOT **Def:** Colored stones that are thrown and read to determine a course of action or to make a decision. **KJV:** lot **Str:** #1486

גרם *GRM* (ad) **Def:** As a dog gnaws on a bone. **Rel:** from the marrow inside the bones

651 גרם (vrb) *gaw'ram* **Tran:** GNAW **Def:** To chew on something hard such as a bone. **KJV:** break, gnaw **Str:** #1633

652 גרם (masc) *gheh'rem* **Tran:** CARTILAGE **Def:** Translucent elastic tissue that lines the joints of the bony skeleton. **KJV:** bone, strong, top **Str:** #1634 **Aramaic:** #1635

גרן *GRN* (ad) **Def:** The smooth level floor for grains, either a barn or threshing floor.

653 גורן (masc) *go'ren* **Tran:** FLOOR **Def:** The level base of a room, barn or threshing floor. **KJV:** threshingfloor, floor, place, barn, barnfloor, corn **Str:** #1637

גרס *GRS* (ad) **Def:** The crushing of grain in a mill to make meal.

654 גרס (vrb) *gaw'ras* **Tran:** BEAT.TO.PIECES **Def:** To be crushed as grain to make a meal. **KJV:** break **Str:** #1638

גרס *GRS* (ad) **Def:** The smooth level floor for grains, either a barn or threshing floor.

655 גרש (masc) *gheh'res* **Tran:** BEATEN.GRAIN **Def:** Wheat, rye or other seeds that are crushed to make meal. **KJV:** beaten **Str:** #1643

גרע *GRAh* (ad) **Def:** Something made small through removal.

656 גרע (vrb) *gaw'rah* **Tran:** TAKE.AWAY **Def:** To scrape off or clip. To impair or degrade. **KJV:** diminish, take, away, restrain, abate, back, minish, small, withdraw **Str:** #1639

657 מגרעה (fem) *mig'raw'aw* **Tran:** LEDGE **Def:** As diminished in size. **KJV:** narrowed **Str:** #4052

גרף *GRP* (ad) **Def:** A carrying or taking away by flood or striking.

658 גרף (vrb) *gaw'raf* **Tran:** SWEEP.AWAY **KJV:** sweep away **Str:** #1640

659 מגרפה (fem) *mig'raw'faw* **Tran:** SOIL **Def:** When the floods sweep down the land, rich soil is deposited on the land. **KJV:** clod **Str:** #4053

660 אגרוף (masc) *eg'rofe* **Tran:** FIST **Def:** Clenched fingers into the palm of the hand. **Rel:** Through the sense of sweeping away by striking. **KJV:** fist **Str:** #0106

גרש *GRSh* (ad) **Def:** The land surrounding a city was inhabited by the lower class people or outcasts. This land is also covered with pastures for raising the flocks and herds of the city.

661 גרש (vrb) *gaw'rash* **Tran:** CAST.OUT **Def:** To forcefully drive away, expel, or thrust away. **KJV:** drive, cast, thrust, put, divorce, expel, trouble **Str:** #1644

662 גרש (masc) *gheh'resh* **Tran:** BROUGHT.OUT **Def:** Driven away, expelled, or thrust away. **KJV:** put forth **Str:** #1645

663 גרשה (fem) *gher'oo'shaw* **Tran:** EVICTION **KJV:** exaction **Str:** #1646

664 מיגרש (masc) מיגרשה (fem) *mig'rawsh* **Tran:** OPEN.SPACE **Def:** A place for grazing livestock, usually on the outskirts of a village or city. **KJV:** suburb **Str:** #4054

ערף *AhRP* (ad) **Def:** The dropping of rain from clouds. **Rel:** dark clouds

665 ערף (vrb) *aw'raf* **Tran:** DROP **Def:** To fall down as rain from the clouds. **KJV:** drop **Str:** #6201

666 עריף (masc) *aw'reef* **Tran:** CLOUD **Def:** As dark rain clouds. **KJV:** heaven **Str:** #6183

גש *GSh* (pr) **Act:** Grope **Obj:** Clod **Abs:** Clay **AH:** ᗯ✓

גשש *GShSh* (ch)

667 גשש (vrb) *gaw'shash* **Tran:** GROPE **KJV:** grope **Str:** #1659

גיש *GYSh* (ch)

668 גיש / גוש (masc) *goosh* **Tran:** CLOD **Def:** dirt clod. **KJV:** clod **Str:** #1487

נגש *NGSh* (ad)

669 נגש (vrb) *naw'gash* **Tran:** DRAW.NEAR **Def:** To bring close to another. **KJV:** near, come, nigh, bring, here, offer, approach, forth **Str:** #5066

גת *GT* (pr) **Obj:** Winepress **Def:** After the grapes are placed in the wine vat, treaders walk in the vat to crush the grapes freeing up the juices. The treader's feet and lower parts of their clothing are stained red, a sign of their occupation (see Isaiah 63:1-3). **AH:** ✝✓- The pictograph ✓ is a picture of the foot. The ✝ is a picture of a mark. Combined these mean "a foot marked."

670 גת (fem) *gath* **Tran:** WINEPRESS **KJV:** winepress, press, winefat **Str:** #1660

671 גתית (fem) *ghit'teeth* **Tran:** GITTIYT **Def:** An unknown musical instrument **KJV:** Gittith **Str:** #1665

Dalet

דב *DB* (pr) **Act:** Rest, Whisper, Grieve, Slow **Abs:** Sorrow **Def:** The door of the tent was the place of relaxation for the father. Here he would watch his family, livestock and the road for approaching visitors (see Genesis 18:1). **AH:** ◊ט- The pictograph ◊ is a picture of the tent door. The ט is a representation of a tent. Combined these mean "the door of the tent."

672   דיבה (fem) *dib'baw* **Tran:** SLANDER **Def:** Speaking evil of another (usually done quietly). **Rel:** Something that is slow and quiet. **KJV:** slander, evil report, infamy **Str:** #1681

      דבב *DBB* (ch) **Def:** A quiet speech.

673   דבב / צפף (vrb) *daw'bab / tsaw'faf* **Tran:** WHISPER **Def:** quiet speaking as when sleeping. **KJV:** speak, whisper **Str:** #1680, #6850

      אדב *ADB* (ch) **Def:** A quiet state.

674   אדב (vrb) *aw'dab* **Tran:** GRIEVE **KJV:** grieve **Str:** #0109

      דאב *DAB* (ch) **Def:** A quiet state.

675   דאב (vrb) *daw'ab* **Tran:** BROOD **KJV:** sorrow, sorrowful, mourn **Str:** #1669

676   דאבה (fem) *deh'aw'baw* **Tran:** SORROW **KJV:** sorrow **Str:** #1670

677   דאבון (masc) *deh'aw'bone* **Tran:** BROODING **Def:** A pining or fainting over something desired or lost. **KJV:** sorrow **Str:** #1671

      דבא *DBA* (ch)

678   דובא (masc) *do'beh* **Tran:** TOUGHNESS **Def:** Strong and durable. [The meaning of this word is unknown, but is translated as "strength" in the Aramaic, Syriac and Greek translations.]. **KJV:** strength **Str:** #1679

      דוב *DWB* (ch)

679 דוב (vrb) *doob* **Tran:** SORROW **Def:** Distress caused by loss, affliction, disappointment, etc.; grief, sadness, or regret. **Rel:** As one who moves slowly. **KJV:** sorrow **Str:** #1727

680 דוב (com) *dobe* **Tran:** BEAR **Def:** slow moving animal. **KJV:** bear **Str:** #1677 **Aramaic:** #1678

דבש *DBSh* (ad) **Def:** A thick, sticky substance such as dates or honey. **Rel:** a slow moving substance

681 דבש (masc) *deb'ash* **Tran:** HONEY **Def:** A sweet material elaborated out of the nectar of flowers in the honey sac of various bees. Also, dates as a thick, sticky and sweet food. **KJV:** honey **Str:** #1706

682 דבשת (fem) *dab'beh'sheth* **Tran:** HUMP **Def:** The hump of a camel as a sticky mass. **KJV:** bunch **Str:** #1707

דג *DG* (pr) **Act:** Dart, Amplify, Fish **Obj:** Fish, Fisherman **Abs:** Anxiety **Def:** The darting around of fish. **AH:** ✓ᐁ- The pictograph ᐁ is a picture of the tent door which is a curtain hung over the entrance of the tent. To gain entrance to the tent or to leave, the curtain moved back-and-forth. Also, the door is used for moving back-and-forth from the tent to the outside. The ✓ is a representation of a foot. The combined meaning of these two letters is "the back-and-forth moving of the foot (or tail)." The tail of a fish moves back-and-forth to propel itself through the water.

683 דג / דאג (masc) דגה (fem) *daw'gaw / dawg* **Tran:** FISH **Def:** An aquatic animal. Only fish with scales and fins are considered fit for food (clean). **KJV:** fish **Str:** #1709, #1710

684 דגן (masc) *daw'gawn* **Tran:** CEREAL **Def:** Relating to grain or plants that produce it. A plentiful crop. **KJV:** wheat, cereal, grain, corn **Str:** #1715

דאג *DAG* (ch) **Def:** The back-and-forth darting of a fish in the water.

685 דאג (vrb) *daw'ag* **Tran:** ANXIOUS **Def:** An anxious behavior like a fish darting in the water. **KJV:** afraid, sorrow, sorry, careful, take thought **Str:** #1672

686 דאגה (fem) *deh'aw'gaw* **Tran:** ANXIETY **Def:** An anxious behavior like a fish darting in the water. **KJV:** carefulness, fear, heaviness, sorrow, care **Str:** #1674

דגה *DGH* (ch) **Def:** As an abundant amount of fish in a net.

687 דגה (vrb) *daw'gaw* **Tran:** AMPLIFY **Def:** To expand, multiply or increase. **KJV:** grow **Str:** #1711

דוג *DWG* (ch) **Def:** One who catches fish and his equipment.

688 דוג (masc) *dav'vawg* **Tran:** FISHERMAN **KJV:** fisher **Str:** #1728

689 דוגה (fem) *doo'gaw* **Tran:** FISHING **KJV:** fish **Str:** #1729

דיג *DYG* (ch)

690 דיג (masc) *dah'yawg / deeg* **Tran:** FISH **KJV:** fish, fisher **Str:** #1770, #1771

דד *DD* (pr) **Act:** Move, Boil **Obj:** Breasts, Pot **Abs:** Passion **Def:** The part of the female body invoking heat of passion and love. **AH:** ⴷⴷ- The pictograph ⴷ is a picture of the tent door which hangs down from the top of the tent entrance. The use of this letter twice indicates "two danglers" representing a woman's breasts.

691 דד (masc) *dad* **Tran:** TEAT **Def:** The protuberance on the udder in female mammals, through which the milk ducts discharge. **KJV:** breast, teat **Str:** #1717

דדה *DDH* (ch) **Def:** The grace and beauty of the breast.

692 דדה (vrb) *daw'daw* **Tran:** MOVE **Def:** The graceful and soft movement of a woman. **KJV:** went, go slowly **Str:** #1718

דוד *DWD* (ch) **Def:** The boiling of a liquid in a pot or the passion of a person for another.

693 דוד (masc) *dode* **Tran:** UNCLE **Alt:** beloved. **Def:** The brother of one's father or mother; one who is cherished by another. **KJV:** beloved, uncle, love, wellbeloved **Str:** #1730

694 דוד (masc) *dood* **Tran:** KETTLE **KJV:** basket, pot, kettle, caldron **Str:** #1731

695 דודה (fem) *do'daw* **Tran:** AUNT **Def:** The sister of one's father or mother. One who is loved. **KJV:** aunt **Str:** #1733

ידד *YDD* (ch) **Def:** The passion of a person for another.

696 ידיד (masc) ידידה (fem) *yed'eed* **Tran:** CHERISHED **Def:** One held or treated as dear; feel love for. **Rel:** As one who is loved. **KJV:** beloved, wellbeloved, loves, amiable **Str:** #3039

697 ידידות (fem) *yed'ee'dooth* **Tran:** PASSION **KJV:** dearly beloved **Str:** #3033

דדי *DDY* (ch)

698 דודי (masc) *doo'dah'ee* **Tran:** MANDRAKES **Def:** A plant boiled as an aphrodisiac. **KJV:** mandrake, basket **Str:** #1736

דה *DH* (pr) **Act:** Attack, Dive **Obj:** Bird of prey **Def:** Birds of prey fly around in a circle in search of their prey and dive down on it when seen. **AH:** ሠྲ- The pictograph ྲ is a picture of the tent door with the extended meaning of moving back-and-forth. The ሠ represents one who is looking and pointing at a great sight. Combined these mean "a back-and-forth looking."

דאה *DAH* (ch) **Def:** A bird of prey that dives down on it's prey.

699 דאה (vrb) *daw'aw* **Tran:** DIVE **Def:** To plunge, fall, or descend through the air or water. **KJV:** fly **Str:** #1675

700 דיה / דאה (fem) *dah'yaw / daw'aw* **Tran:** VULTURE **Def:** An unknown bird of prey or carrion. **KJV:** vulture **Str:** #1676, #1772

דו *DW* (pr) **Act:** Sick, Ill **Obj:** Disease **Abs:** Weak **AH:** ྲሦ

701 דוי (masc) *dav'voy / dev'ah'ee* **Tran:** WEAK **Def:** weakness from illness or sorrow. **KJV:** sorrowful, languishing **Str:** #1741, #1742

דוה *DWH* (ch)

702 דוה (vrb) *daw'vaw* **Tran:** ILL **Def:** To be of unsound physical or mental health; unwell; sick. **KJV:** infirmity **Str:** #1738

703 דוה (masc) *daw'veh* **Tran:** ILLNESS **Def:** Unhealthy condition; poor health; indisposition; sickness. Also, a woman's cycle. **KJV:** faint, sick, sickness, menstruous cloth **Str:** #1739

704 מדוה (masc) *mad'veh* **Tran:** DISEASE **Def:** An incorrectly functioning organ, part, structure, or system of the body that brings on an illness. **KJV:** disease **Str:** #4064

דח *DHh* (pr) **Act:** Push, Throw down **Obj:** Ruin, Clean **Abs:** Worthless **AH:** ⌐ܐ- The pictograph ⌐ is a door representing the idea of moving back-and-forth. The ܐ is a picture of a wall. Combined these pictures mean "the back-and-forth movement of a wall" (see Ps 62:3).

705   דחי (masc) *deh'khee* **Tran:** STUMBLE **Rel:** A continual pushing to cause a ruin or stumbling. **KJV:** fall **Str:** #1762

706   מדחה (fem) *mid'kheh* **Tran:** RUIN **Def:** Something that is thrown down in ruin. **KJV:** ruin **Str:** #4072

707   דחון (fem) **Tran:** INSTRUMENT **Def:** musical instrument that is continually struck such as a harp. **KJV:** instrument, musick **Aramaic:** #1761

דחה *DHhH* (ch) **Def:** A continual pushing to throw down or out.

708   דחח (vrb) *daw'khaw* **Tran:** PUSH **Def:** To push something down or onward. **KJV:** outcast, thrust, sore, overthrow, chase, tottering, drive away, drive on, cast down **Str:** #1760

דוח *DWHh* (ch)

709   דוח (vrb) *doo'akh* **Tran:** CLEAN **Def:** Something that has been scrubbed clean. **KJV:** wash, purge, cast out **Str:** #1740

710   מדוח (masc) *mad'doo'akh* **Tran:** WORTHLESS **Def:** What is cast away as worthless. **KJV:** causes of banishment **Str:** #4065

דחף *DHhP* (ad)

711   דחף (vrb) *daw'khaf* **Tran:** PRESS.ON **KJV:** hasten, press **Str:** #1765

712   מדחפה (fem) *med'akh'faw* **Tran:** PUSHING **KJV:** overthrow **Str:** #4073

דחק *DHhQ* (ad)

713   דחק (vrb) *daw'khak* **Tran:** PUSH **KJV:** thrust, vex **Str:** #1766

די *DY* (pr) **Act:** Saturate **Obj:** Ink **Abs:** Sufficient **Def:** Something that is completely filled. **AH:** ⌐ܔ

714 די (masc) *dahee* **Tran:** SUFFICIENT **Def:** An amount that is not lacking. What is enough. **KJV:** enough, sufficient **Str:** #1767

715 מדי (masc) *mad'dah'ee* **Tran:** SUFFICIENT **Def:** What is enough. **KJV:** sufficiently **Str:** #4078

716 דיו (masc) *deh'yo* **Tran:** INK **Def:** Ink A liquid that saturates. **KJV:** ink **Str:** #1773

דך *DK* (pr) **Act:** Crush, Break, Trample, Beat **Obj:** Mortar, Powder, Bruise, Siege words **Def:** Seeds are placed in a stone mortar, a stone cup, the stone pestle is moved around the cup to crush the seeds into a powder. **AH:** ד‎ש- The pictograph ד is a door representing the idea of moving back-and-forth. The ש is a picture of the palm of the hand representing a bowl from its shape. Combined these pictures mean "the moving back-and-forth in a cup."

717 דך (masc) *dak* **Tran:** PULVERIZED **Def:** As ground in a morar and pestal. **KJV:** oppressed, afflicted **Str:** #1790

718 דכי (masc) *dok'ee* **Tran:** WAVE **Def:** Wave A crushing of the surf. **KJV:** wave **Str:** #1796

דכא *DKA* (ch)

719 דכא (vrb) *daw'kaw* **Tran:** BREAK **Def:** To break something by beating it. **KJV:** break, break in pieces, crush, bruise, destroy **Str:** #1792

720 דכא (masc) *dak'kaw* **Tran:** BROKEN **Def:** Something that is struck into fragments. **KJV:** contrite, destruction **Str:** #1793

הדך *HDK* (ch) **Def:** Walking over something to trample on it as with a pestle in a mortar.

721 הדך (vrb) *haw'dak* **Tran:** TRAMPLE **KJV:** tread down **Str:** #1915

דכה *DKH* (ch) **Def:** Something that is bruised by beating it.

722 דכה (vrb) *daw'kaw* **Tran:** COLLAPSE **Def:** To break down or crouch. **KJV:** break, contrite, crouch **Str:** #1794

723 דכה (fem) *dak'kaw* **Tran:** BRUISED **KJV:** wounded **Str:** #1795

דוך *DWK* (ch) **Def:** A beating as with a mortar in a pestle.

724 דוק (vrb) *dook* **Tran:** GROUND.TO.PIECES **Def:** Something that is reduced to fragments. **KJV:** beat, break into pieces **Str:** #1743 **Aramaic:** #1751

725 מדוכה (fem) *med'o'kaw* **Tran:** MORTAR.AND.PESTLE **KJV:** mortar **Str:** #4085

דיך *DYK* (ch)

726 דיק (masc) *daw'yake* **Tran:** SIEGE.WORKS **Def:** Engines of war constructed next to a city wall for the purpose of battering it into pieces to allow entry into the city. **KJV:** fort **Str:** #1785

דכף *DKP* (ad)

727 דוכיפת (fem) *doo'kee'fath* **Tran:** GROUSE **Def:** A species of unclean bird. **KJV:** lapwing **Str:** #1744

דל *DL* (pr) **Act:** Back and Forth, Hang, Lift, Leap **Obj:** Door **Abs:** Helpless **Def:** The tent door was hung down as a curtain, covering the entrance to the tent, from a horizontal pole. The door was then moved to the side for going in and out of the tent. **AH:** ∠ᗪ- The pictograph ᗪ is a door. The ∠ is a picture of staff and represents any rod. Combined these pictures mean "the door on the rod."

728 דל (masc) דלה (fem) *dal* **Tran:** HELPLESS **Def:** Unable to care or provide for one's self; one who is weak, sick or poor. **Rel:** The helpless dangle their head down in illness or poverty. **KJV:** poor, needy, weak, lean, pinning, sickness, hair **Str:** #1800, #1803

729 דלת (fem) *deh'leth* **Tran:** DOOR **Def:** A means of access; usually a swinging or sliding barrier by which an entry is closed and opened. **KJV:** door, gate, leaves, lid **Str:** #1817

דלל *DLL* (ch)

730 דלל (vrb) *daw'lal* **Tran:** HANG.DOWN **Def:** To be brought down low such as the head in humility or a dried up river. **KJV:** brought low, dried up, not equal, emptied, fail, impoverished, thin **Str:** #1809

731 דלה (fem) *dal'law* **Tran:** HAIR **Def:** Dangles from a tree blowing back-and-forth in the wind. **KJV:** hair **Str:** #1803

דלה *DLH* (ch) **Def:** Anything that dangles down and swings back-and-forth, such as a branch, hair or door.

732 דלה (vrb) *daw'law* **Tran:** DRAW.UP **Def:** To bale up. To lift the bucket out of the well for drawing water. **KJV:** draw, enough, lifted **Str:** #1802

733 דליה (fem) *daw'lee'yaw* **Tran:** BRANCH **Def:** Dangles from a tree blowing back-and-forth in the wind. **KJV:** branch **Str:** #1808

734 דלי (masc) *del'ee* **Tran:** BUCKET **Def:** A deep, cylindrical vessel, usually of wood or skin, for collecting, carrying, or holding water; pail. **Rel:** Dangles from a rope to draw water and lifted out of the well. **KJV:** bucket **Str:** #1805

דלג *DLG* (ad)

735 דלג (vrb) *daw'lag* **Tran:** LEAP **KJV:** leap **Str:** #1801

דלף *DLP* (ad)

736 דלף (vrb) *daw'laf* **Tran:** DRIP **Def:** To fall in drops. **KJV:** pour, melt, crop **Str:** #1811

737 דלף (masc) *deh'lef* **Tran:** DRIP **KJV:** dropping **Str:** #1812

חדל *HhDL* (ad)

738 חדל (vrb) *khaw'dal* **Tran:** TERMINATE **Def:** To stop or refrain from continuing an action. **KJV:** cease, forbear, leave, alone, end, fail, forborn, forsake, rest, unoccupied, want **Str:** #2308

739 חדל (masc) *khaw'dale* **Tran:** REJECTED **Def:** Something that is made to cease to function. **KJV:** frail, rejected, forbear **Str:** #2310

דם *DM* (pr) **Act:** Dumb, Silent, Sleep, Weep **Obj:** Blood, Red, Pieces, Tear **Abs:** Likeness, Compare **Def:** Similarly, the grape plant takes water from the ground and moves it to the fruit where the water becomes the blood of the grape. **AH:** ᵂᵛ- The pictograph ᵛ is a door representing the idea of moving back-and-forth. The ᵂ is a picture of water and can represent any liquid especially blood. Combined these pictures mean "the moving back-and-forth of water" or the "flowing of blood."

740 דם (masc) *dawm* **Tran:** BLOOD **Alt:** bloodshed. **Def:** The red fluid that circulates through the body. **Rel:** The blood of man is also water, which moves through the body. When the blood is shed, the man or animal becomes silent. A son from

the blood of his father resembles his father. **KJV:** blood, bloody, bloodguilt **Str:** #1818

דמם *DMM* (ch) **Def:** When the blood is shed, the man or animal becomes silent and still.

741 דמם (vrb) *daw'man* **Tran:** BE.SILENT **Def:** To come to a standstill in speech or deed. To be quiet; refrain from speech or action. **KJV:** silence, still, silent, cut off, cut down, rest, cease, forbear, peace, quieted, tarry, wait **Str:** #1826

742 דממה (fem) *dem'aw'maw* **Tran:** SILENT **KJV:** still, silence, calm **Str:** #1827

743 דומם (masc) **Tran:** SILENT **KJV:** silent, quietly wait, dumb **Str:** #1748

אדם *ADM* (ch) **Def:** The color red, the color of blood, man and the earth.

744 אדם (vrb) *aw'dam* **Tran:** BE.RED **Def:** To be ruddy. To have a dark reddish color. **KJV:** dyed red, red, ruddy, man, Adam, person **Str:** #0119

745 אדם (masc) *aw'dawm* **Tran:** HUMAN **Def:** Of, relating to, or characteristic of man. The first man. All of mankind as the descendants of the first man. (Derived from a root meaning "blood" and "of reddish color."). **KJV:** man, Adam, person, **Str:** #0120

746 אדמה (fem) *ad'aw'maw* **Tran:** GROUND **Def:** The surface of the earth. From its reddish color. **KJV:** land, earth, ground, country, husbandman **Str:** #0127

747 אדום (masc) אדומה (fem) *aw'dome* **Tran:** RED **Def:** Of the color red. Ruddy; florid. **KJV:** red, ruddy **Str:** #0122

748 אודם (fem) *o'dem* **Tran:** CARNELIAN **Def:** Probably the Carnelian, a reddish-brown gemstone. The Hebrew word is from a root meaning "red" or "reddish." Another possible translation is Jasper. **KJV:** sardius **Str:** #0124

749 אדמדם (masc) אדמדמת (fem) *ad'am'dawm* **Tran:** REDDISH **Def:** Somewhat red; tending to red; tinged with red. **KJV:** reddish **Str:** #0125

750 אדמוני (masc) *ad'mo'nee* **Tran:** RUDDY **Def:** Having a healthy reddish color. **KJV:** red, ruddy **Str:** #0132

הדם *HDM* (ch)

751 הדם (masc) Tran: PIECE **Def:** Something cut into pieces. **KJV:** pieces **Aramaic:** *had'dawm* #1917

752 הדום (masc) *had'ome* **Tran:** STOOL **KJV:** stool **Str:** #1916

דהם *DHM* (ch) **Def:** When excited or scared ones blood pressure increases and is unable to speak.

753 דהם (vrb) *daw'ham* **Tran:** DUMB **Def:** To be speechless. **KJV:** astonied **Str:** #1724

דמה *DMH* (ch) **Def:** A son from the blood of his father resembles his father.

754 דמה (vrb) *daw'mam / daw'maw* **Tran:** RESEMBLE **Def:** To be like, similar or compared to something else. To become silent as one dead. **KJV:** like, liken, thought, compared, devised, mean, similitude **Str:** #1819, #1820 **Aramaic:** *dem'aw* #1821

755 דמות (fem) *dem'ooth* **Tran:** LIKENESS **Def:** Copy; resemblance. The quality or state of being like something or someone else. **Rel:** As a son from the blood of his father resembles his father. **KJV:** likeness, similitude, like, manner, fashion **Str:** #1823

756 דמיון (masc) *dim'yone* **Tran:** SIMILARLY **KJV:** like **Str:** #1825

דום *DWM* (ch) **Def:** When the blood is shed, the man or animal becomes silent.

757 דומה (fem) *doo'maw / doom'maw* **Tran:** SILENCED **Def:** Absence of any sound or noise; stillness. **KJV:** silence, destroyed **Str:** #1745, #1822

758 דמי (masc) *dem'ee* **Tran:** SILENT **Def:** In a state of noiselessness and motionless. **KJV:** silence, cut off, rest **Str:** #1824

759 דומיה (fem) *doo'me'yaw* **Tran:** SILENCE **Def:** In a state of noiselessness and motionlessness. **KJV:** wait, silent, silence **Str:** #1747

דמע *DMAh* (ad) **Def:** The weeping of the eyes. The juice of the grape or other fruit that seeps out. **Rel:** as blood and combined with the letter ayin forming the meaning "blood of the eye"

760 דמע (vrb) *daw'mah* **Tran:** WEEP **Def:** The seeping of tears from the eye. **KJV:** weep, sore **Str:** #1830

761 דמע (masc) *dah'mah* **Tran:** FRUIT.PRESS **Def:** The liquid that seeps out of the fruit and used in making oils and juices. **KJV:** liquor **Str:** #1831

762 דימעה (fem) *dim'aw* **Tran:** TEARS **Def:** A fluid appearing in or flowing from the eye as the result of being oppressed. **KJV:** tears **Str:** #1832

קדם *QDM* (ad) **Def:** The place of the rising sun. The Hebrews recognized the east as the top of the four compass points (contrary to our understanding of north) and is the direction faced when orienting direction. The past is understood as what is in front, or before, you as the past is known (contrary to our understanding of the future being in front of us). **Rel:** the red color blood combined with the quph as the rising sun, hence the "rising sun of blood"

763 קדם (vrb) *kaw'dam* **Tran:** FACE.TOWARD **Def:** To face another or meet face to face; to go before someone or something in space or time. **Rel:** In the sense of facing the rising sun. **KJV:** prevent, before, met, come, disappoint, go **Str:** #6923

764 קדם (masc) קדמה (fem) *kad'maw / keh'dem* **Tran:** EAST **Def:** The general direction of sunrise. As in front when facing the rising sun. Also, the ancient past. **KJV:** antiquity, ago, aforetime, east, old, eastward, ancient, before, aforetime, eternal **Str:** #6924, #6927 **Aramaic:** *kad'maw* #6928

765 קדים (masc) *kaw'deem* **Tran:** EAST.WIND **Def:** The wind that comes from the east. Toward the east as the origin of the east wind. **KJV:** east, eastward **Str:** #6921

766 קידמה (fem) *kid'maw* **Tran:** EASTWARD **Def:** Toward the east. Before another space or time; as the east is in front when facing the rising sun. **KJV:** east, eastward **Str:** #6926

767 קדמי (masc) **Tran:** FIRST **Def:** As what came before. **KJV:** first **Aramaic:** *kad'mah'ee* #6933

768 קודם (masc) Tran: TO.THE.FRONT **Def:** Something in front, or to the face as the rising sun is in front. **KJV:** before **Aramaic:** *kod'awm* #6925

769 קדמון (masc) *kad'mone* **Tran:** EASTERN **Def:** In the direction toward the rising sun. **KJV:** east **Str:** #6930

770 קדמוני (masc) *kad'mo'nee* **Tran:** EASTSIDE **Def:** The eastside of a place. Can also mean an ancient one as one from a distant past. **KJV:** east, former, ancient, before, old **Str:** #6931

    רדם *RDM* (ad) **Rel:** sleeping silently

771 רדם (vrb) *raw'dam* **Tran:** DEEP.SLEEP **Def:** To be in a deep sleep or trance. **KJV:** deep sleep, fast asleep, sleeper **Str:** #7290

772 תרדמה (fem) *tar'day'maw* **Tran:** TRANCE **Def:** A state of partly suspended animation or inability to function. A deep sleep or unconsciousness. **KJV:** deep sleep **Str:** #8639

דן *DN* (pr) **Act:** Rule, Lord, Judge **Obj:** Ruler, Base **Abs:** Plea, Quarrel **Def:** The ancient Hebrew concept of a "judge" is one who restores life. The goal of one that rules or judges is to bring a pleasant and righteous life to the people. This can also mean a deliverer as one whom restores life to his people. **AH:** ᛋ▽- The pictograph ▽ is a picture of a door. The ᛋ is a picture of a seed representing the idea of life. Combined these pictures mean "the door of life."

773 מדן (masc) *med'awn* **Tran:** DISCORD **Def:** A lack of concord or harmony between persons or things. **KJV:** discord, strife **Str:** #4090

774 מדון (masc) *maw'dohn* **Tran:** QUARREL **Def:** A rather loud verbal disagreement. **KJV:** strife, contention, discord **Str:** #4066

775 מדין (masc) *mid'yawn* **Tran:** QUARREL **Def:** A rather loud verbal disagreement. **KJV:** contention, brawling **Str:** #4079

    אדן *ADN* (ch) **Def:** The foundation of a column or pillar as the support of the structure.

776 אדן (masc) *eh'den* **Tran:** FOOTING **Def:** Ground or basis for a firm foundation. That which sustains a stable position. **KJV:** socket, foundation **Str:** #0134

Benner's Lexicon of Biblical Hebrew

777   אדון (masc) *aw'done* **Tran:** LORD **Def:** The ruler as the foundation to the community or family. **KJV:** lord, owner, master, sir **Str:** #0113

     דין *DYN* (ch)

778   דין / דון (vrb) *deen* **Tran:** MODERATE **Def:** To rule over quarrels or other conflicts. **KJV:** judge, plead the cause, contend, execute, strife **Str:** #1777 **Aramaic:** #1778

779   דין / דון (masc) *dah'yawn / doon* **Tran:** PLEA **Def:** A request to a person in authority. **KJV:** judge, judgment, cause, plea, strife, tread, out **Str:** #1779, #1781 **Aramaic:** *deen / dah'yawn* #1780, #1782

780   מדינה (fem) *med'ee'naw* **Tran:** PROVINCE **Def:** The jurisdiction of responsibility of a judge or lord. **KJV:** province **Str:** #4082 **Aramaic:** #4083

דס *DS* (pr) **Obj:** Myrtle **AH:** ≠▽

     הדס *HDS* (ch) **Def:** The tree or it's wood.

781   הדס (masc) *had'as* **Tran:** MYRTLE **KJV:** myrtle, myrtle tree **Str:** #1918

דע *DAh* (pr) **Act:** See, know **Obj:** Eye **Abs:** Knowledge, why **Def:** The eye is the window into the man's very being. Experience is gained through visual observation. Knowledge is achieved through these experiences. **AH:** ⊙▽- The pictograph ▽ is a picture of a door. The ⊙ is a picture of the eye. Through the eyes one experiences his world and learns from it. Combined these pictures mean "the door of the eye."

782   דע (masc) *day'ah* **Tran:** OPINION **Def:** To possess an intimate knowledge. An intimacy with a person, idea or concept. **KJV:** opinion, knowledge **Str:** #1843

783   דעה (fem) *day'aw* **Tran:** COMPREHENSION **Def:** An intimacy with a person, idea or concept. **KJV:** knowledge **Str:** #1844

784   דעת (fem) *dah'ath* **Tran:** DISCERNMENT **Alt:** unknowingly. **Def:** The quality of being able to grasp and comprehend what is obscure. An intimacy with a person, idea or concept. Knowledge. **KJV:** knowledge, know **Str:** #1847

785 מדע (masc) *mad'daw* **Tran:** INSIGHT **Def:** An intimacy with a person, idea or concept. **KJV:** knowledge, thought, science **Str:** #4093

דוע *DWAh* (ch) **Def:** A desire to know something.

786 מדוע (com) *mad'doo'ah* **Tran:** WHY **Def:** For what cause, purpose or reason for which. **KJV:** wherefore, why, how **Str:** #4069

ידע *YDAh* (ch) **Def:** To have an intimate relationship with another person, an idea or an experience.

787 ידע (vrb) *yaw'dah* **Tran:** KNOW **Alt:** reveal self. **Def:** To have an intimate and personal understanding; to have an intimate relationship with another person, usually sexual. **KJV:** know, known, knowledge, perceive, shew, tell, wist, understand, certainly, acknowledge, acquaintance, consider, declare, teach **Str:** #3045 **Aramaic:** *yed'ah* #3046

788 מודע (masc) *mo'dah* **Tran:** KINSMAN **Def:** relative who is known. **KJV:** kinsman, kinswoman **Str:** #4129

789 מודעת (fem) *mo'dah'ath* **Tran:** KINDRED **Def:** The community of relatives. **KJV:** kindred **Str:** #4130

790 ידעוני (masc) *yid'deh'o'nee* **Tran:** KNOWER **Def:** One with specific and special understanding. **KJV:** wizard **Str:** #3049

נדע *NDAh* (ad) **Def:** The inward sense of reason.

791 מנדע (masc) Tran: KNOWLEDGE **KJV:** knowledge, reason, understanding **Aramaic:** *man'dah* #4486

דף *DP* (pr) **Act:** Push, Thrust **Abs:** Slander **AH:** ⌒▽

הדף *HDP* (ch) **Def:** To push, shove or thrust another away.

792 הדף (vrb) *haw'daf* **Tran:** PUSH.AWAY **Def:** To drive or force out or away; discharge or eject. **KJV:** thrust, drive, cast out, expel **Str:** #1920

דוף *DWP* (ch)

793 דופי (masc) *dof'ee* **Tran:** SLANDER **KJV:** slander **Str:** #1848

דפק *DPQ* (ad) **Def:** As a knocking at a door.

794 דפק (vrb) *daw'fak* **Tran:** BEAT.OUT **Def:** To strike something with a sharp blow. **KJV:** overdrive, knock, beat **Str:** #1849

שדף *ShDP* (ad) **Def:** A destruction of a crop from a scorching wind.

795 שדף (vrb) *shaw'daf* **Tran:** BLAST **Def:** To blow heavily. **KJV:** blasted **Str:** #7710

796 שדפה (fem) *sh'dey'fah* **Tran:** BLASTING **Def:** A strong devastating wind. **KJV:** blasting **Str:** #7711

797 שידפון (masc) *shed'ay'faw* **Tran:** BLASTED **Def:** What is blasted by a strong devastating wind. **KJV:** blasted **Str:** #7711

דץ *DTs* (pr) **Act:** Leap **AH:** ᒣᏅ

דוץ *DWTs* (ch) **Def:** A leaping of joy.

798 דוץ (vrb) *doots* **Tran:** LEAP **KJV:** turn into joy **Str:** #1750

דק *DQ* (pr) **Obj:** Curtain **AH:** ᛞᏅ

799 דק (masc) דקה (fem) *dak* **Tran:** SCRAWNY **Def:** Wasted away physically. **KJV:** thin, small, dwarf, little **Str:** #1851

דקק *DQQ* (ch) **Def:** The fine dust created in the mortar by crushing something.

800 דקק (vrb) *daw'kak* **Tran:** BEAT.SMALL **Def:** To crush or pound something into thin or small particles. **KJV:** beat small, powder, stamp, bruise, small, dust, beat in pieces, break in pieces **Str:** #1854 **Aramaic:** *dek'ak* #1855

דוק *DWQ* (ch)

801 דוק (masc) *doke* **Tran:** CURTAIN **KJV:** curtain **Str:** #1852

דר *DR* (pr) **Act:** Dwell, Swell, Wide, Gallop, Enclose, Order **Obj:** Circle, Robe, Dwelling, Row, Wall, Word **Abs:** Honor, Idea, Order **Def:** A generation is one revolution of the family line. The Hebraic understanding of order is the continual cyclical process of life and death or renewal and destruction. This root can also have the meanings of circling around of something in a wide area or to cover a large area. **AH:** ᛞᏅ- The pictograph Ꮕ is a door representing a moving back-and-forth. The ℚ is the head of a man. Combined these mean "the back-and-forth movement of man."

802 דר (masc) *dar* **Tran:** WHITE.PEARL **Def:** From its circular shape. **Rel:** A circling around as the flight of a bird or a dance. **KJV:** white **Str:** #1858

803 דור (masc) *dure* **Tran:** CIRCLE **Def:** Also a ball as a circle. **KJV:** ball, round burn **Str:** #1754

804 דרדר (masc) *dar'dar* **Tran:** THISTLE **Def:** A prickly plant used by the shepherd to build a corral around the flock at night. **KJV:** thistle **Str:** #1863

דרר *DRR* (ch) **Def:** A circling around as the flight of a bird or a dance.

805 דרור (fem) *der'ore* **Tran:** FREE.FLOWING **Def:** To flow without hindrances. **KJV:** pure **Str:** #1865

806 דרור (fem) *der'ore* **Tran:** SWALLOW **Def:** bird that flies in a circle. **KJV:** swallow **Str:** #1866

אדר *ADR* (ch) **Def:** What covers a large area.

807 אדר (vrb) *aw'dar* **Tran:** BE.EMINENT **Def:** To be large in size or stature. **KJV:** glorious, honourable **Str:** #0142

808 אדר (masc) אדרת (fem) *ad'deh'reth* **Tran:** ROBE **Def:** A long flowing outer garment. Wide garment. **KJV:** mantle, garment, glory, goodly, robe, threshing floor **Str:** #0155

809 אדיר (masc) *ad'deer / ad'deh'reth* **Tran:** EMINENT **Def:** What exerts power and status. Someone or something that is wide in authority or majesty. **KJV:** noble, excellent, mighty, principle, famous, gallant, glorious, goodly, lordly, worthies **Str:** #0117, #0155

810 אידר (masc) **Tran:** THRESHING.FLOOR **Def:** wide area. **KJV:** threshingfloor **Aramaic:** *id'dar* #0147

דרא *DRA* (ch)

811 דראון (masc) *der'aw'one* **Tran:** ABHOR **KJV:** abhorring, contempt **Str:** #1860

הדר *HDR* (ch) **Def:** To swell in an outward direction. To make another swell through honor or pride (as in a swelling up of the chest).

812 הדר (vrb) *haw'dar* **Tran:** GIVE.HONOR **Def:** To ascribe size or majesty to someone or something that is large in stature or position. To puff up. **KJV:** honour, countenance, crooked places, glorious, glorified, put forth **Str:** #1921 **Aramaic:** *had'ar* #1922

813 הדר (masc) הדרה (fem) *had'aw'raw / haw'dawr / heh'der* **Tran:** HONOR **Def:** Someone or something that has been enlarged in size, pride or majesty. **KJV:** honour, majesty, glory, beauty, comeliness, excellency, glorious, goodly **Str:** #1925, #1926, #1927 **Aramaic:** *had'ar* #1923

דהר *DHR* (ch) **Def:** The repetitious rhythmic running of a horse in a circular direction.

814 דהר (vrb) *daw'har* **Tran:** GALLOP **KJV:** prancing **Str:** #1725

815 דהרה (masc) *dah'hah'har* **Tran:** GALLOP **KJV:** prancing **Str:** #1726

816 תדהר (masc) *tid'hawr* **Tran:** PINE **Def:** The wood or the tree of an unknown species. Probably from its wide or circular growth. **KJV:** pine, pine tree **Str:** #8410

דור *DWR* (ch) **Def:** The nomadic camp was set up in a circle with the tents set up outside of the circle.

817 דור (vrb) *dure* **Tran:** INHABIT **KJV:** dwell **Str:** #1752 **Aramaic:** #1753

818 דור (masc) *dore* **Tran:** GENERATION **Def:** A body of living beings constituting a single step in the line of descent from an ancestor. **Rel:** As a circle of time. **KJV:** generation, all, many **Str:** #1755 **Aramaic:** דר *dawr* #1859

819 מדור (masc) **Tran:** DWELLING **KJV:** dwelling **Aramaic:** *med'ore* #4070

820 מדורה (fem) *med'oo'raw* **Tran:** PILE **Def:** round pile of wood for fires. **KJV:** pile **Str:** #4071

821 תדירה (fem) **Tran:** CONTINUE **Def:** As a swelling. **KJV:** continually **Aramaic:** תדירא *ted'ee'raw* #8411

גדר *GDR* (ad) **Rel:** as a wall that encircles a city

822 גדר (vrb) *gaw'dar* **Tran:** ENCLOSE **Def:** To enclose something in a wall or fence. **KJV:** make, mason, repairer, close, fence, hedge **Str:** #1443

823 גדר (masc) גדרה (fem) *gaw'dare / ghed'ay'raw / gheh'der* **Tran:** FENCE **Def:** A wall for enclosing in livestock or garden. **KJV:** hedge, fold, wall, sheepfold, sheepcote, fence **Str:** #1444, #1447, #1448

דבר *DBR* (ad) **Def:** An arrangement or placement of things or ideas for creating order. **Rel:** order

824 דבר (vrb) *daw'bar* **Tran:** SPEAK **Def:** A careful arrangement of words or commands said orally. **KJV:** speak, say, talk, promise, tell, commune, pronounce, utter, command **Str:** #1696

825 דבר (masc) דברה (fem) *dab'baw'raw / daw'baw* **Tran:** WORD **Alt:** matter; thing. **Def:** An arrangement of words, ideas or concepts to form sentences. A promise in the sense of being 'ones word.' An action in the sense of acting out an arrangement. A plague as an act. A matter or thing, as words also have substance in the Hebrew mind. **KJV:** word, thing, matter, act, chronicle, saying, commandment **Str:** #1697, #1703

826 דבר (masc) *deh'ber* **Tran:** EPIDEMIC **Def:** A wide spread disease effecting man or animal. A pestilence. **KJV:** pestilence, plague, murrain **Str:** #1698

827 דביר (masc) *deb'eer* **Tran:** SANCTUARY **Def:** place of order. **KJV:** oracle **Str:** #1687

828 דבורה (fem) *deb'o'raw* **Tran:** BEE **Def:** An insect that lives in an ordered colony and produces honey. **KJV:** bee **Str:** #1682

829 דיברה (fem) *dib'raw* **Tran:** ORDER **KJV:** cause, order, estate, end, regard, sake, intent **Str:** #1700 **Aramaic:** #1701

830 דובר (masc) *do'ber* **Tran:** MANNER **Def:** place of order, a sanctuary. The order which something is performed. **KJV:** manner, fold **Str:** #1699

831 מדבר (masc) *mid'bawr* **Tran:** WILDERNESS **Def:** A tract or region uncultivated and uninhabited by human beings. Place of order, a sanctuary. **KJV:** wilderness, desert, south, speech **Str:** #4057

דרם DRM (ad)

832 דרום (masc) *daw'rome* **Tran:** SOUTHERN **Def:** A direction lying directly opposite of north. **KJV:** south **Str:** #1864

דרש DRSh (ad)

833 דרש (vrb) *daw'rash* **Tran:** SEEK **Alt:** require. **Def:** To look for or search for something or for answers. **KJV:** seek, enquire, require, search **Str:** #1875

834 מדרש (masc) *mid'rawsh* **Tran:** COMMENTARY **Def:** search for the meaning of a story. **KJV:** story **Str:** #4097

סדר SDR (ad) **Def:** Set in order as an arrangement. **Rel:** order

835 סדר (masc) *seh'der* **Tran:** ORDER **Def:** An ordered arrangement. **KJV:** order **Str:** #5468

836 שדרה (fem) *sed'ay'raw* **Tran:** ROW **Def:** row of planks in constructing a house or of an army in the sense of being in order. **KJV:** range, board **Str:** #7713

837 מסדרון (masc) *mis'der'ohn* **Tran:** PORCH **Def:** As built with rows or boards. **KJV:** porch **Str:** #4528

עדר AhDR (ad) **Def:** The process of removing what is unnecessary to bring about order. **Rel:** order

838 עדר (vrb) *aw'dar* **Tran:** MISSING **Def:** (Used in conjunction with לא meaning that nothing is missing) **KJV:** fail, lack, dig, keep **Str:** #5737

839 עדר (masc) *ay'der* **Tran:** DROVE **Def:** A group of animals driven or moving in a body. **KJV:** flock, heard, drove **Str:** #5739

840 מעדר (masc) *mah'dare* **Tran:** RAKE **Def:** Used to clear the field of debris to create order. **KJV:** mattock **Str:** #4576

ערך AhRK (ad) **Def:** A plan to arrange things in order. **Rel:** order

841 ערך (vrb) *aw'rak* **Tran:** ARRANGE **Alt:** value, as in arranging a price. **Def:** To set something in order or into a correct or suitable configuration, sequence or adjustment. **KJV:** array, order, prepare, expert, value, compare, direct, equal, estimate, furnish, ordain **Str:** #6186

842 ערך (masc) *eh'rek* **Tran:** ARRANGEMENT **Alt:** valuation [see Leviticus 27]. **Def:** Set in a row or in order according to rank or age. In parallel. Arranged items in juxtaposition. **KJV:** estimation, set, equal, order, price, proportion, suit, taxation, value **Str:** #6187

843 מערך (masc) *mah'ar'awk* **Tran:** PREPARATION **Def:** As an arrangement. **KJV:** preparation **Str:** #4633

844 מערכה (fem) *mah'ar'aw'kaw* **Tran:** RANK **Def:** A row, line, or series of things or persons. **KJV:** army, fight, order, place, rank, row **Str:** #4634

845 מערכת (fem) *mah'ar'eh'keth* **Tran:** IN.LINE **Def:** a number of things arranged in a row, especially a straight line. **KJV:** row, showbread **Str:** #4635

דש *DSh* (pr) **Act:** Thresh, Sprout **Obj:** Grass **Def:** The grains were placed on the threshing floor where they were trampled on and beaten in order to separate the hulls from the grain. **AH:** ᗢᗪ- The pictograph ᗪ is a door representing the idea of moving back-and-forth. The ᗢ is a picture of teeth meaning to press. Combined these pictures mean "the back-and-forth movement of pressure."

אדש *ADSh* (ch)

846 אדש (vrb) *aw'dash* **Tran:** THRESH **Def:** To separate the grain or seeds from a plant by beating with a flail. **KJV:** threshing **Str:** #0156

דשא *DShA* (ch) **Def:** What comes from the grains.

847 דשא (vrb) *daw'shaw* **Tran:** SPROUT **Def:** To send up or out new growth, as of a plant. Sprout green sprouts. **KJV:** spring, bring forth **Str:** #1876

848 דשא (masc) *deh'sheh* **Tran:** GRASS **Def:** Herbage suitable or used for grazing animals. Young green sprouts. **KJV:** grass, herb, green **Str:** #1877 **Aramaic:** דתא *deh'thay* #1883

דוש *DWSh* (ch)

849 דוש / דיש (vrb) *doosh* **Tran:** THRESH **KJV:** thresh, tread, tear, tread it down **Str:** #1758 **Aramaic:** #1759

850 מדושה (fem) *med'oosh'shaw* **Tran:** THRESHING **KJV:** threshing **Str:** #4098

דיש *DYSh* (ch)

851 דיש (masc) *dah'yish* **Tran:** THRESHING **Def:** The separating of the grain or seeds from a plant by beating with a flail. **KJV:** threshing **Str:** #1786

852 דישון (masc) *dee'shone* **Tran:** ANTELOPE **Def:** An unknown species of clean animal. **KJV:** pygarg **Str:** #1788

גדש *GDSh* (ad)

853 גדיש (masc) *gaw'deesh* **Tran:** STACK **Def:** A pile of grain or dirt. **KJV:** shock, stack, tomb **Str:** #1430

דשן *DShN* (ad) **Def:** The fat of an animal as well as the fat ashes, the ashes and fat of a burnt sacrifice mixed together.

854 דשן (vrb) *daw'shane* **Tran:** MAKE.FAT **Alt:** "remove the fat" or "anoint". **Def:** To make or become large with fat tissue. **KJV:** fat, ash, anoint, accept **Str:** #1878

855 דשן (masc) *daw'shane / deh'shen* **Tran:** FATNESS **Def:** An abundance of fat, food or ashes. **KJV:** fat, fatness, ash **Str:** #1879, #1880

עדש *AhDSh* (ad)

856 עדש (fem) *aw'dawsh* **Tran:** LENTIL **Def:** A leguminous plant with flattened edible seeds. **KJV:** lentil **Str:** #5742

דת *DT* (pr) **Abs:** Law **Def:** When two parties agree to follow the laws of a covenant, a mark is given as a sign of continued allegiance. **AH:** ┼▽- The pictograph ▽ is a picture of a door meaning enter or entrance. The ┼ is a mark. Combined these pictures mean "entering with a mark."

857 דת (fem) *dawth* **Tran:** LAW **Def:** A decree or edict. **KJV:** law **Str:** #1881 **Aramaic:** #1882

Hey

הא *HA* (pr) **Act:** Look **Abs:** Behold **Def:** A looking toward someone or something. **AH:** 𐤔𐤏- The pictograph 𐤔 represents one who is looking at a great sight with his hands raised as when saying behold.

858 הא (masc) *hay* **Tran:** LO **Def:** To draw attention to something important. **KJV:** lo, behold, even **Str:** #1887 **Aramaic:** #1888

859 הוא (masc) *hoo* **Tran:** HE **Alt:** it; that; this; they. **Def:** The male who is neither speaker nor hearer. **Rel:** As one looked toward **KJV:** that, him, same, this, he, which, who, such, wherein **Str:** #1931 **Aramaic:** #1932

860 היא / הוא (fem) *hee* **Tran:** SHE **Alt:** it; that; this. **Def:** The female who is neither the speaker nor the one addressed. **Rel:** As one looked toward **KJV:** that, him, same, this, he, which, who, such, wherein **Str:** #1931 **Aramaic:** *hoo* #1932

861 המה (masc) *hay'mah* **Tran:** THEY(m) **Alt:** those, these. **Def:** The plural of "he." **Rel:** As one looked toward **KJV:** they, them, these, those, same **Str:** #1992 **Aramaic:** המון / המו *him'mo* #1994

862 הנה (fem) *hane'naw / law'hane* **Tran:** THEY(f) **Alt:** those. **Def:** The plural of "she." **Rel:** As one looked toward **KJV:** they, their, those, them **Str:** #2007, #3860

הב *HB* (pr) **Act:** Give, Supply **Obj:** Gift, Burden **Abs:** Love **Def:** One does not choose the household which one is born into, including tribe, parents, children and wife (as marriages were often arranged by the father), it is a gift from God. These gifts are seen as a privilege and are to be cherished and protected. **AH:** 𐤔𐤈- The pictograph 𐤔 represents one who is looking at a great sight with his hands raised as when saying behold. The 𐤈 is a representation of the tent or house. Combined these pictures mean "look toward the house" or "provide for the family."

863 הבהב (masc) *hab'hawb* **Tran:** GIFT **KJV:** offering **Str:** #1890

אהב *AHB* (ch) **Def:** The expressions and actions toward the family, which one was privileged with.

864 אהב (vrb) *aw'hab* **Tran:** LOVE **Def:** To provide and protect that which is given as a privilege. An intimacy of action and emotion. Strong affection for another arising from personal ties. **KJV:** love, lover, friend, beloved, like, lovely, loving **Str:** #0157

865 אהב (masc) *ah'hab* **Tran:** BELOVED **Def:** One who is loved. **KJV:** lover, loving **Str:** #0158

866 אהבה (fem) *a'hab'aw* **Tran:** AFFECTION **Def:** A moderate feeling or emotion. A tender attachment or fondness. **KJV:** love **Str:** #0160

867 אוהב (masc) *o'hab* **Tran:** LOVE **KJV:** loves **Str:** #0159

יהב *YHB* (ch) **Def:** A giving of someone or something to one who is deserving or to be privileged.

868 יהב (vrb) *yaw'hab* **Tran:** PROVIDE **Alt:** bring; come. **Def:** To give what is due; to grant or allow permission. **KJV:** give, go, bring, ascribe, come, set, take, delivered, laid, paid, prolonged, yielded **Str:** #3051 **Aramaic:** *yeh'hab* #3052

869 יהב (masc) *ye'hawb* **Tran:** BURDEN **Def:** heavy gift that is difficult to bear. **KJV:** burden **Str:** #3053

הג *HG* (pr) **Abs:** Ponder **Def:** A murmuring or soft speech while in a continual contemplation over something. **AH:** ✓ש

870 הגות (fem) *haw'gooth* **Tran:** PONDERING **KJV:** meditation **Str:** #1900

871 הגינה (fem) *haw'gheen* **Tran:** AHEAD **Def:** Something that is in front as something that is contemplated. **KJV:** directly **Str:** #1903

872 הגיון (masc) *hig'gaw'yone* **Tran:** MUSING **Def:** Absorbed in thought; meditative. **KJV:** higgaion, meditation, solemn sound, device **Str:** #1902

הגג *HGG* (ch)

873 הגיג (masc) *haw'gheeg* **Tran:** PONDERING **KJV:** meditation, musing **Str:** #1901

הגה *HGH* (ch)

874 הגה (vrb) *daw'gaw* **Tran:** MUTTER **Def:** To moun or growl in deep meditation or mourning. **KJV:** meditate, mourn,

speak, imagine, study, mutter, utter, roaring, sore, talk **Str:** #1897

875 הגה (masc) *heh'geh* **Tran:** MUTTERING **Def:** The outward sounds of contemplation. **KJV:** sound, tale, mourning **Str:** #1899

הד *HD* (pr) **Act:** Shout **Abs:** Thanksgiving, Splendor **AH:** ש໐

876 הד (masc) *hade* **Tran:** SHOUT **KJV:** sounding **Str:** #1906

הדד *HDD* (ch)

877 הידד (masc) *hay'dawd* **Tran:** SHOUT **KJV:** shout **Str:** #1959

הוד *HWD* (ch)

878 הוד (masc) *hode* **Tran:** SPLENDOR **Def:** Something that is prominent in beauty or action. **Rel:** In the sense of shouting out. **KJV:** glory, honour, majesty, beauty, comeliness, goodly **Str:** #1935

879 הוידה (fem) *hoo'yed'aw* **Tran:** SHOUT **KJV:** song of thanksgiving **Str:** #1960

הה *HH* (pr) **Act:** Breathe, Exist **Obj:** Breath **AH:** ש໐ש໐- The pictograph ש໐ represents one who is looking at a great sight with his hands raised and taking a long breath.

880 הה (masc) *haw* **Tran:** WOE **Def:** heavy breath. **KJV:** woe **Str:** #1929

הוה *HWH* (ch)

881 הוה (vrb) *haw'vaw* **Tran:** BE **Def:** To exist or have breath. That which exists has breath. In Hebrew thought the breath is the character of someone or something. Just as a man has character, so do objects. **KJV:** be, hath, was **Str:** #1933 **Aramaic:** הוא *hav'aw* #1934

היה *HYH* (ch)

882 היה (vrb) *haw'yaw* **Tran:** EXIST **Alt:** come to pass; is; what is needed. **Def:** To be tangible, to have breath. **KJV:** was, come to pass, came, been, happened, become, pertained, better for thee **Str:** #1961

הו *HW* (pr) **Obj:** Sigh **Abs:** Disaster **AH:** Ɣ᛼- The pictograph ᛼ represents one who is looking at a great sight with his hands raised as when saying behold.

    883   הו (masc) *ho* **Tran:** WOE **Rel:** A moaning sigh from a disaster or evil. **KJV:** alas **Str:** #1930

    884   הוה / היה (fem) *hah'yaw / hav'vaw / ho'vaw* **Tran:** DISASTER **Def:** wicked or disastrous event. **KJV:** calamity, wickedness, perverse, mischief **Str:** #1942, #1943, #1962

הי *HY* (pr) **Act:** Sigh **Abs:** Disaster **AH:** ᛌ᛼- The pictograph ᛼ represents one who is looking at a great sight with his hands raised as when saying behold.

    885   הי (masc) *he* **Tran:** WOE **Rel:** A sigh out of lamentation. **KJV:** woe **Str:** #1958

    הוי *HWY* (ch) **Def:** A sigh out of joy or lamentation.

    886   הוי (masc) *hoh'ee* **Tran:** AH **Def:** An exclamation of surprise or pain. **KJV:** ah, alas, ha, ho, o, woe **Str:** #1945

הל *HL* (pr) **Act:** Shine, Look **Obj:** Star, Tent, Bright **Abs:** Distant, Here **Def:** The stars have always been used to guide the traveler or shepherd to find his home or destination. (This is the ancient and unused word meaning "the.") **AH:** ∠᛼- The pictograph ᛼ is a picture of a man with his arms raised looking at a great sight. The ∠ is a shepherd staff representing the idea of "toward" as the staff is used to move a sheep toward a direction. Combined these letters mean "a looking toward something" such as the looking toward a light in the distance.

    887   אל / אלה (masc) *ale / ale'leh* **Tran:** THESE **Def:** The persons, things, or ideas present or near in place, time, or thought or just mentioned. A grammatical tool used to identify something specific in the sense of looking toward a sight. **Rel:** To look toward a sight. **KJV:** these, those, this, thus, who, so, such, some, same, other, which, another, whom, they, them **Str:** #0411, #0428 **Aramaic:** *ale'leh / il'lane / il'lake* #0412, #0429, #0459, #0479

    888   תהלה (fem) *to'hol'aw* **Tran:** FOLLY **Def:** In the sense of shining. **KJV:** folly **Str:** #8417

889 הלו / אלו (masc) Tran: LOOK.AT.THIS Def: As to look at a sight. KJV: behold, lo Aramaic: ארו al'oo / ar'oo #0431, #0718

890 תהילה (fem) teh'hil'law Tran: ADORATION Def: To praise or to be boastful. Rel: Through the sense of shining through one's actions or words. KJV: praise Str: #8416

הלל HLL (ch) Def: To cause a shining of one by praising or giving thanks to another or to one's self.

891 הלל (vrb) haw'lal Tran: SHINE Alt: endorse. Def: To emit rays of light. Shine brightly. To shine or cause another to shine through one's actions or words. KJV: praise, glory, boast, mad, shine, foolish, commended, rage, celebrate Str: #1984

892 מהלל (masc) mah'hal'awl Tran: SHINE Def: The emitting of rays of light. Shining brightly. KJV: praise Str: #4110

893 הילל (masc) hay'lale Tran: NORTH.STAR KJV: Lucifer Str: #1966

894 הוללה (fem) ho'lay'law Tran: MADNESS Def: As one shining in a negative sense. KJV: madness Str: #1947

895 הוללות (fem) ho'lay'looth Tran: MADNESS Def: As one shining in a negative sense. KJV: madness Str: #1948

896 הילול (masc) hil'lool Tran: SHINING Def: The emitting of rays of light. Shining brightly. KJV: praise, merry Str: #1974

אהל AHL (ch) Def: The tent as the home of the nomad. At night the fires of the tents shine from a star distance to guide the nomad just as the stars shine in the night sky.

897 אהל (vrb) aw'hal / aw'hal Tran: PITCH.TENT Def: To set up camp. By extension, can also mean a distant shining, such as the moon. KJV: shine, tent Str: #0166, #0167

898 אהל (masc) אהלה (fem) a'haw'leem Tran: ALOE Def: Any chiefly shrub belonging to the genus Aloe, of the lily family. The oils or the shrub. Rel: From the glistening oils of the plant. KJV: aloes, trees of aloes Str: #0174

899 אוהל (masc) o'hel Tran: TENT Def: A portable shelter made of black goat hair used by the nomads of the Near East. Rel:

The shining light of the campfire next to the tent in the distance is a guide for those returning home late, just as a star is used as a guide. **KJV**: tabernacle, tent, dwelling **Str**: #0168

הלא *HLA* (ch) **Def**: A distant sight that is looked toward.

900   הלא (vrb) *haw'law* **Tran**: BE.FURTHER.OFF **Def**: To be far-off. **KJV**: cast far-off **Str**: #1972

901   הלאה (fem) *haw'leh'aw* **Tran**: FURTHER **Alt**: beyond. **Def**: At a distance beyond the present place or time. **KJV**: beyond, forward, hitherto, back, thenceforth, henceforth, yonder **Str**: #1973

הלו *HLW* (ch) **Def**: An arrival to the distant place.

902   הלום (masc) *hal'ome* **Tran**: AT.THIS.POINT **Def**: To indicate a specific moment or place in time. **KJV**: hither, here, thither **Str**: #1988

יהל *YHL* (ch)

903   יהלום (masc) *yah'hal'ome* **Tran**: FLINT **Def**: Possibly the flint, a form of quartz of a brown, gray or black color. Other possible translations are onyx and diamond. **KJV**: diamond **Str**: #3095

הם *HM* (pr) **Act**: Roar, Destroy **Obj**: Sea, Multitude **Abs**: Tumult, Destruction **Def**: A large body of water seen as a place of chaos because of its storms, turbulent surf and the commotion of the waves. **AH**: ᴡᴡᵩ- The pictograph ᵩ represents a looking toward. The ᴡᴡ is a picture of water. Combined these pictures mean "a looking toward the water."

904   המון (masc) *haw'mone* **Tran**: MULTITUDE **Def**: A great number of people. A loud group. **KJV**: multitude, noise, tumult, abundance, many, store, company **Str**: #1995

המם *HMM* (ch) **Def**: An uproar.

905   המם (vrb) *haw'mam* **Tran**: CONFUSE **Def**: To cause trouble and turmoil by the sound of a great noise such as with trumpets. **KJV**: discomfit, destroy, vex, crush, break, consume, trouble **Str**: #2000

המה *HMH* (ch)

906 המה (vrb) *haw'maw* **Tran:** ROAR **Def:** A loud noise as from the sea or a crowd. **KJV:** roar, noise, disquieted, sound, troubled, aloud, loud **Str:** #1993

907 המה (masc) *haym* **Tran:** CLAMOR **KJV:** any **Str:** #1991

908 המיה (fem) *hem'yaw* **Tran:** ROAR **Def:** loud noise **KJV:** noise **Str:** #1998

הום *HWM* (ch)

909 הום (vrb) *hoom* **Tran:** ROAR **Def:** To make a loud noise. **KJV:** rang, noise, move, destroy **Str:** #1949

910 תהום (fem) *teh'home* **Tran:** DEEP.WATER **Def:** Extending far below some surface or area; in difficulty or distress; a deep and tumultuous water; a subterranean body of water. **KJV:** deep, depth **Str:** #8415

911 מהומה (fem) *meh'hoo'maw* **Tran:** TUMULT **Def:** A tormenting; trouble; distress; plague; worry. **KJV:** destruction, trouble, vex, tumult, discomfiture **Str:** #4103

הן *HN* (pr) **Act:** Look **Abs:** Wealth, Substance, There, Here **AH:** ᗁᴪ- The pictograph ᴪ represents the idea of looking toward something of interest. The ᗁ is a seed representing continuation. Combined these pictures mean "a looking toward something continually."

912 הן (com) *hane / hane* **Tran:** THOUGH **Alt:** but; look; since. **Def:** However; nevertheless. In spite of the fact of. A possible or desired location. To bring attention to an event. **Rel:** A person, place or thing that is somewhere else. A desired place or outcome. **KJV:** lo, behold, if, though, or, whether, therein, whithal, which, they, them, these, those **Str:** #2004, #2005 **Aramaic:** אנון / אנין *in'noon / hane* / #0581, #2006, #3861

הנה *HNH* (ch) **Def:** To draw attention to a place or event.

913 הנה (masc) *hane'naw* **Tran:** TO.THIS.POINT **Alt:** here. **Def:** A precise moment in time or a specific location. **KJV:** hither, here, now, way, since **Str:** #2008

914 הינה (masc) *hin'nay* **Tran:** LOOK **Alt:** here; saw. **Def:** To ascertain by the use of one's eyes. **KJV:** behold, see, lo **Str:** #2009

הון *HWN* (ch) **Def:** An abundance of something that fills what is desired.

915 הון (vrb) *hoon* **Tran:** SUFFICIENT **Alt:** ready. **Def:** Adequate for the purpose; enough. **KJV:** ready **Str:** #1951

916 הון (masc) *hone* **Tran:** WEALTH **Def:** A sufficient supply. **KJV:** rich, substance, wealth, enough, nought **Str:** #1952

הין *HYN* (ch)

917 הין (masc) *heen* **Tran:** HIYN **Def:** A liquid measure equal to about 5 quarts (6 liters). **KJV:** hin **Str:** #1969

הס *HS* (pr) **Abs:** Quiet **AH:** ⼁ሠ

הסה *HSH* (ch)

918 הסה (vrb) *haw'saw* **Tran:** SILENCE **Def:** To keep quiet by holding the tongue, silent and still. **KJV:** silent, hold peace, hold tongue, still **Str:** #2013

הר *HR* (pr) **Act:** High, Pregnant **Obj:** Hill **Abs:** Pride **Def:** In Hebrew thought all things are in motion. A mountain or hill is not inanimate but the head of the landscape rising up out of the ground. **AH:** ሠ- The pictograph is a representation of a head.

919 הר / הרר (masc) *har* **Tran:** HILL **Def:** An elevation of land such as a hill or mountain. **KJV:** mountain, mount, hill **Str:** #2022

920 הרהור (masc) **Tran:** THOUGHT **Def:** As a mental pregnancy. **KJV:** thought **Aramaic:** *har'hor* #2031

הרר *HRR* (ch)

921 הרר (masc) *haw'rawr* **Tran:** MOUNT **Def:** To increase in amount or extent; to get up on something above the level of the ground. **KJV:** mountain, hill, mount **Str:** #2042

הרה *HRH* (ch)

922 הרה (vrb) *haw'raw* **Tran:** CONCEIVE **Def:** To become pregnant with young. **KJV:** conceive, with child, bare, progenitor **Str:** #2029

923 הרה / הרי (fem) *haw'reh* **Tran:** PREGNANT **Def:** Containing unborn young within the body. **KJV:** with child, conceive **Str:** #2030

924 הרון / הריון (masc) *hay'rone* **Tran:** PREGNANCY **Def:** The quality of containing unborn young within the body. From the mound of the belly. **KJV:** conception **Str:** #2032

יהר *YHR* (ch)

925 יהיר (masc) *yaw'here* **Tran:** PROUD **Def:** One who has made himself high. **KJV:** proud, haughty **Str:** #3093

הת *HT* (pr) **Act:** Assail **AH:** ⴽ+

התת *HTT* (ch)

926 התת (vrb) *haw'thath* **Tran:** THREATEN **KJV:** imagine, mischief **Str:** #2050

Vav

וו *WW* (pr) **Act:** Add **Obj:** Peg **Def:** The tent peg is a "Y" shaped wooden peg, which is driven into firm soil. The tent ropes were attached to these pegs. The "Y" shape prevents the rope from slipping off the peg. **AH:** YY- The pictograph Y represents a tent peg with the idea of joining or attaching things together.

927 וו (masc) *vaw* **Tran:** PEG **Def:** A peg, nail or hook as used for attaching one thing to another. (The short form "ו" is used as a prefix meaning "and."). **KJV:** hook **Str:** #2053

Zayin

זב *ZB* (pr) **Act:** Issue, Gleam, Dwell, Purchase, Leave **Obj:** Yellow, Hyssop, Wolf, Gold, Puss, Dowry, Dwelling **Def:** The main staple of the Hebrews was grain and is yellow in color. This grain was usually ground into a meal for making breads. **AH:** ט𖤓- The pictograph 𖤓 is an agricultural implement representing the idea of harvest or food. The ט is a representation of the house. Combined these pictures mean "the food of the house."

אזב *AZB* (ch)

928 אזוב (masc) *ay'zobe* **Tran:** HYSSOP **Def:** An aromatic herb whose twigs were used in ceremonial sprinkling. **Rel:** From its yellowish color. **KJV:** hyssop **Str:** #0231

זאב *ZAB* (ch)

929 זאב (masc) *zeh'abe* **Tran:** WOLF **Def:** A yellowish colored animal of the canine family. **KJV:** wolf **Str:** #2061

זהב *ZHB* (ch)

930 צהב (vrb) *tsaw'hab* **Tran:** GLEAM **Def:** The shine of gold. **KJV:** fine **Str:** #6668

931 זהב (masc) *zaw'hawb* **Tran:** GOLD **Def:** A malleable yellow metallic element that is used especially in coins, jewelry, and dentures. A precious metal. **KJV:** gold, golden **Str:** #2091 **Aramaic:** דעב *deh'hab* #1722

932 מדהבה (fem) *mad'hay'baw* **Tran:** GOLDEN.CITY **KJV:** golden city **Str:** #4062

933 צהוב (masc) *tsaw'obe* **Tran:** YELLOW **Def:** A color like that of gold. **KJV:** yellow **Str:** #6669

זוב *ZWB* (ch) **Def:** A yellow discharge.

934 זוב (vrb) *zoob* **Tran:** ISSUE **Def:** To flow out; to go, pass, or flow out; emerge. **KJV:** flow, issue, gush **Str:** #2100

935 זוב (masc) *zobe* **Tran:** DISCHARGE **Def:** The issue of the sexual organs. **KJV:** issue **Str:** #2101

זבד *ZBD* (ad) **Def:** The presentation of a price for a bride. **Rel:** an acquiring of a wife as with gold

936 זבד (vrb) *zaw'bad* **Tran:** ENDOW **Def:** To furnish with a dower or payment for a bride. Pay the price for a bride. Give a natural gift. **KJV:** endue **Str:** #2064

937 זבד (masc) *zeh'bed* **Tran:** DOWRY **Def:** The money, goods, or estate that a woman brings to her husband in marriage. **KJV:** dowry **Str:** #2065

זבל *ZBL* (ad) **Def:** A cohabitation between a man and woman. **Rel:** from the purchase of a wife

938 זבל (vrb) *zaw'bal* **Tran:** RESIDE **Def:** To dwell permanently or continuously. **KJV:** dwell **Str:** #2082

939 זבול (masc) *ze'bool* **Tran:** RESIDENCE **KJV:** habitation, dwell, dwelling **Str:** #2073

זבן *ZBN* (ad) **Rel:** as an acquiring of something as with gold

940 זבן (vrb) **Tran:** PURCHASE **KJV:** gain **Aramaic:** *zeb'an* #2084

עזב *AhZB* (ad) **Rel:** leaving ones family when purchased as a bride

941 עזב (vrb) *aw'zab / az'oo'baw* **Tran:** LEAVE **Def:** To go away from; to neglect. **KJV:** forsake, leave, fail, fortify, help, commit, destitute, refuse **Str:** #5800, #5805

942 עיזבון (masc) *iz'zaw'bone* **Tran:** WARES **Def:** In the sense of items being left for a price. **KJV:** fair, wares **Str:** #5801

גז *ZG* (pr) **Obj:** Grape-skin **Def:** The juice of the grape is removed, or harvested, by treading on them in a vat leaving the grape-skins behind. **AH:** ✓𝒞- The pictograph 𝒞 is a picture of an agricultural implement implying harvest. The ✓ is a picture of the foot. The combined meaning of these pictures is "the harvesting by the feet."

943 גז (masc) *zawg* **Tran:** GRAPE.SKIN **Def:** The skin of the berry or fruit that grows in clusters on vines of the genus Vitis. **KJV:** husk **Str:** #2085

זד *ZD* (pr) **Act:** Boil, Depart **Obj:** Stew **Abs:** Pride **Def:** The boiling of a soup or pride. **AH:** ᴏ𝒞

944 זד (masc) *zade* **Tran:** ARROGANT **Def:** One who is proud, presumptuous or insolent toward another. **KJV:** proud, presumptuous **Str:** #2086

945 זדון (masc) *zaw'done* **Tran:** ARROGANCE **Def:** Feeling pleasure or satisfaction over something regarded as highly

honorable or creditable to oneself. **KJV:** pride, presumptuously, proud **Str:** #2087

אזד *AZD* (ch)

946 אזד (masc) **Tran:** DEPART **KJV:** gone **Aramaic:** *az'zawd* #0230

זוד *ZWD* (ch)

947 זוד / זיד (vrb) *zood* **Tran:** SIMMER **Def:** To cook a soup over a fire. To be heated with pride or anger. **KJV:** proudly, presumptuously, presume, sod **Str:** #2102 **Aramaic:** #2103

זיד *ZYD* (ch)

948 זידון (masc) *zay'dohn* **Tran:** BOILING **KJV:** proud **Str:** #2121

נזד *NZD* (ad) **Rel:** boiling

949 נזיד (masc) *naw'zeed* **Tran:** STEW **Def:** An edible dish of meat or vegetables cooked in boiling water. **KJV:** pottage **Str:** #5138

זה *ZH* (pr) **Act:** Stand out, Kindle **Obj:** Hot **Abs:** This **Def:** Something that stands out, is prominent or is pointed out. **AH:** ᐊᗒ

950 זה (masc) זאת (fem) *zeh / zo / zothe* **Tran:** THIS **Alt:** that; here. **Def:** A person, thing, or idea present or near in place, time, or thought or just mentioned. As prominent or pointed out. **Rel:** As prominent or pointed out. **KJV:** this, that, thus, these, such, very, hence, side, as, but, now, then, one, another, whom, whose, for, when, same, hereafter, this, thus, that, what, another, which, wherein **Str:** #1454, #2063, #2088, #2090, #2097 **Aramaic:** דן / דן / דכן / דך / די / דא *daw / dee / dake / dik'kane / dane* #1668, #1768, #1791, #1797, #1836

אזה *AZH* (ch)

951 אזה (masc) **Tran:** HOT **KJV:** headed, hot **Aramaic:** אזא *az'zaw* #0228

זו *ZW* (pr) **Act:** Stand-out **Obj:** Bright **Abs:** This **Def:** Something that stands out, is prominent or is pointed out. **AH:** ᗒ

952 זו (com) *zoo* **Tran:** WHEREIN **Alt:** that **Def:** A person, thing, or idea present or near in place, time, or thought or just

Benner's Lexicon of Biblical Hebrew

mentioned. **Rel:** Someone or something that is prominent. **KJV:** which, this, that, wherein, whom **Str:** #2098

953 זוית (fem) *zaw'veeth* **Tran:** CORNER **Def:** The point where two lines meet. **KJV:** corner, corner stone **Str:** #2106

זיו *ZYW* (ch)

954 זיו (masc) **Tran:** BRIGHT **KJV:** countenance, brightness **Aramaic:** *zeev* #2122

זז *ZZ* (pr) **Obj:** Post, Creature **AH:** ⌐⌐

זוז *ZWZ* (ch)

955 מזוזה (fem) *mez'oo'zaw* **Tran:** DOORPOST **Def:** The vertical supporting frame or post around a door or gate. **KJV:** post **Str:** #4201

זיז *ZYZ* (ch)

956 זיז (masc) *zeez* **Tran:** CREATURE **KJV:** wild beast, abundance **Str:** #2123

זח *ZHh* (pr) **Act:** Loosen **Obj:** Belt **AH:** ⌐⌐

זחח *ZHhHh* (ch)

957 זחח (vrb) *zaw'khakh* **Tran:** LOOSEN **Def:** To make less tight; slacken or relax. To untie or remove. **KJV:** loose **Str:** #2118

זיח *ZYHh* (ch)

958 מזיח (masc) *maw'zee'akh* **Tran:** WAISTBAND **KJV:** strength **Str:** #4206

זך *ZK* (pr) **Act:** Refine **Obj:** Crystal **Abs:** Pure **Def:** An oil or other substance that is clear and free of impurities. **AH:** ⌐⌐

959 זך (masc) *zak* **Tran:** REFINED **Def:** An oil or other substance that is free of impurities. Also, a person without impurities. **KJV:** pure, clean **Str:** #2134

960 זכו (fem) **Tran:** INNOCENCE **Def:** One without impurities. **KJV:** innocency **Aramaic:** *zaw'koo* #2136

זכך *ZKK* (ch)

961 זכך / זקק (vrb) *zaw'kak / zaw'kak* **Tran:** PURIFY **Def:** To remove the impurities by washing or refining to make pure. **KJV:** clean, pure, refine, fine, purge **Str:** #2141, #2212

962 זכוכית (fem) *zek'oo'keeth* **Tran:** CRYSTAL **Def:** mineral without impurities. **KJV:** cyrstal **Str:** #2137

זכה *ZKH* (ch)

963 זכה (vrb) *zaw'kaw* **Tran:** BE.CLEAR **Def:** To be without impurities (always in a moral sense). **KJV:** clean, clear, pure **Str:** #2135

זל *ZL* (pr) **Act:** Shake, Waver, Peel, Boil, Flow **Obj:** Branch, Cymbal, Bell, Meat, Onion, Stream, Strip **Abs:** Vile **Def:** A staff is made by cutting a branch from the tree, this green branch shakes and bends easily until it has hardened. (see Isaiah 18.5) **AH:** ∠⌐- The pictograph ⌐ is a picture of an agricultural cutting implement. The ∠ represents a staff. Combined these mean "cut the staff."

964 מצלת (fem) *mets'ay'leth* **Tran:** CYMBAL **Def:** An instrument that vibrates when shaken. **Rel:** What is shaken easily. **KJV:** cymbal **Str:** #4700

965 זלזל / תלתל (fem) *tal'tal / zal'zal* **Tran:** TWIG **Def:** small branch that shakes easily. **KJV:** sprigs, bushy **Str:** #2150, #8534

966 צילצל (masc) *tsel'aw'tsal* **Tran:** WHIRRING.LOCUST **Def:** An unknown species of locust. Also, a cymbal. **KJV:** cymbal **Str:** #6767

זלל *ZLL* (ch)

967 זלל (vrb) *zaw'lal* **Tran:** GLUTTON **Def:** A person with a remarkably great desire or capacity for something. **KJV:** flow down, vile, glutton, riotous **Str:** #2151

אזל *AZL* (ch) **Def:** An unsteady, shaking or to and fro motion.

968 אזל (vrb) *aw'zal* **Tran:** WAVER **Def:** To go about in a shaking motion. **KJV:** gone, fail, gaddest about, to and fro, spent, went **Str:** #0235 **Aramaic:** *az'al* #0236

זול *ZWL* (ch) **Def:** A shaking out of something.

969 זול (vrb) *zool* **Tran:** BE.LAVISH **Def:** To use or give in great amounts. **KJV:** lavish, despise **Str:** #2107

970 זולה (fem) *zoo'law* **Tran:** WITH.THE.EXCEPTION **Def:** An exception. **Rel:** In the sense of shaking everything out except one. **KJV:** beside, save, only, but **Str:** #2108

971 זולות (fem) *zool'looth* **Tran:** VILENESS **Def:** One who shakes easily. **KJV:** vilest **Str:** #2149

זיל *ZYL* (ch)

972 מזילה (fem) *mets'il'law* **Tran:** BELL **KJV:** bell **Str:** #4698

בצל *BTsL* (ad) **Rel:** from the removing of the peel

973 בצל (masc) *beh'tsel* **Tran:** ONION **Def:** A plant of the amaryllis family, having an edible, succulent, pungent bulb. **KJV:** onion **Str:** #1211

בשל *BShL* (ad) **Def:** The boiling of meat over a fire.

974 בשל (vrb) *baw'shal* **Tran:** BOIL **Alt:** ripen. **Def:** To generate bubbles of vapor when heated; to cook a meat in water; to soften by boiling or ripening. **KJV:** seethe, boil, sod, bake, ripe, roast **Str:** #1310

975 בשל (masc) *baw'shale* **Tran:** BOILED **Def:** Meat or other edible that is cooked in water over a fire. **KJV:** sodden **Str:** #1311

976 מבשלה (fem) *meb'ash'shel'aw* **Tran:** HEARTH **Def:** place for boiling. **KJV:** boiling place **Str:** #4018

זלג *ZLG* (ad)

977 מזלג (masc) מזלגה (fem) *maz'layg* **Tran:** FORK **Def:** An implement, or tool with multiple prongs or tines. **KJV:** fleshhook **Str:** #4207

נזל *NZL* (ad) **Rel:** as a shaking

978 נזל (vrb) *naw'zal* **Tran:** FLOW **Def:** To stream or gush a liquid substance. To run like water. **KJV:** flood, flow, stream, pour, distil, melt, drop, waters, pour, gush **Str:** #5140

979 מזלה (fem) *maz'zaw'law* **Tran:** MILKY.WAY **Def:** As a flowing river in the night sky. **KJV:** planet **Str:** #4208

פצל *PTsL* (ad) **Rel:** removing

980 פצל (vrb) *paw'tsal* **Tran:** PEEL **Def:** To strip off an outer layer. **KJV:** pill **Str:** #6478

981   פצלה (fem) *pets'aw'law* **Tran:** STRIP **Def:** To remove clothing, covering, or surface matter from. **Rel:** As peeled. **KJV:** strake **Str:** #6479

זם *ZM* (pr) **Act:** Plot, Loathe **Obj:** Plan **Abs:** Mischief **Def:** The devising of a plan of action. **AH:** ᴡ𝒯

982   זמה (fem) *zim'maw* **Tran:** MISCHIEF **Def:** An annoying action resulting in grief, harm or evil. **Rel:** An action or plan to do wickedness or a sexual perversion. **KJV:** lewdness, wickedness, mischief, heinous crime **Str:** #2154

983   מזמה (fem) *mez'im'maw* **Tran:** MISCHIEVOUS **Def:** Malicious, witty or lewd plan or thought. **KJV:** discretion, device, thought, wickedly, inventions, lewdness, mischievous **Str:** #4209

זמם *ZMM* (ch)

984   זמם (vrb) *zaw'mam* **Tran:** PLOT **Def:** To devise a plan of action, usually with evil intent. **KJV:** thought, devise, consider, purpose, imagine, plot **Str:** #2161

985   זמם (masc) *zaw'mawm* **Tran:** PLAN **KJV:** wicked device **Str:** #2162

זהם *ZHM* (ch)

986   זהם (vrb) *zaw'ham* **Tran:** LOATHE **KJV:** abhorreth **Str:** #2092

זמן *ZMN* (ad)

987   זמן (vrb) *zaw'man* **Tran:** APPOINT **Alt:** meet **Def:** To set aside a time for a special occasion. **KJV:** appoint, prepare **Str:** #2163 **Aramaic:** *zem'an* #2164

988   זמן (masc) *zem'awn* **Tran:** SEASON **Def:** time set aside for a special occasion. **KJV:** time, season **Str:** #2165 **Aramaic:** #2166

נזם *NZM* (ad)

989   נזם (masc) *neh'zem* **Tran:** ORNAMENTAL.RING **Def:** A circular band worn as an adornment on the ear, nose or other part of the body. **KJV:** earring, jewel **Str:** #5141

ןז *ZN* (pr) **Act:** Harvest, Hear, Feed **Obj:** Mattock, Harvest, Whore, Food **Abs:** Balance, Whoredom **Def:** One of the many agricultural tools was a hoe or mattock. This implement had a wide blade for cutting a plant stalks at the roots. The crops were harvested for a supply of foods, which were stored in jars. **AH:** ᴗ↗- The pictograph ↗ is a picture of an agricultural cutting implement such as the mattock or hoe. The ᴗ is a picture of a seed. Combined these mean "mattock of the seed."

990   ןז (masc) *zan* **Tran:** ASSORTMENT **KJV:** kind, diverse kinds, all manners of store **Str:** #2177 **Aramaic:** #2178

         ןנז *ZNN* (ch) **Def:** As paid with food.

991   ןונז (masc) *zaw'noon* **Tran:** PROSTITUTION **Def:** The act or practice of engaging in sexual intercourse for profit. **Rel:** As paid with food. **KJV:** whoredom **Str:** #2183

         ןזא *AZN* (ch) **Def:** The broad ear for picking up sounds.

992   ןזא (vrb) *aw'zan / aw'zan* **Tran:** WEIGH.OUT **Alt:** Pay attention, in the sense of giving weight. **Def:** To measure the weight of something; to consider, in the sense of weighing in the mind. **KJV:** give ear, hearken, hear, gave, good, heed **Str:** #0238, #0239

993   ןזא (masc) *aw'zane* **Tran:** TOOLS **Def:** An implement used for agriculture or war. **KJV:** weapon **Str:** #0240

994   ןזוא (fem) *o'zen* **Tran:** EAR **Def:** The organ of hearing on each side of the head. **Rel:** Possibly from the shape and placement of the ears being similar to the scales of a balance or the organ used to "pay attention." **KJV:** ear, audience, hearing **Str:** #0241

995   ןזואמ (masc) *mo'zane* **Tran:** BALANCE **Def:** A pair of scales used on a balance to weigh an object. **KJV:** balances **Str:** #3976 **Aramaic:** #3977

         הנז *ZNH* (ch) **Def:** As paid with food.

996   הנז (vrb) *zaw'naw* **Tran:** BE.A.HARLOT **Def:** A woman who practices promiscuous sexual behavior, especially for hire. **KJV:** harlot, go whoring, whoredom, whore, commit fornication, whorish **Str:** #2181

Benner's Lexicon of Biblical Hebrew

997   זנות (fem) *zen'ooth* **Tran:** WHOREDOM **Def:** The act or practice of engaging in sexual intercourse for profit. **Rel:** As paid with food. **KJV:** whoredom **Str:** #2184

998   תזנות (fem) *taz'nooth* **Tran:** WHOREDOM **Def:** As paid with food. **KJV:** whoredom, fornication **Str:** #8457

    זון *ZWN* (ch) **Def:** Food harvested from the crops or flock.

999   זון (vrb) *zoon* **Tran:** GAVE.FEED **KJV:** fed **Str:** #2109 **Aramaic:** #2110

1000   זון (fem) *zo'noth* **Tran:** HARLOT **Def:** As paid with food. **KJV:** armour **Str:** #2185

1001   מזון (masc) *maw'zone* **Tran:** MEAT **Def:** Solid food as distinguished from drink; flesh; a meal. **KJV:** meat, victuals **Str:** #4202 **Aramaic:** #4203

    זנב *ZNB* (ad)

1002   זנב (vrb) *zaw'nab* **Tran:** ATTACK.THE.REAR **Def:** To slap or strike the part in the back or behind. **KJV:** hindmost **Str:** #2179

1003   זנב (masc) *zaw'nawb* **Tran:** TAIL **Def:** The hindmost flexible appendage of an animal. **KJV:** tail **Str:** #2180

    זנח *ZNHh* (ad)

1004   זנח (vrb) *zaw'nakh* **Tran:** DISCARD **Def:** To throw or cast out. **KJV:** cast, turn, remove **Str:** #2186

    זנק *ZNQ* (ad)

1005   זנק (vrb) *zaw'nak* **Tran:** JUMP **Def:** To rise suddenly or quickly. **Rel:** Like the jumping of an animal or person that is slapped in the rear. **KJV:** leap **Str:** #2187

זע *ZAh* (pr) **Act:** Tremble, Enrage, Sad, Yell **Obj:** Sweat **Abs:** Terror, Sadnes **Def:** Fear or an enemy. **AH:** ⊙ℱ- The pictograph ℱ is a picture of an agricultural cutting implement such as the mattock or hoe and associated with weapons. The ⊙ is a picture of the eye and meaning experience or knowledge. Combined these mean "weapon seen."

1006   זעה (fem) *zay'aw* **Tran:** SWEAT **Def:** To excrete moisture in visible quantities through the pores of the skin. **Rel:** A sweating from fear. **KJV:** sweat **Str:** #2188

Benner's Lexicon of Biblical Hebrew

זוע ZWAh (ch) **Def:** A trembling from fear.

1007 זוע (vrb) *zoo'ah* **Tran:** AGITATE **KJV:** moved, tremble, vex **Str:** #2111 **Aramaic:** #2112

1008 זועה (fem) *zah'av'aw / zev'aw'aw* **Tran:** AGITATION **Def:** An object of terror that causes trembling. **KJV:** remove, trouble, vexation **Str:** #2113, #2189

יזע YZAh (ch)

1009 יזע (masc) *yeh'zah* **Tran:** SWEAT **KJV:** sweat **Str:** #3154

זעם ZAhM (ad) **Rel:** a trembling rage

1010 זעם (vrb) *zaw'am* **Tran:** ENRAGE **Def:** To be extremely angry; to be indignant. **KJV:** indignation, defy, abhor, angry, abominable **Str:** #2194

1011 זעם (masc) *zah'am* **Tran:** RAGE **Def:** A fierce anger. **KJV:** indignation, anger, rage **Str:** #2195

זעף ZAhP (ad) **Rel:** sadness as a trembling

1012 זעף (vrb) *zaw'af* **Tran:** BE.SAD **Def:** To be in a state of depression. **KJV:** wroth, sad, fret, worse **Str:** #2196

1013 זעף (masc) *zah'af / zaw'afe* **Tran:** SADNESS **KJV:** rage, indignation, wrath, displeased **Str:** #2197, #2198

זעק ZAhQ (ad) **Def:** A crying out of distress or need. **Rel:** a trembling outcry of distress

1014 זעק (vrb) *zaw'ak* **Tran:** YELL.OUT **Def:** To call out in a louder than normal voice; to declare; to cry out for help. **KJV:** cry, assemble, call, gather, company, proclaim **Str:** #2199 **Aramaic:** *zek'eek* #2200

1015 זעק (fem) *zah'ak* **Tran:** YELL **Def:** A vehement protest; a loud cry. **KJV:** cry, crying **Str:** #2201

זף ZP (pr) **Act:** Cover, Float **Obj:** Pitch **Def:** A thick tarry liquid used for covering the joints of boats to keep them afloat. **AH:**

1016 זפת (fem) *zeh'feth* **Tran:** PITCH **Def:** A sticky substance used to seal wood from water leakage. **KJV:** pitch **Str:** #2203

זפה ZPH (ch)

1017 צפה (vrb) *tsaw'faw* **Tran:** OVERLAY **Def:** To cover with a different material, usually with gold. **KJV:** overlay, cover, garnish **Str:** #6823

1018 צפה (fem) *tsaw'faw* **Tran:** FLOAT **KJV:** swim **Str:** #6824

1019 צפוי (masc) *tsip'poo'ee* **Tran:** METAL.PLATING **Def:** Thin layers of metals used to cover materials to give the look of metal. A hammered-out sheet of gold used to overlay something. **KJV:** overlay, covering **Str:** #6826

1020 צפצפה (fem) *tsaf'tsaw'faw* **Tran:** WILLOW **Def:** tree that covers over a stream. **KJV:** willow **Str:** #6851

צוף *ZWP* (ch)

1021 צוף (vrb) *tsoof* **Tran:** FLOAT **Def:** To rest or remain on the surface of a liquid; be buoyant. Also means "to flow." **KJV:** flow, overflow, swim **Str:** #6687

1022 צוף (masc) *tsoof* **Tran:** HONEYCOMB **Def:** thick sticky mass like pitch. **Rel:** From the flowing of the honey off the comb. **KJV:** honeycomb **Str:** #6688

זק *ZQ* (pr) **Act:** Bind **Obj:** Shackle **Def:** The arms or feet are bound with chains. The binding of different metals to form alloys. **AH:** ק𐤆

1023 זק (masc) *zee'kaw* **Tran:** SHACKLE **KJV:** chain, spark, firebrand, fetter **Str:** #2131

אזק *AZQ* (ch)

1024 אזק (masc) *az'ik'keem* **Tran:** CHAIN **Def:** Used for binding prisoners. **KJV:** chains **Str:** #0246

זר *ZR* (pr) **Act:** Spread, Sneeze, Bind, Warn, Scatter, Squeeze, Gush, Sprinkle, Sow **Obj:** Span, Vomit, Pitchfork, Semen, Basin, Arm **Abs:** Force **Def:** After the grain has been harvested and the heads of grain have been broken open, the heads are thrown into the wind where the chaff is blown away and the seed falls to the ground where they can be gathered. **AH:** 𐤓𐤆- The pictograph 𐤓 represents the harvest. The 𐤆 is the picture of the head of a man. Combined these mean "harvest of heads."

1025 זר (masc) *zare* **Tran:** MOLDING **Def:** Material used to encompass an area or to enhance or beautify. Spread or scattered over a large area. **Rel:** Something that is spread or scattered over a large area. **KJV:** crown **Str:** #2213

1026 זרת (fem) *zeh'reth* **Tran:** FINGER.SPAN **Def:** The width of the fingers, often used as a measurement. **KJV:** span **Str:** #2239

1027 זרזיר (masc) *zar'zeer* **Tran:** ROOSTER **Def:** An unknown animal. **KJV:** greyhound **Str:** #2223

זרר *ZRR* (ch) **Def:** The spreading out of the breath.

1028 זרר (vrb) *zaw'rar* **Tran:** SNEEZE **KJV:** sneeze **Str:** #2237

אזר *AZR* (ch)

1029 אזר (vrb) *aw'zar* **Tran:** BIND.ABOUT **Def:** To wrap around tightly as a sash around the waist. **KJV:** gird, bind, compass **Str:** #0247

זרא *ZRA* (ch) **Def:** Something spread-out.

1030 זרא (masc) *zaw'raw* **Tran:** VOMIT **Def:** The contents of the stomach when ejected through the mouth; regurgitate. **KJV:** loathsome **Str:** #2214

זהר *ZHR* (ch)

1031 זהר (vrb) *zaw'har* **Tran:** ILLUMINATE **Alt:** warn, in the sense of bringing something to light; be careful. **Def:** To give off light; to shine. (Possibly related to צהר) **KJV:** warn, admonish, teach, shine, heed **Str:** #2094 **Aramaic:** *zeh'har* #2095

1032 זוהר (fem) *zo'har* **Tran:** ILLUMINATING **Def:** What gives off light. **KJV:** brightness **Str:** #2096

זרה *ZRH* (ch)

1033 זרה (vrb) *zaw'raw* **Tran:** DISPERSE **Def:** To separate or remove to a distance apart from each other; to diffuse or cause to break into different parts. **KJV:** scatter, disperse, fan, spread, winnow, cast away, compass, strawed **Str:** #2219

1034 מזרה (masc) *miz'reh* **Tran:** PITCHFORK **Def:** Used to scatter the grain in the wind. **KJV:** fan **Str:** #4214

1035 מזרה (masc) *mez'aw'reh* **Tran:** NORTH.WIND **Def:** strong scattering wind. **KJV:** north **Str:** #4215

וזר *WZR* (ch)

1036 וזר (masc) *vaw'zawr* **Tran:** SCATTER **KJV:** strange **Str:** #2054

זור *ZWR* (ch) **Def:** When the grain is squeezed the seed inside comes out.

1037 זור (vrb) *zoor* **Tran:** BE.STRANGE **Def:** To be separated out from others; to be scattered abroad. **KJV:** stranger, strange, estranged, gone, fanner, another **Str:** #2114

1038 מזור (masc) *maw'zore* **Tran:** SNARE **KJV:** wound **Str:** #4204

זרב *ZRB* (ad) **Def:** A drying up from heat. **Rel:** as a strong wind

1039 זרב (vrb) *zaw'rab* **Tran:** HEAT **KJV:** warm **Str:** #2215

זרם *ZRM* (ad) **Def:** A heavy shower of water from the skies or a gushing of water in flood. **Rel:** a sneeze

1040 זרם (vrb) *zaw'ram* **Tran:** GUSH **KJV:** pour, flood **Str:** #2229

1041 זרם (masc) *zeh'rem* **Tran:** GUSHING **KJV:** flood, overflow, shower, storm, tempest **Str:** #2230

1042 זירמה (fem) *zir'maw* **Tran:** SEMEN **Def:** The heavy flowing of semen. **KJV:** issue **Str:** #2231

זרע *ZRAh* (ad) **Def:** The sowing of seeds by scattering them across the field. **Rel:** as a spreading of seeds

1043 זרע (vrb) *zaw'rah* **Tran:** SOW **Alt:** Produce a seed. **Def:** To spread seeds on the ground; to plant a crop. **KJV:** sow, yield, sower, bearing, conceive, seed, set **Str:** #2232

1044 זרע (masc) *zeh'rah* **Tran:** SEED **Def:** The grains or ripened ovules of plants used for sowing. Scattered in the field to produce a crop. The singular word can be used for one or more. Also, the descendants of an individual, either male or female. **KJV:** seed, child, carnally, fruitful, seedtime, sowing **Str:** #2233 **Aramaic:** *zer'ah* #2234

1045 זרוע (masc) *zay'roo'ah* **Tran:** SOWN **Def:** What is spread like seeds on the ground. **KJV:** sowing, sown **Str:** #2221

1046 מזרע (masc) *miz'raw* **Tran:** CROP **Def:** What is sown. **KJV:** sown **Str:** #4218

1047 זרעון (masc) *zay'ro'ah* **Tran:** VEGETABLE **Def:** As sown. **KJV:** pulse **Str:** #2235

זרק *ZRQ* (ad) **Rel:** spreading

1048 זרק (vrb) *zaw'rak* **Tran:** SPRINKLE **Def:** To drip a liquid, usually water or blood. **KJV:** sprinkle **Str:** #2236

1049 מזרק (masc) *miz'rawk* **Tran:** SPRINKLING.BASIN **Def:** A container of liquid that is used to drip the liquid. **KJV:** bason, bowl **Str:** #4219

זרע *ZRGh* (ad) **Def:** The strength of the arm. **Rel:** the spreading ability of the arm

1050 זרע (fem) **Tran:** ARM **Def:** The arm as representing power. **KJV:** arm **Aramaic:** דרע *der'aw* #1872

1051 זרוע (fem) *zer'o'ah* **Tran:** ARM **Def:** The human upper limb; associated with and representing power. **KJV:** arm, power, shoulder, holpen, mighty, strength **Str:** #2220

1052 אזרע (fem) **Tran:** ENERGY **Def:** A power. **Rel:** From the strength of the arm. **KJV:** force **Aramaic:** אדרע *ed'raw* #0153

1053 אזרוע (fem) *ez'ro'a* **Tran:** ARM **KJV:** arm **Str:** #0248

חזר *HhZR* (ad)

1054 חזיר (masc) *khaz'eer* **Tran:** SWINE **Def:** An unclean cloved hoof mammal that does not chew the cud. **KJV:** swine, boar **Str:** #2386

מזר *MZR* (ad)

1055 ממזר (masc) *mam'zare* **Tran:** BASTARD **Def:** A person born of unmarried parents; an illegitimate child. **KJV:** bastard **Str:** #4464

זת *ZT* (pr) **Obj:** Olive **Def:** The oil from the olive fruit was used as an anointing oil, as a sign, for those to hold a kingly or priestly office. The oil is also used as a medicinal ointment. **AH:** +𐤆- The pictograph 𐤆 represents the harvest. The + represents a mark or sign. Combined these mean "harvest of the sign."

זית *ZYT* (ch)

1056 זית (masc) *zay'yith* **Tran:** OLIVE **Def:** The fruit or the tree. The fruit of the olive is used for food and as a source of oil. **KJV:** olive, olive tree, oliveyard, olivet **Str:** #2132

Hhet

חב *HhB* (pr) **Act:** Hide, Cherish, Endanger, Bind, Embrace, Couple **Obj:** Bosom, Rope, Clamp **Abs:** Refuge, Company **Def:** The walls of the house enclose the home as refuge for the family. A refuge functions as a place of hiding from any undesirable person or situation. **AH:** ⌂Ⅎ- The pictograph Ᵽ is a picture of a wall. The ⌂ is a picture of a tent or house. Combined these mean "wall of the house."

1057 חב (masc) *khobe* **Tran:** BOSOM **Rel:** A place where one is hidden in the arms and cherished. **KJV:** bosom **Str:** #2243

חבב *HhBB* (ch) **Def:** One that is cherished is held close to the bosom.

1058 חבב (vrb) *khaw'bab* **Tran:** CHERISH **Def:** To fervently love something. **KJV:** love **Str:** #2245

חבא *HhBA* (ch) **Def:** Any place where one hides in secret or for lurking.

1059 חבא (vrb) *khaw'baw* **Tran:** WITHDRAW **Def:** To take back or withhold what is cherished; to turn away or move back. **KJV:** hide, held, secretly **Str:** #2244

1060 מחבוא (masc) *makh'ab'ay* **Tran:** REFUGE **Def:** place of hiding. **KJV:** hiding place, lurking place **Str:** #4224

חבה *HhBH* (ch) **Def:** A refuge functions as a place of hiding from any undesirable person or situation.

1061 חבה (vrb) *khaw'bah* **Tran:** WITHDRAW.SECRETLY **KJV:** hide **Str:** #2247

1062 חביון (masc) *kheb'yone* **Tran:** HIDING **KJV:** hiding **Str:** #2253

חוב *HhWB* (ch)

1063 **חוב** (vrb) *khoob* **Tran:** ENDANGER **KJV:** endanger **Str:** #2325

1064 **חוב** (masc) *khobe* **Tran:** DEBTOR **KJV:** debtor **Str:** #2326

חיב *HhYB* (ch) **Def:** A place of refuge.

1065 **חיק / חוק / חק** (masc) *khake* **Tran:** BOSOM **Def:** The human chest, especially the front side. **KJV:** bosom, bottom, lap **Str:** #2436

חבט *HhBTh* (ad) **Def:** A fruit tree is beat at the trunk so that the fruit will fall from it to the ground.

1066 **חבט** (vrb) *khaw'bat* **Tran:** KNOCK **Def:** To strike violently or forcefully; to beat a tree to remove its fruit; to thresh. **KJV:** beat, thresh **Str:** #2251

חבל *HhBL* (ad) **Def:** To bind something by wrapping it around with a rope. **Rel:** as being enclosed

1067 **חבל** (vrb) *khaw'bal* **Tran:** TAKE.AS.A.PLEDGE **Def:** To receive an object in exchange for a promise. **KJV:** destroy, pledge, band, brought, corrupt, offend, spoil, travail, withhold, hurt **Str:** #2254 **Aramaic:** *khab'al* #2255

1068 **חבל** (masc) *kheh'bel* **Tran:** LINE **Alt:** Region (an area enclosed by an imaginary line or boundary.) **Def:** A rope or cord; an area or amount divided from the remainder by a physical or imaginary line. **KJV:** sorrow, cord, line, coast, portion, region, lot, rope, company, pang, band, country, destruction, pain, snare, tackling, hurt, damage **Str:** #2256 **Aramaic:** *khab'al* #2257

1069 **חבול** (masc) *khab'ole* **Tran:** PLEDGE **Def:** As a binding. **KJV:** pledge **Str:** #2258

1070 **חבולה** (fem) **Tran:** CRIME **Def:** What causes one to become bound in ropes. **KJV:** hurt **Aramaic:** *khab'oo'law* #2248

1071 **חיבל** (masc) *khib'bale* **Tran:** MAST **Def:** What the sail of a ship is attached to using ropes. **KJV:** mast **Str:** #2260

1072 **חובל** (masc) *kho'bale* **Tran:** SAILOR **Def:** One who uses ropes on a ship. **KJV:** pilot **Str:** #2259

1073 תחבולה (fem) *takh'boo'law* **Tran:** ADVICE **Def:** As surrounding one with advice. **KJV:** counsel, advice **Str:** #8458

חבק *HhBQ* (ad) **Rel:** as being enclose

1074 חבק (vrb) *khaw'bak* **Tran:** EMBRACE **Def:** To clasp in the arms; to cherish or love; to take in or include in a larger group or whole. **KJV:** embrace, fold **Str:** #2263

1075 חיבוק (masc) *khib'book* **Tran:** EMBRACE **KJV:** folding **Str:** #2264

חבר *HhBR* (ad) **Def:** The binding together as being coupled. **Rel:** as being enclose

1076 חבר (vrb) *khaw'bar* **Tran:** COUPLE **Def:** To bind by joining together. **KJV:** unite, join, couple, compact, fellowship, league, heap **Str:** #2266

1077 חבר (masc) *khab'bawr / khaw'bare / kheh'ber* **Tran:** COUPLE **Def:** A pair or group that are bound together. **KJV:** wide, enchantment, company, fellow, companion, together **Str:** #2267, #2270, #2271 **Aramaic:** *khab'ar* #2269

1078 חברה (fem) *kheb'raw* **Tran:** COMPANY **Def:** group bound together. **KJV:** fellows, company **Str:** #2274 **Aramaic:** *khab'raw* #2273

1079 חברת (fem) *khab'eh'reth* **Tran:** COMPANION **Def:** One bound to another. **KJV:** companion **Str:** #2278

1080 מחברת (fem) *makh'beh'reth* **Tran:** JOINT **Def:** The point at which two opposing objects meet. **KJV:** coupling **Str:** #4225

1081 חבורה (fem) *khab'boo'raw* **Tran:** STRIPED.BRUISE **Def:** Marks made by ropes binding the wrist or lashes with a rope. **KJV:** stripe, hurt, wound, bruise **Str:** #2250

1082 חוברת (fem) *kho'beh'reth* **Tran:** COUPLING **Def:** To bring together as a unit. **KJV:** coupling **Str:** #2279

1083 מחברת (fem) *mekh'ab'ber'aw* **Tran:** CLAMP **Def:** device for joining. **KJV:** coupling, joining **Str:** #4226

1084 חברבורה (fem) *khab'ar'boo'raw* **Tran:** STRIPE **Def:** As made by lashes from a rope. **KJV:** stripes **Str:** #2272

חבש *HhBSh* (ad) **Def:** A tight wrapping around of something. **Rel:** as being enclosed

1085 חבש (vrb) *khaw'bash* **Tran:** SADDLE **Def:** A shaped mounted support on which an object can travel; to bind up with a saddle. **KJV:** saddle, bind, put, about, gird, govern healer **Str:** #2280

חבת *HhBT* (ad)

1086 חבת (masc) *khaw'bayth* **Tran:** PAN **KJV:** pan **Str:** #2281

1087 מחבת (fem) *makh'ab'ath* **Tran:** PAN **Def:** Any shallow open or closed container used over a fire. **KJV:** pan **Str:** #4227

חג *HhG* (pr) **Act:** Feast **Obj:** Circle, Belt **Abs:** Terror, Refuge **Def:** The gathering together for a festival, usually in the form of a circle for dancing and feasting. **AH:** ✓ﬡ- The pictograph ﬡ is a picture of a wall representing outside. The ✓ is a picture of a foot and represents a gathering. Combined these mean "outside gathering."

1088 חג (masc) *khag* **Tran:** FEAST **Def:** A commemoration of a special event with dancing, rejoicing, and sharing of food. A ceremony of joy and thanksgiving. A festival with a magnificent meal which is shared with a number of guests. **Rel:** The participants of a festival would gather together and dance in a circle. **KJV:** feast, sacrifice **Str:** #2282

חגג *HhGG* (ch) **Def:** The participants of a festival would gather together and dance in a circle.

1089 חגג (vrb) *khaw'gag* **Tran:** HOLD.A.FEAST **Def:** To commemorate a special event with dancing, rejoicing, and sharing of food. The act of performing a celebration. **KJV:** keep, feast, celebrate, dance, holyday, reel to and fro **Str:** #2287

חגא *HhGA* (ch) **Def:** A spinning around in fear.

1090 חגא (fem) *khaw'gaw* **Tran:** TERROR **KJV:** terror **Str:** #2283

חוג *HhWG* (ch)

1091 חוג (vrb) *khoog* **Tran:** CIRCLE **KJV:** compassed **Str:** #2328

1092 חוג (masc) *khoog* **Tran:** CIRCLE **KJV:** circle, circuit, compass **Str:** #2329

1093 מחוגה (fem) *mekk'oo'gaw* **Tran:** COMPASS **Def:** An instrument for making a circle. **KJV:** compass **Str:** #4230

חגו *HhGW* (ch) **Def:** A place where one is encircled by a wall.

1094 חגו (masc) *khag'awv* **Tran:** CLEFT **Def:** refuge in the rock. **KJV:** cleft **Str:** #2288

חגר *HhGR* (ad) **Def:** A sash or belt is bound around the waist for attaching weapons. A piece of cloth is brought from the front to the rear to make a loincloth.

1095 חגר (vrb) *khaw'gar* **Tran:** GIRD.UP **Def:** To bind the loose portions of clothing into a belt or sash to prepare to go to war; to be bound with arms for war. **KJV:** gird, appoint, afraid, put, restrain, every side **Str:** #2296

1096 חגור (masc) *khaw'gore* **Tran:** WAIST.WRAP **Def:** sash or belt that encircles the waist. **KJV:** girdle **Str:** #2289

1097 חגורה (fem) **Tran:** LOIN.WRAP **Def:** A sash or belt that encircles the waist. **KJV:** girdle, apron, armour, gird **Str:** #2290

1098 מחגורת (fem) *makh'ag'o'reth* **Tran:** BINDING **Def:** To wrap a cloth around the body. **KJV:** girding **Str:** #4228

חד *HhD* (pr) **Act:** Unite, Sharpen, Join, Hide, Set apart, Surround, Renew **Obj:** Unit, Sharp, Riddle, Thorn, New moon, Prostitute **Abs:** Unity, Special, New **Def:** A wall separates the inside from the outside. Only through the door can one enter or exit uniting the inside with the outside. **AH:** ᗡፀ- The pictograph ፀ is a picture of a wall. The ᗡ is a picture of a door. Combined these mean "wall door."

1099 חד (masc) *khad / khad* **Tran:** EACH **Def:** One of the sum total of the whole. The two edges of a sword that meet to form one point. **Rel:** Two or more coming together as a unity. The sharp edge of a blade is the coming together of the two to one point. **KJV:** one, first, together, sharp **Str:** #2297, #2299 **Aramaic:** *khad* #2298

חדד *HhDD* (ch) **Def:** The two edges of a sword that meet to form one point.

1100 חדד (vrb) *khaw'dad* **Tran:** SHARP **KJV:** sharpen, fierce **Str:** #2300

1101 חדוד (masc) *khad'dood* **Tran:** SHARP **KJV:** sharp **Str:** #2303

אחד *AHhD* (ch) **Def:** A uniting together. All things are a unity with something else (one man is a unity of body, breath and mind, one family is a unity of father, mother and children, one tree is a unity of trunk, branches and leaves, one forest is a unity of trees).

1102 אחד (vrb) *aw'khad* **Tran:** UNITE **KJV:** go one way or other **Str:** #0258

1103 אחד (masc) אחת (fem) *ekh'awd* **Tran:** UNIT **Alt:** another; first; one; other. **Def:** A unit within the whole, a unified group. A single quantity. **KJV:** one, first, another, other, any, once, every, certain, an, some **Str:** #0259

חדה *HhDH* (ch) **Def:** A uniting together in joy.

1104 חדה (vrb) *khaw'daw* **Tran:** BE.AMAZED **Def:** To be overwhelmed with surprise or sudden wonder; astonished greatly. **KJV:** rejoice, join, glad **Str:** #2302

1105 חדוה (masc) *khed'vaw* **Tran:** AMAZEMENT **Def:** Overwhelmed with surprise or sudden wonder; greatly astonished. **KJV:** gladness, joy **Str:** #2304 **Aramaic:** #2305

חוד *HhWD* (ch) **Def:** The riddle begins by dividing the hearer from the listener by creating the riddle. The riddle ends with the answer uniting the two.

1106 חוד (vrb) *khood* **Tran:** PROPOSE **Def:** To give a riddle. **KJV:** put forth **Str:** #2330

יחד *YHhD* (ch) **Def:** A uniting together. All things are a unity with something else (one man is a unity of body, breath and mind, one family is a unity of father, mother and children, one tree is a unity of trunk, branches and leaves, one forest is a unity of trees).

1107 יחד (vrb) *yaw'khad* **Tran:** UNITE **Def:** To put together to form a single unit. **KJV:** unite, join **Str:** #3161

1108 יחד (masc) *yakh'ad* **Tran:** TOGETHER **Def:** In or into one place, mass, collection, or group. **KJV:** together, alike, likewise, withal **Str:** #3162

1109 יחיד (masc) *yaw'kheed* **Tran:** SOLITARY **Def:** Separated from the whole of the unit (see Psalm 68:7 [6]). **KJV:** only, darling, desolate, solitary **Str:** #3173

חיד *HhYD* (ch) **Def:** The riddle begins by dividing the hearer from the listener by creating the riddle. The riddle ends with the answer uniting the two.

1110 חידה (fem) *khee'daw* **Tran:** RIDDLE **Def:** A question or statement so framed as to exercise one's ingenuity in answering it or discovering its meaning. **KJV:** riddle, dark saying, hard question, dark sentence, proverb, dark speech **Str:** #2420

1111 אחידה (fem) **Tran:** RIDDLE **KJV:** hard sentence **Aramaic:** *akh'ee'daw* #0280

חדק *HhDQ* (ad) **Rel:** as sharp

1112 חדק (masc) *khay'dek* **Tran:** STICKERS **KJV:** thorn, brier **Str:** #2312

חדר *HhDR* (ad) **Def:** The surrounding walls of a chamber providing privacy and security. **Rel:** as surrounded by walls with a door

1113 חדר (vrb) *khaw'dar* **Tran:** ENTER.CHAMBERS **Def:** To encircle. **KJV:** enter **Str:** #2314

1114 חדר (masc) *kheh'der* **Tran:** CHAMBER **Def:** A bedroom; a natural or artificial enclosed space or cavity. Place surrounded by walls. An inner place as hidden or secret. **KJV:** chamber, inner, inward, innermost, parlour, south, within **Str:** #2315

חדש *HhDSh* (ad) **Def:** The first crescent of the moon as the renewal of the moon, the first day of the month. **Rel:** restoration

1115 חדש (vrb) *khaw'dash* **Tran:** RENEW **Def:** To make something like new through repair, restoration, or replacement. **KJV:** renew, repair **Str:** #2318

1116 חדש (masc) *khaw'dawsh* **Tran:** NEW **Def:** Something that is new, renewed, restored or repaired. **KJV:** new, fresh **Str:** #2319 **Aramaic:** הדת #2323

1117 חודש (masc) *kho'desh* **Tran:** NEW.MOON **Alt:** month. **Def:** The moon phase when the thin crescent first appears and is perceived as the renewal of the moon. The first day of the month. Also, a month as the interval between crescents. **KJV:** month, new moon, monthly **Str:** #2320

כחד *KHhD* (ad) **Rel:** as being walled in

1118 כחד (vrb) *kaw'khad* **Tran:** KEEP.SECRET **Alt:** hide. **Def:** To refrain from disclosing information. **KJV:** hide, cut off, conceal, desolate, cut down **Str:** #3582

קדש *QDSh* (ad) **Def:** Set apart from the rest for a special function. **Rel:** separating and joining to something

1119 קדש (vrb) *kaw'dash* **Tran:** SET.APART **Def:** To move or place someone or something separate from the whole for a special purpose. **KJV:** sanctify, hallow, dedicate, holy, prepare, consecrate, appoint, bid, purify **Str:** #6942

1120 קדש (masc) קדשה (fem) *kaw'dashe / ked'ay'shaw* **Tran:** PROSTITUTE **Def:** One who exchanges sexual intercourse for payment. **Rel:** One set aside for a special purpose. **KJV:** sodomite, unclean, harlot, whore **Str:** #6945, #6948

1121 קדיש (masc) **Tran:** SPECIAL.ONE **Def:** One who is set apart as special. **KJV:** saint, holy **Aramaic:** *kad'deesh* #6922

1122 קדוש (masc) *kaw'doshe* **Tran:** UNIQUE **Def:** Someone or something that has, or has been given the quality of specialness, and has been separated from the rest for a special purpose. **KJV:** holy, saint **Str:** #6918

1123 קודש (masc) *ko'desh* **Tran:** SPECIAL **Def:** A person, item, time or place that has the quality of being unique; Separated from the rest for a special purpose. **KJV:** holy, sanctuary, hallowed, holiness, dedicated, consecrated **Str:** #6944

1124 מקדש (masc) *mik'dawsh* **Tran:** SANCTUARY **Def:** A place set apart for a special purpose. **KJV:** sanctuary, holy place, chapel, hallowed **Str:** #4720

שחד *ShHhD* (ad) **Def:** A gift presented to one in return for a favor. **Rel:** unity

1125 שחד (vrb) *shaw'khad* **Tran:** BRIBE **Def:** To give a bribe. **KJV:** reward, hire **Str:** #7809

1126 שחד (masc) *shakh'ad* **Tran:** BRIBE **Def:** To buy a favor or service that would be otherwise out of reach. **KJV:** gift, reward, bribe, present, bribery **Str:** #7810

חו *HhW* (pr) **Act:** Declare **Obj:** Town **Abs:** Declaration **AH:** 𐤉𐤄

1127 חוה (fem) *khav'vaw* **Tran:** TOWN **Def:** A small village. **KJV:** town **Str:** #2333

חוה *HhWH* (ch)

1128 חוה (vrb) *khaw'vah* **Tran:** DECLARE **Def:** To make known. **KJV:** shew **Str:** #2331 **Aramaic:** חוא #2324

אחו *AHhW* (ch)

1129 אחוה (fem) *akh'vaw* **Tran:** DECLARATION **KJV:** declaration, shewing **Str:** #0262

1130 אחויה (fem) **Tran:** DECLARING **KJV:** declaration, shewing **Aramaic:** *akh'av'aw* #0263

חז *HhZ* (pr) **Act:** See, Hold, Perceive, Look **Obj:** Vision, Light, Haven **Def:** The ability to see beyond what is seen in the physical present as a light piercing through the darkness. The cutting down of the wall allows one to pass through to the other side. A vision is the cutting down of the fence to perceive what is on the other side. **AH:** 𐤆𐤄

1131 חזות (fem) *khaw'zooth / khaw'zooth* **Tran:** VISION **KJV:** vision **Str:** #2378, #2380

1132 חזון (masc) *khaw'zone* **Tran:** VISION **Def:** To see or perceive what is normally not visible. **KJV:** vision **Str:** #2377

1133 חזיון (masc) *khiz'zaw'yone* **Tran:** VISION **KJV:** vision **Str:** #2384

חזז *HhZZ* (ch)

1134 חזיז (masc) *khaw'zeez* **Tran:** LIGHTING **Def:** moment of vision in the dark of night. **KJV:** lightning, bright clouds **Str:** #2385

אחז *AHhZ* (ch)

1135 אחז (vrb) *aw'khaz* **Tran:** TAKE.HOLD **Def:** To have possession or ownership of; to keep in restraint; to have or maintain in one's grasp; to grab something and keep hold of it. **KJV:** hold, take, possess, caught, fastened **Str:** #0270

1136 אחזה (fem) *akh'ooz'zaw* **Tran:** HOLDINGS **Def:** Property that is held or owned. **KJV:** possession **Str:** #0272

חזה *HhZH* (ch)

1137 חזה (vrb) *haw'zaw / khaw'zaw* **Tran:** PERCEIVE **Def:** To be able to understand on a higher level; to see something that is not physically present. **KJV:** see, behold, look, prophecy, provide, dream **Str:** #1957, #2372 **Aramaic:** חזא *khaz'aw* #2370

1138 חזה (masc) *khaw'zeh* **Tran:** CHEST **Def:** The breast containing heart. What is prominently visible. The breast of an animal used for a sacrifice. **KJV:** breast **Str:** #2373

1139 מחזה (fem) *makh'az'eh* **Tran:** VISION **Def:** Something seen in a dream, trance, or ecstasy. **KJV:** vision **Str:** #4236

1140 חזי (masc) **Tran:** CHEST **KJV:** breast **Aramaic:** חדי *khad'ee* #2306

1141 חוזה (masc) *kho'zeh* **Tran:** SEER **KJV:** seer, see, agreement, prophet, stargazer **Str:** #2374

1142 מחזה (fem) *mekh'ez'aw* **Tran:** LIGHT **KJV:** light **Str:** #4237

1143 חזו (masc) **Tran:** VISION **KJV:** vision, look **Aramaic:** *khay'zev* #2376

חוז *HhWZ* (ch)

1144 מחוז (masc) *maw'khoze* **Tran:** HAVEN **Def:** placed looked for. **KJV:** haven **Str:** #4231

חזק *HhZQ* (ad) **Def:** A strong grabbing hold to refrain or support.

1145 חזק (vrb) *khaw'zak* **Tran:** SEIZE **Alt:** strengthen; strengthen self. **Def:** To possess or take by force; grab hold tightly; to refrain or support by grabbing hold. **KJV:** strong, repair, hold, strengthen, harden, prevail, encourage, take, courage, caught, stronger **Str:** #2388

1146 חזק (masc) חזקה (fem) *khaw'zake / khaw'zawk / khay'zek* **Tran:** FORCEFUL **Def:** A strong grip on something to refrain or support. Driven with force. Acting with power.

KJV: strong, mighty, sore, hard, hot, impudent, loud, stiffhearted, louder, stronger, strength **Str:** #2389, #2390, #2391

1147 חזקה (fem) *khez'kaw / khoz'kaw* **Tran:** STRENGTH **KJV:** strong, strength, strengthen, force, mighty, repair, sharply **Str:** #2393, #2394

1148 חוזק (masc) *kho'zek* **Tran:** GRASP **Def:** A firm hold or grip. **KJV:** strength **Str:** #2392

חח *HhHh* (pr) **Act:** Pierce **Obj:** Thicket, Ring, Thorn **Def:** The wall around crops or livestock was constructed of thistles or rocks with thistles laid on top. The thorns prevented intruders from entering. **AH:** 𐤇𐤇- The pictograph 𐤇 is a picture of a wall.

1149 חח / חחי (masc) *khawkh* **Tran:** NOSE.RING **Def:** A round piece of jewelry, usually of a metal, that is pierced through the nose or lip. **Rel:** A sharp object that penetrates the flesh. **KJV:** hook, chain, bracelet **Str:** #2397

חוח *HhWHh* (ch) **Def:** A sharp point

1150 חוח (masc) *khaw'vawkh / kho'akh* **Tran:** THISTLE **KJV:** thistle, thorn, brambles **Str:** #2336, #2337

חט *HhTh* (pr) **Act:** Measure, Join, Err, Refrain, Catch **Obj:** Cord **Abs:** Miss, Error, Sin **Def:** Cords are used for binding as well as measuring. A cord is also used as measuring device by placing knots incrementally. The cord is stretched between the two points to measure and the knots are counted. **AH:** ⊗𐤇

1151 חטי (masc) **Tran:** SIN **Rel:** When shooting an arrow or other object to a target, the distance that one misses is measured with a cord. The wrong actions of one are also measured against the correct action. **KJV:** sin **Aramaic:** *khat'ee* #2408

חטא *HhThA* (ch) **Def:** When shooting an arrow or other object to a target, the distance that one misses is measured with a cord. The wrong actions of one are also measured against the correct action.

1152 חטא (vrb) *khaw'taw* **Tran:** FAIL **Alt:** purge; bear the blame or purify; purify self. **Def:** To miss the target, whether a literal target or a goal that is aimed for. **KJV:** sin, purify, cleanse, sinner, committed, offended, blame, done **Str:** #2398

1153 חטא (masc) חטאת / חטאה (fem) *khat'aw'aw / khat'taw / khat'taw'aw / khate* **Tran:** FAILURE **Def:** An act or condition of ignorant or imprudent deviation from a code of behavior. Sin, in the sense of missing the target; a mistake. The sacrifice, which by transference, becomes the failure (sin). **KJV:** sin, faults, grievously, offences, sinner, sinful, offender, sin offering, punishment, purifying **Str:** #2399, #2400, #2401, #2403 **Aramaic:** #2402

1154 חטיא (fem) **Tran:** SIN.OFFERING **Def:** The sin offering which by transference becomes the sin. **KJV:** sin offering **Aramaic:** *khat'taw'yaw* #2409

חוט *HhWTh* (ch)

1155 חוט (vrb) **Tran:** JOIN **Def:** tying with a cord. **KJV:** join **Aramaic:** *khoot* #2338

1156 חוט (masc) *khoot* **Tran:** THREAD **Def:** A filament of fibers twisted together by spinning and used for sewing or tying items together. **KJV:** thread, line, cord, fillet **Str:** #2339

חטם *HhThM* (ad) **Rel:** binding

1157 חטם (vrb) *khaw'tam* **Tran:** REFRAIN **KJV:** refrain **Str:** #2413

חטף *HhThP* (ad) **Rel:** binding

1158 חטף (vrb) *khaw'taf* **Tran:** CATCH **KJV:** catch **Str:** #2414

חלט *HhLTh* (ad) **Rel:** binding

1159 חלט (vrb) *khaw'lat* **Tran:** CATCH **Def:** To quickly comprehend something. **KJV:** catch **Str:** #2480

חי *HhY* (pr) **Act:** Sustain **Obj:** Stomach, Animal, Sustenance **Abs:** Life **Def:** When the stomach is empty one is famished and weak and when it is filled one is revived. This organ is seen as the life as an empty stomach is like death but a revived stomach is life. **AH:** ᴥᒐᛒ

1160 חי (masc) חיה (fem) *khah'ee* **Tran:** LIVING **Alt:** life; creature (as a living one). **Def:** The quality that distinguishes a vital and functional being from a dead body; life. Literally the stomach. Used idiomatically of living creatures, especially in conjunction with land, ground or field. **KJV:**

live, life, beast, alive, creature, running, living thing, raw, springing, appetite, quick **Str:** #2416 **Aramaic:** #2417

1161 חיות (fem) *khah'yooth* **Tran:** LIVING **Def:** As keeping the stomach fed. **KJV:** living **Str:** #2424

חיה *HhYH* (ch)

1162 חיה (vrb) *khaw'yah'ee / khaw'yaw* **Tran:** LIVE **Alt:** keep alive. **Def:** To be alive and continue alive. Have life within. The revival of life gained from food or other necessity. **KJV:** live, alive, save, quicken, revive, life, recover **Str:** #2421, #2425 **Aramaic:** חיא *khah'yaw* #2418

1163 חיה (masc) *khaw'yeh* **Tran:** LIVELY **Def:** Having the vigor of life. **KJV:** lively **Str:** #2422

1164 מחיה (fem) *mikh'yaw* **Tran:** REVIVING **Def:** Restoring to consciousness or life. **KJV:** revive, quick, preserve life, sustenance, victuals, recover **Str:** #4241

חיו *HhYW* (ch)

1165 חיוה (fem) **Tran:** LIVING.THING **Def:** beast which focuses on eating. **KJV:** beast **Aramaic:** חיוא *khay'vaw* #2423

חך *HhK* (pr) **Act:** Stick **Obj:** Palate **Abs:** Tarry **Def:** The roof of the mouth. **AH:** 𐤔𐤁- The 𐤁 represents a wall such as the ridge in the middle of the palate. The 𐤔 represents the palm, a curved surface such as found on the roof of the mouth.

1166 חך (masc) *khake* **Tran:** PALATE **Def:** The roof of the mouth. **KJV:** mouth, roof of the mouth, taste **Str:** #2441

1167 חכה (fem) *khak'kaw* **Tran:** HOOK **Def:** As fastened to the roof of a fishes mouth. **KJV:** angle, hook **Str:** #2443

חכה *HhKH* (ch) **Def:** When the mouth is dry the tongue sticks to the roof of the mouth causing the speaker to wait to speak.

1168 חכה (vrb) *khaw'kaw* **Tran:** TARRY **KJV:** tarry, wait, long **Str:** #2442

חכל *HhKL* (ad)

1169 חכלילות (fem) *khak'lee'looth* **Tran:** REDNESS **KJV:** redness **Str:** #2448

Benner's Lexicon of Biblical Hebrew

1170 חכלילי (masc) *khak'leel* **Tran:** DULL.RED **Def:** The color of blood and wine. **KJV:** red **Str:** #2447

חנך *HhNK* (ad) **Def:** An infant is trained to suck by placing a sour substance on the roof of the mouth.

1171 חנך (vrb) *khaw'nak* **Tran:** DEVOTE **Def:** To set aside for or assign to a specific function, task, or purpose. **KJV:** dedicate, train **Str:** #2596

1172 חניך (masc) *kaw'neek* **Tran:** EXPERIENCED **Def:** Direct observation of or participation in events as a basis of knowledge. Something that is personally encountered, undergone or lived through in its use. **KJV:** trained **Str:** #2593

1173 חנוכה (fem) *khan'ook'kaw* **Tran:** DEVOTION **Def:** Reserved for a specific use or purpose. **KJV:** dedication **Str:** #2598 **Aramaic:** *chan'ook'kaw* #2597

חל *HhL* (pr) **Act:** Bore, Twist, Sick **Obj:** Hole, Flute, Disease, Dance, Plow, Ember **Abs:** Pain, Weak, Disgrace **Def:** A hole is drilled with a tool called a bow drill. The string of the bow is wrapped around the drill. By moving the bow back-and-forth, and firmly pressing down, the drill spins around drilling the hole. **AH:** ∠㇄

1174 חל (masc) *khole* **Tran:** ORDINARY **Def:** A place, person or thing that is not set apart for a specific function. **KJV:** profane, common, unholy **Str:** #2455

1175 חלה (fem) *khal'law* **Tran:** PIERCED.BREAD **Def:** Bread that has many holes, as perforated. **KJV:** cake **Str:** #2471

1176 חיל (masc) *khah'yil* **Tran:** FORCE **Def:** The pressure exerted to make a piercing. **KJV:** army, man of valour, host, force, valiant, strength, wealth, power, substance, might, strong **Str:** #2428 **Aramaic:** #2429

1177 חילה (fem) *khay'law* **Tran:** WALL **Def:** The place of the city where elders meet. **KJV:** bulwark **Str:** #2430

1178 חלי (masc) *khal'ee* **Tran:** EARRING **Def:** An ornament that is put through a hole. **KJV:** ornament, jewel **Str:** #2481

1179 חליה (fem) *khel'yaw* **Tran:** EARRING **Def:** An ornament that is put through a hole. **KJV:** jewel **Str:** #2484

1180 חלון (com) *khal'lone* **Tran:** WINDOW **Def:** A hole in the wall that admits light and a view of the other side. **KJV:** window **Str:** #2474

1181 מחלה (fem) *mekh'il'law* **Tran:** CAVE **Def:** place with a hole in the ground or rock. **KJV:** cave **Str:** #4247

1182 חלחלה (fem) *khal'khaw'law* **Tran:** DRILLING.PAIN **Def:** As a twisting pain. **KJV:** pain **Str:** #2479

1183 נחילה (fem) *nekh'ee'law* **Tran:** Pipe **Def:** An uncertain musical instrument. **KJV:** Nehiloth **Str:** #5155

1184 תחילה (fem) *tekh'il'law* **Tran:** FIRST.TIME **Def:** The point of time or space at which anything begins. **KJV:** beginning, first, begin **Str:** #8462

חלל *HhLL* (ch) **Def:** Anything that is bored through, perforated or drilled.

1185 חלל (vrb) *khaw'lal* **Tran:** DRILL **Alt:** begin, in the sense of pressing in; defile. **Def:** To run into or through as with a pointed weapon or tool; pierce a hole through. **KJV:** begin, profane, pollute, defile, break, wound, eat, slay **Str:** #2490

1186 חלל (masc) חללה (fem) *khaw'lawl* **Tran:** DRILLED **Def:** One who has been run through with a sword. **KJV:** slay, wound, profane, kill **Str:** #2491

1187 חליל (masc) *khaw'leel* **Tran:** FLUTE **Def:** An instrument with drilled holes. **KJV:** pipe **Str:** #2485

1188 חלילה (fem) *khaw'lee'law* **Tran:** FAR.BE.IT **Def:** Something least likely to happen. **KJV:** god forbid, far be it, lord forbid **Str:** #2486

חלא *HhLA* (ch) **Def:** A spinning or piercing pain.

1189 חלא (vrb) *khaw'law* **Tran:** DISEASED **KJV:** diseased **Str:** #2456

1190 חלאה (fem) *khel'aw* **Tran:** RUST **Def:** metal pitted from oxidation. **KJV:** scum **Str:** #2457

1191 תחלוא (masc) *takh'al'oo* **Tran:** SICK **Def:** Afflicted with ill health or disease; ailing. **KJV:** disease, sick, sickness, grievous **Str:** #8463

חלה *HhLH* (ch) **Def:** A spinning or piercing pain.

1192 חלה (vrb) *khaw'law* **Tran:** BE.SICK **Alt:** beseech. **Def:** To be twisted through pain. **KJV:** sick, beseech, weak, grievous, diseased, wounded, pray, intreat, grief, grieved, sore, pain, infirmity **Str:** #2470

1193 מחלה (masc) מחלה (fem) *makh'al'eh* **Tran:** SICKNESS **Def:** A physical or emotional illness. Weakened. **KJV:** sickness, disease, infirmity **Str:** #4245

1194 חלי (masc) *khol'ee* **Tran:** INFIRMITY **Def:** A physical weakness or ailment. **Rel:** A piercing pain. **KJV:** sickness, disease, grief, sick **Str:** #2483

חול *HhWL* (ch) **Def:** To twist and spin around from joy or pain as the drill.

1195 חול / חיל (vrb) *khool* **Tran:** TWIST **Def:** A winding or wrapping together; entwined in pain or joy. **KJV:** pain, formed, bring forth, tremble, travail, dance, calve, grieve, wound, shake **Str:** #2342

1196 חול (masc) *khole* **Tran:** SAND **Def:** Loose granular material from the disintegration of rocks and consisting of particles not as fine as silt and used in mortar. Sand is used as an abrasive ingredient for drilling by placing it in the hole being drilled. **KJV:** sand **Str:** #2344

1197 מחול (masc) *maw'khole* **Tran:** DANCE **KJV:** dance **Str:** #4234

1198 חיל (masc) חילה (fem) *kheel* **Tran:** AGONY **Def:** A state of being in emotional or physical turmoil or pain. **Rel:** Through the sense of a twisting pain. **KJV:** pain, pang, sorrow **Str:** #2427

1199 מחולה (fem) *mek'o'law* **Tran:** DANCE **Def:** Twisting, skipping, or leaping with joy. To rejoice in expression of thanksgiving for religious worship or festivity. **KJV:** dance, company **Str:** #4246

גחל *GHhL* (ad) **Def:** A kindled glowing ember. **Rel:** making a fire from an ember

1200 גחל (masc) גחלת (fem) *geh'khel* **Tran:** EMBER **Def:** A small live piece of coal, wood, etc., as in a dying fire. **KJV:** coal **Str:** #1513

זחל *ZHhL* (ad)

1201 זחל (vrb) *zaw'khal* **Tran:** CRAWL **Def:** To move on the ground. **KJV:** serpent, worm, fear, dread, terrible, afraid **Str:** #2119 **Aramaic:** דחל *deh'khal* #1763

חלד *HhLD* (ad) **Def:** A passing through a space or time. **Rel:** passing through

1202 חלד (masc) *kheh'led* **Tran:** AGE **Def:** passing through a finite span of time or space. **KJV:** age, world, time **Str:** #2465

1203 חולד (masc) *kho'led* **Tran:** WEASEL **Def:** An unclean animal of unknown species, possibly the weasel. **KJV:** weasel **Str:** #2467

חלם *HhLM* (ad) **Rel:** passing through

1204 חלם (vrb) *khaw'lam* **Tran:** DREAM **Def:** To see or form a mental image of; to dream dreams. **KJV:** dream **Str:** #2492

1205 חלמות (fem) *khal'law'mooth* **Tran:** PURSLANE **Def:** A tasteless plant with a thick slimy juice. **KJV:** egg **Str:** #2495

1206 חלום (masc) *khal'ome* **Tran:** DREAM **Def:** A series of thoughts, images or emotions occurring during sleep. **KJV:** dream **Str:** #2472 **Aramaic:** חלם *khay'lem* #2493

1207 אחלמה (fem) *akh'law'maw* **Tran:** AMETHYST **Def:** Probably the Amethyst, a violet form of quartz. (The Septuagint uses Amethystos). **KJV:** amethyst **Str:** #0306

חלף *HhLP* (ad) **Def:** A passing on, away or through. **Rel:** passing through

1208 חלף (vrb) *khaw'laf* **Tran:** PASS.OVER **Alt:** change. **Def:** To pass through, by or over something. Also, to change in the sense of going to another one, side or thought. **KJV:** change, pass, renew, through, grow, abolish, sprout, alter, cut, go, over **Str:** #2498 **Aramaic:** *khal'af* #2499

1209 חלף (com) *klay'lef* **Tran:** FOR **Def:** An exchange for something else. **KJV:** for **Str:** #2500

1210 מחלף (masc) *makh'al'awf* **Tran:** KNIFE **Def:** tool for passing through. **KJV:** knife **Str:** #4252

1211 מחלפה (fem) *makh'law'faw* **Tran:** BRAIDS **Def:** In the sense of passing through each other. **KJV:** lock **Str:** #4253

1212 חליפה (fem) *khal'ee'faw* **Tran:** REPLACEMENT **Def:** That which takes the place of, especially as a substitute or successor. **Rel:** In the sense of passing through one thing to another. **KJV:** change, course **Str:** #2487

1213 חלוף (masc) *khal'ofe* **Tran:** DESTRUCTION **Def:** In the sense of passing away. **KJV:** destruction **Str:** #2475

חלץ *HhLTs* (ad) **Def:** Drawn out of the loins is the next generation.

1214 חלץ (vrb) *khaw'lats* **Tran:** EXTRACT **Alt:** arm, in the sense of drawing weapons. **Def:** To pull out or toward. To draw weapons for battle. **KJV:** deliver, arm, loose, prepare, take, army, fat, put, deliver, draw, withdraw **Str:** #2502

1215 חרץ (fem) *khaw'lawts* **Tran:** LOINS **Def:** The pubic region; the generative organs. **Rel:** In the sense of the next generation being drawn out of the loins. **KJV:** loins, reins **Str:** #2504 **Aramaic:** *khar'ats* #2783

1216 מחלצה (fem) *makh'al'aw'tsaw* **Tran:** ROBE **Def:** As drawn off. **KJV:** apparel, raiment **Str:** #4254

1217 חליצה (fem) *khal'ee'tsaw* **Tran:** SPOIL **Def:** What is drawn out after a battle. **KJV:** spoil, armour **Str:** #2488

חלש *HhLSh* (ad) **Def:** Something that is weak, failing, decayed or wasted away.

1218 חלש (vrb) *khaw'lash* **Tran:** WEAKEN **Def:** To reduce in strength. **KJV:** discomfit, waste away, weaken **Str:** #2522

1219 חלש (masc) *khal'lawsh* **Tran:** WEAK **KJV:** weak **Str:** #2523

1220 חלושה (fem) *khal'oo'shaw* **Tran:** DEFEAT **Def:** Overcome or weakened by an outside force. **KJV:** overcome **Str:** #2476

חרט *HhRTh* (ad) **Rel:** sharp

1221 חרט (masc) *kheh'ret* **Tran:** ENGRAVING.TOOL **Def:** A tool making markings or inscriptions by carving on stone, metal or wood. A stylus for inscribing a clay tablet. **KJV:** graving tool, pen **Str:** #2747

1222 חריט (masc) *khaw'reet* **Tran:** SATCHEL **Def:** Used for carrying items such as tools. **KJV:** bag, crisping pin **Str:** #2754

1223 חרטם (masc) *khar'tome* **Tran:** MAGICIAN **Def:** A person skilled in divination. **KJV:** magician **Str:** #2748 **Aramaic:** #2749

חרף *HhRP* (ad) **Def:** The piercing cold of winter. **Rel:** piercing

1224 חרף (vrb) *khaw'raf* **Tran:** CONSORT **Def:** To be gathered or attached to. **KJV:** betroth **Str:** #2778

1225 חורף (masc) *kho'ref* **Tran:** WINTER **Def:** The season between summer and spring. Time of the piercing cold and relative bleakness. **KJV:** winter, youth, cold **Str:** #2779

חרץ *HhRTs* (ad) **Def:** A sharp cutting instrument. **Rel:** piercing

1226 חרץ (vrb) *khaw'rats / khaw'roots* **Tran:** CUT.SHARPLY **Def:** To divide or slice with a sharp instrument such as a potsherd or iron blade. To make a decision in the sense of dividing between two choices. To be diligent in the sense of a sharp action. **KJV:** determine, move, decide, bestir, main, decree, gold, diligent, decision, threshing, sharp, wall **Str:** #2742, #2782

1227 חריץ (masc) *khaw'reets* **Tran:** HOE **Def:** sharp instrument for digging. A sharp taste. **KJV:** harrow **Str:** #2757

1228 חרצן (masc) *kchar'tsan* **Tran:** KERNEL **Def:** The seed of a grape. **Rel:** As sharp. **KJV:** kernel **Str:** #2785

חרק *HhRQ* (ad) **Def:** Gnashing of the teeth. **Rel:** sharp teeth

1229 חרק (vrb) *khaw'rak* **Tran:** GNASH **Def:** To gnash the teeth. **KJV:** gnash **Str:** #2786

חרש *HhRSh* (ad) **Def:** The craftsman that scratches, or engraves, in wood, stone or metal. **Rel:** sharp

1230 חרש (vrb) *khaw'rash* **Tran:** SCRATCH **Def:** To plow in the sense of scratching a line in the soil; to engrave on wood or stone by scratching. This word can also mean "to hold in peace" or be silent. **KJV:** peace, plow, devise, silence, hold, altogether, plowman, cease, conceal, deaf, graven image **Str:** #2790

1231 חרש (masc) *khaw'rawsh / kheh'resh* **Tran:** ENGRAVER **Def:** A sculptor or carver who engraves wood, stone or metal.

KJV: craftsman, artificer, carpenter, workman, engraver, artificer, smith, maker, skilful, worker, wrought **Str:** #2791, #2796

1232 מחרשה (fem) *makh'ar'ay'shaw / makh'ar'eh'sheth* **Tran:** MATTOCK **Def:** Implement for scratching the soil. **KJV:** mattock, share **Str:** #4281, #4282

1233 חריש (masc) *khaw'reesh* **Tran:** PLOWING **Def:** Breaking up the ground in order to plant a crop. The time of plowing. **KJV:** earring, harvest **Str:** #2758

1234 חרשת (fem) *khar'o'sheth* **Tran:** ENGRAVING **Def:** A scratching or carving in stone, metal or wood. **KJV:** cutting, carving **Str:** #2799

1235 חורש (masc) *kho'rashe* **Tran:** CRAFTSMAN **Def:** One who is skilled in the art of engraving wood, stone or metal. **KJV:** artificer **Str:** #2794

חרת *HhRT* (ad) **Rel:** sharp

1236 חרת (vrb) *khaw'rath* **Tran:** ENGRAVE **Def:** To mark, scratch, or scrape. To chisel or cut figures, letters, or devices on stone or metal. **KJV:** graven **Str:** #2801

חם *HhM* (pr) **Act:** Heat, Wise, Shake, Boil, Fight, Burn **Obj:** Cheese, Skin-bag, Sun, Wall, Bread, Charcoal, Sour, Tar **Abs:** In-law, Wisdom, Desire, Compassion **Def:** Cheese was made by placing milk in a bag made out of an animal skin. The bag was hung out in the sun and pushed back-and-forth. The skin of the bag contained an enzyme that when heated and shaken caused the milk to sour and separate into its two parts, fat (curds or cheese) and water (whey). The whey could be drunk and the curds eaten or stored for future consumption. **AH:** ᗰᗩ- The pictograph ᗩ is a picture of a wall meaning "to separate." The ᗰ is a picture of water. Combined these mean "separate water."

1237 חם (masc) *khawm* **Tran:** FATHER-IN-LAW **Def:** The father of one's wife or husband, father-in-law. **Rel:** As a passionate one. **KJV:** father-in-law, husband's father **Str:** #2524

1238 חמה (fem) *khay'maw* **Tran:** FURY **Def:** Intense, disordered, and often destructive rage. An intense heat from anger. **KJV:**

heat, fury, wrath, poison, displeasure, rage, anger, bottle **Str:** #2534 **Aramaic:** חמא *khem'aw* #2528

1239 חמת (fem) *klay'meth* **Tran:** SKIN.BAG **Def:** A container made from the skin of animal, usually a goat or sheep, and used for holding milk, water or other liquid. **KJV:** bottle **Str:** #2573

1240 חמות (fem) *kham'oth* **Tran:** MOTHER-IN-LAW **KJV:** mother-in-law **Str:** #2545

1241 חום / חם (masc) *khawm / khome* **Tran:** HOT **Def:** Having a relatively high temperature; eager; passionate. **KJV:** hot, warm, heat **Str:** #2525, #2527

1242 חום (masc) *khoom* **Tran:** BLACK **Def:** A dark or darkened color; charcoal color. **KJV:** brown **Str:** #2345

1243 חמן (masc) *kham'mawn* **Tran:** SUN.IDOL **Def:** An object of worship representing the sun god. **KJV:** image, idol **Str:** #2553

חמם *HhMM* (ch) **Def:** The heat from the sun warms the contents of the bag.

1244 חמם (vrb) *khaw'mam* **Tran:** BE.WARM **Def:** To glow; project extreme heat. To be heated, either internally or externally, such as from the sun or a fire. **KJV:** hot, heat, warm, enflame **Str:** #2552

1245 חממה (fem) *kham'maw* **Tran:** HEAT **Def:** Warmth felt from the sun or other source of heat. **KJV:** sun, heat **Str:** #2535

חמא *HhMA* (ch) **Def:** The curds produced from the skin bottle. This cheese has a buttery texture and flavor.

1246 חמאה / חמה (fem) *khem'aw* **Tran:** CHEESE **Def:** A food consisting of the coagulated, compressed and usually ripened curd of milk separated from the whey. **KJV:** butter **Str:** #2529

1247 מחמאה (fem) *makh'am'aw'aw* **Tran:** CHEESE **KJV:** butter **Str:** #4260

חום *HhWM* (ch)

1248 חומה (fem) *kho'maw* **Tran:** RAMPART **Def:** A fortified enclosure. **KJV:** wall, walled **Str:** #2346

יחם *YHhM* (ch) **Def:** The heat from the sun warms the contents of the bag.

1249 יחם (vrb) *yaw'kham* **Tran:** HEAT **Def:** Natural body warmth, as well as the time of estrous when animals mate. Conception from an animal's mating or through the heat of passion. **KJV:** conceive, warm, hot, heat **Str:** #3179

חכם *HhKM* (ad) **Def:** The wise thoughts and actions of a skilled person. **Rel:** as a separating out of thoughts (see Isaiah 7:15)

1250 חכם (vrb) *khaw'kam* **Tran:** BE.SKILLED **Def:** To be able to decide or discern between good and bad, right and wrong; to act correctly in thought and action. **KJV:** wise, wisdom, exceed **Str:** #2449

1251 חכם (masc) *khaw'kawm* **Tran:** SKILLED.ONE **Def:** A person characterized by a deep understanding of a craft; One with the ability to decide or discern between good and bad, right and wrong. **KJV:** wise, wiseman, cunning, subtil, unwise, wiser **Str:** #2450

1252 חכמה (fem) *khok'maw* **Tran:** SKILL **Def:** The ability to decide or discern between good and bad, right and wrong; A deep understanding of a craft. **KJV:** wisdom, wisely, skilful, wits **Str:** #2451 **Aramaic:** #2452

1253 חכמות (fem) *khok'moth* **Tran:** WISDOM **KJV:** wisdom, wise **Str:** #2454

1254 חכים (masc) **Tran:** WISE **KJV:** wise **Aramaic:** *khak'keem* #2445

חמד *HhMD* (ad) **Def:** Something of value or delighted in. **Rel:** as in cheese as a delicacy

1255 חמד (vrb) *khaw'mad* **Tran:** CRAVE **Def:** To have a strong or inward desire for something. **KJV:** desire, covet, delight, pleasant, beauty, lust, delectable **Str:** #2530

1256 חמד (masc) *kheh'med* **Tran:** DESIRABLE **Def:** Something that is desired. **KJV:** desirable, pleasant **Str:** #2531

1257 חמדה (fem) *khem'daw* **Tran:** PLEASANT **Def:** Having qualities that tend to give pleasure. An object of desire. **KJV:** pleasant, desire, beloved, goodly, precious **Str:** #2532

1258 מחמד (masc) *makh'mawd* **Tran:** PLEASANT **Def:** An object of desire. **KJV:** pleasant, desire, goodly, lovely beloved **Str:** #4261

1259 מחמוד (masc) *makh'mood* **Tran:** PLEASANT **Def:** An object of desire. **KJV:** pleasant **Str:** #4262

חמס *HhMS* (ad) **Rel:** shaking

1260 חמס (vrb) *khaw'mas* **Tran:** SHAKE **Def:** To shake someone or something violently. To do a wrong to another as a shaking. **KJV:** violence, violate, shake, wrong, violent, take, bare **Str:** #2554

1261 חמס (masc) *khaw'mawce* **Tran:** VIOLENCE **Def:** Exertion of physical force so as to injure or abuse. A fierce shaking. **KJV:** violence, violent, cruelty, wrong, false, cruel, damage, injustice, unrighteous **Str:** #2555

1262 תחמס (masc) *takh'mawce* **Tran:** NIGHTHAWK **Def:** An unclean unknown species of bird. **KJV:** hawk **Str:** #8464

חמץ *HhMTs* (ad) **Def:** The harsh taste of something that has fermented or soured. **Rel:** processing a food through heat or fermentation

1263 חמץ (vrb) *khaw'mates* **Tran:** BE.SOUR **Alt:** leaven. **Def:** To be fermented by adding leaven to bread. Also, sour in taste, thought or action. **KJV:** leaven, cruel, dye, grieve **Str:** #2556

1264 חמץ (masc) *khaw'mates* **Tran:** LEAVENED.BREAD **Def:** Dough that has had leaven added to make a sour bread. **KJV:** leaven **Str:** #2557

1265 חמיץ (masc) *khaw'meets* **Tran:** SOURED **KJV:** clean **Str:** #2548

1266 חמוץ (masc) *khaw'motse* **Tran:** SOURED **KJV:** oppressed **Str:** #2541

1267 חומץ (masc) *kho'mets* **Tran:** VINEGAR **Def:** A soured liquid made from grapes. **KJV:** vinegar **Str:** #2558

חמר *HhMR* (ad) **Def:** A dark, thick and slimy substance often called bitumen is released the bottom of water pools rising to the surface in bubbles (seen as a boiling). This substance was used for waterproofing boats or other vessels as well as a type of mortar. **Rel:** a separating out of substances

1268 חמר (vrb) *khaw'mar* **Tran:** PASTE **Def:** To smear a paste such as mortar on bricks or tar on a boat. **KJV:** trouble, red, daub, foul **Str:** #2560

1269 חמר (masc) *khay'mawr / kheh'mer* **Tran:** SLIME **Def:** A thick film of tar or foam that floats to the surface of a liquid. **KJV:** pure, red wine, wine, slime **Str:** #2561, #2564 **Aramaic:** *kham'ar* Wine, probably from the dark and thick wine that floats to the surface of the wine vat. #2562

1270 חמור (masc) *kham'o'raw / kham'ore* **Tran:** DONKEY **Def:** A male ass. **KJV:** ass, heap **Str:** #2543, #2565

1271 חומר (masc) *kho'mer* **Tran:** MORTAR **Def:** A thick and slimy soil used to join bricks or for making bricks. **KJV:** clay, morter, mire, heap **Str:** #2563

1272 חומר (masc) *kho'mer* **Tran:** HHOMER **Def:** A dry standard of measurement equal to 65 Imperial gallons. **KJV:** homer **Str:** #2563

1273 יחמור (masc) *yakh'moor* **Tran:** ROEBUCK **Def:** An unknown animal, probably of a dark color. **KJV:** deer **Str:** #3180

כמר *KMR* (ad)

1274 כמר (vrb) *kaw'mar* **Tran:** BURN.BLACK **Def:** To char wood in a fire. A passion that burns for another. **KJV:** yearn, kindle, black **Str:** #3648

1275 כומר (masc) *kaw'mawr* **Tran:** PRIEST **Def:** The priests of idolaters. **KJV:** priest **Str:** #3649

1276 מכמרת (fem) *mik'meh'reth* **Tran:** FISHING.NET **KJV:** drag, net **Str:** #4365

1277 מכמור (masc) *mak'mawr* **Tran:** HUNTING.NET **KJV:** net **Str:** #4364

1278 כמריר (masc) *kim'reer* **Tran:** BLACKNESS **Def:** In the sense of being burnt. **KJV:** blackness **Str:** #3650

לחם *LHhM* (ad) **Def:** Flour and water are mixed together and kneaded. Also war in the sense of fighting with the bread when kneading. **Rel:** food

1279 לחם (vrb) *law'kham* **Tran:** FIGHT **Alt:** wage war. **Def:** To make war; to battle as to destruction; to attempt to defeat, subdue, or destroy an enemy by blows or weapons. **KJV:** fight, war, eat, overcome, devour, prevail **Str:** #3898

1280 לחם (masc) *law'khem / lekh'em* **Tran:** BREAD **Def:** Baked and leavened bread primarily made of flour or meal. Also, food in general. **Rel:** Through sense of the kneading, or stuggling, with bread dough. **KJV:** bread, food, meat, loaves, shewbread, victuals, feast, fruit, provision **Str:** #3899, #3901 **Aramaic:** *lekh'em* #3900

1281 לחום (masc) *law'khoom* **Tran:** MEAT **KJV:** eating, flesh **Str:** #3894

1282 מלחמה (fem) *mil'khaw'maw* **Tran:** BATTLE **Def:** A hostile encounter or engagement between opposing military forces. **KJV:** battle, war, fight **Str:** #4421

פחם *PHhM* (ad) **Rel:** from its heat

1283 פחם (masc) *peh'khawm* **Tran:** CHARCOAL **KJV:** coal **Str:** #6352

רחם *RHhM* (ad) **Def:** The bowels are the seat of compassion. **Rel:** in the sense of passion.

1284 רחם (vrb) *raw'kham* **Tran:** HAVE.COMPASSION **Def:** Literally to cradle in ones arms to protect or cherish. By extension to have or show sympathy or sorrow. **KJV:** mercy, compassion, pity, love, merciful **Str:** #7355

1285 רחם (masc) רחמה (fem) *rakh'am / rakh'am'aw / rekh'em* **Tran:** BOWELS **Alt:** tenderness. **Def:** The belly; the womb; the lower portion of the torso. By extension, a maiden (from her womb). Abstractly, mercy (from the bowels being the seat of mercy). **Rel:** The bowels are protected by wrapping ones arms around it. **KJV:** mercy, compassion, womb, bowels, pity, damsel, matrix **Str:** #7356, #7358, #7361 **Aramaic:** *rekh'ame* #7359

1286 רחם (masc) רחמה (fem) *raw'khawm* **Tran:** GIER-EAGLE **Def:** An unknown species of bird, possibly a type of carrion. **Rel:** Carrion will first open the bowels to devour the bowels. **KJV:** eagle **Str:** #7360

1287 רחום (masc) *rakh'oom* **Tran:** COMPASSIONATE **Def:** Being sympathetic, and understanding. A protecting from harm. **KJV:** merciful, compassion **Str:** #7349

1288 רחמני (masc) *rakh'maw'nee* **Tran:** COMPASSIONATE **KJV:** pitiful **Str:** #7362

חן *HhN* (pr) **Act:** Camp, Grind **Obj:** Camp, Mill **Abs:** Beauty, Compassion **Def:** A nomad's camp consisted of many family tents, which make up the clan camp. The camp can have as many as fifty tents or more in it. The tents are placed in a circular configuration, forming one continuous wall surrounding the camp. **AH:** ᴗ\ꓤ- The pictograph ꓤ is a picture of a wall. The ᴗ\ is a picture of a seed meaning "to continue." Combined these mean "wall continues."

1289 חן (masc) *khane* **Tran:** BEAUTY **Def:** A person, place or thing that is graceful and precious; what is worth protecting. **Rel:** Within this wall is the family clan, a place of freedom, compassion and beauty. An encampment of tents. **KJV:** grace, favour, gracious, pleasant, precious **Str:** #2580

1290 חנות (fem) *khaw'nooth* **Tran:** ROOM **Def:** As surrounded by walls. **KJV:** cabin **Str:** #2588

1291 חנית (fem) *khan'eeth* **Tran:** SPEAR **Def:** A long shaft with a pointed tip and used as a weapon. A tent pole which may also be used as a spear. **Rel:** The tent is supported by the poles. **KJV:** spear, javelin **Str:** #2595

1292 תחנה (fem) *takh'an'aw* **Tran:** CAMPSITE **Def:** A place suitable for or used as the location of a camp. **KJV:** camp **Str:** #8466

1293 חינם (masc) *khin'nawm* **Tran:** FREELY **Def:** Having no restrictions. A work or action that is performed without wages or without cause. **KJV:** without cause, for nought, causeless, in vain, free, without cost, freely, innocent, cost me nothing, for nothing, without wages **Str:** #2600

חנן *HhNN* (ch) **Def:** Within this wall is the family clan, a place of freedom, compassion and beauty. An encampment of tents.

1294 חנן (vrb) *khaw'nan / klan'noth* **Tran:** PROVIDE.PROTECTION **Alt:** beseech. **Def:** To rescue or give help to another, to treat as valuable. **KJV:** mercy, gracious, merciful, supplication, favour, besought, pity **Str:** #2589, #2603 **Aramaic:** *khan'an* #2604

1295 חנין (fem) *khan'ee'naw* **Tran:** COMPASSION **KJV:** favour **Str:** #2594

1296 חנון (masc) *khan'noon* **Tran:** PROTECTIVE **Def:** Providing a rescue or help to another in distress. **KJV:** gracious **Str:** #2587

1297 תחנון (masc) *takh'an'oon* **Tran:** SUPPLICATION **KJV:** supplications, intreaties **Str:** #8469

חנה *HhNH* (ch) **Def:** The first step to setting up the tent is to arrange the poles. The tent poles were sharpened at one end (and could be used as a weapon) and were driven into the ground. An encampment of tents.

1298 חנה (vrb) *khaw'naw* **Tran:** CAMP **Def:** To erect temporary shelters (as tents) together; to stop for the night and pitch the tents. **KJV:** pitch, encamp, camp, abide, dwell, lie, rest **Str:** #2583

1299 מחנה (masc) *makh'an'eh* **Tran:** CAMP **Def:** A place suitable for or used as the location of a camp. The inhabitants of a camp. **Rel:** A place of beauty. **KJV:** camp, host, company, tent, army, band, battle, drove **Str:** #4264

חין *HhYN* (ch) **Def:** As the beauty of the camp. To give or show beauty, grace or mercy to another.

1300 חין (masc) *kheen* **Tran:** BEAUTY **KJV:** comely **Str:** #2433

1301 תחנה (fem) *tekh'in'naw* **Tran:** SUPPLICATION **KJV:** supplication, favour, grace **Str:** #8467

חמל *HhML* (ad)

1302 חמל (vrb) *khaw'mal* **Tran:** SHOW.PITY **Def:** To have compassion; to sympathize. **KJV:** pity, compassion **Str:** #2550

1303 חמלה (fem) *khem'law* **Tran:** PITY **Def:** Having or showing sympathetic consciousness of others' distress with a desire to alleviate it. **KJV:** merciful, pitiful **Str:** #2551

1304 מחמל (masc) *makh'mawl* **Tran:** PITY **KJV:** pity **Str:** #4263

חנף *HhNP* (ad)

1305 חנף (vrb) *khaw'nafe* **Tran:** BE.FILTHY **Def:** To be polluted or dirty. Usually in the sense of immorality. **KJV:** pollute, defile, corrupt, profane **Str:** #2610

1306 חנף (masc) *khaw'nafe* **Tran:** FILTHY **Def:** One who is soiled with immorality. **KJV:** hypocrite **Str:** #2611

1307 חנפה (fem) *khan'oo'faw* **Tran:** FILTHINESS **KJV:** profaneness **Str:** #2613

1308 חונף (masc) *kho'nef* **Tran:** FILTHINESS **KJV:** hypocrisy **Str:** #2612

טחן *ThHhN* (ad) **Rel:** as in the grinding of limestone for making plaster

1309 טחן (vrb) *taw'khan* **Tran:** GRIND **Def:** To reduce to fine particles through abrasion. **KJV:** grind **Str:** #2912

1310 טחנה (fem) *takh'an'aw* **Tran:** GRIND **KJV:** grinding **Str:** #2913

~~~~~~~~~~

חס *HhS* (pr) **Act:** Support, Spare, Bow, Diminish **Obj:** Refuge **Abs:** Kindness, Lacking **Def:** A place of support and trust. **AH:** 手月

1311 חסות (fem) *khaw'sooth* **Tran:** REFUGE **KJV:** trust **Str:** #2622

חסה *HhSH* (ch)

1312 חסה (vrb) *khaw'saw* **Tran:** TAKE.REFUGE **Def:** To take shelter or place ones trust in someone or something of support. **KJV:** trust, refuge, hope **Str:** #2620

1313 מחסה (masc) *makh'as'eh* **Tran:** REFUGE **Def:** Refuge, shelter, hope, trust. **KJV:** refuge, shelter, hope, trust **Str:** #4268

חוס *HhWS* (ch) **Def:** One who has been given refuge.

1314 חוס (vrb) *khoos* **Tran:** SPARE **Def:** To forbear to destroy, punish, or harm; give asylum. Give refuge to another. **KJV:** spare, pity, regard **Str:** #2347

יחס *YHhS* (ch) **Def:** One is supported by his family line.

1315 יחש (vrb) *yaw'khas* **Tran:** LINEAGE **Def:** Ones history within the family. **KJV:** genealogy **Str:** #3187

1316 יחש (masc) *yakh'as* **Tran:** LINEAGE **Def:** Ones history within the family. **KJV:** genealogy **Str:** #3188

חסד *HhSD* (ad) **Def:** The bowing of the neck as a sign of respect and kindness to an equal.

1317 חסד (vrb) *khaw'sad* **Tran:** BOW **Def:** To bow the head at the neck. **KJV:** mercy, shame **Str:** #2616

1318 חסד (masc) *kheh'sed* **Tran:** KINDNESS **Def:** Of a sympathetic nature; quality or state of being sympathetic. **Rel:** In the sense of bowing the neck to another as a sign of kindness. **KJV:** mercy, kindness, lovingkindness, goodness, kindly, merciful, favour, good, goodliness, pity, reproach, wicked **Str:** #2617

1319 חסיד (masc) *khaw'seed* **Tran:** KIND.ONE **Def:** One who shows favor, mercy or compassion to another. **KJV:** saint, holy, merciful, godly, good **Str:** #2623

1320 חסידה (fem) *khas'ee'daw* **Tran:** STORK **Def:** An unclean bird having long legs and a long neck and bill. Also, the soft feathers of the storks neck. **Rel:** From its long and bowed neck. **KJV:** stork, feathers **Str:** #2624

חסר *HhSR* (ad) **Def:** Something or someone that is lacking or diminished in quantity or quality. **Rel:** needing support

1321 חסר (vrb) *khaw'sare* **Tran:** DIMINISH **Def:** To make less or cause to appear less; to lessen the authority, dignity, or reputation of. Be lacking or to decrease. **KJV:** want, lack, fail, decrease, abate, lower, bereave **Str:** #2637

1322 חסר (masc) *khaw'sare / kheh'ler* **Tran:** LACKING **KJV:** void, want, lack, fail, destitute, need, poverty **Str:** #2638, #2639

1323 חסיר (masc) Tran: LACKING **KJV:** wanting **Aramaic:** *khas'seer* #2627

1324 חוסר (masc) *kho'ser* **Tran:** WANTING **Def:** Deficient in some part, thing, or respect. **KJV:** want **Str:** #2640

1325 חסרון (masc) *khes'rone* **Tran:** LACKING **KJV:** wanting **Str:** #2642

1326 מחסור (masc) *makh'sore* **Tran:** LACKING **Def:** Being without; not having; wanting. **KJV:** want, lack, need, poor, poverty, penury **Str:** #4270

חף *HhP* (pr) **Act:** Cover, Haste, Search, Delight, Flutter **Obj:** Lid **Abs:** Innocent, Atonement **Def:** The tent is opened to allow one into its covering for protection. Anyone entering a tent will be protected at

Benner's Lexicon of Biblical Hebrew

all costs by the owner. A secret is something that is covered and hidden. A haven as a place covered over for protection. **AH:** ⌐ꓱ- The pictograph ꓱ is a picture of a wall. The ⌐ is a mouth meaning "open." Combined these mean "wall opened."

1327 חף (masc) *khaf* **Tran:** INNOCENT **Def:** One whose actions are covered. **KJV:** innocent **Str:** #2643

    חפף *HhPP* (ch) **Def:** A cover of protection.

1328 חפף (vrb) *khaw'faf* **Tran:** BLANKET **Def:** To cover over. **KJV:** cover **Str:** #2653

    חפא *HhPA* (ch) **Def:** Something that is covered and hidden.

1329 חפא (vrb) *khaw'faw* **Tran:** COVER **KJV:** secretly **Str:** #2644

    חפה *HhPH* (ch)

1330 חפה (vrb) *khaw'faw* **Tran:** COVER **KJV:** cover, overlay, cieled **Str:** #2645

    חוף *HhWP* (ch) **Def:** A covered or hidden place for protection.

1331 חוף (masc) *khofe* **Tran:** SHORE **Def:** The land bordering a body of water. A place covered. **KJV:** haven, shore, coast, side **Str:** #2348

1332 חופה (fem) *khoop'paw* **Tran:** CANOPY **Def:** covering. **KJV:** chamber, closet, defence **Str:** #2646

    יחף *YHhP* (ch)

1333 יחף (masc) *yaw'khafe* **Tran:** BAREFOOT **Def:** An uncovered foot. **KJV:** barefoot, unshod **Str:** #3182

    חפז *HhPZ* (ad) **Rel:** a hurrying to hide

1334 חפז (vrb) *khaw'faz* **Tran:** HASTEN **Def:** To be in a hurry to move or act. **KJV:** haste, tremble **Str:** #2648

1335 חיפזון (masc) *khip'paw'zone* **Tran:** HASTE **Def:** A swift movement or action. **KJV:** haste **Str:** #2649

    חפן *HhPN* (ad)

1336 חופן (masc) *kho'fen* **Tran:** CUPPED.HAND **Def:** The bowl shape of the palm. **KJV:** hand, fist **Str:** #2651

    חפס *HhPS* (ad) **Rel:** searching for something of value

Benner's Lexicon of Biblical Hebrew

1337 חפש (vrb) *khaw'fas* **Tran:** SEARCH **Def:** To look thoroughly in an effort to find or discover something. **KJV:** search, disguise, search, change, diligent, hidden **Str:** #2664

1338 חפש (masc) *khay'fes* **Tran:** SEARCH **KJV:** search **Str:** #2665

חפץ *HhPTs* (ad) **Rel:** hiding a treasure

1339 חפץ (vrb) *khaw'fates* **Tran:** DELIGHT **Def:** To desire something out of pleasure or necessity; to have a high degree of gratification. **KJV:** delight, please, desire, will, pleasure, favour, like, move, would **Str:** #2654

1340 חפץ (masc) *khaw'fates / khay'fets* **Tran:** DELIGHT **Def:** A desired object or action. **KJV:** desire, pleasure, would, please, willing, favour, wish, delight **Str:** #2655, #2656

כפר *KPR* (ad) **Def:** A protective covering to go over something or the covering of a debt or wrong.

1341 כפר (vrb) *kaw'far* **Tran:** COVER **Def:** To afford protection or security; to hide from sight or knowledge; to cover over as with a lid; to figuratively cover over an error or failure. **KJV:** atonement, purge, reconcile, forgive, purge, pacify, mercy, cleanse, disannul, appease, put, pardon, pitch **Str:** #3722

1342 כפיר (masc) *kef'eer* **Tran:** CUB **Def:** A young lion. Also, a "village." **KJV:** lion, village, young **Str:** #3715

1343 כפור (masc) *kef'ore* **Tran:** HOARFROST **Def:** A covering of small ice crystals, formed from frozen water vapor. **KJV:** bason, hoarfrost **Str:** #3713

1344 כפורת (fem) *kap'po'reth* **Tran:** LID **Def:** The cover of a box or other container. **KJV:** mercy seat **Str:** #3727

1345 כופר (masc) *kaw'fawr / ko'fer* **Tran:** COVERING **Def:** Something that covers or conceals. A covering such as pitch or a monetary covering such as a bribe or ransom. A "village" as a covering. **KJV:** ransom, satisfaction, bribe, camphire, pitch, village **Str:** #3723, #3724

1346 כיפור (masc) *kip'poor* **Tran:** ATONEMENT **Def:** An act of paying the price to release the debt or person. A covering over of transgression. **KJV:** atonement **Str:** #3725

רחף *RHhP* (ad) **Def:** The stirrings and shakings of a bird in the nest. **Rel:** a bird covering the nest

1347 רחף (vrb) *raw'khaf* **Tran:** FLUTTER **Def:** To flap the wings rapidly. To move with quick wavering or flapping motions. Shake as a bird in the nest. **KJV:** shake, move, flutter **Str:** #7363

חץ *HhTs* (pr) **Act:** Divide, Carve, Hew, Urge, Blow **Obj:** Tent Wall, Arrow, Outside, Carving, Bosom, Yard **Def:** The tent wall divides or separates the inside from the outside. The wall inside the tent divides the tent into two sections. **AH:** ┐⊟- The pictograph ⊟ is a picture of a wall. The ┐ is a picture of a man laying on his side. Combined these mean "wall of sides."

1348 חץ (masc) *khayts* **Tran:** ARROW **Def:** A missile weapon shot from a bow having a pointed head, slender shaft and feathers at the butt. **Rel:** A dividing of the flesh. **KJV:** arrow, dart, shaft, wound **Str:** #2671

1349 חצות (fem) *khaw'tsoth* **Tran:** CENTER **Def:** The middle of something. **KJV:** mid **Str:** #2676

1350 מחצית (fem) *makh'ats'eeth* **Tran:** ONE.HALF **Def:** A portion that is equal to the remainder. **KJV:** half, much **Str:** #4276

1351 חצי (masc) *khay'tsee* **Tran:** HALF **Alt:** middle. **Def:** An equal part of something divided into two pieces. **KJV:** half, midst, part, midnight, middle **Str:** #2677

חצץ *HhTsTs* (ch)

1352 חצץ (vrb) *khaw'tsats* **Tran:** DIVIDE **Def:** division of something or a band as a division. **KJV:** band, archer, midst **Str:** #2686

1353 חצץ (masc) *khaw'tsawts* **Tran:** ARROW **Def:** As dividing flesh. **KJV:** gravel, arrow **Str:** #2687

חצה *HhTsH* (ch)

1354 חצה (vrb) *khaw'tsaw* **Tran:** DIVIDE **Def:** To separate into two or more parts, areas or groups. To divide in half. **KJV:** divide, part, half, midst **Str:** #2673

1355 מחצה (fem) *mekh'ets'aw* **Tran:** HALF.THE.SPOILS **KJV:** half **Str:** #4275

חוץ *HhWTs* (ch) **Def:** To be outside of the tent walls.

1356 חוץ (masc) *khoots* **Tran:** OUTSIDE **Def:** A place or region beyond an enclosure or barrier. **KJV:** without, street, abroad, out, outside, fields, forth, highway **Str:** #2351

חיץ *HhYTs* (ch)

1357 חיץ (masc) *khah'yits* **Tran:** WALL **KJV:** wall **Str:** #2434

1358 חיצון (masc) *khee'tsone* **Tran:** OUTSIDE **Def:** What is outward or external. Also the idea of secular as being outside. **KJV:** utter, outward, without, outer **Str:** #2435

חטב *HhThB* (ad) **Rel:** cutting

1359 חטב (vrb) *khaw'tab* **Tran:** CARVE **KJV:** hew, cut, polish **Str:** #2404

1360 חטובה (fem) *khat'oo'baw* **Tran:** CARVING **KJV:** carved **Str:** #2405

חצב *HhTsB* (ad) **Def:** The cutting or hewing of wood or stone. **Rel:** cutting

1361 חצב (vrb) *khaw'tsab* **Tran:** HEW **KJV:** dig, hew, mason, cut, divide, graven, made **Str:** #2672

1362 מחצב (masc) *makh'tsabe* **Tran:** HEWN **Def:** Something that is hewn. **KJV:** hewn, hewed **Str:** #4274

חצן *HhTsN* (ad) **Rel:** enclosing

1363 חצן (masc) *khay'tsen* **Tran:** BOSOM **KJV:** bosom **Str:** #2683

1364 חוצן (masc) *kho'tsen* **Tran:** BOSOM **KJV:** lap, arms **Str:** #2684

חצף *HhTsP* (ad) **Rel:** cutting off short

1365 חצף (vrb) **Tran:** URGE **KJV:** haste, urgent **Aramaic:** *khats'af* #2685

חצר *HhTsR* (ad) **Def:** When the trumpets from the city are sounded as an alarm of invasion, the inhabitants of the surrounding fields and villages, or yards, go to the protection of the walled city. **Rel:** enclosing

1366 חצר (vrb) *khaw'tsar* **Tran:** BLOW.SOUND **Def:** To blow trumpets to make a loud sound. **KJV:** sound, blow, trumpeter **Str:** #2690

1367 חצר (masc) *khaw'tsare* **Tran:** COURTYARD **Def:** The grounds of a building or group of buildings. Villages outside of the larger cities, as "the yard of the city. " A courtyard as outside the house. **KJV:** court, village, town **Str:** #2691

1368 עזרה (fem) *az'aw'raw* **Tran:** YARD **Def:** The villages outside of the larger cities as the yard of the city. Also a courtyard as outside the house. **KJV:** settle, court **Str:** #5835

1369 חציר (masc) *khaw'tseer* **Tran:** YARD **Def:** The villages outside of the larger cities as the yard of the city. Also a courtyard as outside the house. **KJV:** court **Str:** #2681

חק *HhQ* (pr) **Act:** Inscribe **Abs:** Custom **Def:** A custom brings a people separated together. **AH:** ΡΉ- The pictograph Ή is a picture of a wall representing a separation. The Ρ is a picture of the sun at the horizon representing the idea of "coming together." Combined these mean "separation and coming together."

חקק *HhQQ* (ch) **Def:** The appointment of a specific time, function or duty. A custom as something that is appointed.

1370 חקק (vrb) *khaw'kak* **Tran:** INSCRIBE **Def:** To write, engrave or print as a lasting record. A decree or custom. **KJV:** lawgiver, governor, decree, grave, portray, law, printed, set, note, appoint **Str:** #2710

1371 חק (masc) *khay'kek* **Tran:** CUSTOM **KJV:** thought, decree **Str:** #2711

חקה *HhQH* (ch) **Def:** To write a decree or custom.

1372 חקה (vrb) *khaw'kaw* **Tran:** INSCRIBE **KJV:** portray, carve, print **Str:** #2707

חוק *HhWQ* (ch) **Def:** The appointment of a specific time, function or duty. A custom as something that is appointed.

1373 חוק (masc) חוקה (fem) *khoke / khook'kaw* **Tran:** CUSTOM **Def:** A usage or practice common to many or to a particular place or class or habitual with an individual. **KJV:** statute, ordinance, decree, due, law, portion, bounds, custom, appointed, commandment **Str:** #2706, #2708

צחק *TsHhQ* (ad) **Def:** A laughing in play or mockery. **Rel:** coming from the belly

Benner's Lexicon of Biblical Hebrew

1374 שחק / צחק (vrb) *saw'khak / tsaw'khak* **Tran:** LAUGH **Alt:** mock. **Def:** To show mirth, joy, or scorn with a smile and chuckle or explosive sound. **KJV:** laugh, mock, sport, play, rejoice, scorn, merry, deride **Str:** #6711, #7832

1375 שחוק / צחוק (masc) *sekh'oke / tsekh'oke* **Tran:** LAUGHTER **Def:** The sound of mirth, joy, or scorn with a smile and chuckle or explosive sound. **KJV:** laugh, laughter, derision, laughing, mock, scorn, sport **Str:** #6712, #7814

1376 משחק (masc) *mis'khawk* **Tran:** LAUGHTER **KJV:** scorn **Str:** #4890

חר *HhR* (pr) **Act:** Burn, Delay, Waste, Tremble **Obj:** Back, Dung, White, Sword, Nettle **Abs:** Anger **Def:** A man outside in the desert sun becomes pale and hot. **AH:** ꩜ꑭ- The pictograph ꑭ is a picture of a wall representing the outside. The ꩜ is a picture of a man. Combined these mean "outside man."

1377 חרי (masc) *khor'ee* **Tran:** FLAMING **Def:** A visible fire, usually used in the sense of a fierce anger. **Rel:** The heat from the sun. Heat of anger. Also, tomorrow or later time as a delay. **KJV:** fierce, heat **Str:** #2750

1378 חרון (masc) *khaw'rone* **Tran:** FLAMING.WRATH **Def:** A fierce anger. **KJV:** fierce, wrath, fury, wrathful, displeasure **Str:** #2740

1379 חרחור (masc) *khar'khoor* **Tran:** BURNING.FLAME **Def:** An inflammation. **KJV:** burning **Str:** #2746

חרר *HhRR* (ch) **Def:** The heat from the sun. Also anger as a hot emotion.

1380 חרר (vrb) *khaw'rar* **Tran:** SCORCH **KJV:** burn, dried, angry, kindle **Str:** #2787

1381 חרר (masc) *khaw'rare* **Tran:** SCORCHED.REGION **KJV:** parched place **Str:** #2788

אחר *AHhR* (ch) **Def:** Rather than work in the heat of the sun, one waits until the breeze of the day.

1382 אחר (vrb) *aw'khar* **Tran:** DELAY **Def:** To stop, detain or hinder for a time. **KJV:** tarry, defer, slack, continue, delay, hinder, stay, late **Str:** #0309

1383 אחר (masc) *akh'air* **Tran:** OTHER **Alt:** another. **Def:** One that remains or follows after another. **KJV:** after, follow, afterward, behind, other, another, next, following **Str:** #0312 **Aramaic:** אחרי #0317

1384 אחרית (fem) *akh'ar'eeth* **Tran:** END **Def:** A final point that marks the extent of something. The latter time as coming after everything else. **KJV:** end, latter, last, posterity, reward, hindermost **Str:** #0319 **Aramaic:** #0320

1385 מחר (masc) *maw'khar* **Tran:** TOMORROW **Def:** The next day. At a time following. **KJV:** tomorrow, time to come **Str:** #4279

1386 מחרת (fem) *mokh'or'awth* **Tran:** MORROW **Alt:** the next day. **Def:** The next day. At a time following. **KJV:** morrow, next day, next **Str:** #4283

1387 אחור (masc) *aw'khore* **Tran:** BACK **Def:** The part of the body that is behind. To be in the rear of or behind something. **KJV:** back, backward, behind, next, delay, hinder part **Str:** #0268

1388 אחר / אחרי (com) *akh'ar* **Tran:** AFTER **Alt:** afterward; behind; follow. **Def:** A time to come beyond another event. **KJV:** another, other **Str:** #0310 **Aramaic:** #0311

1389 אחרון (masc) אחרונה (fem) *akh'ar'one* **Tran:** LAST **Alt:** after. **Def:** In, to or toward the back. To be in back of, at the rear or following after something. **KJV:** last, after, latter, end, utmost, following, hinder **Str:** #0314

1390 אחרן (masc) **Tran:** OTHER **Def:** time, person or thing that follows after. **KJV:** another, other **Aramaic:** *okh'or'awn* #0321

1391 אחרין (masc) **Tran:** END **Def:** The latter time as coming after everything else. **KJV:** last **Aramaic:** #0318

1392 אחורנית (fem) *akh'o'ran'neeth* **Tran:** BACKWARD **Def:** With the back foremost; in a reverse or contrary way; i.e. To walk backward in the sense of being after oneself. **KJV:** backward, again **Str:** #0322

חרא *HhRA* (ch) **Def:** What comes from the backside (as behind).

1393 חרא (masc) *kheh'reh* **Tran:** DUNG **KJV:** dung **Str:** #2716

1394 מחראה (fem) *makh'ar'aw'aw* **Tran:** PRIVY **KJV:** draught house **Str:** #4280

1395 תחרא (masc) *takh'ar'aw* **Tran:** COLLAR **Def:** The hole in the middle of a rectangular garment for the head to pass through. An area reinforced around the neck opening. **KJV:** habergeon **Str:** #8473

חרה *HhRH* (ch) **Def:** One who is hot.

1396 חרה (vrb) *khaw'raw* **Tran:** FLARE.UP **Def:** To become suddenly excited or angry; to break out suddenly. Burn with a fierce anger. **KJV:** kindle, wroth, hot, angry, displease, fret, incense, burn, earnest, grieve **Str:** #2734

1397 תחרה (masc) *takh'aw'raw* **Tran:** COMPETE **Def:** From the heat of passion. **KJV:** closest, contend **Str:** #8474

חור *HhWR* (ch) **Def:** A bleaching by the sun.

1398 חור (vrb) *khaw'var* **Tran:** BE.PALE **Def:** To become white. **KJV:** wax pale **Str:** #2357

1399 חור (masc) *khoor / khore* **Tran:** PALE **KJV:** white **Str:** #2353, #2715 **Aramaic:** *khiv'vawr* #2358

1400 חורי (masc) *kho'ree / khore* **Tran:** PALENESS **Def:** Made with bleached flour. **KJV:** network **Str:** #2355, #2751

יחר *YHhR* (ch) **Def:** Rather than work in the heat of the sun, one waits until the breeze of the day.

1401 יחר / יחל (vrb) *yaw'chal / yaw'khar* **Tran:** STAY **Alt:** wait form) **Def:** To remain behind; to wait in anticipation. **KJV:** hope, wait, tarry, trust, stay **Str:** #3176, #3186

1402 יחיר (masc) *yaw'kheel* **Tran:** DELAY **KJV:** hope **Str:** #3175

1403 תוחלת (fem) *to'kheh'leth* **Tran:** HOPE **Def:** An expectation for what will come. **KJV:** hope **Str:** #8431

חרב *HhRB* (ad) **Rel:** heat

1404 חרב (vrb) *khaw'rab* **Tran:** DRY.UP **Def:** To be a dry wasteland; to be laid waste and made desolate. **KJV:** waste, dry, desolate, slay, decay, destroy **Str:** #2717 **Aramaic:** *khar'ab* #2718

Benner's Lexicon of Biblical Hebrew

1405 חרב (fem) *kheh'reb* **Tran:** SWORD **Def:** A weapon with a long, possibly curved, blade for cutting or thrusting. **KJV:** sword, knife, dagger, axe, mattock **Str:** #2719

1406 חרבה (fem) *khaw'rabe / khaw'raw'baw / khor'baw* **Tran:** DRIED.OUT **Def:** A dry or desolate place. Barren or uncultivated land. Also, a dry land. **KJV:** waste, desolate, desert, decayed, dry land, dry ground **Str:** #2720, #2723, #2724

1407 חורב (masc) *kho'reb* **Tran:** PARCHING.HEAT **Def:** An intense heat that causes shriveling or toasting. **KJV:** heat, dry, drought, waste, desolation **Str:** #2721

1408 חרבון (masc) *khar'aw'bone* **Tran:** DROUGHT **KJV:** drought **Str:** #2725

חרג HhRG (ad) **Rel:** burning

1409 חרג (vrb) *khaw'rag* **Tran:** QUAKE **KJV:** afraid **Str:** #2727

חרד HhRD (ad) **Rel:** burning

1410 חרד (vrb) *khaw'rad* **Tran:** TREMBLE **Def:** To shake involuntarily; shiver. **KJV:** afraid, tremble, fray, careful, discomfit, quake **Str:** #2729

1411 חרד (masc) חרדה (fem) *khar'aw'daw / khaw'rade* **Tran:** TREMBLING **Def:** An involuntary shaking or shivering out of fear or awe. **KJV:** tremble, afraid, trembling, fear, exceedingly, care, quaking **Str:** #2730, #2731

חרך HhRK (ad) **Def:** The roasting of meat on a grill over a fire. **Rel:** burning

1412 חרך (vrb) *khaw'rak* **Tran:** ROAST **Def:** To roast a food. Also a roasting of hair in a fire. **KJV:** roast, singe **Str:** #2760 **Aramaic:** *khar'ak* #2761

1413 חרך (masc) *kheh'rek* **Tran:** GRILL **Def:** The crossed pieces of wood used for a grill. Also a window lattice of crossed sticks. **KJV:** lattice **Str:** #2762

חרל HhRL (ad) **Def:** The tiny thorns of the nettle that cause severe burning. **Rel:** burning

1414 חרול (masc) *khaw'rool* **Tran:** NETTLE **KJV:** nettle **Str:** #2738

חרם *HhRM* (ad) **Def:** A throwing of the net to capture fish, animals or man.

1415 חרם (vrb) *khaw'ram* **Tran:** PERFORATE **Def:** To fill with holes; to make holes; to destroy. **KJV:** destroy, devote, accurse, consecrate, forfeit, flat nose, slay **Str:** #2763

1416 חרם (masc) *khay'rem* **Tran:** PERFORATED **Def:** Containing holes. Also, something accursed in the sense of being filled with holes. **KJV:** net, accursed, curse, devoted, destruction, dedicated, destroyed **Str:** #2764

חרם *HhRM* (ad) **Def:** A throwing of the net to capture fish, animals or man.

1417 חרם (vrb) *khaw'ram* **Tran:** ASSIGN **Def:** To be devoted to something special, either for devotion or destruction. **KJV:** destroy, devote, accurse, consecrate, forfeit, flat nose, slay **Str:** #2763

1418 חרם (masc) *khay'rem* **Tran:** ASSIGNED **Def:** What is to be devoted to something special, either for devotion or destruction. **KJV:** net, accursed, curse, devoted, destruction, dedicated, destroyed **Str:** #2764

חרף *HhRP* (ad)

1419 חרף (vrb) *khaw'raf* **Tran:** BLAME **KJV:** reproach, defy, blaspheme, jeopardise **Str:** #2778

1420 חרפה (fem) *kher'paw* **Tran:** DISGRACE **Def:** A scorn, taunting or reproach as a piercing. **KJV:** reproach, shame, rebuke, reproachfully **Str:** #2781

טחר *ThHhR* (ad)

1421 טחור (masc) *tekh'ore* **Tran:** HEMORRHOIDS **Def:** (Always written in the plural) **KJV:** emerods **Str:** #2914

כרב *KRB* (ad) **Rel:** heat

1422 כרוב (masc) *ker'oob* **Tran:** KERUV **Def:** A supernatural creature, identified in other Semitic cultures as a winged lion, a Griffin. **KJV:** cherubims, cherub **Str:** #3742

נחר *NHhR* (ad)

1423 נחר (masc) נחרה (fem) *nakh'ar* **Tran:** NOSTRILS **KJV:** nostrils, snorting **Str:** #5170

1424 נחיר (masc) *nekh'eer* **Tran:** NOSTRILS **KJV:** nostril **Str:** #5156

חש *HhSh* (pr) **Act:** Bind, Silence, Attach, Gather, Whisper **Abs:** Silence, Desire **Def:** Something that is bound. **AH:** ⌒ᛰ

חשה *HhShH* (ch) **Def:** A mouth that is bound.

1425 חשה (vrb) *khaw'shaw* **Tran:** SILENCE **KJV:** hold, still, silence, silent **Str:** #2814

חוש *HhWSh* (ch)

1426 חושן (masc) *kho'shen* **Tran:** BREASTPLATE **Def:** An ornamental plate worn by the High Priest that held stones representing the twelve tribes of Israel and the Urim and Thummim. **KJV:** breastplate **Str:** #2833

חשק *HhShQ* (ad) **Def:** A joining together in love or through a connection.

1427 חשק (vrb) *khaw'shak* **Tran:** ATTACH **Def:** To bring one's self into an association with another. To have an attachment to another. **KJV:** desire, love, fillet, delight **Str:** #2836

1428 חשק (masc) *khay'shek* **Tran:** WANTING **Def:** In the sense of attachment. **KJV:** desire, that, pleasure **Str:** #2837

1429 חשוק (masc) *khaw'shook* **Tran:** BINDER **Def:** Attached around something. **KJV:** fillet **Str:** #2838

1430 חישוק (masc) *khish'shook* **Tran:** HUB **Def:** What the wheel is attached to. **KJV:** desire, that, pleasure **Str:** #2839

חרש *HhRSh* (ad)

1431 חרש (vrb) *khaw'rash* **Tran:** KEEP.SILENT **Def:** To stand still and be silent. **KJV:** peace, plow, devise, silence, hold, altogether, plowman, cease, conceal, deaf, graven image **Str:** #2790

1432 חרש (masc) *khay'rashe* **Tran:** SILENT **Def:** A state of speechlessness or extreme quiet. **KJV:** secretly, deaf **Str:** #2795

1433 חורש (masc) *kho'resh* **Tran:** FOREST **Def:** From its silence. **KJV:** wood, forest, bough, shroud **Str:** #2793

1434 חרישי (masc) *khar'ee'shee* **Tran:** SILENT **KJV:** vehement **Str:** #2759

חשר *HhShR* (ad) **Rel:** bound

1435 חשרה (fem) *khash'raw* **Tran:** GATHERING **KJV:** dark **Str:** #2841

1436 חישור (masc) *khish'shoor* **Tran:** SPOKE **Def:** As gathered and bound to the wheel. **KJV:** spoke **Str:** #2840

לחש *LHhSh* (ad) **Rel:** quiet

1437 לחש (vrb) *law'khash* **Tran:** WHISPER **KJV:** whisper, charmer **Str:** #3907

1438 לחש (masc) *lakh'ash* **Tran:** WHISPER **KJV:** enchantment, orator, earring, prayer, charmed **Str:** #3908

נחש *NHhSh* (ad) **Def:** The shining surface of brass and similar alloys.

1439 נחש (vrb) *naw'khash* **Tran:** PREDICT **Def:** To foretell what is to come. **KJV:** enchantment, divine, enchanter, indeed, certainly, learn, experience, diligently, observe **Str:** #5172

1440 נחש (masc) *naw'khawsh* **Tran:** SERPENT **Def:** A poisonous snake that hisses, creeps and bites. **KJV:** serpent **Str:** #5175

1441 נחש (masc) *nakh'ash* **Tran:** PREDICTION **Def:** A foretelling of what is to come. **KJV:** brass, enchantment **Str:** #5173 **Aramaic:** *nekh'awsh* Divination #5174

1442 נחושת (fem) *nekh'o'sheth* **Tran:** COPPER **Def:** A malleable, ductile, metallic element having a characteristic reddish-brown color. A precious metal. **Rel:** From its shine. **KJV:** brass, brasen, fetters, chain, copper, filthiness, steel **Str:** #5178

1443 נחוש (masc) נחושה (fem) *naw'khoosh / nekh'oo'shaw* **Tran:** BRASS **Def:** From its shine. **KJV:** brass **Str:** #5153, #5154

חת *HhT* (pr) **Act:** Break, Sieze, Relate, Snatch **Obj:** Ruin, Wedding, Prey **Abs:** Fear, In-law **Def:** An action or person that is broken in terror, fear or dismay. **AH:** ☖

1444 חת (masc) *khath* **Tran:** TREMBLING.IN.FEAR **Def:** A physical reaction, such as shivering, in fear or dread. **KJV:** dread, broken, fear, dismayed **Str:** #2844

Benner's Lexicon of Biblical Hebrew

1445 מחתה (fem) *makh'taw* **Tran:** FIRE.PAN **Def:** A tray for carrying hot coals. **KJV:** censer, firepan, snuffdish **Str:** #4289

1446 חיתה (fem) *khit'taw* **Tran:** DREAD **Def:** Great fear, especially in the face of impending evil. **KJV:** terror **Str:** #2847

1447 חתחת (masc) *khath'khath* **Tran:** DREADFUL.THING **KJV:** fear **Str:** #2849

חתת *HhTT* (ch)

1448 חתת (vrb) *khaw'thath* **Tran:** BE.SHATTERED **Def:** To be broken into pieces; to fear; to be in terror. **KJV:** dismayed, afraid, break in pieces, broken, break down, abolish, amazed, confound, discouraged, beat down, scarest, terrify **Str:** #2865

1449 חתת (masc) *khath'ath* **Tran:** BREAKING **KJV:** cast down **Str:** #2866

1450 חתית (fem) *khit'teeth* **Tran:** DREADFULNESS **KJV:** terror **Str:** #2851

חתה *HhTH* (ch) **Def:** To break down causing a great fear.

1451 חתה (vrb) *khaw'thaw* **Tran:** SEIZE **KJV:** take, heap **Str:** #2846

חית *HhYT* (ch) **Def:** Something that is broken into pieces.

1452 מחיתה (fem) *mekh'it'taw* **Tran:** RUIN **KJV:** destruction, terror, ruin, dismay **Str:** #4288

חסם *HhSM* (ad) **Def:** Used to stop the animal from biting or eating.

1453 חסם (vrb) *khaw'sam* **Tran:** MUZZLE **KJV:** muzzle, stop **Str:** #2629

1454 מחסום (masc) *makh'sohm* **Tran:** MUZZLE **KJV:** bridle **Str:** #4269

חתן *HhTN* (ad) **Def:** A relating to another through marriage. **Rel:** taking hold

1455 חתן (vrb) *khaw'than* **Tran:** BE.AN.IN-LAW **Def:** To have a relationship with another through marriage. **KJV:** in-law, affinity, marriage **Str:** #2859

1456 חתן (masc) *khaw'thawn* **Tran:** IN.LAW **Def:** One related by marriage. **KJV:** in-law, bridegroom, husband **Str:** #2860

1457 חתנה (fem) *khath'oon'naw* **Tran:** WEDDING **KJV:** espousal **Str:** #2861

חתף *HhTP* (ad) **Def:** The snatching of prey by a predator. **Rel:** taking hold

1458 חתף (vrb) *khaw'thaf* **Tran:** SNATCH **Def:** To snatch prey. **KJV:** take **Str:** #2862

1459 חתף (masc) *kheh'thef* **Tran:** PREY **Def:** As snatched by a predator. **KJV:** prey **Str:** #2863

חתר *HhTR* (ad) **Def:** A digging through to penetrate through or into something.

1460 חתר (vrb) *khaw'thar* **Tran:** DIG **Def:** Also to row as digging in the water with a paddle. **KJV:** dig, row **Str:** #2864

1461 מחתרת (fem) *makh'teh'reth* **Tran:** SEARCHING **Def:** A digging up to uncover something hidden. **KJV:** breaking, search **Str:** #4290

Tet

טא *ThA* (pr) **Act:** Sweep **Obj:** Broom **Def:** The fibers were woven and spun into products such as baskets and other products such as brooms. **AH:** ᵟ⊗- The pictograph ⊗ is a basket which were made from fibers.

1462 מטאטא (masc) *mat'at'ay* **Tran:** BROOM **KJV:** besom **Str:** #4292

טוא *ThWA* (ch)

1463 טוא (vrb) *too* **Tran:** SWEEP **KJV:** sweep **Str:** #2894

טב *ThB* (pr) **Act:** Moist **Obj:** Fresh **Abs:** Good **Def:** The house is surrounded by grace, beauty, love, health and prosperity, something that is functional. **AH:** ט⊗- The pictograph ⊗ is a picture of a basket, used to contain or surround something. The ס is a picture of a tent or house. Combined these mean "surround the house."

1464 טב (masc) Tran: GOOD Rel: Something that functions properly. KJV: good, fine Aramaic: *tawb* #2869

טאב *ThAB* (ch) Def: One is glad when all is good.

1465 טאב (vrb) Tran: GLAD Def: To be glad. KJV: glad Aramaic: *teh'abe* #2868

טוב *ThWB* (ch)

1466 טוב (vrb) *tobe* Tran: DO.GOOD Def: To act functionally. KJV: well, good, please, goodly, better, cheer, comely Str: #2895

1467 טוב (masc) טובה (fem) *tobe / toob* Tran: FUNCTIONAL Def: Fulfilling the action for which a person or thing is specially fitted or used, or for which a thing exists. A functioning within its intended purpose. KJV: good, better, well, goodness, goodly, best, merry, fair, prosperity, precious, fine, wealth, beautiful, fairer, favour, glad Str: #2896, #2898טב

יטב *YThB* (ch)

1468 יטב (vrb) *yaw'tab* Tran: DO.WELL Alt: do good, go well, thoroughly. Def: To do something necessary; to be good. Rel: In the sense of being "functional." KJV: well, good, please, merry, amend, better, accepted, diligently Str: #3190 Aramaic: *yet'ab* #3191

1469 מיטב (masc) *may'tawb* Tran: BEST Def: Excelling all others; most, largest; most productive or good, utility or satisfaction. KJV: best Str: #4315

רטב *RThB* (ad) Def: Fresh in the sense of being moist. Rel: being fresh

1470 רטב (vrb) *raw'tab* Tran: MOIST KJV: wet Str: #7372

1471 רטוב (masc) *raw'tobe* Tran: FRESH KJV: green Str: #7373

טד *ThD* (pr) Obj: Thorn AH: ◊⊗

אטד *AThD* (ch)

1472 אטד (masc) *aw'tawd* **Tran:** BRAMBLE.THORN **Def:** A bush with thorns. **KJV:** bramble, thorn **Str:** #0329

טה *ThH* (pr) **Act:** Spin **Obj:** Yarn **AH:** ᛉ⊗- The pictograph ⊗ is a basket used for storing various tools and materials including yarn.

טוה *ThWH* (ch) **Def:** The spinning of fibers into a strong yarn.

1473 טוה (vrb) *taw'vaw* **Tran:** SPIN **Def:** To revolve in a circle without moving forward. **KJV:** spin **Str:** #2901

1474 מטוה (masc) *mat'veh* **Tran:** YARN **Def:** Fibers that are spun together to form one strand. **KJV:** spun **Str:** #4299

טח *ThHh* (pr) **Act:** Grind, Spread **Obj:** Plaster, Hand mill **Def:** Limestone was ground into a powder and mixed with water. This plaster is used as a strong and durable coating on floors and walls. Limestone was ingested to calm an upset stomach. **AH:** ᛄ⊗- The pictograph ⊗ is a picture of a basket, the ᛄ is a picture of a wall. Combined these mean "contain the wall."

1475 טחה (fem) *too'khaw* **Tran:** STOMACH **Def:** In the sense of digesting medicinal herbs. **KJV:** inward parts **Str:** #2910

1476 טחון (masc) *tekh'one* **Tran:** MILL **Def:** A hand mill for grinding medicinal herbs into a powder. **KJV:** grind **Str:** #2911

טחה *ThHhH* (ch)

1477 טחה (vrb) *taw'khaw* **Tran:** HURL **Def:** To shoot, throw or cast to a great distance. **KJV:** shot **Str:** #2909

טוח *ThWHh* (ch)

1478 טוח (vrb) *too'akh* **Tran:** PLASTER **Def:** To spread a clay and straw mixture out to create a smooth surface. **KJV:** daub, shut, overlay, plaister **Str:** #2902

טיח *ThYHh* (ch)

1479 טיח (masc) *tee'akh* **Tran:** PLASTER **Def:** A mixture of clay and straw that is spread-out to create a smooth surface. **KJV:** daubing **Str:** #2915

שטח *ShThHh* (ad)

1480 שטח (vrb) *shaw'takh* **Tran:** SPREAD **Def:** To expand out a great distance. **KJV:** spread, enlarge, stretch, abroad **Str:** #7849

1481 משטח / משטוח (masc) *mish'to'akh* **Tran:** SPREADING **KJV:** spread, spreading **Str:** #4894

טט *ThTh* (pr) **Obj:** Basket **Def:** The basket or bowl, made of clay or wicker, was used for storing foods and other supplies in the nomadic tent. Clay as a common material for constructing baskets, pots and bowls is clay. **AH:** ⊗⊗- The pictograph ⊗ is a picture of a basket.

טיט *ThYTh* (ch) **Def:** A common material for constructing baskets, pots and bowls is clay.

1482 טיט (masc) *teet* **Tran:** MUD **KJV:** mire, clay, dirt, miry **Str:** #2916 **Aramaic:** טין *teen* #2917

טטף *ThThP* (ad)

1483 טוטפה (fem) *to'faw'faw* **Tran:** MARKER **Def:** A mark or emblem used to identify a purpose. **KJV:** frontlet **Str:** #2903

טל *ThL* (pr) **Act:** Scatter, Cover, Cast, Flatten **Obj:** Dew, Spots **Def:** A covering over of a large area. **AH:** ∠⊗

1484 טל (masc) *tal* **Tran:** DEW **Def:** Moisture condensed on the surfaces of cool bodies or objects, especially at night. **KJV:** dew, heap, strength **Str:** #2919 **Aramaic:** #2920

1485 טלטלה (fem) *tal'tay'law* **Tran:** SCATTERING **Def:** As covering a large area. **KJV:** captivity **Str:** #2925

טלל *ThLL* (ch)

1486 טלל / תלל (vrb) *taw'lal / taw'lal* **Tran:** COVER **KJV:** cover, shadow, eminent **Str:** #2926, #8524 **Aramaic:** *tel'al* #2927

טלא *ThLA* (ch) **Def:** A covering of color or spots.

1487 טלא (vrb) *taw'law* **Tran:** SPOT **Def:** A small area visibly different from the surrounding area. To be covered with spots. **KJV:** spotted, diverse colours, clout **Str:** #2921

1488 טלא (masc) *tel'aw* **Tran:** LAMB **Def:** As covered with spots. **KJV:** lamb **Str:** #2922

טלה *ThLH* (ch) **Def:** A covering of color or spots.

1489 טלה (masc) *taw'leh* **Tran:** LAMB **Def:** As covered with spots. **KJV:** lamb **Str:** #2924

טול *ThWL* (ch)

1490 טול (vrb) *tool* **Tran:** CAST **Def:** To throw something in the sense of spreading it out. **KJV:** cast, carry away, send out **Str:** #2904

טיל *ThYL* (ch) **Def:** The hammering of a metal into a sheet.

1491 מטיל (masc) *met'eel* **Tran:** HAMMERED **Def:** metal that has been hammered out. **KJV:** bars **Str:** #4300

טם *ThM* (pr) **Act:** Restrict **Obj:** Unclean **Def:** A bowl of water is used to wash dirt off. **AH:** ᴍ⊗- The pictograph ⊗ is a picture of a basket or container, the ᴍ is a picture of water. Combined these mean "container of water."

אטם *AThM* (ch)

1492 אטם (vrb) *aw'tam* **Tran:** RESTRICT **Def:** The narrowing of the eyes, ears or a window. **KJV:** narrow, stop, shut **Str:** #0331

טמא *ThMA* (ch)

1493 טמא (vrb) *taw'maw* / *taw'may* **Tran:** BE.DIRTY **Def:** Physically or morally impure; polluted, filthy. **KJV:** unclean, defile, pollute **Str:** #2930, #2933

1494 טמא (masc) טמאה (fem) *taw'may* / *toom'aw* **Tran:** DIRTY **Def:** What is morally or physically impure; dirty, filthy. **KJV:** unclean, defiled, infamous, polluted, pollution, filthiness **Str:** #2931, #2932

טמן *ThMN* (ad)

1495 טמן (vrb) *taw'man* **Tran:** SUBMERGE **Def:** To hide by burying or covering. **KJV:** hide, lay, secret **Str:** #2934

1496 מטמון (masc) *mat'mone* **Tran:** TREASURE **Def:** Wealth hoarded up or stored. What is hidden. **KJV:** treasure, riches **Str:** #4301

טן *ThN* (pr) **Act:** Weave **Obj:** Basket, Tapestry, Chariot **Def:** A tapestry or basket as woven items. **AH:** ⌐⊗- The pictograph ⊗ is a picture of a basket, the ⌐ is a picture of a seed that represents continuance. Combined these mean "basket continues."

1497 חנחן (masc) *san'seen* **Tran:** PALM.LEAF **Def:** Used for making baskets. **KJV:** bough **Str:** #5577

1498 צינצנת (fem) *tsin'tseh'neth* **Tran:** WOVEN.BASKET **Def:** A container made from multiple pieces of material entwined together into one unit. **KJV:** pot **Str:** #6803

אטן *AThN* (ch) **Def:** A covering woven from cloth.

1499 אטן (masc) *ay'toon* **Tran:** TAPESTRY **KJV:** fine linen **Str:** #0330

טנא *ThNA* (ch)

1500 טנא (masc) *teh'neh* **Tran:** REED.BASKET **KJV:** basket **Str:** #2935

הטן *HThN* (ch)

1501 הוצן (masc) *ho'tsen* **Tran:** CHARIOT **Def:** As a basket. **KJV:** chariot **Str:** #2021

טע *ThAh* (pr) **Act:** Stray **AH:** ⊙⊗

טעה *ThAhH* (ch)

1502 טעה (vrb) *taw'aw* **Tran:** STRAY **KJV:** seduce **Str:** #2937

טעם *ThAhM* (ad) **Def:** A distinguishing between flavors. Also, perception as the ability to distinguish between thoughts.

1503 טעם (vrb) *taw'am* **Tran:** TASTE **KJV:** taste, perceive, eat **Str:** #2938 **Aramaic:** *teh'am* #2939

1504 טעם (masc) *tah'am* **Tran:** FLAVOR **Def:** The taste of a food (such as sweet, sour, savory, etc.); the perception of a person's behavior (such as angry, happy, sad, etc.) **KJV:** taste, judgment, behaviour, advice, understanding, commandment, matter, command, account, decree, regarded, wisdom **Str:** #2940 **Aramaic:** *tah'am / teh'ame* #2941, #2942

1505 מטעם (masc) *mat'am* **Tran:** DELICACY **Def:** The quality or state of being luxurious. Flavorful meat. **KJV:** meat, dainty **Str:** #4303

טען *ThAhN* (ad)

1506 טען (vrb) *taw'an* **Tran:** PACK **Def:** A bundle arranged for carrying. **KJV:** load **Str:** #2943

טען *ThAhN* (ad)

1507 טען (vrb) *taw'an* **Tran:** STAB **KJV:** thrust **Str:** #2944

טף *ThP* (pr) **Act:** Skip, Trip **Obj:** Babies **AH:** ⌒⊗

1508 טף (masc) *taf* **Tran:** BABIES **Def:** Adolescent offspring of the parent or descendents of a patron. More than one child. **Rel:** From the tripping of babies as they learn to walk. **KJV:** little ones, children, family **Str:** #2945

טפף *ThPP* (ch) **Def:** To skip around like children.

1509 טפף (vrb) *taw'faf* **Tran:** SKIP **KJV:** mince **Str:** #2952

נטף *NThP* (ad)

1510 נטף (vrb) *naw'taf* **Tran:** DRIP **Def:** To drip a sweet-smelling liquid as an incense. Also the dripping of sweet words from the mouth. **KJV:** drop, prophesy, prophet, down **Str:** #5197

1511 נטף (masc) *naw'tawf* **Tran:** NATAPH **Def:** An unknown spice. **KJV:** stacte, drop **Str:** #5198

1512 נטיפה (fem) *net'ee'faw* **Tran:** PENDENT **Def:** An ornamental probably with a drop shaped gem. **KJV:** collar, chain **Str:** #5188

טר *ThR* (pr) **Act:** Contain, Shut **Obj:** Wall, Watch, Clean, Row, Village **Def:** A wall that contains one for protection or as a jail. **AH:** ℛ⊗- The pictograph ⊗ is a picture of a basket or other container, the ℛ is a picture of a man. Combined these mean "contain man."

1513 מטרה / מטרא (fem) *mat'taw'raw* **Tran:** PRISON **Def:** As aimed at. A prison as a place watched and surrounded by walls. **KJV:** mark, prison **Str:** #4307

1514 טרי (masc) *taw'ree* **Tran:** FRESH **Def:** Something that is moist. **KJV:** new, putrify **Str:** #2961

אטר *AThR* (ch) **Def:** The closing of the doors to the wall.

1515 אטר (vrb) *aw'tar* **Tran:** SHUT.UP **KJV:** shut **Str:** #0332

1516 איטר (masc) *it'tare* **Tran:** LEFT.HANDED **Def:** In the sense of the right hand being closed up. **KJV:** left **Str:** #0334

טהר *ThHR* (ch)

1517 טהר (vrb) *taw'hare* **Tran:** BE.CLEAN **Alt:** declare clean. **Def:** Free from dirt, pollution or immorality; unadulterated, pure. **KJV:** clean, purify, purge, purifier **Str:** #2891

1518 טהרה (fem) *toh'or'aw* **Tran:** CLEANSING **KJV:** cleansing, purifying, purification, cleansed **Str:** #2893

1519 טהור (masc) טהורה (fem) *taw'hore / teh'hore* **Tran:** CLEAN **Def:** Someone or something that is free of impurities or is not mixed with any other matter. **KJV:** clean, pure, fair **Str:** #2889, #2890

1520 טוהר (masc) *to'har* **Tran:** CLEANLINESS **Def:** The act of being free from dirt or immorality. Free from foreign elements. **KJV:** purify, clearness, **Str:** #2892

טור *ThWR* (ch) **Def:** As the wall as a row.

1521 טור (masc) *toor* **Tran:** ROW **Def:** Set or placed in a line. A mountain range as a row. **KJV:** row, mountain **Str:** #2905 **Aramaic:** #2906

טיר *ThYR* (ch) **Def:** A place carefully watched over.

1522 טירה (fem) *tee'raw* **Tran:** ROW.OF.TENTS **Def:** A settlement usually larger than a hamlet and smaller than a town. **KJV:** castle, palace, row, habitation **Str:** #2918

טרד *ThRD* (ad)

1523 טרד (vrb) *taw'rad* **Tran:** BE.CONTINUOUS **Def:** To continually push. **KJV:** continual, drive **Str:** #2956 **Aramaic:** *ter'ad* #2957

טרח *ThRHh* (ad) **Def:** A heavy or troublesome burden that is loaded on the back.

1524 טרח (vrb) *taw'rakh* **Tran:** LOAD **KJV:** weary **Str:** #2959

1525 טורח (masc) *to'rakh* **Tran:** HEAVY.BURDEN **KJV:** cumbrance, trouble **Str:** #2960

טרם *ThRM* (ad)

1526 טרם (com) *teh'rem* **Tran:** BEFORE **Alt:** not yet. **Def:** What precedes another event. **KJV:** before, neither, not yet **Str:** #2962

1527 טרום (com) *ter'ome* **Tran:** NOT.YET **Def:** What comes before another event. **KJV:** before **Str:** #2958

מטר *MThR* (ad)

1528 מטר (vrb) *maw'tar* **Tran:** PRECIPITATE **Def:** To rain or snow. **KJV:** rain **Str:** #4305

1529 מטר (masc) *maw'tawr* **Tran:** PRECIPITATION **Def:** A rain, snow or exceptionally heavy dew. **KJV:** rain **Str:** #4306

טש *ThSh* (pr) **Act:** Pounce, Sharpen, Spread, Hack **Obj:** Branch, Sneeze, Hammer **AH:** ⌒⊗

טוש *ThWSh* (ch) **Def:** The swooping down of a bird onto its prey.

1530 טוש (vrb) *toos* **Tran:** POUNCE **KJV:** haste **Str:** #2907

לטש *LThSh* (ad) **Def:** The sharpening of a sword by hammering or scraping on a whet stone. Also, a sharp or penetrating look. **Rel:** hammering

1531 לטש (vrb) *law'tash* **Tran:** SHARPEN **Def:** To hone in the sense of narrowing the blade edge by using a whetstone or hammer. To narrow the eyes in the sense of looking sharply, as in squinting. **KJV:** sharpen, sharp, instructor **Str:** #3913

נטש *NThSh* (ad) **Def:** The spreading branches of a tree.

1532 נטש (vrb) *naw'tash* **Tran:** LEAVE.ALONE **Def:** To be left behind by those who leave. **KJV:** forsake, leave, spread, drawn, fall, join, lie, loose, cast off **Str:** #5203

1533 נטישה (fem) *net'ee'shaw* **Tran:** BRANCH **KJV:** branches, plant, battlement **Str:** #5189

עטש *AhThSh* (ad) **Rel:** spreading

1534 עטישה (fem) *at'ee'shaw* **Tran:** SNEEZE **KJV:** neesing **Str:** #5846

פטש *PThSh* (ad)

1535 פטיש (masc) *pat'teesh* **Tran:** HAMMER **Def:** As used to pound metal into a sheet. A wide garment as spread-out. **KJV:** hammer, hosen **Str:** #6360 **Aramaic:** #6361

רטש *RThSh* (ad) **Def:** A hacking into pieces. **Rel:** pouncing

1536 רטש (vrb) *raw'tash* **Tran:** HACK **Def:** To cut and slice into pieces with a blade. **KJV:** dash **Str:** #7376

טת *ThT* (pr) **Act:** Fast **AH:** +⊗

טות *ThWT* (ch)

1537 טות (masc) **Tran:** FASTING **KJV:** fasting **Aramaic:** *tev'awth* #2908

Yud

יב *YB* (pr) **Act:** Cry **AH:** ـڡט

יבב *YBB* (ch)

1538 יבב (vrb) *yaw'bab* **Tran:** HOWL **Def:** To utter a loud, prolonged, mournful cry. **KJV:** cry **Str:** #2980

יג *YG* (pr) **Act:** Afflict **Abs:** Sorrow, Affliction **AH:** ـڡ✓

1539 תוגה (fem) *too'gaw* **Tran:** ANGUISH **Def:** Acute distress, suffering, or pain. **KJV:** heaviness, sorrow **Str:** #8424

1540 יגון (masc) *yaw'gohn* **Tran:** SORROW **Def:** Deep distress and regret. **KJV:** sorrow, grief **Str:** #3015

יגה *YGH* (ch)

1541 יגה (vrb) *yaw'gaw / yaw'gaw* **Tran:** AFFLICT **KJV:** afflict, grief, sorrow, vex **Str:** #3013, #3014

יד *YD* (pr) **Act:** Throw **Obj:** Hand **Abs:** Thanks, Praise **Def:** The hand is the part of the body that enables man to perform many works. **AH:** ▽ـڡ- The pictograph ـڡ is a picture of a hand, the ▽ is a picture of door that allows movement in and out of the tent. Combined these mean "hand moves."

1542 יד (fem) *yak / yawd* **Tran:** HAND **Def:** The terminal, functional part of the forelimb. Hand with the ability to work, throw and give thanks. Also, euphemistically for the arm.

Rel: With the hand one can throw away or grab hold, kill or heal, make or destroy. **KJV:** hand, by, him, power, tenons, thee, coast, side **Str:** #3027, #3197 **Aramaic:** *yad* #3028

1543 תודה (fem) *to'daw* **Tran:** THANKS **Def:** An expression of gratitude or acknowledgement toward another. **Rel:** In the sense of raising up the hands. **KJV:** thanksgiving, praise, thanks, confession **Str:** #8426

ידד *YDD* (ch) **Def:** The work of the hand.

1544 ידד (vrb) *yaw'dad* **Tran:** THROW **KJV:** cast **Str:** #3032

יהד *YHD* (ch) **Def:** The throwing out of the hand for throwing, praising, or confessing.

1545 יהד (vrb) *yaw'had* **Tran:** BECOME.A.JEW **Def:** To be from the tribe of Judah. (A denominative verb from the name Yehudah/Judah) **KJV:** Jew **Str:** #3054

ידה *YDH* (ch) **Def:** The throwing out of the hand for throwing, praising, or confessing.

1546 ידה / הדה (vrb) *haw'daw / yaw'daw* **Tran:** THROW.THE.HAND **Alt:** thank, give thanks; confess. **Def:** To stretch out the hand to grab; to show praise or confession. **KJV:** praise, thank, confess, thanksgiving, cast, shoot, put **Str:** #1911, #3034 **Aramaic:** ידא *yed'aw* #3029

י *YM* (pr) **Obj:** Sea, Spring, Day **Abs:** Terror **Def:** The sea or other large body of water is the place of storms and heavy surf. **AH:** ᗰᔔ - The pictograph ᔔ is a picture of a hand representing work, the ᗰ is a picture of water. Combined these mean "working water."

1547 ים (masc) *yawm* **Tran:** SEA **Alt:** west (as the Mediterranean Sea is west of Israel). **Def:** A large body of water. Also, the direction of the great sea (the Mediterranean), the west. **KJV:** sea, west, westward, seafaring men **Str:** #3220 **Aramaic:** #3221

ימם *YMM* (ch) **Def:** A spring of water in the wilderness.

1548 ימים (masc) *yame* **Tran:** YEMIM **Def:** The meaning of this word is uncertain and it is not known if this is a noun or a name. The Greek Septuagint transliterates this word as Ιαμιν (Iamin). **KJV:** mule **Str:** #3222

אים *AYM* (ch) **Def:** The sea is considered a place of chaos and terror because the depth, storms and heavy surf.

1549 אימה (fem) *ay'maw* **Tran:** TERROR **Def:** A state of intense fear. **KJV:** terror, fear, terrible, dread, horror, idols **Str:** #0367

1550 איום (masc) *aw'yome* **Tran:** TERRIBLE **KJV:** terrible **Str:** #0366

יום *YWM* (ch) **Def:** The day ends and the new day begins when the sun sets in the west, over the Mediterranean sea.

1551 יום (masc) *yome* **Tran:** DAY **Alt:** today; daily. **Def:** The time of light between one dusk and the next one. Usually in the context of daylight hours but may also refer to the entire day or even a season. **KJV:** day, time, daily, every, year, continually, when, as, while, full, alway, whole **Str:** #3117 **Aramaic:** #3118

1552 יומם (masc) *yo'mawm* **Tran:** DAYTIME **Alt:** daily **Def:** The time of the day when the sun is shining. **KJV:** day, daytime, daily, time **Str:** #3119

ין *YN* (pr) **Obj:** Wine, Mire **AH:**

יון *YWN* (ch)

1553 יון (masc) *yaw'ven* **Tran:** MIRE **Def:** A swamp, bog or marsh. **KJV:** miry, mire **Str:** #3121

1554 יונה (fem) *yo'naw* **Tran:** DOVE **Def:** Any of numerous species of birds, especially a small wild one. **KJV:** dove, pigeon **Str:** #3123

יין *YYN* (ch)

1555 יין (masc) *yah'yin* **Tran:** WINE **Def:** Fermented juice of fresh grapes. From the mire in the wine. **KJV:** wine, banqueting **Str:** #3196

יע *YAh* (pr) **Act:** Sweep **Obj:** Shovel **AH:**

1556 יע (masc) *yaw* **Tran:** SHOVEL **Def:** A flat tray attached to a handle for scooping up hot coals. **KJV:** shovel **Str:** #3257

יעה *YAhH* (ch)

1557 יעה (vrb) *yaw'aw* **Tran:** SWEEP **KJV:** sweep away **Str:** #3261

יף *YP* (pr) **Abs:** Beauty **AH:** 🖐︎─ᴗ

1558 יפי (masc) *yof'ee* **Tran:** ATTRACTIVENESS **Def:** Providing pleasure or delight in appearance or manner; beauty **Rel:** A place, thing or event that goes beyond the normal such as a miracle, sign, wonder or beauty. **KJV:** beauty **Str:** #3308

יפה *YPH* (ch) **Def:** A place, thing or event that goes beyond the normal such as a miracle, sign, wonder or beauty.

1559 יפה (vrb) *yaw'faw* **Tran:** BE.BEAUTIFUL **Def:** Possessing desired qualities. **KJV:** fair, beautiful **Str:** #3302

1560 יפה (masc) *yaw'feh / yef'eh' fee'yaw* **Tran:** BEAUTIFUL **Def:** Generally pleasing. Possessing the qualities of loveliness or functionality. **KJV:** fair, beautiful, well, beauty **Str:** #3303, #3304

יר *YR* (pr) **Act:** Throw, flow **Obj:** River, Rain **Abs:** Fear, awe **Def:** The hand of man is used for the throwing. A flowing of water in a river. A throwing of the finger to show a direction to walk or live. The throwing of an arrow. The throwing down of water in rain. Awe or fear where one throws self to the foot of one in authority. **AH:** 🖐︎─ᴗ- The pictograph ᴗ is a picture of a hand, the 🖐︎ is a picture of a man. Combined these mean "hand of man."

יאר *YAR* (ch) **Def:** A flowing of water in a river.

1561 יאור (masc) *yeh'ore* **Tran:** STREAM **Def:** A body of running water; any body of flowing water. **KJV:** river, brook, flood, stream **Str:** #2975

ירא *YRA* (ch) **Def:** A flowing of the insides.

1562 ירא (vrb) *yaw'ray* **Tran:** FEAR **Alt:** Fearful acts. **Def:** To be afraid of; to have a strong emotion caused by anticipation or awareness of danger; the flowing, or quivering, of the gut from fear or awe; to dread what is terrible or revere what is respected. **Rel:** Through the idea of the flowing of the insides when in awe or fear. **KJV:** fear, afraid, terrible, dreadful, reverence, fearful **Str:** #3372

1563 ירא (masc) *yaw'ray* **Tran:** FEARFUL **Def:** Having great respect; being in a state of awe or fear. **KJV:** fear, afraid, fearful **Str:** #3373

1564 יראה (fem) *yir'aw* **Tran:** FEARFULNESS **Def:** A great respect; a state of awe or fear. **KJV:** fear, dreadful, fearfulness **Str:** #3374

1565 מורא (masc) *mo'raw* **Tran:** FEARING **Def:** To be in awe, a state of fear or apprehensive. **KJV:** fear, terror, dread, terribleness **Str:** #4172

ירה *YRH* (ch) **Def:** To throw straight. A throwing of the finger to point out a straight direction. The straight throwing of an arrow. The throwing down of water in rain.

1566 ירה / ירא (vrb) *yaw'raw* **Tran:** THROW **Alt:** point or teach. **Def:** To propel through the air by a forward motion; to drizzle as a throwing down of water; to teach in the sense of throwing or pointing a finger in a straight line as the direction one is to walk. **KJV:** teach, shoot, archer, cast, teacher, rain, laid, direct, inform, instruct, show, shooter, through watered **Str:** #3384

1567 יורה (masc) *yo'reh* **Tran:** FIRST.RAIN **KJV:** first rain, former **Str:** #3138

1568 תורה (fem) *to'raw / to'raw* **Tran:** TEACHING **Def:** Acquired knowledge or skills that mark the direction one is to take in life. A straight direction. Knowledge passed from one person to another. **KJV:** law, manner **Str:** #8451, #8452

1569 מורה (masc) *mo'reh* **Tran:** POINTING **Def:** The rainy season of spring, which when is seen in the distance points to where water can be found. Also a teacher as one who points out the way one is to go. **KJV:** former rain, rain, teacher **Str:** #4175

יש *YSh* (pr) **Act:** Exist **AH:** ܝܫ

1570 יש / אש (masc) *eesh / yaysh* **Tran:** THERE.IS **Alt:** are; is; will. **Def:** Something that exists. **KJV:** is, be, have, can, there **Str:** #0786, #3426 **Aramaic:** אית *ee'thah'ee* #0383

Kaph

כב *KB* (pr) **Act:** Quench, Heavy, Multiply **Obj:** Liver, Net **Abs:** Sorrow, Honor, Abudance **AH:** שׁו

כאב *KAB* (ch)

1571 כאב (vrb) *kaw'ab* **Tran:** BE.IN.MISERY **Def:** A state of suffering and want due to poverty or affliction. **KJV:** sorrowful, sore, pain, sad, mar, grieve **Str:** #3510

1572 כאב (masc) *keh'abe* **Tran:** MISERY **KJV:** sorrow, grief, pain **Str:** #3511

1573 מכאוב (masc) *mak'obe* **Tran:** MISERY **Def:** An agony of the heart. **KJV:** sorrow, pain, grief **Str:** #4341

כבה *KBH* (ch)

1574 כבה (vrb) *kaw'baw* **Tran:** QUENCH **KJV:** quench, out **Str:** #3518

כבד *KBD* (ad) **Def:** Someone or something that is heavy in weight, wealth, abundance, importance or respect. **Rel:** from the stars as abundant

1575 כבד (vrb) *kaw'bad* **Tran:** BE.HEAVY **Alt:** honor. **Def:** To be great in weight, wealth or importance. **KJV:** honour, glorify, heavy, harden, glorious, sore, great, many, promote **Str:** #3513

1576 כבד (fem) *kaw'bade / kaw'bade* **Tran:** HEAVY **Alt:** heaviness; liver (as the heaviest organ in the body); many. **Def:** Having great weight. Something that is weighty. May also be grief or sadness in the sense of heaviness. Also, the liver as the heaviest of the organs. **KJV:** great, grievous, heavy, sore, hard, much, slow, hardened, heavier, laden, thick, liver **Str:** #3515, #3516

1577 כבדות (fem) *keb'ay'dooth* **Tran:** HEAVINESS **Def:** A physical or spiritual weight. A sadness or burden. **KJV:** heavily **Str:** #3517

1578 כבוד (masc) *kaw'bode* **Tran:** ARMAMENT **Def:** The arms and equipment of a soldier or military unit. From a root meaning "heavy" and often paralleled with other weapons. Figurative for power. **Rel:** As heavy. **KJV:** glory, honour **Str:** #3519

1579 כבודה (fem) *keb'ood'daw* **Tran:** HEAVILY **KJV:** carriage, glorious, stately **Str:** #3520

1580 כובד (masc) *ko'bed* **Tran:** HEAVY **KJV:** heavy, grievousness, great **Str:** #3514

כבר *KBR* (ad) **Def:** Nets are used for catching an abundance of fish. **Rel:** from the stars as abundant

1581 כבר (vrb) *kaw'bar / mak'beer* **Tran:** MULTIPLY **KJV:** multiply **Str:** #3527, #4342

1582 כבר (masc) *keb'awr* **Tran:** ALREADY **Def:** What has previously happened. **KJV:** already, now **Str:** #3528

1583 כברה (fem) *keb'aw'raw* **Tran:** SIEVE **Def:** As functioning as a net. **KJV:** sieve **Str:** #3531

1584 מכבר (masc) *mak'bawr* **Tran:** COVERLET **Def:** netted cloth. **KJV:** cloth **Str:** #4346

1585 כביר (masc) *kab'beer / keb'eer* **Tran:** PROLIFIC **Def:** Prolific as a large number of holes in a net or sieve. **KJV:** pillow, mighty, much, strong, most **Str:** #3523, #3524

1586 כיברה (fem) *kib'raw* **Tran:** SHORT **Def:** Having little length. A brief distance. **KJV:** little **Str:** #3530

1587 מכבר (masc) *mak'bare* **Tran:** GRATE **Def:** An agricultural device, like a sieve, used to separate the grain form the stem. **KJV:** grate **Str:** #4345

ככב *KKB* (ad)

1588 כוכב (masc) *ko'kawb* **Tran:** STAR **Def:** A natural luminous body visible in the night sky. **KJV:** star **Str:** #3556

כד *KD* (pr) **Act:** Strike **Obj:** Flint, Spark, Spear **Abs:** Destruction **Def:** A fire is started by striking an iron implement on a piece of flint rock that creates a spark. **AH:** שׁﬠ

1589 כד (masc) *kad* **Tran:** JAR **Def:** A sudden and unexpected shake; a wide-mouthed container. **KJV:** pitcher, barrel **Str:** #3537

1590 כדכד (masc) *kad'kobe* **Tran:** FLINT **KJV:** agate **Str:** #3539

כדד *KDD* (ch) **Def:** Formed by striking iron on flint.

1591 כידוד (masc) *kee'dode* **Tran:** SPARK **KJV:** spark **Str:** #3590

כיד *KYD* (ch)

1592 כיד (masc) *keed* **Tran:** DESTRUCTION **KJV:** destruction **Str:** #3589

1593 כידון (masc) *kee'dohn* **Tran:** SPEAR **Def:** Used to strike at the enemy. Takes the blow of the spear. **KJV:** spear, shield, lance, target **Str:** #3591

כדר *KDR* (ad)

1594 כידור (masc) *kee'dore* **Tran:** ATTACK **KJV:** battle **Str:** #3593

כה *KH* (pr) **Act:** Burn, Dim, Sad **Obj:** Brand **Abs:** Dimness **Def:** The burning of the skin. **AH:** 𐤔

1595 כהה (fem) *kay'haw* **Tran:** DARKENING **KJV:** healing **Str:** #3545

כהה *KHH* (ch) **Def:** From the darkened color of a burn.

1596 כהה (vrb) *kaw'haw* **Tran:** DIM **Def:** Emitting a limited or insufficient amount of light; seen indistinctly or without clear outlines or details.. To be dark in the eyes or knowledge. **KJV:** dim, fail, faint, darken, utterly, restrain **Str:** #3543

1597 כהה (masc) *kay'heh* **Tran:** DIMNESS **KJV:** dark, darkish, dim, smoking, heaviness **Str:** #3544

כאה *KAH* (ch) **Def:** A darkening of the soul.

1598 כאה (vrb) *kaw'aw* **Tran:** SAD **KJV:** sad, broken, grieve **Str:** #3512

כוה *KWH* (ch)

1599 כוה (vrb) *kaw'vaw* **Tran:** SINGE **KJV:** burn **Str:** #3554

1600 כוה / ככה (masc) *kaw'kaw / ko* **Tran:** IN.THIS.WAY **Alt:** that way; just like this. **Def:** To do something in a certain manner; a reference to the previous or following context.

KJV: thus, so, after, like, hitherto, while, manner **Str:** #3541, #3602 **Aramaic:** *kaw* #3542

1601 כויה (fem) *kev'ee'yaw* **Tran:** SINGEING **Def:** A burning of the skin or hair. **KJV:** burn **Str:** #3555

1602 מכוה (fem) *mik'vaw* **Tran:** SINGE.SCAR **KJV:** burn **Str:** #4348

כו *KW* (pr) **Obj:** Window **AH:** 𐤔𐤏

1603 כו (fem) **Tran:** WINDOW **KJV:** window **Aramaic:** *kav* #3551

כז *KZ* (pr) **AH:** 𐤔𐤆

כזב *KZB* (ad) **Def:** Vain words spoken to deceive, cause failure or disappoint. What does not function in the capacity that it was meant to.

1604 כזב (vrb) *kaw'zab* **Tran:** LIE **Def:** To give a spoken word to deceive, cause failure or disappoint; Not functioning within its intended capacity. **KJV:** lie, liar, vain, fail **Str:** #3576

1605 כזב (masc) *kaw'zawb* **Tran:** LIE **Def:** An untruth. **KJV:** lie, liar, leasing, deceitful, false **Str:** #3577

1606 כיזבה (fem) **Tran:** LYING **KJV:** lying **Aramaic:** כדבה #3538

1607 אכזב (masc) *ak'zawb* **Tran:** LIE **KJV:** lie, liar **Str:** #0391

כזר *KZR* (ad)

1608 אכזר (masc) *ak'zawr* **Tran:** CRUEL **Def:** Causing pain or distress. **KJV:** cruel, fierce **Str:** #0393

1609 אכזרי (masc) *ak'zawr'ree* **Tran:** CRUEL **KJV:** cruel **Str:** #0394

1610 אכזריות (fem) *ak'ze'ree'ooth* **Tran:** CRUEL **KJV:** cruel **Str:** #0395

כח *KHh* (pr) **Act:** Chastise, Firm **Def:** To correct or chastise with a firm hand. **AH:** 𐤁𐤔- The pictograph 𐤔 is a picture of the palm of the hand, the 𐤁 is a picture of a wall. Combined these mean "palm wall."

כוח *KWHh* (ch)

1611 כוח (masc) *ko'akh* **Tran:** STRENGTH **Def:** The quality or state of being strong. **KJV:** strength, power, might, force, ability, able, substance, wealth **Str:** #3581

1612 כוח (masc) *ko'akh* **Tran:** CHAMELEON **Def:** An unclean animal of unknown species that is known for its strength. **KJV:** chameleon **Str:** #3581

יכח *YKHh* (ch)

1613 יכח (vrb) *yaw'kahh* **Tran:** REBUKE **Def:** To express disapproval; reprove; reprimand. **KJV:** reprove, rebuke, correct, plead, reason, chasten, appoint, argue **Str:** #3198

1614 תוכחה (fem) *to'kay'khaw* **Tran:** REBUKE **Def:** Disapproval; reproof; reprimand. **KJV:** reproof, rebuke, reprove, argument **Str:** #8433

כחש *KHhSh* (ad) **Def:** A withholding or denial of something such as food resulting in leanness and truth through a lie.

1615 כחש (vrb) *kaw'khash* **Tran:** DENY **Alt:** lie. **Def:** To disclaim connection with or responsibility for. Withhold something from another or self as in a lie or submission. **KJV:** lie, submit, deny, fail, dissemble, liar, deceive **Str:** #3584

1616 כחש (masc) *kakh'ash / kekh'awsh* **Tran:** LIE **Def:** denial of the truth. A denial of food. **KJV:** lying, lies, leanness **Str:** #3585, #3586

נכח *NKHh* (ad)

1617 נכח (masc) *nay'kakh* **Tran:** IN.FRONT.OF **Def:** In front of or opposite to something. **KJV:** before, against **Str:** #5226

1618 נכוח (masc) *naw'ko'akh* **Tran:** STRAIGHT **Def:** In the sense of being in front. **KJV:** right, uprightness, plain **Str:** #5228

1619 נכוחה (fem) *nek'o'khaw* **Tran:** STRAIGHTNESS **Def:** In the sense of being in front. **KJV:** uprightness, right, equity **Str:** #5229

1620 נוכח (masc) *no'kakh* **Tran:** IN.FRONT **Def:** Before or opposite to something. **KJV:** against, before, directly, for, on, over **Str:** #5227

שכח *ShKHh* (ad)

1621 שכח (vrb) *shaw'kakh* **Tran:** FORGET **Def:** To lose remembrance of; to cease remembering or noticing. **KJV:** forget, find **Str:** #7911 **Aramaic:** *shek'akh* Find #7912

1622 שכח (masc) *shaw'kay'akh* **Tran:** FORGET **KJV:** forget **Str:** #7913

כי *KY* (pr) **Act:** Burn **AH:** 𐤔𐤊

1623 כי (masc) *kee* **Tran:** BURNING **KJV:** burning **Str:** #3587

1624 כי (com) *kee* **Tran:** GIVEN.THAT **Alt:** because; but; even; given; if; that; there; when; even though; except, instead or unless; since. **Def:** Prone or disposed to according to what preceded. A reference to the previous or following context. **Rel:** In the sense of a burning knowledge. **KJV:** that, because, for, if, surely, except, yea, doubtless **Str:** #3588

כל *KL* (pr) **Act:** Complete, Able, Sustain, Finish, Restrain, Eat **Obj:** Vessel, Food, House, Prison **Abs:** Whole, Villain **Def:** An animal or land that is tamed has been worked and is complete and ready for use. Taming includes; construction of holding pens, putting the soil to the plow, harvesting of crops, milk or meat. One eats once the harvest is complete. **AH:** 𐤋𐤊- The pictograph 𐤊 is a picture of the bent palm representing the bending or subduing of the will, the 𐤋 is a picture of a shepherd staff or yoke. Combined these mean "tame for the yoke."

1625 כלה (fem) *kaw'law* **Tran:** COMPLETION **Def:** The act or process of completing. This can be in a positive sense or negative, such as in a failure. **Rel:** A container for holding contents. Something that is full or whole. **KJV:** end, altogether, consume, consumption, consummation, determine, riddance **Str:** #3617

1626 כלי (masc) *kel'ee* **Tran:** UTENSIL **Def:** A container for carrying or storing various materials; an implement or weapon. **KJV:** vessel, instrument, weapon, jewel, stuff, thing, armour, furniture, carriage, bag **Str:** #3627

1627 כליה (fem) *kil'yaw* **Tran:** KIDNEY **Def:** An organ of the body. The seat of emotion in Hebraic thought. **KJV:** kidneys, reins **Str:** #3629

1628 תכלה (fem) *tik'law* **Tran:** ACHIEVEMENT **Def:** A successful completion. **KJV:** perfection **Str:** #8502

1629 תכלת (fem) *tek'ay'leth* **Tran:** BLUE **Def:** A primary color, which is derived from a mussel shell. **KJV:** blue **Str:** #8504

1630 תכלית (fem) *tak'leeth* **Tran:** BOUNDARY **Def:** The ends of the whole. **KJV:** end, perfection, perfect **Str:** #8503

1631 כליון (masc) *kil'law'yone* **Tran:** FAILING **Def:** A complete destruction or inability to perform an action. **KJV:** failing, consumption **Str:** #3631

כלל *KLL* (ch) **Def:** Something that is whole or a container that holds something completely.

1632 כלל (vrb) *kaw'lal* **Tran:** MAKE.COMPLETE **KJV:** perfect, finish **Str:** #3634 **Aramaic:** *kel'al* #3635

1633 כללה (fem) *kal'law* **Tran:** DAUGHTER-IN-LAW **Def:** The wife of one's son. Bride of the son, as brought into the camp. **Rel:** In the sense of making the man complete. **KJV:** daughter-in-law, bride, spouse **Str:** #3618

1634 כליל (masc) *kaw'leel* **Tran:** ENTIRELY **Def:** A state of being complete. All of it. No missing parts; complete by including everything. **KJV:** perfect, wholly, perfection, utterly, whole **Str:** #3632

1635 כלולה (fem) *kel'oo'law* **Tran:** BRIDE.HOOD **Def:** In the sense of becoming complete. **KJV:** espousal **Str:** #3623

1636 מכלל (masc) *mik'lawl* **Tran:** PERFECTION **KJV:** perfection **Str:** #4359

1637 מכלול (masc) *mik'lole* **Tran:** FULLY **KJV:** gorgeously, sorts **Str:** #4358

1638 מכלול (masc) *mik'lool* **Tran:** CHOICE **Def:** In the sense of being whole and complete. **KJV:** all **Str:** #4360

אכל *AKL* (ch) **Def:** Through sustenance one becomes whole and satisfied.

1639 אכל (vrb) *aw'kal* **Tran:** EAT **Def:** To consume food; to destroy. A devouring of a fire. **KJV:** eat, devour, consume **Str:** #0398 **Aramaic:** *ak'al* #0399

1640 אכלה (fem) *ok'law* **Tran:** FOOD **Def:** Something that nourishes, sustains, or supplies. For giving sustenance and making one whole. **KJV:** meat, devour, fuel, eat, consume, food **Str:** #0402

1641 מאכל (masc) *mah'ak'awl* **Tran:** NOURISHMENT **Def:** Food; nutriment. For giving sustenance and making one whole. **KJV:** meat, food, fruit, manner, victual **Str:** #3978

1642 מאכלת (fem) *mah'ak'eh'leth* **Tran:** KNIFE **Def:** A cutting instrument consisting of a sharp blade and handle. What is used for preparing and eating food. **KJV:** knife **Str:** #3979

1643 אכילה (fem) *ak'ee'law* **Tran:** MEAL **Def:** For giving sustenance and making one whole. **KJV:** meat **Str:** #0396

1644 אוכל (masc) *o'kel* **Tran:** FOODSTUFF **Def:** A substance that may be eaten for giving sustenance and making one whole. **KJV:** meat, food, eating, victuals, prey **Str:** #0400

1645 מאכולת (fem) *mah'ak'o'leth* **Tran:** FUEL **Def:** As food for the fire. **KJV:** fuel **Str:** #3980

כלא *KLA* (ch) **Def:** A prison or fold for restraining men or animals in the sense of whole.

1646 כלא (vrb) *kaw'law* **Tran:** RESTRICT **Def:** To confine within bounds. Hold back or prevent someone or something. **KJV:** shut up, stay, refrain, withhold, keep, finish, forbid, retain **Str:** #3607

1647 כלא (masc) *keh'leh* **Tran:** PRISON **KJV:** prison **Str:** #3608

1648 כליא / כלוא (masc) *kel'ee* **Tran:** PRISON **KJV:** prison **Str:** #3628

1649 כילא (masc) *kil'ah'yim* **Tran:** DIVERSE.KIND **Def:** Something produced by the forbidden practice of crossing together different kinds, such as crossbreeding cattle and the mixing of wool and linen. (This noun is always written in the double plural form). **KJV:** mingle, diverse **Str:** #3610

1650 מכלאה (fem) *mik'law'aw* **Tran:** FOLD **Def:** An enclosure for confining livestock. **KJV:** fold **Str:** #4356

הכל *HKL* (ch) **Def:** An enclosure for a resident god or king in the sense of whole.

1651 היכל (masc) *hay'kawl* **Tran:** MANOR **Def:** The residence of a god (temple) or king (palace). **KJV:** temple, palace **Str:** #1964 **Aramaic:** *hay'kal* #1965

כהל *KHL* (ch) **Def:** One who is whole or complete is able to do or perform something.

1652 כהל (vrb) Tran: ABLE **KJV:** able, could **Aramaic:** *keh'hal* #3546

כלה *KLH* (ch)

1653 כלה (vrb) *kaw'law* **Tran:** FINISH **Alt:** bring to an end. **Def:** To bring to an end; terminate; to complete an action, event. **KJV:** consume, end, finish, fail, accomplish, done, spend, determine, away, fulfill, faint, destroy, left, waste **Str:** #3615

1654 כלה (masc) *kaw'leh* **Tran:** CONSUMING **Def:** A strong desire or longing. **Rel:** In the sense of being incomplete. **KJV:** fail **Str:** #3616

1655 מכלה (fem) *mik'law* **Tran:** FINISHED **KJV:** perfect **Str:** #4357

כול *KWL* (ch)

1656 כול (vrb) *kool* **Tran:** SUSTAIN **Def:** To provide what is needed to make someone or something whole or complete. **KJV:** contain, feed, sustain, abide, nourish, hold, receive, victual, bear, comprehend **Str:** #3557

1657 כול (masc) *kole* **Tran:** ALL **Alt:** any; every; among. **Def:** The whole of a group. **Rel:** In the sense of being full of food. **KJV:** everything, all, whosoever, nothing, yet **Str:** #3605 **Aramaic:** #3606

1658 מכולת (fem) *mak'ko'leth* **Tran:** SUSTENANCE **Def:** What sustains. **KJV:** food **Str:** #4361

יכל *YKL* (ch) **Def:** One who is whole or complete is able to do or perform something.

1659 יכל (vrb) *yaw'kole* **Tran:** BE.ABLE **Def:** To successfully prevail, overcome or endure. **KJV:** can, able, prevail, may, endure, might **Str:** #3201 **Aramaic:** *yek'ale* #3202

1660 מיכל (masc) *me'kawl* **Tran:** VESSEL **Def:** container of holding water. **KJV:** brook **Str:** #4323

כיל *KYL* (ch) **Def:** One who is held in a prison.

1661 כילי (masc) *kee'lah'ee* **Tran:** VILLAIN **KJV:** churl **Str:** #3596

כלב *KLB* (ad)

1662 כלב (masc) *keh'leb* **Tran:** DOG **Def:** An unclean four-footed animal. Also, meaning "contempt" or "reproach." **KJV:** dog **Str:** #3611

1663 כלוב (masc) *kel'oob* **Tran:** BASKET **KJV:** cage, basket **Str:** #3619

כלח *KLHh* (ad)

1664 כלח (masc) *keh'lakh* **Tran:** FULL.AGE **Def:** Advanced in years. **KJV:** old age, full age **Str:** #3624

נכל *NKL* (ad)

1665 נכל (vrb) *naw'kal* **Tran:** BE.CRAFTY **Def:** The doing of a thing slyly or cunningly. **KJV:** deceiver, beguile, subtly, conspire **Str:** #5230

1666 נכל (masc) *nay'kel* **Tran:** CRAFTINESS **KJV:** wiles **Str:** #5231

סכל *SKL* (ad) **Def:** The ability to consider a situation with comprehension in order to be successful or prosperous.

1667 שכל (vrb) *mas'keel / saw'kal* **Tran:** CALCULATE **Def:** To comprehend and carefully consider a path or course of action; to determine by deduction or practical judgment. **KJV:** understand, wise, prosper, wisely, understanding, consider, instruct, prudent, skill, teach, consider, Maschil **Str:** #4905, #7919 **Aramaic:** *sek'al* #7920

1668 שכל (masc) *seh'kel* **Tran:** UNDERSTANDING **KJV:** understanding, wisdom, wise, prudence, knowledge, sense, discretion, policy **Str:** #7922

1669 סכלת (fem) Tran: UNDERSTANDING **KJV:** understanding **Aramaic:** שכלתנו *sok'leth'aw'noo* #7924

כם *KM* (pr) **Act:** Store **Obj:** Treasure **Abs:** Desire, Hunger **AH:** ᴀᴍ(ꕯ)

כמה *KMH* (ch) **Def:** To have a strong desire.

1670 כמה (vrb) *kaw'mah* **Tran:** HUNGERS **KJV:** long **Str:** #3642

כמז *KMZ* (ad) **Rel:** storing something precious

1671 כומז (masc) *koo'mawz* **Tran:** ARM.BAND **Def:** An insignia or emblem showing loyalty or ownership. **KJV:** table **Str:** #3558

כמן *KMN* (ad) **Def:** Something that is hidden or stored away. **Rel:** storing something precious

1672 כמון (masc) *kam'mone* **Tran:** CUMIN **Def:** seed used as a spice. **KJV:** cummin **Str:** #3646

1673 מכמן (masc) *mik'man* **Tran:** TREASURE **KJV:** treasure **Str:** #4362

כמס *KMS* (ad) **Def:** The storing of something of value. **Rel:** storing something precious

1674 כמס (vrb) *kaw'mas* **Tran:** STORE **KJV:** store **Str:** #3647

כן *KN* (pr) **Act:** Stand, Gather, Hide **Obj:** Root, Beard, Bundle, Wing **Abs:** Sure, Humility, Associate **Def:** When the seed opens the roots begin to form the base of the plant by going down into the soil. The plant rises out of the ground forming the stalk of the plant. A tall tree can only stand tall and firm because of the strong root system which supports it. **AH:** ⌐╜- The pictograph ╜ is a picture of the open palm, the ⌐ is a picture of a seed. Combined these mean "opening of a seed."

1675 כן (masc) *kane* **Tran:** BASE **Def:** The bottom or foundation which provides support. A person's home or family as being a base. A species of gnat. **Rel:** The base that supports that which stands firm. **KJV:** foot, estate, base, office, place, well, lice, manner **Str:** #3653

1676 כן (masc) *kane* **Tran:** GNAT **Def:** A small flying insect. **KJV:** lice **Str:** #3654

1677 כן (com) *kane* **Tran:** SO **Alt:** should; this; thus; therefore **Def:** In a manner or way indicated or suggested. What comes before or after another event. **Rel:** In the sense of being a base or a firm standing. **KJV:** so, thus, like, well, such, howbeit, state, after, that, following, therefore, wherefore, surely, as follows **Str:** #3651 **Aramaic:** #3652

1678 כנמה (fem) Tran: IN.THIS.MANNER **Def:** firmness in a situation. **KJV:** thus, so, sort, manner **Aramaic:** כנמא *ken'ay'maw* #3660

1679 מכונה (fem) *mek'o'naw* **Tran:** PEDESTAL **Def:** A base that is firm and functions as a supports. **KJV:** base **Str:** #4350

1680 מכונה (fem) *mek'oo'naw* **Tran:** BASE.PLATE **Def:** What is firm and supports something. **KJV:** base **Str:** #4369

אכן *AKN* (ch) **Def:** A firm or sure position.

1681 אכן / אך (masc) *ak / aw'kane* **Tran:** SURELY **Alt:** however; only. **Def:** In a sure manner. To be firm in something. **KJV:** also, but, certainly, even, howbeit, least, nevertheless, notwithstanding, only, save, scarce, surely, sure, truly, verily, wherefore, yet **Str:** #0389, #0403

כהן *KHN* (ch) **Def:** The base which supports the people.

1682 כהן (vrb) *kaw'han* **Tran:** ADORN **Def:** To put on special ornaments or garments for a special office or event. (see Isaiah 61:10). **KJV:** minister, execute, deck, office, priest **Str:** #3547

1683 כהונה (fem) *keh'hoon'naw* **Tran:** ADMINISTRATION **Def:** The collective members from the tribe of Levi who administrate over the tent of meeting or the temple. **KJV:** priesthood, priest's office **Str:** #3550

1684 כוהן (masc) *ko'hane* **Tran:** ADMINISTRATOR **Def:** One who manages the affairs and activities of an organization. The administrators (often translated as "priest") of Israel are Levites who manage the Tent of Meeting, and later the Temple, as well as teach the people the teachings and directions of YHWH, and perform other duties, such as the inspection of people and structures for disease. **Rel:** The base which supports the people. **KJV:** priest, chief, officer, prince **Str:** #3548 **Aramaic:** כהן *kaw'hane* #3549

כנה *KNH* (ch) **Def:** Words or names that are given in support of another.

1685 כנה (vrb) *kaw'naw* **Tran:** FLATTER **Def:** To give words or a name of honor. **KJV:** surname, flattering title **Str:** #3655

1686 קנה (masc) *kaw'neh* **Tran:** STALK **Def:** The main stem and support of a plant. **KJV:** reed, branch, calamus, cane, stalk, vineyard **Str:** #7070

כון *KWN* (ch)

Benner's Lexicon of Biblical Hebrew

1687 כון (vrb) *koon* **Tran:** PREPARE **Alt:** be ready; establish. **Def:** To put in proper condition or readiness. **KJV:** prepare, establish, ready, provide, right, fix, set, direct, order, fashion, certain, confirm, firm **Str:** #3559

1688 כון (masc) *kav'vawn* **Tran:** CAKE **Def:** As firmly pressed. **KJV:** cake **Str:** #3561

1689 מכון (masc) *maw'kone* **Tran:** PREPARED.PLACE **Def:** firm place of support. **KJV:** place, habitation, foundation **Str:** #4349

1690 תכונה (fem) *tek'oo'naw* **Tran:** FOUNDATION **KJV:** seat **Str:** #8499

זקן *ZQN* (ad) **Rel:** The base of the family/community.

1691 זקן (vrb) *zaw'kane* **Tran:** BE.OLD **Def:** To be of an advanced age. **KJV:** old, aged **Str:** #2204

1692 זקן (masc) *zaw'kane* / *zaw'kawn* **Tran:** BEARD **Alt:** elder (as one with a long beard). **Def:** The hair that grows on a man's face. A long and gray beard as a sign of old age and wisdom. An elder as a bearded one. **KJV:** elder, old, ancient, age, senator, beard **Str:** #2205, #2206

1693 זקון (masc) *zaw'koon* **Tran:** EXTREME.OLD.AGE **Def:** A full and long life. **KJV:** old **Str:** #2208

1694 זיקנה (fem) *zik'naw* **Tran:** OLD.AGE **Def:** One up in years. **KJV:** old **Str:** #2209

1695 זוקן (masc) *zo'ken* **Tran:** AGE **Def:** The part of existence extending from the beginning to any given time; a period of time marked by a central figure or prominent feature. **KJV:** old **Str:** #2207

כנס *KNS* (ad) **Rel:** gathering

1696 כנס (vrb) *kaw'nas* **Tran:** BUNCH.UP **Def:** To gather up and pile a large bundle. **KJV:** gather, together, heap, wrap **Str:** #3664

1697 מכנס (masc) *mik'nawce* **Tran:** UNDERGARMENT **Def:** Garment worn under another garment that is bundled up. **KJV:** breeches **Str:** #4370

כנע *KNAh* (ad) **Def:** When a large bundle is placed on the shoulders the person is bent down low. **Rel:** gathering together a bundle

1698 כנע (vrb) *kaw'nah* **Tran:** LOWER **Def:** To be brought down low in humility or submission. **KJV:** humble, subdue, low, down, subjection **Str:** #3665

1699 כינעה (fem) *kin'aw* **Tran:** BUNDLE **KJV:** ware **Str:** #3666

כנף *KNP* (ad) **Def:** The mother bird hides its young in her wings. **Rel:** gathering

1700 כנף (vrb) *kaw'naf* **Tran:** PLACE.UNDER.THE.WING **Def:** As hidden in the wings of a bird. **KJV:** corner **Str:** #3670

1701 כנף (fem) *kaw'nawf* **Tran:** WING **Def:** An appendage that allows an animal, bird or insect to fly. Also, the wings of a garment. **KJV:** wing, skirt, border, corner, end, feathered, sort **Str:** #3671

כנש *KNSh* (ad) **Rel:** gathering

1702 כנש (vrb) **Tran:** COME.TOGETHER **KJV:** gather **Aramaic:** *kaw'nash* #3673

כנת *KNT* (ad) **Rel:** as one who gathers himself to another

1703 כנת (masc) *ken'awth* **Tran:** ASSOCIATE **KJV:** companion **Str:** #3674 **Aramaic:** #3675

תכן *TKN* (ad)

1704 תכן (vrb) *taw'kan* **Tran:** WEIGH **Def:** To measure out by weight. **KJV:** equal, weigh, ponder, unequal, direct, meter **Str:** #8505

1705 תכנית (fem) *tok'neeth* **Tran:** SUM **Rel:** An amount weighed out. **KJV:** sum, pattern **Str:** #8508

1706 תכונה (fem) *tek'oo'naw* **Tran:** TREASURE **Def:** As weighed out. **KJV:** fashion, store **Str:** #8498

1707 תוכן (masc) *to'ken* **Tran:** MEASURED.AMOUNT **Def:** A calculated measurement of weight. **KJV:** tale, measure **Str:** #8506

1708 מתכונת (fem) *math'ko'neth* **Tran:** SUM **Def:** The total amount. An amount weighed out. **KJV:** tale **Str:** #4971

כס *KS* (pr) **Act:** Cover, Count, Appoint, Estimate **Obj:** Cup, Seat, Bag **AH:** ꓞ𝗆

1709 כס (masc) *kace* **Tran:** STOOL **Def:** A seat or throne. **Rel:** The seat is like a cup that holds, conceals, a person. A covering of something. To cover a group by counting. **KJV:** seat **Str:** #3676

1710 קשה (fem) *kaw'saw* **Tran:** JUG **Def:** A vessel used for storage of water, grain, etc. **KJV:** cover, cup **Str:** #7184

1711 כסת (fem) *keh'seth / keh'seth* **Tran:** AMULET **Def:** cup for holding ink. A sewn arm or wrist band as a covering. **KJV:** pillow, inkhorn **Str:** #3704, #7083

1712 כסות (fem) *kes'ooth* **Tran:** RAIMENT **Def:** Clothing; garments. **KJV:** covering, raiment, vesture **Str:** #3682

1713 מכסה (fem) *mik'saw* **Tran:** WORTH **Def:** The number assigned according to its amount, importance or need. **KJV:** number, worth **Str:** #4373

1714 מכס (masc) *meh'kes* **Tran:** TRIBUTE **Def:** An assessment based on a number. **KJV:** tribute **Str:** #4371

1715 קשקשת (fem) *kas'keh'seth* **Tran:** SCALES **Def:** The covering of a fish. Also, the scales of leather armor. **KJV:** scales, mail **Str:** #7193

כסס *KSS* (ch) **Def:** To cover a group by counting.

1716 כסס (vrb) *kaw'sas* **Tran:** ESTIMATE **Def:** To make an approximate count or reckoning. **KJV:** count **Str:** #3699

כסא *KSA* (ch) **Def:** The seat is like a cup that holds, conceals, a person.

1717 כסה (masc) *keh'seh* **Tran:** COVERED.MOON **Def:** The moon when it is dark; when the shadow of the earth covers over the face of the moon. **KJV:** appoint **Str:** #3677

1718 כיסה (masc) *kis'say* **Tran:** SEAT **Def:** A special chair of one in eminence. Usually a throne or seat of authority. **KJV:** throne, seat, stool **Str:** #3678 **Aramaic:** כרסא *kor'say* #3764

כסה *KSH* (ch) **Def:** A hiding, covering or concealing of something.

1719 כשה (vrb) *kaw'saw / kaw'saw* **Tran:** COVER.OVER **Def:** To prevent disclosure or recognition of; to place out of sight; to completely cover over or hide. **KJV:** cover, hide, conceal, overwhelm, clad, close, cloth **Str:** #3680, #3780

1720 מכסה (masc) *mik'seh* **Tran:** ROOF.COVERING **Def:** Material used for a top or covering of a building. What covers something. **KJV:** covering **Str:** #4372

1721 מכסה (masc) *mek'as'seh* **Tran:** COVERING **Def:** What covers something. **KJV:** cover, clothing **Str:** #4374

1722 כסוי (masc) *kaw'soo'ee* **Tran:** OUTER.COVERING **KJV:** covering **Str:** #3681

כוס *KWS* (ch) **Def:** A cup holds its contents.

1723 כוס (fem) *koce* **Tran:** CUP **Def:** A vessel for holding liquids, usually for drinking. **KJV:** cup **Str:** #3563

1724 כוס (fem) *koce* **Tran:** LITTLE.OWL **Def:** An unknown species of bird. **KJV:** owl **Str:** #3563

כיס *KYS* (ch) **Def:** A cup or bag that conceals its contents.

1725 כיס (masc) *keece* **Tran:** BAG **KJV:** bag, purse **Str:** #3599

כסב *KSB* (ad)

1726 כבש (masc) כבשה (fem) *keh'bes / keh'seb / kib'saw* **Tran:** SHEEP **Def:** A mammal related to the goat and domesticated for its milk, flesh and wool. **KJV:** lamb, sheep **Str:** #3532, #3535, #3775

1727 כשבה (fem) *kis'baw* **Tran:** LAMB **Def:** female lamb. **KJV:** lamb **Str:** #3776

כסח *KSHh* (ad)

1728 כסח (vrb) *kaw'sakh* **Tran:** CUT **KJV:** cut **Str:** #3683

כסל *KSL* (ad) **Def:** The loins as the seat of ones confidence, foolish or proper.

1729 כסל / סכל (vrb) *kaw'sal / saw'kal* **Tran:** CONFIDENT **Def:** Always used in a negative sense, a foolish confidence. **KJV:** foolish, fool **Str:** #3688, #5528

1730 כסל / סכל (masc) *keh'sel / saw'kawl / seh'kal* **Tran:** HIP **Def:** The protruding sides of the pelvis; the seat of confidence or folly. **KJV:** flank, hope, folly, loins, confidence **Str:** #3689, #5529, #5530

1731 כסיל (masc) *kes'eel* **Tran:** FOOL **Def:** One who has confidence in something vain or empty. **KJV:** fool, foolish **Str:** #3684

1732 כסילות (fem) *kes'eel'ooth* **Tran:** FOOLISH **Def:** foolish confidence. **KJV:** foolish **Str:** #3687

1733 כיסלה (fem) *kis'law* **Tran:** CONFIDENCE **Def:** In a foolish or proper manner. **KJV:** confidence, folly **Str:** #3690

1734 שכלות (fem) *sik'looth* **Tran:** FOLLY **KJV:** folly, foolishness **Str:** #5531

כסם *KSM* (ad) **Def:** A trimming of the beard.

1735 כסם (vrb) *kaw'sam* **Tran:** TRIM **KJV:** poll **Str:** #3697

1736 כוסמת (fem) *koos'seh'meth* **Tran:** SPELT **Def:** A wheat like grain with what looks like trimmed hair. **KJV:** rie, fitches **Str:** #3698

כסף *KSP* (ad) **Def:** A metal desired because of its value. Universally used as a form of money.

1737 כסף (vrb) *kaw'saf* **Tran:** CRAVING **Def:** A great desire or longing. **KJV:** desire, long, greedy, sore **Str:** #3700

1738 כסף (masc) *keh'sef* **Tran:** SILVER **Def:** A soft metal capable of a high degree of polish used for coinage, implements and ornaments. A desired and precious metal. **KJV:** silver, money, price, silverling **Str:** #3701 **Aramaic:** *kes'af* #3702

נכס *NKS* (ad) **Rel:** as being covered

1739 נכס (masc) *neh'kes* **Tran:** WEALTH **KJV:** wealth, riches, goods **Str:** #5233 **Aramaic:** *nek'as* #5232

כף *KP* (pr) **Act:** Press, Bow, Tame, Bend, Dig **Obj:** Palm, Grapevine, Mule, Famine, Shoulderpiece **Abs:** Tame **Def:** The curved shape of the open palm. **AH:** ᗡ-ധ- The pictograph ധ is a picture of the palm of the hand, the ᗡ is a picture of an open mouth. Combined these mean "palm open."

1740 כף (fem) *kaf / kafe* **Tran:** PALM **Alt:** spoon (from the curved shape being similar to a palm). **Def:** Part of the hand or foot between the base of the digits and the wrist or ankle; A palm-shaped object. (This word is written in the masculine form in Job 30:6 and Jeremiah 4:29, where it used for "rocks" or a "cliff," a hiding place.) **Rel:** Any curved or hollowed-out object. **KJV:** hand, spoon, sole, palm, hollow, handful, apiece, branch, cloud **Str:** #3709, #3710

1741 כפה (fem) *kip'paw* **Tran:** PALM.BRANCH **Def:** A tropical tree with fan-shaped leaves. **KJV:** branch **Str:** #3712

כפף *KPP* (ch) **Def:** A bowing down of the body.

1742 כפף (vrb) *kaw'faf* **Tran:** BEND.OVER **Def:** To be hunched or bowed over. **KJV:** bow **Str:** #3721

אכף *AKP* (ch) **Def:** The placing of the palm on something and pressing down or pushing.

1743 אכף (vrb) *aw'kaf* **Tran:** IMPEL **KJV:** crave **Str:** #0404

1744 אכף (masc) *eh'kef* **Tran:** PRESSURE **KJV:** hand **Str:** #0405

כפה *KPH* (ch) **Def:** The bending of the will of an animal.

1745 כפה (vrb) *kaw'faw* **Tran:** TAME **Def:** To bend the will of another. **KJV:** pacify **Str:** #3711

גפן *GPN* (ad) **Def:** The vines of the grape vine are twisted and bent as it winds around a pole. **Rel:** from the palm as bent

1746 גפן (masc) *gheh'fen* **Tran:** GRAPEVINE **Def:** A woody vine that usually climbs by tendrils and produces fruits that are grapes. **KJV:** vine, tree **Str:** #1612

חפר *HhPR* (ad) **Def:** A digging in the soil, as a mole, for a well or possibly a treasure. Also a digging into an incident for understanding.

1747 חפר (vrb) *khaw'far* / *khaw'fare* **Tran:** DIG.OUT **Def:** To dig something out of the ground. To dig into something as if searching. To confuse in the sense of being dug-out. **KJV:** dig, search, paw, seek, confounded, ashamed, shame, confusion, reproach **Str:** #2658, #2659

1748 חפור (fem) *khaf'ore* **Tran:** MOLE **Def:** digger. **KJV:** mole **Str:** #2661

כפן *KPN* (ad) **Rel:** from the bent shape of the palm

1749 כפן (vrb) *kaw'fan* **Tran:** BEND **KJV:** bend **Str:** #3719

1750 כפן (masc) *kaw'fawn* **Tran:** FAMINE **Def:** One bent with hunger. **KJV:** famine **Str:** #3720

כתף *KTP* (ad) **Def:** The side or shoulder that something hangs on.

1751 כתף (fem) *kaw'thafe* **Tran:** SHOULDER.PIECE **Def:** The part of an object that acts like a shoulder. **KJV:** side, shoulder, shoulderpiece, undersetter, corner, arm **Str:** #3802

כק *KQ* (pr) **Obj:** Caterpillar **AH:** ♀𝍖

יכק *YKQ* (ch)

1752 יכק (masc) *yeh'lek* **Tran:** CATERPILLAR **KJV:** cankerworm, caterpillar **Str:** #3218

כר *KR* (pr) **Act:** Dig, Dance, Remember, Know **Obj:** Bowl, Hollow, Farmer, Pit, Furnace, Male, Fissure **Abs:** Wrong, Prepare, Memorial **Def:** The palm as hollowed-out. A digging. **AH:** 𝍖♀- The pictograph 𝍖 is a picture of the palm of the hand, the ♀ is a picture of the head of a man. Combined these mean "palm of man."

1753 כר (masc) *kar* **Tran:** DEPRESSION **Def:** What is of a concave shape such as a saddle or pasture in a valley. Also, may mean the sheep of the pasture. **KJV:** lamb, pasture, ram, furniture, captain **Str:** #3733

1754 כרה / פרה (fem) *kaw'raw / kay'raw / pay'raw* **Tran:** PASTURE **Def:** As a hollowed-out valley. A digger **KJV:** cottage, mole **Str:** #3740, #3741, #6512

1755 כרי (masc) *kaw'ree* **Tran:** CAPTAIN **KJV:** captain **Str:** #3746

1756 מכרה (fem) *meh'aw'raw / mek'ay'raw* **Tran:** CAVE **Def:** A natural underground chamber or series of chambers that open to the surface. A hole in the rock. **KJV:** cave, den, hole, habitation, army **Str:** #4380, #4631

1757 כרכרה / מערה (fem) *kar'kaw'raw* **Tran:** CAMEL **Def:** As with a hollow hump. **KJV:** beast **Str:** #3753

כרר *KRR* (ch) **Def:** A leaping or dancing around in a circle.

1758 כרר (vrb) *kaw'rar* **Tran:** DANCE **KJV:** dance **Str:** #3769

אכר *AKR* (ch)

1759 אכר (masc) *ik'kawr* **Tran:** FARMER **Def:** One who digs the ground for growing crops. **KJV:** husbandman, plowman **Str:** #0406

הכר *HKR* (ch)

1760 הכר (vrb) *haw'kar* **Tran:** WRONG **KJV:** strange **Str:** #1970

1761 הכרה (fem) *hak'kaw'raw* **Tran:** LOOK **KJV:** shew **Str:** #1971

כרה *KRH* (ch)

1762 כרה (vrb) *kaw'raw / kaw'raw* **Tran:** DIG **Def:** To break or loosen earth with an instrument or tool. To bargain in the sense of digging. **KJV:** dig, make, pierce, open, grieve **Str:** #3738, #3739 **Aramaic:** כרא *kaw'raw* #3735

כור *KWR* (ch)

1763 בור / קור / כור (vrb) *boor / koor* **Tran:** TOSS.OUT **Def:** To look deeply. **KJV:** declare, dig, cast out, destroy, break down **Str:** #0952, #6979

1764 כור (masc) *koor* **Tran:** CRUCIBLE **Def:** A metal container used for heating substances to high temperatures. **KJV:** furnace **Str:** #3564

1765 כור (masc) *kore* **Tran:** KOR **Def:** A standard of measure. **KJV:** measure, cor **Str:** #3734

1766 מקור (masc) *maw'kore* **Tran:** FOUNTAIN **Def:** A spring that comes out of a hole in the ground. The source of water necessary for life in the wilderness. **KJV:** fountain, spring, wellspring, issue, well **Str:** #4726

1767 כיור (masc) *kee'yore* **Tran:** CAULDRON **Def:** A large kettle or boiler, of copper or other metal. A smelting pot. **Rel:** In the sense of a dug-out container. **KJV:** laver, scaffold, pan, hearth **Str:** #3595

1768 מכורה (fem) *mek'oo'raw* **Tran:** BIRTH **Def:** coming out of a hole. **KJV:** birth, nativity, habitation **Str:** #4351

כיר *KYR* (ch) **Def:** A hollowed-out object.

1769 כיר (masc) *keer* **Tran:** EARTHENWARE **Def:** A hollow box formed out of brick or clay for cooking. **KJV:** range **Str:** #3600

זכר *ZKR* (ad) **Def:** A recalling of events of the past or to act upon a past event. **Rel:** as a digging

1770 זכר (vrb) *zaw'kar* **Tran:** REMEMBER **Alt:** mention. **Def:** To recall an event or action in memorial or reflection. To speak on behalf of another. To reenact a past event as a memorial. **KJV:** remember, mention, remembrance, recorder, mindful, think, record **Str:** #2142

1771 זכר (masc) *zaw'kawr* **Tran:** MALE **Def:** Being the gender who begets offspring. One who acts and speaks for the family. **KJV:** male, man, child, mankind, him, ram **Str:** #2145 **Aramaic:** דכר *dek'ar* #1798

1772 זכר (masc) *zay'ker* **Tran:** MEMORY **Def:** A remembering based on a past event often through an annual festival. **KJV:** remembrance, memorial, memory, remembered, scent **Str:** #2143דכר

1773 זכור (masc) *zaw'koor* **Tran:** MEN **Def:** Male persons. **KJV:** male, man **Str:** #2138

1774 אזכרה (fem) *az'kaw'raw* **Tran:** MEMORIAL **Def:** A remembering and action based on a past event. **KJV:** memorial **Str:** #0234

1775 זיכרון (masc) *zik'rone* **Tran:** REMEMBRANCE **Def:** A recalling of a past event. Also, an action based on a past event. **KJV:** memorial, remembrance, record **Str:** #2146 **Aramaic:** דיכרון #1799

חקר *HhQR* (ad) **Rel:** a digging

1776 חקר (vrb) *khaw'kar* **Tran:** EXAMINE **Def:** To intently search or seek for details. **KJV:** search, found, seek, sound, try **Str:** #2713

1777 חקר (masc) *khay'ker* **Tran:** EXAMINATION **KJV:** search, finding, number **Str:** #2714

1778 מחקר (masc) *mekh'kawr* **Tran:** UNSEEN.DEPTH **Def:** deep place as unexamined. **KJV:** deep **Str:** #4278

ככר *KKR* (ad) **Def:** Something that is round. **Rel:** as round like a bowl

1779 ככר (fem) **Tran:** ROUND **Def:** coin as a round piece of gold or silver. **KJV:** talent **Aramaic:** *kik'kare* #3604

1780 כיכר (fem) *kik'kawr* **Tran:** ROUNDNESS **Def:** A round thing or place. A round loaf of bread. An expanse as a round piece of land. **KJV:** plain, loaf, piece, country, morsel **Str:** #3603

1781 כיכר (fem) *kik'kawr* **Tran:** KIKAR **Def:** A dry standard of measure. Usually rendered as "talent" in most translations. However, the word "talent" is a transliteration of the Greek word talanton (a Greek coin), which is used in the Greek Septuagint for the Hebrew word "kikar." **KJV:** talent **Str:** #3603

כרם *KRM* (ad) **Rel:** as a place that is dug.

1782 כרם (masc) *keh'rem* **Tran:** VINEYARD **Def:** A farm of grapevines. **KJV:** vineyard, vines, vintage **Str:** #3754

1783 כורם (masc) *ko'rame* **Tran:** VINEDRESSER **KJV:** vinedresser **Str:** #3755

כרע *KRAh* (ad) **Def:** The bending of the leg when stooping.

1784 כרע (vrb) *kaw'rah* **Tran:** STOOP **Def:** To bend the body forward and downward while bending the knees; to stoop or crouch down by bending or getting on the knees. **KJV:** bow, fell, subdue, low, couch, feeble, kneel **Str:** #3766

1785 כרע (fem) *kaw'raw* **Tran:** LEG **Def:** The appendage from the ankle to the hip and bends at the knee. **KJV:** leg **Str:** #3767

מכר *MKR* (ad)

1786 מכר (vrb) *maw'kar* **Tran:** SELL **Def:** To give up property to another for money or another valuable compensation. **KJV:** sell, seller **Str:** #4376

1787 מכר (masc) *meh'ker* **Tran:** VALUE **KJV:** price, ware **Str:** #4377

1788 מחיר (masc) *mekk'eer* **Tran:** PRICE **Def:** The payment for an item. **KJV:** price, worth, sold, gain, hire **Str:** #4242

1789 ממכר (masc) ממכרת (fem) *mim'kawr / mim'keh'reth* **Tran:** MERCHANDISE **KJV:** sold, sale, ware, sold **Str:** #4465, #4466

נכר *NKR* (ad) **Rel:** as a digging

Benner's Lexicon of Biblical Hebrew

1790 נכר (vrb) *naw'kar* **Tran:** RECOGNIZE **Alt:** make self unrecognizable; pay attention. **Def:** To acknowledge or take notice of in some definite way. **KJV:** know, acknowledge, discern, respect, knowledge, known, feign **Str:** #5234

1791 נכר (masc) *nay'kawr* / *neh'ker* **Tran:** FOREIGNER **Def:** A person belonging to or owing allegiance to a foreign country. **KJV:** strange, stranger, alien **Str:** #5235, #5236

1792 מכר (masc) *mak'kawr* **Tran:** ACQUAINTANCE **Def:** One who is known **KJV:** acquaintance **Str:** #4378

1793 נכרי (masc) נכריה (fem) *nok'ree* **Tran:** FOREIGN **Def:** Situated outside one's own country. Alien in character. A strange person, place or thing as being unrecognized. **Rel:** One who is not known. **KJV:** stranger, strange, alien, foreigner, outlandish **Str:** #5237

1794 מנכרה (fem) *mik'reh* **Tran:** SALT.PIT **Def:** A word of uncertain meaning. **KJV:** pit **Str:** #4379

נקר *NQR* (ad) **Rel:** as a digging

1795 נקר (vrb) *naw'kar* **Tran:** PICK.OUT **KJV:** put out, thrust, pick pierce, dig **Str:** #5365

1796 נקרה (fem) *nek'aw'raw* **Tran:** FISSURE **Def:** A division, causing to become two pieces instead of one. A cleft or narrow chasm. **Rel:** Through the sense of being a piercing in a rock. **KJV:** cleft, clift **Str:** #5366

קער *QAhR* (ad) **Def:** A hollowed-out container.

1797 קערה (fem) *keh'aw'raw* **Tran:** PLATTER **Def:** A large plate, serving dish. **KJV:** charger, dish **Str:** #7086

כת *KT* (pr) **Act:** Crush **AH:** 𐤕𐤔

1798 מכתה (fem) *mek'it'taw* **Tran:** CRUSHING **Def:** An opening by crushing. **KJV:** bursting **Str:** #4386

כתת *KTT* (ch)

1799 כתת (vrb) *kaw'thath* **Tran:** SMASH **KJV:** beat, destroy, break, smite, discomfit, crush, stamp **Str:** #3807

1800 כתית (masc) *kaw'theeth* **Tran:** SMASHED **Def:** The pressing of the olive to extract the oil. **KJV:** beaten, pure **Str:** #3795

כתן *KTN* (ad)

1801 כתונת (fem) *keth'o'neth* **Tran:** TUNIC **Def:** A simple slip-on garment with or without sleeves. **KJV:** coat, garment, robe **Str:** #3801

Lamed

לא *LA* (pr) **Obj:** Idol **Abs:** Without, Worthless, Foolish, Nothing **Def:** To be without anything such as nothing. **AH:** ᛒᛚ

1802 אל (com) *al* **Tran:** DO.NOT **Def:** The negative of an alternative choice. To be without; to not be. **KJV:** never, nay, no, none, nor, not, nothing, rather, whither, without, neither, none **Str:** #0408 **Aramaic:** לה / לא *al / law* #0409, #3809

1803 אלו (masc) אלו (com) *il'loo* **Tran:** BUT **Alt:** yet **Def:** As an alternative, to have what you are without. **KJV:** but, though **Str:** #0432

לאא *LAA* (ch)

1804 אליל (masc) *el'eel* **Tran:** WORTHLESS **Def:** A god or being without power. **KJV:** idol, image, no value, nought **Str:** #0457

1805 אלול (masc) *el'ool* **Tran:** WORTHLESS **KJV:** nought **Str:** #0434

1806 אללי (masc) *al'le'lah'ee* **Tran:** WORTHLESS **KJV:** woe **Str:** #0480

1807 לולי / לולא (com) *loo'lay* **Tran:** UNLESS **Def:** Except on the condition that. **KJV:** except, unless, if, not **Str:** #3884

לוא *LWA* (ch)

1808 לוא / לוה (com) *lo* **Tran:** NOT **Alt:** cannot; no; nothing; un-; without; therefore; without. **Def:** A function word to stand for the negative. As being without. **KJV:** not, no, none, nay, never, neither, ere, otherwise, before **Str:** #3808

1809 אולת (fem) *iv'veh'leth* **Tran:** FOOLISHNESS **Def:** To be without wisdom. **KJV:** folly, foolishness, foolish, foolishly **Str:** #0200

1810 אויל (masc) *ev'eel* **Tran:** FOOLISH **Def:** One who acts without consideration or regard for a desireable outcome. **KJV:** fool, foolish **Str:** #0191

1811 אולי (masc) *ev'ee'lee* **Tran:** FOOLISH **Def:** To be without wisdom. **KJV:** foolish **Str:** #0196

ילא *YLA* (ch)

1812 יאל (vrb) *yaw'al* **Tran:** FOOLISH **Def:** To be without wisdom. **KJV:** foolishly, fool, foolish, dote **Str:** #2973

~~~~~~~~~~

לב *LB* (pr) **Obj:** Heart, Flame, Thirst, Loin **Abs:** Think **Def:** The consciousness of man is seen as coming from deep inside the chest, the heart. Thirst as an Inside desire for water. **AH:** ש∠ - The pictograph ∠ is a picture of the shepherd staff representing authority, the ש is a picture of a tent representing what is inside. Combined these mean "authority inside."

1813 לב / לבב (masc) לבה (fem) *labe / lay'bawb / lib'baw* **Tran:** HEART **Def:** Literally, the vital organ which pumps blood, but, also seen as the seat of thought; the mind. **Rel:** The organ that pumps blood. This organ is also seen as the seat of thought and emotion, the mind. **KJV:** heart, mind, understanding, wisdom, friendly **Str:** #3820, #3824, #3826 **Aramaic:** בל *bawl / labe / leb'ab* #1079, #3821, #3825

לבב *LBB* (ch) **Def:** The organ that pumps blood. The heart is also seen as the seat of thought and emotion, the mind.

1814 לבב (vrb) *law'bab* **Tran:** WISE.OF.HEART **Def:** To be wise of heart. **KJV:** heart, make, wise **Str:** #3823

1815 לביבה (fem) *law'bee'baw* **Tran:** CAKE **Def:** In the sense of being fat like the heart. **KJV:** cake **Str:** #3834

לאב *LAB* (ch) **Def:** An Inside desire for water.

1816 תלאובה (fem) *tal'oo'baw* **Tran:** DROUGHT **KJV:** drought **Str:** #8514

לבא *LBA* (ch)

1817 לביא (fem) *law'bee* **Tran:** LIONESS **Def:** A female lion. **KJV:** lion, lioness, young **Str:** #3833

להב *LHB* (ch)

1818 להב (masc) *lah'hab* **Tran:** GLIMMER **Def:** The flash of light from a fire or metal. **KJV:** flame, blade, glittering, bright **Str:** #3851

1819 להבה / להבת / לבה (fem) *lab'baw / leh'aw'baw* **Tran:** GLIMMERING **Def:** The flash of light from a fire or metal. **KJV:** flame, head **Str:** #3827, #3852

1820 שלהבת (fem) *shal'heh'beth* **Tran:** GLIMMERING.FLAME **KJV:** flame **Str:** #7957

חלב *HhLB* (ad) **Def:** The rich or choice part.

1821 חלב (masc) *khaw'lawb / kheh'leb* **Tran:** FAT **Alt:** milk. **Def:** Animal tissue consisting of cells distended with greasy or oily matter; adipose tissue. The fat of an animal as the choicest part. Also, milk; A white fatty liquid secreted by cows, sheep and goats, and used for food or as a source of butter, cheeses, yogurt, etc. **KJV:** fat, fatness, best, finest, grease, marrow, milk, cheese, suckle **Str:** #2459, #2461

1822 חלבנה (fem) *khel'ben'aw* **Tran:** GALBANUM **Def:** An odoriferous resin used in incense. A choice ingredient used in the Temple incense or oil. **KJV:** galbanum **Str:** #2464

לג *LG* (pr) **AH:** ✓ℓ

1823 לג (masc) *lohg* **Tran:** LOG **Def:** A standard of measure. **KJV:** log **Str:** #3849

להג *LHG* (ch)

1824 להג (masc) *lah'hag* **Tran:** STUDY **KJV:** study **Str:** #3854

לד *LD* (pr) **Act:** Bear **Obj:** Child **Abs:** Kindred, Generation **Def:** The bearing of children. **AH:** ▽ℓ

ולד *WLD* (ch)

1825 ולד (masc) *vaw'lawd* **Tran:** CHILD **Def:** A young person, especially between infancy and youth. **KJV:** child **Str:** #2056

ילד *YLD* (ch)

1826 יָלַד (vrb) *yaw'lad* **Tran:** BRING.FORTH **Alt:** act as midwife. **Def:** To issue out; to bring forth children, either by the woman who bears them or the man who fathers them. **KJV:** beget, bare, born, bring forth, bear, travail, midwife, child, deliver, borne, birth, labour, brought up **Str:** #3205

1827 יֶלֶד (masc) *yeh'led* **Tran:** BOY **Def:** A male child from birth to puberty. **KJV:** child, young, son, boy, fruit **Str:** #3206

1828 יַלְדָּה (fem) *yal'daw* **Tran:** GIRL **Def:** A young, unmarried woman. **KJV:** girl, damsel **Str:** #3207

1829 יַלְדוּת (fem) *yal'dooth* **Tran:** YOUTH **KJV:** youth, childhood **Str:** #3208

1830 מוֹלֶדֶת (fem) *mo'leh'deth* **Tran:** KINDRED **Def:** A group of related individuals. **KJV:** kindred, nativity, born, begotten, issue, native **Str:** #4138

1831 יָלִיד (masc) *yaw'leed* **Tran:** BORN **Def:** Brought forth, as if by birth. **KJV:** born, children, sons **Str:** #3211

1832 יִלּוֹד (masc) *yil'lode* **Tran:** BIRTHED **Def:** What is given birth to; a baby human or animal that is brought from the womb into the open world. **KJV:** born **Str:** #3209

1833 תּוֹלְדָה (fem) *to'led'aw* **Tran:** BIRTHING **Def:** The act or process of bringing forth offspring from the womb. Total of the children born within an era. **KJV:** generations, birth **Str:** #8435

לה *LH* (pr) **Act:** Faint **Abs:** Weary, Trouble **Def:** To be weary from a non-productive effort. To be without results. **AH:** ᗅᘔ

לאה *LAH* (ch)

1834 לָאָה (vrb) *law'aw* **Tran:** BE.IMPATIENT **Def:** Exhausted in strength, endurance, vigor or freshness. **KJV:** weary, grieve, faint, loath **Str:** #3811

1835 תְּלָאָה (fem) *tel'aw'aw* **Tran:** TROUBLE **Def:** A difficulty that brings about weariness. **KJV:** travail, trouble **Str:** #8513

1836 מַתְלָאָה (fem) *mat'tel'aw'aw* **Tran:** WEARINESS **KJV:** weariness, travail, trouble **Str:** #4972

להה *LHH* (ch)

1837 להה (vrb) *law'hah* **Tran:** FAINT **Def:** Lacking courage and spirit; weak, dizzy and likely to pass out. Lacking distinctness. **KJV:** faint, mad **Str:** #3856

ל *LW* (pr) **Act:** Join **Obj:** Wreath **AH:** Y∠

1838 לו / לוא / לי (com) *loo* **Tran:** WOULD.THAT **Def:** A yearning for certain direction or action. **Rel:** In the sense of joining. **KJV:** if, would, that, oh, peradventure, pray, though **Str:** #3863

לוא *LWA* (ch)

1839 אולי (com) *oo'lah'ee* **Tran:** POSSIBLY **Def:** Being within the limits of ability, capacity, or realization. A possible outcome. To desire what you are without. **Rel:** In the sense of joining. **KJV:** if, may, peradventure, unless **Str:** #0194

1840 אולם (com) *oo'lawm* **Tran:** BUT **Def:** On the contrary; an outcome desired. **Rel:** In the sense of joining. **KJV:** but, truly, surely, very, howbeit, wherefore, truly **Str:** #0199

לוה *LWH* (ch)

1841 לוה (vrb) *law'vaw* **Tran:** JOIN **Alt:** loan. **Def:** To bind together. **KJV:** join, lend, borrow, borrower, abide, cleave, lender **Str:** #3867

1842 לוה (masc) **Tran:** NEAR.YOU **Def:** As one who is joined. **KJV:** thee **Aramaic:** לות *lev'awth* #3890

1843 לויה (fem) *lo'yaw* **Tran:** GARLAND **Def:** As joined together. **KJV:** addition **Str:** #3914

1844 ליויה (fem) *liv'yaw* **Tran:** WREATH **Def:** As joined together. **KJV:** ornament **Str:** #3880

לז *LZ* (pr) **Obj:** Almond **Abs:** Perverse, This **Def:** A turning away from truth. **AH:** ℤ∠- The pictograph ∠ is a picture of a shepherd staff representing authority, the ℤ is a picture of a cutting implement. Combined these mean "authority cut."

1845 לזות (fem) *lez'ooth* **Tran:** PERVERSE **KJV:** perverse **Str:** #3891

הלז *HLZ* (ch)

1846 הלז (vrb) *hal'lawz* **Tran:** UPON.THIS **KJV:** this, that **Str:** #1975

1847 הלזה (fem) *hal'law'zeh* **Tran:** THIS.ONE **Def:** The one nearer or more immediately under observation or discussion. **KJV:** this **Str:** #1976

1848 חלזו (masc) *hal'lay'zoo* **Tran:** YONDER **KJV:** this **Str:** #1977

לוז *LWZ* (ch)

1849 לוז (vrb) *looz* **Tran:** PERVERSE **KJV:** forward, depart, perverse, perverseness **Str:** #3868

1850 לוז (masc) *looz* **Tran:** HAZEL **Def:** A light brown to strong yellowish-brown color; small trees or shrubs bearing nuts enclosed in a leafy involucres. **KJV:** hazel **Str:** #3869

~~~~~~~~~~

לח *LHh* (pr) **Act:** Lick, Filthy **Obj:** Moist, Tablet **Def:** When the lips are dry, the tongue licks the lips to moisten them. **AH:** ᗷᄂ - The pictograph ᄂ represents authority and the tongue as the authority, the ᗷ is a picture of wall that separates the inside from the outside. Combined these mean "tongue outside."

1851 לח (masc) *lakh / lay'akh* **Tran:** MOIST **Def:** Slightly or moderately wet. **Rel:** Anything that is moist or fresh. **KJV:** green, moist **Str:** #3892, #3893

1852 לחי (masc) *lekh'ee* **Tran:** JAW **Def:** From the moist cheeks. **KJV:** cheek, jaw, jawbone, bone **Str:** #3895

לחח *LHhHh* (ch)

1853 לחך / לקק (vrb) *law'kak / law'khak* **Tran:** LICK **KJV:** lap, lick **Str:** #3897, #3952

אלח *ALHh* (ch)

1854 אלח (vrb) *aw'lakh* **Tran:** BE.SLIMY **KJV:** filthy **Str:** #0444

לוח *LWHh* (ch) **Def:** A common writing material is wet clay. The letters can be easily inscribed and the clay hardens to preserve the record.

1855 לוח (masc) *loo'akh* **Tran:** SLAB **Def:** A wood or stone tablet or plank. Often used for writing. **KJV:** table, board, plate **Str:** #3871

מלח MLHh (ad)

1856 מלח (vrb) *maw'lakh* **Tran:** SEASON **Def:** To season with salt to enhance the flavor. **KJV:** salt, season, temper, vanish **Str:** #4414 **Aramaic:** *mel'akh* #4415

1857 מלח (masc) *mal'lawkh / meh'lakh* **Tran:** SALT **Def:** An ingredient that adds flavor to food and used in preserving foods. **KJV:** salt, maintenance, mariner **Str:** #4417, #4419 **Aramaic:** *mel'akh* #4416

1858 מלח (masc) *maw'lawkh* **Tran:** SOILED.RAGS **Def:** Dirly and worn-out rags soiled with bodily fluids. **Rel:** From their saltiness from bodily fluids. **KJV:** rotten rags **Str:** #4418

1859 מלחה (fem) *mel'ay'khaw* **Tran:** SALT **Def:** land of salt as barren. **KJV:** barren, barrenness, salt **Str:** #4420

1860 מלוח (masc) *mal'loo'akh* **Tran:** MALLOW **Def:** As growing around a salt marsh. **KJV:** mallow **Str:** #4408

לט LTh (pr) **Act:** Cover, Wrap **Obj:** Lizard **Abs:** Secret **Def:** The covering that covers and hides the face of a woman. **AH:** ⊗∠- The pictograph ∠ is a picture of the shepherd staff representing authority, the ⊗ is a picture of a basket or container. Combined these mean "authority contained."

1861 לט (masc) *lawt* **Tran:** SECRET **Def:** That which is unknown or hidden. **Rel:** A covering that hides what is behind. **KJV:** enchantment, softly, secretly, privily **Str:** #3909

1862 לוט (masc) *lote* **Tran:** LAUDANUM **Def:** An aromatic gum resin obtained from a tree and having a bitter slightly pungent taste. **KJV:** myrrh **Str:** #3910

לאט LATh (ch)

1863 לאט (vrb) *law'at* **Tran:** COVER **KJV:** cover **Str:** #3813

1864 לאט (masc) *lawt* **Tran:** SECRET **Def:** Something that is covered or hidden. **KJV:** cover **Str:** #3814

לטא LThA (ch) **Def:** A hiding by covering.

1865 לטאה (fem) *let'aw'aw* **Tran:** LIZARD **Def:** From the camouflaging capability of the lizard to hide. **KJV:** lizard **Str:** #3911

להט LHTh (ch)

1866 להט (vrb) *law'hat* **Tran:** BLAZE **KJV:** fire, burn, kindle, **Str:** #3857

1867 להט (masc) *lah'hat* **Tran:** BLAZING **Def:** To burn, flash or shine brightly. Also, used for the magic of magicians. **KJV:** flaming, enchantment **Str:** #3858

לוט *LWTh* (ch)

1868 לוט (vrb) *loot* **Tran:** WRAP.TIGHTLY **Def:** To cover something by wrapping it. **KJV:** wrap, cast **Str:** #3874

1869 לוט (masc) *lote* **Tran:** TIGHTLY.WRAPPED **Def:** To cover or encircle tightly. **KJV:** covering **Str:** #3875

מלט *MLTh* (ad)

1870 מלט (vrb) *maw'lat* **Tran:** SLIP.AWAY **Def:** To get away through deliverance or escape. **KJV:** escape, deliver, save, alone, get, lay, preserve **Str:** #4422

1871 מלט (masc) *meh'let* **Tran:** MORTAR **Def:** The mortar of bricks as slippery. **KJV:** clay **Str:** #4423

קלט *QLTh* (ad) **Rel:** hiding behind a covering

1872 קלט (vrb) *kaw'lat* **Tran:** DEFORM **Def:** To be physically deformed in some manner, which is usually hidden or covered. **KJV:** lacking **Str:** #7038

1873 מקלט (masc) *mik'lawt* **Tran:** ASYLUM **Def:** A place one may run to for safety from an avenger or from ridicule due to an infirmaty. **KJV:** refuge **Str:** #4733

לך *LK* (pr) **Act:** Walk, Travel, Reign **Obj:** Messenger, Journey, King, Stick **Abs:** Kingdom **Def:** A nomad traveled on foot with a staff in his hand to provide support in walking as well as a weapon to defend against predators or thief's. **AH:** 𐤔𐤋 - The pictograph 𐤋 is a picture of shepherd staff, the 𐤔 is a picture of the palm of the hand. Combined these mean "staff in the palm."

לאך *LAK* (ch) **Def:** One who walks for another.

1874 מלאך (masc) *mal'awk* **Tran:** MESSENGER **Def:** One who bears a message or runs an errand. Walks for another. **KJV:** angel, messenger, ambassador **Str:** #4397 **Aramaic:** *mal'ak* #4398

1875 מלאכות (fem) *mal'ak'ooth* **Tran:** MESSAGE **KJV:** message **Str:** #4400

1876 מלאכה (fem) *mel'aw'kaw* **Tran:** BUSINESS **Def:** The principal occupation of one's life. A service. **KJV:** work, business, workmanship, goods, cattle, stuff, thing **Str:** #4399

הלך *HLK* (ch)

1877 הלך (vrb) *haw'lak / yaw'lak* **Tran:** WALK **Alt:** take. **Def:** To move along on foot; walk a journey; to go. Also, customs as a lifestyle that is walked or lived. **KJV:** walk, away, along, go, come **Str:** #1980, #3212 **Aramaic:** הוך *hook / hal'ak* #1946, #1981

1878 הלך (masc) *hay'lek* **Tran:** TRAVELER **Def:** payment for traveling. **KJV:** custom, traveler, drop **Str:** #1982 **Aramaic:** *hal'awk* #1983

1879 הליך (masc) *haw'leek* **Tran:** STEP **Def:** For walking up an incline. **KJV:** step **Str:** #1978

1880 הליכה (fem) *hal'ee'kaw* **Tran:** PROCESSION **Def:** The walk or lifestyle of an individual or company. **KJV:** way, goings, company, walk **Str:** #1979

1881 מהלך (masc) *mah'hal'awk / mah'lake* **Tran:** JOURNEY **Def:** place to walk. **KJV:** walk, journey **Str:** #4108, #4109

1882 תהלוכה (fem) *tah'hal'oo'kaw* **Tran:** PROCEED **KJV:** go **Str:** #8418

מלך *MLK* (ad) **Rel:** walking among the people

1883 מלך (vrb) *maw'lak* **Tran:** REIGN **Def:** To rule over a kingdom as king or queen. **KJV:** reign, king, made, queen, consult, rule, set **Str:** #4427

1884 מלך (masc) *meh'lek* **Tran:** KING **Def:** The male ruler of a nation or city state. **KJV:** king, royal, counsel **Str:** #4428 **Aramaic:** *meh'lek / mel'ak* #4430, #4431

1885 מלכה (fem) *mal'kaw* **Tran:** QUEEN **Def:** A female ruler of a region. **KJV:** queen **Str:** #4436 **Aramaic:** מלכא #4433

1886 מלכת (fem) *mel'eh'keth* **Tran:** QUEEN **KJV:** queen **Str:** #4446

1887 מלכות (fem) *mal'kooth* **Tran:** EMPIRE **Def:** The area under the control of a king; a kingdom. **KJV:** kingdom, reign,

Benner's Lexicon of Biblical Hebrew

royal, empire, estate, realm, kingly **Str:** #4438 **Aramaic:** מלכו *mal'koo* #4437

1888 ממלכה (fem) *mam'law'kaw* **Tran:** KINGDOM **Def:** The area under the control of a king. **KJV:** kingdom, royal, reign **Str:** #4467

1889 ממלכות (fem) *mam'law'kooth* **Tran:** KINGDOM **KJV:** kingdom, reign **Str:** #4468

1890 מלוכה (fem) *mel'oo'kaw* **Tran:** KINGDOM **KJV:** kingdom, royal **Str:** #4410

פלך *PLK* (ad) **Rel:** using a staff

1891 פלך (masc) *peh'lek* **Tran:** STAFF **KJV:** part, staff, distaff **Str:** #6418

לל *LL* (pr) **Act:** Howl **Obj:** Night, Loop, Staircase **Def:** When the night comes, the night sky is rolled out like a scroll. When daylight comes, the night sky is rolled up like a scroll. **AH:** ㇑ ㇑

ללא *LLA* (ch)

1892 לולאה (fem) *loo'law'aw* **Tran:** LOOP **Def:** A circular object that is open in the middle. **KJV:** loop **Str:** #3924

לול *LWL* (ch) **Def:** A spiral set of steps.

1893 לול (masc) *lool* **Tran:** STAIRCASE **KJV:** winding stair **Str:** #3883

ילל *YLL* (ch) **Def:** The sound of the wolf, a night predator.

1894 ילל (vrb) *yaw'lal* **Tran:** HOWL **Def:** To make a loud wail in grief or pain. **KJV:** howl, howling **Str:** #3213

1895 ילל (masc) *yel'ale* **Tran:** HOWLING **KJV:** howling **Str:** #3214

1896 יללה (fem) *yel'aw'law* **Tran:** HOWLING **KJV:** howling **Str:** #3215

1897 תולל (masc) *to'lawl* **Tran:** TORMENTOR **KJV:** waste **Str:** #8437

ליל *LYL* (ch)

1898 ליל / לילה (masc) *lah'yil* **Tran:** NIGHT **Alt:** tonight. **Def:** The time from dusk to dawn. The hours associated with darkness and sleep. **KJV:** night, season, midnight **Str:** #3915

1899 לילית (fem) *lee'leeth* **Tran:** OWL **Def:** night creature. **KJV:** screech owl **Str:** #3917

1900 לילי (fem) **Tran:** NIGHTTIME **KJV:** night **Aramaic:** ליליא *lay'leh'yaw* #3916

לם *LM* (pr) **Act:** Bind, Strike, Learn **Obj:** Staff, Sheaf, People, Hammer, Goad **Abs:** Toward **Def:** The shepherd always carried his staff for guiding, leading and protecting the flock. The flock was bound to the shepherd, as the staff was a sign of his authority over the sheep. The yoke was a staff laid across the shoulders of two oxen. The oxen were then tied to the yokes at the neck, binding the two together for plowing or pulling a cart. A people bound together. A wound bound with bandages. **AH:** ∿∠ - The pictograph ∠ is a picture of a shepherd staff, the ∿ is a picture of water representing might. Combined these mean "staff of might."

1901 תלם (masc) *teh'lem* **Tran:** FURROW **Def:** A line scratched in the soil made by oxen while plowing a field. **KJV:** furrow, ridge **Str:** #8525

אלם *ALM* (ch)

1902 אלם (vrb) *aw'lam* **Tran:** BIND.UP **Def:** To tie something. The tying of the tongue, silence. **KJV:** dumb, silent, binding **Str:** #0481

1903 אלם (masc) *ay'lem* **Tran:** SILENT **KJV:** congregation **Str:** #0482

1904 אלום (masc) *al'oom'maw* **Tran:** BOUND.SHEAF **Def:** Stalks and ears of a cereal grass bound together. A sheaf of grain that is bound. **KJV:** sheaf **Str:** #0485

1905 אילם (masc) *il'lame* **Tran:** MUTE **Def:** Inability to speak. A bound-up tongue. **KJV:** dumb **Str:** #0483

1906 אלמון (masc) *al'mone* **Tran:** WIDOWHOOD **Def:** In a state of being a widow. **KJV:** forsaken **Str:** #0489

1907 אלמן (masc) *al'mawn* **Tran:** FORSAKEN **Def:** As bound in grief. **KJV:** forsaken **Str:** #0488

1908 אלמנה (fem) *al'maw'naw* **Tran:** WIDOW **Def:** A woman who has lost her husband by death. **Rel:** A widow will return to her family's tent and be "bound" to them and be provided for and protected by them. **KJV:** widow, desolate **Str:** #0490

1909 אלמנות (fem) *al'maw'nooth* **Tran:** WIDOWHOOD **Def:** In a state of being a widow. **Rel:** A widow will return to her family's tent and be "bound" to them and be provided for and protected by them. **KJV:** widow, widowhood **Str:** #0491

1910 אולם (masc) *oo'lawm* **Tran:** PORCH **Def:** An exterior appendage to a building, forming a covered approach or vestibule to a doorway. **Rel:** As being bound to the structure. **KJV:** porch **Str:** #0197

1911 אלמוני (masc) *al'mo'nee* **Tran:** SUCH **Def:** An unidentified person or place as bound up in uncertainty. **KJV:** such, one **Str:** #0492

לאם *LAM* (ch) **Def:** A group of people bound together.

1912 לאום (masc) *leh'ome* **Tran:** COMMUNITY **Def:** A unified body of individuals; a group of people bound together. **KJV:** people, nation, folk **Str:** #3816

הלם *HLM* (ch)

1913 הלם (vrb) *haw'lam* **Tran:** STRIKE **Def:** To hit or beat in order to break or smash. **KJV:** smite, break, beat **Str:** #1986

1914 הלמות (fem) *hal'mooth* **Tran:** HAMMER **Def:** As used for striking. **KJV:** hammer **Str:** #1989

1915 מהלומה (fem) *mah'hal'oom'maw* **Tran:** STROKE **Def:** As the stroke of the hammer as it comes down. **KJV:** stroke, stripe **Str:** #4112

להם *LHM* (ch) **Def:** Bound with bandages.

1916 להם (vrb) *law'ham* **Tran:** WOUND **KJV:** wound **Str:** #3859

כלם *KLM* (ad)

1917 כלם (vrb) *kaw'lawm* **Tran:** SHAME **Def:** To feel pain through something dishonorable, improper or ridiculous. **KJV:** ashamed, confound, shame, blush, hurt, reproach, confusion **Str:** #3637

1918 כלימה (fem) *kel'im'maw* **Tran:** SHAME **Def:** The painful feeling of something dishonorable, improper, ridiculous, done by oneself or another. **KJV:** shame, confusion, dishonour, reproach **Str:** #3639

1919 כלימות (fem) *kel'im'mooth* **Tran:** SHAME **KJV:** shame **Str:** #3640

    למד *LMD* (ad) **Def:** The directing the path of the ox by goading it. A learning by goading. **Rel:** goading

1920 למד (vrb) *law'mad* **Tran:** LEARN **Alt:** teach. **Def:** To acquire knowledge or skill through instruction from one who is experienced. **KJV:** teach, learn, instruct, expert, skilful, teacher **Str:** #3925

1921 מלמד (masc) *mal'mawd* **Tran:** GOAD **Def:** A stick with a pointed end for driving livestock. **KJV:** goad **Str:** #4451

1922 לימוד (masc) *lim'mood* **Tran:** STUDENT **Def:** One who is goaded in a direction. **KJV:** learned, disciple, taught, used, accustomed **Str:** #3928

1923 תלמיד (masc) *tal'meed* **Tran:** STUDENT **KJV:** scholar **Str:** #8527

לן *LN* (pr) **Act:** Stay **Obj:** Inn **AH:** ⌐╱

    לון *LWN* (ch)

1924 לון / לין (vrb) *loon* **Tran:** STAY.THE.NIGHT **Def:** To remain or stay through the night. **KJV:** lodge, night, abide, remain, tarry, continue, dwell, endure, left, lie **Str:** #3885

1925 מלון (masc) *maw'lone* **Tran:** PLACE.OF.LODGING **Def:** An establishment for lodging and entertaining travelers. A place for spending the night. **KJV:** inn, lodge **Str:** #4411

1926 מלונה (fem) *mel'oo'naw* **Tran:** LODGE **Def:** place for spending the night. **KJV:** lodge, cottage **Str:** #4412

לע *LAh* (pr) **Act:** Swallow, Devour, Mock **Obj:** Throat, Bitter **AH:** ⊙╱

1927 לע (masc) *lo'ah* **Tran:** THROAT **KJV:** throat **Str:** #3930

1928 תלע (masc) *taw'law* **Tran:** CRIMSON **Def:** The color of the throat. **KJV:** scarlet **Str:** #8529

לוע *LWAh* (ch)

1929 לוע (vrb) *loo'ah* **Tran:** SWALLOW **KJV:** swallow **Str:** #3886

ילע *YLAh* (ch)

1930 ילע (vrb) *yaw'lah* **Tran:** DEVOUR **KJV:** devour **Str:** #3216

1931 תולע (masc) *to'law* **Tran:** KERMES **Alt:** crimson. **Def:** The 'coccus ilicis,' a worm used for medicinal purposes as well as for making a crimson or scarlet dye. **KJV:** worm **Str:** #8438

1932 תולעה (fem) *to'law* **Tran:** CRIMSON **Def:** reddish scarlet color. **KJV:** scarlet, crimson **Str:** #8438

לעג *LAhG* (ad) **Def:** A mocking by stammering or imitation of a foreign tongue. **Rel:** as coming from the throat

1933 לעג (vrb) *law'ag* **Tran:** MOCK **KJV:** mock, scorn, laugh, deride, stammer **Str:** #3932

1934 לעג (masc) *lah'ag / law'ayg* **Tran:** MOCKING **KJV:** scorn, derision, mocker, stammer **Str:** #3933, #3934

1935 ליעג (masc) *il'layg* **Tran:** MOCKER **KJV:** stammerer **Str:** #5926

לעז *LAhZ* (ad) **Def:** The unintelligible speech of one with a strange language. **Rel:** as coming from the throat

1936 לעז (vrb) *law'az* **Tran:** SPEAK.UNINTELLIGIBLY **Def:** To speak unintelligibly. **KJV:** strange language **Str:** #3937

לעט *LAhTh* (ad) **Rel:** swallowing

1937 לעט (vrb) *law'at* **Tran:** PROVIDE.FOOD **Def:** Supply nourishment. **KJV:** feed **Str:** #3938

לען *LAhN* (ad) **Rel:** swallowing

1938 לענה (fem) *lah'an'aw* **Tran:** HEMLOCK **Def:** An unknown bitter plant. **KJV:** wormwood, hemlock **Str:** #3939

עלע *AhLAh* (ad) **Rel:** as the work of the throat

1939 עלע (vrb) *aw'lah* **Tran:** SUCK **KJV:** suck **Str:** #5966

לף *LP* (pr) **Obj:** Scab **AH:** ܡܶܠ

ילף *YLP* (ch)

1940 יֶלֶפֶת (fem) *yal'leh'feth* **Tran:** SKIN.SORE **KJV:** scab **Str:** #3217

לפד *LPD* (ad)

1941 לַפִּיד (masc) *lap'peed* **Tran:** TORCH **Def:** A burning stick of resinous wood. Also, lightning as a torch in the night sky. **KJV:** lamp, firebrand, torch, brand, lightning, burning **Str:** #3940

לץ *LTs* (pr) **Act:** Scorn, Urge, Mimic, Interpret **Def:** The sound of one speaking a foreign language or the mocking of another's speech. **AH:** ᒣᒐ- The pictograph ᒐ represents authority and the tongue as the authority, the ᒣ is a picture of a man on his side representing trouble. Combined these mean "tongue of trouble."

1942 לָצוֹן (masc) *law'tsone* **Tran:** SCORN **KJV:** scornful, scorning **Str:** #3944

לצץ *LTsTs* (ch)

1943 לָצַץ (vrb) *law'tsats* **Tran:** SCORN **KJV:** scorner **Str:** #3945

אלץ *ALTs* (ch)

1944 אָלַץ (vrb) *aw'lats* **Tran:** URGE **KJV:** urge **Str:** #0509

לוץ *LWTs* (ch)

1945 לוּץ (vrb) *loots* **Tran:** MIMIC **Alt:** interpret; mocking or mocker. **Def:** To imitate another person's speech as an interpretation or in mocking. **KJV:** scorner, scorn, interpreter, mocker, ambassador, derision, mocker, scornful, teacher **Str:** #3887

ליץ *LYTs* (ch)

1946 מְלִיצָה (fem) *mel'ee'tsaw* **Tran:** INTERPRETATION **KJV:** interpretation, taunting **Str:** #4426

קלס *QLS* (ad) **Rel:** mocking

1947 קָלַס (vrb) *kaw'las* **Tran:** RIDICULE **KJV:** mock, scorn, scoff **Str:** #7046

1948 קֶלֶס (masc) *keh'les* **Tran:** RIDICULE **KJV:** derision **Str:** #7047

1949 קלסה (fem) *kal'law'saw* **Tran:** RIDICULING **KJV:** mocking **Str:** #7048

לק *LQ* (pr) **Act:** Gather, Squeeze, Capture, Take **Obj:** Portion, Smooth, Concubine, Tong, Pouch **Abs:** Oppression **AH:** ℘ℓ - The pictograph ℓ is a picture of a shepherd staff that is used to gather the sheep, the ℘ is a picture of the sun at the horizon and the light gathered to it. Both of these letters have the meaning of "gathering."

דלק *DLQ* (ad) **Def:** The building heat of a fire or passion.

1950 דלק (vrb) *daw'lak* **Tran:** INFLAME **Def:** To excite to excessive or uncontrollable action or feeling. **KJV:** pursue, kindle, chase, persecute, persecutor, inflame **Str:** #1814 **Aramaic:** *del'ak* #1815

1951 דלקת (fem) *dal'lek'keth* **Tran:** INFLAMMATION **KJV:** inflammation **Str:** #1816

חלק *HhLQ* (ad) **Def:** The father's estate is totaled and divided up for the sons, the eldest receiving a double portion. **Rel:** a gathering of what is to be divided

1952 חלק (vrb) *khaw'lak* **Tran:** DISTRIBUTE **Alt:** divide **Def:** To divide and mete out according to a plan among the appropriate recipients. **KJV:** divide, flatter, part, distribute, dealt, smooth, give, impart, partner, portion, receive, separate **Str:** #2505

1953 חלק (masc) *khay'lek* **Tran:** DISTRIBUTION **Def:** An individual's part or share of something. The portions dispersed out. **KJV:** portion, part, inheritance, partaker **Str:** #2506

1954 חלקה (fem) *khel'kaw* **Tran:** PARCEL **Def:** A section or portion of land that has been purchased or aquired. **KJV:** portion, parcel, piece, field, plat, part, ground places **Str:** #2513

1955 מחלקה (fem) **Tran:** PORTION **Def:** The part received from what was divided. **KJV:** courses **Aramaic:** #4255

1956 מחלקת (fem) *makh'al'o'keth* **Tran:** PORTION **Def:** The part received from what was divided. **KJV:** course, division portion, company **Str:** #4256

1957 חלוקה (fem) *khal'ook'kaw* **Tran:** PORTION **Def:** The part received from what was divided. **KJV:** division **Str:** #2515

חלק *HhLQ* (ad) **Def:** To take a pile of something and smooth it out dispersing the material evenly. **Rel:** a gathering of what is to be divided

1958 חלק (masc) *khaw'lawk* **Tran:** SLICK **Def:** The portions dispersed out. **KJV:** flattering, smooth **Str:** #2509

1959 חלקה (fem) *khal'ak'kaw / khel'kaw* **Tran:** SMOOTH **Def:** Having an even, continuous surface. This word can also mean "flattery" in the sense of being slippery. **KJV:** flattering, flattery, smooth **Str:** #2513, #2514

1960 חלוק (masc) *khal'look* **Tran:** SMOOTH **Def:** smooth surface. **KJV:** smooth **Str:** #2512

1961 חלקלקה (fem) *khal'ak'lak'kaw* **Tran:** SLIPPERY **Def:** As on a smooth surface. **KJV:** slippery **Str:** #2519

לחן *LHhN* (ad) **Rel:** gathering

1962 לחן (fem) **Tran:** CONCUBINE **KJV:** concubine **Aramaic:** *lekh'ay'naw* #3904

לחץ *LHhTs* (ad) **Rel:** gathering

1963 לחץ (vrb) *law'khats* **Tran:** SQUEEZE **Def:** To exert pressure either physically or emotionally. **KJV:** oppress, afflict, crush, fast, force, oppressor, thrust **Str:** #3905

1964 לחץ (masc) *lakh'ats* **Tran:** SQUEEZING **Def:** Pressure being exerted, either physically or emotionally. **KJV:** oppression, affliction **Str:** #3906

לכד *LKD* (ad) **Def:** A taking by grabbing hold as a snare grabs its victim. **Rel:** gathering

1965 לכד (vrb) *law'kad* **Tran:** TRAP **Def:** To forcefully take or seize. **KJV:** take, catch, frozen, hold, stick **Str:** #3920

1966 לכד (masc) *leh'ked* **Tran:** TRAP **Def:** Used for capturing. **KJV:** taken **Str:** #3921

1967 מלכודת (fem) *mal'ko'deth* **Tran:** TRAP **Def:** Used for capturing. **KJV:** trap **Str:** #4434

לקח *LQHh* (ad) **Rel:** gathering

Benner's Lexicon of Biblical Hebrew

1968 לקח (vrb) *law'kakh* **Tran:** TAKE **Def:** To receive what is given; to gain possession by seizing. **KJV:** take, receive, fetch, bring, get, carry, marry, buy **Str:** #3947

1969 לקח (masc) *leh'kakh* **Tran:** LEARNING **Def:** Teachings and instructions that are received. **Rel:** In the sense of being taken. **KJV:** doctrine, learning speech **Str:** #3948

1970 מלקח (masc) *mel'kawkh* **Tran:** TONG **Def:** An instrument used for grasping, having two arms working together. A tool for taking coals out of the fire. **KJV:** tong, snuffer **Str:** #4457

1971 מלקוח (masc) *mal'ko'akh* **Tran:** BOOTY **Def:** As tongs for taking food. What is taken. **KJV:** prey, booty, jaw **Str:** #4455

לקט *LQTh* (ad) **Rel:** gathering

1972 לקט (vrb) *law'kat* **Tran:** PICK.UP **Def:** To take hold of and lift up; to gather together. **KJV:** gather, glean **Str:** #3950

1973 לקט (masc) *leh'ket* **Tran:** GLEANINGS **KJV:** gleaning **Str:** #3951

1974 ילקוט (masc) *yal'koot* **Tran:** POUCH **Def:** For gathering items together. **KJV:** scrip **Str:** #3219

לקש *LQSh* (ad) **Def:** A late gathering of a crop after a late rain. **Rel:** gathering

1975 לקש (vrb) *law'kash* **Tran:** GARNER **Def:** To gather in the late crop. **KJV:** gather **Str:** #3953

1976 לקש (masc) *leh'kesh* **Tran:** AFTER.GROWTH **KJV:** latter growth **Str:** #3954

1977 מלקוש (masc) *mal'koshe* **Tran:** LATE.RAIN **Def:** A late rain that causes a latter growth of crops. **KJV:** latter rain **Str:** #4456

מלק *MLQ* (ad) **Def:** The wringing of a birds neck to kill it by removing the head.

1978 מלק (vrb) *maw'lak* **Tran:** SNAP.OFF **Def:** To remove the head, usually of a bird, at the neck. **KJV:** wring **Str:** #4454

~~~~~~~~~~

לש *LSh* (pr) **Act:** Knead **Obj:** Lion **AH:** ݀

לוש *LWSh* (ch)

1979 לוש (vrb) *loosh* **Tran:** KNEAD **Def:** To work and press dough. Knead dough for bread. **KJV:** knead **Str:** #3888

ליש *LYSh* (ch)

1980 ליש (masc) *lah'yish* **Tran:** LION **Def:** From the act of kneading its prey when caught. **KJV:** lion **Str:** #3918

פלש *PLSh* (ad) **Def:** A rolling around in dust or ashes as a sign of morning) **Rel:** rolling the dough

1981 פלש (vrb) *paw'lash* **Tran:** WALLOW **KJV:** wallow, roll **Str:** #6428

לשד *LShD* (ad) **Def:** The moistness of something fresh.

1982 לשד (masc) *lesh'ad* **Tran:** FRESH **Def:** Something that is fresh and moist. **KJV:** fresh, moisture **Str:** #3955

לשן *LShN* (ad) **Def:** The wagging of the tongue when talking or slandering.

1983 לשן (vrb) *law'shan* **Tran:** SLANDER **Def:** To slander another as a wagging of the tongue. **KJV:** slander, accuse **Str:** #3960

1984 לישן (masc) **Tran:** LANGUAGE **Def:** As coming from the movement of the tongue. **KJV:** language **Aramaic:** *lish'shawn* #3961

1985 לשון (masc) *law'shone* **Tran:** TONGUE **Def:** A fleshy moveable process on the floor of the mouth used in speaking and eating. Also, language as a tongue. **KJV:** tongue, language, bay, wedge, babbler, flame, talker **Str:** #3956

Mem

מא *MA* (pr) **Obj:** Hundred **AH:** 𐤌𐤀

1986 מאיה (fem) *may'aw* **Tran:** HUNDRED **Def:** A specific number but also a large amount without any reference to a specific number. **Rel:** Originally an unknowable amount, but also to mean a hundred. **KJV:** hundred, hundredth, hundredfold **Str:** #3967 **Aramaic:** *meh'aw* #3969

מג *MG* (pr) **Act:** Dissolve **Def:** The washing away by water. **AH:** ✓〰- The pictograph 〰 is a picture of water, the ✓ is a picture of foot representing the idea of carrying something. Combined these mean "water carries."

מוג *MWG* (ch)

1987 מוג (vrb) *moog* **Tran:** DISSOLVE **Def:** To loose the bonds of something. To make something disappear. **KJV:** melt, dissolve, faint, consume, fainthearted, soft **Str:** #4127

מד *MD* (pr) **Act:** Stretch, Measure **Obj:** Carpet, Long, Garment **Abs:** Continue **Def:** A carpet was stretched-out to cover the dirt floor of the tent. A bowl of water was located at the door so that one could wash his feet before stepping on the carpet. A garment as a rectangular piece of cloth, similar to a carpet, used as a covering for the body. **AH:** ▽〰- The pictograph 〰 is a picture of water, the ▽ is a picture of a tent door. Combined these mean "water at the door."

1988 מד (masc) *mad* **Tran:** LONG.GARMENT **Def:** A piece of clothing of unusual length. **KJV:** garment, armour, measure, raiment, judgment, clothes **Str:** #4055

1989 מדה (fem) *mid'daw* **Tran:** MEASUREMENT **Def:** A size or distance that is determined by comparing to a standard of measure. **KJV:** measure, piece, stature, size, meteyard, garment, tribute, wide, toll, tribute **Str:** #4060 **Aramaic:** מנדה #4061

1990 מדון (masc) *maw'dohn* **Tran:** LENGTH **Def:** From the length of a garment. **KJV:** stature **Str:** #4067

1991 ממד (masc) *may'mad* **Tran:** LENGTH **Def:** From the length of a garment. **KJV:** measures **Str:** #4461

מדד *MDD* (ch) **Def:** From the length of the garment as a measurement.

1992 מדד (vrb) *maw'dad* **Tran:** MEASURE **Def:** To determine the length of something by comparing it to a standard of measure. **KJV:** measure, mete, stretch **Str:** #4058

1993 מדד (masc) *mid'dad* **Tran:** LONG **KJV:** gone **Str:** #4059

מוד *MWD* (ch) **Def:** From the length of the garment as a measurement.

1994 מוד (vrb) *mood* **Tran:** MEASURE **KJV:** measure **Str:** #4128

מדו *MDW* (ch)

1995 מדו (masc) *meh'dev* **Tran:** GARMENT **KJV:** garment **Str:** #4063

מיד *MYD* (ch) **Def:** A stretching out of time.

1996 תמיד (masc) *taw'meed* **Tran:** CONTINUALLY **Def:** Happening without interruption or cessation; continuous in time. **KJV:** continually, continual, daily, always, ever, perpetual, evermore, never **Str:** #8548

מה *MH* (pr) **Obj:** Sea **Def:** The sea (Mediterranean) is a place of the unknown (what is beyond or what is below). It is feared by the Ancient Hebrews because of its size, storms and fierceness. A hundred as an unknowable amount. **AH:** ᗯᗰ- The pictograph ᗰ is a picture of water.

1997 מה (masc) *mah'yim* **Tran:** WATER **Def:** The Liquid of streams, ponds and seas or stored in cisterns or jars. The necessary liquid that is drank. (Always written in the plural form) **Rel:** The sea as the place of the unknown or anything that is an unknown or in question. **KJV:** water, piss, waterspring **Str:** #4325

מהה *MHH* (ch) **Def:** A questioning of forward motion.

1998 מהה (vrb) *maw'hah* **Tran:** LINGER **Def:** To be slow in parting or in quitting something. **KJV:** linger, tarry, delay, stay **Str:** #4102

מו *MW* (pr) **Abs:** What **AH:** Ꮞᗰ

1999 מו (com) *bem'o / kem'o / lem'o* **Tran:** THAT.ONE **Alt:** as; this. **Def:** Being the person, thing, or idea specified, mentioned, or understood. (Always prefixed with the letter ב meaning "in," the letter "ל" meaning "to," or the letter "כ" meaning "like.") **KJV:** when, as, like, according to, with, in, into, through, for, at, to, upon, **Str:** #1119, #3644, #3926

מז *MZ* (pr) **Act:** Burn **AH:** 🔥〰

מזה *MZH* (ch)

2000 מזה (masc) *maw'zeh* **Tran:** EXHAUSTED **Def:** Drained of strength and energy; fatigued. **KJV:** burnt **Str:** #4198

מח *MHh* (pr) **Act:** Strike, Smear **Obj:** Marrow, Gash, Ointment **Def:** The marrow is a buttery liquid inside the bones and is used as a choice food. To obtain the marrow, the bone must be struck to break it open. **AH:** 𐤄〰- The pictograph 〰 is a picture of water or other liquid, the 𐤄 is a picture of a wall that separates the inside from the outside. Combined these mean "liquid inside."

2001 מח (masc) *may'akh* **Tran:** FAT.ONE **Rel:** In the sense of the fat of the marrow. **KJV:** fatling, fat one **Str:** #4220

2002 מחי (masc) *mekh'ee* **Tran:** BATTERING.RAM **Def:** An engine of war for battering down walls. **KJV:** engine **Str:** #4239

מחא *MHhA* (ch)

2003 מחא (vrb) *maw'khaw* **Tran:** CLAP **Def:** The striking of the bone to break it open to access the marrow. The clapping of the hands. **KJV:** clap, smote, hang **Str:** #4222 **Aramaic:** *mekh'aw* #4223

מחה *MHhH* (ch) **Def:** The smearing of the marrow onto a food.

2004 מחה (vrb) *maw'khaw* **Tran:** WIPE.AWAY **Def:** To remove by drying or sweeping away through rubbing; to polish in the sense of a vigorous rubbing; erase. **KJV:** out, destroy, wipe, blot, polish, marrow, reach **Str:** #4229

מוח *MWHh* (ch)

2005 מוח (masc) *mo'akh* **Tran:** MARROW **KJV:** marrow **Str:** #4221

מחץ *MHhTs* (ad) **Def:** A large gash from the strike of a sword or arrow.

2006 מחץ (vrb) *maw'khats* **Tran:** STRIKE.THROUGH **KJV:** wound, smite, pierce, strike, dip **Str:** #4272

2007 מחץ (masc) *makh'ats* **Tran:** GASH **KJV:** stroke **Str:** #4273

מחק MHhQ (ad)

2008 מחק (vrb) *maw'khak* **Tran:** STRIKE.THROUGH **KJV:** smite **Str:** #4277

משח MShHh (ad) **Def:** Ointments were made from oils and smeared on injuries for healing. Oil was also smeared on the heads of individuals who are being given the office of a prophet, priest or king as a sign of authority. **Rel:** as a drawing out

2009 משח (vrb) *maw'shakh* **Tran:** SMEAR **Def:** To overspread with oil for medical treatment or as a sign of authority. **KJV:** anoint, paint **Str:** #4886

2010 משח (masc) **Tran:** OIL **Def:** What is smeared. **KJV:** oil **Aramaic:** *mesh'akh* #4887

2011 משחה (fem) *meesh'khaw* **Tran:** OINTMENT **Def:** An oil or other liquid that is smeared on an animal or person for healing or dedication. **KJV:** anointing, anointed, ointment **Str:** #4888

2012 משיח (masc) *maw'shee'akh* **Tran:** SMEARED **Def:** Someone or something that has been smeared or annointed with an oil as a medication or a sign of taking an office. An anointed one; a messiah. **KJV:** anointed, messiah **Str:** #4899

2013 ממשח (masc) *mim'shakh* **Tran:** SMEARED **Def:** One who is smeared with oil. **KJV:** anointed **Str:** #4473

צמח TsMHh (ad) **Def:** The springing up of a plant or bud.

2014 צמח (vrb) *tsaw'makh* **Tran:** SPRING.UP **Def:** To grow up as a plant. **KJV:** grow, spring, bring, bud, bear **Str:** #6779

2015 צמח (masc) *tseh'makh* **Tran:** SPRIG **Def:** plant that sprouts out of the ground or a bud that sprouts out of a tree. **KJV:** branch, bud, grew, spring **Str:** #6780

רמח RMHh (ad)

2016 רומח (masc) *ro'makh* **Tran:** SPEAR **KJV:** spear, lance **Str:** #7420

מט MTh (pr) **Act:** Shake, Join **Obj:** Branch, Yoke **Def:** A green branch still contains water allowing the branch to be flexible. A green branch can then be bent to the desired shape and left to dry. **AH:** ⊗∿- The pictograph ∿ is a picture of water, the ⊗ is a picture of a basket which contains objects. Combined these mean "liquid contained."

מטה *MThH* (ch)

2017 מטה (masc) *mat'teh* **Tran:** BRANCH **Def:** A branch used as a staff. Also, a tribe as a branch of the family. **KJV:** tribe, rod, staff, stave **Str:** #4294

מוט *MWTh* (ch) **Def:** The yoke is a branch or pole cut green then shaped to the desired shape and left to dry.

2018 מוט (vrb) *mote* **Tran:** TOTTER **Def:** To waver as a green branch. **KJV:** move, remove, slip, carry, cast, course, decay, fall, shake, slide **Str:** #4131

2019 מוט (masc) *mote* **Tran:** BAR **Def:** The bent bar of the yoke that goes around the neck, also a branch that is used as pole. A slipping or wavering of the foot. **KJV:** bar, moved, staff, yoke **Str:** #4132

2020 מוטה (fem) *mo'taw* **Tran:** POLE **Def:** The bent bar of the yoke that goes around the neck, also a branch that is used as pole. **KJV:** bar, moved, staff, yoke **Str:** #4133

צמד *TsMD* (ad) **Def:** The joining of two animals together for plowing a field.

2021 צמד (vrb) *tsaw'mad* **Tran:** FASTEN **Def:** To be joined to another as in a yoke. **KJV:** join, fasten, frame **Str:** #6775

2022 צמד (masc) *tseh'med* **Tran:** YOKE **Def:** pair of animals in a yoke or two of something as yoked together. **KJV:** yoke, couple, two, together **Str:** #6776

2023 צמד (masc) *tseh'med* **Tran:** TSEMED **Def:** A standard of measure. The amount land that can be plowed in one day by a yoke of oxen. **KJV:** acre **Str:** #6776

2024 צמיד (masc) *tsaw'meed* **Tran:** BRACELET **Def:** An ornamental band or chain worn around the wrist. As the ends joined together. **KJV:** bracelet, covering **Str:** #6781

חמט *HhMTh* (ad)

2025 חומט (masc) *kho'met* **Tran:** SNAIL **Def:** An unknown creature. **KJV:** snail **Str:** #2546

מך *MK* (pr) **Act:** Tumble **Obj:** Low, Ruin **Def:** Something brought low in submission, humility or wealth. **AH:** 𐤔𐤌- The pictograph 𐤌 is a picture of water and represents might from the strength of the sea, the 𐤔 is a picture of the bent palm and represents the bending or subduing of the will. Combined these mean "might subdued."

מכך *MKK* (ch)

2026 מכך (vrb) *maw'kak* **Tran:** TUMBLE **Def:** bringing down of a person in humility or a building in ruin. **KJV:** low, decay **Str:** #4355

מוך *MWK* (ch)

2027 מוך (vrb) *mook* **Tran:** BE.LOW **Def:** To be brought down low in poverty. **KJV:** poor **Str:** #4134

מל *ML* (pr) **Act:** Speak, Fill, Mix, Cut **Obj:** Word, Ear, Firstfruits, Speech, Front **Abs:** Continue **Def:** A continuation of segments, which fill the whole. **AH:** ∠𐤌

2028 מלה (fem) *mil'law* **Tran:** COMMENT **Def:** A word or speech as a remark, observation, or criticism. **Rel:** A chain of words blended together to form sentences. **KJV:** word, speech, say, speaking, byword, matter, speak, talking **Str:** #4405 **Aramaic:** #4406

מלל *MLL* (ch) **Def:** A chain of words blended together to form sentences.

2029 מלל (vrb) *maw'lal* **Tran:** TALK **Def:** To deliver or express in spoken words. **KJV:** speak, utter, say **Str:** #4448 **Aramaic:** *mel'al* #4449

2030 מלילה (fem) *mel'ee'law* **Tran:** HEAD.OF.WHEAT **Def:** A conglomeration of grain seeds together. **KJV:** ear **Str:** #4425

אמל *AML* (ch) **Def:** Chain or words to form a sentence. Also a sickness as a break in the chain of the body.

2031 אמר (vrb) *aw'mar* **Tran:** SAY **Alt:** talk **Def:** To speak chains of words that form sentences. **KJV:** say, speak, answer, command, tell, call, promise **Str:** #0559 **Aramaic:** *am'ar* #0560

2032 אמר (masc) *ay'mer* **Tran:** STATEMENT **Def:** A single declaration or remark. **KJV:** word, speech, saying, appointed, answer **Str:** #0561

2033 אמרה (fem) *im'raw* **Tran:** SPEECH **Def:** The chain of words when speaking. **KJV:** word, speech, commandment **Str:** #0565

2034 מאמר (masc) *mah'am'ar* **Tran:** WORD **KJV:** commandment, decree **Str:** #3982 **Aramaic:** #3983

2035 אמיר (masc) *aw'meer* **Tran:** BRANCH **Def:** The conglomeration of branches of the tree. **KJV:** bough, branch **Str:** #0534

2036 אומר (masc) *o'mer* **Tran:** MATTER **Def:** A word or utterance that is spoken about. **KJV:** word, speech, thing, promise **Str:** #0562

2037 מאמר (masc) **Tran:** WORD **KJV:** appointment, word **Aramaic:** *may'mar* #3983

מלא *MLA* (ch) **Def:** A conglomeration of ingredients for filling up something.

2038 מלא (vrb) *maw'lay* **Tran:** FILL **Alt:** fulfill; fully; set (the setting of stone). **Def:** To occupy to the full capacity. **KJV:** fill, full, fulfill, consecrate, accomplish, replenish, wholly, set, expire, fully, gather, overflow, satisfy **Str:** #4390 **Aramaic:** *mel'aw* #4391

2039 מלא (masc) מלאה (fem) *maw'lay* **Tran:** FULL **Def:** Containing as much or as many as is possible or normal. **KJV:** full, fill child, fully, much, multitude, worth **Str:** #4392

2040 מלאה (fem) *mel'ay'aw* **Tran:** RIPE.FRUIT **Def:** Fruit that has come to full maturity and fit for eating. **KJV:** fruit, fullness **Str:** #4395

2041 מלאת (fem) *mil'layth* **Tran:** FULL **KJV:** fitly **Str:** #4402

2042 מריא (masc) *mer'ee* **Tran:** FATLING **Def:** In the sense of being full. **KJV:** fatling, fat, fed **Str:** #4806

2043 מלו (masc) *mel'o* **Tran:** FILLING **Def:** An act or instance of filling; something used to fill a cavity, container, or depression. **KJV:** full, fullness, therein, all, fill, handful, multitude **Str:** #4393

2044 מלוא (masc) *mil'loo* **Tran:** INSTALLATION **Def:** Placed in its proper and permanent position. **KJV:** consecration, set **Str:** #4394

2045 מלואה (fem) *mil'loo'aw* **Tran:** SETTING **Def:** A recess for filling with a stone or other ornament. **KJV:** inclosing, setting **Str:** #4396

המל *HML* (ch)

2046 המולה (fem) *ham'ool'law* **Tran:** SPEECH **KJV:** tumult, speech **Str:** #1999

מהל *MHL* (ch) **Def:** A filling with another substance.

2047 מהל (vrb) *maw'hal* **Tran:** MIX **KJV:** mix **Str:** #4107

מול *MWL* (ch) **Def:** The front of a long series of the same. The past is seen as "in front" in ancient Hebrew thought because the past can be seen while the future is unseen and therefore behind.

2048 מול (vrb) *mool* **Tran:** SNIP.OFF **Def:** To cut off the front part (Often used in the context of circumcision). **KJV:** circumcise, destroy, cut, need **Str:** #4135

2049 מול (masc) *mool* **Tran:** FOREFRONT **Alt:** in place. **Def:** In front of or at the head of, in space or time. **KJV:** against, toward, before, forefront, from, with **Str:** #4136

2050 מולה (fem) *moo'law* **Tran:** CIRCUMCISION **Def:** The removal of the front part of the male sexual organ. **KJV:** circumcision **Str:** #4139

2051 תמול (masc) *tem'ole* **Tran:** YESTERDAY **Alt:** previously. **Def:** On the day last past. Idiomatic for a time past. **KJV:** yesterday **Str:** #8543

2052 אתמול (masc) *eth'mole* **Tran:** TIMES.PAST **Def:** time that is before. **KJV:** yesterday, before, old, late **Str:** #0865

נמל *NML* (ad) **Rel:** as cut into segments

2053 נמל (vrb) *naw'mal* **Tran:** CUT.OFF **Def:** To discontinue or terminate. To sever the tip or end. **KJV:** cut off, cut down, circumcise **Str:** #5243

2054 נמלה (fem) *nem'aw'law* **Tran:** ANT **Def:** segmented insect as cut in the middle. **KJV:** ant **Str:** #5244

מם *MM* (pr) **Obj:** Blemish **Abs:** Nothing **AH:** ᨞᨞

    מאם *MAM* (ch) **Def:** Anything that is considered useless or without value. A blemish that causes something to be valueless.

2055 מום (masc) *moom* **Tran:** BLEMISH **Def:** A defect or incompleteness that makes on useless or valueless. **KJV:** blemish, spot, blot **Str:** #3971

2056 מאומה (fem) *meh'oo'maw* **Tran:** ANYTHING **Def:** An indeterminate amount or thing. **KJV:** anything, nothing, ought, any, fault, harm, nought, somewhat **Str:** #3972

מן *MN* (pr) **Act:** Refuse **Obj:** Portion, Number, Right, Kind **Abs:** Likeness, What **Def:** When a seed is watered the plant comes out from it growing tall and firm.AI3543 **AH:** ᨞᨞- The pictograph ᨞᨞ is a picture of water, the ᨞ is a picture of a seed. Combined these mean "water and seed."

2057 מן (masc) מנה (fem) *maw'naw* **Tran:** SHARE **Def:** A portion that is provided to a group or person to meet their needs. **Rel:** What comes from something else as one kind comes from the same. **KJV:** portion, part, belonged **Str:** #4490

2058 מה (com) *maw* **Tran:** WHAT **Alt:** how; why; how many; what is the reason. **Def:** Interrogative expressing inquiry about the identity, nature, or value of an object. Can also be why, when or how. **KJV:** what, how, why, whereby, wherein, how **Str:** #4100 **Aramaic:** מן / מא *maw / maw / mawn* #3964, #4101, #4479

2059 מי (com) *me* **Tran:** WHO **Def:** What or which person or persons. **KJV:** who, any, whose, what, if, whom **Str:** #4310

2060 מנת (fem) *men'awth* **Tran:** PORTION **Def:** set amount as coming from another. **KJV:** portion **Str:** #4521

    מנן *MNN* (ch) **Def:** A numbering of a kind.

2061 מינין (masc) Tran: NUMBER **KJV:** number **Aramaic:** *min'yawn* #4510

    מאן *MAN* (ch) **Def:** A strength of the will.

2062 מאן (vrb) *maw'ane* **Tran:** REFUSE **Def:** To express one's self as being unwilling to accept. **KJV:** refuse **Str:** #3985

2063 מאן (masc) *maw'ane / may'ane* **Tran:** REFUSING **Def:** Rejection of a proposal, denial. **KJV:** refuse **Str:** #3986, #3987

מנה MNH (ch) **Def:** The grouping together and counting of those that are of the same kind.

2064 מנה (vrb) *maw'naw* **Tran:** RECKON **Def:** To appoint, assign, count or number a set of things or people. **KJV:** number, prepare, appoint, tell, count, set **Str:** #4487 **Aramaic:** מנא *men'aw* #4483

2065 מנה (masc) *maw'neh* **Tran:** MANEH **Def:** A standard of measure. **KJV:** mene, maneh, pound **Str:** #4488 **Aramaic:** מנא *men'ay* #4484

2066 מונה (masc) *mo'neh* **Tran:** TIME **Def:** The measured or measurable period during which an action, process or condition exists or continues. A counting or reckoning of time. **KJV:** time **Str:** #4489

מון MWN (ch) **Def:** Those that come from the same kind, look alike.

2067 תמונה (fem) *tem'oo'naw* **Tran:** RESEMBLANCE **Def:** To be of like kind. Having attributes that are similar in shape, size or value. **KJV:** likeness, similitude, image **Str:** #8544

ימן YMN (ch) **Def:** The right hand as the strong hand. The Hebrews oriented direction according to the rising sun therefore, the south is to the right.

2068 ימן / אמן (vrb) *aw'man / yaw'man* **Tran:** GO.RIGHT **Def:** To choose, turn or go to the right hand. **KJV:** turn right **Str:** #0541, #3231

2069 ימין (fem) *yaw'meen* **Tran:** RIGHT.HAND **Def:** The hand on the right side of a person. Also, a direction as in "to the right." **KJV:** hand, right, side, south **Str:** #3225

2070 ימני (masc) *yem'aw'nee* **Tran:** RIGHT **Def:** A direction as in to the right. **KJV:** right, right hand **Str:** #3233

2071 תימן (fem) *tay'mawn* **Tran:** SOUTHWARD **Def:** A cardinal point to the right of east. **Rel:** When facing east (the rising sun) and the right arm is lifted straight out away from the side, the right hand is pointing south. **KJV:** south, southward **Str:** #8486

2072 יְמִינִי (masc) *yem'ee'nee* **Tran:** RIGHT **Def:** The right hand or the direction of the right hand. **KJV:** right **Str:** #3227

מִין *MYN* (ch) **Def:** A category of species as coming from the same kind.

2073 מֵן (masc) *mane* **Tran:** STRINGED.INSTRUMENT **KJV:** stringed instrument **Str:** #4482

2074 מִן / מִנִּי (com) *min* **Tran:** FROM **Alt:** before. **Def:** A function word indicating a starting point or origin. (The short form "מְ" is used as a prefix meaning "from") **Rel:** In the sense of the plant coming out of the seed. **KJV:** among, with, of, from, part, before, after, because, therefore, out, for, than **Str:** #4480 **Aramaic:** #4481

2075 מִין (masc) *meen* **Tran:** KIND **Def:** A category of creature that comes from its own kind as a firm rule. **KJV:** kind **Str:** #4327

מנע *MNAh* (ad)

2076 מנע (vrb) *maw'nah* **Tran:** WITHHOLD **Def:** To hold back from action. **KJV:** withhold, keep, refrain, deny, hinder, restrain **Str:** #4513

מס *MS* (pr) **Act:** Melt, Dissover, Mix **Obj:** Mixed wine **Abs:** Affliction **Def:** The dissolving or melting away of something. **AH:** ⟟⌇

2077 מס (masc) *mas / mawce* **Tran:** TASK.WORK **Def:** A forced labor or service. **Rel:** A wasting or fainting away due to an outside force. **KJV:** afflict, tribute, tributary, levy, discomfit, taskmaster **Str:** #4522, #4523

2078 מיסה (fem) *mis'saw* **Tran:** PROPORTION **Def:** An offering. **KJV:** tribute **Str:** #4530

2079 תמס (masc) *teh'mes* **Tran:** MELT **KJV:** melt **Str:** #8557

מסס *MSS* (ch)

2080 מסס (vrb) *maw'sas* **Tran:** MELT.AWAY **Def:** To become liquefied by warmth or heat. Also, the dissolving of the heart through fear or discouragement. **KJV:** melt, faint, discouraged, loose, molten, refuse **Str:** #4549

מאס *MAS* (ch)

2081 מאס (vrb) *maw'as* **Tran:** REJECT **Def:** To refuse an action or thought that is not wanted or is despised. **Rel:** In the sense of dissolving. **KJV:** despise, refuse, reject, abhor, **Str:** #3988

2082 מאוס (masc) *maw'oce* **Tran:** DISSOLVE **Def:** Something that is dissolved through refusal. **KJV:** refuse **Str:** #3973

המס *HMS* (ch)

2083 המס (masc) *haw'mawce* **Tran:** MELT **KJV:** melting **Str:** #2003

מסה *MSH* (ch)

2084 מסה (vrb) *maw'saw* **Tran:** MELT **KJV:** melt, consume, water **Str:** #4529

מסך *MSK* (ad) **Def:** The mixture of water and wine.

2085 מסך (vrb) *maw'sak* **Tran:** MIX **Def:** To mix water with wine. **KJV:** mingle **Str:** #4537

2086 מסך / מזג (masc) *meh'sek / meh'zeg* **Tran:** MIXED.WINE **Def:** mixture of water and wine. **KJV:** mixture, liquor **Str:** #4197, #4538

2087 ממסך (masc) *mam'sawk* **Tran:** MIXTURE **Def:** What is mixed. **KJV:** mixed wine, drink offering **Str:** #4469

עמס *AhMS* (ad) **Def:** The lifting or carrying of a burden or load.

2088 עמש (vrb) *aw'mas* **Tran:** LOAD **Def:** That which is put on a person or pack animal to be carried. **KJV:** load, put, borne, burden **Str:** #6006

2089 מעמסה (fem) *mah'am'aw'saw* **Tran:** BURDENSOME **KJV:** burdensome **Str:** #4614

מע *MAh* (pr) **Obj:** Belly, Sand **Def:** The gut is the seat of the unconscious mind where ones instincts reside. **AH:** ⊙ᴡ- The pictograph ᴡ is a picture of water representing what is Unknown, the ⊙ is a picture of an eye representing knowing. Combined these mean "Unknown knowing."

2090 מעה (fem) *may'aw* **Tran:** SAND **KJV:** sand **Str:** #4579

מעה *MAhH* (ch)

2091 מעה (masc) *may'aw* **Tran:** ABDOMEN **Def:** The gut, the internal organs of the lower torso, the seat of the unconscious mind. **KJV:** bowels, heart, womb, belly **Str:** #4578 **Aramaic:** מעא *meh'aw* #4577

מץ *MTs* (pr) **Act:** Squeeze, Suck, Find, Wring **Obj:** Chaff **Abs:** Strong **Def:** When one strengthens the sides internal pressure is forced on the sides of the upper body. **AH:** ᒣ ᗢ - The pictograph ᗢ is a picture of water representing might, the ᒣ representing the side. Combined these mean "mighty sides."

2092 מץ (masc) *moots* **Tran:** SQUEEZE **KJV:** extortioner **Str:** #4160

מצץ *MTsTs* (ch) **Def:** A pressing with the lips.

2093 מצץ (vrb) *maw'tsats* **Tran:** SUCK **KJV:** milk **Str:** #4711

2094 מצה (fem) *mats'tsaw* **Tran:** UNLEAVENED.BREAD **Def:** A hard and flat bread or cake made without yeast. **Rel:** As a food that can be sucked on. **KJV:** unleavened bread, cakes, unleavened, without leaven **Str:** #4682

אמץ *AMTs* (ch) **Def:** A strong pressure or pressing. A mental strength of courage or determination.

2095 אמץ (vrb) *aw'mats* **Tran:** BE.STRONG **Def:** To be mentally astute, firm, obstinate or courageous. Having or marked by great physical, moral or intellectual power. **KJV:** strengthen, courage, strong, courageous, harden, speed, stronger, confirm, establish, fortify, increase, obstinate, prevail **Str:** #0553

2096 אמצה (fem) *am'tsaw* **Tran:** STRENGTH **KJV:** strength **Str:** #0556

2097 מאמץ (masc) *mah'am'awts* **Tran:** STRENGTH **KJV:** forces **Str:** #3981

2098 אמיץ (masc) *am'meets* **Tran:** STRONG **KJV:** strong, mighty, courageous **Str:** #0533

2099 אמוץ (masc) *aw'mohts* **Tran:** STRONG **KJV:** bay **Str:** #0554

2100 אומץ (masc) *o'mets* **Tran:** STRONG **KJV:** strong **Str:** #0555

מצא *MTsA* (ch) **Def:** In the sense of squeezing something out of its hidden place.

2101 מצא (vrb) *maw'tsaw* **Tran:** FIND **Alt:** reveal. **Def:** To come upon, often accidentally; to meet with; to discover and secure through searching. **KJV:** find, present, come, meet, befall, get, suffice, deliver, hit, left, hold, reach **Str:** #4672 **Aramaic:** מטא *met'aw* #4291

מצה *MTsH* (ch) **Def:** A squeezing out of a liquid by wringing.

2102 מצה (vrb) *maw'tsaw* **Tran:** DRAIN **Def:** To squeeze out by wringing. **KJV:** wring, suck **Str:** #4680

מוץ *MWTs* (ch) **Def:** When a seed of grain is squeezed the chaff is removed.

2103 מוץ (masc) *motes* **Tran:** CHAFF **Def:** The dry, scaly protective casings of grain seeds. **KJV:** chaff **Str:** #4671

מיץ *MYTs* (ch) **Def:** A squeezing out of a liquid by wringing.

2104 מיץ (masc) *meets* **Tran:** WRING **KJV:** churn, wring, force **Str:** #4330

מצח *MTsHh* (ad)

2105 מצח (masc) *may'tsakh* **Tran:** FOREHEAD **Def:** The part of the face which extends from the hair on the top of the head to the eyes. Impudence, confidence, or assurance. The seat of boldness of speech and actions. **Rel:** Through the sense of hardness. **KJV:** forehead, impudent, brow **Str:** #4696

2106 מצחה (fem) *mits'khaw* **Tran:** LEG.ARMOR **Def:** As hard. **KJV:** greave **Str:** #4697

מק *MQ* (pr) **Act:** Rot, Stink, Dry **Def:** During the summer months water holes begin to dry out and the organic matter that remains begins to rot and stink. **AH:** ᛦᓬ- The pictograph ᓬ is a picture of water, the ᛦ is a picture of the sun at the horizon representing the gathering or condensing of light. Combined these mean "water condensed."

2107 מק (masc) *mak* **Tran:** STINK **Rel:** The stinking smell of rotting vegetation. **KJV:** stink, rottenness **Str:** #4716

מקק *MQQ* (ch) **Def:** The rotting vegetation of a dried up pond.

2108 מקק (vrb) *maw'kak* **Tran:** ROT **Def:** To deteriorate, disintegrate, fall, or become weak due to decay. **KJV:** pine, consume, corrupt, dissolve **Str:** #4743

מוק *MWQ* (ch)

2109 מוק (vrb) *mook* **Tran:** ROTTEN **KJV:** corrupt **Str:** #4167

צמק *TsMQ* (ad) **Def:** Grapes are left out in the sun to dry and shriveled up. The raisins can them be stored for later use as they will not spoil. **Rel:** dried up

2110 צמק (vrb) *tsaw'mak* **Tran:** DRY **Def:** To be dry and shriveled up as grapes in the sun. **KJV:** dry **Str:** #6784

2111 צימוק (masc) *tsam'mook* **Tran:** RAISINS **Def:** Raisins that remain on the cluster. **KJV:** raisins **Str:** #6778

~~~~~~~~~~

מר *MR* (pr) **Act:** Irritate, Hurry, Rebel, Rub, Scour **Obj:** Bitter, Pit **Abs:** Weak, Pain, Rebellion **AH:** ℛ⌇- The pictograph ⌇ is a picture of water, the ℛ is a picture of a head. Combined these mean "water head" or headwaters.

2112 מר (masc) מרה (fem) *mar / mar* **Tran:** BITTER **Def:** A difficult taste or experience. **Rel:** The headwaters of a river are only a trickle and have stagnant pools causing the water to be bitter. Something that is bitter of taste or attitude. Rebellion is one with a bitter attitude. **KJV:** bitter, bitterness, bitterly, chafed, angry, discontented, heavy **Str:** #4751, #4752

2113 מרי (masc) *mer'ee* **Tran:** REBELLIOUS **KJV:** rebellious, rebellion, bitter, rebel **Str:** #4805

2114 ממר (masc) *meh'mer* **Tran:** BITTERNESS **KJV:** bitterness **Str:** #4470

מרר *MRR* (ch) **Def:** The headwaters of a river are only a trickle and have stagnant pools causing the water to be bitter. Rebellion is one with a bitter attitude.

2115 מרר (vrb) *maw'rar* **Tran:** BE.BITTER **Alt:** provoke. **Def:** Having a harsh, disagreeably acrid taste. One of the four basic taste sensations. **KJV:** bitterness, bitter, bitterly, choler, grieve, provoke, vex **Str:** #4843

2116 מררה (fem) *mer'ay'raw / mor'raw* **Tran:** BILE **Def:** The bitter stomach fluid. **KJV:** gall, bitterness **Str:** #4787, #4845

2117 מרירות (fem) *mer'ee'rooth* **Tran:** BITTER **Def:** Bitterness **KJV:** bitterness **Str:** #4814

2118 מרור (masc) *mer'ore* **Tran:** BITTER **KJV:** bitter, bitterness **Str:** #4844

2119 מרורה (fem) *mer'o'raw* **Tran:** GALL **Def:** The bitter fluids of a serpent. **KJV:** gall, bitter **Str:** #4846

2120 ממרור (masc) *mam'rore* **Tran:** BITTER.HERBS **Def:** Edible plants, that when eaten brings tears to the eyes. **KJV:** bitterness **Str:** #4472

2121 מרירי (masc) *mer'ee'ree* **Tran:** HARSH **Def:** A bitter action. **KJV:** bitter **Str:** #4815

2122 תמרור (masc) *tam'roor* **Tran:** BITTER **KJV:** bitter, bitterly **Str:** #8563

אמר *AMR* (ch) **Def:** A weakness from a bitter sickness.

2123 אמל (vrb) *aw'mal* **Tran:** WEAK **KJV:** languish, feeble, weak **Str:** #0535

2124 אמלל (masc) *am'ay'lawl* **Tran:** WEAK **KJV:** feeble **Str:** #0537

2125 אימר (masc) **Tran:** LAMB **Def:** weak animal. **KJV:** lamb **Aramaic:** *im'mar* #0563

2126 אומלל (masc) *oom'lal* **Tran:** FEEBLE **KJV:** weak **Str:** #0536

מאר *MAR* (ch) **Def:** A bitter irritation from disease.

2127 מאר (vrb) *maw'ar* **Tran:** IRRITATE **KJV:** fretting, pricking **Str:** #3992

מרא *MRA* (ch)

2128 מרא (vrb) *maw'raw* **Tran:** FLAP.THE.WINGS **Def:** To put into as much as can be held or conveniently contained. To occupy the whole of with fruit, fat or other produce. **KJV:** filthy, lift **Str:** #4754

2129 מרא (masc) **Tran:** LORD **Def:** As one who is full of authority. **KJV:** lord **Aramaic:** *maw'ray* #4756

המר *HMR* (ch) **Def:** The bitterness of the water in a stagnant pit.

Benner's Lexicon of Biblical Hebrew

2130 מהמרה (fem) *mah'ham'o'raw* **Tran:** PIT **Def:** deep hole. **KJV:** deep pit **Str:** #4113

מהר *MHR* (ch)

2131 מהר (vrb) *maw'har / maw'har* **Tran:** HURRY **Def:** To carry or cause to go with haste. **KJV:** haste, swift, quick, soon, speed, headlong, rash, fearful, ready, short, straightway, suddenly, endow **Str:** #4116, #4117

2132 מהר (masc) מהרה (fem) *mah'hare / meh'hay'raw* **Tran:** QUICKLY **Def:** To act on a matter as soon as possible. **KJV:** quickly, speedily, hastily, soon, suddenly, at once, swiftly, shortly **Str:** #4118, #4120

2133 מהיר (masc) *maw'here* **Tran:** DILIGENT **Def:** To be efficient, prompt and attentive. **Rel:** In the sense of being quick. **KJV:** ready, diligent, hasting **Str:** #4106

2134 מוהר (masc) *mo'har* **Tran:** BRIDE.PRICE **Def:** A payment given by or in behalf of a prospective husband to the bride's family. **KJV:** dowry **Str:** #4119

מרה *MRH* (ch)

2135 מרה (vrb) *maw'raw* **Tran:** DISOBEY **Def:** To neglect or refuse to obey; to rebel against. **KJV:** rebel, rebellious, provoke, disobedient, against, bitter, change, disobey, grievously, provocation **Str:** #4784

2136 מורה (masc) *mo'raw* **Tran:** RAZOR **KJV:** razor **Str:** #4177

מור *MWR* (ch)

2137 מור (vrb) *moor* **Tran:** CONVERT **KJV:** change, remove, exchange **Str:** #4171

2138 מור (masc) *mor* **Tran:** MYRRH **Def:** A sweet-smelling spice. Used as an exchange due to its monetary value. **KJV:** myrrh **Str:** #4753

2139 מורה (fem) *mo'raw* **Tran:** GRIEF **Def:** Deep and poignant distress caused by or as if by bereavement. As an exchange. **KJV:** grief **Str:** #4786

2140 תמורה (fem) *tem'oo'raw* **Tran:** EXCHANGE **KJV:** exchange, change, recompense, restitution **Str:** #8545

ימר *YMR* (ch)

2141 יֹמַר (vrb) *yaw'mar* **Tran:** EXCHANGE **KJV:** change, boast **Str:** #3235

גמר *GMR* (ad) **Def:** A coming to an end in perfection or failure.

2142 גמר (vrb) *gaw'mar* **Tran:** BE.NO.MORE **KJV:** cease, fail, end, perfect, perform **Str:** #1584 **Aramaic:** *ghem'ar* #1585

מרד *MRD* (ad) **Rel:** bitterness

2143 מרד (vrb) *maw'rad* **Tran:** REBEL **Def:** To oppose or disobey one in authority or control. **KJV:** rebel, rebellious, rebels **Str:** #4775

2144 מרד (masc) *meh'red* **Tran:** REBELLION **KJV:** rebellion, rebellious **Str:** #4777 **Aramaic:** *mer'ad* / #4776, #4779

2145 מרדות (fem) *mar'dooth* **Tran:** REBELLION **KJV:** rebellious **Str:** #4780

מרח *MRHh* (ad) **Def:** A poultice is made by crushing a medicinal plant material and rubbing it onto a wound. **Rel:** rubbing

2146 מרח (vrb) *maw'rakh* **Tran:** RUB **KJV:** plaister **Str:** #4799

2147 מרוח (masc) *mer'o'akh* **Tran:** CRUMBLED **Def:** Broken into small pieces. [The meaning of this word is uncertain.] **KJV:** broken **Str:** #4790

מרט *MRTh* (ad) **Def:** Something that is polished or made smooth by rubbing or plucking. **Rel:** rubbing

2148 מרט (vrb) *maw'rat* **Tran:** HAIR.FELL.OUT **Def:** A plucking or falling out of the hair on the head. **KJV:** furbish, fall, pluck, peel **Str:** #4803 **Aramaic:** *mer'at* #4804

מרץ *MRTs* (ad) **Rel:** as bitter

2149 מרץ (vrb) *maw'rats* **Tran:** PAINFUL **KJV:** forcible, grievous, sore, embolden **Str:** #4834

מרק *MRQ* (ad) **Def:** A rubbing or scrubbing to cleanse or polish. **Rel:** rubbing

2150 מרק (vrb) *maw'rak* **Tran:** SCOUR **Def:** To briskly rub something. **KJV:** furbish, bright, scour **Str:** #4838

2151 מרק (masc) *maw'rawk* **Tran:** BROTH **KJV:** broth **Str:** #4839

2152 מרוק (masc) *maw'rook* **Tran:** SCOURING **Def:** brisk rubbing of the body with ointments. **KJV:** purification **Str:** #4795

2153 תמרוק / תמריק (masc) *tam'rook* **Tran:** CLEANSING **KJV:** purification, purifying, cleanse **Str:** #8562

נמר *NMR* (ad)

2154 נמר (masc) נמרה (fem) *naw'mare* **Tran:** LEOPARD **Def:** A species of felines. **KJV:** leopard **Str:** #5246 **Aramaic:** *nem'ar* #5245

צמר *TsMR* (ad)

2155 צמר (masc) *tseh'mer* **Tran:** WOOL **Def:** The sheared hair from the fleece of a sheep. **KJV:** woolen, wool **Str:** #6785

2156 צמרת (fem) *tsam'meh'reth* **Tran:** TOP **Def:** The top of the tree. **KJV:** top, branch **Str:** #6788

תמר *TMR* (ad) **Def:** The standing tall and thin of a palm tree.

2157 תמר (masc) *taw'mawr* **Tran:** DATE.PALM **Def:** The tree that produces the date. An erect tree as a pillar. **KJV:** palm tree **Str:** #8558

2158 תימרה (fem) *tee'maw'raw* **Tran:** PILLAR **Def:** Straight and tall as a palm tree. **KJV:** pillar **Str:** #8490

2159 תומר (masc) *to'mer* **Tran:** PALM **Def:** The erect palm tree. **KJV:** palm tree **Str:** #8560

2160 תימור (fem) *tim'more* **Tran:** PALM **Def:** Figures of a palm tree. **KJV:** palm tree **Str:** #8561

2161 תמרור (masc) *tam'roor* **Tran:** POST **Def:** straight and tall pillar as a marker. **KJV:** heap **Str:** #8564

מש *MSh* (pr) **Act:** Touch, Grope, Draw, Remove **Obj:** Silk **AH:** ∾

2162 משי (masc) *meh'shee* **Tran:** SILK **Def:** smooth costly material for making garments. **KJV:** silk **Str:** #4897

משש *MShSh* (ch)

2163 משש (vrb) *maw'shash / moosh* **Tran:** GROPE **Def:** To feel about blindly or uncertainly in search of something. A groping around in the darkness to find something. **KJV:** grope, feel, search **Str:** #4184, #4959

אמש *AMSh* (ch) **Def:** The previous night or a time past.

2164 אמש (masc) *eh'mesh* **Tran:** LAST.NIGHT **Def:** The previous night or a time past. **KJV:** yesternight, former time, yesterday **Str:** #0570

משה *MShH* (ch) **Def:** A grabbing hold of something to bring it close to you.

2165 משה (vrb) *maw'shaw* **Tran:** PLUCK.OUT **Def:** To draw or pull out. **KJV:** draw **Str:** #4871

מוש *MWSh* (ch)

2166 מוש (vrb) *moosh* **Tran:** MOVE.AWAY **Def:** To pass from one place or position to another. **KJV:** depart, remove, take, back, cease **Str:** #4185

ימש *YMSh* (ch)

2167 מוש (vrb) *yaw'mash* **Tran:** FEEL **Def:** To handle or touch in order to examine, test or explore some quality. Reach out with the hand to touch. **KJV:** feel, handle **Str:** #3237

חמש *HhMSh* (ad) **Def:** A grabbing of something with the fingers. Also the number five from the fingers of the hand.

2168 חמש (vrb) *khaw'moosh* **Tran:** ARM.FOR.BATTLE **Def:** To grab weapons in preparation for battle. **KJV:** armed, harness **Str:** #2571

2169 חמש (vrb) *khaw'mash* **Tran:** TAKE.A.FIFTH **Def:** To separate out one equal portion out of five. **KJV:** fifth **Str:** #2567

2170 חמשה (masc) חמש (fem) *kham'ish'sheem / khaw'maysh* **Tran:** FIVE **Alt:** fifty. **Def:** A cardinal number, from the number of fingers on a hand. **KJV:** five, fifth, fifty, fiftieth **Str:** #2568, #2572

2171 חומש (masc) *kho'mesh / kho'mesh* **Tran:** FIFTH.PART **Def:** A fifth portion of five equal amounts. **KJV:** fifth **Str:** #2569, #2570

2172 חמישי (masc) *kham'ee'shee* **Tran:** FIFTH **Def:** An ordinal number. **KJV:** fifth **Str:** #2549

משך *MShK* (ad) **Def:** A drawing out of something such as a hand, bow, sound (as from a horn) or time. **Rel:** as a drawing out

2173 משך (vrb) *maw'shak* **Tran:** DRAW **Def:** To pull up or out of a receptacle or place; to draw or pull something out; to prolong in the sense of drawing out time; to draw out a sound from a horn. **KJV:** draw, prolong, scatter, continue, defer **Str:** #4900

2174 משך (masc) *meh'shek* **Tran:** ACQUIRING **KJV:** price, precious **Str:** #4901

2175 מושכה (fem) *mo'shek'aw* **Tran:** BOW **Def:** In the sense of being drawn to shoot. **KJV:** band **Str:** #4189

משק *MShQ* (ad)

2176 משק (masc) *meh'shek* **Tran:** ACQUISITION **Def:** Something gained by purchase or exchange. **KJV:** steward **Str:** #4943

מת *MT* (pr) **Act:** Die **Obj:** Man **Abs:** Mortality, Death **Def:** The length of time that something exists and ends. **AH:** ☩-∿- The pictograph ∿ is a picture of water representing chaos, the ☩ is a picture of two crossed sticks representing a mark or sign. Combined these mean "chaos mark."

2177 מת (masc) *math* **Tran:** MORTAL.MAN **Alt:** few (in the sense of being limited). **Def:** One subject to death. **Rel:** A length of time that comes to an end. **KJV:** man, few, friend, number, person, small **Str:** #4962

2178 מתי (com) *maw'thah'ee* **Tran:** HOW.LONG **Def:** An unknown duration of time. **KJV:** when, long **Str:** #4970

מות *MWT* (ch) **Def:** The end of time for what has died.

2179 מות (vrb) *mooth* **Tran:** DIE **Alt:** kill or be put to death. **Def:** To pass from physical life; to pass out of existence; to come to an end through death. **KJV:** die, dead, slay, death **Str:** #4191

2180 מות (masc) *maw'veth / mooth* **Tran:** DEATH **Def:** A permanent cessation of all vital functions; the end of life.

KJV: death, die, dead, deadly, slay **Str:** #4192, #4194
Aramaic: *mohth* #4193

2181 ממות (masc) *maw'mothe* **Tran:** PAINFUL.DEATH **KJV:** death **Str:** #4463

2182 תמותה (fem) *tem'oo'thaw* **Tran:** DEATH.SENTENCE **Def:** Appointed to die; worthy of death. **KJV:** death, die **Str:** #8546

צמת *TsMT* (ad) **Def:** Something that is permanently removed or destroyed. **Rel:** as cut off

2183 צמת (vrb) *tsaw'math* **Tran:** EXTERMINATE **Def:** To come to a permanent end. **KJV:** cut, destroy, vanish, consume **Str:** #6789

2184 צמיתות (fem) *tsem'ee'thooth* **Tran:** PERMANENT **Def:** Something that is continual. **KJV:** forever **Str:** #6783

Nun

נא *NA* (pr) **Act:** Plead, Forbid **Obj:** Raw, Pasture **Abs:** Beauty, Opposition **AH:** ⌐

2185 נא (masc) *naw* **Tran:** RAW **Def:** Uncooked meat. Meat that is not fit for consumption. **Rel:** A pleading for what is desired. **KJV:** raw **Str:** #4995

2186 נא / אנא / אנה (masc) *awn'naw / naw* **Tran:** PLEASE **Def:** A pleading or request for action from another. **KJV:** now, beseech, pray, oh, go **Str:** #0577, #4994

2187 נאה (fem) *naw'aw* **Tran:** PASTURE **Def:** As a place of beauty. **KJV:** habitation, pasture, house, place **Str:** #4999

נאה *NAH* (ch) **Def:** A place of beauty and comfort. In the sense of desire.

2188 נאה (vrb) *naw'aw* **Tran:** BEAUTY **KJV:** become, comely, beautiful **Str:** #4998

2189 נאוה (masc) *naw'veh* **Tran:** BEAUTY **KJV:** comely, seemly, becometh **Str:** #5000

נוא *NWA* (ch) **Def:** A refusal of a plea.

2190 נוא (vrb) *noo* **Tran:** FORBID **KJV:** dissalow, discourage, non effect, break **Str:** #5106

2191 תנואה (fem) *ten'oo'aw* **Tran:** DEFIANCE **KJV:** breach of promise, occasion **Str:** #8569

נב *NB* (pr) **Act:** Flourish, Hollow **Obj:** Fruit, Prophet **Abs:** Prophecy **Def:** A fruit hides the seeds inside it. **AH:** ⌐ס- The pictograph ⌐ is a picture of a seed, the ס is a picture of a tent or house representing what is inside. Combined these mean "seed inside."

נבב *NBB* (ch) **Def:** The inside of a box for holding something or is empty.

2192 נבב (vrb) *naw'bab* **Tran:** BORE.OUT **Def:** To form by making something hollow. **KJV:** hollow, vain **Str:** #5014

נוב *NWB* (ch)

2193 נוב (vrb) *noob* **Tran:** FLOURISH **Def:** To prolifically increase; to bear fruit. **KJV:** bring forth, increase, cheerful **Str:** #5107

2194 נוב (masc) *nobe* **Tran:** FRUIT **KJV:** fruit **Str:** #5108

2195 תנובה (fem) *ten'oo'baw* **Tran:** BOUNTY **KJV:** fruit, increase **Str:** #8570

נבח *NBHh* (ad)

2196 נבח (vrb) *naw'bakh* **Tran:** BARK **Def:** The sound made by a dog. **KJV:** bark **Str:** #5024

נבט *NBTh* (ad)

2197 נבט (vrb) *naw'bat* **Tran:** STARE **Def:** To carefully look; to make a close inspection. **KJV:** look, behold, consider, regard, see, respect **Str:** #5027

2198 מנבט (masc) *mab'bawt* **Tran:** EXPECTATION **Def:** As what is looked for. **KJV:** expectation **Str:** #4007

ענב *AhNB* (ad)

2199 ענב (masc) *ay'nawb* **Tran:** GRAPE **Def:** A smooth-skinned juicy greenish white to deep red or purple berry grown on a vine and eaten dried or fresh as a fruit or fermented to produce wine. **KJV:** grape, wine **Str:** #6025

נג *NG* (pr) **Act:** Touch, Drive, Shine, Gore, Play, Strike **Obj:** Morning, Bright, Music **Def:** The touching of the warmth of the morning sun or the touching of an animal with a stick to drive it. **AH:** ✓⌐

2200 נגה (fem) **Tran:** MORNING.LIGHT **Def:** As warm and bright. **Rel:** The warm touch of light. **KJV:** morning **Aramaic:** *no'gah* #5053

נהג *NHG* (ch) **Def:** The leading, pushing or guiding of a people or animal by a touch.

2201 נהג (vrb) *naw'hag* **Tran:** DRIVE **Def:** To set or keep in motion; to press or force into an activity, course, or direction. **KJV:** lead, away, drive, forth, guide, brought, acquainting **Str:** #5090

2202 מנהג (masc) *min'hawg* **Tran:** DRIVING **KJV:** driving **Str:** #4491

נגה *NGH* (ch) **Def:** The warm touch of light.

2203 נגה (vrb) *naw'gah* **Tran:** ENLIGHTEN **KJV:** shine, enlighten **Str:** #5050

2204 נוג / נגוהה (fem) *neg'o'haw / no'gah* **Tran:** BRIGHTNESS **Def:** bright or shining light. **KJV:** brightness, shining, bright, light **Str:** #5051, #5054

נגח *NGHh* (ad) **Rel:** touching

2205 נגח (vrb) *naw'gakh* **Tran:** GORE **Def:** To stab with the horns. **KJV:** push, gore **Str:** #5055

2206 נגח (masc) *nag'gawkh* **Tran:** GORER **Def:** An ox that is known to gore with the horns. **KJV:** push **Str:** #5056

נגן *NGN* (ad) **Rel:** the bright sound of music

2207 נגן (vrb) *naw'gan* **Tran:** PLAY **Def:** To play a musical instrument. **KJV:** play, instrument, minstrel, melody, player **Str:** #5059

2208 נגינה (fem) *neg'ee'naw* **Tran:** INSTRUMENTAL **KJV:** song, instrument, musick **Str:** #5058

2209 מנגינה (fem) *man'ghee'naw* **Tran:** MUSIC **KJV:** musick **Str:** #4485

נגס *NGS* (ad) **Rel:** touching

2210 נגש (vrb) *naw'gas* **Tran:** PUSH **Def:** To drive oxen or men. **KJV:** oppressor, taskmaster, exact, distress, oppress, driver, exactor, tax **Str:** #5065

נגע *NGAh* (ad) **Rel:** touching

2211 נגע (vrb) *naw'gah* **Tran:** TOUCH **Def:** To lay hands upon; to touch or strike; to be touched by a plague. **KJV:** touch, came, reach, bring, near, smite, nigh, plague, happen, strike, beat, cast, reach, join, lay **Str:** #5060

2212 נגע (masc) *neh'gah* **Tran:** TOUCH **Alt:** plague. **Def:** A mark as a sign of a touch; a mark indicating a sore, illness or epidemic. **KJV:** plague, sore, stroke, stripe, stricken, wound **Str:** #5061

נגף *NGP* (ad) **Rel:** touching

2213 נגף (vrb) *naw'gaf* **Tran:** SMITE **Def:** To deliver a hit with the intent to harm; to bring a plague in the sense of a striking. **KJV:** smite, worse, plague, hurt **Str:** #5062

2214 נגף (masc) *neh'ghef* **Tran:** STRIKING **Def:** The act of being hit. A plague as hitting the people. **KJV:** plague, stumbling **Str:** #5063

2215 מגפה (fem) *mag'gay'faw* **Tran:** PESTILENCE **Def:** A plague or other disaster that smites people or beasts. **KJV:** plague, slaughter, stroke **Str:** #4046

נגב *NGB* (ad)

2216 נגב (masc) *neh'gheb* **Tran:** SOUTH **Def:** A cardinal point of the compass lying directly opposite north. Also, the Negev, the desert region in the southern part of Israel. **Rel:** From an unused root meaning "parched." **KJV:** south, southward **Str:** #5045

נגד *NGD* (ad)

2217 נגד (vrb) *naw'gad* **Tran:** BE.FACE.TO.FACE **Alt:** tell. **Def:** To face another. **KJV:** tell, declare, show, utter, expound, messenger, report, issue **Str:** #5046 **Aramaic:** *neg'ad* #5047

2218 נגד (masc) *neh'ghed* **Tran:** OPPOSITE **Alt:** before; in the face of. **Def:** Something in front of; on the other side; in the presence of. **Rel:** In the sense of being face to face. **KJV:** before, against, about, presence, toward **Str:** #5048 **Aramaic:** #5049

2219 נגיד (masc) *naw'gheed* **Tran:** RULER **Def:** One who rules or is in charge of others through instructions. **Rel:** In the sense of being face to face. **KJV:** ruler, prince, captain, leader, governor, noble, excellent **Str:** #5057

נגר *NGR* (ad)

2220 נגר (vrb) *naw'gar* **Tran:** POUR **KJV:** pour, spill, fall, ran, trickle, shed **Str:** #5064

נד *ND* (pr) **Act:** Nod, Toss **Obj:** Mound, Skin-bag **Def:** A back-and-forth movement such as the shaking of the head. **AH:** ▽↜- The pictograph ↜ is a picture of a seed, the ▽ is a picture of the tent door that allows movement back-and-forth through the tent. Combined these mean "continue back-and-forth."

2221 נד (masc) *nade* **Tran:** HEAP **Def:** A large pile dirt or rubbish. **Rel:** A tossing into a pile. **KJV:** heap **Str:** #5067

2222 נדן (masc) *naw'dawn* **Tran:** TOSSINGS **Def:** Something that is tossed. **KJV:** gift **Str:** #5083

נדד *NDD* (ch)

2223 נדד (vrb) *naw'dad* **Tran:** TOSS **Def:** To heave or fling about; to throw with a quick, light, or careless motion; to be thrown about or wander around as nodding the head. **KJV:** flee, wander, chase, go **Str:** #5074 **Aramaic:** *ned'ad* #5075

2224 נדוד (masc) *naw'dood* **Tran:** TOSS **Def:** going back-and-forth. **KJV:** tossing **Str:** #5076

נאד *NAD* (ch) **Def:** A leather bag used for storing milk or wine. When milk is put in the bag and it is shaken back-and-forth the milk is turned into cheese.

2225 נוד / נואד (masc) נואדה (fem) *node* **Tran:** BOTTLE **Def:** A narrow-necked clay bottle used for storing wine or other fluids. **KJV:** bottle **Str:** #4997

נדה *NDH* (ch)

2226 נדא (vrb) *naw'daw* **Tran:** TOSS **KJV:** cast, put, drive **Str:** #5077

2227 נדה (masc) *nay'deh* **Tran:** TOSSINGS **Def:** Something that is tossed. **KJV:** gift **Str:** #5078

נוד *NWD* (ch)

2228 נוד (vrb) *nood* **Tran:** NOD **Def:** A quick downward motion of the head. To shake or wag out of pity, sorrow or wandering. **KJV:** bemoan, remove, vagabond, flee, get, mourn, move, pity, shake, skip, sorry, wag, wander, go **Str:** #5110 **Aramaic:** #5111

2229 נוד (masc) *node* **Tran:** NODDING **KJV:** wandering **Str:** #5112

2230 מנוד (masc) *maw'node* **Tran:** NOD **Def:** nodding of the head. **KJV:** shaking **Str:** #4493

ניד *NYD* (ch)

2231 ניד (masc) *need* **Tran:** NOD **Def:** The up and down moving of the lips. **KJV:** moving **Str:** #5205

2232 נידה (fem) *nee'daw / nid'daw* **Tran:** REMOVAL **Def:** Something that is taken away or thrown out. A menstruating woman that is removed from the camp. **KJV:** remove, separation, put apart, filthiness, flowers, far, set apart, menstruous, removed, unclean, uncleanness **Str:** #5079, #5206

נדב *NDB* (ad) **Def:** The offering of something with a willing heart as a sign of honor.

2233 נדב (vrb) *naw'dab* **Tran:** OFFER.WILLINGLY **Def:** To give from a willing heart. **KJV:** willingly, offer, freely, freewill, offering **Str:** #5068 **Aramaic:** *ned'ab* #5069

2234 נדבה (fem) *ned'aw'baw* **Tran:** FREEWILL.OFFERING **Def:** A voluntary or spontaneous gift as an offering out of respect or devotion. **KJV:** freewill, offering, free, willing, voluntary, plentiful, willingly **Str:** #5071

2235 נדיב (masc) *naw'deeb* **Tran:** WILLING **Def:** To give honor or offering out of one's own free will. **KJV:** prince, noble, willing, free, liberal **Str:** #5081

2236 נדיבה (fem) *ned'ee'baw* **Tran:** HONOR **Def:** Of one with a willing heart. **KJV:** soul **Str:** #5082

נדח *NDHh* (ad) **Rel:** being tossed to and fro

2237 נדח (vrb) *naw'dakh* **Tran:** DRIVE.OUT **Def:** To forcefully send someone or something out or away; to drive an axe through wood. **KJV:** drive, out, away, outcast, cast, banish, bring, astray, chase, compel, down, expel **Str:** #5080

נדן *NDN* (ad) **Def:** A covering for a knife or sword.

2238 נדן (masc) *naw'dawn* **Tran:** SHEATH **KJV:** sheath **Str:** #5084

2239 נידנה (fem) **Tran:** BODY **Def:** As a sheath for the soul. **KJV:** body **Aramaic:** *nid'neh* #5085

נדף *NDP* (ad) **Def:** The back-and-forth falling of a leaf as it falls from a tree. **Rel:** being tossed to and fro

2240 נדף (vrb) *naw'daf* **Tran:** TWIRL **Def:** To toss back-and-forth. **KJV:** drive, thrust, shake, toss **Str:** #5086

נדר *NDR* (ad) **Def:** A vow made where one promises to perform an act if another performs a certain act.

2241 נדר (vrb) *naw'dar* **Tran:** MAKE.A.VOW **Def:** To promise solemnly; to make an agreement where one promises an action if the other reciprocates with another action. **KJV:** vow **Str:** #5087

2242 נדר (masc) *neh'der* **Tran:** VOW **Def:** To promise solemnly. **KJV:** vow **Str:** #5088

נה *NH* (pr) **Act:** Mourn, Wail, Suppress **AH:** ᗊᔾ- The pictograph ᔾ is a picture of a seed representing continuance.

אנה *ANH* (ch)

2243 אנה (vrb) *aw'naw* **Tran:** MOURN **KJV:** lament, mourn **Str:** #0578

2244 אניה (fem) *an'ee'yaw* **Tran:** MOURNING **KJV:** sorrow, lamentation **Str:** #0592

נהה *NHH* (ch)

2245 נהה (vrb) *naw'haw* **Tran:** WAIL **KJV:** lament, wail **Str:** #5091

2246 נהי (masc) *neh'hee* **Tran:** WAIL **KJV:** wailing, lamentation **Str:** #5092

2247 נהיה (fem) *nih'yaw* **Tran:** WAILING **KJV:** doleful **Str:** #5093

נוה *NWH* (ch)

2248 נוה (masc) *no'ah* **Tran:** WAILING **KJV:** wailing **Str:** #5089

ינה *YNH* (ch)

2249 ינה (vrb) *yaw'naw* **Tran:** SUPPRESS **Def:** To cause to be brought low by force, hindered. **KJV:** oppress, vex, destroy, oppressor, proud, do, wrong, oppression, thrust **Str:** #3238

נו *NW* (pr) **Act:** Dwell **Obj:** Abode **AH:** ץ֓

נוה *NWH* (ch) **Def:** A place of beauty and comfort where one resides for a long period of time.

2250 נוה (vrb) *naw'vaw* **Tran:** ABIDE **Def:** To dwell restfully and peacefully. **KJV:** home, habitation **Str:** #5115

2251 נוה (masc) *naw'veh* **Tran:** ABODE **Def:** The dwelling place of man (home), god (mountain) or animal (pasture or stable). **KJV:** habitation, fold, dwelling, sheepcote, comely, stable, pleasant, tarried **Str:** #5116

נז *NZ* (pr) **Act:** Sprinkle **AH:** ֓֓

נזה *NZH* (ch)

2252 נזה (vrb) *naw'zaw* **Tran:** SPATTER **Def:** To ceremonially sprinkle water or oil on something that is being dedicated. **KJV:** sprinkle **Str:** #5137

נזר *NZR* (ad)

2253 נזר (vrb) *naw'zar* **Tran:** DEDICATE **Def:** To set something apart for a special purpose. **KJV:** separate, consecrate **Str:** #5144

2254 נזר (masc) *neh'zer* **Tran:** DEDICATION **Alt:** crown. **Def:** The act of being set apart for a special purpose. Also, a crown of authority as a sign of dedication. **KJV:** crown, separation, consecration, hair **Str:** #5145

2255 נזיר (masc) *naw'zeer* **Tran:** DEDICATED **Def:** Devoted to the worship of God. **KJV:** Nazarite, undressed, separate **Str:** #5139

2256 מנזר (masc) *min'ez'awr* **Tran:** CROWN **Def:** sign of dedication. **KJV:** crowned **Str:** #4502

נח *NHh* (pr) **Act:** Guide, Rest, Sigh, Deposit **Obj:** Rest **Abs:** Comfort **Def:** The shepherd would guide his flock to a place of water. Here is water for drinking as well as green grass for pasturing. Once the flock arrives, they are free to rest after the long journey. A guided journey to a place of rest. A sigh of rest. **AH:** 𐤄𐤍- The pictograph 𐤍 is a picture of a seed representing continuance, the 𐤄 is a picture of a wall that separates the inside from the outside. Combined these mean "continue outside."

2257 נחת (fem) *nakh'ath* **Tran:** QUIETNESS **Def:** Without noise, without making a sound. **KJV:** rest, set, quietness, lighting **Str:** #5183

אנח *ANHh* (ch) **Def:** A sigh of rest.

2258 אנח (vrb) *aw'nakh* **Tran:** SIGH **Def:** Exhaling of breath as in relief. To breath out as a desire for rest. **KJV:** sigh, groan, mourn **Str:** #0584

2259 אנחה (fem) *an'aw'khaw* **Tran:** SIGHING **Def:** The expression of burden and the desire for rest. **KJV:** sighing, groaning, sigh, mourning **Str:** #0585

הנח *HNHh* (ch)

2260 הנחה (fem) *han'aw'khaw* **Tran:** REST **KJV:** release **Str:** #2010

נחה *NHhH* (ch)

2261 נחה (vrb) *naw'khaw* **Tran:** GUIDE **Def:** One who leads or directs another in his way. **KJV:** lead, guide, bestow, govern, put, straiten **Str:** #5148

נוח *NWHh* (ch) **Def:** A state of quiet and rest from burdens, work or enemy.

2262 נוח (vrb) *noo'akh* **Tran:** REST **Alt:** leave. **Def:** Freedom from activity or labor. To rest from trouble or labor. **KJV:** rest, cease, confederate, down, lay, quiet, remain **Str:** #5117

2263 נוח (masc) *noo'akh* **Tran:** REST **KJV:** rest **Str:** #5118

2264 מנוח (masc) מנוחה (fem) *maw'no'akh / men'oo'khaw* **Tran:** OASIS **Def:** A location where there is freedom from activity or labor; a place for resting or lodging. **KJV:** rest, comfortable, ease, quiet, still **Str:** #4494, #4496

ינח *YNHh* (ch)

2265 ינח (vrb) *yaw'nakh* **Tran:** DEPOSIT **Def:** To place, especially for safekeeping or as a pledge; to be laid down; to sit down to rest or remain in place. **KJV:** leave, up, lay, suffer, place, put, set, down, alone, bestow, pacify, still, withdraw, withhold **Str:** #3240

2266 מינחה (fem) *min'khaw* **Tran:** DEPOSIT **Def:** The act of making a gift or a free contribution. What is brought to another as a gift. **KJV:** offering, present, gift, oblation, sacrifice, meat **Str:** #4503 **Aramaic:** #4504

נחל *NHhL* (ad)

2267 נחל (vrb) *naw'khal* **Tran:** INHERIT **Def:** A passing down of properties, wealth or blessings to the offspring. **KJV:** inherit, inheritance, possess, have, divide, heritage **Str:** #5157

2268 נחל (masc) *nakh'al* **Tran:** WADI **Def:** The bed or valley of a stream. A choice piece of land desired in an inheritance because of its fertility. **KJV:** river, brook, valley, stream, flood **Str:** #5158

2269 נחל (masc) נחלה (fem) *nakh'al'aw* **Tran:** INHERITANCE **Def:** The acquisition of a possession from past generations. **KJV:** inheritance, heritage, inherit, possession **Str:** #5159

נחם *NHhM* (ad)

2270 נחם (vrb) *naw'kham* **Tran:** COMFORT **Alt:** repent or regret. **Def:** Consolation in time of trouble or worry; to give solace in time of difficulty or sorrow. **KJV:** comfort, repent, comforter, ease **Str:** #5162

2271 נחם (masc) *no'kham* **Tran:** SORROW **KJV:** repentance **Str:** #5164

2272 נחמה (fem) *nekh'aw'maw* **Tran:** COMFORT **Def:** A feeling of relief or consolation. **KJV:** comfort **Str:** #5165

2273 ניחום (masc) *nee'khoom* **Tran:** COMFORT **KJV:** comfort, comfortable, repenting **Str:** #5150

2274 תנחום (masc) תנחומה (fem) *tan'khoom* **Tran:** CONSOLATION **Def:** The act of consoling; comfort; solace. **KJV:** comfort **Str:** #8575

נט *NTh* (pr) **Act:** Spread, Shake **Obj:** Squash, Bed **Def:** Squash seeds were planted along the routes of the travelers and nomads for future use by themselves and other travelers. The squash plant spreads out over a large area forming varied sizes and shapes of squash fruit. Dried squash fruit becomes a hard hollow shell (seed basket) with the seeds inside and when shaken they rattle inside. **AH:** ⊗ˆ- The pictograph ˆ is a picture of a seed, the ⊗ is a picture of a basket. Combined these mean "seed basket."

2275 מטה (fem) *mit'taw* **Tran:** BED **Def:** A place for sleeping. Spread out sheet for sleeping. **Rel:** As spread-out on the floor. **KJV:** bed, bier **Str:** #4296

2276 מטה (fem) *moot'taw* **Tran:** SPREADING **KJV:** stretching **Str:** #4298

נטה *NThH* (ch) **Def:** The spreading growth of the squash plant.

2277 נטה (vrb) *naw'taw* **Tran:** EXTEND **Alt:** turn away from. **Def:** To set up camp by stretching out the cover of the tent; to extend or stretch in length. **KJV:** stretch, incline, turn, bow, decline, pitch, spread **Str:** #5186

2278 מטה (com) *mat'taw* **Tran:** BENEATH **Alt:** bottom; low. **Def:** Below; in a lower place, position or state. As under a stretched-out sheet. **KJV:** beneath, downward, underneath, low, under, less, down **Str:** #4295

נוט *NWTh* (ch) **Def:** The dried squash fruit rattle.

2279 נוט (vrb) *noot* **Tran:** SHAKE **KJV:** move **Str:** #5120

2280 מטה (fem) *moot'teh* **Tran:** PERVERSENESS **Def:** As a shaking. **KJV:** perverseness **Str:** #4297

חנט *HhNTh* (ad)

2281 חנט (vrb) *khaw'nat* **Tran:** RIPEN **Def:** To bring to completeness or perfection. Give off the fragrance of the fruit as it ripens. To add spices to a body for embalming. **KJV:** embalm, put forth **Str:** #2590

2282 חיטה (fem) *khit'taw* **Tran:** WHEAT **Def:** A cereal grain that yields a fine white flour, the chief ingredient of bread. **Rel:** In the sense of ripening on the stalk. **KJV:** wheat, wheaten **Str:** #2406 **Aramaic:** הינצה #2591

נטע *NThAh* (ad)

2283 נטע (vrb) *naw'tah* **Tran:** PLANT **Def:** To put or set into the ground for growth; to establish plants. **Rel:** In the sense of stretching out of the ground. **KJV:** plant, fasten, planter **Str:** #5193

2284 נטע (masc) *neh'tah* **Tran:** YOUNG.PLANT **KJV:** plant **Str:** #5194

2285 מטע (masc) *mat'taw* **Tran:** PLANTING **KJV:** planting, plant, plantation **Str:** #4302

2286 נטיע (masc) *naw'tee'ah* **Tran:** FOLIAGE **KJV:** plant **Str:** #5195

ני *NY* (pr) **Act:** Wail **AH:** ᴗ↘

2287 ני (masc) *nee* **Tran:** WAILING **KJV:** wailing **Str:** #5204

אני *ANY* (ch)

2288 תאניה (fem) *tah'an'ee'yaw* **Tran:** MOURNING **KJV:** heaviness, mourning **Str:** #8386

נך *NK* (pr) **Act:** Crush **Obj:** Spice, Sweet, Pestle **Def:** Seeds of certain plants were placed in the palm and rubbed with the thumb to a powdery spice. **AH:** ⱳ↘- The pictograph ↘ is a picture of a seed, the ⱳ is a picture of the palm of the hand. Combined these mean "seed in the palm."

2289 נכות (fem) *nek'oth* **Tran:** TREASURE **Def:** Valued items such as spices. **KJV:** precious **Str:** #5238

נכך *NKK* (ch) **Def:** The sweet smell of spices.

Benner's Lexicon of Biblical Hebrew

2290 ניחוח (masc) *nee'kho'akh* **Tran:** SWEET **Def:** Pleasing to the taste. Not sour, bitter or salty. Something that smells pleasing. **KJV:** sweet, fruit **Str:** #5207 **Aramaic:** #5208

אנך *ANK* (ch) **Def:** A mortar and pestle are also used to crush spices.

2291 אנך (masc) *an'awk* **Tran:** PLUMB.LINE **Def:** stone in the shape of a pestle used for centering. **KJV:** plumbline **Str:** #0594

נכא *NKA* (ch) **Def:** The crushing of seeds for making spices.

2292 נכא (vrb) *naw'kaw* **Tran:** CRUSH **KJV:** viler **Str:** #5217

2293 נכא (masc) *naw'kay* **Tran:** CRUSHED **KJV:** broken, stricken, wounded **Str:** #5218

2294 נכואת (fem) *nek'ohth* **Tran:** SPICE **Def:** Various aromatic vegetable products used to season or flavor foods. **KJV:** spicery, spice **Str:** #5219

נכה *NKH* (ch)

2295 נכה (vrb) *naw'kaw* **Tran:** HIT **Alt:** Beat; attack. **Def:** To deliver a blow by action; to strike with the hand; to clap, kill or harm. **KJV:** smite, slay, kill, beat, slaughter, strike, give, wound, stripe **Str:** #5221

2296 נכה (masc) *naw'keh / nay'keh* **Tran:** CRUSHED **Def:** One who has been crushed or one who is lame. **KJV:** abject, lame, contrite **Str:** #5222, #5223

2297 מכה (fem) *mak'kaw* **Tran:** HITTING **Def:** A striking with a force that destroys or deforms. Also, a plague. **KJV:** wound, slaughter, plague, beaten, stripe, stroke, blow, smote, sore, wounded **Str:** #4347

נוך *NWK* (ch) **Def:** The rounded point of the pestle used to crush seeds into spices. Also the rounded point of the ear.

2298 תנוך (masc) *ten'ook* **Tran:** TIP **Def:** The pointed end of an object. **KJV:** tip **Str:** #8571

נכד *NKD* (ad)

2299 נכד (masc) *neh'ked* **Tran:** POSTERITY **Def:** The offspring of a progenitor to the furthest generation. Continuation through the next generation. **KJV**: son's son, nephew **Str**: #5220

נל *NL* (pr) **Act**: Lead, Conclude **Obj**: Pasture, Dunghill **Abs**: Conclusion **AH**: ∠ᴝ- The pictograph ᴝ is a picture of a seed representing the idea of continuing. The ∠ is a picture of the shepherd's staff which guides the flock toward the pasture. Combined these mean "Continue toward with the staff."

נלה *NLH* (ch)

2300 נלה (vrb) *naw'law* **Tran**: ACQUIRE **Def**: To accumulate wealth. **KJV**: end **Str**: #5239

2301 מנלה (masc) *min'leh* **Tran**: COW **Def**: The bovine. Also wealth in the sense of aquiring cattle. **KJV**: perfection **Str**: #4512

נהל *NHL* (ch) **Def**: A leading to pasture.

2302 נהל (vrb) *naw'hal* **Tran**: LEAD **Def**: To guide on a way, especially by going in advance. The flock directed to the pasture at the end of the journey. **KJV**: guide, lead, fed, carried **Str**: #5095

2303 נהלל (masc) *nah'hal'ole* **Tran**: PASTURE **KJV**: bush **Str**: #5097

נול *NWL* (ch)

2304 נולו / נולי (fem) **Tran**: DUNGHILL **KJV**: dunghill **Aramaic**: *nev'aw'loo* #5122

נם *NM* (pr) **Act**: Slumber, Growl, Utter **Abs**: Tired **Def**: A semi-conscious state between sleep and awake. **AH**: ᴡᴝ

נאם *NAM* (ch) **Def**: A speaking from a semi-conscious state declaring the words of god.

2305 נאם (vrb) *naw'am / neh'oom* **Tran**: DECLARE **Def**: To make a formal proclamation. Often used for the words of God. **KJV**: say **Str**: #5001, #5002

נהם *NHM* (ch) **Def**: The sound one makes when waking from a sleep.

2306 נהם (vrb) *naw'ham* **Tran**: GROWL **KJV**: roar, mourn **Str**: #5098

2307 נהם (masc) *nah'ham* **Tran:** GROWLING **KJV:** roaring **Str:** #5099

2308 נהמה (fem) *neh'haw'maw* **Tran:** GROWLING **KJV:** disquiet, roaring **Str:** #5100

נום *NWM* (ch)

2309 נום (vrb) *noom* **Tran:** SLUMBER **KJV:** slumber, sleep **Str:** #5123

2310 נומה (fem) *noo'maw* **Tran:** DROWSINESS **KJV:** drowsiness **Str:** #5124

2311 תנומה (fem) *ten'oo'maw* **Tran:** SLUMBER **KJV:** slumber, slumbering **Str:** #8572

נן *NN* (pr) **Act:** Sprout **Obj:** Heir **Abs:** Continue **Def:** The seed is the continuation of life from the parent plant. This cycle continues generation after generation. **AH:** ᔐᔐ- The pictograph ᔐ is a picture of a seed. Combined these mean "seed of seed."

נון *NWN* (ch) **Def:** The son who continues the family lineage and properties.

2312 נון (vrb) *noon* **Tran:** CONTINUE **Def:** To go on or keep on, as in some course or action. **KJV:** continue **Str:** #5125

2313 מנון (masc) *maw'nohn* **Tran:** HEIR **Def:** The continuation of a lineage through the son. **KJV:** son **Str:** #4497

נין *NYN* (ch) **Def:** The son who continues the family lineage and properties.

2314 נין (masc) *neen* **Tran:** HEIR **Def:** The continuation of a lineage through the son. **KJV:** son **Str:** #5209

נס *NS* (pr) **Act:** Lift, Constrain, Test, Flee, Pluck, Journey, Ascend, Gird **Obj:** Standard, Burden **Abs:** Refuge **Def:** The tribal flag that is hung from a horizontal pole and lifted up high and seen from a distance. **AH:** ₸ᔐ- The pictograph ᔐ is a picture of a seed representing continuance, the ₸ is a picture of a thorn representing the idea of grabbing hold. Combined these mean "continue to grab hold."

2315   נס (masc) *nace* **Tran:** STANDARD **Def:** A flag that hangs from a pole with the insignia of a tribe or army. Also, a sail. **KJV:** standard, ensign, pole, banner, sail, sign **Str:** #5251

   נסס *NSS* (ch)

2316   נסס (vrb) *naw'sas / naw'sas* **Tran:** STANDARD **Def:** To lift up the standard. **KJV:** ensign, standard-bearer **Str:** #5263, #5264

   אנס *ANS* (ch) **Def:** A grabbing hold.

2317   אנס (vrb) *aw'nas* **Tran:** CONSTRAIN **Def:** To grab hold of one to perform. **KJV:** compel **Str:** #0597 **Aramaic:** *an'as* #0598

   נסא *NSA* (ch)

2318   נסא / נשא (vrb) *mith'nas'say / naw'saw* **Tran:** LIFT.UP **Def:** To raise a burden or load and carry it; to break camp and begin a journey; to forgive in the sense of removing the offense. **KJV:** bear, take, bare, carry, borne, amourbearer, forgive, accept, exalt, regard, obtain, respect **Str:** #4984, #5375 **Aramaic:** *nes'aw* #5376

2319   נשאת (fem) *nis'sayth* **Tran:** GIFT **KJV:** gift **Str:** #5379

2320   משא (masc) *mas'saw* **Tran:** LOAD **Def:** Something that is lifted up and carried. The lifting up of the voice in song. **KJV:** burden, son, prophecy, set, exaction, carry, tribute **Str:** #4853

2321   משאה (fem) *mas'saw'aw* **Tran:** BURDEN **KJV:** burden **Str:** #4858

2322   משאת (fem) *mas'ayth* **Tran:** UPRISING **Def:** Violence in defiance of something. Something that is lifted up such as a burden, gift or flame. **KJV:** burden, mess, collection, flame, gift, oblation, reward, sign, lift **Str:** #4864

2323   נשיא (masc) *naw'see* **Tran:** CAPTAIN **Def:** A military leader; the commander of a unit or a body of troops. The leader of a family, tribe or people as one who carries the burdens of the people. **KJV:** prince, captain, chief, ruler, vapour, governor, cloud **Str:** #5387

2324   נשאה / נשואה (fem) *nes'oo'aw* **Tran:** WAGON **Def:** vehicle for carrying burdens. **KJV:** carriage **Str:** #5385

2325 משא (masc) *mas'so* **Tran:** RESPECT **Def:** In the sense of lifting one up. **KJV:** respect **Str:** #4856

נסה *NSH* (ch) **Def:** A test to prove one is deserved of being lifted up.

2326 נסה (vrb) *naw'saw* **Tran:** TEST **Def:** A critical examination, observation, or evaluation; trial. **KJV:** prove, tempt, assay, adventure, try **Str:** #5254

2327 מסה (fem) *mis'saw* **Tran:** TRIAL **Def:** The act of trying, testing, or putting to the proof. **KJV:** temptation, trial **Str:** #4530

נוס *NWS* (ch) **Def:** The family standard as the place of refuge that one flees to.

2328 נוס (vrb) *noos* **Tran:** FLEE **Def:** To run away, often from danger or evil; to hurry toward a place of safety; to flee to any safe place such as a city or mountain. **KJV:** flee, abate, display, flight, hide, lift **Str:** #5127

2329 מנוס (masc) *maw'noce* **Tran:** REFUGE **Def:** place of safety. **KJV:** refuge, escape, flight, flee **Str:** #4498

2330 מנוסה (fem) *men'oo'saw* **Tran:** FLEEING **KJV:** flight, fleeing **Str:** #4499

ניס *NYS* (ch) **Def:** The family standard as the place of refuge that one flees to.

2331 ניס (masc) *neece* **Tran:** FLEE **KJV:** flee **Str:** #5211

נסח *NSHh* (ad) **Rel:** As lifting up

2332 נסח (vrb) *naw'sakh* **Tran:** TEAR.AWAY **KJV:** pluck, rooted, destroy, pull **Str:** #5255 **Aramaic:** *nes'akh* #5256

2333 מנסח (masc) *mas'sawkh* **Tran:** PLUCKED **KJV:** broken **Str:** #4535

נסע *NSAh* (ad) **Rel:** As lifting up

2334 נסע (vrb) *naw'sah* **Tran:** JOURNEY **Def:** To travel or pass from one place to another; to break camp and begin a journey. **KJV:** journey, depart, remove, forward, went, go, brought, set, forth, get, set **Str:** #5265

2335 מסע (masc) *mas'sah / mas'saw* **Tran:** JOURNEY **Def:** The packing up of camp for the purpose of beginning a journey. **KJV:** journey, journeying **Str:** #4550, #4551

נסק *NSQ* (ad) **Rel:** As lifting up

2336 נסק (vrb) *naw'sak / naw'sak* **Tran:** ASCEND **Def:** From the ascending flames. **KJV:** ascend, up, kindle, burn **Str:** #5266, #5400 **Aramaic:** *nes'ak* #5267

שנס *ShNS* (ad) **Rel:** As lifting up

2337 שנס (vrb) *shaw'nas* **Tran:** GIRD **Def:** To lift up the lower portions of the garment and place it within the belt in preparation for a journey or work. **KJV:** gird **Str:** #8151

נף *NP* (pr) **Act:** Shake, High **Obj:** Sieve **Def:** A sieve is a tool used to separate out materials such as seeds by placing the material in the sieve, lifting it up and shaking it. **AH:** ᐛᐞ- The pictograph ᐞ is a picture of seed, the ᐛ is a picture of a mouth. Combined these mean "seed in the mouth."

2338 נפה (fem) *naw'faw* **Tran:** REGION **Def:** As a sieve. **KJV:** border, coast, region, sieve **Str:** #5299

2339 נפת (fem) *neh'feth* **Tran:** HEIGHTS **KJV:** country **Str:** #5316

נוף *NWP* (ch)

2340 נוף (vrb) *noof* **Tran:** WAVE **Def:** To move an object, such as hammer or sacrifice, back-and-forth; brandish. **KJV:** wave, shake, offer, lift, move, perfume, send, sift, strike **Str:** #5130

2341 נוף (masc) *nofe* **Tran:** ELEVATION **KJV:** situation **Str:** #5131

2342 נופת (masc) *no'feth* **Tran:** FLOWING.HONEY **Def:** Honey that is being poured out of a container or dripping from the honeycomb. **Rel:** From the back-and-forth movement of honey as it being poured from a container. **KJV:** honeycomb **Str:** #5317

2343 תנופה (fem) *ten'oo'faw* **Tran:** WAVING **Def:** The action of moving an object, such as hammer or a sacrifice, back-and-forth. **KJV:** wave offering, wave, offering, shaking **Str:** #8573

עָנָף *AhNP* (ad)

2344 עָנָף (masc) *aw'nafe / aw'nawf* **Tran:** BOUGH **KJV:** branch, bough **Str:** #6057, #6058 **Aramaic:** *an'af* #6056

נץ *NTs* (pr) **Act:** Sparkle, Bloom, Despise, Whither **Obj:** Spark, Blossom, Bud **Abs:** Quarrel **Def:** The sparkling colors coming off metal when struck. The petals of a flower like sparks off metal. **AH:** ᚆ⁀

2345 נץ (masc) *nayts* **Tran:** FALCON **Def:** An unknown unclean bird. **KJV:** blossom, hawk **Str:** #5322

2346 נצה (fem) *nayts* **Tran:** SHOOT **Def:** The shaft or stem of a plant. **KJV:** blossom, hawk **Str:** #5322

2347 מצה (fem) *mats'tsaw* **Tran:** STRIFE **KJV:** contention, strife, debate **Str:** #4683

2348 מצות (fem) *mats'tsooth* **Tran:** QUARREL **KJV:** contend **Str:** #4695

נצץ *NTsTs* (ch)

2349 נצץ (vrb) *naw'tsats* **Tran:** SPARKLE **Def:** To sparkle like a shower of sparks. **KJV:** sparkle **Str:** #5340

2350 ניצוץ (masc) *nee'tsotes* **Tran:** SPARK **KJV:** spark **Str:** #5213

נאץ *NATs* (ch) **Def:** As a spark.

2351 נאץ (vrb) *naw'ats* **Tran:** PROVOKE **KJV:** despise, provoke, abhor, blaspheme, contemn, flourish **Str:** #5006

2352 נאצה (fem) *neh'aw'tsaw* **Tran:** DESPISE **KJV:** blasphemy, provocation **Str:** #5007

נצא *NTsA* (ch) **Def:** From the quick withering of the blossoms.

2353 נצא (vrb) *naw'tsaw* **Tran:** WHITHER **KJV:** flee **Str:** #5323

נצה *NTsH* (ch) **Def:** As a spark.

2354 נצה (vrb) *naw'tsaw* **Tran:** STRUGGLE **Def:** The act of trying to achieve the goal, but with hindrances. **KJV:** strive, waste **Str:** #5327

נוץ *NWTs* (ch) **Def:** The budding of a flower on a plant or feathers on a bird.

2355 נוץ (vrb) *noots* **Tran:** BLOOM **KJV:** bud, fled **Str:** #5132

2356 נוצה (fem) *no'tsaw* **Tran:** FEATHERS **Def:** The covering of a bird. **KJV:** feather, ostrich **Str:** #5133

ניץ *NYTs* (ch) **Def:** The budding of a flower on a plant.

2357 ניצה (fem) *nits'tsaw* **Tran:** BLOSSOM **KJV:** flower **Str:** #5328

2358 ניצן (fem) *nits'tsawn* **Tran:** PLUMAGE **Def:** The feathers of a bird. **KJV:** flower **Str:** #5339

~~~~~~~~~~

נק *NQ* (pr) **Act:** Suckle, Cry **Obj:** Breast, Bowl, Sapling **Abs:** Innocent **Def:** The bringing in and holding close of an infant to the breast. **AH:** ᗧ⤸- The pictograph ⤸ is a picture of a seed and represents the sons of the next generation, the ᗧ is a picture of the sun at the horizon and the drawing in of light. Combined these mean "child drawn in."

2359 נקיא / נקי (masc) *naw'kee* **Tran:** INNOCENT **Def:** Free from guilt or sin. A state of innocence as an infant. **Rel:** Where the infant suckles. **KJV:** innocent, guiltless, quit, blameless, clean, clear **Str:** #5355

2360 מנקית (fem) *men'ak'keeth* **Tran:** SACRIFICIAL.BOWL **Def:** A vessel used to hold the required sacrifice. From the shape of a bowl that holds liquids like a breast that holds milk. **KJV:** bowl, cup **Str:** #4518

2361 נקיון (masc) *nik'kaw'yone* **Tran:** INNOCENCE **Def:** Freedom from guilt or sin through being unacquainted with evil. A state of innocence as an infant. **KJV:** innocency, cleanness **Str:** #5356

נקק *NQQ* (ch)

2362 נקיק (masc) *naw'keek* **Tran:** CLEAVAGE **Def:** cleft in the rocks. **KJV:** hole **Str:** #5357

אנק *ANQ* (ch) **Def:** The crying out of a child or one who is helpless.

2363 אנק (vrb) *aw'nak* **Tran:** SQUEAL **Def:** To make a sharp or shrill cry. **KJV:** cry, groan **Str:** #0602

2364 אנקה (fem) *an'aw'kaw* **Tran:** SQUEALING **Def:** A sharp or shrill cry. **KJV:** sighing, crying, groaning **Str:** #0603

Benner's Lexicon of Biblical Hebrew

2365 אנקה (fem) *an'aw'kaw* **Tran:** FERRET **Def:** An unclean animal of unknown species. Probably a mammal with a distinctive squeal such as a ferret or mouse. **KJV:** ferret **Str:** #0604

נאק *NAQ* (ch) **Def:** The crying out of one who is helpless.

2366 נאק (vrb) *naw'ak* **Tran:** GROAN **KJV:** groan **Str:** #5008

2367 נאקה (fem) *neh'aw'kaw* **Tran:** GROANING **Def:** To voice a deep, inarticulate sound, as of pain, grief, or displeasure. **KJV:** groaning **Str:** #5009

נהק *NHQ* (ch)

2368 נהק (vrb) *naw'hak* **Tran:** BRAY **Def:** The loud, harsh cry of a donkey. **KJV:** bray **Str:** #5101

נקה *NQH* (ch) **Def:** The innocence of an infant.

2369 נקה (vrb) *naw'kaw* **Tran:** ACQUIT **Def:** To declare one innocent of a crime or oath. **KJV:** unpunished, guiltless, innocent, clear, cleanse, free, acquit, altogether, cut off, blameless, pure **Str:** #5352 **Aramaic:** נקא *nek'ay* #5343

נוק *NWQ* (ch)

2370 נוק (vrb) *nook* **Tran:** SUCKLE **KJV:** nurse **Str:** #5134

ינק *YNQ* (ch)

2371 ינק (vrb) *yaw'nak* **Tran:** SUCKLE **Alt:** nurse. **Def:** To give milk to from the breast or udder. **KJV:** suck, nurse, suckling, milch, mother **Str:** #3243

2372 יניקה (fem) *yen'ee'kaw* **Tran:** SAPLING **Def:** sucking branch. **KJV:** twig **Str:** #3242

2373 יונק (masc) *yo'nake* **Tran:** SAPLING **Def:** sucking branch. **KJV:** plant **Str:** #3126

2374 יונקת (fem) *yo'neh'keth* **Tran:** SAPLING **Def:** sucking branch. **KJV:** branch, twig **Str:** #3127

נר *NR* (pr) **Act:** Plow, Flow, Reject, Pluck **Obj:** Light, Lamp, River, Music, Harp **Abs:** Melody **Def:** Rains in the mountainous areas cause a flooding of the rivers. The rivers swell causing the water to flood the land next to the river. This is the only water that the land will see and is necessary for crop production. After the flood season, the land is plowed by the use of a plow attached to the yoke of the oxen. The surface of the soil is dry but, when the soil is turned up it glistens in the sun from the water remaining in the soil. This water is necessary for the seed to begin germination. **AH:** ᏩᏆ- The pictograph Ꮖ is a picture of a seed, the Ꮩ is a picture of the head of a man representing the top or beginning of something. Combined these mean "seed beginning."

2375 נר (masc) *neer* **Tran:** LAMP **Def:** A container for an inflammable liquid, as oil, which is burned at a wick as a means of illumination. **Rel:** An oil filled container with a wick that gives off light. **KJV:** lamp, candle, light **Str:** #5216

נאר *NAR* (ch)

2376 נאר (vrb) *naw'ar* **Tran:** REJECT **KJV:** void, abhor **Str:** #5010

נהר *NHR* (ch) **Def:** The life-giving water that washes over the soil.

2377 נהר (vrb) *naw'har* **Tran:** FLOW.TOGETHER **Def:** From the flowing of a river. From the glistening water as it flows. **KJV:** flow, lighten **Str:** #5102

2378 נהר (masc) *naw'hawr* **Tran:** RIVER **Def:** A natural stream of water of considerable volume. The life-giving water that washes over the soil. **KJV:** river, stream, flood **Str:** #5104 **Aramaic:** *neh'har* #5103

2379 נהרה (fem) *neh'haw'raw* **Tran:** SHIMMER **Def:** As the shimmering light off the water of a river. **KJV:** light **Str:** #5105

2380 נהיר (masc) **Tran:** ENLIGHTENMENT **Def:** One having the light of wisdom. **KJV:** light **Aramaic:** #5094

2381 מנהרה (fem) *min'haw'raw* **Tran:** RAVINE **Def:** As cut by the flowing of water. **KJV:** den **Str:** #4492

נור *NWR* (ch)

2382 נור (fem) **Tran:** FIRELIGHT **KJV:** fiery, fire **Aramaic:** *noor* #5135

2383 תנור (masc) *tan'noor* **Tran:** OVEN **Def:** A chamber used for baking, heating or drying. As a lamp for cooking. **KJV:** oven, furnace **Str:** #8574

2384 מנורה (fem) *men'o'raw* **Tran:** LAMPSTAND **Def:** A platform, sometimes elevated, for holding a lamp. **KJV:** candlestick **Str:** #4501

נִיר *NYR* (ch)

2385 ניר (vrb) *neer* **Tran:** TILL **Def:** To plow the soil. **KJV:** break up **Str:** #5214

2386 ניר (masc) *neer* **Tran:** PLOWING **KJV:** fallow, tillage, plowing **Str:** #5215

2387 מנור (masc) *maw'nore* **Tran:** YOKE **Def:** type of yoke used by a weaver. **KJV:** beam **Str:** #4500

זמר *ZMR* (ad) **Def:** The sound from a musical instrument where the string is plucked or the singing that accompanies it. Also, the plucking of fruit from a vine or branch. **Rel:** music as bright

2388 זמר (vrb) *zaw'mar / zaw'mar* **Tran:** PLUCK **Def:** To make music by plucking an instrument. To pick fruit. **KJV:** praise, sing, prune **Str:** #2167, #2168

2389 זמר (masc) **Tran:** SINGER **KJV:** musick, singer **Aramaic:** *zem'awr / zam'mawr* A musician. #2170, #2171

2390 זמר (masc) *zeh'mer* **Tran:** MOUNTAIN.SHEEP **Def:** An clean unknown species of animal. **KJV:** chamois **Str:** #2169

2391 זמרה (fem) *zim'raw* **Tran:** MELODY **Def:** As plucked on an musical instrument. A song set to music. **KJV:** melody, psalm **Str:** #2172

2392 מזמרה (fem) *maz'may'raw* **Tran:** PRUNING.HOOK **Def:** For plucking fruit from trees or vines or trimming candle wicks. **KJV:** pruninghook **Str:** #4211

2393 זמיר (masc) *zaw'meer* **Tran:** PLUCKING **Def:** As the plucking of fruit or a musical instrument. **KJV:** song, psalmist, branch **Str:** #2158, #2159

2394 זמירה (fem) *zaw'meer* **Tran:** MUSICAL.SOUNDS **Def:** The sounds made from stringed instruments when plucked. **KJV:** singing **Str:** #2158

2395 זמורה (fem) *zem'o'raw* **Tran:** VINE **Def:** From where grapes are plucked. **KJV:** branch, slip **Str:** #2156

2396 זימרה (fem) *zim'raw* **Tran:** CHOICE.FRUIT **Def:** Having qualities that appeal to a cultivated taste. As plucked from the tree or vine. **KJV:** best fruit **Str:** #2173

2397 זימרת (fem) *zim'rawth* **Tran:** MUSIC **Def:** An art of sound in time that expresses ideas and emotions in significant forms through the elements of rhythm, melody, harmony, and color. **Rel:** From the plucking of a stringed instrument. **KJV:** song **Str:** #2176

2398 מזמרה (fem) *mez'am'mer'aw* **Tran:** SNUFFER **KJV:** snuffer **Str:** #4212

2399 מזמור (masc) *miz'more* **Tran:** MELODY **Def:** Instrumental music. A song set to music. **Rel:** As plucked on an musical instrument. **KJV:** psalm **Str:** #4210

כנר *KNR* (ad) **Rel:** music as bright

2400 כינור (masc) *kin'nore* **Tran:** HARP **Def:** A stringed musical instrument that is plucked. **KJV:** harp **Str:** #3658

נש *NSh* (pr) **Act:** Loan, Forget, Despair, Sick, Bite **Obj:** Debt, Man **Abs:** Deception, Usury **Def:** An imposition such as a debt or deception which causes oppression. **AH:** ᢦᢖ - The pictograph ᢖ is a picture of a seed representing continuance, the ᢦ is a picture of teeth representing pressure. Combined these mean "continual pressing."

2401 נשי (masc) *nesh'ee* **Tran:** DEBT **KJV:** debt **Str:** #5386

נשא *NShA* (ch)

2402 נשא / נשה (vrb) *naw'shaw / naw'shaw / naw'shaw* **Tran:** DECEIVE **Alt:** lend. **Def:** To cause to accept as true or valid; what is false or invalid; to trick. Also, to extort or to lend. **KJV:** deceive, beguile, seize, lend, creditor, extortioner, usury **Str:** #5377, #5378, #5383

2403 משא (masc) *mash'shaw* **Tran:** LENDING.ON.INTEREST **KJV:** usury **Str:** #4855

2404 משה (masc) משאה (fem) *mash'shaw'aw / mash'sheh* **Tran:** LOAN **KJV:** thing, debt, credit **Str:** #4859, #4874

2405 משאון (masc) *mash'shaw'ohn* **Tran:** LOAN **KJV:** deceit **Str:** #4860

נשה NShH (ch) **Def:** The removal of a debt through payment, forgetting or forgiving.

2406 נשא / נשה (vrb) *naw'shaw* **Tran:** OVERLOOK **Def:** To unintentionaly look past, forget. **KJV:** forget, deprive, exact **Str:** #5382

2407 נשה (masc) *naw'sheh* **Tran:** THIGH.MUSCLE **Def:** Each side of the trunk formed by the lateral parts of the pelvis and upper part of the femur (thigh bone) together with the fleshy parts covering them. **KJV:** shrank **Str:** #5384

2408 נשיה (fem) *nesh'ee'yaw* **Tran:** FORGETFULNESS **KJV:** forgetfulness **Str:** #5388

נוש NWSh (ch)

2409 נוש (vrb) *noosh* **Tran:** DESPAIR **KJV:** heaviness **Str:** #5136

אנש ANSh (ad)

2410 אנש (vrb) *aw'nash* **Tran:** INCURABLE **Def:** In the sense of the mortality of man. **KJV:** sick, incurable, desperate, wicked, woeful **Str:** #0605

2411 איש / אנוש (masc) *eesh / eesh / en'oshe* **Tran:** MAN **Alt:** each; one. **Def:** An adult male human. (Often used to mean "each" in the sense of an individual.) **Rel:** As mortal. **KJV:** man, one, husband, any, merchantmen, person **Str:** #0376, #0377, #0582 **Aramaic:** אנש *en'awsh* #0606

2412 אנשה (fem) *ish'shaw* **Tran:** WOMAN **Alt:** each; one. **Def:** An adult female person. As mortal. **KJV:** wife, woman, one, married, female **Str:** #0802 **Aramaic:** אישה *naw'sheen* #5389

נשב NShB (ad) **Def:** A blowing wind from the skies or from the wings of birds.

2413 נשב (vrb) *naw'shab* **Tran:** GUST **Def:** A sudden brief rush of wind. The strong blowing of a wind. The wind of a bird's wing when taking flight. **KJV:** drive, blow **Str:** #5380

נשך NShK (ad) **Def:** A bite, also usury as a biting.

2414 נשך (vrb) *naw'shak* **Tran:** BITE **Def:** To seize especially with teeth or jaws; to sting, wound or pierce as with a fang.

Benner's Lexicon of Biblical Hebrew

To give usury in the sense of a biting. **KJV:** bite, usury **Str:** #5391

2415 נשך (masc) *neh'shek* **Tran:** USURY **Def:** The lending or practice of lending money at an exorbitant interest. **KJV:** usury **Str:** #5392

2416 נישכה (fem) *nish'kaw* **Tran:** CHAMBER **KJV:** chamber **Str:** #5393

נשף *NShP* (ad) **Def:** The cool breeze that blows at twilight.

2417 נשף (vrb) *naw'shaf* **Tran:** BLOW **Def:** To expel air from the mouth. **KJV:** blow **Str:** #5398

2418 נשף (masc) *neh'shef* **Tran:** DUSK **Def:** The period of partial darkness between day and night; the dark part of twilight. **KJV:** twilight, night, dark, dawn **Str:** #5399

2419 ינשוף (masc) *yan'shoof* **Tran:** EARED.OWL **Def:** An unknown bird. **KJV:** owl **Str:** #3244

נשק *NShQ* (ad) **Def:** A touching in love with the lips or in battle with weapons.

2420 נשק (vrb) *naw'shak* **Tran:** KISS **Def:** To touch together as when kissing with the lips or in battle with weapons. **KJV:** kiss, arm, rule, touch **Str:** #5401

2421 נשק (masc) *neh'shek* **Tran:** WEAPON **Def:** Used in battle in the sense of touching the enemy. **KJV:** armour, weapon, battle, arm, harness, armoury **Str:** #5402

נשר *NShR* (ad)

2422 נשר (masc) *neh'sher* **Tran:** EAGLE **Def:** An unknown bird, but probably a hawk or eagle. **KJV:** eagle **Str:** #5404 **Aramaic:** *nesh'ar* #5403

נשת *NShT* (ad)

2423 נשת (vrb) *naw'shath* **Tran:** PARCH **KJV:** fail **Str:** #5405

נת *NT* (pr) **Act:** Remove, Descend, Pour, Break, Draw, Pluck, Release **AH:** ┼ˏ

נחת *NHhT* (ad) **Rel:** removing

2424 נחת (vrb) *naw'khath* **Tran:** DESCEND **KJV:** broken, come down, enter, stick fast, settle, press, carry, place, lay, depose **Str:** #5181 **Aramaic:** *nekh'ath* #5182

2425 נחת (masc) *naw'khayth* **Tran:** DESCENDED **KJV:** come down **Str:** #5185

נתך *NTK* (ad) **Rel:** removing

2426 נתך (vrb) *naw'thak* **Tran:** DROP.DOWN **Def:** To pour down, pour out to the ground or into a vessel. To pour out anger to another. **KJV:** pour, melt, gather, molten, drop **Str:** #5413

נתס *NTS* (ad) **Rel:** removing

2427 נתס (vrb) *naw'thas* **Tran:** BREAK **KJV:** mar **Str:** #5420

נתע *NTAh* (ad) **Rel:** removing

2428 נתע (vrb) *naw'thah* **Tran:** BREAK **KJV:** break **Str:** #5421

נתץ *NTTs* (ad) **Rel:** removing

2429 נתץ (vrb) *naw'thats* **Tran:** BREAK.DOWN **Def:** To demolish an elevated object; to tear down. **KJV:** break, throw, destroy, cast, beat, pull, overthrow **Str:** #5422

נתק *NTQ* (ad) **Rel:** removing

2430 נתק (vrb) *naw'thak* **Tran:** DRAW.AWAY **Def:** To draw out or away as a bowstring or to draw a cord to its breaking point. **KJV:** break, draw, lift, pluck, draw, pluck, root, pull, burst **Str:** #5423

2431 נתק (masc) *neh'thek* **Tran:** ERUPTION **Def:** A disease of the skin which breaks open drawing out liquid. **KJV:** scall **Str:** #5424

נתש *NTSh* (ad) **Rel:** removing

2432 נתש (vrb) *naw'thash* **Tran:** ROOT.OUT **KJV:** pluck, destroy, root, pull **Str:** #5428

נתר *NTR* (ad) **Def:** A chemical that releases gases. **Rel:** removing

2433 נתר (vrb) *naw'thar* **Tran:** LEAP **Def:** To spring forward from one position to another. **KJV:** loose, move, leap, undo, make, drive, asunder, shake **Str:** #5425 **Aramaic:** *neth'ar* #5426

2434 נתר (masc) *neh'ther* **Tran:** SODA **KJV:** nitre **Str:** #5427

נע *NGh* (pr) **Act:** Shake **Obj:** Rattle **AH:** 8⌐

2435 מנענע (masc) *men'ah'ah* **Tran:** RATTLE **KJV:** cornet **Str:** #4517

נוע *NWGh* (ch)

2436 נוע (vrb) *noo'ah* **Tran:** STAGGER **Def:** To reel from side to side; to wag or shake back-and-forth or up and down; to wander as staggering about. **KJV:** shake, wander, move, promote fugitive sift, stagger, wag **Str:** #5128

נער *NGhR* (ad)

2437 נער (vrb) *naw'ar / naw'ar* **Tran:** SHAKE.OFF **Def:** To violently shake back-and-forth to throw something off. To overthrow. **KJV:** shake, overthrow, toss, yell **Str:** #5286, #5287

2438 נעורת (fem) *neh'o'reth* **Tran:** FIBER **Def:** As shaken from flax when beaten. **KJV:** tow **Str:** #5296

Samehh

סא *SA* (pr) **Act:** Lift **Obj:** Height **AH:** ⌐≠

2439 סאה (fem) *seh'aw* **Tran:** SE'AH **Def:** A dry standard of measure equal to 1/3 ephah. **KJV:** measure **Str:** #5429

2440 שאת (fem) *seh'ayth* **Tran:** ELEVATION **Def:** The height to which something is raised. **KJV:** rising, dignity, excellency, accepted, highness, raise **Str:** #7613

2441 סאסאה (fem) *sah'seh'aw* **Tran:** MEASURE **KJV:** measure **Str:** #5432

סוא *SWA* (ch)

2442 שוא (masc) *so* **Tran:** ARISE **KJV:** arise **Str:** #7721

סיא SYA (ch)

2443 שיא (masc) see **Tran:** HEIGHT **KJV:** excellency **Str:** #7863

~~~~~~~~~

סב *SB* (pr) **Act:** Turn,Surround, Drink, Enclose, Turn **Obj:** Drink, Gray **Abs:** Age **Def:** One drunk from strong drink, turns from dizziness. The old, gray headed ones, easily become dizzy. **AH:** ⌂╪- The pictograph ╪ is a picture of a thorn representing a turning, the ⌂ is a picture of a tent or what is inside. Combined these mean "turning of the inside."

2444 סיבה (fem) *sib'baw* **Tran:** TURN **KJV:** cause **Str:** #5438

2445 מסב (masc) *may'sab* **Tran:** AROUND **KJV:** round, compass, table **Str:** #4524

סבב SBB (ch)

2446 סבב (vrb) *saw'bab* **Tran:** GO.AROUND **Alt:** enclosed in. **Def:** To circle completely around something. **KJV:** about, surround, turn, remove, return, round, side, turn, beset, driven **Str:** #5437

2447 סביב (masc) סביבה (fem) *saw'beeb* **Tran:** ALL.AROUND **Def:** On all sides; enclose so as to surround; in rotation or succession. A circling or bordering about the edge. **KJV:** round about, side, compass, circuit **Str:** #5439

2448 זבוב (masc) *zeb'oob* **Tran:** BUG **Def:** An insect that flies around. **KJV:** fly **Str:** #2070

סבא *SBA* (ch) **Def:** An alcoholic beverage from its ability to make one drunk and dizzy. A turning around from dizziness.

2449 סבא (vrb) *saw'baw* **Tran:** IMBIBE **Def:** To drink strong drink that can cause intoxication. **KJV:** drunkard, winebibber, fill, drunken **Str:** #5433

2450 סובא (masc) *so'beh* **Tran:** ALCOHOL **Def:** An alcoholic beverage. **KJV:** wine, drink, drunken **Str:** #5435

יסב YSB (ch)

2451 מוסב (masc) *moo'sawb* **Tran:** ENCOMPASS **Def:** place that surrounds. **KJV:** winding **Str:** #4141

2452 מוסבה (fem) *moo'sab'baw* **Tran:** ENCLOSE **Def:** What is surrounded. **KJV:** inclose, set, change, turn **Str:** #4142

סיב *SYB* (ch) **Def:** The hair color of those who are old, ones who easily become dizzy.

2453 שיב (vrb) *seeb* **Tran:** GRAYHEADED **Def:** To be of old age and gray hair. **KJV:** grayhead, elder **Str:** #7867 **Aramaic:** #7868

2454 שיב (masc) שיבה (fem) *sabe / say'baw* **Tran:** GRAYHEADED **Def:** One who has gray hair from old age; an old man. **KJV:** old age, gray hair, hoar head, grayheaded, hoary **Str:** #7869, #7872

נסב *NSB* (ad)

2455 נסיבה (fem) *nes'ib'baw* **Tran:** CAUSE **Def:** turn of affairs. **KJV:** cause **Str:** #5252

סבע *SBAh* (ad)

2456 שבע (vrb) *saw'bah* **Tran:** BE.SATISFIED **Def:** To be filled full or to overflowing; to have a complete amount. **KJV:** satisfy, fill, full, plenty, enough, satiate, suffice, insatiable, weary **Str:** #7646

2457 שבע (masc) *saw'baw / saw'bay'ah* **Tran:** PLENTY **Alt:** many. **Def:** A full or more than adequate supply. What is full, satisfied or abundant. **KJV:** plenty, plenteous, abundance, full, satisfied **Str:** #7647, #7649

2458 שבעה (fem) *sob'aw* **Tran:** SATISFACTION **KJV:** fullness, satisfy, enough, full, sufficiently **Str:** #7654

2459 שבעה (fem) *sib'aw* **Tran:** FULL **KJV:** fullness **Str:** #7653

2460 שבע (masc) *so'bah* **Tran:** SATISFACTION **Def:** The state of being content. **KJV:** full, fullness, sufficed, satisfying **Str:** #7648

סג *SG* (pr) **Act:** Turn, Increase, Grow, Refuse **Obj:** Large **Abs:** Increase **Def:** To turn around or change directions. **AH:** ✓∓- The pictograph ∓ is a picture of a thorn representing a turning, the ✓ is a picture of a foot. Combined these mean "turning of the foot."

סגא *SGA* (ch)

2461 שגא (vrb) *saw'gaw* **Tran:** ENLARGE **KJV:** increase, magnify, grow, multiply **Str:** #7679 **Aramaic:** *seg'aw* #7680

Benner's Lexicon of Biblical Hebrew

2462 שגיא (masc) *sag'ghee* **Tran:** LARGE **Def:** greatness in size or stature. **KJV:** great, excellent, much, great, very, exceeding, sore **Str:** #7689 **Aramaic:** #7690

סגה *SGH* (ch)

2463 שגה (vrb) *saw'gaw* **Tran:** GROW **KJV:** grow, increase **Str:** #7685

סוג *SWG* (ch)

2464 שוג (vrb) *soog / soog / soog / soog* **Tran:** TURN **Def:** To turn or change directions, either physically or mentally. **KJV:** turn, back, backslider, drive **Str:** #5472, #5473, #7734, #7735

סיג *SYG* (ch)

2465 שיג / חוג (masc) *seeg / seeg* **Tran:** DROSS **Def:** The impurities, scum or dregs, that are formed on the surface of molten metals. **KJV:** dross, pursuing **Str:** #5509, #7873

נסג *NSG* (ad) **Rel:** through the idea of departing

2466 נסג (vrb) *naw'sag / naw'sag* **Tran:** OVERTAKE **Alt:** Reach (especially when speaking of the hand reaching out to grab something). **Def:** To catch up with; to remove in the sense of taking over; to take hold; to acquire wealth **KJV:** remove, depart, take, turn, overtake, hold, get, attain, obtain, reach, able, bring, lay, put, remove, rich, take **Str:** #5253, #5381

סגל *SGL* (ad)

2467 סגולה (fem) *seg'ool'law* **Tran:** JEWEL **Def:** A precious stone. Something of value. **KJV:** treasure, peculiar, special, jewel **Str:** #5459

פסג *PSG* (ad)

2468 פסג (vrb) *paw'sag* **Tran:** CONSIDER **KJV:** consider **Str:** #6448

סד *SD* (pr) **Act:** Level, Harrow **Obj:** Field, Foundation, Counsel, Plaster **Abs:** Testimony **Def:** A level piece of ground for planting crops or setting up tents or structures. **AH:** 𐤎𐤃

2469 סד (masc) *sad* **Tran:** STOCKS **Def:** level beam for holding the feet prisoners. **KJV:** stocks **Str:** #5465

2470 מסד (masc) *mas'sad* **Tran:** FOUNDATION **Def:** level place. **KJV:** foundation **Str:** #4527

2471 סדין (masc) *saw'deen* **Tran:** LINEN.GARMENT **Def:** As a level garment when laid out. **KJV:** sheet, fine linen **Str:** #5466

סדד *SDD* (ch) **Def:** A level piece of ground.

2472 שדד (vrb) *saw'dad* **Tran:** HARROW **Def:** To level a field by using a harrow. **KJV:** harrow, break clods **Str:** #7702

סהד *SHD* (ch) **Def:** A record that lays a foundation of truth about an event.

2473 שהד (masc) *saw'hade* **Tran:** RECORD **KJV:** record **Str:** #7717

סדה *SDH* (ch) **Def:** A level plot of ground.

2474 שדה (masc) *saw'deh* **Tran:** FIELD **Def:** An open land area free of trees and buildings. A level plot of ground. **KJV:** field, country, land, wild, ground, soil **Str:** #7704

סוד *SWD* (ch) **Def:** A group of elders of the tribe who sit in counsel as the foundation to the tribe.

2475 סוד (masc) *sode* **Tran:** CONFIDENCE **Def:** Advice given in secret as a result of consultation. **KJV:** secret, counsel, assembly, inward **Str:** #5475

יסד *YSD* (ch) **Def:** The foundation of a place such as of a building, time as the beginning, or a group as the elders of the tribe who sit in counsel.

2476 יסד (vrb) *yaw'sad* **Tran:** FOUNDED **Def:** To lay a foundation of a house, place or plan; to establish, fix in place. **KJV:** foundation, lay, founded, ordain, counsel, establish, appoint, instruct, set, sure **Str:** #3245

2477 מוסד (masc) מוסדה (fem) *mo'saw'daw / mo'sawd / moo'saw'daw / moo'sawd* **Tran:** FOUNDATION **Def:** A supporting and level base of a building or structure which lies on or in the ground. **KJV:** foundation **Str:** #4143, #4144, #4145, #4146

2478 יסוד (masc) יסודה (fem) *meh'yoos'saw'daw / yes'ode / yes'oo'daw / yes'ood* **Tran:** BOTTOM.BASE **Def:** A supporting and level base of a building or structure which lies on or in the ground. **KJV:** foundation, bottom, repairing **Str:** #3246, #3247, #3248, #4328

סיד *SYD* (ch) **Def:** A limestone plaster is made for the floor of buildings to form a smooth and level surface.

2479 שיד (vrb) *seed* **Tran:** DAUB **Def:** To cover or coat with plaster or mud. **KJV:** plaister **Str:** #7874

2480 שיד (masc) *seed* **Tran:** LIME **Def:** A chalky white powder used for making plaster. **KJV:** plaster, lime **Str:** #7875

עדף *AhDP* (ad)

2481 עדף (vrb) *aw'daf* **Tran:** EXCEED **Def:** Running over, filled beyond capacity. **KJV:** remains, overplus, more, odd number, over **Str:** #5736

עדן *AhDN* (ad)

2482 עדן (vrb) *aw'dan* **Tran:** DELIGHT **KJV:** delight **Str:** #5727

2483 עדן (com) *ay'den* **Tran:** PLEASURE **Def:** A state of gratification. **KJV:** pleasure **Str:** #5730

2484 עדנה (fem) *ad'en* **Tran:** YET **Def:** As a desire. **KJV:** yet **Str:** #5728

2485 מעדן (masc) *mah'ad'awn* **Tran:** TASTY.FOOD **Def:** Having a marked and pleasing flavor. As a pleasurable thing. **KJV:** dainties, delicately, delight **Str:** #4574

2486 מעדנה (fem) *mah'ad'an'naw* **Tran:** CHAIN **KJV:** influence **Str:** #4575

2487 עדין (masc) *aw'deen* **Tran:** PLEASURE **KJV:** pleasures **Str:** #5719

סה *SH* (pr) **Obj:** Sheep, Veil **AH:** ⼗⼿

2488 שה / זה (masc) *seh / zeh* **Tran:** RAM **Def:** A young male member of a flock of sheep or goats. **KJV:** lamb, sheep, cattle, ewe **Str:** #2089, #7716

סוה *SWH* (ch)

2489 מסוה (masc) *mas'veh* **Tran:** HOOD **Def:** A covering of the entire head and face. **KJV:** vail **Str:** #4533

סה *SHh* (pr) **Act:** Sweep, Meditate, Swim **AH:** 月⼿

2490 שׂח (masc) *say'akh* **Tran:** MEDITATE **Def:** sweeping away in thought. **KJV:** thought **Str:** #7808

2491 סחי (masc) *seh'khee* **Tran:** RUBBISH **Def:** What is swept away. **KJV:** offscouring **Str:** #5501

סחה *SHhH* (ch)

2492 שׂחה (vrb) *saw'khaw / saw'khaw* **Tran:** SWIM **KJV:** swim, scrape **Str:** #5500, #7811

סוח *SWHh* (ch)

2493 סוחה (fem) *soo'khaw* **Tran:** RUBBISH **Def:** What is swept away. **KJV:** torn **Str:** #5478

סחו *SHhW* (ch) **Def:** The sweeping of the arms in water.

2494 שׂחו (masc) *saw'khoo* **Tran:** SWIM **KJV:** swim **Str:** #7813

סיח *SYHh* (ch)

2495 שׂיח / שׂוח (vrb) *see'akh* **Tran:** MEDITATE **Def:** sweeping away in thought. **KJV:** talk, meditate, speak, complain, pray, commune, muse, declare **Str:** #7878

2496 שׂיח (masc) שׂיחה (fem) *see'akh / see'khaw / soo'akh* **Tran:** MEDITATION **Def:** To engage in contemplation. A sweeping away in thought. **KJV:** complaint, meditation, prayer, talking, communication, babbling **Str:** #7742, #7879, #7881

סחט *SHhTh* (ad)

2497 שׂחט (vrb) *saw'khat* **Tran:** PRESS **Def:** Pressure or pushing action. **KJV:** press **Str:** #7818

סחף *SHhP* (ad)

2498 סחף (vrb) *saw'khaf* **Tran:** SWEEP **Def:** To sweep away. **KJV:** sweeping, sweep **Str:** #5502

~~~~~~~~~~

סט *STh* (pr) **Act:** Turn, Hate, Oppose **Obj:** Rebel, Opponent **Abs:** Opposition **AH:** ⊗╪- The pictograph ╪ is a picture of a thorn representing a turning, the ⊗ is a picture of a round basket. Combined these mean "turn around."

2499 שׂט/סט (masc) *sayte* **Tran:** REBEL **Rel:** One who has turned away. **KJV:** revolter **Str:** #7846

סטה *SThH* (ch)

2500 שטה (vrb) *saw'taw* **Tran:** GO.ASIDE **Def:** To turn aside or away. **KJV:** aside, turn, decline **Str:** #7847

סוט *SWTh* (ch)

2501 שוט/סוט (vrb) *soot* **Tran:** TURN **Def:** To turn aside or away. **KJV:** turn **Str:** #7750

סטם *SThM* (ad) **Rel:** turning

2502 שטם (vrb) *saw'tam* **Tran:** HOLD.A.GRUDGE **Def:** Be unwilling to give in or admit to. **KJV:** hate, oppose **Str:** #7852

סטן *SThN* (ad) **Rel:** turning

2503 שטן (vrb) *saw'tan* **Tran:** OPPOSE **Def:** To turn the back to another and stand in the way of their path. **KJV:** adversary, resist **Str:** #7853

2504 שטן (masc) *saw'tawn* **Tran:** OPPONENT **Def:** One who is on the opposing side of an action or thought; an adversary. **KJV:** satan, adversary, withstand **Str:** #7854

2505 שטנה (fem) *sit'naw* **Tran:** OPPOSITION **KJV:** accusation **Str:** #7855

~~~~~~~~~~

סך *SK* (pr) **Act:** Cover, Watch, Keep, Shut, Hire, Dwell **Obj:** Booth, Hedge, Shrub, Chamber, Cage, Wage, Dwelling **Def:** The watcher over the crops, flock or herd, would construct a covering (booth) as a shelter from the sun, wind or rain. These coverings were often constructed on an elevated position, and from materials readily available such as bushes, thorns and small trees. **AH:** 𐤔𐤕- The pictograph 𐤕 is a picture of a thorn representing protection, the 𐤔 is a picture of the palm of the hand representing a covering. Combined these mean "protective covering."

2506 סך / שך (masc) *sake / sawk / soke* **Tran:** STICKERBUSH **KJV:** multitude, prick **Str:** #5519, #7899, #7900

2507 מסך (masc) *maw'sawk* **Tran:** SCREEN **Def:** A meshed fabric used for covering of a door or temporary shelter. **KJV:** hanging, covering, curtain **Str:** #4539

2508 שכה (fem) *sook'kaw* **Tran:** BARB **Def:** As a barbed thorn. **KJV:** barbed iron **Str:** #7905

2509 סוכה (fem) *soke* **Tran:** BOUGH **Def:** As used for making booths. **KJV:** bough **Str:** #7754

2510 שכין (masc) *sak'keen* **Tran:** KNIFE **Def:** sharp point like a thorn. **KJV:** knife **Str:** #7915

סכך *SKK* (ch) **Def:** The intertwining branches of thorn bushes for making a defensive wall.

2511 שכך/סכך (vrb) *saw'kak* **Tran:** FENCE.AROUND **Def:** To surround with a wall of protection or covering. To encompass completely. **KJV:** cover, covering, defense, defend, hedge, join, set, shut **Str:** #5526

סוך *SWK* (ch) **Def:** The booth is a covering.

2512 שוך (vrb) *sook* **Tran:** HEDGE **Def:** To surround as hedge of protection. **KJV:** hedge, fence **Str:** #7753

2513 סוך (masc) סוכה (fem) *soke / sook'kaw* **Tran:** BOOTH **Def:** A temporary shelter; a small enclosure; dwelling place. **KJV:** tabernacle, den, booth, pavilion, cottage, covert, tent **Str:** #5520, #5521

2514 מסוכה (fem) *mes'oo'kaw / mes'oo'kaw / mes'ook'kaw* **Tran:** HEDGE **Def:** As a wall of thorns. **KJV:** hedge, covering **Str:** #4534, #4540, #4881

יסך *YSK* (ch)

2515 מוסך (masc) *may'sawk* **Tran:** BOOTH **KJV:** covert **Str:** #4329

סיך *SYK* (ch)

2516 שיח (masc) *see'akh* **Tran:** SHRUB **Def:** A low-growing, usually severally stemmed bush or woody plant, as used for making booths. **KJV:** bush, shrub, plant **Str:** #7880

2517 סיכות (fem) **Tran:** BOOTH **KJV:** tabernacle **Str:** #5522

סכי *SKY* (ch)

2518 שכוי (masc) *sek'vee* **Tran:** COVERING **KJV:** heart **Str:** #7907

חסך *HhSK* (ad) **Rel:** keeping something covered

2519 חשך (vrb) *khaw'sak* **Tran:** KEEP.BACK **Def:** To hold something back or restrain. **KJV:** spare, keep, withhold, refrain, asswage, reserve, forbear, hinder, punish **Str:** #2820

לשך *LShK* (ad)

2520 לישכה (fem) *lish'kaw* **Tran:** CHAMBER **Def:** A room or open area within a structure. **KJV:** parlour **Str:** #3957

סגר *SGR* (ad) **Rel:** an enclosure

2521 סגר / סכר (vrb) *saw'gar / saw'kar* **Tran:** SHUT **Alt:** deliver. **Def:** To close or block an opening. **KJV:** shut, deliver, pure, give, inclose, repair, close, stop, strait, together **Str:** #5462, #5534 **Aramaic:** *seg'ar* #5463

2522 מסגר (masc) *mas'gare* **Tran:** SMITH **Def:** place for shutting up. **KJV:** smith, prison **Str:** #4525

2523 סגור (masc) *seg'ore* **Tran:** ENCLOSURE **Def:** As shut in. **KJV:** gold, caul **Str:** #5458

2524 סגור (masc) *san'vare* **Tran:** SIGHTLESSNESS **Def:** Sightless; unquestioning, as having no regard to rational discrimination, guidance or restriction. As a shutting of the eyes. **KJV:** blindness **Str:** #5575

2525 מסגרת (fem) *mis'gheh'reth* **Tran:** RIM **Def:** The edge of a region or hole. **Rel:** In the sense of enclosing. **KJV:** border, close, hole **Str:** #4526

2526 סוגר (masc) *soo'gar* **Tran:** CAGE **Def:** As shut in. **KJV:** ward **Str:** #5474

2527 סגריר (masc) *sag'reed* **Tran:** HEAVY.RAIN **KJV:** rainy **Str:** #5464

סכן *SKN* (ad) **Rel:** as a covering of stores

2528 סכן (vrb) *saw'kan / saw'kan* **Tran:** BENEFIT **Alt:** in the habit. **Def:** To be of use, service or profit in order that one may benefit from it. **KJV:** acquaint, profitable, cherish, advantage, endanger, impoverish, treasure **Str:** #5532, #5533

2529 מסכן (masc) *mis'kane* **Tran:** POOR **Def:** One who benefits from others generosity. **KJV:** poor **Str:** #4542

2530 מסכנה (fem) *mis'ken'aw* **Tran:** STOREHOUSE **Def:** Places for storing foods or other items for future benefit. **KJV:** store, storehouse, treasure **Str:** #4543

2531 מסכנות (fem) *mis'kay'nooth* **Tran:** POVERTY **Def:** Those who rely on benefits from others. **KJV:** scarceness **Str:** #4544

סכר *SKR* (ad) **Def:** A payment of wages or reward for services. **Rel:** as a covering for services

2532 שכר (vrb) *saw'kar* **Tran:** HIRE **Def:** Payment for labor or personal services; to engage the personal service of another. **KJV:** hire, reward, wage **Str:** #7936

2533 שכר (masc) *saw'kawr / seh'ker* **Tran:** WAGE **Def:** The reward or pay the price for one's labor. **KJV:** hire, reward, wage, price, fare, worth, sluice **Str:** #7938, #7939

2534 שכיר (masc) *saw'keer* **Tran:** HIRELING **Def:** One who is hired for service and receives compensation. **KJV:** servant, hireling, hired **Str:** #7916

2535 שכירה (fem) *sek'ee'raw* **Tran:** HIRELING **Def:** One who is hired for service. **KJV:** hired **Str:** #7917

2536 אשכר (masc) *esh'cawr* **Tran:** PAYMENT **KJV:** gift, present **Str:** #0814

2537 משכרת (fem) *mas'koh'reth* **Tran:** PAYMENT **Def:** Something that is paid. **KJV:** wages, reward **Str:** #4909

סכת *SKT* (ad)

2538 סכת (vrb) *saw'kath* **Tran:** TAKE.HEED **Def:** To be silent. **KJV:** heed **Str:** #5535

שכן *ShKN* (ad)

2539 שכן (vrb) *shaw'kan* **Tran:** DWELL **Alt:** place. **Def:** To remain for a time; to live as a resident; to stay or sit in one location for an indeterminate duration. **KJV:** dwell, abide, remain, inhabit, rest, set, continue, dweller, dwelling, habitation **Str:** #7931 **Aramaic:** *shek'an* #7932

2540 שכן (masc) *shaw'kane / sheh'ken* **Tran:** DWELLER **Def:** The resident of a region. Also, a habitation, the place of residence. **KJV:** habitation, neighbour, inhabitant, thereunto **Str:** #7933, #7934

2541 משכן (masc) *mish'kawn* **Tran:** DWELLING **Def:** A place of habitation or residence. **KJV:** tabernacle, dwelling, habitation, dwellingplace, place, dwell, tent **Str:** #4908 **Aramaic:** #4907

סל *SL* (pr) **Act:** Lift, Compare, Fly, Carry, Forgive **Obj:** Basket, Ladder, Thorn, Burden, Garment, Cliff **AH:** ╱╪

2542 סל (masc) *sal* **Tran:** WICKER.BASKET **Def:** A receptacle made of interwoven materials such as reeds. **Rel:** Carried by lifting it up on the head. **KJV:** basket **Str:** #5536

2543 סלסלה (fem) *sal'sil'law* **Tran:** BASKET **KJV:** basket **Str:** #5552

סלל *SLL* (ch)

2544 סלל (vrb) *saw'lal* **Tran:** BUILD.UP **Def:** To raise the elevation of the bank of a river or a highway. To raise one up higher than others. **KJV:** cast, raise, exalt, extol, plain **Str:** #5549

2545 סוללה (fem) *so'lel'aw* **Tran:** BANK **Def:** raised mound of soil for defenses. **KJV:** mount, bank **Str:** #5550

2546 מסלול (masc) מסילה (fem) *mas'lool / mes'il'law* **Tran:** HIGHWAY **Def:** A road constructed above the surrounding area. **KJV:** highway, causeway, path, way, course, terrace **Str:** #4546, #4547

סלא *SLA* (ch)

2547 סלא (vrb) *saw'law* **Tran:** COMPARE **KJV:** comparable **Str:** #5537

סלה *SLH* (ch)

2548 סלה (vrb) *saw'law* **Tran:** WEIGHT.OUT **Def:** To weigh with a balance where the lighter side rises. **KJV:** value, trodden **Str:** #5541

2549 סלה (masc) *seh'law* **Tran:** SELAH **Def:** A musical term probably showing accentuation, pause or interruption. **KJV:** selah **Str:** #5542

סול *SWL* (ch)

2550 סולת (fem) *so'leth* **Tran:** FLOUR **Def:** Finely ground meal of grain used for making bread. **KJV:** flour **Str:** #5560

2551 סוּלָם (masc) *sool'lawm* **Tran:** LADDER **Def:** Used to raise up. A structure for climbing up or down. **KJV:** ladder **Str:** #5551

סלו *SLW* (ch)

2552 שלו / שליו (fem) *sel'awv* **Tran:** QUAIL **Def:** A small bird used as a food. **Rel:** As lifting up quickly. **KJV:** quail **Str:** #7958

סיל *SYL* (ch)

2553 סִילּוֹן (masc) *sil'lone* **Tran:** SLIVER **KJV:** brier, thorn **Str:** #5544

חסל *HhSL* (ad) **Def:** A large number of locusts can devastate a crop by devouring it.

2554 חסל (vrb) *khaw'sal* **Tran:** DEVOUR **KJV:** consume **Str:** #2628

2555 חסיל (masc) *khaw'seel* **Tran:** CATERPILLER **Def:** An unknown species of insect that devours crops. **KJV:** caterpillar **Str:** #2625

2556 חציר (masc) *khaw'tseer* **Tran:** HERBAGE **Def:** A plant used as food for men and animals as grown in the yard. **KJV:** grass, hay, herb, leeks **Str:** #2682

סלד *SLD* (ad)

2557 סלד (vrb) *saw'lad* **Tran:** LEAP.UP **KJV:** harden **Str:** #5539

סלח *SLHh* (ad) **Rel:** lifting one out of a debt

2558 סלח (vrb) *saw'lakh* **Tran:** FORGIVE **Def:** To pardon; to overlook an offense and treat the offender as not guilty. **KJV:** forgive, pardon, spare **Str:** #5545

2559 סלח (masc) *saw'lawkh* **Tran:** FORGIVING **KJV:** forgive **Str:** #5546

2560 סליחה (fem) *sel'ee'khaw* **Tran:** FORGIVENESS **KJV:** forgiveness, pardon **Str:** #5547

סלם *SLM* (ad) **Rel:** lifting onto the body

2561 שלמה (fem) *sal'maw* **Tran:** OUTER.GARMENT **Def:** Garments worn over top of other garments. **KJV:** garment, raiment, clothes **Str:** #8008

סלע *SLAh* (ad) **Rel:** height

2562 סלע (masc) *seh'lah* **Tran:** CLIFF **Def:** A high rock, cliff or towering rock, as a place of defense. **KJV:** rock, stronghold, stone, stony **Str:** #5553

2563 סלעם (masc) *sol'awm* **Tran:** LOCUST **Def:** From its high jumping. **KJV:** locust **Str:** #5556

סלף *SLP* (ad)

2564 סלף (vrb) *saw'laf* **Tran:** TWIST.BACKWARDS **Def:** A path that winds back on itself. To twist words or actions away from their proper context. **KJV:** overthrow, pervert **Str:** #5557

2565 סלף (masc) *seh'lef* **Tran:** CROOKEDNESS **Def:** Something twisted. **KJV:** perverseness **Str:** #5558

סלק *SLQ* (ad)

2566 סלק (vrb) **Tran:** ASCEND **KJV:** came **Aramaic:** #5559

פסל *PSL* (ad) **Def:** The chiseling of stone to form an image.

2567 פסל (vrb) *paw'sal* **Tran:** SCULPT **Def:** To carve or chisel out a figure from wood or stone. **KJV:** hew, graven **Str:** #6458

2568 פסל / פסיל (masc) *peh'sel / pes'eel* **Tran:** SCULPTURE **Def:** A figurine that is formed and shaped from stone, wood or clay. **KJV:** image, grave, carved **Str:** #6456, #6459

סם *SM* (pr) **Act:** Place, Support, Appoint, Hold **Obj:** Spices, Storehouse **AH:** ᄿ╪

2569 סם (masc) *sam* **Tran:** AROMATIC.SPICE **Def:** A spice that is pleasing to the nose. **KJV:** sweet **Str:** #5561

סמם *SMM* (ch)

2570 סממית (fem) *sem'aw'meeth* **Tran:** GECKO **Def:** An unknown animal. **KJV:** spider **Str:** #8079

אסם *ASM* (ch) **Def:** A storage facility for placing provisions.

2571 אסם (masc) *aw'sawm* **Tran:** BARN **KJV:** storehouse **Str:** #0618

סים *SYM* (ch)

2572 סום / סים (vrb) *soom / yaw'sam* **Tran:** PLACE **Def:** To put or set in a particular place, position, situation, or relation. **KJV:** put, make, set, lay, appoint, give, consider, turn, brought, ordain, place, take, shew, regard, mark, dispose, care, command, give, name, have **Str:** #3455, #7760 **Aramaic:** *soom* #7761

2573 תשומה (fem) *tes'oo'meth* **Tran:** SECURITY.DEPOSIT **KJV:** fellowship **Str:** #8667

בסם *BSM* (ad)

2574 בשם (vrb) *baw'sawm* **Tran:** BALSAM **Def:** A sweet-smelling spice. **KJV:** spice **Str:** #1313

2575 בסם (masc) *beh'sem* **Tran:** SWEET.SPICE **Def:** An aromatic spice that is pleasing to the nose. **KJV:** spice, sweet, sweet **Str:** #1314

סמך *SMK* (ad) **Def:** The supporting of something by laying against or on it. **Rel:** setting up a support

2576 סמך (vrb) *saw'mak* **Tran:** SUPPORT **Def:** To uphold or defend; to hold up or serve as a foundation or prop for. **KJV:** lay, uphold, put, lean, stay, sustain, hold, borne, establish, stand, rest, set **Str:** #5564

2577 שמיכה (fem) *sem'ee'kaw* **Tran:** SUPPORT **KJV:** mantle **Str:** #8063

סמן *SMN* (ad) **Rel:** setting in place

2578 סמן (vrb) *saw'man* **Tran:** APPOINT **KJV:** appoint **Str:** #5567

סמח *SMHh* (ad) **Def:** A spontaneous expression of excitement and cheer.

2579 שמח (vrb) *saw'makh* **Tran:** REJOICE **Def:** To be bright, happy, glad. **KJV:** rejoice, glad, joy, merry **Str:** #8055

2580 שמח (masc) שמחה (fem) *saw'may'akh / sim'khaw* **Tran:** REJOICING **Def:** A state of felicity or happiness. **KJV:** rejoice, glad, joyful, merry, merryhearted, joy, gladness, mirth **Str:** #8056, #8057

סמל *SML* (ad) **Def:** The form or shape of an image.

2581 סמל (masc) *seh'mel* **Tran:** FIGURE **KJV:** figure, image, idol **Str:** #5566

2582 שימלה (fem) *sim'law* **Tran:** APPAREL **Def:** Something that clothes or adorns. As forming to the image of the body. **KJV:** raiment, clothes, garment, apparel, cloth, clothing **Str:** #8071

סמר *SMR* (ad) **Def:** The standing on end of hair as when terrified or on a caterpillar.

2583 סמר (vrb) *saw'mar* **Tran:** BRISTLE **KJV:** tremble, stood **Str:** #5568

2584 סמר (masc) *saw'mar* **Tran:** HAIR **KJV:** rough **Str:** #5569

2585 משמר (masc) מסמרה (fem) *mas'mare / mas'mer'aw* **Tran:** NAIL **Def:** As a standing hair. **KJV:** nail **Str:** #4548, #4930

קסם *QSM* (ad)

2586 קסם (vrb) *kaw'sam* **Tran:** DIVINE **Def:** To practice divination. **KJV:** divine, diviner, use, divination, prudent, soothsayer **Str:** #7080

2587 קסם (masc) *keh'sem* **Tran:** DIVINATION **KJV:** divination, witchcraft, divine **Str:** #7081

2588 מקסם (masc) *mik'sawn* **Tran:** DIVINATION **KJV:** divination **Str:** #4738

תמך *TMK* (ad) **Def:** A holding up of something. **Rel:** setting up a support

2589 תמך (vrb) *taw'mak* **Tran:** UPHOLD **Def:** To give support or to steady. **KJV:** hold, uphold, retain **Str:** #8551

סן *SN* (pr) **Act:** Pierce, Store, Uncover, Guard **Obj:** Thorn, Weapon, Shield, Brier **Abs:** Hate, Harm, Custody **Def:** The thorn, the seed of a plant with small sharp points) cause one to turn directions to avoid them. **AH:** ↶ꟻ- The pictograph ꟻ is a picture of a thorn, the ↶ is a picture of seed. Combined these mean "thorn seed."

2590 צן (masc) *tsane* **Tran:** SHARP.THORN **Def:** A pointed, piercing object. **KJV:** thorn **Str:** #6791

סנן *SNN* (ch)

2591 צנן / צנין (masc) *tsaw'neen* **Tran:** PRICKLY.THORN **Def:** A sharp thorn that causes pain. **KJV:** thorn **Str:** #6796

אסן ASN (ch)

2592 אסון (masc) *aws'sone* **Tran:** HARM **Def:** Physical or mental damage; injury. The pain from the thorn. **KJV:** mischief **Str:** #0611

סאן SAN (ch)

2593 סאן (vrb) *saw'an* **Tran:** PIERCE **Def:** To pierce with a weapon. **KJV:** warrior **Str:** #5431

2594 סאון (masc) *seh'own* **Tran:** WEAPON **Def:** sharp weapon as a thorn. **KJV:** battle **Str:** #5430

סנא SNA (ch) **Def:** Like a thorn, hate causes one to turn away from another.

2595 שנא (vrb) *saw'nay* **Tran:** HATE **Def:** Intense hostility and aversion, usually deriving from fear, anger, or sense of injury; extreme dislike or antipathy. **KJV:** hate, enemy, foe, hateful **Str:** #8130 **Aramaic:** *sen'ay* #8131

2596 שנאה (fem) *sin'aw* **Tran:** HATE **KJV:** hatred, hated, hatefully **Str:** #8135

2597 שניאה (fem) *saw'nee* **Tran:** HATED **KJV:** hated **Str:** #8146

סנה SNH (ch)

2598 סנה (masc) *sen'eh* **Tran:** THORN.BUSH **Def:** A plant, bush or tree, that grows thorns. **KJV:** bush **Str:** #5572

סין SYN (ch)

2599 צינה (fem) *tsin'naw* **Tran:** BUCKLER **Def:** A round shield held by a grip and sometimes having straps through which the arm is passed. **KJV:** shield, buckler, target, hook, cold **Str:** #6793

חסן HhSN (ad) **Def:** A storing or hoarding of a treasure or other precious possession. The treasure as a sign of power. **Rel:** thorn bushes were used for making a protecting hedge

2600 חסן (vrb) *khaw'san* **Tran:** STORE **Def:** To store up a treasure. **KJV:** lay up, possess **Str:** #2630

2601 חסן (masc) **Tran:** ROYAL.POWER **Def:** In the sense of wealth. **KJV:** power **Aramaic:** *khay'sen* #2632

2602 חסין (masc) *khas'een* **Tran:** POWER **Def:** In the sense of wealth. **KJV:** strong **Str:** #2626

2603 חסון (masc) *khaw'sone* **Tran:** STRONG **Def:** In the sense of wealth. **KJV:** strong **Str:** #2634

2604 חוסן (masc) *kho'sen* **Tran:** TREASURE **Def:** What is stored up. **KJV:** strength, treasure, riches **Str:** #2633

שמר *ShMR* (ad) **Def:** A close watching of something for guarding or protecting. Shepherds constructed corrals of briers at night to protect the flock from predators. **Rel:** from the thorns used in constructing a corral

2605 שמר (vrb) *shaw'mar / shem'oo'raw* **Tran:** SAFEGUARD **Alt:** guardian. **Def:** The act or the duty of protecting or defending; to watch over or guard. To keep watch. **Rel:** In the sense of preserving or protecting **KJV:** keep, observe, heed, keeper, preserve, beware, mark, watchman, wait, watch, regard, save **Str:** #8104, #8109

2606 שמר (masc) *sheh'mer* **Tran:** DREGS **Def:** The dead yeast cells that settle at the bottom of wine. **Rel:** The dregs work as a preservative of the wine. **KJV:** lees, dregs **Str:** #8105

2607 שמרה (fem) *shom'raw* **Tran:** GUARDSMAN **Def:** One who watches over. **KJV:** watch **Str:** #8108

2608 שמיר (masc) *shaw'meer* **Tran:** BRIER **Def:** Used to construct a corral to protect the flock at night. **KJV:** brier **Str:** #8068

2609 שמיר (masc) *shaw'meer* **Tran:** OBSIDIAN **Def:** An unknown sharp stone such as flint or obsidian. **KJV:** adamant, diamond **Str:** #8068

2610 משמר (masc) *mish'mawr* **Tran:** CUSTODY **Def:** Immediate charge and control exercised by a person or authority. A careful watching over as an office, guard or prison. **KJV:** ward, watch, guard, diligence, office, prison **Str:** #4929

2611 משמרת (fem) *mish'mer'reth* **Tran:** CHARGE **Def:** A person or thing committed to the care of another. What is given to be watched over and protected. **KJV:** charge, ward, watch, keep, ordinance, office, safeguard **Str:** #4931

2612 שימור (masc) *shim'moor* **Tran:** SAFEGUARDING **Def:** To keep safe. To protect. **KJV:** observed **Str:** #8107

2613 אשמורה (fem) *ash'moo'raw* **Tran:** NIGHT.WATCH **Def:** An increment of time during the night when guards watch the area. **KJV:** watch, night watch **Str:** #0821

סס *SS* (pr) **Act:** Turn **Obj:** Moth, Horse **Abs:** Joy **AH:** ⌅⌅

2614 סס (masc) *sawce* **Tran:** MOTH **Def:** From its turning and twisting flight. **KJV:** worm **Str:** #5580

סוס *SWS* (ch)

2615 שיש / שוש (vrb) *soos* **Tran:** SKIP.WITH.JOY **Def:** To rejoice by moving with quick steps. **KJV:** rejoice, glad, joy, mirth **Str:** #7797

2616 סוס (masc) *soos* **Tran:** HORSE **Def:** A domesticated animal used as a beast of burden, a draft animal or for riding. **Rel:** From its turning around in play. **KJV:** horse, crane, horseback, crane, rejoice, glad, joy, mirth **Str:** #5483

2617 סוסה (fem) *soo'saw* **Tran:** MARE **KJV:** horse **Str:** #5484

2618 משוש (masc) *maw'soce* **Tran:** JOY **Def:** A dancing around in circles out of excitement. **KJV:** joy, mirth, rejoice **Str:** #4885

סף *SP* (pr) **Act:** Gather, Consume, Add, Record **Obj:** Lip, Door, Store, Feed, Reed, Scroll **Def:** The rim, or lips of the bowl, which circle around it. The bowl is used for gathering things together and for eating. **AH:** ⌒⌅- The pictograph ⌅ is a picture of a thorn representing a turning, the ⌒ is a picture of a mouth. Combined these mean "turning mouth."

2619 סף (masc) *saf* **Tran:** BASIN **Def:** A vessel for holding water or other liquid. By extension, the lip of the bason and from this, the lip, or threshold, of a door. **KJV:** door, threshold, bason, post, bowl, gate, cup **Str:** #5592

2620 שפה (fem) *saw'faw* **Tran:** LIP **Alt:** edge. **Def:** The rim or edge of the mouth or other opening. Language, as spoken from the lips. **KJV:** lip, bank, brim, edge, language, speech, shore, brink, border, prating, vain **Str:** #8193

2621 שפם (masc) *saw'fawm* **Tran:** UPPER.LIP **KJV:** lip, beard **Str:** #8222

ספף *SPP* (ch) **Def:** What stands at the lip of the door.

2622 ספף (vrb) *saw'faf* **Tran:** GATHER **Def:** The meaning of this word is uncertain, but may have a meaning related to "gathering" or "collecting" due to its relationship with other words derived from the same parent root. **KJV:** doorkeeper **Str:** #5605

אסף *ASP* (ch) **Def:** The gathering together of a group into a bowl. An assembly of people in a place.

2623 אסף (vrb) *aw'saf* **Tran:** GATHER **Def:** To bring together; to accumulate and place in readiness. **KJV:** together, gather, assemble, rereward **Str:** #0622

2624 אספה (fem) *as'ay'faw* **Tran:** GATHERED **KJV:** gathered **Str:** #0626

2625 אסיף (masc) *aw'seef* **Tran:** GATHERING **Def:** That which has been brought together. [. **KJV:** ingathering **Str:** #0614

2626 אסוף (masc) *aw'soof* **Tran:** STORE **Def:** place where stores are gathered together. **KJV:** threshold **Str:** #0624

2627 אסופה (fem) *as'up'paw* **Tran:** ASSEMBLY **Def:** gathering of people. **KJV:** assembly **Str:** #0627

2628 אוסף (masc) *o'sef* **Tran:** GATHERING **KJV:** gathering **Str:** #0625

2629 אספסוף (masc) *as'pes'oof* **Tran:** MIXED.MULTITUDE **Def:** A gathering of people. **KJV:** multitude **Str:** #0628

ספא *SPA* (ch)

2630 מספוא (masc) *mis'po* **Tran:** PROVENDER **Def:** Dry food for domestic animals. A gathering of food. **KJV:** provender **Str:** #4554

ספה *SPH* (ch) **Def:** The edge of the mouth where food is gathered.

2631 ספה (vrb) *saw'faw* **Tran:** CONSUME **Def:** To eat or drink; with the lips. **KJV:** consume, destroy, add, perish, augment, heap, join **Str:** #5595

סוף *SWP* (ch) **Def:** Reeds and weeds (including papyrus) grow at the edge, or lip, of ponds and stream.

2632 סוף (vrb) *soof* **Tran:** CONSUME **Def:** To eat with the lips. **KJV:** consume, end, perish **Str:** #5486 **Aramaic:** #5487

2633 סוף (masc) *sofe / soof* **Tran:** REEDS **Def:** The plants that grow at the edge, or lip, of a river or pond. This word can also mean the edge or conclusion of something. **KJV:** flags, weeds, end, conclusion, hind **Str:** #5488, #5490 **Aramaic:** *sofe* #5491

2634 סופה (fem) *soo'faw* **Tran:** WHIRLWIND **Def:** A circling wind that devours what is on the land in its mouth. **KJV:** whirlwind, storm, sea, tempest **Str:** #5492

יסף *YSP* (ch) **Def:** An adding or augmenting to something by adding to it.

2635 יסף (vrb) *yaw'saf* **Tran:** ADD **Alt:** more; again. **Def:** To augment something by increasing it in amount or supply. **KJV:** more, again, add, increase, also, exceed, put, further, henceforth, can, continue, give **Str:** #3254 **Aramaic:** *yes'af* #3255

חסף *HhSP* (ad)

2636 חשף (vrb) *khaw'saf* **Tran:** MAKE.BARE **KJV:** bare, discover, uncover, take, clean, draw **Str:** #2834

2637 חסף (masc) **Tran:** CLAY **KJV:** clay **Aramaic:** *khas'af* #2635

2638 חשיף (masc) *khaw'seef* **Tran:** SMALL.FLOCK **KJV:** flock **Str:** #2835

2639 מחשוף (masc) *makh'sofe* **Tran:** EXPOSE **Def:** To cause to be visible or open to public view. **Rel:** In the sense of uncovering. **KJV:** appear **Str:** #4286

ספד *SPD* (ad)

2640 ספד (vrb) *saw'fad* **Tran:** LAMENT **Def:** To mourn aloud; wail. **KJV:** mourn, lament, mourner, wail **Str:** #5594

2641 מספד (masc) *mis'pade* **Tran:** LAMENTING **Def:** The act of mourning. **KJV:** mourning, wailing, lamentation **Str:** #4553

ספל *SPL* (ad)

2642 ספל (masc) *say'fel* **Tran:** DISH **KJV:** bowl, dish **Str:** #5602

ספן *SPN* (ad)

2643 סְפַן / שְׂפַן (vrb) *saw'fan / saw'fan* **Tran:** BOARDED.UP **Def:** To cover as a ceiling or to hide. **KJV:** cover, cieled, seat, treasure **Str:** #5603, #8226

2644 סְפִינָה (fem) *sef'ee'naw* **Tran:** SHIP **KJV:** ship **Str:** #5600

2645 שִׂיפֻן (masc) *sip'poon* **Tran:** CEILING **KJV:** cieling **Str:** #5604

סְפַק *SPQ* (ad)

2646 שָׂפַק (vrb) *saw'fak* **Tran:** CLASP **KJV:** clap, smite, please, strike, suffice, wallow **Str:** #5606

2647 שֶׂפֶק (masc) *say'fek* **Tran:** CLASP **KJV:** sufficiency, stroke **Str:** #5607

סְפַר *SPR* (ad) **Def:** A recording of a story or numbers. **Rel:** from the speaking of a record

2648 סָפַר (vrb) *saw'far* **Tran:** COUNT **Alt:** recount; scribe. **Def:** To find the total number of units. Also, to give an account on record. **KJV:** scribe, tell, declare, number, count, show, writer, speak, account, commune, reckon, talk **Str:** #5608

2649 סֵפֶר (masc) סִיפְרָה (fem) *say'fer* **Tran:** SCROLL **Def:** A document or record written on a sheet of papyrus, leather or parchment and rolled up for storage. **KJV:** book, roll, letter, evidence, bill, learning, register, scribe **Str:** #5612 **Aramaic:** *sef'ar* A scroll or a scribe, as one who writes a scroll. #5609, #5613

2650 סְפָר (masc) *sef'awr* **Tran:** NUMBERING **Def:** The act of counting or recording. **KJV:** numbering **Str:** #5610

2651 סַפִּיר (masc) *sap'peer* **Tran:** LAPIS.LAZULI **Def:** Probably the Lapis Lazuli which is similar to the color of the Sapphire. While the Hebrew word is saphiyr, the origin of the word Sapphire, the Sapphire was unknown until the Roman period. **KJV:** sapphire **Str:** #5601

2652 סְפוֹרָה (fem) *sef'o'raw* **Tran:** NUMBER **Def:** counting as a recording. **KJV:** number **Str:** #5615

2653 מִסְפָּר (masc) *mis'pawr* **Tran:** NUMBER **Def:** A sum of units. Counting as a recording. **KJV:** number **Str:** #4557

סַק *SQ* (pr) **Obj:** Sack **AH:** 𐤒𐤔

2654 שק (masc) *sak* **Tran:** SACK **Def:** A bag of cloth or skins for carrying foods or objects. **KJV:** sack, sackcloth **Str:** #8242

סר *SR* (pr) **Act:** Rule, Turn, Bind, Knead, Correct, Commit, Twist **Obj:** Ruler, Bread, Ornament, Brier, Halter **Abs:** Noble, Instruction, Remnant **Def:** The turning of the head to another direction. One who rules turns the people to his direction. The turning the head of the child or student into a particular direction. **AH:** ॐ- The pictograph ‡ is a picture of a thorn representing a turning, the ॐ is a picture of a head. Combined these mean "turn the head."

2655 סר / שר (masc) *sar / sar* **Tran:** NOBLEMAN **Def:** Possessing outstanding qualities or properties. Of high birth or exalted rank. One who has authority. May also mean "heavy" from the weight of responsibility on one in authority. **Rel:** The turning of another toward a direction. **KJV:** prince, captain, chief, ruler, governor, keeper, principal, general, lord, heavy, sad **Str:** #5620, #8269

2656 שרה (fem) *saw'raw* **Tran:** NOBLEWOMAN **Def:** A female of authority. **KJV:** lady, princess, queen **Str:** #8282

2657 משרה (fem) *mis'raw* **Tran:** LORD **Def:** body of people who turns the head of the people through power and legislation. **KJV:** government **Str:** #4951

2658 סרן (masc) *seh'ren* **Tran:** LORD **Def:** One who has authority. An axle for the turning wheel. **KJV:** lord, axle **Str:** #5633

2659 מסור (masc) *mas'sore* **Tran:** SAW **Def:** An instrument that cuts with a back-and-forth action. **KJV:** saw **Str:** #4883

סרר *SRR* (ch)

2660 סרר / שרר (vrb) *saw'rar / soor* **Tran:** BE.STUBBORN **Def:** To turn away from the correct path toward another direction. **KJV:** rule, prince, altogether, rebellious, stubborn, revolter, revolting, backslide, away, withdrew, reign, power **Str:** #5637, #7786

אסר *ASR* (ch) **Def:** The yoke is bound to the neck of the oxen and used by the driver to turn the head of the oxen. A yoke was also used for prisoners. A binding of someone or something to move it by force.

2661 אסר (vrb) *aw'sar* **Tran:** TIE.UP **Def:** To wrap or fasten with a cord. **KJV:** bind, prison, tie, prisoner **Str:** #0631

2662 אסר (masc) **Tran:** DECREE **Def:** decree that binds others to the will of the ruler. **KJV:** decree **Aramaic:** *es'sawr* #0633

2663 אסיר (masc) *as'sere / aw'sere* **Tran:** PRISONER **Def:** One who is bound or confined. **KJV:** prisoner, bound **Str:** #0615, #0616

2664 אסור (masc) *ay'soor* **Tran:** BONDS **Def:** device for restraining a prisoner. **KJV:** band, prison, imprisonment **Str:** #0612 **Aramaic:** *es'oor* #0613

2665 איסר (masc) *es'sawr* **Tran:** BOND **KJV:** bond, binding **Str:** #0632

סאר *SAR* (ch) **Def:** The twisting and turning of the bread.

2666 שאור (masc) *seh'ore* **Tran:** LEAVEN **Def:** The element that causes bread to rise, such as salt or yeast. **KJV:** leaven **Str:** #7603

2667 משארת (fem) *mish'eh'reth* **Tran:** KNEADING.BOWL **Def:** The vessel used for mixing bread dough. **KJV:** kneadingtrough, store **Str:** #4863

סהר *SHR* (ch)

2668 סהר (masc) *cah'har* **Tran:** ROUND **Def:** Something that is round. **KJV:** round **Str:** #5469

2669 סוהר (masc) *so'har* **Tran:** PRISON **Def:** A place of confinement. **KJV:** prison **Str:** #5470

2670 שהרון (masc) *sah'har'one* **Tran:** ORNAMENT **Def:** round object. **KJV:** ornament, moon **Str:** #7720

סרה *SRH* (ch)

2671 שרה (vrb) *saw'raw* **Tran:** TURN.AWAY **Def:** To deviate from the correct path toward another direction. **KJV:** power **Str:** #8280

סור *SWR* (ch) **Def:** The halter is bound to the ox in order to turn its head in the right direction.

2672 סור / שור (vrb) *saw'rar / soor / soor* **Tran:** TURN.ASIDE **Alt:** remove; make self ruler. **Def:** To change the location, position, station, or residence; to remove. **KJV:** away, depart, remove, aside, take, turn, take, go, put, eschew **Str:** #5493, #7787, #8323

2673 סור (masc) *soor* **Tran:** DEGENERATE **Def:** Something that is turned away. **KJV:** degenerate **Str:** #5494

2674 סרה (fem) *saw'raw* **Tran:** TURNING.ASIDE **Def:** A change in location, position, station or residence, usually as a revolt. **KJV:** revolt, rebellion, turn away, wrong, stroke **Str:** #5627

2675 מסורת (fem) *maw'so'reth* **Tran:** BOND **Def:** What binds one to someone or something. **KJV:** bond **Str:** #4562

יסר *YSR* (ch) **Def:** The turning the head, through instruction or force, of the child or student into a particular direction.

2676 יסר (vrb) *yaw'sar* **Tran:** CORRECT **Def:** To make a preferred change in direction through instruction or chastisement. **KJV:** chastise, instruct, correct, taught, bound, punish, reform, reprove **Str:** #3256

2677 מוסרה (fem) *mo'sare* **Tran:** STRAP **Def:** A long and narrow band. **KJV:** instruction, band, bond **Str:** #4147

2678 מוסר (masc) *mo'sawr / moo'sawr* **Tran:** DISCIPLINE **Def:** Knowledge, information or example imparted to provide guidance, correction and discipline. **KJV:** instruction, band, bond **Str:** #4561, #4148

2679 יסור (masc) *yis'sore* **Tran:** REPROVER **Def:** As a turning. **KJV:** instruct **Str:** #3250

2680 יסור (masc) *yaw'soor* **Tran:** DEPART **Def:** As a turning. **KJV:** depart **Str:** #3249

סיר *SYR* (ch)

2681 סיר (masc) *seer* **Tran:** POT **Def:** A vessel used for cooking or storing. **KJV:** pot, caldron, thorn, pan **Str:** #5518

מסר *MSR* (ad) **Rel:** turning

2682 מסר (vrb) *maw'sar* **Tran:** COMMIT **KJV:** commit, deliver **Str:** #4560

סרב *SRB* (ad) **Rel:** sharp

2683 סרב (masc) *saw'rawb* **Tran:** THORN.SPIKE **KJV:** brier **Str:** #5621

סרד *SRD* (ad) **Rel:** a remnant

2684 שרד (vrb) *saw'rad* **Tran:** REMAIN **Alt:** Leave **KJV:** remain **Str:** #8277

2685 שרד (masc) *seh'red / ser'awd* **Tran:** BRAIDED.WORK **Def:** Articles of clothing made by weaving together fibers. **KJV:** service, line **Str:** #8278, #8279

2686 שריד (masc) *saw'reed* **Tran:** SURVIVOR **Def:** What remains from the whole. **KJV:** remain, left, remnant, alive, rest **Str:** #8300

סרח *SRHh* (ad) **Def:** A remnant that is in excess or is not needed or wanted. **Rel:** a remnant

2687 סרח (vrb) *saw'rakh* **Tran:** OVERHANG **Def:** To proceed beyond any given or supposed limit or measure. To extend beyond proper bounds. To be superfluous. **KJV:** hang, stretch, spread, exceed, vanish **Str:** #5628

2688 סרח (masc) *seh'rakh* **Tran:** OVERHANG **Def:** The part that extends out. What is left over. A remnant or residue. **KJV:** remnant **Str:** #5629

סרט *SRTh* (ad) **Def:** An incision, scratch or laceration.

2689 שרט (vrb) *saw'rat* **Tran:** SLICE **KJV:** cut, pieces, make **Str:** #8295

2690 שרט (masc) שרטת (fem) *seh'ret* **Tran:** SLICING **KJV:** cutting **Str:** #8296

סרך *SRK* (ad) **Def:** The laces of the sandal that are twisted around the foot and ankles.

2691 שרך (vrb) *saw'rak* **Tran:** TWIST **KJV:** traverse **Str:** #8308

2692 סרך (masc) **Tran:** OVERSEER **KJV:** president **Aramaic:** *saw'rake* #5632

2693 שרוך (masc) *ser'oke* **Tran:** LACE **Def:** A cord or string used to draw the edges of shoes or a garment together, as twisted around the foot for attaching sandals. **KJV:** latchet **Str:** #8288

סרס *SRS* (ad) **Def:** A castrated male and often used as officers. **Rel:** rule

2694 סריס (masc) *saw'reece* **Tran:** EUNUCH **Def:** A castrated man. As eunuchs were used as officers, may also mean an officer. **KJV:** eunuch, chamberlain, officer **Str:** #5631

סרע *SRAh* (ad) **Def:** Something of an unusual or excessive length. **Rel:** a remnant

2695 שרע (vrb) *saw'rah* **Tran:** BE.SUPERFLUOUS **KJV:** superfluous, stretch **Str:** #8311

סרק *SRQ* (ad)

2696 שריקה (fem) *ser'ee'kaw* **Tran:** CHOICE **KJV:** fine **Str:** #8305

2697 שרוק (masc) *sar'ook* **Tran:** GRAPEVINE **KJV:** principal plant **Str:** #8291

2698 שרוק (masc) *saw'rook* **Tran:** SPECKLED **KJV:** speckled **Str:** #8320

2699 שורק (masc) שורקה (fem) *so'rake* **Tran:** CHOICE.VINE **Def:** The best of the vine, the best grapes. **KJV:** choice vine, noble vine **Str:** #8321

רזן *RZN* (ad)

2700 רזן (vrb) *raw'zan* **Tran:** BE.COMMANDING **KJV:** prince, ruler **Str:** #7336

2701 רזון (masc) *raw'zone* **Tran:** COMMANDER **KJV:** prince **Str:** #7333

רסן *RSN* (ad) **Rel:** turning the head

2702 רסן (masc) *reh'sen* **Tran:** HALTER **Def:** A device used for leading an animal. **KJV:** bridle **Str:** #7448

סת *ST* (pr) **Act:** Stir **Obj:** Winter **AH:** ✝︎⚏

סות *SWT* (ch)

2703 סות (vrb) *sooth* **Tran:** PERSUADE **KJV:** persuade, move, set, stir, away, entice, provoke, remove **Str:** #5496

2704 סות (masc) *sooth* **Tran:** COAT **Def:** An outer garment varying in length and style; the external growth on an animal. **KJV:** clothes **Str:** #5497

סתו *STW* (ch)

2705 סתו (masc) *seth'awv* **Tran:** WINTER **Def:** From a stirring of winds. **KJV:** winter **Str:** #5638

סתם *STM* (ad)

2706 שתם (vrb) *saw'tham* **Tran:** SHUT.UP **Def:** To stop by halting or closing. **KJV:** stop, shut, hide, secret, close **Str:** #5640

סתר *STR* (ad)

2707 סתר / שתר (vrb) *saw'thar / saw'thar* **Tran:** HIDE **Def:** To put out of sight; to conceal from view; to keep secret. Hide or conceal. **KJV:** hide, secret, close, absent, conceal **Str:** #5641, #8368 **Aramaic:** #5642

2708 סתר (masc) סיתרה (fem) *say'ther* **Tran:** HIDING **Def:** A shelter or other place of hiding. **KJV:** secret, secretly, covert, hiding, backbiting, covering, disguise, privily, protection **Str:** #5643

2709 מסתר (masc) *mas'tare* **Tran:** HIDING **KJV:** hid, secret, secretly **Str:** #4564

2710 מסתר (masc) *mis'tawr* **Tran:** HIDING.PlACE **Def:** A place hidden from sight. **KJV:** secret, secretly **Str:** #4565

2711 מסתור (masc) *mis'tore* **Tran:** HIDING **KJV:** covert **Str:** #4563

ע *SGh* (pr) **Obj:** Storm **Abs:** Horrible **AH:** 𐤏

סעה *SGhH* (ch)

2712 סעה (vrb) *saw'aw* **Tran:** STORM **KJV:** storm **Str:** #5584

סער *SGhR* (ad) **Def:** The strong winds and torrents of a storm or of a person's rage that cause one to fear.

2713 סער / שער (vrb) *saw'ar / saw'ar* **Tran:** STORM **Def:** To be afraid as from a storm. **KJV:** whirlwind, tempest, trouble, toss **Str:** #5590, #8175

2714 סער / שער (masc) סערה / שערה (fem) *sah'ar / sah'ar / seh'aw'raw* **Tran:** STORM **Def:** As from a storm. **KJV:** whirlwind, tempest, stormy, storm **Str:** #5591, #8183, #8178

2715 שערורה / שעררת / שערוריה (fem) *shah'ar'oo'raw* **Tran:** HORRIBLE.THING **Def:** As fearful. **KJV:** horrible thing **Str:** #8186

2716 סעיר (masc) *saw'eer* **Tran:** RAINDROP **Def:** As the hair from heaven. **KJV:** small rain **Str:** #8164

Ayin

עב *AhB* (pr) **Obj:** Beam **AH:** ⊚ט

2717 עב (masc) *awb* **Tran:** BEAM **KJV:** plank, beam **Str:** #5646

עבד *AhBD* (ad) **Def:** A work performed or made for another out of obligation, requirement or gratitude.

2718 עבד (vrb) *aw'bad* **Tran:** SERVE **Def:** To provide a service to another, as a slave, servant or steward; to work at a profession; to serve the land. **KJV:** serve, do, till, servant, work, worshipper, service, dress, labour, ear, make, go, keep, move, wrought **Str:** #5647 **Aramaic:** *ab'bad* #5648

2719 עבד (masc) *ab'awd / ab'ood'daw / eh'bed* **Tran:** SERVANT **Def:** One who provides a service to another, as a slave, bondservant or hired hand. **KJV:** servant, manservant, bondman, bondage, bondservant, sides **Str:** #5650, #5652, #5657 **Aramaic:** *ab'bad* #5649

2720 עבדות (fem) *ab'dooth* **Tran:** SERVITUDE **Def:** Being in a state of slavery or bondage to another. **KJV:** bondage **Str:** #5659

2721 מעבד (masc) *mah'bawd* **Tran:** SERVICE **KJV:** work **Str:** #4566 **Aramaic:** #4567

2722 עבידה (fem) **Tran:** SERVICE **KJV:** work, affair, service **Aramaic:** עבידא *ab'ee'daw* #5673

2723 עבודה (fem) *ab'o'daw* **Tran:** SERVICE **Def:** The work or labor of a slave, servant or steward. **KJV:** service, servile, work, bondage, act, serve, servitude, tillage, effect, labour **Str:** #5656

עבט **AhBTh** (ad) **Def:** When something is borrowed the borrower gives an item as a pledge as a security for the return of what is borrowed.

2724 עבט (vrb) *aw'bat* **Tran:** MAKE.A.PLEDGE **Alt:** Lend. **KJV:** lend, fetch, borrow, break **Str:** #5670

2725 עבוט (masc) *ab'ote* **Tran:** PLEDGE **Def:** What is given as security for a loan. **KJV:** pledge **Str:** #5667

2726 עבטיט (masc) *ab'teet* **Tran:** PLEDGE **Def:** What is given as security for a loan. **KJV:** clay **Str:** #5671

עג **AhG** (pr) **Act:** Bake **Obj:** Cake **AH:** ✓☉

עוג **AhWG** (ch) **Def:** Cakes baked on hot stones.

2727 עוג (vrb) *oog* **Tran:** BAKE **KJV:** bake **Str:** #5746

2728 עוג (masc) עוגה (fem) *oog'gaw* **Tran:** BAKED.BREAD **Def:** A circular loaf of dough that has been baked on hot stones. **KJV:** cake **Str:** #5692

2729 מעוג (masc) *maw'ogue* **Tran:** CAKE **KJV:** cake, feast **Str:** #4580

עד **AhD** (pr) **Act:** Adorn, Meet **Obj:** Trappings **Abs:** Witness, Appointment **Def:** As coming to a tent of meeting and entering in. A place, time or event that is repeated again and again. **AH:** ▽☉- The pictograph ☉ is a picture of the eye, the ▽ is a picture of the door. Combined these mean "see the door."

2730 עד (masc) עדה (fem) *ay'daw / ayd* **Tran:** WITNESS **Def:** Attestation of a fact or event. An object, person or group that affords evidence. **Rel:** An event or person's testimony recounting another event or person. **KJV:** witness **Str:** #5707, #5713

2731 עד (com) *ad / ad / beh'ad* **Tran:** UNTIL **Alt:** again; also; as far as; as well as; before; beyond; by; concerning; even; ever; for; unto; on behalf of; forever; still; utterly. **Def:** The conclusion of a determinate period of time or space. Also, again; a repetition of time, either definite or indefinite; another time or place; once more. **KJV:** ever, everlasting, end, evermore, old, perpetually, by, as, when, how, yet, till, until, unto, for, to, but, on, within **Str:** #1157, #5703, #5704 **Aramaic:** *ad* #5705

2732 עדה (fem) *ay'daw* **Tran:** COMPANY **Def:** A group of persons or things for carrying on a project or undertaking; a group with a common testimony. May also mean a witness or testimony. **KJV:** congregation, company, assembly, multitude, people, swarm, testimony, witness **Str:** #5712

2733 עדות (fem) *ay'dooth* **Tran:** EVIDENCE **Def:** That which proves or disproves something; something that makes plain or clear; an indication or sign. **KJV:** testimony, witness **Str:** #5715

2734 עדי (masc) *ad'ee* **Tran:** TRAPPINGS **Def:** Articles of dress or adornment that often witness to a person's position or rank. **KJV:** ornament, mouth **Str:** #5716

עדה *AhDH* (ch) **Def:** An adornment for testifying to ones position, rank or authority.

2735 עדה (vrb) *aw'daw* **Tran:** ADORN **Def:** To put on trappings which usually identify position or rank. **KJV:** deck, adorn, take, pass, depart, alter, took, pass, remove **Str:** #5710 **Aramaic:** עדא *ad'aw* #5709

עוד *AhWD* (ch) **Def:** The repeating of an account.

2736 עוד (vrb) *ood* **Tran:** WRAP.AROUND **Alt:** warn. **Def:** To enclose; to repeat or do again what has been said or done. **KJV:** testify, protest, witness, record, charge, take, admonish **Str:** #5749

2737 עוד (masc) *ode* **Tran:** YET.AGAIN **Alt:** again; also; another; continue; even; ever; more; still; while; yet; whole life. **Def:** A repeating of something. **KJV:** again, more, while, longer, else, since, yet, still **Str:** #5750 **Aramaic:** #5751

2738 תעודה (fem) *teh'oo'daw* **Tran:** WITNESS **KJV:** testimony **Str:** #8584

יעד *YAhD* (ch) **Def:** An appointed place, time or event that is repeated such as the monthly and yearly feasts.

2739 יעד (vrb) *yaw'ad* **Tran:** APPOINT **Def:** To arrange, fix or set in place, to determine a set place or time to meet. **KJV:**

meet, together, assemble, appoint, set, time, betroth, agree, gather **Str:** #3259

2740 מועד (masc) *mo'ade / mo'awd* **Tran:** APPOINTED **Alt:** appointment. **Def:** A person, place, thing or time that is fixed in place or time; an officially set time or place. **KJV:** congregation, feast, season, appointed, time, assembly, solemnity, solemn, days, sign, synagogue **Str:** #4150, #4151

2741 מועדה (fem) *moo'aw'daw* **Tran:** APPOINTED.PLACE **Def:** place appointed for as a witness. **KJV:** appointed **Str:** #4152

סעד *SAhD* (ad)

2742 סעד (vrb) *saw'ad* **Tran:** HOLD.UP **Def:** To continue in the same condition without failing or losing effectiveness or force. Be a support or aid for strength or rest. **KJV:** comfort, strengthen, hold, uphold, establish, refresh, helping **Str:** #5582 **Aramaic:** *seh'ad* #5583

2743 מסעד (masc) *mis'awd* **Tran:** PILLAR **Def:** What holds up or supports. **KJV:** pillar **Str:** #4552

עז *AhZ* (pr) **Act:** Bold. Gather **Abs:** Strong **AH:** 𐤏𐤆- The pictograph 𐤏 is a picture of the eye representing knowing, the 𐤆 is a picture of cutting implement. Combined these mean "know a weapon."

2744 עז (masc) עזה (fem) *az* **Tran:** STRONG **Def:** Having or marked by great physical strength. **KJV:** strong, fierce, mighty, power, greedy, roughly **Str:** #5794

עזז *AhZZ* (ch)

2745 עזז (vrb) *aw'zaz* **Tran:** BE.FIRM **Def:** To be fixed in place; unmoveable. **KJV:** strengthen, prevail, strong, impudent, harden **Str:** #5810

2746 עזוז (masc) *ez'ooz / iz'zooz* **Tran:** FIRM **Def:** IN THE CONTEXT OF AN ARMY **KJV:** strong, strength, might **Str:** #5807, #5808

עוז *AhWZ* (ch) **Def:** A strong refuge as a place for making a firm and fierce stand.

2747 עוז (vrb) *ooz* **Tran:** BE.BOLD **Alt:** seek refuge. **Def:** To be fearless and daring; courageous. **KJV:** gather, retire **Str:** #5756

2748 עוז (masc) *oze* **Tran:** BOLDNESS **Def:** Knowing one's position or authority and standing in it. Strengthened and protected from danger. **KJV:** strength, strong, power, might, boldness, loud, mighty **Str:** #5797

2749 מעוז (masc) *maw'oze* **Tran:** STRONGHOLD **Def:** A place of strength and refuge such as a mountain, fortress or rock. **KJV:** strength, strong, fortress, hold, forces, fort, rock, strengthen **Str:** #4581

יעז *YAhZ* (ch) **Def:** A boldness through strength.

2750 יעז (vrb) *yaw'az* **Tran:** BOLD **KJV:** fierce **Str:** #3267

עזר *AhZR* (ad)

2751 עזר (vrb) *aw'zar* **Tran:** HELP **Def:** To give assistance or support to. **KJV:** help, helper, succour **Str:** #5826

2752 עזר (masc) עזרה / עזרת (fem) *ay'zer / ez'raw* **Tran:** HELP **Def:** Providing assistance or relief to another. One who comes to assist with a trouble or burden. **KJV:** help, helper **Str:** #5828, #5833

עט *AhTh* (pr) **Act:** Wrap, Cover, Encircle **Obj:** Bird of prey, Talon, Wreath **Def:** A bird of prey is able to see his prey from a great distance. He then drops down on its prey with the talons firmly surrounding the prey, crushing and suffocating it. **AH:** ⊗☉- The pictograph ☉ is a picture of the eye, the ⊗ is a picture of a basket or other container. Combined these mean "see and contain."

2753 עט / עד (masc) *ad / ate* **Tran:** STYLUS **Def:** What is grabbed by the bird of prey. A pointed stick used for writing in clay by pressing into the clay. **Rel:** The pointed claws of a bird of prey. **KJV:** prey, pen **Str:** #5706, #5842

עטה *AhThH* (ch) **Def:** A tight wrapping around of something.

2754 עטה (vrb) *aw'taw* **Tran:** ENWRAP **Def:** To tightly wrap something up. **KJV:** cover, array, turn, clad, covering, fill, put **Str:** #5844

2755 מעטה (masc) *mah'at'eh* **Tran:** WRAP **Def:** garment that is wrapped around the body. **KJV:** garment **Str:** #4594

עוט *AhWTh* (ch) **Def:** Wrap.

2756 מעוט (masc) *maw'ote* **Tran:** WRAP **KJV:** wrap **Str:** #4593

יעט YAhTh (ch) **Def:** A tight wrapping around.

2757 יעט (vrb) *yaw'at* **Tran:** WRAP **KJV:** cover **Str:** #3271

עיט AhYTh (ch)

2758 עיט (vrb) *eet* **Tran:** POUNCE **Def:** The pouncing down on the prey by a bird of prey. **KJV:** fly, rail **Str:** #5860

2759 עיט (masc) *ah'yit* **Tran:** BIRD.OF.PREY **Def:** A carnivorous bird that feeds on carrion or meat taken by hunting. **KJV:** fowl, bird, ravenous **Str:** #5861

עזן AhZN (ad) **Rel:** bird of prey

2760 עזניה (fem) *oz'nee'yaw* **Tran:** OSPREY **Def:** An unknown bird of prey. **KJV:** osprey **Str:** #5822

עטף AhThP (ad) **Rel:** as being wrapped

2761 עטף (vrb) *aw'taf* **Tran:** ENVELOP **Def:** To be wrapped up or covered over; to be overwhelmed with grief, trouble, disease or burden. **KJV:** overwhelmed, faint, swoon, cover, fail, feeble, hide **Str:** #5848

2762 מעטפה (fem) *mah'at'aw'faw* **Tran:** OVER.TUNIC **Def:** The outer garment that covers the body. **KJV:** mantle **Str:** #4595

עטר AhThR (ad) **Rel:** as being wrapped

2763 עטר (vrb) *aw'tar* **Tran:** CROWN **Def:** To encircle the head with a crown or wreath. **KJV:** crown, compass, round **Str:** #5849

2764 עטרה (fem) *at'aw'raw* **Tran:** WREATH **KJV:** crown **Str:** #5850

ער AhK (pr) **Act:** Extinguish, Crush, Rattle, Restrain **Obj:** Heel, Anklet **AH:** 𐤏𐤊

זער ZAhK (ad)

2765 זער (vrb) *zaw'ak* **Tran:** EXTINGUISH **KJV:** extinct **Str:** #2193

מער MAhK (ad) **Rel:** pressing down with the heel

2766 מער (vrb) *maw'ak* **Tran:** PRESS.FIRMLY **KJV:** bruise, stuck, press **Str:** #4600

עכס *AhKS* (ad) **Def:** An anklet with bells that rattle when shaken. **Rel:** from rattles on the ankle

2767 עכס (vrb) *aw'kas* **Tran:** RATTLE **KJV:** tinkle **Str:** #5913

2768 עכס (masc) *eh'kes* **Tran:** ANKLET **KJV:** stocks, ornament **Str:** #5914

עכר *AhKR* (ad)

2769 עכר (vrb) *aw'kar* **Tran:** DISTURB **Def:** To interfere with; to destroy tranquility; to throw into disorder. Agitate or trouble, as when stirring water. **KJV:** trouble, stir, troubler **Str:** #5916

עקב *AhQB* (ad) **Def:** The restraining of the heel when taking a step forward.

2770 עקב (vrb) *aw'kab* **Tran:** RESTRAIN **Def:** To prevent from doing. Hold back, in the sense of grabbing the heel. **KJV:** supplant, heel, stay **Str:** #6117

2771 עקב (masc) *aw'kabe / aw'kabe* **Tran:** HEEL **Def:** What is restrained when taking a step forward. **KJV:** heel, footstep, horsehoof, at last, step, liers **Str:** #6119, #6120

2772 עקב (com) *ay'keb* **Tran:** CONSEQUENCE **Alt:** consequently **Def:** An effect or result following an action; reward or compensation. **Rel:** In the sense of being on the heel of something. **KJV:** because, reward, end, by, for, if **Str:** #6118

2773 עקבה (fem) *ok'baw* **Tran:** SUBTLETY **Def:** As appearing to be hidden in the sense of restraint. **KJV:** subtilty **Str:** #6122

2774 עקוב (masc) *aw'kobe* **Tran:** CROOKED **Def:** From the angle of the ankle. **KJV:** crooked, deceitful, polluted **Str:** #6121

על *AhL* (pr) **Act:** Work, Rejoice, Hide, Triumph, Labor, Make **Obj:** Yoke, Twilight, **Abs:** Ancient **Def:** The yoke, a staff is lifted over the shoulder, is attached to the oxen for performing work. **AH:** ∠☉- The pictograph ☉ is a picture of the eye representing knowledge and experience, the ∠ is a picture of a shepherd staff or yoke. Combined these mean "experience the staff."

2775 על (com) *al* **Tran:** ABOVE **Def:** Being on, above or on top. **KJV:** above, most high, on high **Str:** #5920

2776 על (com) *al* **Tran:** UPON **Alt:** about; above; according to; against; also; because; by; concerning; in; in addition; over; with; therefore; why; because. **Def:** To be on or over in the sense of the yoke that is placed on the neck of the ox. **KJV:** upon, in, on, over, by, for, both, beyond, through, throughout, against, beside, forth, off, from **Str:** #5921 **Aramaic:** #5922

2777 עלה (fem) **Tran:** RISING **Def:** rising of smoke from a burnt offering. **KJV:** burn offering **Aramaic:** עלה *al'law* #5928

2778 גלות (fem) *gaw'looth* **Tran:** CAPTIVITY **Def:** yoke was placed on captives to be taken back. **KJV:** captivity, captive **Str:** #1546 **Aramaic:** #1547

2779 מעל (masc) *mah'al* **Tran:** UPWARD **Alt:** above; high; top. **Def:** In a direction from lower to higher. **KJV:** above, upward, high, exceeding, upon, forward **Str:** #4605

2780 מעלה (fem) *mah'al'aw* **Tran:** STAIR.STEP **Def:** A straight or stepped incline for ascending and descending. **KJV:** degree, steps, dial, by, come, story, up **Str:** #4609

2781 עלי (masc) *el'ee* **Tran:** PESTLE **Def:** As lifted up then down to smash what is in the mortar. **KJV:** pestle **Str:** #5940

2782 תעלה (fem) *teh'aw'law* **Tran:** TRENCH **Def:** watercourse that rises in elevation to bring down water from a higher source. **KJV:** conduit, trench, watercourse, healing, cured, river **Str:** #8585

2783 מעל (masc) **Tran:** RISING **KJV:** down **Aramaic:** *may'awl* #4606

2784 עליון (masc) *el'yone* **Tran:** UPPER **Alt:** above. **Def:** Higher than the others. **KJV:** high, upper, higher, highest, above, uppermost **Str:** #5945 **Aramaic:** #5946

2785 עלום (masc) *aw'loom* **Tran:** YOUTH **Def:** young male at the prime age for work. **KJV:** youth **Str:** #5934

עלל *AhLL* (ch) **Def:** The yoke was listed up onto the shoulder of the oxen to perform work.

2786 עלל (vrb) *aw'lal* **Tran:** WORK.OVER **Alt:** abused. **Def:** To carefully and thoroughly perform a task such as gleaning a field. Also, to mock or abuse in the sense of walking over another. **KJV:** glean, done, abuse, mock, affect, children, do, defiled, practice, wrought, bring, come, went **Str:** #5953 **Aramaic:** *al'al* #5954

2787 מעלל (masc) *mah'al'awl* **Tran:** WORKS **Def:** What is done or performed. **KJV:** doings, works, inventions, endeavors **Str:** #4611

2788 עליל (masc) *al'eel* **Tran:** FURNACE **Def:** Used for working metals. **KJV:** furnace **Str:** #5948

2789 עלילה (fem) *al'ee'law* **Tran:** WORKINGS **KJV:** doing, works, deeds, occasions, actions, actions, acts, inventions **Str:** #5949

2790 עליליה (fem) *al'ee'lee'yaw* **Tran:** WORKS **KJV:** work **Str:** #5950

2791 תעלול (masc) *tah'al'ool* **Tran:** IMPULSE **Def:** work performed without consideration. **KJV:** babe, delusion **Str:** #8586

עלה *AhLH* (ch) **Def:** The lifting of the yoke onto the shoulder. One taken into exile is placed in the yoke for transport and the yoke of bondage. It was a common practice to strip the clothes off of those taken into exile.

2792 עלה (vrb) *aw'law* **Tran:** GO.UP **Alt:** bring up. **Def:** To go, come or bring higher. **KJV:** up, offer, come, bring, ascend, go, chew, offering, light, increase, burn, depart, put, spring, raise, break, exalt **Str:** #5927 **Aramaic:** *ale'law* #5924

2793 עלה (masc) *aw'leh* **Tran:** LEAF **Def:** Foliage of a tree or plant. As high in the tree. **KJV:** leaf, branch **Str:** #5929

2794 מעלה (masc) *mah'al'eh* **Tran:** ASCENT **Def:** A place of straight or stepped incline. **KJV:** up, ascent, chiefest, cliff, hill, stairs **Str:** #4608

2795 עליה (fem) *al'ee'yaw* **Tran:** LOFT **Def:** A room on top of the house that is often used for sleeping during hot days of summer. **KJV:** chamber, parlour, up, ascent, loft, chamber **Str:** #5944 **Aramaic:** *al'leeth* #5952

עול *AhWL* (ch) **Def:** The lifting up of the yoke upon the shoulders of the oxen.

2796 עול / על (masc) *ole* **Tran:** YOKE **Def:** A wooden bar or frame by which two draft animals are joined at the heads or necks for working together. **KJV:** yoke **Str:** #5923

2797 עולה / גולה (fem) *go'law / o'law* **Tran:** ASCENSION.OFFERING **Def:** An offering that is "brought up" or "lifted up." Also, a burnt offering from the rising smoke of the offering. **KJV:** burn offering, ascent, go up, captivity, carry, captive, remove **Str:** #1473, #5930 עלה

יעל *YAhL* (ch)

2798 יעל (vrb) *yaw'al* **Tran:** Gain **Def:** To profit or benefit. **KJV:** profit, forward, good, profitable **Str:** #3276

2799 מועל (masc) *mo'al* **Tran:** LIFTING.UP **KJV:** lifting **Str:** #4607

עיל *AhYL* (ch) **Def:** An upper garment lifted up onto the shoulders.

2800 עילה (fem) **Tran:** OCCASION **KJV:** occasion **Aramaic:** *il'law* #5931

2801 עילי (masc) *il'lee* **Tran:** HIGH **KJV:** upper, high **Str:** #5942 **Aramaic:** *il'lah'ee* #5943

2802 מעיל (masc) *meh'eel* **Tran:** CLOAK **Def:** A loose outer garment worn over other clothes both by men and women. **KJV:** robe, mantle, cloke, coat **Str:** #4598

בחל *BHhL* (ad)

2803 בחל (vrb) *baw'khal* **Tran:** LOATHE **KJV:** abhor, gotten hastily **Str:** #0973

בעל *BAhL* (ad) **Rel:** as a yoke which binds the master to the servant.

2804 בעל (vrb) *baw'al* **Tran:** MARRY **Def:** To join as husband and wife. **KJV:** marry, husband, dominion, wife **Str:** #1166

2805 בעל (masc) *bah'al* **Tran:** MASTER **Def:** Having chief authority; a workman qualified to teach apprentices. **KJV:** man, owner, husband, master, lord **Str:** #1167 **Aramaic:** *beh'ale* #1169

2806 בעלה (fem) *bah'al'aw* **Tran:** MISTRESS **KJV:** mistress, have **Str:** #1172

מעל *MAhL* (ad) **Rel:** work

2807 מעל (vrb) *maw'al* **Tran:** TRANSGRESS **Def:** To commit an unintentional or treacherous act that results in error. **KJV:** commit, trespass, transgress, done **Str:** #4603

2808 מעל (masc) *mah'al* **Tran:** TRANSGRESSION **Def:** An unintentional or treacherous act that results in error. **KJV:** trespass, transgression, falsehood, grievously, sore **Str:** #4604

נעל *NAhL* (ad) **Rel:** being put on

2809 נעל (vrb) *naw'al* **Tran:** BOLT **Def:** To give sandals. **KJV:** lock, bolt, shod, inclose, shut **Str:** #5274

2810 נעל (masc) נעלה (fem) *nah'al* **Tran:** SANDAL **Def:** A shoe consisting of a sole strapped to the foot. **KJV:** shoe, dryshod **Str:** #5275

2811 מנעל (masc) *man'awl* **Tran:** SANDAL **KJV:** shoe **Str:** #4515

2812 מנעול (masc) *man'ool* **Tran:** LOCK **KJV:** lock **Str:** #4514

נער *NAhR* (ad)

2813 נער (masc) *nah'ar / nah'ar* **Tran:** YOUNG.MAN **Def:** A male that has moved from youth to young adulthood. **KJV:** young man, servant, child, lad, young, children, youth, babe, boy **Str:** #5288, #5289

2814 נערה (fem) *nah'ar'aw* **Tran:** YOUNG.WOMAN **Def:** A female that has moved from youth to young adulthood. **KJV:** damsel, maiden, maid, young **Str:** #5291

2815 נעור (fem) *naw'oor* **Tran:** YOUNG.AGE **Def:** A person of short life. **KJV:** youth, childhood **Str:** #5271

2816 נוער (masc) *no'ar* **Tran:** YOUTH **KJV:** child, youth **Str:** #5290

עלז *AhLZ* (ad) **Rel:** raising the arms in joy

2817 עלז (vrb) *aw'laz* **Tran:** BE.TRIUMPHANT **Def:** To rejoice in triumph. **KJV:** rejoice, triumph, joyful **Str:** #5937

2818 עלז (masc) *aw'laze* **Tran:** TRIUMPHANT **KJV:** rejoice **Str:** #5938

2819 עליז (masc) *al'leez* **Tran:** TRIUMPHANT **KJV:** rejoice, joyous **Str:** #5947

עלט *AhLTh* (ad)

2820 עלטה (fem) *al'aw'taw* **Tran:** TWILIGHT **Def:** The light from the sky between full night and sunrise; or between sunset and full night. **KJV:** twilight, dark **Str:** #5939

עלם *AhLM* (ad) **Def:** Beyond the field of vision of time or space.

2821 עלם (vrb) *aw'lam* **Tran:** BE.OUT.OF.SIGHT **Def:** To be hidden or obscured from vision; to be beyond the horizon; to be covered or unknown. **KJV:** hide, blind, dissembler, secret **Str:** #5956

2822 עלם (masc) *eh'lem* **Tran:** YOUTH **Def:** young male at the prime age for work. **KJV:** ever, everlasting, old, never, young, stripling **Str:** #5958

2823 עלמה (fem) *al'maw* **Tran:** YOUNG.MAIDEN **Def:** A young female of marriageable age or newly married as at the prime age for work. **KJV:** virgin, maid, damsel **Str:** #5959

2824 עולם (masc) *o'lawm* **Tran:** DISTANT **Def:** A far-off place as hidden beyond the horizon. A far-off time as hidden from the present; the distant past or future. A place or time that cannot be perceived. **KJV:** ever, everlasting, old, perpetual, evermore, never, time, ancient, world, always, alway, long, more **Str:** #5769 **Aramaic:** עלם *aw'lam* #5957

2825 תעלמה (fem) *tah'al'oom'maw* **Tran:** HIDDEN **Def:** Concealed; out of sight. **KJV:** secret, hid **Str:** #8587

2826 עילום (masc) *ay'lome* **Tran:** EVERMORE **Def:** A far-off time as hidden from the present; the distant past or future. A time that cannot be perceived. **KJV:** ever **Str:** #5865

עלס *AhLS* (ad) **Rel:** raising the arms in joy

2827 עלס (vrb) *aw'las* **Tran:** REJOICE **KJV:** rejoice, peacock, solace **Str:** #5965

עלף *AhLP* (ad)

2828 עלף (vrb) *aw'laf* **Tran:** WRAP **Def:** To envelop and secure for transport or storage. Also, meaning "to faint." **KJV:** faint, overlay, wrap **Str:** #5968

2829 עולפה (fem) *ool'peh* **Tran:** WILT **Def:** In the sense of fainting. **KJV:** fainted **Str:** #5969

עלץ *AhLTs* (ad) **Rel:** raising the arms in joy

2830 עלץ (vrb) *aw'lats* **Tran:** CELEBRATE **Def:** To show joy or triumph; rejoice, jubilant. **KJV:** rejoice, joyful, triumph **Str:** #5970

2831 עליצות (fem) *al'ee'tsooth* **Tran:** CELEBRATION **KJV:** rejoice **Str:** #5951

עמל *AhML* (ad) **Rel:** work

2832 עמל (vrb) *aw'mal* **Tran:** LABOR **KJV:** labour **Str:** #5998

2833 עמל (masc) *aw'male / aw'mawl* **Tran:** LABOR **Def:** To exert one's power of body or mind, especially with painful or strenuous effort. A labor that causes grief, pain or weariness. A laborer as one who toils. **KJV:** labour, mischief, misery, travail, trouble, sorrow, grievance, grievousness, iniquity, miserable, pain, painful, perverseness, toil, wearisome, wickedness **Str:** #5999, #6001

פעל *PAhL* (ad) **Rel:** work

2834 פעל (vrb) *paw'al* **Tran:** MAKE **Def:** To perform a task of physical labor to produce something. **KJV:** work, worker, do, make, commit, doer, maker, ordain **Str:** #6466

2835 פועל (masc) *peh'ool'law* **Tran:** MAKINGS **Def:** The product of ones labor. **KJV:** deeds, labor, recompense, reward, wages, work **Str:** #6468

2836 פועלה (fem) *po'al* **Tran:** DEED **Def:** The work or task that is performed in order to produce something. **KJV:** work, act, deed, do, getting, maker **Str:** #6467

2837 מפעל (vrb) *mif'awl* **Tran:** TOIL **KJV:** works **Str:** #4659

עם *AhM* (pr) **Act:** Dim, Stand, Bind **Obj:** People, Side, Pillar, Sheaf **Def:** A large group of people in one location. **AH:** ᚼꙫ- The pictograph ꙫ is a picture of the eye, the ᚼ is a picture of the sea representing mass. Combined these mean "see a mass."

2838 עם (masc) *am* **Tran:** PEOPLE **Def:** A large group of men or women. **Rel:** A large group of people in one location. Those who are with or near each other. **KJV:** people, nation, folk, men **Str:** #5971 **Aramaic:** #5972

2839 עמית (fem) *aw'meeth* **Tran:** NEIGHBOR **KJV:** neighbor, another, fellow **Str:** #5997

עמם *AhMM* (ch)

2840 עמם (vrb) *aw'mam* **Tran:** GROW.DIM **Def:** To be darkened. Also to hide in the sense of being dim. **KJV:** hide, dim **Str:** #6004

עום *AhWM* (ch) **Def:** Through the idea of being together.

2841 עומת (fem) *oom'maw* **Tran:** ALONGSIDE **Def:** To stand with, or next to, someone or something. **KJV:** against, beside, answerable, at, hand, point **Str:** #5980

עים *AhYM* (ch) **Def:** Through the idea of being together in a group.

2842 עים (com) *ah'yawm / eem* **Tran:** WITH **Alt:** among, by; away. **Def:** Through the idea of being together in a group. **KJV:** with, unto, as, neither, between, among, to, toward, like, by, mighty **Str:** #5868, #5973 **Aramaic:** *eem* #5974

נעם *NAhM* (ad)

2843 נעם (vrb) *naw'ame* **Tran:** BE.DELIGHTFUL **Def:** To be desired; to be sweet. **KJV:** pleasant, sweet, beauty, delight **Str:** #5276

2844 נעם (masc) נעמה (fem) *no'am* **Tran:** DELIGHTFULNESS **Def:** Something that is desired such as sweets. **KJV:** beauty, pleasant, pleasantness **Str:** #5278

2845 מנעם (masc) *man'am* **Tran:** TASTY.FOOD **Def:** What is sweet. **KJV:** beauty, pleasant, pleasantness **Str:** #4516

2846 נעים (masc) *naw'eem* **Tran:** DELIGHTFUL **KJV:** pleasant, pleasures, sweet **Str:** #5273

2847 נעמן (masc) *nah'am'awn* **Tran:** PLEASANTNESS **KJV:** pleasant **Str:** #5282

עמד *AhMD* (ad) **Rel:** as standing with another

2848 עמד (vrb) *aw'mad / aw'mad* **Tran:** STAND **Def:** To rise, raise or set in a place. **KJV:** stand, raise, set, stay, still, appoint, stand, endure, remain, present, continue, withstand **Str:** #5975, #5976

2849 עמדה (fem) *em'daw* **Tran:** STANDING **KJV:** standing **Str:** #5979

2850 מעמד (masc) *mah'am'awd / moh'om'awd* **Tran:** STATION **Def:** place of standing. **KJV:** attendance, office, place, state **Str:** #4612, #4613

2851 עמוד (masc) *am'mood* **Tran:** PILLAR **Def:** A standing upright post or column. **KJV:** pillar **Str:** #5982

2852 עימד (com) *im'mawd* **Tran:** BY **Alt:** with. **Def:** In proximity to. **Rel:** In the sense of standing with another. **KJV:** with, by, upon, against **Str:** #5978

2853 עומד (masc) *o'med* **Tran:** STANDING.PLACE **Def:** place of standing. **KJV:** place, upright, stood **Str:** #5977

עמק *AhMQ* (ad)

2854 עמק (vrb) *aw'mak* **Tran:** DEEP **Def:** To be deep in depth or thought. **KJV:** deep, deeply, depth, profound **Str:** #6009

2855 עמק (masc) *aw'make / ay'mek* **Tran:** VALLEY **Def:** An elongated depression between ranges of hills or mountains. **Rel:** Deep, obscure and dark. **KJV:** valley, vale, dale, strange, depth, deeper **Str:** #6010, #6012

2856 מעמק (masc) *mah'am'awk* **Tran:** DEPTH **KJV:** depth, deep **Str:** #4615

2857 עמיק (masc) **Tran:** DEEP **KJV:** deep **Aramaic:** *am'eek* #5994

2858 עמוק (masc) *aw'moke* **Tran:** SUNKEN **KJV:** deeper, deep **Str:** #6013

2859 עומק (masc) *o'mek* **Tran:** DEPTH **KJV:** depth **Str:** #6011

עמר *AhMR* (ad)

2860 עמר (vrb) *aw'mar* **Tran:** BUNDLE **KJV:** merchandise, sheaf **Str:** #6014

2861 עמר (masc) **Tran:** WOOL **Def:** As used for binding. **KJV:** wool **Aramaic:** *am'ar* #6015

2862 עמיר (masc) *aw'meer* **Tran:** BUNDLE **Def:** As bound. **KJV:** sheaf, handful **Str:** #5995

2863 עומר (masc) *o'mer* **Tran:** SHEAF **KJV:** sheaf **Str:** #6016

2864 עומר (masc) *o'mer* **Tran:** OMER **Def:** A dry measure equal to one tenth of an ephah (about two liters). **KJV:** omer **Str:** #6016

פעם *PAhM* (ad) **Def:** A repetitive beating or sounding as the hoofs of a running horse, the beating of the heart or the ringing of a bell.

2865 פעם (vrb) *paw'am* **Tran:** BEAT **Def:** To strike repeatedly in a rhythm such as a drum. **KJV:** trouble, move **Str:** #6470

2866 פעם (fem) *pah'am* **Tran:** FOOTSTEP **Alt:** foot; time; this time. **Def:** A stroke of time as a rhythmic beating of time, one moment after the other. A moment in time. A foot or leg in the sense of stepping. **Rel:** From the rythmic beating of a drum. **KJV:** time, once, now, feet, twice, step, corner, rank, oftentimes **Str:** #6471

2867 פעמן (masc) *pah'am'one* **Tran:** BELL **Def:** An instrument used to call to attention or to a warning. From its rhythmic ringing. **KJV:** bell **Str:** #6472

ען *AhN* (pr) **Act:** Watch, Answer **Obj:** Eye, Furrow, Abode, Owl **Abs:** Business, Gentle **Def:** The nomadic agriculturist carefully watches over his livestock and crops by keeping a close eye on them. It was common to construct a shelter consisting of a roof on four posts, as a shelter from the glare of the sun. **AH:** ⌐⊙- The pictograph ⊙ is a picture of the eye, the ⌐ is a picture of a seed representing continuance. Combined these mean "eye of continuance."

2868 מען (com) *mah'an* **Tran:** THAT **Alt:** as; on account of, so that; "in order" or "for the sake of". **Def:** The person, thing, or idea indicated, mentioned, or understood from the situation. A close watching. (Always used with the prefix ל meaning "to") **Rel:** A watching over something of importance. A straight furrow is made by carefully watching the direction of the oxen. **KJV:** that, to, for, because, lest, intent **Str:** #4616

2869 מענה (fem) *mah'an'aw* **Tran:** FURROW **KJV:** acre, furrow **Str:** #4618

ענן *AhNN* (ch) **Def:** A watching over something of importance.

2870 ענן (vrb) *aw'nan* **Tran:** CONJURE **Def:** To call or bring into existence. **KJV:** observer, soothsayer, bring, sorceress, enchanter **Str:** #6049

2871 ענין (masc) *in'yawn* **Tran:** BUSINESS **Def:** careful watching over a task or burden. **KJV:** traveil, business **Str:** #6045

ענה *AhNH* (ch) **Def:** An answer or reply to a previous question or request as being watched for.

2872 ענה (vrb) *aw'naw* **Tran:** ANSWER **Def:** Something written or spoken in reply to a question. To set eye on. **KJV:** answer, hear, testify, speak, sing, bear, cry, witness, give **Str:** #6030 **Aramaic:** *an'aw* #6032

2873 מענה (masc) *mah'an'eh* **Tran:** ANSWER **KJV:** answer **Str:** #4617

עון *AhWN* (ch) **Def:** The home is a place closely watched. Protection of the home by keeping of a close eye on it.

2874 עון (masc) עונה (fem) *o'naw* **Tran:** COHABITATION **Def:** A place of residence. An abode. **KJV:** duty **Str:** #5772

2875 מעון / מעין (masc) מעונה (fem) *maw'ohn / meh'o'naw* **Tran:** HABITATION **Def:** The dwelling place of a god (temple), man (home) or animal (den). Also, a retreat. **KJV:** habitation, dwelling, den, dwellingplace, place, refuge **Str:** #4583, #4585

ענו *AhNW* (ch) **Def:** In the sense of a careful watching.

2876 ענו / עניו (masc) *aw'nawv* **Tran:** GENTLE **Def:** A characterstic trait of being meek or humble. **KJV:** meek, humble, poor, lowly **Str:** #6035

2877 ענוה (fem) *an'aw'vaw / an'vaw* **Tran:** GENTLENESS **KJV:** humility, gentleness, meekness **Str:** #6037, #6038

יען *YAhN* (ch)

2878 יען (fem) *yaw'ane* **Tran:** OSTRICH **Def:** An unknown bird. **KJV:** ostrich **Str:** #3283

2879 יען (masc) *yah'an* **Tran:** SEEING.AS **Def:** In the degree that. **Rel:** In the sense of paying attention. **KJV:** because, even seeing, forasmuch, that, whereas, why **Str:** #3282

2880 יענה (fem) *yah'an'aw* **Tran:** OWL **Def:** An unknown bird. **KJV:** owl **Str:** #3284

עין *AhYN* (ch) **Def:** The eye reveals the heart of the person. A well, spring or fountain as the eye of the ground.

2881 עין (vrb) *aw'van* **Tran:** OBSERVE **KJV:** eyed **Str:** #5770

2882 עין (fem) *ah'yin* **Tran:** EYE **Def:** The organ of sight or vision that tears when a person weeps. Also, a spring that weeps water out of the ground. **KJV:** eye, sight, seem, colour, fountain, well, face, presence, before, conceit, think **Str:** #5869 **Aramaic:** #5870

2883 מעין (masc) *mah'yawn* **Tran:** SPRING **Def:** A source of water issuing from the ground. As the eye of the ground. **KJV:** fountain, well, spring **Str:** #4599

ענג *AhNG* (ad)

2884 ענג (vrb) *aw'nag* **Tran:** SOFT **Def:** To be delicate and pleasurable. **KJV:** delight, delicate, delicateness, sport **Str:** #6026

2885 ענוג (masc) ענוגה (fem) *aw'nogue* **Tran:** SOFT **KJV:** delicate **Str:** #6028

2886 עונג (masc) *o'neg* **Tran:** DELIGHT **Def:** In the sense of being soft. **KJV:** pleasant, delight **Str:** #6027

2887 תענוג (masc) *tah'an'oog* **Tran:** LUXURY **Def:** In the sense of being soft. **KJV:** delight, delicate, pleasant **Str:** #8588

ענד *AhND* (ad)

2888 ענד (vrb) *aw'nad* **Tran:** TIE **KJV:** tie, bind **Str:** #6029

ענק *AhNQ* (ad)

2889 ענק (vrb) *aw'nak* **Tran:** ENCOMPASS **KJV:** furnish, compass **Str:** #6059

2890 ענק (masc) *aw'nawk* **Tran:** NECK.BAND **Def:** An ornamental chain, band or cord worn around the neck. **KJV:** chain **Str:** #6060

ענש *AhNSh* (ad) **Def:** A fine as a penalty punishment.

2891 ענש (vrb) *aw'nash* **Tran:** FINE **Def:** A financial penalty made for an offense or damages. **KJV:** punish, condemn, amerce **Str:** #6064

2892 ענש (masc) *o'nesh* **Tran:** FINE **KJV:** confiscation, tribute, punishment **Str:** #6066 **Aramaic:** *an'ash* #6065

עס *AhS* (pr) **Act:** Do, Work **AH:** ∓☉

עסה *AhSH* (ch) **Def:** The making or doing of anything.

2893 עשה (vrb) *aw'saw* **Tran:** DO **Alt:** make; use. **Def:** To bring to pass; to bring about; to act or make. **KJV:** do, make, wrought, deal, commit, offer, execute, keep, show, prepare, work, get, dress, maker, maintain **Str:** #6213

2894 מעשה (masc) *mah'as'eh* **Tran:** WORK **Def:** Activity where one exerts strength or faculties to do or perform something. An action. **KJV:** work, acts, labour, doing, art, deed **Str:** #4639

כעס *KAhS* (ad)

2895 כעס (vrb) *kaw'as* **Tran:** BE.ANGRY **Def:** A strong feeling of displeasure and belligerence aroused by a wrong. **KJV:** anger, provoke, grieve, indignation, sorrow, vex, wrath **Str:** #3707

2896 כעס (masc) *kah'as* **Tran:** ANGER **KJV:** grief, provocation, wrath, sorrow, anger, angry, indignation, provoking, sore, spite **Str:** #3708

עסב *AhSB* (ad) **Def:** The grasses and herbs of the field.

2897 עשב (fem) *awsh / eh'seb* **Tran:** HERB **Def:** The grasses and plants of the field used for their medicinal, savory, or aromatic qualities. **KJV:** herb, grass **Str:** #6211, #6212

עסק *AhSQ* (ad)

2898 עשק (vrb) *aw'sak* **Tran:** STRIVE **Def:** A ground of dispute or complaint. A clash between sides. **KJV:** strive **Str:** #6229

עסר *AhSR* (ad)

2899 עשר (vrb) *aw'sar* **Tran:** GIVE.A.TENTH **Def:** To tithe; a tenth part of something given voluntarily for the support of a religious establishment. **KJV:** tithe, tenth **Str:** #6237

Benner's Lexicon of Biblical Hebrew

2900 עשרה / עסרה (masc) עשר (fem) *aw'sawr / eh'ser / es'reem* **Tran:** TEN **Alt:** twenty. **Def:** A cardinal number. **KJV:** ten, twenty, twentieth **Str:** #6235, #6240, #6242 **Aramaic:** *as'ar / es'reen* #6236, #6243

2901 מעשר (masc) *mah'as'ayr* **Tran:** TENTH.PART **Def:** One portion of a whole divided into ten equal portions. **KJV:** tithe, tenth, tithing **Str:** #4643

2902 עשור (masc) *aw'sore* **Tran:** TENTH.ONE **Def:** That which occupies the tenth position in a sequence. **KJV:** tenth, ten **Str:** #6218

2903 עשרון (masc) *is'saw'rone* **Tran:** ONE.TENTH **Def:** An equal part of something divided into ten parts. **KJV:** tenth **Str:** #6241

2904 עשירי (masc) *as'ee'ree* **Tran:** TENTH **Def:** An ordinal number. **KJV:** tenth **Str:** #6224

עף *AhP* (pr) **Act:** Cover, Fly **Obj:** Wing, Branch **Abs:** Fatique **Def:** The wing of a bird that gives flight as well as a covering it and its chicks. **AH:** ⌒◎

2905 עף (fem) **Tran:** BIRD.WING **Def:** The covering of a bird. **KJV:** wing **Aramaic:** גף *gaf* #1611

2906 עפי / עפא (masc) *of'eh* **Tran:** FOLIAGE **Def:** As a covering of the tree. **KJV:** branch, leaves **Str:** #6073, 6074 **Aramaic:** #6074

2907 עפעף (masc) *af'af* **Tran:** EYELID **Def:** As a covering of the eyes. Also the rays of the sun appearing like eyelashes. **KJV:** eyelid, dawning **Str:** #6079

עוף *AhWP* (ch) **Def:** The covering of a bird.

2908 עוף (vrb) *oof* **Tran:** FLY **Def:** To move in or pass through the air with wings; to soar in the air. **KJV:** fly, faint, brandish, shine, weary **Str:** #5774

2909 עוף (masc) *ofe* **Tran:** FLYER **Def:** A flying creature such as a bird or insect. **KJV:** fowl, bird, flying **Str:** #5775 **Aramaic:** #5776

2910 מעוף (masc) *maw'off* **Tran:** SHADOW **Def:** covering over making a shadow. **KJV:** dimness **Str:** #4588

יעף **YAhP** (ch)

2911 תועפה (fem) *to'aw'faw* **Tran:** BULK **Def:** Being immense in size. **KJV:** strength, plenty **Str:** #8443

עיף **AhYP** (ch) **Def:** A closing or covering of the eyes with the eyelids.

2912 עיף (vrb) *aw'yafe* **Tran:** TIRE **Def:** To be tired, faint or weary. **KJV:** weary **Str:** #5888

2913 עיף (masc) *aw'yafe* **Tran:** TIRED **Def:** Drained of strength and energy; fatigued. **KJV:** weary, faint, thirsty **Str:** #5889

עפל **AhPL** (ad)

2914 עפל (vrb) *aw'fal* **Tran:** PRESUME **Def:** To lift up an idea. **KJV:** lift, presume **Str:** #6075

2915 עפל (masc) *o'fel* **Tran:** TUMOR **Def:** A mound on the skin. **KJV:** emerods **Str:** #6076

2916 עופל (masc) *o'fel* **Tran:** PALISADE **Def:** A stronghold built on a mound or hill. **KJV:** fort, stronghold, tower **Str:** #6076

עץ *AhTs* (pr) **Act:** Counsel **Obj:** Tree, Spine **Abs:** Abundance **Def:** The upright and firmness of the tree. **AH:** ┐☉

2917 עץ (masc) *ates / ay'tsaw* **Tran:** TREE **Alt:** wood (especially when in the plural form, but occasionally, depending on context, in the singular as well). **Def:** A woody perennial plant with a supporting stem or trunk and multiple branches. **Rel:** The upright and firmness of the tree. The elders of the tribe were the upright and firm ones making decisions and giving advice. **KJV:** tree, wood, timber, stick, gallows, staff, stock, branch, helve, plank, stalk **Str:** #6086, #6097 **Aramaic:** אע *aw* #0636

2918 עצה (fem) *ay'tsaw* **Tran:** COUNSEL **Def:** A giving of advice. **Rel:** In the sense of being the firm support of the community. **KJV:** counsel, purpose, advice **Str:** #6098 **Aramaic:** עטא *ay'taw* #5843

עצה **AhTsH** (ch) **Def:** The elders of the tribe were the upright and firm ones, like trees, making decisions and giving advice.

2919 עצה (vrb) *aw'tsaw* **Tran:** WINK **Rel:** In the sense of shutting the eyes "firmly." **KJV:** shut **Str:** #6095

2920 עצה (masc) *aw'tseh* **Tran:** SPINE **Def:** The tree of the body which provides its uprightness. **KJV:** backbone **Str:** #6096

עוץ *AhWTs* (ch) **Def:** The elders of the tribe were the upright and firm ones, like trees, making decisions and giving advice.

2921 עוץ (vrb) *oots* **Tran:** PLAN **KJV:** counsel, advice **Str:** #5779

יעץ *YAhTs* (ch) **Def:** The elders of the tribe were the upright and firm ones, like trees, making decisions and giving advice.

2922 יעץ (vrb) *yaw'ats* **Tran:** GIVE.ADVICE **Def:** To assist another by providing wise counsel. **KJV:** counsel, counselor, consult, give, purpose, advice, determine, devise **Str:** #3289 **Aramaic:** יעט #3272

2923 מועצה (fem) *mo'ay'tsaw* **Tran:** ADVICE **Def:** an opinion or recommendation offered as a guide. **KJV:** counsel, devise **Str:** #4156

עצב *AhTsB* (ad)

2924 עצב (vrb) *aw'tsab* **Tran:** DISTRESS **Def:** The state of being in great trouble, great physical or mental strain and stress. To be in pain from grief or heavy toil. **KJV:** grieve, displease, hurt, made, sorry, vex, worship, wrest, lament **Str:** #6087 **Aramaic:** *ats'ab* #6088

2925 עצב (masc) *aw'tsabe / aw'tsawb / eh'tseb* **Tran:** DISTRESSING.PAIN **Def:** Resulting from grief or heavy toil. This word can also mean an idol or image. **KJV:** sorrow, labour, grievous **Str:** #6089, #6091, #6092

2926 עצבת (fem) *ats'tseh'beth* **Tran:** SUFFERING **Def:** From sorrow or wound. **KJV:** sorrow, wound **Str:** #6094

2927 מעצבה (fem) *mah'ats'ay'baw* **Tran:** SORROW **KJV:** sorrow **Str:** #4620

2928 עוצב (masc) *o'tseb* **Tran:** SORROW **KJV:** sorrow, wicked, idol **Str:** #6090

2929 עיצבון (masc) *its'tsaw'bone* **Tran:** HARDSHIP **Def:** Privation; suffering; something that causes or entails suffering or privation. **KJV:** toil, sorrow **Str:** #6093

עצד *AhTsD* (ad) **Rel:** for cutting wood

2930 מעצד (masc) *mah'ats'awd* **Tran:** AXE **KJV:** tongs, axe **Str:** #4621

עצל *AhTsL* (ad)

2931 עצל (vrb) *aw'tsal* **Tran:** LAZY **KJV:** slothful **Str:** #6101

2932 עצל (masc) *aw'tsale* **Tran:** SLUGGARD **KJV:** sluggard **Str:** #6102

2933 עצלה (fem) *ats'law* **Tran:** LAZINESS **KJV:** slothfulness **Str:** #6103

2934 עצלות (fem) *ats'looth* **Tran:** LAZINESS **KJV:** idleness **Str:** #6104

עצם *AhTsM* (ad) **Def:** The numerous bones of the body are the strength to the body. **Rel:** as the bones are the tree of the body

2935 עצם (vrb) *aw'tsam* **Tran:** BE.ABUNDANT **Def:** To be strong in might or numbers. From the abundant number of bones in the body. **KJV:** increase, mighty, strong, more, broken, close, great, shut **Str:** #6105

2936 עצם (masc) *eh'tsem* **Tran:** BONE **Def:** The hard tissue of which the skeleton is chiefly composed. As a numerous amount. **KJV:** bone, selfsame, same, body, life, strength **Str:** #6106

2937 עצמה (fem) *ots'maw* **Tran:** ABUNDANCE **KJV:** strength, abundance **Str:** #6109

2938 עצום (masc) *aw'tsoom* **Tran:** NUMEROUS **Def:** Involving more than one. **KJV:** strong, mighty, mightier, feeble, great, much **Str:** #6099

2939 עוצם (masc) עצומה (fem) *ats'tsoo'maw / o'tsem* **Tran:** BRAWN **Def:** From the strength of the bones. **KJV:** might, strong, substance **Str:** #6108, #6110

2940 תעצומה (fem) *tah'ats'oo'maw* **Tran:** STRENGTH **KJV:** power **Str:** #8592

עצר *AhTsR* (ad)

2941 עצר (vrb) *aw'tsar* **Tran:** STOP **Def:** To cause to cease; to stop from occurring in the sense of halting, shutting or restraining. **KJV:** shut, stay, retain, detain, able, withhold, keep, prevail, recover, refrain, reign **Str:** #6113

2942 עצר (masc) *eh'tser* **Tran:** RESTRAINT **KJV:** magistrate **Str:** #6114

2943 עצרה (fem) *ats'aw'raw* **Tran:** CONFERENCE **Def:** A special occasion as a temporary ceasing of normal activity. **KJV:** assembly, meeting **Str:** #6116

2944 מעצר (masc) *mah'tsawr* **Tran:** RESTRAINT **KJV:** rule **Str:** #4623

2945 עוצר (masc) *o'tser* **Tran:** STOPPING **Def:** In the sense of being shut in. **KJV:** oppression, barren, prison **Str:** #6115

2946 מעצור (masc) *mah'tsore* **Tran:** RESTRAINT **KJV:** restraint **Str:** #4622

עק *AhQ* (pr) **Act:** Press **Obj:** Burden **Abs:** Oppression **AH:** ϙ☉

2947 עקה (fem) *aw'kaw* **Tran:** OPPRESSION **Rel:** A pressing in on one as oppression. **KJV:** oppression **Str:** #6125

עקה *AhQH* (ch)

2948 מעקה (masc) *mah'ak'eh* **Tran:** PARAPET **Def:** A place of pressing as one leans on it. A wall that is placed around the roof as this place was occupied because of its coolness in the summer. **KJV:** battlement **Str:** #4624

עוק *AhWQ* (ch)

2949 עוק (vrb) *ook* **Tran:** WEIGH.DOWN **KJV:** press **Str:** #5781

יעק *YAhQ* (ch)

2950 מועקה (fem) *moo'aw'kaw* **Tran:** BURDEN **KJV:** affliction **Str:** #4157

ער *AhR* (pr) **Act:** Bare, Uncover, Watch **Obj:** Skin, Naked, Neck **Def:** When the enemy is captured, he is stripped of his clothes to the skin and carefully watched. **AH:** ϙ☉- The pictograph ☉ is a picture of the eye, the ϙ is a picture of a man. Combined these mean "see a man."

2951 מער (masc) *mah'ar* **Tran:** NAKED.PLACE **KJV:** nakedness, proportion **Str:** #4626

2952 תער (com) *tah'ar* **Tran:** RAZOR **Def:** For shaving hair and making the face naked. For holding a blade. **KJV:** sheath, razor, penknife, scabbard, shave **Str:** #8593

2953 ערער (masc) *ar'awr* **Tran:** STRIPPED **KJV:** destitute, heath **Str:** #6199

2954 מערם (masc) *mah'ar'ome* **Tran:** UNCLOTHED **KJV:** naked **Str:** #4636

2955 ערוער (masc) *ar'o'ayr* **Tran:** UNPROTECTED **KJV:** heath **Str:** #6176

2956 ערום (masc) *aw'rome* **Tran:** NUDE **Def:** Without clothes. **Rel:** From the bare skin. **KJV:** naked **Str:** #6174

2957 עירום (masc) *ay'rome* **Tran:** NAKED **Def:** Without clothes. **Rel:** From the bare skin. **KJV:** naked, nakedness **Str:** #5903

ערר *AhRR* (ch)

2958 ערר (vrb) *aw'rar* **Tran:** BARE **KJV:** bare, raise, break **Str:** #6209

2959 ערירי (masc) *ar'e'ree* **Tran:** BARREN **Def:** Incapable of bearing children; childless. **Rel:** In the sense of being naked of children. **KJV:** childless **Str:** #6185

ערה *AhRH* (ch)

2960 ערה (vrb) *aw'raw* **Tran:** UNCOVER **Def:** To remove the covering. **KJV:** uncover, discover, empty, rase, destitute, naked, pour, spread **Str:** #6168

2961 ערה (fem) *aw'raw* **Tran:** BARE.PLACE **Def:** A place barren of trees; an uncovered area. **KJV:** reed **Str:** #6169

2962 מערה (masc) מערה (fem) *mah'ar'aw / mah'ar'eh* **Tran:** MEADOW **Def:** A place barren of trees; an uncovered area. **KJV:** meadow, army **Str:** #4629, #4630

2963 עריה (fem) *er'yaw* **Tran:** BARE **KJV:** naked, bare **Str:** #6181

עור *AhWR* (ch) **Def:** The bare skin without clothing.

2964 עור (vrb) *oor / oor* **Tran:** STIR.UP **Def:** To shake to awaken. **KJV:** stir, awake, wake, raise, arise, master, naked **Str:** #5782, #5783

2965 עור (masc) *ore* **Tran:** SKIN **Def:** The integument covering men or animals, as well as leather made from animal skins. The husk of a seed. **KJV:** skin, hide, leather, chaff **Str:** #5785 **Aramaic:** *oor* #5784

2966 מעור (masc) *maw'ore* **Tran:** BARENESS **KJV:** nakedness, pudendum **Str:** #4589

    ערו *AhRW* (ch) **Def:** The shame of one being naked.

2967 ערוה (fem) *er'vaw* **Tran:** NAKEDNESS **Def:** The state of being without clothing. Idiomatic for sexual relations. **KJV:** nakedness, shame, unclean, uncleanness, dishonor **Str:** #6172 **Aramaic:** *ar'vaw* #6173

    עיר *AhYR* (ch) **Def:** In the sense of seeing.

2968 עיר (masc) **Tran:** WATCHER **KJV:** watcher **Aramaic:** *eer* #5894

    ערב *AhRB* (ad)

2969 ערב (vrb) *aw'rab* **Tran:** BARTER **Def:** To exchange an item or service for another. **KJV:** surety, meddle, mingle, pledge, become, engage, intermeddle, mortgage, occupier, occupy, undertake, sweet, pleasure, pleasing, pleasant, mingle **Str:** #6148

2970 מערב (masc) *mah'ar'awb* **Tran:** MERCHANDISE **Def:** What is used in bartering. **KJV:** merchandise, market **Str:** #4627

2971 ערובה (fem) *ar'oob'baw* **Tran:** BARTER **Def:** As an exchange for something else. **KJV:** pledge, surety **Str:** #6161

2972 ערבון (masc) *ar'aw'bone* **Tran:** TOKEN **Def:** Something given as a promise as an exchange. **KJV:** pledge **Str:** #6162

2973 תערובה (fem) *tah'ar'oo'baw* **Tran:** BARTER **Def:** What is used in bartering. **KJV:** hostage **Str:** #8594

    ערס *AhRS* (ad)

2974 ערש (fem) *eh'res* **Tran:** MATTRESS **KJV:** bed, couch, bedstead **Str:** #6210

2975 עריסה (fem) *ar'ee'saw* **Tran:** BREAD.MEAL **Def:** Meaning dubious. **KJV:** dough **Str:** #6182

    ערף *AhRP* (ad) **Rel:** as the neck is exposed skin

2976 ערף (vrb) *aw'raf* **Tran:** BEHEAD **Def:** To sever the neck from the body. Also, to break the neck. **KJV:** neck, strike, behead, cut **Str:** #6202

2977 עורף (masc) *o'ref* **Tran:** NECK **Def:** The part of a person that connects the head with the body. **KJV:** neck, back **Str:** #6203

ערק *AhRQ* (ad)

2978 ערק (vrb) *aw'rak* **Tran:** GNAW **KJV:** gnaw, sinew **Str:** #6207

פער *PAhR* (ad) **Def:** A wide opening.

2979 פער (vrb) *paw'ar* **Tran:** OPEN.WIDE **KJV:** open, gape **Str:** #6473

עש *AhSh* (pr) **Act:** Waste **AH:** ∽⊙

עשש *AhShSh* (ch)

2980 עשש (vrb) *aw'shaysh* **Tran:** WASTE.AWAY **Def:** To waste or fail away. **KJV:** consumed **Str:** #6244

עשן *AhShN* (ad)

2981 עשן (vrb) *aw'shan* **Tran:** SMOKE **Def:** To emit a gaseous cloud when burning. **KJV:** smoke, angry **Str:** #6225

2982 עשן (masc) *aw'shane / aw'shawn* **Tran:** SMOKE **Def:** The gaseous products of combustion. **KJV:** smoke, smoking **Str:** #6226, #6227

עת *AhT* (pr) **Act:** Speak **Abs:** Time, Now, Abundance **Def:** A period of time as a moment or season. **AH:** +⊙

2983 עת (fem) *ayth* **Tran:** APPOINTED.TIME **Def:** A fixed or officially set event, occasion or date. **KJV:** time, season, when, always **Str:** #6256

2984 עתי (masc) *it'tee* **Tran:** READY **Def:** One whose time has come. **KJV:** fit **Str:** #6261

עתה *AhTH* (ch) **Def:** The present time.

2985 עתה (com) *at'taw* **Tran:** NOW **Def:** At the present time or moment. **KJV:** now, whereas, henceforth, straightway **Str:** #6258

2986 עתין (masc) Tran: NOW.THEN **KJV:** then, now, time **Aramaic:** אדין *ed'ah'yin* #0116

עות *AhWT* (ch)

2987 עות (vrb) *ooth* Tran: PROPER.TIME.TO.GIVE **KJV:** speak **Str:** #5790

עית *AhYT* (ch)

2988 עיתן (masc) Tran: SELECT.TIME **KJV:** time **Aramaic:** עדן *id'dawn* #5732

עתד *AhTD* (ad)

2989 עתד (vrb) *aw'thad* Tran: BE.READY **Def:** To make ready beforehand. Be ready. **KJV:** fit, ready **Str:** #6257

2990 עתיד (masc) *aw'theed* Tran: PREPARED **KJV:** ready, come **Str:** #6264 **Aramaic:** *ath'eed* #6263

2991 עתוד (masc) *aw'thood* Tran: PREPARATION **Def:** What is prepared. **KJV:** treasure **Str:** #6259

עתק *AhTQ* (ad) **Def:** A movement from one space or time to another.

2992 עתק (vrb) *aw'thak* Tran: ADVANCE **Def:** To bring or move forward; to raise to a higher rank; to make progress. **KJV:** remove, old, left, copy **Str:** #6275

2993 עתק (masc) *aw'thake / aw'thawk* Tran: BOLD **Def:** In arrogance or durability. **KJV:** durable, arrogancy, grievous, stiff, hard **Str:** #6276, #6277

2994 עתיק (masc) *at'teek / aw'theek* Tran: DURABLE **KJV:** durable, ancient, drawn **Str:** #6266, #6267 **Aramaic:** *at'teek* #6268

עתר *AhTR* (ad) **Rel:** as an abundance

2995 עתר (vrb) *aw'thar* Tran: MULTIPLY **KJV:** deceit, multiply **Str:** #6280

2996 עתרת (fem) *ath'eh'reth* Tran: ABUNDANCE **KJV:** abundance **Str:** #6283

Pey

פא *PA* (pr) **Obj:** Mouth **Def:** The edge of anything as the lips are the edge of the mouth. **AH:** ᗡᄾ- The pictograph ᄾ is a picture of the edge of the mouth.

2997 **פאה** (fem) *pay'aw* **Tran:** EDGE **Def:** The border or boundary of an object or a region. The thin cutting edge of a blade. **KJV:** side, corner, quarter, end, part **Str:** #6285

פג *PG* (pr) **Act:** Cease, Faint, Meet **Obj:** Unripe fig, foul, Carcass **Abs:** Encounter **Def:** Unable to fulfill the role intended for. **AH:** ✓ᄾ

2998 **פג** (masc) *pag* **Tran:** UNRIPE.FIG **Rel:** An inedible fruit. **KJV:** green fig **Str:** #6291

הפג *HPG* (ch) **Def:** Unable to work.

2999 **הפגה** (fem) *haf'oo'gaw* **Tran:** CEASING **KJV:** intermission **Str:** #2014

פוג *PWG* (ch) **Def:** Unable to work.

3000 **פוג** (vrb) *poog* **Tran:** BE.NUMB **Def:** Devoid of sensation or emotion. **KJV:** faint, cease, slack, feeble **Str:** #6313

3001 **פוגה** (fem) *poo'gaw* **Tran:** REST **KJV:** rest **Str:** #6314

פגל *PGL* (ad) **Def:** Something that stinks or is rotten. **Rel:** as being unfit

3002 **פיגול** (masc) *pig'gool* **Tran:** FOUL **KJV:** abominable, abomination **Str:** #6292

פגע *PGAh* (ad) **Def:** A chance meeting or encounter. **Rel:** meeting

3003 **פגע** (vrb) *paw'gah* **Tran:** REACH **Def:** To touch or grasp; to get up to or as far as; to come together in meeting by chance; to give or place in the sense of a meeting. **KJV:** fall, meet, reach, intercession, intreat, entreat, light **Str:** #6293

3004 **פגע** (masc) *peh'gah* **Tran:** ENCOUNTER **Def:** A chance meeting. **KJV:** occurrence, chance **Str:** #6294

3005 מפגע (masc) *mif'gaw* **Tran:** TARGET **Def:** As the person met or place of meeting. **KJV:** mark **Str:** #4645

פגר *PGR* (ad) **Rel:** as being unfit

3006 פגר (vrb) *paw'gar* **Tran:** FAINT **Def:** To faint as though dead. **KJV:** faint **Str:** #6296

3007 פגר (masc) *peh'gher* **Tran:** CORPSE **Def:** A dead body. **KJV:** carcass, dead, corpse **Str:** #6297

פגש *PGSh* (ad) **Rel:** meeting

3008 פגש (vrb) *paw'gash* **Tran:** ENCOUNTER **Def:** To meet or come in contact with another person. A meeting between two hostile factions; to engage in conflict with. **KJV:** meet **Str:** #6298

פד *PD* (pr) **Act:** Redeem, Gird, Cover, Cling **Obj:** Clothing **Abs:** Deceive, Security **Def:** When one is redeemed, they gird on their clothes for leaving. To bring back to an original state. **AH:** ▽▭- The pictograph ▭ is a picture of the open mouth, the ▽ is a picture of a door. Combined these mean "open the door."

3009 פדות (fem) *ped'ooth* **Tran:** RANSOM **Def:** The act of requiring, or paying, a price for something that was stolen or wrongfully taken. **KJV:** redemption, redeem, division **Str:** #6304

3010 פדיון / פדיום (masc) *pid'yome* **Tran:** RANSOM.PRICE **Def:** A stipulated amount given to retrieve what has been stolen or wrongfully taken. **KJV:** redemption, ransom **Str:** #6306

אפד *APD* (ch) **Def:** The garment of the high priest.

3011 אפד (vrb) *aw'fad* **Tran:** GIRD **Def:** To pull in closely to the body. To wrap around. To tie on the ephod. **KJV:** gird, bound **Str:** #0640

3012 אפוד (masc) אפודה (fem) *ay'fode / ay'food'daw* **Tran:** EPHOD **Def:** An apron-like vestment having two shoulder straps and ornamental attachments for securing the breastplate, worn with a waistband by the high priest. **KJV:** ephod **Str:** #0642, #0646

פדה *PDH* (ch)

Benner's Lexicon of Biblical Hebrew

3013 פדה (vrb) *paw'daw* **Tran:** RANSOM **Def:** To Pay the price stipulated, to retrieve what has been stolen or wrongfully taken. **KJV:** redeem, deliver, ransom, rescue **Str:** #6299

פדי *PDY* (ch)

3014 פדוי (masc) *paw'doo'ee* **Tran:** REDEEMED **KJV:** redeemed **Str:** #6302

בגד *BGD* (ad) **Def:** A covering of the body or actions in a faithless or treacherous manner.

3015 בגד (vrb) *baw'gad* **Tran:** ACT.TREACHEROUSLY **Def:** To perform an action covertly or with the intent to deceive. **KJV:** treacherously, transgress, deceitfully, unfaithful, offend **Str:** #0898

3016 בגד (masc) *behg'ed* **Tran:** GARMENT **Def:** An article of clothing for covering. **KJV:** garment, clothes, cloth, raiment, apparel, robe **Str:** #0899

3017 בגוד (masc) *baw'gode* **Tran:** TREACHEROUS **Def:** covert act of deceit or treachery. **KJV:** treacherous **Str:** #0901

3018 בוגדה (fem) *bohg'ed'ohth* **Tran:** TREACHEROUS **Def:** covert act of deceit or treachery. **KJV:** treacherous **Str:** #0900

בטח *BThHh* (ad) **Def:** A holding onto something or someone by clinging or confiding.

3019 בטח (vrb) *baw'takh* **Tran:** CLING **Def:** To grab hold of someone or something that is secure and safe. **KJV:** trust, confidence, secure **Str:** #0982

3020 בטח (masc) *beh'takh* **Tran:** SAFELY **Alt:** safety. **Def:** A state or place of safety. **KJV:** safely, safety, careless, safe, secure, assurance **Str:** #0983

3021 בטוחה (fem) *bat'too'khoth* **Tran:** SECURE **Def:** state or place of safety. **KJV:** secure **Str:** #0987

3022 ביטחה (fem) *bit'khaw* **Tran:** TRUST **Def:** clinging onto someone or something for support or security. **KJV:** confidence **Str:** #0985

3023 מבטח (masc) *mib'tawkh* **Tran:** CONFIDENCE **Def:** Clinging onto someone or something else for support or safety. **KJV:** confidence, trust, sure, hope **Str:** #4009

3024 ביטחון (masc) *bit'taw'khone* **Tran:** HOPE **Def:** trust in a future outcome. **KJV:** confidence, hope **Str:** #0986

3025 אבטיח (masc) *ab'at'tee'akh* **Tran:** MELON **Def:** A fruit that clings to the vine. **KJV:** melon **Str:** #0020

פדר *PDR* (ad)

3026 פדר (masc) *peh'der* **Tran:** SUET **Def:** A greasy substance. **KJV:** fat **Str:** #6309

פה *PH* (pr) **Act:** Blow **Obj:** Mouth **Def:** A mouth is the edge of anything such as the place of the beard, a sword, a region. The edge or border, is often referring to all that is within the borders, the whole country. **AH:** 𐤐𐤌- The pictograph 𐤌 is a picture of the mouth.

3027 פה (masc) *peh* **Tran:** MOUTH **Alt:** opening, according to. **Def:** The opening through which food enters the body. Any opening. **KJV:** mouth, commandment, edge, according, word, hole, end, appointment, portion, tenor, sentence **Str:** #6310

פאה *PAH* (ch) **Def:** As to scatter ashes by blowing on them.

3028 פאה (vrb) *paw'aw* **Tran:** BLOW.AWAY **Def:** To scatter something by blowing. **KJV:** scatter **Str:** #6284

פו *PW* (pr) **Obj:** Here **AH:** 𐤅𐤌

3029 פו / פא / פה (masc) *po* **Tran:** HERE **Def:** In or at this place. **KJV:** here, hither, side **Str:** #6311

אפו *APW* (ch)

3030 אפו (masc) *ay'fo* **Tran:** THEN **Def:** An inquiry of a time or place. **KJV:** now, where, here **Str:** #0645

פז *PZ* (pr) **Act:** Refine **Obj:** Gold **Abs:** Pure **Def:** A sword or knife required refined metal for strength and durability. Refining removes impurities from the metal. **AH:** 𐤆𐤌- The pictograph 𐤌 is a picture of the edge of the mouth, the 𐤆 is a picture of a cutting implement. Combined these mean "edge of the weapon."

3031 פז (masc) *pawz* **Tran:** PURE.GOLD **KJV:** pure, fine **Str:** #6337

פזז *PZZ* (ch)

3032 פזז (vrb) *paw'zaz / paw'zaz* **Tran:** REFINE **Def:** To reduce to a pure state. **KJV:** best, strong, leap **Str:** #6338, #6339

פה *PHh* (pr) **Act:** Blow, Trap, Rule, Puff, Span, Exhale, Attach, Join **Obj:** Bellows, Governor, Ash **Def:** The bellows blows out a large amount of air causing a fire to become hotter. **AH:** 𐤀𐤌- The pictograph 𐤌 is a picture of a mouth representing blowing, the 𐤀 is a picture of a wall meaning outside. Combined these mean "blow out."

3033 פח (masc) *pakh* **Tran:** WIRE **Def:** A slender, string-like piece or filament of relatively rigid or flexible metal often used for snares. **KJV:** snare, gin, plate **Str:** #6341

3034 מפח (masc) *map'poo'akh* **Tran:** BELLOWS **KJV:** bellows **Str:** #4647

פחח *PHhHh* (ch)

3035 פחח (vrb) *paw'khakh* **Tran:** TRAP **KJV:** snare **Str:** #6351

פחה *PHhH* (ch)

3036 פחה (masc) *peh'khaw* **Tran:** GOVERNOR **Def:** A ruler or overseer of a people or region. **KJV:** governor, captain, deputy **Str:** #6346 **Aramaic:** #6347

פוח *PWHh* (ch) **Def:** A blowing as a bellows.

3037 פוח (vrb) *poo'akh* **Tran:** PUFF **KJV:** speak, puff, blow, break, utter, snare **Str:** #6315

3038 תפוח (masc) *tap'poo'akh* **Tran:** APPLE **Def:** The fruit or the tree. **KJV:** apple **Str:** #8598

יפח *YPHh* (ch) **Def:** A heavy blowing as a bellows.

3039 יפח (vrb) *yaw'fakh* **Tran:** GASP **Def:** heavy blowing as a bellows. **KJV:** bewail **Str:** #3306

3040 יפח (masc) *yaw'fay'akh* **Tran:** BREATHE.OUT **Def:** heavy blowing as a bellows. **KJV:** breath out **Str:** #3307

פיח *PYHh* (ch) **Def:** The ash that is blown when the bellows blows.

3041 פיח (masc) *pee'akh* **Tran:** SOOT **Def:** Residue left after burning. **KJV:** ash **Str:** #6368

טפח *ThPHh* (ad) **Def:** The span of the fingers as spread-out and used as a measure.

3042 טפח (vrb) *taw'fakh* **Tran:** SPAN **Def:** To spread-out as the fingers of the hand. To bring up and train children. **KJV:** span, swaddle **Str:** #2946

3043 טפח (masc) *tay'fakh* **Tran:** HAND.SPAN **Def:** A linear standard of measure that is equal to the span of the fingers of the hand. **KJV:** breath, coping **Str:** #2947

3044 טופח (masc) *to'fakh* **Tran:** SPAN **Def:** length of measure, the span of the fingers of the hand. **KJV:** breadth, broad **Str:** #2948

3045 מטפחת (fem) *mit'pakh'ath* **Tran:** CLOAK **Def:** As a garment that spreads out. **KJV:** vail **Str:** #4304

3046 טיפוח (masc) *tip'pookh* **Tran:** REARING **Def:** The bringing up and rearing of children. **KJV:** breadth, broad **Str:** #2949

נפח *NPHh* (ad)

3047 נפח (vrb) *naw'fakh* **Tran:** EXHALE **Def:** To give out a breath. To blow on a fire or the boiling water in a pot as an exhale. **KJV:** blow, breathe, seethe, lose, snuff, give up **Str:** #5301

3048 מפח (masc) *map'pawkh* **Tran:** EXHALING **KJV:** giving up **Str:** #4646

ספח *SPHh* (ad) **Def:** A bringing together by what is separated or spread-out. **Rel:** as spread

3049 שפח (vrb) *saw'fakh* **Tran:** ATTACH **Def:** To join together or attach. **KJV:** put, abide, gather, scab, cleave **Str:** #5596

3050 ספחת / מספחת (fem) *mis'pakh'ath / sap'pakh'ath* **Tran:** SCAB **Def:** A sore that spreads. **KJV:** scab **Str:** #4556, #5597

3051 ספיח (masc) *saw'fee'akh* **Tran:** AFTER.GROWTH **Def:** What spreads out by itself rather than sown. **KJV:** grow **Str:** #5599

3052 משפח (masc) *mis'pawkh* **Tran:** BLOODSHED **Def:** In the sense of spreading flow. **KJV:** oppression **Str:** #4939

3053 מספחה (fem) *mis'paw'khaw* **Tran:** VEIL **Def:** As spread-out. **KJV:** kerchief **Str:** #4555

פחז *PHhZ* (ad) **Def:** A reckless behavior as water flows in any direction.

3054 פחז (vrb) *paw'khaz* **Tran:** RECKLESS **KJV:** light **Str:** #6348

3055 פחז (masc) *pakh'az* **Tran:** RECKLESS **Def:** Marked by lack of proper caution. **KJV:** unstable **Str:** #6349

3056 פחזות (fem) *pakh'az'ooth* **Tran:** RECKLESSNESS **KJV:** lightness **Str:** #6350

שפח *ShPHh* (ad)

3057 שיפחה (fem) *shif'khaw* **Tran:** MAID **Def:** An unmarried young woman. **Rel:** As joined to a mistress. **KJV:** handmaid, maid, maidservant, bondwoman, maiden, womanservant, bondmaid, servant, wench **Str:** #8198

3058 משפחה (fem) *mish'paw'khaw* **Tran:** CLAN **Def:** A group of persons of common ancestry. A group of people joined together by certain convictions or common affiliation. **KJV:** family, kindred, kinds **Str:** #4940

פט *PTh* (pr) **Abs:** Belonging **AH:** ⊗🦶

פטד *PThD* (ad)

3059 פיטדה (fem) *pit'daw* **Tran:** OLIVINE **Def:** Probably the Olivine, a green gemstone. The Septuagint uses the word topazios, but the Topaz was unknown at the time of the Exodus. Another possible meaning of this word is Chrysolite. **KJV:** topaz **Str:** #6357

שפט *ShPTh* (ad) **Def:** Rulings over cases as well as the action of deciding a case.

3060 שפט (vrb) *shaw'fat* **Tran:** DECIDE **Def:** To make a determination in a dispute or wrong doing; to judge. **KJV:** judge, plead, avenge, condemn, execute, judgment, defend, deliver, magistrate **Str:** #8199 **Aramaic:** *shef'at* #8200

3061 שפט (masc) *sheh'fet* **Tran:** JUDGMENT **Def:** Reward for action, good or bad. An aspect of determining the outcome. **KJV:** judgment **Str:** #8201

3062 שפוט (masc) *shef'ote* **Tran:** JUDGMENT **KJV:** judgment **Str:** #8196

3063 משפט (masc) *mish'pawt* **Tran:** DECISION **Def:** A pronounced opinion. **KJV:** judgment, manner, right, cause, ordinance, lawful, order, worthy, fashion, custom, discretion, law, measure, sentence **Str:** #4941

3064 שיפטי (masc) **Tran:** SHERIFF **KJV:** sheriff **Aramaic:** תפתי *tif'tah'ee* #8614

פי *PY* (pr) **Obj:** Edge **AH:**

3065 פיה (fem) *pay'aw* **Tran:** EDGE **KJV:** edge **Str:** #6366

3066 פיפיה (fem) *pee'fee'yaw* **Tran:** DOUBLE.EDGE **Def:** double edged blade. **KJV:** twoedged, teeth **Str:** #6374

פך *PK* (pr) **Act:** Overturn, Pour **Obj:** Flask, Cosmetics **Def:** The flask, usually made of a horn (see Job 42:14), for storing medicinal, cosmetic or ritual oils. The flask is overturned to pour out the contents. **AH:**

3067 פך (masc) *pak* **Tran:** FLASK **KJV:** box, vial **Str:** #6378

הפך *HPK* (ch) **Def:** The overturning of the flask to pour out its contents. A turning to a different direction.

3068 הפך (vrb) *haw'fak* **Tran:** OVERTURN **Def:** To turn something over or upside-down, as if pouring out its contents. **KJV:** turn, overthrow, overturn, change, become, came, convert, gave, make, perverse, pervert, retire, tumble **Str:** #2015

3069 הפכה (fem) *haf'ay'kaw* **Tran:** OVERTURNING **Def:** The act of turning something over. **KJV:** overthrow **Str:** #2018

3070 מהפכה (fem) *mah'pay'kaw* **Tran:** OVERTHROWING **KJV:** overthrow **Str:** #4114

3071 מהפכת (fem) *mah'peh'keth* **Tran:** STOCKS **Def:** Causing an upside-down posture. **KJV:** prison, stocks **Str:** #4115

3072 הופך (masc) *ho'fek* **Tran:** OVERTURNED **Def:** Something that is turned over upside-down. **KJV:** turning **Str:** #2017

3073 תהפכה (fem) *tah'poo'kaw* **Tran:** UPSIDE.DOWN **KJV:** froward, perverse **Str:** #8419

3074 הפכפך (masc) *haf'ak'pak* **Tran:** UPSIDE.DOWN **KJV:** froward **Str:** #2019

פכה *PKH* (ch) **Def:** The overturning of flask.

3075 פכה (vrb) *paw'kaw* **Tran:** POUR **KJV:** ran **Str:** #6379

פוך *PWK* (ch)

3076 פוך (masc) *pook* **Tran:** COSMETICS **KJV:** paint, glistering, colour **Str:** #6320

נפך *NPK* (ad)

3077 נופך (masc) *no'fek* **Tran:** TURQUOISE **Def:** Possibly the Turquoise, a blue to green stone that was commonly mined in the Near East. The Septuagint has Anthrax meaning "coal." Other possible translations are Carbuncle, Garnet, Emerald and Malachite. **KJV:** emerald **Str:** #5306

שפך *ShPK* (ad) **Rel:** pouring

3078 שפך (vrb) *shaw'fak* **Tran:** POUR.OUT **Def:** To let flow a liquid, often the blood of an animal in sacrifice or a man. **KJV:** pour, shed, cast, gush **Str:** #8210

3079 שפך (masc) *sheh'fek* **Tran:** POURED **Def:** Something poured out. **KJV:** poured **Str:** #8211

3080 שפכה (fem) *shof'kaw* **Tran:** PENIS **Def:** The male reproductive organ. **Rel:** In the sense of what pours out. **KJV:** member **Str:** #8212

פל *PL* (pr) **Act:** Fall, Plead, Perform, Weigh **Obj:** Dark, Bean **Abs:** Distinct, Judgment **Def:** A coming to one in authority falling down on the face to intercede on ones own behalf or for another. **AH:** ∠ ᴖ - The pictograph ᴖ is a picture of mouth, the ∠ is a picture of a shepherd staff representing authority. Combined these mean "speak to authority."

פלל *PLL* (ch) **Def:** To fall to the ground pleading for intercession or an outcome.

3081 פלל (vrb) *paw'lal* **Tran:** PLEAD **Alt:** Intercede. **Def:** To entreat or appeal earnestly; to fall to the ground to plead a cause to one in authority; prevent a judgment. **KJV:** pray, judge, made, intreat, judgment, prayer, supplication, thought **Str:** #6419

3082 פליל (masc) *paw'leel* **Tran:** JUDGE **Def:** One who presides over a dispute. **KJV:** judge **Str:** #6414

3083 פלילה (fem) *pel'ee'law* **Tran:** JUDGMENT **Def:** What is determined out of the pleading. **KJV:** judgment **Str:** #6415

3084 פלילי (masc) *pel'ee'lee* **Tran:** JUDGMENT **Def:** What is determined out of the pleading. **KJV:** judge **Str:** #6416

3085 פליליה (fem) *pel'ee'lee'yaw* **Tran:** JUDGMENT **Def:** What is determined out of the pleading. **KJV:** judgment **Str:** #6417

3086 תפילה (fem) *tef'il'law* **Tran:** PLEADING **Def:** To earnestly appeal to another for or against an action. **KJV:** prayer **Str:** #8605

אפל *APL* (ch) **Def:** A very dark darkness that falls down as a punishment of judgment.

3087 אפל (masc) *aw'fale* **Tran:** GLOOM **KJV:** dark **Str:** #0651

3088 אפלה (fem) *af'ay'law* **Tran:** THICK.GLOOMINESS **Def:** A heavy darkness that brings about sadness or depression. **KJV:** darkness, gloominess, dark, thick **Str:** #0653

3089 מאפל (masc) *mah'af'ale* **Tran:** DARK.GLOOM **KJV:** darkness **Str:** #3990

3090 מאפליה (fem) *mah'af'ay'leh'yaw* **Tran:** DEEP.GLOOM **KJV:** darkness **Str:** #3991

3091 אפיל (masc) *aw'feel* **Tran:** LATE **Def:** The latter part of the day, in the sense of night as being dark. The latter part of a season. At or near the end. **KJV:** grown **Str:** #0648

3092 אופל (masc) *o'fel* **Tran:** DARK.GLOOM **KJV:** darkness, privily, obscurity **Str:** #0652

פלא *PLA* (ch) **Def:** A great work as an act of intercession.

3093 פלא (vrb) *paw'law* **Tran:** PERFORM **Alt:** too difficult. **Def:** To do a wondrous action that shows ones might. **KJV:** work, wonder, marvelous, wonderful, thing, hard, wondrous, perform **Str:** #6381

3094 פלא (masc) *peh'leh* **Tran:** PERFORMANCE **Def:** A wondrous action. **KJV:** wonder, wonderful, marvelous **Str:** #6382

3095 פלאי (masc) *pil'ee* **Tran:** PERFORMANCE **KJV:** secret, wonderful **Str:** #6383

3096 מפלאה (fem) *mif'law'aw* **Tran:** PERFORMANCE **KJV:** wondrous **Str:** #4652

פלה *PLH* (ch) **Def:** A judgment that sets something apart as special.

3097 פלה (vrb) *paw'law* **Tran:** BE.DISTINCT **Def:** To be clearly distinguished. To have a marked difference. To be prominent; separated out completely. **KJV:** sever, separate, wonderfully, set apart, marvelous, difference **Str:** #6395

פול *PWL* (ch) **Def:** From its hanging down on the plant as one bowing before one in authority.

3098 פול (masc) *pole* **Tran:** BEAN **KJV:** bean **Str:** #6321

בלג *BLG* (ad) **Def:** Pleasure taken in strength or comfort.

3099 בלג (vrb) *baw'lag* **Tran:** SMILE **KJV:** comfort, strength, strengthen **Str:** #1082

3100 מבליגית (fem) *mab'leeg'eeth* **Tran:** SMILE **KJV:** comfort **Str:** #4010

בלס *BLS* (ad)

3101 בלס (vrb) *baw'las* **Tran:** FRUIT.HARVEST **Def:** To gather fruit from the tree. **KJV:** gatherer **Str:** #1103

כפל *KPL* (ad)

3102 כפל (vrb) *kaw'fal* **Tran:** DOUBLE.OVER **Def:** To bend at the waist or middle. **KJV:** double **Str:** #3717

3103 כפל (masc) *keh'fel* **Tran:** DOUBLE **KJV:** double **Str:** #3718

נפל *NPL* (ad)

3104 נפל (vrb) *naw'fal* **Tran:** FALL **Alt:** throw self. **Def:** To leave an erect position suddenly and involuntarily; to descend freely by the force of gravity. **KJV:** fall, cast, divide, overthrow, present, lay, rot, accept, inferior, light, lost **Str:** #5307 **Aramaic:** *nef'al* #5308

3105 נפל (masc) *neh'fel* **Tran:** MISCARRIAGE **Def:** As a fallen pregnancy. **KJV:** birth **Str:** #5309

3106 מפל (masc) *map'pawl* **Tran:** REFUSE **Def:** What is thrown down as worthless. **KJV:** flake, refuse **Str:** #4651

3107 מפלה (fem) *map'paw'law* **Tran:** RUIN **Def:** pile of refuse as a fallen or thrown down. **KJV:** ruin, ruinous **Str:** #4654

3108 מפלת (fem) *map'peh'leth* **Tran:** CRASHING.DOWN **Def:** Something that is fallen. **KJV:** fall, ruin, carcass **Str:** #4658

פלג *PLG* (ad) **Def:** The land is divided by rivers that mark out boundaries or sections.

3109 פלג (vrb) *paw'lag* **Tran:** SPLIT **Def:** To divide lengthwise. **KJV:** divide **Str:** #6385 **Aramaic:** *pel'ag* #6386

3110 פלג (masc) *peh'leg* **Tran:** TRIBUTARY **Def:** A dividing of a watercourse into separate branches. **KJV:** river, stream, dividing **Str:** #6388 **Aramaic:** *pel'ag* #6387

3111 פלגה (fem) *pel'ag'gaw* **Tran:** SECTION **Def:** division within the family. **KJV:** division, river **Str:** #6390

3112 פלוגה (fem) *pel'oog'gaw* **Tran:** CLAN **Def:** division within the family. **KJV:** division **Str:** #6391 **Aramaic:** #6392

3113 מפלגה (fem) *mif'lag'gaw* **Tran:** CLAN **Def:** division within the family. **KJV:** division **Str:** #4653

פלד *PLD* (ad)

3114 פלד (fem) *pel'aw'daw* **Tran:** STEEL **KJV:** torch **Str:** #6393

פלח *PLHh* (ad) **Def:** The cutting off of a piece of something.

3115 פלח (vrb) *paw'lakh* **Tran:** SLICE **KJV:** cut, shred, cleave, bring forth, strike, serve, minister **Str:** #6398 **Aramaic:** *pel'akh* #6399

3116 פלח (fem) *peh'lakh* **Tran:** SLICED.PIECE **Def:** As what is sliced off. **KJV:** piece **Str:** #6400

3117 פלחן (masc) **Tran:** SERVICE **KJV:** service **Aramaic:** *pol'khawn* #6402

פלט *PLTh* (ad)

3118 פלט (vrb) *paw'lat* **Tran:** ESCAPE **Def:** To bring out or rescue from trouble. **KJV:** deliver, deliverer, calve, escape, safe **Str:** #6403

3119 פלט (masc) *pal'late* **Tran:** ESCAPING **KJV:** deliverance, escape **Str:** #6405

3120 פליט (masc) פליטה (fem) *paw'leet / pel'ay'taw* **Tran:** ESCAPED **Def:** A getting away, especially from confinement. A person or animal that has gotten away. **KJV:** escape, fugitive, deliverance, remnant **Str:** #6412, #6413

3121 מפלט (masc) *mif'lawt* **Tran:** ESCAPE **KJV:** escape **Str:** #4655

פלן *PLN* (ad)

3122 פלוני (masc) *pel'o'nee* **Tran:** SUCH **Def:** certain one. **KJV:** such **Str:** #6423

3123 פלמוני (masc) **Tran:** ONE **Def:** certain one. **KJV:** certain **Str:** #6422

פלס *PLS* (ad) **Def:** The balance scale that is used to weigh objects. When the two sides of the balance is level, the weight is known.

3124 פלס (vrb) *paw'las* **Tran:** PONDER **Def:** In the sense of weighing options. **KJV:** ponder, weigh, made **Str:** #6424

3125 פלס (masc) *peh'les* **Tran:** SCALES **Def:** For weighing. **KJV:** weight, scales **Str:** #6425

3126 מפלש (masc) *mif'lawce* **Tran:** BALANCING **KJV:** balancing **Str:** #4657

פלץ *PLTs* (ad) **Def:** Something of horror that causes one to tremble.

3127 פלץ (vrb) *paw'lats* **Tran:** TREMBLE **KJV:** tremble **Str:** #6426

3128 פלצות (fem) *pal'law'tsooth* **Tran:** HORROR **KJV:** horror, trembling, fearfulness **Str:** #6427

3129 מפלצת (fem) *mif'leh'tseth* **Tran:** IDOL **Def:** An object that causes horror. **KJV:** idol **Str:** #4656

3130 תפלצת (fem) *tif'leh'tseth* **Tran:** HORROR **KJV:** terribleness **Str:** #8606

שפל *ShPL* (ad) **Def:** Something or someone that is brought down low by someone high or to contrast it with something that is high. **Rel:** coming bowed down to another

Benner's Lexicon of Biblical Hebrew

3131 שפל (vrb) *shaw'fale* **Tran:** BE.LOWERED **Def:** To be small in position or stature. **KJV:** low, down, humble, abase, debase, lower, subdue **Str:** #8213 **Aramaic:** *shef'al* #8214

3132 שפל (masc) שפלה (fem) *shaw'fawl / shay'fel* **Tran:** LOW **KJV:** low, lower, base, humble, lowly **Str:** #8216, #8217 **Aramaic:** *shef'al* #8215

3133 שפלה (fem) *shef'ay'law* **Tran:** LOWLAND **Def:** A low place. **KJV:** valley, vale, plain, low **Str:** #8219

3134 שפלות (fem) *shif'looth* **Tran:** IDLENESS **Def:** In the sense of being low in the activity. **KJV:** idleness **Str:** #8220

3135 שיפלה (fem) *shif'law* **Tran:** LOWLAND **Def:** low place. **KJV:** low **Str:** #8218

פם *PM* (pr) **Obj:** Mouth **AH:** ᗢᘯ

פום *PWM* (ch)

3136 פום (masc) **Tran:** MOUTH **KJV:** mouth **Aramaic:** *poom* #6433

פים *PYM* (ch)

3137 פימה (fem) *pee'maw* **Tran:** EXCESSIVE.FAT **KJV:** fat **Str:** #6371

פן *PN* (pr) **Act:** Turn **Obj:** Face, Corner, Wheel **Def:** The turning of the face. **AH:** ᗢᘯ

3138 פן (masc) *pane* **Tran:** CORNER **KJV:** corner **Str:** #6434

3139 פן (masc) *pane* **Tran:** OTHERWISE **Def:** In a different manner or way. **Rel:** A turning toward another direction. **KJV:** lest, not, peradventure **Str:** #6435

פנן *PNN* (ch)

3140 פנין / פני (masc) *paw'neen* **Tran:** RUBY **Def:** gem that glistens when turned. **KJV:** ruby **Str:** #6443

אפן *APN* (ch) **Def:** A turning object.

3141 אפן (masc) *o'fen* **Tran:** TURNING **KJV:** fitly **Str:** #0655

3142 אופן (masc) *o'fawn* **Tran:** WHEEL **Def:** A circular frame or disk arranged to revolve on an axis, as on a wagon or chariot. **KJV:** wheel **Str:** #0212

    פנה *PNH* (ch) **Def:** What turns back-and-forth.

3143 פנה (vrb) *paw'naw* **Tran:** TURN **Alt:** clear away or clear out. **Def:** To rotate or revolve; to face another direction; to turn the face; to turn directions; to turn something back or away. **KJV:** turn, look, prepare, regard, respect, look **Str:** #6437

3144 פנה (masc) *lif'nah'ee / paw'neem* **Tran:** FACE **Alt:** because; before, beforetime, within. **Def:** The anterior part of the human head; outward appearance. One present, in the sense of being in the face of another. Often used in the context of being before or in front of. (Always written in the plural form, but usually used as a singular noun) **Rel:** From its ability to turn or change shape. **KJV:** face, presence, because, sight, countenance, from, person, upon, of, against, open, for, toward **Str:** #3942, #6440

    פון *PWN* (ch)

3145 פון (vrb) *poon* **Tran:** DISTRACT **KJV:** distracted **Str:** #6323

    פין *PYN* (ch) **Def:** A point which makes a turn.

3146 פינה (fem) *pin'naw* **Tran:** CORNER **Def:** The point where two lines meet. **KJV:** corner, chief, tower, bulwark, stay **Str:** #6438

~~~~~~~~~~

פס *PS* (pr) **Act:** Conclude, Disappear **Obj:** Wrist **Def:** The end of the extremities including the wrist and ankles. **AH:** ⟊

3147 פס (masc) *pas* **Tran:** WRIST **Def:** The joint between the hand and arm. Also, a garment with sleeves that reaches to the wrist. **KJV:** colour, part **Str:** #6446 **Aramaic:** #6447

3148 פיסה (fem) *pis'saw* **Tran:** HANDFUL **Def:** As a full at the wrist. **KJV:** handful **Str:** #6451

    פסס *PSS* (ch) **Def:** A coming to an end.

3149 פסס (vrb) *paw'sas* **Tran:** DISAPPEAR **KJV:** fail **Str:** #6461

אפס *APS* (ch) **Def:** The extremity of the wrist or ankle.

3150 אפס (vrb) *aw'face* **Tran:** COME.TO.AN.END **Def:** To cease. Conclude. **KJV:** fail, gone, end, nought **Str:** #0656

3151 אפס (masc) *eh'fes* **Tran:** FAR.END **Alt:** but; in the end. **Def:** The concluding part of an area or extremity. Also, used for the conclusion of a thought; finally, however, but. **KJV:** end, no, none, nothing, without, else, but, beside, cause **Str:** #0657

פסח *PSHh* (ad)

3152 פסח (vrb) *paw'sakh* **Tran:** HOP **Def:** To jump from one position to another. Also, to be lame, as one who hops on one leg. **KJV:** pass over, halt, lame, leap **Str:** #6452

3153 פיסח (masc) *pis'say'akh* **Tran:** LAME **Def:** As one who hops one leg. **KJV:** lame **Str:** #6455

פע *PAh* (pr) **Act:** Shine, Screan **Obj:** Bright **Abs:** Brightness, Splendid **AH:** ⊙◟

פעה *PAhH* (ch) **Def:** As a bright sound.

3154 פעה (vrb) *paw'aw* **Tran:** SCREAM **KJV:** cry **Str:** #6463

יפע *YPAh* (ch)

3155 יפע (vrb) *yaw'fah* **Tran:** BE.BRIGHT **Alt:** shone. **KJV:** shine, show, light **Str:** #3313

3156 יפעה (fem) *yif'aw* **Tran:** BRIGHTNESS **KJV:** brightness **Str:** #3314

פף *PP* (pr) **Act:** Surround **AH:** ◟◟

אפף *APP* (ch)

3157 אפף (vrb) *aw'faf* **Tran:** COMPASS.AROUND **Def:** To be inside a hole or surrounded by something. **KJV:** compass **Str:** #0661

פץ *PTs* (pr) **Act:** Smash, Open, Scatther, Break **Obj:** Club, Bruise **Def:** When a pot is struck on its side, it is opened and the pieces scatter. **AH:** ┐◟- The pictograph ◟ is a picture of an open mouth, the ה is a picture of a man on his side. Combined these mean "open the side."

פצה *PTsH* (ch)

3158 פצה (vrb) *paw'tsaw* **Tran:** PART **Def:** To separate. Part the lips to open the mouth. **KJV:** open, rid, gape, utter **Str:** #6475

פוץ *PWTs* (ch) **Def:** A breaking of something into pieces.

3159 פוץ (vrb) *poots* **Tran:** SCATTER.ABROAD **Def:** To sow, cast or fling widely. **KJV:** scatter, disperse, cast, drive, break, shake, dash, retire **Str:** #6327

3160 תפוצה (fem) *tef'o'tsaw* **Tran:** SCATTERING **KJV:** disperse **Str:** #8600

פיץ *PYTs* (ch)

3161 מפיץ (masc) *may'feets* **Tran:** CLUB **KJV:** maul **Str:** #4650

נפץ *NPTs* (ad) **Def:** The scattering of pieces as when a club smashes a pot.

3162 נפץ (vrb) *naw'fats* **Tran:** SCATTER **Def:** To fling away heedlessly. To separate and go in various directions. **KJV:** break, scatter, dash, discharge, disperse, overspread, sunder **Str:** #5310

3163 נפץ (masc) *neh'fets* **Tran:** SCATTERING **KJV:** scattering **Str:** #5311

3164 מפץ (masc) *map'pates / map'pawts* **Tran:** CLUB **KJV:** slaughter, axe **Str:** #4660, #4661

פזר *PZR* (ad)

3165 פזר (vrb) *paw'zar* **Tran:** SCATTER **KJV:** scatter, disperse **Str:** #6340

פצח *PTsHh* (ad) **Def:** A breaking forth or out with force or a loud noise. **Rel:** as opening

3166 פצח (vrb) *paw'tsakh* **Tran:** BREAK.OPEN **KJV:** break, loud **Str:** #6476

פצע *PTsAh* (ad) **Def:** A bruise from being smashed.

3167 פצע (vrb) *paw'tsah* **Tran:** WOUND **KJV:** wound **Str:** #6481

3168 פצע (masc) *peh'tsah* **Tran:** WOUND **Def:** An injury involving rupture of small blood vessels and discoloration without a skin break. The dark coloring of the skin caused by being hit or smashed. **KJV:** wound, wounding **Str:** #6482

פק *PQ* (pr) **Act:** Crumble, Cleave, Seek, Oversee, Open **Obj:** Riverbank, Half, Gourd **Abs:** Oversight **Def:** The riverbank restrains the river but the force of the river also eats away at the bank causing it to erode and collapse. **AH:** 𐤐𐤒

אפק *APQ* (ch)

3169 אפק (vrb) *aw'fak* **Tran:** HOLD.BACK **Def:** To hinder the progress or achievement of; restrain, as the banks of a river hold back the water. **KJV:** refrain, force, restrain **Str:** #0662

3170 אפיק (masc) *aw'feek* **Tran:** RIVERBANK **KJV:** river, channel, stream, brook, mighty, scales, strong **Str:** #0650

פוק *PWQ* (ch) **Def:** The crumbling of the riverbank by the force of the river.

3171 פוק (vrb) *pook / pook* **Tran:** CRUMBLE **Def:** The advancing water from the crumbling riverbank causing it to become wider. **KJV:** stumble, move **Str:** #6328, #6329

פיק *PYQ* (ch)

3172 פיק (masc) *peek* **Tran:** CRUMBLE **KJV:** smite **Str:** #6375

בקע *BQAh* (ad) **Def:** A breaking or cleaving of something in half.

3173 בקע (vrb) *baw'kah* **Tran:** CLEAVE.OPEN **Def:** To divide by or as if by a cutting blow; to separate into distinct parts; to break, cut or divide something in half. **KJV:** cleave, divide, rent, break through, breach, hatch **Str:** #1234

3174 בקע (masc) *beh'kah* **Tran:** BEQA **Def:** A dry weight measure equal to one-half shekel weight. **KJV:** half, bekah **Str:** #1235

3175 בקיע (masc) *bek'ee'ah* **Tran:** FISSURE **Def:** breach causing a division. **KJV:** breach, cleft **Str:** #1233

3176 ביקעה (fem) *bik'aw* **Tran:** LEVEL.VALLEY **Def:** A depression in the earth's surface between ranges of mountains. Wide level valley as a division between mountains ranges. **KJV:** plain, valley **Str:** #1237 **Aramaic:** בקעא #1236

בקש *BQSh* (ad) **Def:** A search for something or for answers.

3177 בקש (vrb) *baw'kash* **Tran:** SEARCH.OUT **Def:** To intently look for someone or something until the object of the search is found. **KJV:** seek, require, request, enquire **Str:** #1245

3178 בקשה (fem) *bak'kaw'shaw* **Tran:** REQUEST **KJV:** request **Str:** #1246

פקד *PQD* (ad) **Def:** The role of the overseer is to watch over, direct, command, chastise, review and count those in his charge for the purpose of producing work.

3179 פקד (vrb) *paw'kad* **Tran:** REGISTER **Alt:** set over. **Def:** To indicate or show acknowledgement of someone or something; to document or count another. **KJV:** number, visit, punish, appoint, commit, miss, set, charge, governor, lack, oversight, officer, count, empty, ruler, overseer, judgment **Str:** #6485, #6486

3180 פקיד (masc) פקידות (fem) *paw'keed / pek'ee'dooth* **Tran:** OVERSEER **Def:** One who carefully watches over; a superintendent. **KJV:** officer, overseer, governor, charge, ward **Str:** #6488, #6496

3181 פקוד (masc) *pik'kood* **Tran:** STATUTE **Def:** The orders or commands of the overseer; precept **KJV:** precept, commandment, statute **Str:** #6490

3182 פקודה (fem) *pek'ood'daw* **Tran:** OVERSIGHT **Def:** A watching over; the function of the overseer. **KJV:** visitation, office, charge, oversight, officers, orderings, account, custody, numbers **Str:** #6486

3183 מפקד (masc) *mif'kawd* **Tran:** NUMBER **Def:** As counted. **KJV:** number, commandment, appointed **Str:** #4662

3184 פקדון (masc) *pik'kaw'done* **Tran:** DEPOSITED **Def:** Valuables placed for safekeeping. Produce or other stores that are watched over. **KJV:** delivered, store **Str:** #6487

פקח *PQHh* (ad) **Def:** The opening of the eyes or ears as being perceptive.

3185 פקח (vrb) *paw'kakh* **Tran:** OPEN.UP **Def:** To make available or accessible. Open the eyes or ears to see or hear. **KJV:** open **Str:** #6491

3186 פקח (masc) *pik'kay'akh* **Tran:** SEEING **Def:** One who is able to see with the eyes. **KJV:** open **Str:** #6493

3187 פקחקוח (masc) *pek'akh'ko'akh* **Tran:** WIDE.OPENING **Def:** (Written as two words in the Masoretic text - פקח קוח) **KJV:** opening **Str:** #6495

פקע *PQAh* (ad) **Def:** The curved and round shape of a gourd.

3188 פקע (masc) *peh'kah* **Tran:** GOURD **KJV:** knop **Str:** #6497

3189 פקועה (fem) *pak'koo'aw* **Tran:** GOURD **KJV:** gourd **Str:** #6498

פקר *PQR* (ad)

3190 בקר (vrb) *baw'kar* **Tran:** INVESTIGATE **Def:** To look or search for something. **KJV:** inquire, seek, search **Str:** #1239 **Aramaic:** *bek'ar* #1240

3191 בקרה (fem) *bak'kaw'raw* **Tran:** INVESTIGATING **KJV:** seek **Str:** #1243

3192 ביקורת (fem) *bik'ko'reth* **Tran:** PUNISHMENT **KJV:** scourged **Str:** #1244

פר *PR* (pr) **Act:** Tread, Burst, Break, Tear, Spread, Split, Flee, Cast, Divide **Obj:** Bull, Whip, Hoof, Birthcanal, Fugitive, Weave, Powder, Seed, Village, Bud **Def:** The heads of grains are scattered on the threshing floor, a smooth, hard and level surface. An ox is lead around the floor crushing the heads, opening them to reveal the seed inside. Also the fruit of trees that harvested. **AH:** ᗡᗣ- The pictograph ᗣ is a picture of an open mouth, the ᗡ is a picture of a head. Combined these mean "open the head."

3193 פר (masc) *par* **Tran:** BULL **Def:** A large male un-castrated bovine. **KJV:** bullock, bull, oxen, calf, young **Str:** #6499

3194 פרה (fem) *paw'raw* **Tran:** COW **Def:** The mature female of cattle. **KJV:** heifer, kine **Str:** #6510

פרר *PRR* (ch)

3195 פרר (vrb) *paw'rar* **Tran:** BREAK **Def:** To throw something on the ground and break it by trampling. **KJV:** break, void, defeat, disannul, disappoint, frustrate, nought, cease, clean, dissolved, divide **Str:** #6565

3196 פרור (masc) *paw'roor* **Tran:** SKILLET **Def:** A flat surface for preparing foods. **KJV:** pot, pan **Str:** #6517

אפר *APR* (ch) **Def:** At the conclusion of the treading, an abundance of fruit is acquired. Anything in abundance.

3197 אפר (masc) *af'ayr / ay'fer* **Tran:** ASH **Def:** The solid residue left when material is thoroughly burned. **KJV:** ash **Str:** #0665, #0666

פאר *PAR* (ch) **Def:** The fruits that grow on the branches of a tree as decorations.

3198 פאר (vrb) *paw'ar* **Tran:** DECORATE **Def:** To apply ornamentation to show distinguishment or distinction. To stand out; being seen in a good light. To boast, in the sense of decorating the self with words. **KJV:** glorify, beatify, boast, bough, glory **Str:** #6286

3199 פאר (masc) *peh'ayr* **Tran:** BONNET **Def:** A piece of cloth that is wound around the head as a decoration. **KJV:** goodly, beauty, goodly, ornament, tire **Str:** #6287

3200 פוארה (fem) *peh'o'raw* **Tran:** FOLIAGE **Def:** The leaves of a tree. **Rel:** As the decoration of the tree. **KJV:** branch, bough, sprig **Str:** #6288

3201 תפארה / תפארת (fem) *tif'aw'raw* **Tran:** DECORATION **Def:** Ornamentation that shows position, distinguishment or distinction. **KJV:** glory, beauty, beautiful, honour, fair, glorious, bravery, comely, excellent **Str:** #8597

3202 פארור (masc) *paw'roor* **Tran:** BLACKNESS **KJV:** blackness **Str:** #6289

פרא *PRA* (ch)

3203 פרא (vrb) *paw'raw* **Tran:** BE.FRUITFUL **Def:** Abundantly productive. **KJV:** fruitful **Str:** #6500

3204 פרא / פרה (masc) *peh'reh* **Tran:** WILD.ASS **Def:** A wild animal as prolific. **KJV:** wild ass **Str:** #6501

פרה *PRH* (ch)

Benner's Lexicon of Biblical Hebrew

3205 פרה (vrb) *paw'raw* **Tran:** REPRODUCE **Def:** To produce new individuals of the same kind; to be abundant in fruit. **KJV:** fruitful, increase, bear, forth, bring **Str:** #6509

3206 פרי (masc) *per'ee* **Tran:** PRODUCE **Def:** Agricultural products, especially fresh fruits and vegetables. The harvested product of a crop. **KJV:** fruit, fruitful, bough, reward **Str:** #6529

פור *PWR* (ch) **Def:** Grapes are placed in winepress and trampled on to crush the fruit bringing out the juice of the grape.

3207 פור (vrb) *poor* **Tran:** CRUSH **KJV:** bring, broken, take **Str:** #6331

3208 פורה (fem) *poo'raw* **Tran:** WINEPRESS **KJV:** winepress, press **Str:** #6333

בקר *BQR* (ad) **Def:** The breaking open of the ground with a plow pulled by oxen. **Rel:** as a breaking

3209 בקר / בעיר (masc) *baw'kawr / beh'ere* **Tran:** CATTLE **Def:** Domesticated bovine animals. Strong beasts used to break the soil with plows. **KJV:** ox, herd, beeves, young, bullock, beast, cattle **Str:** #1165, #1241

3210 בוקר (masc) *bo'kare* **Tran:** HERDSMAN **Def:** One who works with cattle. **KJV:** herdsman, morning, morrow, day, early **Str:** #0951

בקר *BQR* (ad) **Rel:** as a breaking

3211 בוקר (masc) *bo'ker* **Tran:** MORNING **Def:** The time from sunrise to noon. Breaking of daylight. **KJV:** morning, morrow, day, early **Str:** #1242

ברח *BRHh* (ad)

3212 ברח (vrb) *baw'rakh* **Tran:** FLEE.AWAY **Alt:** reach. **Def:** To run away from. **KJV:** flee, chase, fain, flight, haste, reach, shoot **Str:** #1272

3213 בריח (masc) *baw'ree'akh / ber'ee'akh* **Tran:** WOOD.BAR **Def:** Round wooden dowels. **KJV:** bar, fugitive, crooked, piercing, noble **Str:** #1280, #1281

3214 מברח (masc) *mib'rawkh* **Tran:** FUGITIVE **KJV:** fugitive **Str:** #4015

ברם *BRM* (ad) **Def:** The twisting of fibers together to make cords or fabrics.

3215 ברם (masc) **Tran:** HOWEVER **Def:** weaving of a thought. **KJV:** but, yet, nevertheless **Aramaic:** *ber'am* #1297

3216 ברום (masc) *ber'ome* **Tran:** FINERY **Def:** finely woven garment. **KJV:** rich apparel **Str:** #1264

גפר *GPR* (ad)

3217 גפרית (fem) *gof'reeth* **Tran:** BRIMSTONE **Def:** A rock of sulfur that burns. **KJV:** brimstone **Str:** #1614

3218 גופר (masc) *go'fer* **Tran:** GOPHER **Def:** A tree or its wood of an unknown species. **KJV:** gopher **Str:** #1613

עפר *AhPR* (ad) **Rel:** in the sense of dust

3219 עפר (vrb) *aw'far* **Tran:** CAST **Def:** To throw a dust or powder. **KJV:** cast **Str:** #6080

3220 עפר (masc) *aw'fawr* **Tran:** DIRT **Def:** The dust of the ground; a fine powder. **KJV:** dust, earth, powder, rubbish, ash, morter, ground **Str:** #6083

3221 עופר (masc) *o'fer* **Tran:** YOUNG **Def:** As kicking up dust in play. **KJV:** young **Str:** #6082

3222 עופרת (fem) *o'feh'reth* **Tran:** LEAD **Def:** A very heavy metal that is commonly melted and poured into casts to make statues or other objects. **KJV:** lead **Str:** #5777

פטר *PThR* (ad) **Def:** A breaking or bursting open or out. **Rel:** breaking

3223 פטר (vrb) *paw'tar* / *paw'toor* **Tran:** BURST **KJV:** open, slip, free, out **Str:** #6358, #6362

3224 פטר (masc) פיטרה (fem) *peh'ter* **Tran:** BURSTING **Def:** A sudden and sudden release or issuing out. **KJV:** open, firstling **Str:** #6363

3225 פטיר (masc) *paw'teer* **Tran:** BURSTING **KJV:** free **Str:** #6359

פרד *PRD* (ad) **Def:** A dividing or separating out. **Rel:** scattering

3226 פרד (vrb) *paw'rad* **Tran:** DIVIDE.APART **Def:** To separate. **KJV:** separate, part, divide, scatter, disperse, joint, sever, stretch, sunder **Str:** #6504

3227 פרד (masc) *peh'red* **Tran:** MULE **Def:** As being a division, or cross, between two species. **KJV:** mule **Str:** #6505

3228 פרודה (fem) *per'oo'daw* **Tran:** GRAIN.SEED **Def:** As separated from the parent plant and scattered in the field. **KJV:** seed **Str:** #6507

3229 פירדה (fem) *pir'daw* **Tran:** MULE **Def:** female mule. As being a division, or cross, between two species. **KJV:** mule **Str:** #6506

פרז *PRZ* (ad) **Def:** The rural villages are scattered about the country side and have no wall for protection. **Rel:** scattering

3230 פרז (masc) *paw'rawz* **Tran:** PEASANT **Def:** One of lower rank, or value, usually dwelling in a town without walls. **KJV:** village **Str:** #6518

3231 פרזי (masc) פרזה (fem) *per'aw'zaw / per'aw'zee* **Tran:** VILLAGE **Def:** A town or village without walls of protection. **KJV:** unwalled **Str:** #6519, #6521

3232 פרזון (masc) *per'aw'zone* **Tran:** PEASANT **Def:** One who dwells in a town without walls. **KJV:** village **Str:** #6520

פרח *PRHh* (ad) **Def:** The busting out of a bud. **Rel:** breaking out

3233 פרח (vrb) *paw'rakh* **Tran:** BURST.OUT **Def:** To be larger, fuller, or more crowded; to break out or break forth as a blooming flower or the wings of a bird. **KJV:** flourish, bud, blossom, grow, break, fly, spring, abroad, abundantly, spread **Str:** #6524

3234 פרח (masc) *peh'rakh* **Tran:** BUD **Def:** The beginning of a flower that bursts from the plant. **KJV:** flower, bud, blossom **Str:** #6525

3235 אפרוח (masc) *ef'ro'akh* **Tran:** CHICK **Def:** A young bird that has burst out of the egg. **KJV:** young **Str:** #0667

3236 פירחח (masc) *pir'khakh* **Tran:** BROOD **Def:** young bird that has burst out of the egg. **KJV:** youth **Str:** #6526

פרט *PRTh* (ad) **Rel:** scattering

3237 פרט (vrb) *paw'rat* **Tran:** STAMMER **Def:** As broken words scattered out of the mouth. **KJV:** chant **Str:** #6527

3238 פרט (masc) *peh'ret* **Tran:** FALLEN.GRAPE **Def:** As broken from the plant and scattered on the ground. **KJV:** grape **Str:** #6528

פרך *PRK* (ad) **Rel:** breaking

3239 פרך (masc) *peh'rek* **Tran:** WHIP **Def:** To strike, in punishment or anger with a rope or cord. **Rel:** As dividing and breaking open the flesh. **KJV:** rigour, cruelty **Str:** #6531

3240 פרוכת (fem) *po'reh'keth* **Tran:** TENT.CURTAIN **Def:** A wall of fabric or hung from the roof to make a dividing of a room. **KJV:** vail **Str:** #6532

פרם *PRM* (ad) **Rel:** breaking apart

3241 פרם (vrb) *paw'ram* **Tran:** RIP **KJV:** rend **Str:** #6533

פרס *PRS* (ad) **Def:** The hoof that is split into two parts. **Rel:** breaking

3242 פרס (vrb) *paw'ras* **Tran:** CLEAVE **Def:** To split in two as the hoofs of a clean animal. **KJV:** divide, part, deal, hoof, tear **Str:** #6536 **Aramaic:** #6537

3243 פרש (masc) *paw'rawsh* **Tran:** HORSEMAN **Def:** One that rides a horse. **Rel:** From the splitting of the legs to ride. **KJV:** horsemen **Str:** #6571

3244 פרס (masc) *peh'res* **Tran:** BEARDED.VULTURE **Def:** An unknown bird of prey. **KJV:** ossifrage **Str:** #6538

3245 פרסה (fem) *par'saw* **Tran:** HOOF **Def:** The hard covering of an animal's foot. **KJV:** hoof, claw **Str:** #6541

פרע *PRAh* (ad)

3246 פרע (vrb) *paw'rah* **Tran:** LOOSE **Def:** To uncover, remove or let go. Such as to make naked by removing clothing. To uncover the head. **KJV:** refuse, uncover, naked, avenging, avoid, go, bare, let, nought, perish **Str:** #6544

3247 פרע (masc) *peh'rah* **Tran:** LONG.HAIR **Def:** Hair of an unusual length. **Rel:** In the sense of being loose. **KJV:** locks **Str:** #6545

3248 פרעה (fem) *par'aw* **Tran:** REVENGE **Def:** In the sense of letting loose. **KJV:** revenge, avenge **Str:** #6546

פרץ *PRTs* (ad) **Def:** The breaching of a river bank causing the water to flow and spread-out. **Rel:** breaking

3249 פרץ (vrb) *paw'rats* **Tran:** BREAK.OUT **Def:** To be spread-out wide or widespread. **KJV:** break, increase, abroad, breach, made, pressed, breaker, compel, open **Str:** #6555

3250 פרץ (masc) *peh'rets* **Tran:** BREACH **Def:** A broken, ruptured or torn condition or area; a gap as in a wall made by battering. **KJV:** breach, gap, breaking **Str:** #6556

3251 פריץ (masc) *per'eets* **Tran:** VICIOUS.ONE **Def:** A thief or robber as a wild beast breaking out. **KJV:** robber, destroyer, revenous **Str:** #6530

3252 מפרץ (masc) *mif'rawts* **Tran:** BREACH **KJV:** breach **Str:** #4664

פרק *PRQ* (ad) **Rel:** breaking

3253 פרק (vrb) *paw'rak* **Tran:** TEAR.OFF **Def:** To remove reluctantly. **KJV:** break, rend, redeem, deliver, tear **Str:** #6561 **Aramaic:** *per'ak* #6562

3254 פרק (masc) *paw'rawk / peh'rek* **Tran:** CROSSROAD **Def:** As a tearing apart of the path. As torn from the whole. **KJV:** crossway, robbery, broth **Str:** #6563, #6564

3255 מפרקת (fem) *mif'reh'keth* **Tran:** NECK **Def:** From the tearing off of the head at the neck of a bird to kill it. **KJV:** neck **Str:** #4665

פתר *PTR* (ad) **Def:** A revealing of a text or speech in order to understand it. **Rel:** breaking open to reveal fruit (the meaning)

3256 פתר (vrb) *paw'thar* **Tran:** INTERPRET **Def:** To explain or tell the meaning of. **KJV:** interpret, interpretation **Str:** #6622 **Aramaic:** פשר *pesh'ar* #6590

3257 פשר (masc) *pay'sher* **Tran:** INTERPRET **KJV:** interpretation **Str:** #6592 **Aramaic:** פשר *pesh'ar* #6591

3258 פיתרון (masc) *pith'rone* **Tran:** INTERPRETATION **Def:** The act or result of interpreting. **KJV:** interpretation **Str:** #6623

Benner's Lexicon of Biblical Hebrew

צפר *TsPR* (ad) **Def:** The early morning appearance of birds.

3259 צפר (vrb) *tsaw'far* **Tran:** DEPART.EARLY **KJV:** depart **Str:** #6852

3260 צפר (masc) **Tran:** BIRD **KJV:** fowl, bird **Aramaic:** *tsef'ar* #6853

3261 צפיר (masc) *tsaw'feer* **Tran:** MALE.GOAT **KJV:** he goat **Str:** #6842 **Aramaic:** *tsef'eer* #6841

3262 צפירה (fem) *tsef'ee'raw* **Tran:** RAY.OF.LIGHT **Def:** The first rays of light in the morning. **KJV:** morning, diadem **Str:** #6843

3263 ציפור (fem) *tsip'pore* **Tran:** BIRD **Def:** A creature distinguished by a body covering of feathers and wings as forelimbs. **KJV:** bird, fowl, sparrow **Str:** #6833

3264 צפורן (masc) *tsip'po'ren* **Tran:** POINT **Def:** The sharp pointed talon of a bird. Also, a fingernail or the sharp point of a flint. **KJV:** nail, point **Str:** #6856

שבר *ShBR* (ad)

3265 שבר (vrb) *shaw'bar* **Tran:** CRACK **Alt:** shatter; shattered. **Def:** To break open, apart or into pieces. **KJV:** break, destroy, hurt, tear, birth, crush, quench **Str:** #7665 **Aramaic:** תבר *teb'ar* #8406

3266 שבר (masc) *sheh'ber* **Tran:** SHATTERING **Def:** Suddenly broken or burst into pieces, as with a violent blow. **KJV:** destruction, breach, hurt, breaking, affliction, bruise, crashing, interpretation, vexation **Str:** #7667

3267 משבר (masc) *mish'bare* **Tran:** BIRTH.CANAL **Def:** The place of bursting through. **KJV:** birth, breaking **Str:** #4866

3268 משבר (masc) *mish'bawr* **Tran:** BREAKER **Def:** Large waves of the sea that burst onto the shore. **KJV:** waves, billows **Str:** #4867

3269 שיברון (masc) *shib'rone* **Tran:** BURSTING **KJV:** destruction, breaking **Str:** #7670

פש *PSh* (pr) **Act:** Spread, Scatter, Free, Refresh, March, Tear, Revolt **Obj:** Soul, Step, Dung, Flax **Abs:** Freedom, Revolution **AH:** ～

Benner's Lexicon of Biblical Hebrew

3270 פש (masc) *pash* **Tran:** EXCESS **Def:** As spread-out. **KJV:** extremity **Str:** #6580

פשה *PShH* (ch)

3271 פשה (vrb) *paw'saw* **Tran:** SPREAD.ACROSS **Def:** To spread-out excessively. **KJV:** spread, abroad **Str:** #6581

פוש *PWSh* (ch)

3272 פוש (vrb) *poosh* **Tran:** SCATTER **KJV:** spread, grow, scatter **Str:** #6335

חפש *HhPSh* (ad) **Def:** A freedom from a master.

3273 חפש (vrb) *khaw'fash* **Tran:** FREE **Def:** To be free from a master or obligation. **KJV:** free, liberty **Str:** #2666

3274 חפשי (masc) *khof'shee* **Tran:** FREE **Def:** Released from bondage or burden of obligation. Emancipation. **KJV:** free, liberty **Str:** #2670

3275 חופש (masc) *kho'fesh* **Tran:** HORSE **Def:** As free to run. **KJV:** precious **Str:** #2667

3276 חופשה (fem) *khoof'shaw* **Tran:** FREEDOM **KJV:** freedom **Str:** #2668

3277 חפשות / חפשית (fem) *khof'shooth* **Tran:** SEVERAL **Def:** In the sense of being spread-out. **KJV:** several **Str:** #2669

נפש *NPSh* (ad) **Def:** The whole of a person, god or creature including the body, breath and mind.

3278 נפש (vrb) *naw'fash* **Tran:** BREATHE.DEEPLY **Def:** To relax and breath in deeply to refresh oneself. To take a breather. **KJV:** refresh **Str:** #5314

3279 נפש (fem) *neh'fesh* **Tran:** SOUL **Alt:** everyone. **Def:** A person or creature; what has breath. The whole of an individual, god or animal including; the body, mind, emotion, character and inner parts. **KJV:** soul, life, person, mind, heart, creature, body, dead, will, desire, man, self, any, appetite **Str:** #5315

פסע *PSAh* (ad) **Rel:** spreading apart the legs

3280 פשע (vrb) *paw'sah* **Tran:** MARCH **KJV:** go **Str:** #6585

3281 פשע (masc) *peh'sah* **Tran:** STEP **KJV:** step **Str:** #6587

3282 מפשעה (fem) *mif'saw'aw* **Tran:** HIPS **Def:** As used in marching. **KJV:** buttocks **Str:** #4667

פסק *PSQ* (ad) **Def:** A spreading apart of something.

3283 פשק (vrb) *paw'sak* **Tran:** SPREAD **Def:** To spread wide. **KJV:** open **Str:** #6589

פרש *PRSh* (ad) **Def:** The spread-out dung of cattle. A spreading apart of things as an arrangement or of thoughts in order to understand and make clear.

3284 פרש (vrb) *paw'ras / paw'rash* **Tran:** SPREAD.OUT **Alt:** understood. **Def:** To expand beyond a starting point; to be easily and plainly understood. **Rel:** In the sense of being spread-out to see. **KJV:** spread, stretch, break, open, chop, spread, shew, scatter, declare, distinctly, sting, plainly **Str:** #6566, #6567 **Aramaic:** *per'ash* #6568

3285 פרש (masc) *peh'resh* **Tran:** DUNG **Def:** The excrement of animals or humans. Manure or refuse. **KJV:** dung **Str:** #6569

3286 פרשה (fem) *paw'raw'shaw* **Tran:** ACCOUNT **Def:** telling of an story as a spreading out of events. **KJV:** sum, declaration **Str:** #6575

3287 מפרש (masc) *mif'rawce* **Tran:** SPREADING **Def:** In the sense of spreading out. **KJV:** spreading **Str:** #4666

פשח *PShHh* (ad) **Def:** A tearing into pieces. **Rel:** spreading apart

3288 פשח (vrb) *paw'shakh* **Tran:** TEAR **KJV:** pull **Str:** #6582

פשט *PShTh* (ad)

3289 פשט (vrb) *paw'shat* **Tran:** STRIP.OFF **Def:** To take off an outer layer; to spread apart; to invade in the sense of spreading out for an attack; to strip off clothing in the sense of spreading the garment for removal. **KJV:** strip, put off, flay, invade, spoil, fall, spread **Str:** #6584

פשע *PShAh* (ad) **Def:** A spreading apart.

3290 פשע (vrb) *paw'shah* **Tran:** OFFEND **KJV:** transgress, transgressor, rebel, revolt, offend, transgression **Str:** #6586

3291 פשע (masc) *peh'shah* **Tran:** OFFENSE **Def:** The exceeding of due bounds or limits. **KJV:** transgression, trespass, sin, rebellion **Str:** #6588

פשת *PShT* (ad) **Def:** A plant whose fibers are separated and spread-out then made into linen and wicks for lamps. **Rel:** as spread-out

3292 פשתה (fem) *pish'taw / pish'teh* **Tran:** FLAX **Def:** A plant in which its fibers are used in manufacturing articles of clothing. Also, used to make wicks, cords, and bands. Linseed, linseed oil, and oilcake are useful products of the same plant. **KJV:** linen, flax **Str:** #6593, #6594

פת *PT* (pr) **Act:** Perforate, Entice, Open, Wink **Obj:** Hole, Socket, Pit, Door **Abs:** Simple, Wonder, Moment **Def:** A hole made for inserting something. The act of intercourse. **AH:** ✝︎〰︎- The pictograph 〰︎ is a picture of an open mouth or hole, the ✝︎ is a post for hanging the standard. Combined these mean "hole for a post."

3293 פת (fem) *path* **Tran:** FRAGMENT **Def:** A part broken off, detached, or incomplete. The removal of a piece resulting in a hole. **KJV:** morsel, piece, meat **Str:** #6595

פתת *PTT* (ch) **Def:** Full of holes.

3294 פתת (vrb) *paw'thath* **Tran:** CRUMBLE **KJV:** part **Str:** #6626

פתה *PTH* (ch)

3295 פתה (vrb) *paw'thaw* **Tran:** SPREAD.WIDE **Alt:** persuade. **Def:** To lay out in a large area. **KJV:** entice, deceive, persuade, flatter, allure, enlarge, silly **Str:** #6601

3296 פתי / פתאי (masc) פתיות (fem) *peth'ah'yooth / peth'ee* **Tran:** SIMPLE **Def:** One who is naieve or simple; simple-minded; open-minded; simplicity **KJV:** simple, foolish, simplicity, width **Str:** #6612, #6615 **Aramaic:** *peth'ah'ee* #6613

פות *PWT* (ch) **Def:** A hole for inserting a rod. The hinges of a door were made by placing a hole in the door jam, the door had rods on the side that are set into the holes, allowing the door to swivel in the socket. Also the vagina for intercourse.

3297 פות / פותה (fem) *pohth* **Tran:** SOCKET **KJV:** hinge, secret part **Str:** #6596

יפת *YPT* (ch) **Def:** A hole for inserting a rod. The hinges of a door were made by placing a hole in the door jam, the door had rods on the side that are set into the holes, allowing the door to swivel in the socket. Also the vagina for intercourse.

3298 מופת (masc) *mo'faith* **Tran:** WONDER **Def:** An amazing sight or event that causes one to be dismayed. Something out of the ordinary. **KJV:** wonder, sign, miracle **Str:** #4159

פחת *PHhT* (ad) **Rel:** a hole

3299 פחת (masc) פחתת (fem) *pakh'ath / pekh'eh'theth* **Tran:** PIT **Def:** A hole in the skin from disease. **KJV:** fret, pit, hole, snare **Str:** #6354, #6356

פתח *PTHh* (ad) **Rel:** a hole for entering

3300 פתח (vrb) *paw'thakh / pit'too'akh* **Tran:** OPEN **Alt:** engrave. **Def:** To open up as opening a gate or door; to have no confining barrier. **KJV:** open, loose, grave, engrave, put off, out, appear, drawn, break **Str:** #6603, #6605 **Aramaic:** *peth'akh* #6606

3301 פתח (masc) *pay'thakh / peh'thakh* **Tran:** OPENING **Def:** Something that is open, as an entrance or opening of a tent, house or city. **KJV:** door, entering, entry, gate, in, entrance, opening, place **Str:** #6607, #6608

3302 מפתח (masc) *maf'tay'akh* **Tran:** KEY **KJV:** key **Str:** #4668

3303 פתיח (fem) *peth'ee'khaw* **Tran:** DRAWN.SWORD **Def:** In the sense of being opened from the sheath. **KJV:** sword **Str:** #6609

3304 מפתח (masc) *mif'tawkh* **Tran:** OPENING **KJV:** opening **Str:** #4669

3305 פיתחון (masc) *pith'khone* **Tran:** OPENING **KJV:** open, opening **Str:** #6610

פתן *PTN* (ad) **Rel:** an opening

3306 פתן (masc) *peh'then* **Tran:** ASP **Def:** An unknown serpent, from its open mouth. **KJV:** asp, adder **Str:** #6620

3307 מפתן (masc) *mif'tawn* **Tran:** THRESHOLD **Def:** As an opening. **KJV:** threshold **Str:** #4670

פתע *PTAh* (ad) **Def:** The sudden closing and opening of the eye. **Rel:** opening the eye

3308 פתע (masc) *peh'thah* **Tran:** INSTANT **Def:** As a wink of time. **KJV:** very, suddenly, instant **Str:** #6621

3309 פיתעום (masc) *pith'ome* **Tran:** SUDDENLY **Def:** As a wink of time. **KJV:** suddenly, sudden, straightway **Str:** #6597

רפת *RPT* (ad)

3310 רפת (masc) *reh'feth* **Tran:** STABLE **Def:** For livestock. **KJV:** stall **Str:** #7517

שפת *ShPT* (ad)

3311 שפת (vrb) *shaw'fath* **Tran:** PUT.ON **Def:** To set in place. **KJV:** set, brought, ordain **Str:** #8239

3312 שפת (masc) *shaw'fawth* **Tran:** PEG **Def:** For hanging, or placing, items. **KJV:** pot, hook **Str:** #8240

3313 משפת (masc) *mish'pawth* **Tran:** SADDLEBAG **Def:** One of a pair of covered pouches laid behind the saddle. For carrying items. **KJV:** burden, sheepfold **Str:** #4942

3314 אשפות / שפת (masc) *ash'pohth* **Tran:** DUMP **Def:** Where refuse is placed. **KJV:** dung, dunghill **Str:** #0830

פע *PGh* (pr) **Obj:** Viper **AH:** 𐤏

אפע *APGh* (ch)

3315 אפע (vrb) *eh'fah* **Tran:** NOTHING **Def:** Through the idea of a hiss. **KJV:** nought **Str:** #0659

3316 אפעה (fem) *ef'eh* **Tran:** VIPER **KJV:** viper **Str:** #0660

Tsade

צא *TsA* (pr) **Act:** Go out, Issue **Obj:** Excrement **Def:** To issue out of something. **AH:** ᗅʜ- The ʜ is a picture of a man laying down or squatting.

3317 צא (fem) *tsaw'aw* **Tran:** EXCREMENT **Rel:** In the sense of issuing out of a man. **KJV:** come **Str:** #6627

3318 צאצא (masc) *tseh'ets'aw* **Tran:** OFFSPRING **Def:** What issues out of a generation. **KJV:** offspring, come **Str:** #6631

צוא *TsWA* (ch)

3319 צוא (masc) *tso* **Tran:** FILTHY **Def:** Something soiled with excrement. **KJV:** filthy **Str:** #6674

3320 צואה (fem) *tso'aw* **Tran:** EXCREMENT **KJV:** dung, filthiness, filth **Str:** #6675

יצא *YTsA* (ch) **Def:** An issuing out of one place to another.

3321 יצא (vrb) *yaw'tsaw* **Tran:** GO.OUT **Alt:** bring out. **Def:** To go, come or issue forth. **KJV:** out, forth, bring, come, proceed, go, depart, finished **Str:** #3318 **Aramaic:** *yets'aw* #3319

3322 מוצא (masc) *mo'tsaw* **Tran:** GOING.OUT **Def:** Coming or issuing out, such as a spring or words from the mouth. **KJV:** out, go, spring, brought, east, bud, outgoing, proceed **Str:** #4161

3323 מוצאה (fem) *mo'tsaw'aw* **Tran:** ORIGIN **Def:** The history of where one is issued out from. What comes out of man. **KJV:** draught, going **Str:** #4163

3324 יציא (masc) *yaw'tsee* **Tran:** EXCREMENT **Def:** What comes out of man. **KJV:** come **Str:** #3329

3325 תוצאה (fem) *to'tsaw'aw* **Tran:** GOINGS **KJV:** going, outgoing, issue, border **Str:** #8444

צב *TsB* (pr) **Act:** Stand, Muster, Swell **Obj:** Wall, Army, Pillar, Pile, Handful **Abs:** Truth **Def:** The walls of the tent enclose what is inside. The tent walls stand firm and strong, protecting it from the harsh elements. As the family swells in size, the tent walls are enlarged. **AH:** ⌂ʜ- The pictograph ʜ is a picture of a man on his side, the ⌂ is a picture of a tent. Combined these mean "side of the tent."

3326 צב (masc) *tsawb* **Tran:** COVERED **Def:** Something laid over something for concealment or protection. **KJV:** covered, litter, tortoise **Str:** #6632

3327 צב (masc) *tsawb* **Tran:** TORTOISE **Def:** An unknown creature, but probably a turtle or tortoise because of it's protective shell. **KJV:** covered, litter, tortoise **Str:** #6632

3328 מצב (masc) *mats'tsawb* **Tran:** GARRISON **Def:** The walled in army. **KJV:** garrison, station, stood **Str:** #4673

3329 מצבה (fem) *mats'tsaw'baw* **Tran:** GARRISON **Def:** The walled in army. **KJV:** garrison, army **Str:** #4675

3330 צבי (masc) צביה (fem) *tseb'ee / tseb'ee'yaw* **Tran:** GAZELLE **Def:** A small antelope. **Rel:** In the sense of a herd being an army. **KJV:** roe, roebuck, glory, glorious, beautiful, beauty, goodly, pleasant **Str:** #6643, #6646

3331 צבו (masc) **Tran:** FOR.THAT.MATTER **KJV:** purpose **Aramaic:** *tseb'oo* #6640

צבא *TsBA* (ch) **Def:** The mustering of an army as a wall of protection.

3332 צבא (vrb) *tsaw'baw* **Tran:** MUSTER **Def:** To gather together a group for service, work or war. **KJV:** fight, assemble, muster, war, perform, wait **Str:** #6633

3333 צבא (fem) *tsaw'baw* **Tran:** ARMY **Def:** A large organized group mustered together and armed for war or service. **KJV:** host, war, army, battle, service **Str:** #6635

צבה *TsBH* (ch) **Def:** As the family grows the tent is enlarged and seen as a swelling of the tent.

3334 צבה (vrb) *tsaw'baw* **Tran:** SWELL **KJV:** swell, fight **Str:** #6638

3335 צבה (masc) *tsaw'beh* **Tran:** SWELLING **KJV:** swell **Str:** #6639

יצב *YTsB* (ch) **Def:** A standing firm and fast as a wall.

3336 יצב (vrb) *yaw'tsab* **Tran:** STATION **Def:** To stand firm and in place. **KJV:** stand, present, set, withstand, remain, resort, truth **Str:** #3320 **Aramaic:** *yets'abe* #3321

3337 יציב (masc) **Tran:** TRUTH **Def:** What stands firm. **KJV:** true, truth, certainty, certain **Aramaic:** #3330

נצב *NTsB* (ad) **Def:** The firm standing of a pillar. **Rel:** as a wall standing firm and erect

3338 נצב (vrb) *naw'tsab* **Tran:** STAND.UP **Def:** To be vertical in position; to stand tall and erect; to set in place. **KJV:** stand, set, officer, upright, appoint, deputy, erect, establish **Str:** #5324

3339 מצב (masc) *mats'tsawb* **Tran:** STANDING **KJV:** stood **Str:** #4673

3340 מצבה (fem) *mats'tsay'baw* **Tran:** MONUMENT **Def:** A lasting evidence, reminder, or example of someone or something. As standing tall and firm. **KJV:** image, pillar, garrison **Str:** #4676

3341 מצבת (fem) *mats'tseh'beth* **Tran:** PILLAR **Def:** As standing tall and firm. **KJV:** pillar, substance **Str:** #4678

3342 נציב (masc) *nets'eeb* **Tran:** POST **Def:** The place at which a soldier is stationed. As standing tall and firm. A garrison. **KJV:** pillar **Str:** #5333

3343 ניצב (masc) *nits'twawb* **Tran:** HAFT **Def:** The handle of a sword or knife which the blade is set into. **KJV:** haft **Str:** #5325

3344 ניצבה (fem) **Tran:** FIRMNESS **KJV:** strength **Aramaic:** *nits'baw* #5326

3345 מוצב (masc) *moots'tsawb* **Tran:** TOWER **Def:** As standing tall and firm. **KJV:** mount **Str:** #4674

צבט *TsBTh* (ad) **Def:** A reaching out to grasp something. **Rel:** as enclosed in a wall

3346 צבט (vrb) *tsaw'bat* **Tran:** GRASP **KJV:** reach **Str:** #6642

צבר *TsBR* (ad) **Rel:** as a swelling

3347 צבר (vrb) *tsaw'bar* **Tran:** PILE.UP **Def:** To heap something up in a mound. **KJV:** heap, gather, lay **Str:** #6651

3348 צבר (masc) *tsib'boor* **Tran:** PILE **Def:** mound of something. **KJV:** heap **Str:** #6652

צבת *TsBT* (ad) **Rel:** as enclosed in a wall

3349 צבת (masc) *tseh'beth* **Tran:** HANDFUL **KJV:** handful **Str:** #6653

צג *TsG* (pr) **Act:** Set **AH:** ✓ℎ

    יצג *YTsG* (ch) **Def:** A placing in a specific location.

3350 יצג (vrb) *yaw'tsag* **Tran:** LEAVE.IN.PLACE **Alt:** present. **Def:** To put or place something in a specific location. **KJV:** set, made, put, establish, leave, present, stay **Str:** #3322

צד *TsD* (pr) **Act:** Hide, Lay down, Hunt, Correct, Limp **Obj:** Side, Snare, Meat, Flank, Straight **Abs:** Stronghold, Righteous **Def:** One lies down to sleep, hide or ambush. **AH:** ▽ℎ- The pictograph ℎ is a picture of the side of a man.

3351 צד (masc) *tsad* **Tran:** SIDE **Def:** One of the surfaces forming the outside of or bounding a thing; an area next to something. **KJV:** side, beside, another, concerning, against **Str:** #6654 **Aramaic:** #6655

3352 מצד (masc) מצודה (fem) *maw'tsood / mets'ad* **Tran:** CASTLE **Def:** hiding place surrounded by sides. **KJV:** stronghold, hold, castle, fort, munition, fortress, snare, defense **Str:** #4679, 4686

    צדה *TsDH* (ch)

3353 צדה (vrb) *tsaw'daw* **Tran:** LAY.IN.WAIT **Def:** To hide in ambush. **KJV:** wait, hunt, destroy **Str:** #6658

3354 צדה (masc) **Tran:** TRUE **Def:** Posed as a question, "is it true", as if laying something down for investigation. **KJV:** true **Aramaic:** צדא *tsed'aw* #6656

3355 צדיה (fem) *tsed'ee'yaw* **Tran:** AMBUSH **Def:** A laying down in wait for the purpose of attacking. **KJV:** lay **Str:** #6660

    צוד *TsWD* (ch)

3356 מצוד (masc) מצודה (fem) *maw'tsode* **Tran:** SNARE **Def:** tool used for trapping animals while the hunter lies in wait. **KJV:** net, snare, bulwark, munition, hold **Str:** #4685

    ציד *TsYD* (ch)

3357 צוד (vrb) *tsood* **Tran:** HUNT **Def:** To attempt to find something with the intent to capture. Hunt in the sense of laying in ambush. **KJV:** hunt, take, chase, provision, sore **Str:** #6679

3358 ציד (masc) *tsah'yawd* **Tran:** HUNTER **Def:** One who searches for something. Lays in ambush. **KJV:** hunter **Str:** #6719

3359 צידה (fem) *tsay'daw* **Tran:** PROVISIONS **Def:** A stock of needed materials. The produce of the hunt. Also, used for "food" in general. **KJV:** venison, victuals, provision, meat **Str:** #6720

3360 צייד (masc) *tsah'yid* **Tran:** GAME **Def:** Animals being pursued or taken in hunting. The produce of the hunt. **KJV:** venison, hunter, victuals, provision, hunting, catch, food, hunting **Str:** #6718

סטר *SThR* (ad)

3361 סטר (masc) **Tran:** FLANK **KJV:** side **Aramaic:** *shet'ar* #7859

צדק *TsDQ* (ad) **Def:** To follow a traveled path to prevent from getting lost. **Rel:** In the sense of a straight path from the straightness of the side.

3362 צדק (vrb) *tsaw'dak* **Tran:** BE.STEADFAST **Def:** To walk on the right path without losing the way. **KJV:** justify, righteous, just, justice, cleanse, clear, righteousness **Str:** #6663

3363 צדק (masc) *tseh'dek* **Tran:** STEADFAST **Def:** The following of the established path or course of action; a path-keeper. **KJV:** righteousness, just, justice, righteous, right **Str:** #6664

3364 צדקה (fem) *tsed'aw'kaw* **Tran:** STEADFASTNESS **Def:** Being on the correct path; conformity to fact, standard or truth. **KJV:** righteousness, justice, right, righteous, moderate **Str:** #6666

3365 צדיק (masc) *tsad'deek* **Tran:** STEADFAST.ONE **Def:** One that makes or sets right. Conforming to fact, standard or truth. **KJV:** righteous, just, lawful **Str:** #6662

3366 צידקה (fem) **Tran:** CORRECTNESS **KJV:** righteousness **Aramaic:** *tsid'kaw* #6665

צלע *TsLAh* (ad)

3367 צלע (vrb) *tsaw'lah* **Tran:** LIMP **Def:** To walk lamely, especially favoring one leg; to go unsteadily; to proceed with difficulty or slowly. From damage to the ridge of the hip. **KJV:** halt **Str:** #6760

3368 צלע (fem) *tseh'lah* **Tran:** LIMP **Def:** From damage to the ridge of the hip. **KJV:** halt, adversity **Str:** #6761

~~~~~~~~~~

צו *TsW* (pr) **Act:** Direct **Obj:** Direction **AH:** 𐤑𐤅

3369 צו (fem) *tsav* **Tran:** DIRECTIONS **Def:** A set of instructions given to guide one on a moral or physical path. **KJV:** precept, commandment **Str:** #6673

צוה *TsWH* (ch)

3370 צוה (vrb) *tsaw'vaw* **Tran:** DIRECT **Def:** To cause to turn, move, or point undeviatingly or to follow a straight course; give instructions or orders for a path to be taken. **KJV:** command, charge, commandment, appoint, bade, order, commander **Str:** #6680

3371 מצוה (fem) *mits'vaw* **Tran:** DIRECTIVE **Def:** The direction to go. Serving or intended to guide, govern, or influence; serving to point direction. **KJV:** commandment, precept, law, ordinance **Str:** #4687

~~~~~~~~~~

צח *TsHh* (pr) **Act:** Shout, Cry **Obj:** Desert, Dry, White **Def:** The desert as a hot and dry place. **AH:** 𐤑𐤇- The pictograph 𐤇 is a picture of a man on his side representing trouble, the 𐤑 is a picture of a wall that separates the inside from the outside. Combined these mean "trouble outside."

3372 צח (masc) *tsakh* **Tran:** DRY **KJV:** white, clear, plainly, dry **Str:** #6703

צחח *TsHhHh* (ch)

3373 צחח (vrb) *tsaw'khakh* **Tran:** WHITE **Def:** To be white. From the drying and bleaching of things left in the sun. **KJV:** white **Str:** #6705

3374 צחיח (masc) *tsekh'ee'akh* **Tran:** TOP **KJV:** top **Str:** #6706

3375 צחיחה (fem) *tsekh'ee'khaw* **Tran:** DRY **KJV:** dry **Str:** #6707

3376 צחצחה (fem) *tsakh'tsaw'khaw* **Tran:** DESERT **KJV:** drought **Str:** #6710

3377 צחיחי (masc) *tsekh'ee'khee* **Tran:** TOP **KJV:** high place **Str:** #6708

צחה *TsHhH* (ch)

3378 ציחה (masc) *tsee'kheh* **Tran:** DRIED **KJV:** dried **Str:** #6704

צוח *TsWHh* (ch)

3379 צוח (vrb) *tsaw'vakh* **Tran:** SHOUT **KJV:** shout **Str:** #6681

3380 צוחה (fem) *tsev'aw'khaw* **Tran:** SHOUT **KJV:** cry, crying, complaining **Str:** #6682

צחר *TsHhR* (ad) **Rel:** from the bleaching by the sun

3381 צחר (masc) *tsakh'ar* **Tran:** GRAY **KJV:** white **Str:** #6713

3382 צחור (masc) *tsaw'khore* **Tran:** REDDISH.GRAY **KJV:** white **Str:** #6715

צעק *TsAhQ* (ad) **Def:** A loud calling or crying out for help or to gather an assembly.

3383 צעק (vrb) *tsaw'ak* **Tran:** CRY.OUT **Def:** To cry or call out loudly. **KJV:** cry, gather, call, gather **Str:** #6817

3384 צעקה (fem) *tsah'ak'aw* **Tran:** CRY **Def:** To utter loudly; to shout; to shed tears, often noisily. A loud crying or calling out. **KJV:** cry, crying **Str:** #6818

רזח *RZHh* (ad) **Def:** A raising up of the voice in mourning or feasting.

3385 מרזח (masc) *mar'zay'akh* **Tran:** BANQUET **Def:** place of crying out in joy. **KJV:** mourning **Str:** #4798

3386 מרזח (masc) *meer'zakh* **Tran:** MOURNING **Def:** place of crying out in sadness. **KJV:** banquet **Str:** #4797

~~~~~~~~~~~

צי *TsY* (pr) **Act:** Nomad **Obj:** Desert **Def:** The desert nomad's life was a continual traveling from one location to another always hunting for pastures. The stars and terrain served as landmarks to guide the nomad on his journey. **AH:**

3387 צי (masc) *tsee* **Tran:** NOMAD **Def:** A member of a people or tribe that has no permanent abode but moves about from
~~~~~~~~~~~

place to place, usually seasonally and often following a traditional route or circuit according to the state of the pasturage or food supply. Also, a ship as a nomad of the sea. **KJV**: ship **Str**: #6716

3388 ציה (fem) *tsee'yaw* **Tran**: DESERT **KJV**: dry, wilderness, drought, solitary, barren **Str**: #6723

3389 צי (masc) *tsee'ee* **Tran**: DESERT **KJV**: desert, wilderness **Str**: #6728

3390 ציון (masc) *tsee'yone / tsee'yoon* **Tran**: LANDMARK **Def**: Natural formations in the desert that are used as signs to mark the way. **KJV**: dry, title, waymark, sign **Str**: #6724, #6725

צך *TsK* (pr) **Act**: Press **Obj**: Burden **Abs**: Stress, Anguish **AH**: ⟊

צוך *TsWK* (ch)

3391 צוק (vrb) *tsook* **Tran**: HARASS **Def**: To press into a tight place, an oppression. **KJV**: distress, oppressor, sore, press, straiten **Str**: #6693

3392 צוק (masc) צוקה (fem) *tsoke* **Tran**: BURDEN **Def**: heavy load that causes a pressing. **KJV**: anguish **Str**: #6695

3393 מצוק (masc) מצוקה (fem) *maw'tsoke / mets'oo'kaw* **Tran**: STRESS **Def**: Activity or circumstance that causes oppression. **KJV**: straightness, distress, anguish **Str**: #4689, #4691

יצך *YTsK* (ch)

3394 מוצק (masc) *moo'tsak* **Tran**: ANGUISH **KJV**: straitness, straitened, vexation **Str**: #4164

צל *TsL* (pr) **Act**: Sink, Pray, Shout, Roast, Deliver, Advance **Obj**: Shadow, Image, Shade, Near, Tree, Deep, Bowl **Def**: A place of shadows. **AH**: ⟊

3395 צל (masc) *tsale* **Tran**: SHADOW **Def**: The dark figure cast on a surface by a body intercepting the rays from a light source. **KJV**: shadow, defense, shade **Str**: #6738

3396 מצולה (fem) *mets'ool'law* **Tran**: SHADE **KJV**: bottom **Str**: #4699

3397 צלצל (masc) *tsel'aw'tsal* **Tran:** WHIRRING **Def:** The flying swarm causes a large shadow. **KJV:** locust, spear, shadowing **Str:** #6767

צלל *TsLL* (ch)

3398 צלל (vrb) *tsaw'lal / tsaw'lal / tsaw'lal* **Tran:** BE.OVERSHADOWED **Def:** To be sunk down into a dark depth. **KJV:** sink, shadow, dark, began to be dark, shadowing **Str:** #6749, #6750, #6751

3399 צלל (masc) *tsay'lel* **Tran:** SHADOW **KJV:** shadow **Str:** #6752

3400 צלול (masc) *tsel'ool* **Tran:** CAKE **Def:** As becoming dark when cooked. **KJV:** cake **Str:** #6742

אצל *ATsL* (ch)

3401 אצל (vrb) *aw'tsal* **Tran:** SET.ASIDE **Def:** To reserve or put aside something. **Rel:** In the sense of keeping in the shadow. **KJV:** take, reserve, keep, straighten **Str:** #0680

3402 אצל (com) *ay'tsel* **Tran:** BESIDE **Def:** Being next to something. **Rel:** in the sense of being in its shade. **KJV:** by, beside, near, at, with, from, against, close, to, toward, unto **Str:** #0681

3403 אציל (fem) *aw'tseel* **Tran:** LEADER **Def:** One who is in charge or in command of others. **KJV:** noble, chief **Str:** #0678

3404 אצילה (fem) *ats'tseel* **Tran:** ARMPIT **Def:** The underside of the joint in the arm in the sense of being in shadow. **KJV:** hole, great **Str:** #0679

צאל *TsAL* (ch) **Def:** What casts a shadow of shade.

3405 צאל (masc) *tseh'el* **Tran:** LOTUS **Def:** An unknown tree. **KJV:** tree **Str:** #6628

צלא *TsLA* (ch)

3406 צלא (vrb) **Tran:** PRAY **KJV:** pray **Aramaic:** *tsel'aw* #6739

הצל *HTsL* (ch) **Def:** A hiding in the shadows.

3407 הצל (fem) *hats'tsaw'law* **Tran:** ESCAPE **KJV:** deliverance **Str:** #2020

צהל TsHL (ch) **Def:** The shouting of a voice in joy or singing. Also the neighing of a horse or bull as a shouting.

3408 צהל (vrb) *tsaw'hal* **Tran:** BELLOW **KJV:** cry, bellow, neigh, rejoice, shine, shout, lift **Str:** #6670

3409 מצהלה (fem) *mats'haw'law* **Tran:** SHOUTING **KJV:** neighing **Str:** #4684

צלה TsLH (ch) **Def:** A roast becomes dark when cooked.

3410 צלה (vrb) *tsaw'law* **Tran:** ROAST **KJV:** roast **Str:** #6740

3411 צלה / צלע (fem) *tsay'law* **Tran:** RIB **Def:** Any of the paired bony or cartilaginous bones that stiffen the walls of the thorax and protect the organs beneath. A ridge of a hill from its similar shape to a rib. Also, the side. **KJV:** rib, side, chamber, board, corner, another, beam, halting, leaves, planks **Str:** #6763 **Aramaic:** סלע *al'ah* #5967

3412 צלי (masc) *tsaw'lee* **Tran:** ROAST **Def:** A meat that is cooked over a fire. **KJV:** roast **Str:** #6748

צול TsWL (ch) **Def:** The deep ocean as a place of darkness.

3413 צולה (fem) *tsoo'law* **Tran:** DEEP **KJV:** deep **Str:** #6683

3414 מצולה (fem) *mets'o'law* **Tran:** DEPTH **Def:** The bottom of a deep body of water. **KJV:** deep, depth, bottom **Str:** #4688

נצל NTsL (ad) **Rel:** as a shaking

3415 נצל (vrb) *naw'tsal* **Tran:** DELIVER **Def:** To set free; to take and hand over to or leave for another. **KJV:** deliver, recover, rid, escape, rescue, spoil, take **Str:** #5337 **Aramaic:** *nets'al* #5338

צלח TsLHh (ad) **Def:** A pushing forward or up as the sides of a pot or bowl. **Rel:** a deep bowl

3416 צלח (vrb) *tsaw'lakh* **Tran:** PROSPER **Def:** To succeed; to move forward in distance, position or in thriving. **KJV:** prosper, come, effect, good, meet, break, went, promote **Str:** #6743 **Aramaic:** *tsel'akh* #6744

3417 צלחה (fem) *tsay'law'khaw* **Tran:** BOWL **Def:** As advancing up the sides. **KJV:** pan **Str:** #6745

3418 צלחת (fem) *tsal'lakh'ath* **Tran:** BOWL **Def:** As advancing up the sides. **KJV:** bosom, dish **Str:** #6747

Benner's Lexicon of Biblical Hebrew

3419 צלוחית (fem) *tsel'o'kheeth* **Tran:** BOWL **Def:** As advancing up the sides. **KJV:** cruse **Str:** #6746

צלם *TsLM* (ad) **Def:** An outline or representation of an original as a shadow is the outline of the original. **Rel:** from the dark shadow of a deep place

3420 צלם (masc) *tseh'lem* **Tran:** IMAGE **Def:** A reproduction or imitation of the form of a person or thing. The form of something as a shadow of the original. **KJV:** image, vain, form **Str:** #6754 **Aramaic:** #6755

צם *TsM* (pr) **Act:** Thirst, Fast, Wither **Obj:** Tie, Dry, Pipe **Def:** A fasting from water, or food. **AH:** ᴡᴡh- The pictograph h is a picture of a man on his side representing the hunt, the ᴡᴡ is a picture of water. Combined these mean "hunt for water."

3421 צמה (fem) *tsam'maw* **Tran:** VEIL **Def:** As bound around the face. **Rel:** Something tied around the mouth. **KJV:** lock **Str:** #6777

צמם *TsMM* (ch)

3422 צמים (masc) *tsam'meem* **Tran:** THIRSTY **KJV:** robber **Str:** #6782

צמא *TsMA* (ch)

3423 צמא (vrb) *tsaw'may* **Tran:** THIRST **Def:** To lack sufficient water. **KJV:** thirst, athirst, thirsty **Str:** #6770

3424 צמא (masc) צימאה (fem) *tsaw'maw / tsaw'may / tsim'aw* **Tran:** THIRST **Def:** The lack of sufficient water. **KJV:** thirst, thirsty **Str:** #6771, #6772, #6773

3425 צימאון (masc) *tsim'maw'one* **Tran:** THIRSTY.LAND **Def:** A thirsty land. **KJV:** drought, thirsty, dry ground **Str:** #6774

צום *TsWM* (ch) **Def:** An abstinence from water, or food.

3426 צום (vrb) *tsoom* **Tran:** FAST **Def:** To abstain from food. **KJV:** fast **Str:** #6684

3427 צום (masc) *tsome* **Tran:** FAST **Def:** A purposeful abstinence from food. **KJV:** fast **Str:** #6685

צנם *TsNM* (ad) **Rel:** a withering from lack of water or food

3428 צנם (vrb) *tsaw'nam* **Tran:** WITHER **Def:** To become dry and sapless; to shrivel. **KJV:** wither **Str:** #6798

~~~~~~~~

צן *TsN* (pr) **Act:** Descend, Low, Confine, Remove **Obj:** Sheep, Stocks, Pipe **AH:** ⤳⼑

צון *TsWN* (ch)

3429 צונה (masc) צאון / צון (fem) *tso'nay / tsone* **Tran:** FLOCKS **Def:** Groups of birds or animals assembled or herded together. **KJV:** flock, sheep, cattle, lamb **Str:** #6629, #6792

צנח *TsNHh* (ad)

3430 צנח (vrb) *tsaw'nakh* **Tran:** DESCEND **Def:** To move or thrust in a downward direction. **KJV:** lighten, fasten **Str:** #6795

צנע *TsNAh* (ad)

3431 צנע (vrb) *tsaw'nah* **Tran:** LOW **Def:** To be low or humble. **KJV:** low, humble **Str:** #6800

צנק *TsNQ* (ad) **Rel:** as brought down in confinement

3432 צינוק (masc) *tsee'noke* **Tran:** STOCKS **Def:** Used for confining a prisoner. **KJV:** stocks **Str:** #6729

צנר *TsNR* (ad) **Rel:** as bringing water down to another area

3433 צינור (masc) *tsin'noor* **Tran:** PIPE **Def:** Used for moving water. **KJV:** gutter, waterspout **Str:** #6794

צען *TsAhN* (ad) **Def:** The taking down of camp and loading onto beasts of burden.

3434 צען (vrb) *tsaw'an* **Tran:** REMOVE **KJV:** take down **Str:** #6813

~~~~~~~~

צע *TsAh* (pr) **Act:** Spread, Wander **Obj:** Bed **Def:** The bed consisted of blankets spread-out on the floor of the tent. A spreading out of something. **AH:** ⊙⼑- The pictograph ⼑ is a picture of a man laying on his side as at rest.

3435 מצע (masc) *mats'tsaw* **Tran:** BED **KJV:** bed **Str:** #4702

3436 צעצוע (masc) *tsah'tsoo'ah* **Tran:** FIGURINE **KJV:** image **Str:** #6816

Benner's Lexicon of Biblical Hebrew

צעה TsAhH (ch) **Def:** A traveling through a spread-out area.

3437 **צעה** (vrb) *tsaw'aw* **Tran:** WANDER **KJV:** wander, exile, travel **Str:** #6808

יצע YTsAh (ch)

3438 **יצע** (vrb) *yaw'tsah* **Tran:** SPREAD **Def:** To spread-out something to lay on. **KJV:** spread, bed **Str:** #3331

3439 **יצוע** (masc) *yaw'tsoo'ah* **Tran:** COUCH **Def:** An article of furniture for sitting or reclining. **KJV:** chamber, bed, couch **Str:** #3326

צעף TsAhP (ad) **Def:** The veil is wrapped around the face to cover it.

3440 **צעיף** (masc) *tsaw'eef* **Tran:** VEIL **Def:** To cover, provide, obscure, or conceal with or as if with a cloth. **KJV:** vail **Str:** #6809

צער TsAhR (ad) **Def:** Small in time or size. Someone or something that is small in significance.

3441 **צער** (vrb) *tsaw'ar* **Tran:** BROUGHT.LOW **Def:** To be small. **KJV:** low, small, little **Str:** #6819

3442 **צעיר / צעור / זעיר** (masc) *tsaw'eer / zeh'ayr* **Tran:** LITTLE.ONE **Def:** Small in size or extent. Something or someone that is smaller, younger or less significant. **KJV:** little, younger, least **Str:** #2191, #6810 **Aramaic:** *zeh'ayr* #2192

3443 **צעירה** (fem) *tseh'ee'raw* **Tran:** YOUTHFULNESS **Def:** One who is little in age, a child; one who acts like a child. **KJV:** youth **Str:** #6812

3444 **מצער / מזער** (masc) *mits'awr / miz'awr* **Tran:** FEW **Def:** Small in number. **KJV:** little, few, small **Str:** #4213, #4705

3445 **מצעירה** (fem) *mits'tseh'ee'raw* **Tran:** TINY **KJV:** little **Str:** #4704

צף TsP (pr) **Act:** Watch, Wrap, Hide **Obj:** Watchtower, Turban, Treasure **AH:** ◠⌐

3446 **צפית** (fem) *tsaw'feeth* **Tran:** WATCHTOWER **Def:** As watches over an area. **KJV:** watchtower **Str:** #6844

3447 צפון (fem) *tsaw'fone* **Tran:** NORTH **Def:** The direction of the left hand when facing the rising sun. **Rel:** From the North Star which is watched for direction. **KJV:** north, northward, northern **Str:** #6828

3448 צפוני (masc) *tsef'o'nee* **Tran:** NORTHERN **Def:** From the north star which is watched for direction. **KJV:** northern **Str:** #6830

צפה *TsPH* (ch) **Def:** A covering of an area by watching.

3449 צפה (vrb) *tsaw'faw* **Tran:** KEEP.WATCH **Def:** To be on the look-out for danger or opportunity. **KJV:** watch, watchman, behold, look, espy **Str:** #6822

3450 ציפיה (fem) *tsef'ee'yaw* **Tran:** WATCHING **KJV:** watching **Str:** #6836

3451 מצפה (masc) *mits'peh* **Tran:** WATCHTOWER **Def:** A high place for watching a large area. **KJV:** watchtower **Str:** #4707

צנף *TsNP* (ad) **Def:** A strip of cloth that is wrapped around the head for a head covering. **Rel:** a cover

3452 צנף (vrb) *tsaw'naf* **Tran:** WIND.AROUND **KJV:** attire, turn **Str:** #6801

3453 צנפה (fem) *tsen'ay'faw* **Tran:** WINDING **KJV:** toss **Str:** #6802

3454 צניף / צנוף (masc) צניפה (fem) *tsaw'neef* **Tran:** TURBAN **KJV:** diadem, mitre, hood **Str:** #6797

3455 מצנפת (fem) *mits'neh'feth* **Tran:** TURBAN **Def:** A cloth that is wrapped around the head. **KJV:** mitre, diadem **Str:** #4701

צעד *TsAhD* (ad) **Def:** The jingling of bracelets when marching.

3456 צעד (vrb) *tsaw'ad* **Tran:** MARCH **Def:** To move along steadily, usually with a rhythmic stride and in step with others. **KJV:** go, march, run, bring **Str:** #6805

3457 צעד (masc) *tsah'ad* **Tran:** PACE **KJV:** step, pace, goings, go **Str:** #6806

3458 צעדה (fem) *tseh'aw'daw* **Tran:** BRACELET **Def:** An ornament worn on the ankle or wrist that jingles when walking. **KJV:** goings, ornament **Str:** #6807

3459 מצעד (masc) *mits'awd* **Tran:** STEP **KJV:** step, going **Str:** #4703

3460 אצעדה (fem) *ets'aw'daw* **Tran:** ARMLET **Def:** An ornament worn on the ankle or wrist that jingles when walking. **KJV:** chain, bracelet **Str:** #0685

צפח *TsPHh* (ad)

3461 צפחת (fem) *tsap'pakh'ath* **Tran:** JUG **Def:** For holding liquids. **KJV:** cruse **Str:** #6835

3462 צפיחית (fem) *tsap'pee'kheeth* **Tran:** WAFER **Def:** Small thinly baked bread. **KJV:** wafer **Str:** #6838

צפן *TsPN* (ad) **Def:** A storing up or hiding of something to prevent discovery. **Rel:** as something watched or covered

3463 צפן (vrb) *tsaw'fan* **Tran:** CONCEAL **Def:** To hide to prevent discovery. **KJV:** hide, lay up, esteem, lurk, privily, secret **Str:** #6845

3464 צפין (masc) *tsaw'feen* **Tran:** TREASURE **Def:** What is hidden. **KJV:** hid **Str:** #6840

3465 מצפון (masc) *mits'poon* **Tran:** TREASURE **Def:** What is hidden. **KJV:** hidden **Str:** #4710

צ *TsTs* (pr) **Act:** Bloom **Obj:** Blossom **Def:** The function of the blossom is to produce the fruit of the tree. **AH:** ⊢ ⊢

צוץ *TsWTs* (ch)

3466 צוץ (vrb) *tsoots* **Tran:** BLOOM **Def:** To produce or yield blossoms. (Possibly related to the child roots נצץand ניץ) **KJV:** flourish, blossom, bloom, show **Str:** #6692

ציץ *TsYTs* (ch)

3467 ציץ (masc) ציצה (fem) *tsee'tsaw / tseets* **Tran:** BLOSSOM **Def:** The flower of a plant, especially of one producing an edible fruit. **KJV:** blossom, flower, plate, wing **Str:** #6731, #6733

3468 ציצית (fem) *tsee'tseeth* **Tran:** FRINGE **Def:** A tassel or lock of hair as blossoms. **KJV:** fringe, lock **Str:** #6734

צק *TsQ* (pr) **Act:** Pour **Obj:** Casting, Pillar, Pot **Abs:** Image **Def:** A molten metal is poured into a mold to form a cast object or image. **AH:** ϘᏝ

3469 משכית (fem) *mas'keeth* **Tran:** IMAGERY **Def:** The casting of an image. **KJV:** picture, image, wish, conceit, imagery **Str:** #4906

3470 שכיה (fem) *sek'ee'yaw* **Tran:** CRAFT **KJV:** picture **Str:** #7914

אצק *ATsQ* (ch)

3471 אסוך (masc) *aw'sook* **Tran:** POT **Def:** cast iron pot. **KJV:** pot **Str:** #0610

צוק *TsWQ* (ch)

3472 צוק (vrb) *sook / tsook* **Tran:** POUR **Def:** To pour molten metal. Also to pour water or oil onto someone for washing or anointing. **KJV:** pour, molten, anoint **Str:** #5480, #6694

3473 מצוק (masc) *maw'tsook* **Tran:** PILLAR **Def:** tall rock formation which appears to be a cast pillar. **KJV:** pillar, situate **Str:** #4690

יצק *YTsQ* (ch) **Def:** The pouring of molten metal out of a funnel into a cast.

3474 יצק / יסק (vrb) *yaw'sak / yaw'tsak* **Tran:** POUR.DOWN **Def:** To send a liquid from a container into another container or onto a person or object; to pour molten metal into a cast. **KJV:** pour, cast, molten, firm, set, fast, grow, hard, overflown, steadfast **Str:** #3251, #3332

3475 מוצק (masc) *moo'tsawk* **Tran:** CASTING **KJV:** casting, hardness **Str:** #4165

3476 מוצקה (fem) *moo'tsaw'kaw* **Tran:** CAST **Def:** The vessel for pouring the molten metal into. **KJV:** pipe, cast **Str:** #4166

3477 יצוקה (fem) *yets'oo'kaw* **Tran:** CAST **Def:** casting of metals. **KJV:** cast **Str:** #3333

נסך *NSK* (ad) **Rel:** covering

3478 נסך (vrb) *naw'sak / naw'sak* **Tran:** POUR **Def:** To cause to flow in a stream; to give full expression to. **KJV:** pour, cover, offer, melt, molten, set, spread **Str:** #5258, #5259 **Aramaic:** *nes'ak* #5260

3479 נסך (masc) *neh'sek* **Tran:** POURING **Def:** A liquid poured out as an offering or the pouring of a molten metal to form images. **KJV:** drink, offering, image, cover **Str:** #5262 **Aramaic:** *nes'ak* #5261

3480 מסכה (fem) *mas'say'kaw* **Tran:** CAST.IMAGE **Def:** A molten metal that is poured in a cast to form images. **KJV:** image, molten, covering, vail **Str:** #4541

3481 מנסכת (fem) *mas'seh'keth* **Tran:** WEB **Def:** Of the loom. **KJV:** web **Str:** #4545

3482 נסיך (masc) *nes'eek* **Tran:** POURED.OUT **Def:** A liquid poured out as an offering. **KJV:** prince, drink, duke, principal **Str:** #5257

צר *TsR* (pr) **Act:** Press, Shine, Crush, Strike, Report, Gather, Tear, Keep **Obj:** Enemy, Bundle, Belt, Neck, Oil, Flint, Flesh, Fence, Prey **Abs:** Trouble, Pain **Def:** A pressing in or on someone or something.
AH: ℺╱

3483 צר (masc) *tsar* **Tran:** NARROW **Alt:** enemy. **Def:** Of slender width. A narrow, tight place or situation, a difficulty. An enemy or adversary as one who closes in with pressure. **KJV:** enemy, adversary, trouble, distress, affliction, foe, narrow, strait, flint, sorrow **Str:** #6862

3484 צרה (fem) *tsaw'raw* **Tran:** PERSECUTION **Def:** To agitate mentally or spiritually; worry; disturb. **KJV:** trouble, distress, affliction, adversity, anguish, tribulation, adversary **Str:** #6869

3485 צור (masc) *tsore* **Tran:** SHARP.STONE **Def:** A piece of stone from obsidian, flint or chert that forms a narrow and sharp edge when flaked off. **KJV:** sharp stone, flint **Str:** #6864

3486 צרי (masc) *tser'ee* **Tran:** BALM **Def:** An aromatic preparation for a healing ointment. A salve rubbed and pressed into the skin. **KJV:** balm **Str:** #6875

3487 מצר (masc) *may'tsar* **Tran:** STRAIT **Def:** A narrow tight place or situation. **KJV:** pains, distress, strait **Str:** #4712

צרר *TsRR* (ch) **Def:** A pressing in or on.

3488 צרר (vrb) *tsaw'rar* **Tran:** PRESS.IN **Alt:** enemy **Def:** To confine or restrict in a tight place. **KJV:** enemy, distress, bind, vex, afflict, besiege, adversary, strait, trouble, bound, pangs **Str:** #6887

3489 צרור (masc) *tser'ore* **Tran:** POUCH **Def:** A group of things fastened together for convenient handling. Something that is bound up tightly. **KJV:** bundle, bag, bind, grain, stone **Str:** #6872

אצר *ATsR* (ch) **Def:** Something that is stored by being wrapped up tightly. A belt or waistcloth that is wrapped around the middle tightly.

3490 אצר (vrb) *aw'tsar* **Tran:** STORE.UP **Def:** To keep valuable items or foods in a safe and secure place. **KJV:** store, treasure **Str:** #0686

3491 אזור (masc) *ay'zore* **Tran:** WAIST.CLOTH **Def:** As bound around the middle. **KJV:** girdle **Str:** #0232

3492 אוצר (masc) *o'tsaw* **Tran:** SUPPLY.HOUSE **Def:** A place where grain or other items of subsistence are held and protected. **KJV:** treasure, treasury, storehouse, cellar, armoury **Str:** #0214

צאר *TsAR* (ch)

3493 צואר (masc) *tsav'vawr* **Tran:** BACK.OF.THE.NECK **Def:** The nape between the shoulders and the head. **Rel:** Derived from the soreness of the neck when carrying a load or stress. **KJV:** neck **Str:** #6677 **Aramaic:** *tsav'var* #6676

צהר *TsHR* (ch) **Def:** The olives are pressed to extract the glimmering oil.

3494 צהר (vrb) *tsaw'har* **Tran:** PRESS.OUT.OIL **Def:** Extracting the fluids from the olive. (Possibly related to זהר) **KJV:** oil **Str:** #6671

3495 צוהר (fem) *tso'har* **Tran:** GLISTENING **Alt:** noontime. **Def:** Emitting or reflecting light. From the glisten of olive oil. Something that shines brightly. Also, noon as the brightest part of the day. **KJV:** noon, noonday, day, midday, window **Str:** #6672

3496 יצהר (masc) *yits'hawr* **Tran:** FRESH.OIL **KJV:** oil, anointed **Str:** #3323

צרה *TsRH* (ch)

3497 זורה (masc) *zoo'reh* **Tran:** CRUSHED **KJV:** crushed **Str:** #2116

צור *TsWR* (ch) **Def:** Flint tools are made by striking or pressing the edges with a tool to remove flakes creating a sharp edge.

3498 צור / זור (vrb) *tsoor / zoor* **Tran:** SMACK **Def:** To strike or push as an attack. **KJV:** besiege, siege, distress, bind, adversary, assault, bag, beset, cast, fashion, fortify, inclose, bind, crush, closed, thrust **Str:** #2115, #6696

3499 צור (masc) *tsoor* **Tran:** BOULDER **Def:** A large rock used as a weapon or a rock cliff used as a place of defense. Also, flint, a very hard rock that when fractured forms a razor sharp edge and used for knives, spears or arrowheads. **KJV:** rock, strength, sharp, god, beauty, edge, stone, mighty, strong **Str:** #6697

3500 צורה (fem) *tsoo'raw* **Tran:** FEATURES **Def:** In the sense of being pressed. **KJV:** form **Str:** #6699

3501 מצור / מזור (masc) *maw'tsore / maw'zore* **Tran:** SMACKED **Def:** A pressing into a city for conquering it. **KJV:** wound, bound **Str:** #4205, #4692

3502 מצורה (fem) *mets'oo'raw* **Tran:** RAMPART **Def:** defensible stronghold to repel an army that presses in. **KJV:** fenced, stronghold, fort, munition **Str:** #4694

יצר *YTsR* (ch) **Def:** Being pressed in a narrow tight place. The pressing of clay to form something.

3503 יצר (vrb) *yaw'tsar / yaw'tsar* **Tran:** MOLD **Alt:** distress. **Def:** To give shape to; to press or squeeze, as when pressing clay into a shape to form a vessel. **KJV:** distressed, straitened, straits, vex, narrow, form, potter, fashion, maker, frame, make, former, earthen, purpose **Str:** #3334, #3335

Benner's Lexicon of Biblical Hebrew

3504 יצר (masc) *yay'tser* **Tran:** THOUGHT **Def:** The forming of ideas in the mind. **KJV:** imagination, frame, mind, work **Str:** #3336

3505 יצור (masc) *yaw'tsoor* **Tran:** PRESSINGS **Def:** Something that is formed. **KJV:** members **Str:** #3338

ציר *TsYR* (ch)

3506 ציר (vrb) *tsaw'yar* **Tran:** READY.PROVISIONS **KJV:** ambassador **Str:** #6737

3507 ציר (masc) *tseer / tseer* **Tran:** LABOR.PAIN **Def:** pressing pain. As pressed out of clay. The weight of the door rested on the hinge. **KJV:** ambassador, messenger, pain, pang, sorrow, idol, hinge **Str:** #6735, #6736

בסר *BSR* (ad) **Def:** When good news is brought a feast with meat is prepared.

3508 בשר (vrb) *baw'sar* **Tran:** REPORT **Def:** To provide good news, often followed by a feast where meat is prepared in celebration. **KJV:** tidings, show forth, publish, messenger, preached **Str:** #1319

3509 בשר (fem) *baw'sawr / beh'ser* **Tran:** FLESH **Def:** The soft parts of a human or animal, composed primarily of skeletal muscle. Skin and muscle or the whole of the person. Meat as food. **KJV:** flesh, body **Str:** #1154, #1320 **Aramaic:** *bes'ar* #1321

3510 בשורה (fem) *bes'o'raw* **Tran:** GOOD.NEWS **Def:** A report of exciting information, often followed by a feast where meat is prepared in celebration. **KJV:** tidings **Str:** #1309

3511 בוסר (masc) *bo'ser* **Tran:** SOUR.GRAPE **KJV:** unripe grapes, sour grapes **Str:** #1155

3512 אשפר (masc) *esh'pawr* **Tran:** MEAT **Def:** choice piece of meat. **KJV:** piece **Str:** #0829

בצר *BTsR* (ad) **Def:** A walled, fenced or fortified place for storing up the gathered crop or people.

3513 בצר (vrb) *baw'tsar* **Tran:** FENCE.IN **Def:** A barrier intended to protect, prevent escape or intrusion, or to mark a boundary; to gather together and confine for protection. **KJV:** fence, defense, gather, grapegatherer, fortify **Str:** #1219

3514 בצר (masc) *beh'tser / bets'ar* **Tran:** PRECIOUS.METAL **Def:** Valuables that are stored away and protected. **KJV:** gold **Str:** #1220, #1222

3515 בציר (masc) *baw'tseer* **Tran:** VINTAGE **Def:** The gathered crop of grapes. **KJV:** vintage **Str:** #1210

3516 בצור (masc) *baw'tsore* **Tran:** VINTAGE **Def:** The gathered crop of grapes. **KJV:** vintage **Str:** #1208

3517 בצורת (fem) *bats'tso'reth* **Tran:** DROUGHT **Def:** time of storing up water. **KJV:** dearth, drought **Str:** #1226

3518 מבצר (masc) *mib'tsawr* **Tran:** FORTIFICATION **Def:** A walled place of protection and confinement. **KJV:** hold, fenced, fortress, defenced, strong **Str:** #4013

3519 ביצרון (masc) *bits'tsaw'rone* **Tran:** STRONGHOLD **Def:** walled place of protection. **KJV:** strong hold **Str:** #1225

טרף *ThRP* (ad) **Def:** The prey that is torn to pieces by the predator. **Rel:** fresh

3520 טרף (vrb) *taw'raf* **Tran:** TEAR.INTO.PIECES **Def:** To tear into pieces as a predator does to its prey; to rip a cloth into pieces. **KJV:** tear, ravening, catch, feed, rent, prey **Str:** #2963

3521 טרף (masc) *taw'rawf / teh'ref* **Tran:** PREY **Def:** An animal taken as food by a predator. The meat that is torn by the predator. **KJV:** prey, meat, leaves, spoil **Str:** #2964, #2965

3522 טרפה (fem) *ter'ay'faw* **Tran:** TORN **Def:** Pulled apart. Flesh that is torn. **KJV:** torn, ravin **Str:** #2966

נטר *NThR* (ad) **Rel:** as a place that is guarded

3523 נטר (vrb) *naw'tar* **Tran:** KEEP **Def:** To hold onto to preserve, protect or hold in reserve; to hold back. **KJV:** keep, keeper, reserve, grudge **Str:** #5201 **Aramaic:** *net'ar* #5202

נצר *NTsR* (ad)

3524 נצר (vrb) *naw'tsar* **Tran:** PRESERVE **Def:** To watch over or guard for protection. **KJV:** keep, preserve, watchman, besiege, keeper, monument, preserver, subtil, hidden, watcher **Str:** #5341

3525 נצר (masc) *nay'tser* **Tran:** BRANCH **Def:** Flocks and crops were guarded over (preseved) by watchmen who would construct booths out of branches for shade **KJV:** branch **Str:** #5342

3526 נציר (masc) *naw'tsere* **Tran:** PRESERVE **KJV:** preserved **Str:** #5336

פצר *PTsR* (ad) **Def:** The sharpening of a metal tool by pressing and moving a file or stone over the point.

3527 פצר (vrb) *paw'tsar* **Tran:** PRESS.HARD **Def:** To push or urge another into an action. **KJV:** urge, press, stubbornness **Str:** #6484

צרב *TsRB* (ad)

3528 צרב (vrb) *tsaw'rab* **Tran:** SEAR **KJV:** burn **Str:** #6866

3529 צרבת (fem) *tsaw'reh'beth* **Tran:** SEARING **KJV:** burning **Str:** #6867

צת *TsT* (pr) **Act:** Burn, Kindle **AH:** +ʰ

צות *TsWT* (ch)

3530 צות (vrb) *tsooth* **Tran:** SET.ON.FIRE **KJV:** burn **Str:** #6702

יצת *YTsT* (ch)

3531 יצת (vrb) *yaw'tsath* **Tran:** LIGHT.ON.FIRE **Def:** To kindle a blaze. **KJV:** kindle, burn, set, desolate **Str:** #3341

Quph

קא *QA* (pr) **Act:** Vomit **Obj:** Vomit **AH:** ʠ

3532 קא / קיא (masc) *kay* **Tran:** VOMIT **KJV:** vomit **Str:** #6892

3533 קאת (fem) *kaw'ath* **Tran:** PELICAN **Def:** An unknown bird that vomits up its food for its chicks. **KJV:** pelican, cormorant **Str:** #6893

קוא *QWA* (ch)

3534 קוא / קיה (vrb) *ko* **Tran:** VOMIT **KJV:** vomit, spue **Str:** #6958

קיה *QYH* (ch)

3535 קיה (vrb) *kaw'yaw* **Tran:** SPUE **KJV:** spue **Str:** #7006

~~~~~~~~~~

קב *QB* (pr) **Act:** Pierce, Drain, Gather, Bury **Obj:** Cavity, Wine trough, Hole, Bowl, Grave **Def:** A container or hole for storing or holding something. **AH:** ס𐤒- The pictograph 𐤒 is a picture of the sun at the horizon and the gathering of the light, the ס is a picture of a tent and what is inside. Combined these mean "gather inside."

3536 קב (masc) *kab* **Tran:** QAV **Def:** A standard of measure. **KJV:** cab **Str:** #6894

3537 קבה (fem) *kay'baw* **Tran:** STOMACH **Def:** As a cavity. **KJV:** maw **Str:** #6896

3538 קובה (fem) *ko'baw* **Tran:** STOMACH **Def:** As a cavity. **KJV:** belly **Str:** #6897

3539 קובה (fem) *koob'baw* **Tran:** HUT **Def:** As a cavity. **KJV:** tent **Str:** #6898

קבב *QBB* (ch)

3540 קבב (vrb) *kaw'bab* **Tran:** HOLLOW.OUT **Def:** To pierce through creating a cavity. **KJV:** curse **Str:** #6895

יקב *YQB* (ch) **Def:** A boxed cavity below the winepress where the juice drains into.

3541 יקב (masc) *yeh'keb* **Tran:** WINE.TROUGH **KJV:** winepress, press, fats, pressfat, wine **Str:** #3342

נקב *NQB* (ad)

3542 נקב (vrb) *naw'kab* **Tran:** PIERCE.THROUGH **Def:** To make a hole by puncturing or penetrating; to curse in the sense of piercing through. **KJV:** curse, express, blaspheme, bore, name, pierce, appoint, hole, strike **Str:** #5344

3543 נקב (masc) *neh'keb* **Tran:** HOLE **KJV:** pipe **Str:** #5345

3544 נקבה (fem) *nek'ay'baw* **Tran:** FEMALE **Def:** An individual that bears children. Designed with a hollow or groove into which a corresponding male part fits, as with a hole. **KJV:** female, woman, maid **Str:** #5347

3545 מקבת (fem) *mak'keh'beth* **Tran:** HAMMER **Def:** A tool that when strikes something soft creates a hole. **KJV:** hammer **Str:** #4718

3546 מקבה (fem) *mak'kaw'baw* **Tran:** HAMMER **Def:** A tool that when strikes something soft creates a hole. **KJV:** hammer **Str:** #4717

קבע *QBAh* (ad) **Def:** Something drained of its contents. **Rel:** as an empty cavity

3547 קבע (vrb) *kaw'bah* **Tran:** DRAIN **Def:** To empty something of its contents. **KJV:** rob, spoil **Str:** #6906

3548 קבעת (fem) *koob'bah'ath* **Tran:** DRAINED **Def:** Something that is emptied of its contents. **KJV:** dregs **Str:** #6907

3549 קובע (masc) *ko'bah or ko'bah* **Tran:** HELMET **Def:** As an empty bowl. **KJV:** helmet **Str:** #6959

קבץ *QBTs* (ad) **Rel:** storage

3550 קבץ (vrb) *kaw'bats / keb'oo'tsaw* **Tran:** GATHER.TOGETHER **Def:** To come or bring into a group, mass or unit. **KJV:** gather, assemble, heap, resort **Str:** #6908, #6910

3551 קבוץ (masc) *kib'boots* **Tran:** COMPANY **Def:** group of gathered people. **KJV:** company **Str:** #6899

קבר *QBR* (ad) **Def:** The act and place of burying the dead. **Rel:** gathering one to the forefathers in a cavity

3552 קבר (vrb) *kaw'bar* **Tran:** BURY **Def:** To dispose of by depositing in the ground. **KJV:** bury **Str:** #6912

3553 קבר (masc) *keh'ber* **Tran:** GRAVE **Def:** An excavation for the burial of a body. **KJV:** grave, sepulcher **Str:** #6913

3554 קבורה (fem) *keb'oo'raw* **Tran:** BURIAL.PLACE **Def:** The place of interment or deposit of a deceased body. **KJV:** sepulcher, grave, burial **Str:** #6900

קבל *QBL* (ad) **Def:** Something placed in front and taken, received or chosen.

3555 קבל (vrb) *kaw'bal* **Tran:** RECEIVE **Def:** To take or accept what has been given. **KJV:** receive, take, choose, held, undertook **Str:** #6901 **Aramaic:** *keb'al* #6902

Benner's Lexicon of Biblical Hebrew

3556 קבל (masc) *kaw'bawl* **Tran:** THEREFORE **Def:** In the sense of being out in front. **KJV:** before, as, according, against **Str:** #6905 **Aramaic:** *keb'ale* #6903

3557 קובל (masc) *ko'bel* **Tran:** WAR **Def:** In the sense of taking. **KJV:** war **Str:** #6904

קד *QD* (pr) **Act:** Bow, Smolder, Anoint, Heat **Obj:** Head, Cassia, Dark **Abs:** Darkness **Def:** The bowing of the head in respect as a showing of the scalp to another. Also the heat that is given off at the scalp. **AH:** קע

3558 קדקוד (masc) *kod'kode* **Tran:** TOP.OF.THE.HEAD **Def:** The crown of the head. **KJV:** head, crown, pate, scalp **Str:** #6936

קדד *QDD* (ch) **Def:** The bowing down of the head.

3559 קדד (vrb) *kaw'dad* **Tran:** BOW.THE.HEAD **Def:** To lower the head as a sign of respect. **KJV:** stoop, bow **Str:** #6915

יקד *YQD* (ch) **Def:** From the heat that comes from the top of the head.

3560 יקד (vrb) *yaw'kad* **Tran:** SMOLDER **KJV:** burn, kindle, hearth **Str:** #3344 **Aramaic:** *yek'ad* #3345

3561 יקדה (fem) **Tran:** BURNING **KJV:** burning **Aramaic:** *yek'ay'daw* #3346

3562 מוקד (masc) מוקדה (fem) *mo'kade / mo'ked'aw* **Tran:** SMOLDERING.FIRE **Def:** A fire that has burned itself out, but still smoldering. **KJV:** burning, hearth **Str:** #4168, #4169

3563 יקוד (masc) *yek'ode* **Tran:** BURNING **KJV:** burning **Str:** #3350

נקד *NQD* (ad)

3564 נקוד (masc) *naw'kode* **Tran:** SPECKLED **Def:** The spots marking sheep and goats. **KJV:** speckled **Str:** #5348

3565 נקודה (fem) *ned'ood'daw* **Tran:** DROP **Def:** As spots. **KJV:** stud **Str:** #5351

3566 נוקד (masc) *no'kade* **Tran:** SHEEP.MASTER **Def:** One who manages the flock. **KJV:** sheepmaster, herdman **Str:** #5349

3567 נִיקוֹד (masc) *nik'kood* **Tran:** MOLDY **Def:** As spots. **KJV:** mouldy, crcknels **Str:** #5350

קדח *QDHh* (ad)

3568 קדח (vrb) *kaw'dakh* **Tran:** KINDLE **Def:** To kindle a fire. **KJV:** kindle, burn **Str:** #6919

3569 קדחת (fem) *kad'dakh'ath* **Tran:** FEVER **KJV:** burning, fever **Str:** #6920

3570 אקדח (masc) *ek'dawkh* **Tran:** CARBUNCLE **Def:** A bright red gem. **KJV:** carbuncle **Str:** #0688

קדר *QDR* (ad) **Rel:** something burnt

3571 קדר (vrb) *kaw'dar* **Tran:** GRAY **Def:** To be dark from a lack of light or in mourning. **KJV:** mourn, black, dark, blackish, heavily **Str:** #6937

3572 קדרות (fem) *kad'rooth* **Tran:** GRAYNESS **KJV:** blackness **Str:** #6940

3573 קדורנית (fem) *ked'o'ran'neeth* **Tran:** DARKENED **KJV:** mournfully **Str:** #6941

עקד *AhQD* (ad)

3574 עקד (vrb) *aw'kad* **Tran:** BIND **Def:** To make secure by tying; to confine, restrain or restrict as if with bonds. bind with a cord. **KJV:** bind **Str:** #6123

3575 עקוד (masc) *aw'kode* **Tran:** STRIPED **Def:** Having stripes or streaks. As appearing to be whipped with a cord. **KJV:** ringstraked **Str:** #6124

קה *QH* (pr) **Act:** Collect, Dull **Obj:** Cord **Abs:** Obedience **AH:** ᛞᛝ

קהה *QHH* (ch)

3576 קהה (vrb) *kaw'haw* **Tran:** DULL **Def:** dull blade or dull teeth as bad. **KJV:** edge, blunt **Str:** #6949

קוה *QWH* (ch)

3577 קוה (vrb) *kaw'vaw* **Tran:** BOUND.UP **Def:** To be confined or hedged in; to wait or to be held back. **Rel:** In the sense of being bound up. **KJV:** wait, look, gather **Str:** #6960

3578 מקוה (masc) *mik'veh* **Tran:** COLLECTION **Def:** An accumulation of objects or material. A collection of water (a pool, pond or sea) or horses (herd). **KJV:** yarn, hope, gathering, pool, plenty, abiding **Str:** #4723

3579 מקוה (fem) *mik'vaw* **Tran:** DITCH **Def:** place for collecting water. **KJV:** ditch **Str:** #4724

יקה *YQH* (ch)

3580 יקהה (fem) *yik'kaw'haw* **Tran:** OBEDIENCE **Def:** Submission to the will of another. **Rel:** In the sense of being restrained. **KJV:** gathering, obey **Str:** #3349

קו *QW* (pr) **Act:** Measure **Obj:** Cord **Def:** A cord used for measuring a straight line. **AH:** ק

3581 קו / קוה (masc) *kav / kaw'veh* **Tran:** MEASURING.LINE **Def:** A cord or string used to measure distances. **KJV:** line, rule **Str:** #6957, #6961

3582 תקוה (fem) *tik'vaw* **Tran:** WAITING **Def:** A standing still in anticipation or expectation. **KJV:** hope, expect, line, long **Str:** #8615

3583 קוקו (masc) *kav'kav* **Tran:** MEASURED **Def:** As with a cord. **KJV:** meted **Str:** #6978

קח *QHh* (pr) **Act:** Take, Mix **Obj:** Merchandise, Spice **AH:** ק

3584 מקח (masc) *mik'kawkh* **Tran:** TAKING **KJV:** taking **Str:** #4727

3585 קחה (fem) *mak'kaw'khaw* **Tran:** MERCHANDISE **Def:** As taken. **KJV:** ware **Str:** #4728

רקח *RQHh* (ad) **Def:** The mixing of spices and oils to form a perfumed liquid or ointment. **Rel:** a sale item

3586 רקח (vrb) *raw'kakh* **Tran:** COMPOUND **Def:** The combining of two or more ingredients to achieve the desired substance. **KJV:** apothecary, compound, make, prepare, spice **Str:** #7543

3587 רקח (masc) *rak'kawkh / reh'kakh* **Tran:** COMPOUND **Def:** As mixed. One who mixes spices for ointments or perfumes. **KJV:** spiced, apothecary **Str:** #7544, #7546

3588 רקחה (fem) *rak'kaw'khaw* **Tran:** MIXER **Def:** One who mixes spices for ointments or perfumes. **KJV:** confectionary **Str:** #7548

3589 רוקח (masc) *ro'kakh* **Tran:** SPICE.MIXTURE **Def:** A mixture of spices for an ointment or perfume. **KJV:** ointment, confection **Str:** #7545

3590 מרקחת (fem) *meer'kakh'ath* **Tran:** OINTMENT.MIXTURE **Def:** A mixture of spices for an ointment or perfume. **KJV:** compound, ointment, apothecary **Str:** #4842

3591 מרקח (masc) *mer'kawkh* **Tran:** SWEET **Def:** From the sweet smell of spices. **KJV:** sweet **Str:** #4840

3592 מרקחה (fem) *mer'kaw'khaw* **Tran:** MIXTURE **Def:** mixture of spices for an ointment or perfume. **KJV:** ointment, well **Str:** #4841

3593 ריקוח (masc) *rak'koo'akh* **Tran:** PERFUME **Def:** As a mixture of spices. **KJV:** perfume **Str:** #7547

קט *QTh* (pr) **Act:** Cut, Loathe, Destroy, Kill, Pluck, Burn **Obj:** Little, Incense **Abs:** Loathe, Destruction **Def:** Something that is little or made little by cutting off. **AH:** ⊗ᛈ

3594 קט (masc) *kat* **Tran:** INSIGNIFICANT **KJV:** little **Str:** #6985

קטט *QThTh* (ch)

3595 קטט (vrb) *kaw'tat* **Tran:** CUT.OFF **KJV:** cut off **Str:** #6990

קוט *QWTh* (ch) **Def:** Something considered little, of no account.

3596 קוט / קוץ (vrb) *koot / koots* **Tran:** LOATHE **Def:** To dislike greatly and often with disgust. To be sickened as if pierced by a thorn. **KJV:** abhor, weary, loathe, distress, vex, grieve **Str:** #6962, #6973

מעט *MAhTh* (ad)

3597 מעט (vrb) *maw'at* **Tran:** BE.LESS **Def:** To be fewer or diminished in size or amount. **KJV:** diminish, few, less, little, fewness, least, minish, decrease, nothing, few **Str:** #4591

3598 מעט (masc) *meh'at* **Tran:** SMALL.AMOUNT **Alt:** few, little, small thing; might have. **Def:** Something that is few or small in size or amount. **KJV:** little, few, while, almost, small, some, matter, light, very, worth **Str:** #4592

נקט *NQTh* (ad)

3599 נקט (vrb) *naw'kat* **Tran:** LOATHE **KJV:** weary **Str:** #5354

קטב *QThB* (ad) **Def:** A destruction by being cut off. **Rel:** made short by cutting

3600 קטב (masc) *keh'teb* **Tran:** DESTRUCTION **KJV:** destruction, destroying **Str:** #6986

3601 קוטב (masc) *ko'teb* **Tran:** DESTRUCTION **KJV:** destruction **Str:** #6987

קטל *QThL* (ad) **Def:** A cutting off by killing. **Rel:** made short by cutting

3602 קטל (vrb) *kaw'tal* **Tran:** KILL **KJV:** slay, kill **Str:** #6991 **Aramaic:** *ket'al* #6992

3603 קטל (masc) *keh'tel* **Tran:** SLAUGHTER **KJV:** slaughter **Str:** #6993

קטן *QThN* (ad) **Def:** Someone or something that is small in size, importance, age or significance.

3604 קטן (vrb) *kaw'tone* **Tran:** BE.SMALL **Def:** To have little size or slight dimensions; insignificant. **KJV:** small, not worthy **Str:** #6994

3605 קטן (masc) *kaw'tawn* **Tran:** SMALL **Def:** Someone or something that is not very large in size, importance, age or significance. **KJV:** small, little, youngest, younger, least, less, lesser, young **Str:** #6996

3606 קוטן (masc) *ko'ten* **Tran:** LITTLE.FINGER **KJV:** little **Str:** #6995

קטף *QThP* (ad) **Def:** A plucking or picking off as being cut down. **Rel:** made short by cutting

3607 קטף (vrb) *kaw'taf* **Tran:** CROP.OFF **KJV:** crop, pluck, cut **Str:** #6998

קטר *QThR* (ad) **Def:** The aromatic burning of incense or fat as an offering. **Rel:** made short by killing

3608 קטר (vrb) *kaw'tar / kaw'tar* **Tran:** BURN.INCENSE **Def:** To light a sacrifice or aromatic plant on fire creating smoke, often aromatic. **KJV:** incense, burn, offer, kindle, offering **Str:** #6999, #7000

3609 קטורת / קטורה (fem) *ket'o'raw / ket'o'reth* **Tran:** INCENSE.SMOKE **Def:** Usually made of several spices and or fruits, etc. To emit a fragrance. Used at the altar as a sweet savor. **KJV:** incense, perfume **Str:** #6988, #7004

3610 קיטר (fem) *kit'tare* **Tran:** INCENSE **KJV:** incense **Str:** #7002

3611 מקטר (masc) *mik'tawr* **Tran:** PLACE.TO.BURN **Def:** A specific location used for burning incense. **KJV:** burn **Str:** #4729

3612 מקטרת (fem) *mik'teh'reth* **Tran:** CENSER **Def:** What is used to hold the incense. **KJV:** censor **Str:** #4730

3613 קיטור (masc) *kee'tore* **Tran:** THICK.SMOKE **Def:** To burn sluggishly without flame. The smoke of the burning incense or fat. **KJV:** smoke, vapour **Str:** #7008

קי *QY* (pr) **Obj:** Gourd **AH:** ꕞ⌒𖤍

3614 קיקיון (masc) *kee'kaw'yone* **Tran:** GOURD **KJV:** gourd **Str:** #7021

קל *QL* (pr) **Act:** Gather, Hurl **Obj:** Shepherd, Light, Flock, Voice, Sling **Def:** When the shepherd called the sheep they swiftly came to him. The staff of the shepherd was his tool of authority. With it he would direct, discipline and protect the flock. **AH:** ∠𖤍- The pictograph 𖤍 is a picture of the sun at the horizon and the gathering of the light, the ∠ is a picture of a shepherd staff representing authority. Combined these mean "gathering to the staff."

3615 קל (masc) *kal* **Tran:** SWIFT **Def:** The sound of the shepherd that calls the flock. The voice of man or musical instrument. **Rel:** The Shepherd traveled light allowing him to move swiftly. He carried with him a long staff for directing the sheep as well as to protect them from predators. The shepherd also carried a bag, which included dried foods including grains and meat. Also, making light of someone or something as in shame, curse or dishonor. **KJV:** swift, light **Str:** #7031 **Aramaic:** #7032

3616 מקל (masc) מקלה (fem) *mak'kale;* **Tran:** ROD **Def:** A long and slender bar of wood. A staff for walking. **KJV:** rod, staff, stave **Str:** #4731

3617 קלי / קליא (masc) *kaw'lee* **Tran:** ROASTED.GRAIN **Def:** Green Grains, which are full of starches and protein, are picked and roasted and can be stored for long periods. **KJV:** corn **Str:** #7039

3618 קלון (masc) *kaw'lone* **Tran:** SHAME **Def:** One who is become light in stature. **KJV:** shame, confusion, dishonour, ignominy, reproach **Str:** #7036

3619 קלוקל (masc) *kel'o'kale* **Tran:** LIGHTWEIGHT **Def:** Something that is light in weight or position (worthless). **KJV:** light **Str:** #7052

קלל *QLL* (ch) **Def:** Something light in weight or stature.

3620 קלל (vrb) *kaw'lal* **Tran:** BELITTLE **Def:** To regard or portray as less impressive or important; to be light in weight; to curse or despise in the sense of making light. **KJV:** curse, swift, light, vile, despise, abate, ease, slight **Str:** #7043

3621 קלל (masc) *kaw'lawl* **Tran:** POLISHED **KJV:** burnished, polished **Str:** #7044

3622 קללה (fem) *kel'aw'law* **Tran:** ANNOYANCE **Def:** The act of disturbing or irritating. Something that is light in stature; considered worthless as compared with something of much greater value or importance. **KJV:** curse, accurse **Str:** #7045

קהל *QHL* (ch) **Def:** A gathering of sheep to the shepherd.

3623 קהל (vrb) *kaw'hal / kaw'lah* **Tran:** ASSEMBLE **Def:** To gather together a flock, herd or group of people. **KJV:** gather, assemble **Str:** #6950, #7035

3624 קהל (masc) קהלה (fem) *kaw'hawl / keh'hil'law / lah'hak'aw* **Tran:** ASSEMBLY **Def:** A large group, as a gathering of the flock of sheep to the shepherd. **KJV:** congregation, assembly, company, multitude **Str:** #6951, #3862, #6952

3625 מקהל (masc) מקהלה (fem) *mak'hale* **Tran:** GRASSLAND **Def:** The pasture or meadow where the flock gathers for feeding. **KJV:** congregation **Str:** #4721

קלה *QLH* (ch) **Def:** The Shepherd traveled light allowing him to move swiftly. He carried with him a long staff for directing the sheep as well as to protect them from predators. The shepherd also carried a bag, which included dried foods including grains and meat. Also, making light of someone or something as in shame, curse or dishonor.

3626 קלה (vrb) *kaw'law / kaw'law* **Tran:** DRY **Def:** To dry foods, grains and meats, to preserve them. Dried foods are carried by the shepherd. To be light in stature; worthless; despised. **KJV:** roast, dried, parched, loathsome, vile, condemn, esteem, despise, base, light **Str:** #7033, #7034

קול *QWL* (ch) **Def:** The call of the shepherd to the sheep who knew him by sound. When it came time to move he would call them and they would quickly gather to him.

3627 קול (masc) *kole* **Tran:** VOICE **Alt:** sound; thunder. **Def:** The faculty of utterance. Sound of a person, musical instrument, the wind, thunder, etc. **KJV:** voice, noise, sound, thunder, fame **Str:** #6963

סקל *SQL* (ad) **Def:** The gathering of stones for building a fence, road or for stoning.

3628 סקל (vrb) *saw'kal* **Tran:** STONE **Def:** To gather stones for stoning. The act of throwing rocks with the intention of killing. To remove stones from a road or field. **KJV:** stone, cast, gather, throw **Str:** #5619

קלע *QLAh* (ad) **Def:** The hurling of a stone from sling. **Rel:** always carried by the shepherd in his bag for protection

3629 קלע (vrb) *kaw'lah* **Tran:** HURL **Def:** To throw stones with a sling. To carve figures. **KJV:** sling, carve **Str:** #7049

3630 קלע (masc) *kal'law / keh'lah* **Tran:** SLING **Def:** A weapon made of a pouch that is attached to two long cords and used for throwing stones. Also, something that hangs like a sling. **KJV:** hanging, sling, leaves **Str:** #7050, #7051

3631 מקלעת (fem) *mik'lah'ath* **Tran:** CARVED.FIGURE **Def:** carved figure. **KJV:** carved, figures, carving, graving **Str:** #4734

קקל *QQL* (ad) **Rel:** as light

3632 קיקלון (masc) *kee'kaw'lone* **Tran:** SHAME **KJV:** shameful **Str:** #7022

קם *QM* (pr) **Act:** Rise, Avenge, Grind, Snatch, Wither, Grasp, Cling **Obj:** Stalk, Substance, Stand, Meal, Handful, Thorn **Abs:** Vengeance **Def:** A rising or standing of anything. **AH:** ᴍφ

3633 קמה (fem) *kuw'maw* **Tran:** GRAIN.STALK **Def:** The tall stem of cereal crops. **KJV:** standing, grown, stalk **Str:** #7054

קום *QWM* (ch)

3634 קום (vrb) *koom* **Tran:** RISE **Def:** To assume an upright position; to raise or rise up; to continue or establish. **KJV:** up, arise, raise, establish, stand, perform, confirm, again, set, stablish, surely, continue, sure, abide, accomplish **Str:** #6965 **Aramaic:** #6966

3635 קומה (fem) *ko'maw* **Tran:** HEIGHT **Def:** The highest part or most advanced point; the condition of being tall or high. **Rel:** In the sense of being raised up. **KJV:** height, stature, high, tall, along **Str:** #6967

3636 מקום (masc) *maw'kome* **Tran:** AREA **Def:** An indefinite region or expanse; a particular part of a surface or body. A place. **Rel:** A place one rises up to. **KJV:** place, home, room, open, space, country **Str:** #4725

3637 תקומה (fem) *tek'oo'maw* **Tran:** HIGH.PLACE **Def:** An elevated area as a place of defense. **KJV:** stand **Str:** #8617

3638 תקומם (masc) *tek'o'mame* **Tran:** RISING **KJV:** rise **Str:** #8618

3639 קוממיות (fem) *ko'mem'ee'yooth* **Tran:** VERTICAL **KJV:** upright **Str:** #6968

יקם *YQM* (ch)

3640 יקום (masc) *yek'oom* **Tran:** SUBSTANCE **Def:** A fundamental or characteristic part or quality. Any standing thing or person. **KJV:** substance **Str:** #3351

קים *QYM* (ch)

3641 קים (masc) *keem* **Tran:** STAND **Def:** Someone or something that stands erect. A standing word. **KJV:** sure, steadfast **Str:** #7009 **Aramaic:** *keh'yawm / kah'yawm* #7010, #7011

3642 קימה (fem) *kee'maw* **Tran:** RISING **KJV:** rising **Str:** #7012

נקם *NQM* (ad) **Rel:** one who raises the hand to avenge another

3643 נקם (vrb) *naw'kam* **Tran:** AVENGE **Def:** To take vengeance for or on behalf of another; to gain satisfaction for a wrong by punishing the wrongdoer; to pursue and kill one who has murdered. **KJV:** avenge, vengeance, revenge, take, avenger, punish **Str:** #5358

3644 נקם (masc) נקמה (fem) *naw'kawm / nek'aw'maw* **Tran:** VENGEANCE **Def:** The desire for revenge. **KJV:** vengeance, quarrel, avenge, revenge **Str:** #5359, #5360

קמח *QMHh* (ad) **Def:** Grain is ground into a meal for making breads.

3645 קמח (masc) *keh'makh* **Tran:** GRAIN.FLOUR **Def:** Usually finely ground seeds of wheat. **KJV:** meal, flour **Str:** #7058

קמט *QMTh* (ad) **Def:** A snatching away of something.

3646 קמט (vrb) *kaw'mat* **Tran:** SNATCH **KJV:** cut down, wrinkle **Str:** #7059

קמל *QML* (ad)

3647 קמל (vrb) *kaw'mal* **Tran:** WITHER **KJV:** wither, hew **Str:** #7060

קמץ *QMTs* (ad)

3648 קמץ (vrb) *kaw'mats* **Tran:** GRASP **Def:** To grab with the hands, to grab a handful. **KJV:** take **Str:** #7061

3649 קומץ (masc) *ko'mets* **Tran:** HANDFUL **Def:** As much of or as many as the hand can grasp. **KJV:** handful **Str:** #7062

קמש *QMSh* (ad) **Def:** A thorn pierces the flesh and clings to the skin.

3650 קימוש (masc) *kim'moshe* **Tran:** THORNY.PLANT **KJV:** nettle **Str:** #7057

3651 קימשון (masc) *kim'maw'shone* **Tran:** PRICKLY.PLANT **KJV:** thorn **Str:** #7063

קן *QN* (pr) **Act:** Guard, Gather **Obj:** Nest, Branch, Song, Bill **Abs:** Zealous **Def:** The parent birds go about gathering materials to build a nest where they will raise their seeds (eggs). **AH:** ⌐ᄋ- The pictograph ᄋ is a picture of the sun at the horizon and the gathering of the light, the ⌐ is a picture of a seed. Combined these mean "gathering for the seeds."

3652 קן (masc) *kane* **Tran:** NEST **Def:** A bed or receptacle prepared by a bird for its eggs and young. The stall of an animal as a nest. **Rel:** The nest of a bird as a living place. **KJV:** nest, room **Str:** #7064

3653 מקנה (fem) *mik'naw* **Tran:** ACQUIRED **Def:** What is obtained as one's own. Often used in the context of purchasing. **Rel:** What is accumulated in the sense of gathering to build a nest. **KJV:** bought, purchase, price, possession **Str:** #4736

קנן *QNN* (ch) **Def:** The building of the nest and family.

3654 קנן (vrb) *kaw'nan* **Tran:** NEST **Def:** To build a Nest or home. **KJV:** nest **Str:** #7077

3655 קינין (masc) *kin'yawn* **Tran:** MATERIAL **Def:** Something owned, occupied or controlled. The goods and wealth acquired from the idea of acquiring materials for building a nest. **KJV:** substance, getting, goods, riches, with **Str:** #7075

קנא *QNA* (ch) **Def:** The parent bird will guard over and protect the nest and eggs from predators. Man can guard over the family, wife, possessions in a positive way (protect, from an enemy) or in a negative way (by not trusting or a desire to have another's possessions).

3656 קנא (vrb) *kaw'naw* **Tran:** BE.ZEALOUS **Alt:** envious. **Def:** To be filled with eagerness and ardent interest in pursuit of something. **KJV:** envy, jealous, zealous, zeal **Str:** #7065

3657 קנא (masc) *kan'naw* **Tran:** ZEALOUS **Def:** Someone who is insistent on reaching the desired outcome. Single minded. One who is protective over someone or something. **KJV:** jealous **Str:** #7067

3658 קנאה (fem) *kin'aw* **Tran:** ZEALOUSNESS **Def:** A protective or suspicious nature. **KJV:** jealousy, zeal, envy, for my sake **Str:** #7068

3659 קנוא (masc) *kan'no* **Tran:** ZEALOUS **KJV:** jealous **Str:** #7072

קנה *QNH* (ch) **Def:** The process of gathering branches for the nest; mans gathering or acquiring materials by taking or buying. The ancients measured wealth by the amount of one's possessions and measured distances using a branch with marks on it.

3660 קנה (vrb) *kaw'naw* **Tran:** PURCHASE **Def:** To acquire ownership or occupation through an exchange. **KJV:** get, gotten, possess, buy, purchase, possessor, buyer, keep **Str:** #7069 **Aramaic:** קנא *ken'aw* #7066

3661 מקנה (masc) *mik'neh* **Tran:** LIVESTOCK **Def:** Animals kept or raised for use or pleasure. What is purchased or possessed. **KJV:** cattle, possession, flocks, substance, herd, purchase **Str:** #4735

קון *QWN* (ch) **Def:** The repetitive song or chirping of a bird.

3662 קון (vrb) *koon* **Tran:** CHANT **Def:** As a repetitive sound like a bird. **KJV:** lament, mourning **Str:** #6969

3663 קינה (fem) *kee'naw* **Tran:** CHANTING **KJV:** lamentation, dirge, elegy **Str:** #7015

קין *QYN* (ch) **Def:** The bill of a bird used for feeding it young and as a weapon.

3664 קין (masc) *kah'yin* **Tran:** SPEARHEAD **Def:** The head of a spear. **Rel:** Like the bill of bird used to defend the nest. **KJV:** spear **Str:** #7013

קנם *QNM* (ad) **Def:** A fragrant bark used as spice.

3665 קנמון (masc) *kin'naw'mone* **Tran:** CINNAMON **Def:** A spice from the bark of a small evergreen tree. The essential oil is of great price. **KJV:** cinnamon **Str:** #7076

קע *QAh* (pr) **Act:** Dislocate **Obj:** Tattoo **AH:** ⊙ϙ

3666 קעקע (masc) *kah'ak'ah* **Tran:** TATTOO **KJV:** mark **Str:** #7085

יקע *YQAh* (ch)

3667 יקע (vrb) *yaw'kah* **Tran:** DISLOCATE **Alt:** hang. **Def:** To put out of place; to displace, as to dislocate a joint. Beheading by severing the neck.. **KJV:** hang, alienate, joint, depart **Str:** #3363

נקע *NQAh* (ad) **Rel:** being removed from the home

3668 נקע (vrb) *naw'kah* **Tran:** ALIENATE **KJV:** alienate **Str:** #5361

קף *QP* (pr) **Act:** Condense, Encircle, Shrink, Leap, Close **Obj:** Sun, Curdle, Crystal **Abs:** Anguish **Def:** As the sun travels through the sky it marks (speaks, commands) the times and seasons (see Genesis 1:14). The condensing of the light at the sun when at the horizons, a condensing of milk into curdles. A going around of the sun from one horizon to the other. **AH:** ᴗ-ᵠ- The pictograph ᵠ is a picture of the sun at the horizon, the ᴗ is a picture of the mouth. Combined these mean "sun speaks."

קפא *QPA* (ch) **Def:** The condensing of milk into a cheese.

3669 קפא (vrb) *kaw'faw* **Tran:** CURDLE **Def:** To change into curd; coagulate; congeal. To spoil; turn sour. **KJV:** congeal, settle, curdle, dark **Str:** #7087

קוף *QWP* (ch) **Def:** A going around of the sun from one horizon to the other.

3670 קוף (masc) *kofe* **Tran:** APE **KJV:** ape **Str:** #6971

3671 תקופה (fem) *tek'oo'faw* **Tran:** CIRCUIT **Alt:** end. **Def:** A going around in a circle. To return to a starting point in the sense of going full circle. **KJV:** end, circuit, about **Str:** #8622

גבש *GBSh* (ad)

3672 גביש (masc) *gaw'beesh* **Tran:** CRYSTAL **KJV:** pearl **Str:** #1378

נקף *NQP* (ad)

3673 נקף (vrb) *naw'kaf* **Tran:** ENCIRCLE **Def:** To go around to enclose or go about. **KJV:** compass, round, about, destroy, down, inclose, kill, round **Str:** #5362

3674 ניקפה (fem) *nik'paw* **Tran:** ROPE **Def:** Used to encircle the waist. **KJV:** rent **Str:** #5364

3675 נוקף (masc) *no'kef* **Tran:** CIRCLING **Def:** The going around the tree beating it to drop the fruit. **KJV:** shaking **Str:** #5363

קפד *QPD* (ad) **Rel:** contracting

3676 קפד (vrb) *kaw'fad* **Tran:** GATHER.UP **KJV:** cut off **Str:** #7088

3677 קפדה (fem) *kef'aw'daw* **Tran:** ANGUISH **Def:** As a shrinking. **KJV:** destruction **Str:** #7089

3678 קיפוד (masc) *kip'pode* **Tran:** PORCUPINE **Def:** An unknown animal. **KJV:** bittern **Str:** #7090

קפז *QPZ* (ad) **Rel:** seasons contracting

3679 קיפוז (masc) *kip'poze* **Tran:** GREAT.OWL **Def:** An unknown animal or bird. **KJV:** owl **Str:** #7091

קפץ *QPTs* (ad) **Def:** A closing in the sense of drawing together. **Rel:** seasons contracting

3680 קפץ (vrb) *kaw'fats* **Tran:** CLOSE **Def:** To draw together to close or shut. **KJV:** shut, stop, skip, take out **Str:** #7092

קץ *QTs* (pr) **Act:** Cut, Awake, Sheer, Scrape **Obj:** End, Summer, Base, Plane **Def:** The end of something or to make an end by cutting it off. **AH:** ק ל

3681 קץ (masc) *kates* **Tran:** CONCLUSION **Alt:** after. **Def:** To come to an end. The end of a time period or place or the end of something. The border of a country as its edges. **KJV:** end, after, border, infinite, process **Str:** #7093

3682 קצת (fem) *kets'awth* **Tran:** END **Def:** The end of a time or place or as an extremity. **KJV:** end, part, some **Str:** #7117 **Aramaic:** #7118

3683 קצין (masc) *kaw'tseen* **Tran:** RULER **Def:** One who rules within a border. **KJV:** ruler, prince, captain, guide **Str:** #7101

3684 קיצון (masc) *kee'tsone* **Tran:** OUTER **Def:** The furthest from the center. The end. **KJV:** uttermost, outmost **Str:** #7020

קצץ *QTsTs* (ch) **Def:** The making of an end of something by cutting it.

Benner's Lexicon of Biblical Hebrew

3685 קצץ / קחח (vrb) *kaw'sas / kaw'tsats* **Tran:** SLICE.OFF **Def:** To make an end of something by cutting it off. **KJV:** cut off, utmost, cut **Str:** #7082, #7112 **Aramaic:** *kets'ats* #7113

קצה *QTsH* (ch)

3686 קצה (vrb) *kaw'tsaw* **Tran:** SCRAPE.OFF **Def:** To cut something out or make short. **KJV:** cut off, cut, scrape **Str:** #7096

3687 קצה (masc) קצה (fem) *kaw'tsaw / kaw'tseh* **Tran:** EXTREMITY **Def:** The most distant end of a place or time; the end, corner or edge. **KJV:** end, part, edge, coast, border, outside, utmost, quarter, lowest, uttermost, selvedge **Str:** #7097, #7098

קוץ *QWTs* (ch)

3688 קוץ (masc) *kotse* **Tran:** BRAMBLE **Def:** A rough, prickly vine or shrub. Thorn. **KJV:** thorn **Str:** #6975

3689 קוצה (fem) *kev'oots'tsaw* **Tran:** LOCK **Def:** lock of hair. **KJV:** lock **Str:** #6977

קצו *QTsW* (ch)

3690 קצו (masc) *keh'tsev* **Tran:** END **Def:** The far extremity of something, the end or edge. **KJV:** end, uttermost **Str:** #7099

יקץ *YQTs* (ch) **Def:** An ending of sleep.

3691 יקץ (vrb) *yaw'kats* **Tran:** AWAKE **Def:** To bring sleep to an end; to not be in a state of sleeping. **KJV:** awake **Str:** #3364

קיץ *QYTs* (ch) **Def:** The rising of the sun in its heights during the summer as a waking up of the sun.

3692 קיץ / קוץ (vrb) *koots / koots* **Tran:** WAKE.UP **Def:** Also to spend the summer. **KJV:** awake, wake, arise, watch, summer **Str:** #6972, #6974

3693 קיץ (masc) *kah'yits* **Tran:** SUMMER **Def:** The season between spring and autumn. **KJV:** summer **Str:** #7019 **Aramaic:** קיט *kah'yit* #7007

כרת *KRT* (ad) **Def:** A cutting off or down of anything. Often used as a cutting of the covenant in the sense that the sacrificial animal is cut in half (see Jeremiah 34:18). **Rel:** being cut short

3694 כרת (vrb) *kaw'rath* **Tran:** CUT **Def:** To penetrate with a sharp-edged instrument. **KJV:** cut off, make, cut down, cut, fail, destroy, want, covenant, hew **Str:** #3772

3695 כרותה (fem) *kaw'rooth'aw* **Tran:** BEAM **Def:** As cut off from the tree. **KJV:** beam **Str:** #3773

3696 כריתות (fem) *ker'ee'thooth* **Tran:** DIVORCE **Def:** As cut off from the husband. **KJV:** divorcement, divorce **Str:** #3748

קנץ *QNTs* (ad) **Rel:** to make an end of something

3697 קנץ (masc) *keh'nets* **Tran:** END **Def:** To come to an end. **KJV:** end **Str:** #7078

קצב *QTsB* (ad) **Def:** The remaining portion after being sheered off.

3698 קצב (vrb) *kaw'tsab* **Tran:** SHEER **KJV:** cut down, shorn **Str:** #7094

3699 קצב (masc) *keh'tseb* **Tran:** BASE **Def:** What remains when sheered off. **KJV:** size, bottom **Str:** #7095

קצע *QTsAh* (ad) **Def:** The scraping of a beam with a plane to form corners.

3700 קצע (vrb) *kaw'tsah* **Tran:** SCRAPE **KJV:** scrape, corner **Str:** #7106

3701 קציעה / קידה (fem) *kets'ee'aw / kid'daw* **Tran:** CASSIA **Def:** The tree, wood or spice which is used in anointing oils and perfumes. **Rel:** As scraped from the tree. **KJV:** cassia **Str:** #6916, #7102

3702 מקצועה (fem) *mak'tsoo'aw* **Tran:** PLANE **Def:** scraping tool used to make flat surfaces and corners. **KJV:** plane **Str:** #4741

3703 מקצוע (masc) *mak'tso'ah* **Tran:** BUTTRESS **Def:** A support or prop. Wall or abutment built to support another wall on the outside, when very high or loaded with a heavy structure. **KJV:** corner, turning **Str:** #4740

3704 מקוצעה (fem) *mek'oots'aw* **Tran:** CORNER.POST **Def:** The strongest point from where the rest of the structure is built from. As scraped out with a plane. **KJV:** corner **Str:** #4742

קְצָף *QTsP* (ad) **Def:** The snapping of a piece of wood sending splinters flying.

3705 קָצַף (vrb) *kaw'tsaf* **Tran:** SNAP **Def:** To make a sudden closing; to break suddenly with a sharp sound; to splinter a piece of wood; to lash out in anger as a splintering. **KJV:** wrath, displease, angry, fret, furious **Str:** #7107 **Aramaic:** *kets'af* #7108

3706 קֶצֶף (masc) *keh'tsef* **Tran:** SPLINTER **Def:** The sharp flying objects from a snapped piece of wood. Also, wrath as flying splinters. **KJV:** wrath, indignation, sore, foam **Str:** #7110 **Aramaic:** *kets'af* #7109

3707 קְצָפָה (fem) *kets'aw'faw* **Tran:** SNAPPED **Def:** The snapping and splintering of wood. **KJV:** barked **Str:** #7111

קְצָר *QTsR* (ad) **Def:** The cutting short of something such as the reaping of the harvest where the stalks are made short or patience which can be cut short. **Rel:** being cut short

3708 קָצַר (vrb) *kaw'tsar* **Tran:** SEVER **Def:** To cut short or small; to cut or reap the harvest in the sense of severing the crop from its stalk; to be impatient in the sense of patience being severed. **KJV:** reap, reaper, shorten, shorter, discourage, loathe, straiten **Str:** #7114

3709 קָצָר (masc) *kaw'tsare* **Tran:** SHORT **Def:** As being cut off prematurely. **KJV:** small, few, soon, hasty **Str:** #7116

3710 קָצִיר (masc) *kaw'tseer* **Tran:** HARVEST **Def:** The season for gathering agricultural crops. Time when the plants are severed from their roots to be used for seed or food. **KJV:** harvest, bough, branch, harvestman **Str:** #7105

3711 קוֹצֶר (masc) *ko'tser* **Tran:** SHORTNESS **Def:** Short in patience. **KJV:** anguish **Str:** #7115

שְׁקָץ *ShQTs* (ad) **Def:** A dirty and detestable thing.

3712 שָׁקַץ (vrb) *shaw'kats* **Tran:** DETEST **Def:** To detest that which is filthy. **KJV:** abomination, abhor, detest **Str:** #8262

3713 שֶׁקֶץ (masc) *sheh'kets* **Tran:** FILTHY **KJV:** abomination, abominable **Str:** #8263

3714 שִׁיקוּץ (masc) *shik'koots* **Tran:** FILTHINESS **Def:** A dirty, shameful, or detestable action, object or condition. Often used in the context of idols. **KJV:** abomination, detestable, abomination **Str:** #8251

קר *QR* (pr) **Act:** Call, Meet **Obj:** Cold, Meeting, Event, Sit, Wall, Ice, Bald **Abs:** Precious **Def:** The meeting or bringing together of people or objects by arrangement, accident or purchase. **AH:** ⵏ𖤍- The pictograph 𖤍 is a picture of the sun at the horizon and the gathering of the light, the ⵏ is a picture of the head of a man. Combined these mean "gather the men."

3715 קר (masc) *kar / kore* **Tran:** COLD **Def:** A condition of low temperature. **Rel:** Men often came together during the cool of the evening to discuss the news of the camp. **KJV:** cold **Str:** #7119, #7120

3716 קרה (fem) *kaw'raw* **Tran:** COLD **Def:** cold wind or cold weather. **KJV:** cold **Str:** #7135

3717 קרי (masc) *ker'ee* **Tran:** CONTRARY **Def:** To be in opposition. **KJV:** contrary **Str:** #7147

3718 מקרה (fem) *mek'ay'raw* **Tran:** COOL **Def:** cool place to escape the heat. **KJV:** summer **Str:** #4747

קרא *QRA* (ch) **Def:** A calling together for assembly. To call out a name as when a child is born its name is called out for all to here and come to the house.

3719 קרא (vrb) *kaw'raw* **Tran:** CALL.OUT **Def:** To raise one's voice or speak loudly and with urgency; to give, a name; to meet in the sense of being called to a meeting; to have an encounter by chance; to read in the sense of calling out words. **KJV:** call, cry, read, proclaim, name, guest, invite, gave, renown, bidden, preach, read, cry **Str:** #7121 **Aramaic:** *ker'aw* #7123

3720 קריא (masc) *kaw'ree* **Tran:** SELECTED **Def:** Individuals called out for a special purpose. **KJV:** famous **Str:** #7148

3721 קריאה (fem) *ker'ee'aw* **Tran:** MESSAGE **KJV:** preaching **Str:** #7150

3722 קורא (masc) *ko'ray* **Tran:** PARTRIDGE **Def:** From its distinctive call. **KJV:** partridge **Str:** #7124

קרה *QRH* (ch) **Def:** The meeting or bringing together of people or objects by arrangement, accident or purchase.

3723 קרא / קרה (vrb) *kaw'raw / kaw'raw / keer'aw* **Tran:** MEET **Alt:** come to meet; lay beams. **Def:** To come into the presence of; to go to meet another; to have a chance encounter. **KJV:** befall, come, chance, happen, met, fall, out, call, meet, against, come, help, seek, beam, bright **Str:** #7122, #7125, #7136

3724 קרה (masc) *kaw'reh* **Tran:** EVENT **KJV:** chance **Str:** #7137

3725 קריה (fem) *kir'yaw* **Tran:** METROPOLIS **Def:** A large populace of people; a town or village. A place of meeting and gathering. **KJV:** city **Str:** #7151 **Aramaic:** קריא *keer'yaw* #7149

3726 מקרה (masc) *mik'reh* **Tran:** HAPPEN **Def:** A planned or accidental coming together. An encounter. **KJV:** convocation, assembly, befall, event, hap, chance, happen **Str:** #4745

3727 מקרא (masc) *mik'raw* **Tran:** MEETING **Def:** To summon; to read. **KJV:** calling, reading **Str:** #4744

3728 מקרה (masc) *mek'aw'reh* **Tran:** HALL **Def:** meeting place. **KJV:** building **Str:** #4746

קור *QWR* (ch)

3729 קור (masc) *koor* **Tran:** WEB **Def:** The web of a spider as a sitting place. **KJV:** web **Str:** #6980

3730 קורה (fem) *ko'raw* **Tran:** RAFTER **Def:** The beams which the roof of the house sits on. **KJV:** roof, beam **Str:** #6982

יקר *YQR* (ch) **Def:** Something of value.

3731 יקר (vrb) *yaw'kar* **Tran:** BE.VALUABLE **Def:** To be considered of value. **KJV:** precious, prized, set, withdraw **Str:** #3365

3732 יקר (masc) *yaw'kawr / yek'awr* **Tran:** VALUABLE **Def:** Something of value. Having qualities worthy of respect, admiration, or esteem **KJV:** precious, costly, excellent, brightness, clear, fat, reputation, honourable, glory, honour, precious, price **Str:** #3366, #3368 **Aramaic:** *yek'awr* #3367

3733 יקיר (masc) *yak'keer* **Tran:** PRECIOUS **Def:** Something of value. **KJV:** dear **Str:** #3357 **Aramaic:** #3358

קִיר *QYR* (ch)

3734 קִיר (masc) *keer / khale* **Tran:** WALL **Def:** A permanent upright construction having a length much greater than the thickness and presenting a continuous surface, may be constructed of a curtain, earth, rocks or hewed stones. Used for shelter, protection, or privacy, or to subdivide interior space. **KJV:** wall, side, mason, town, wall, rampart, trench, poor, bulwark **Str:** #2426, #7023

דקר *DQR* (ad)

3735 דקר (vrb) *daw'kar* **Tran:** PIERCE **Def:** To pierce through with a sword or other sharp object. **KJV:** thrust, pierce, wound, strike **Str:** #1856

קרח *QRHh* (ad)

3736 קרח (masc) *keh'rakh* **Tran:** ICE **Def:** Frozen water. Cold ice, frost or crystals. **KJV:** frost, ice, crystal **Str:** #7140

קרח *QRHh* (ad) **Rel:** as being cold

3737 קרח (vrb) *kaw'rakh* **Tran:** MAKE.BALD **Def:** To shave the hair of the head to make bald. **KJV:** make **Str:** #7139

3738 קרח (masc) *kay'ray'akh* **Tran:** BALD **KJV:** bald **Str:** #7142

3739 קרחה / קרחא / קרחת (fem) *kaw'rakh'ath / kor'khaw* **Tran:** BALD.SPOT **KJV:** baldness, bald, bare **Str:** #7144, #7146

קרם *QRM* (ad)

3740 קרם (vrb) *kaw'ram* **Tran:** COVER **Def:** To spread or lay over. **KJV:** cover **Str:** #7159

קרס *QRS* (ad)

3741 קרס (vrb) *kaw'ras* **Tran:** CROUCH **Def:** To stoop over as a hunched back. **KJV:** stoop **Str:** #7164

3742 קרס (masc) *keh'res* **Tran:** HOOK **Def:** A straight piece of wood or metal that is bent at one end. **KJV:** taches **Str:** #7165

קרע *QRAh* (ad) **Def:** The tearing of a cloth into pieces.

3743 קרע (vrb) *kaw'rah* **Tran:** TEAR **Def:** To rip into pieces. **KJV:** rent, tear, rend, cut **Str:** #7167

Benner's Lexicon of Biblical Hebrew

3744 קרע (masc) *keh'rah* **Tran:** PIECE **Def:** torn piece of cloth. **KJV:** piece, rag **Str:** #7168

קרץ *QRTs* (ad)

3745 קרץ (vrb) *kaw'rats* **Tran:** PINCH **Def:** Also to pinch the eye (wink) or the lips. In the sense of pinching another. **KJV:** wink, move, form, accuse **Str:** #7169 **Aramaic:** *ker'ats* #7170

3746 קרץ (masc) *keh'rets* **Tran:** GADFLY **Def:** An unknown insect that bites. **Rel:** As a pinching. **KJV:** destruction **Str:** #7171

קרש *QRSh* (ad)

3747 קרש (masc) *keh'resh* **Tran:** BOARD **Def:** A plank of wood often used to wall off an area or restrict access. **KJV:** board, bench **Str:** #7175

קש *QSh* (pr) **Act:** Gather **Obj:** Stalk, Stubble, Cucumber, Snare **Def:** Once the grain stalks are harvested from the field, it is gathered into bundles and secured with a cord in the middle. **AH:** ᗯᏝ- The pictograph ᏝIs a picture of the sun at the horizon and the gathering of the light, the ᗯ is a picture of the teeth representing pressure. Combined these mean "bring together and pressed."

3748 קש (masc) *kash* **Tran:** STUBBLE **Def:** What is left after the stalk has been removed. **Rel:** The stiff part of the stalk that remains in the ground. The stiffness a branch for making bows or snares. **KJV:** stubble **Str:** #7179

3749 קשת (fem) *kash'shawth / keh'sheth* **Tran:** BOW **Def:** A weapon made from a stiff branch to shoots arrows. A bow-shaped object such as a rainbow. **KJV:** bow, archer **Str:** #7198, #7199

3750 קשי (masc) *kesh'ee* **Tran:** STUBBORNNESS **Def:** As stiff. **KJV:** stubbornness **Str:** #7190

קשש *QShSh* (ch) **Def:** The stalks of the grain harvested are gathered together and tied into tight bundles. The stiffness of the stalks or a branch.

3751 קשש (vrb) *kaw'shash* **Tran:** COLLECT **Def:** To gather up straw, stubble or sticks. **KJV:** gather **Str:** #7197

3752 חשש (masc) *khaw'shash* **Tran:** CHAFF **KJV:** chaff **Str:** #2842

קשא *QShA* (ch) **Def:** A hard vegetable.

3753 קשוא (fem) *kish'shoo* **Tran:** CUCUMBER **Def:** A hard vegetable. **KJV:** cucumber **Str:** #7180

3754 מקשה (fem) *mik'shaw* **Tran:** CUCUMBER **Def:** hard vegetable. **KJV:** cucumber **Str:** #4750

קשה *QShH* (ch) **Def:** The stiffness of the stubble or branch.

3755 קשה (vrb) *kaw'shaw* **Tran:** BE.HARD **Def:** To be difficult; not easily penetrated; not easily yielding to pressure. **KJV:** harden, hard, grievous **Str:** #7185

3756 קשה (fem) *kaw'sheh* **Tran:** HARD **Def:** Not easily penetrated; resistant to stress; firm; lacking in responsiveness. **KJV:** hard, roughly, cruel, grievous, sore, churlish, hardhearted, heavy **Str:** #7186

3757 מקשה (masc) *mik'sheh* **Tran:** HAIRDO **Def:** well dressed hair. **KJV:** hair **Str:** #4748

3758 מקשה (fem) *mik'shaw* **Tran:** BEATEN.WORK **Def:** To be shaped into a specific form by an outside force such as a hammer. **KJV:** beaten, piece, upright **Str:** #4749

קוש *QWSh* (ch) **Def:** A snare for trapping animals is constructed of a bent branch (as a spring) tied to a trap.

3759 קוש (vrb) *koshe* **Tran:** SNARE **KJV:** snare **Str:** #6983

יקש *YQSh* (ch) **Def:** A snare for trapping animals is constructed of a bent branch (as a spring) tied to a trap.

3760 יקש (vrb) *yaw'koshe* **Tran:** SNARE **KJV:** snare **Str:** #3369

3761 מוקש (masc) *mo'kashe* **Tran:** SNARE **Def:** A trap laid with bait to capture an animal or person. An entrapment. **KJV:** snare, gin, trap, ensnared **Str:** #4170

3762 יקוש (masc) *yaw'koshe* **Tran:** SNARER **KJV:** fowler **Str:** #3352

3763 יקוש (masc) *yaw'koosh* **Tran:** SNARE **KJV:** fowler, snare **Str:** #3353

נקש *NQSh* (ad) **Rel:** snare by stealth

3764 נקש (vrb) *naw'kash* **Tran:** ENSNARE **KJV:** snare, catch, smite **Str:** #5367 **Aramaic:** *nek'ash* #5368

קשח *QShHh* (ad) **Def:** A hardening of the heart toward another.

3765 קשח (vrb) *kaw'shakh* **Tran:** HARDEN **KJV:** harden **Str:** #7188

קשט *QShTh* (ad) **Def:** A weighing in a balance scale.

3766 קשיטה (fem) *kes'ee'taw* **Tran:** QESHIYTAH **Def:** A unit of value, money. **KJV:** money, silver **Str:** #7192

3767 קשוט (masc) **Tran:** TRUTH **Def:** In the sense of weighing. **KJV:** truth **Aramaic:** *kesh'ote* #7187

3768 קושט (masc) *ko'shet* **Tran:** TRUTH **Def:** In the sense of weighing. **KJV:** certainty, truth **Str:** #7189

קשר *QShR* (ad) **Def:** A sash that is tied around the waist.

3769 קשר (vrb) *kaw'shar* **Tran:** TIE **Alt:** robust. **Def:** To fasten, attach, or close by means of a string or cord; to tie around; to conspire in the sense of tying up. **KJV:** conspire, bind, make, stronger **Str:** #7194

3770 קשר (masc) *keh'sher* **Tran:** CONSPIRACY **Def:** As a tying up. **KJV:** conspiracy, treason, confederacy **Str:** #7195

3771 קישור (masc) *kish'shoor* **Tran:** ORNAMENTAL.BAND **KJV:** headband, attire **Str:** #7196

רכס *RKS* (ad)

3772 רכס (vrb) *raw'kas* **Tran:** TIE.ON **Def:** To attach or bind one object to another by tying them together. **KJV:** bind **Str:** #7405

3773 רכס (masc) *reh'kes* **Tran:** TIED **KJV:** rough **Str:** #7406

3774 רוכס (masc) *ro'kes* **Tran:** SNARE **Def:** As tied up. **KJV:** pride **Str:** #7407

Resh

רא *RA* (pr) **Act:** See, Observe **Obj:** Crop **Abs:** Appearance **Def:** The ability to see, perceive or have a vision. **AH:** ⌐⊙

3775 ראה (fem) *raw'aw* **Tran:** KITE **Def:** An unknown bird of prey with a keen sense of sight. **KJV:** glede **Str:** #7201

3776 מראה (fem) *mar'aw* **Tran:** REFLECTION **Def:** The return of light or sound waves from a surface; production of an image as by a mirror. **KJV:** vision, lookingglass **Str:** #4759

3777 ראי (masc) *reh'ee* **Tran:** MIRROR **Def:** looking glass. **KJV:** looking glass **Str:** #7209

ראה *RAH* (ch)

3778 ראה (vrb) *rah'av'aw / raw'aw / raw'eh / reh'eeth* **Tran:** SEE **Alt:** look; watch; appear or seen; show. **Def:** To take notice; to perceive something or someone; to see visions. **KJV:** see, look, behold, shew, appear, consider, seer, spy, respect, perceive, provide, regard, enjoy, lo, foresee, heed **Str:** #7200, #7202, #7207, #7212

3779 מראה (masc) *mar'eh* **Tran:** APPEARANCE **Def:** What is seen or is in sight. **KJV:** appearance, sight, countenance, vision, favoured, look **Str:** #4758

3780 ראי (masc) *ro'ee* **Tran:** SEEING **KJV:** see, look, gazingstock **Str:** #7210

3781 רואה (masc) *ro'eh* **Tran:** VISION **KJV:** vision **Str:** #7203

ירא *YRA* (ch)

3782 מוראה (fem) *moor'aw* **Tran:** CROP **Def:** The alimentary canal of a bird. **KJV:** crop **Str:** #4760

רב *RB* (pr) **Act:** Rule, Spread, Ambush, Encourage, Strive **Obj:** Master, Square, Sheet **Abs:** Increase, Abundance, Pride **Def:** Each family has a master that rules all cases, trials, conflicts and contests. This person was the representative for the whole tribe, one abundant in authority and wisdom. (see Exodus 18:25). **AH:** ט⊙- The pictograph ⊙ is a picture of a head, the ט is a picture of the tent representing the family. Combined these mean "head of the family."

3783 רב (masc) רבה (fem) *rab / rab* **Tran:** ABUNDANT **Def:** Great plenty or supply of numbers (many) or strength (great). One who is abundant in authority such as a master or teacher.

Also, an archer as one abundant with arrows. **Rel:** An abundance of number, strength or authority. **KJV:** many, great, much, captain, more, long, enough, multitude, mighty, greater, greatly, archer **Str:** #7227, #7228 **Aramaic:** *rab* #7229

3784 מרבית (fem) *mar'beeth* **Tran:** GREAT.NUMBER **KJV:** increase, greatest, multitude **Str:** #4768

3785 מרבה (fem) *meer'baw* **Tran:** MUCH **Def:** As an increase. **KJV:** much **Str:** #4767

3786 תרבות (fem) *tar'booth* **Tran:** GREAT.AMOUNT **KJV:** increase **Str:** #8635

3787 תרבית (fem) *tar'beeth* **Tran:** INTEREST **Def:** From usury. **KJV:** increase, gain **Str:** #8636

3788 רברב (masc) **Tran:** EXTRAVAGANT **Def:** Abundant in size, beauty, strength or other character. **KJV:** great **Aramaic:** *rab'rab* #7260

3789 רבו (fem) **Tran:** MAJESTY **KJV:** majesty, greatness **Aramaic:** *reb'oo* #7238

3790 ריבו (fem) *rib'bo* **Tran:** MYRIAD **Def:** number of great abundance. **KJV:** thousand, ten thousand **Str:** #7239 **Aramaic:** #7240

3791 רברבן (masc) **Tran:** LORD **Def:** One abundant in authority. **KJV:** lord, prince **Aramaic:** *rab'reb'awn* #7261

רבב *RBB* (ch) **Def:** An abundance of number, strength or authority.

3792 רבב (vrb) *raw'bab / raw'bab* **Tran:** INCREASE.IN.NUMBER **Def:** To become progressively greater; to multiply by the production of young. Multiply. Also, meaning "to shoot" from the abundant arrows of the archer. **KJV:** many, multiply, increase, more, manifold, thousand, shoot **Str:** #7231, #7232

3793 רבבה (fem) *reb'aw'baw* **Tran:** MYRIAD **Def:** A great abundance in numbers. **KJV:** ten thousand, million, many, multiply **Str:** #7233

3794 רביב (masc) *raw'beeb* **Tran:** SHOWERS **KJV:** shower **Str:** #7241

ארב ARB (ch)

3795 ארב (vrb) *aw'rab* **Tran:** AMBUSH **Def:** To lay in wait of another to capture or do harm or injury. **KJV:** lay, ambush **Str:** #0693

3796 ארב (masc) *eh'reb* **Tran:** DEN **Def:** An animals abode for laying down. **KJV:** lie, den **Str:** #0695

3797 ארבה (fem) *or'ob'aw* **Tran:** STRUGGLE **Def:** wresting around as an ambush. **KJV:** spoils **Str:** #0698

3798 מארב (masc) *mah'ar'awb* **Tran:** AMBUSHMENT **Def:** A place for an ambush. **KJV:** ambushment, wait, lurking **Str:** #3993

3799 ארובה (fem) *ar'oob'baw* **Tran:** CHIMNEY **Def:** A vertical structure in a building and enclosing a flue or flues that carry off smoke. A hole in the roof where smoke escapes. **KJV:** window, chimney **Str:** #0699

3800 אורב (masc) *o'reb* **Tran:** AMBUSH **KJV:** wait **Str:** #0696

רהב RHB (ch) **Def:** An abundance of assurance.

3801 רהב (vrb) *raw'hab* **Tran:** ENCOURAGE **KJV:** sure, proudly, overcome, strengthen **Str:** #7292

3802 רהב (masc) *raw'hawb* **Tran:** PROUD **KJV:** proud **Str:** #7295

3803 רוהב (masc) *ro'hab* **Tran:** PROUD **KJV:** strength **Str:** #7296

רבה RBH (ch) **Def:** An abundance of number, strength or authority.

3804 רבה (vrb) *raw'baw* **Tran:** INCREASE **Alt:** great, long. **Def:** To become progressively greater; to multiply by the production of young; to be abundant of number, strength or authority. **KJV:** multiply, increase, much, more, long, store, exceedingly, abundance, grow, great **Str:** #7235 **Aramaic:** *reb'aw* #7236

3805 מרבה (masc) *mar'beh* **Tran:** ENHANCE **KJV:** increase, great **Str:** #4766

3806 ארבה (masc) *ar'beh* **Tran:** SWARMING.LOCUST **Def:** A six legged insect having short antennae and commonly migrating in swarms that strip the vegetation from large areas. **KJV:** locust, grasshopper **Str:** #0697

רוב *RWB* (ch) **Def:** An abundance of number, strength or authority.

3807 רוב (masc) *robe* **Tran:** ABUNDANCE **Alt:** many. **Def:** An ample quantity of number (many) or plentiful supply of strength (great). **KJV:** multitude, abundance, great, greatness, much, abundantly, plenty, many, long, excellent **Str:** #7230

ירב *YRB* (ch) **Def:** The responsibility of the master is to strive for survival and protection of the house.

3808 יריב (masc) *yaw'rebe* **Tran:** STRIVE **KJV:** strive, contend **Str:** #3401

ריב *RYB* (ch) **Def:** The responsibility of the master is to rule over disputes within the community.

3809 ריב / רוב (vrb) *reeb* **Tran:** DISPUTE **Def:** To engage in argument; to dispute or chide another in harassment or trial. **KJV:** plead, strive, contend, chide, debate **Str:** #7378

3810 ריב (masc) *reeb* **Tran:** DISPUTE **Def:** Bitter, sometimes violent conflict or dissension. **KJV:** cause, strife, controversy, contention **Str:** #7379

3811 מריבה (fem) *mer'ee'baw* **Tran:** CONTENTION **Def:** An act or instance of striving or struggling against great difficulty or opposition. **KJV:** strife, provocation **Str:** #4808

ערב *AhRB* (ad) **Def:** A mixture of wares as found in the market place.

3812 ערב (vrb) *aw'rab* **Tran:** MIX **Def:** As mixing one thing with another. **KJV:** surety, meddle, mingle, pledge, become, engage, intermeddle, mortgage, occupier, occupy, undertake, sweet, pleasure, pleasing, pleasant, mingle **Str:** #6148 **Aramaic:** *ar'ab* #6151

3813 ערב (masc) *ay'reb* **Tran:** MIXTURE **Def:** Two or more elements to create one new element. Also, the woof in weaving from its mixing of colors. **KJV:** woof, mixed **Str:** #6154

3814 ערב (masc) *aw'rawb* **Tran:** WILLOW **Def:** A species of tree. **Rel:** Posssibly from its conglomeration of leaves or of multiple tree mixed together. **KJV:** willow **Str:** #6155

3815 עֲרוֹב (masc) *aw'robe* **Tran:** HORDE **Def:** A large swarm of insects. Also, used for a large group of people. **Rel:** In the sense of a mixture. **KJV:** swarm, flies **Str:** #6157

קרב *QRB* (ad) **Def:** A bringing, giving or approaching of someone or something to be close, at hand or among.

3816 קרב (vrb) *kaw'rab* **Tran:** COME.NEAR **Alt:** be brought near; bring near. **Def:** To come close by or near to. **KJV:** offer, near, bring, nigh, come, approach, at hand, present **Str:** #7126 **Aramaic:** *ker'abe* #7127

3817 קרב (masc) *ker'awb* **Tran:** WAR **Def:** From its closeness in the fight. **KJV:** battle, war **Str:** #7128 **Aramaic:** #7129

3818 קרב (masc) *kaw'rabe / keh'reb* **Tran:** INSIDE **Alt:** among, near. **Def:** The inner or interior part. **KJV:** among, midst, within, inward, in, come, draw, approach **Str:** #7130, #7131

3819 קרבה (fem) *ker'aw'baw* **Tran:** NEAR **Alt:** nearby **KJV:** near, approach **Str:** #7132

3820 קרוב (com) *kaw'robe* **Tran:** NEAR **Def:** Close to; at or within a short distance from. Also, a kin, as a near relative. **KJV:** near, nigh, neighbour, next, kin, approach, short, kinsfolk, kinsmen **Str:** #7138

3821 קורבן (masc) *kor'bawn* **Tran:** DONATION **Def:** Something given to another in devotion. **KJV:** offering, oblation, sacrifice **Str:** #7133

רבד *RBD* (ad) **Def:** Spread out as a bed covering. **Rel:** spread-out

3822 רבד (vrb) *raw'bad* **Tran:** SPREAD.OUT **KJV:** deck **Str:** #7234

3823 מרבד (masc) *mar'bad* **Tran:** TEXTILES **Def:** As spread-out. **KJV:** covering **Str:** #4765

3824 רביד (masc) *raw'beed* **Tran:** NECKLACE **Def:** A series of links worn as an ornament or insignia. **Rel:** In the sense of being spread over the neck. **KJV:** chain **Str:** #7242

רבך *RBK* (ad)

3825 רבך (vrb) *raw'bak* **Tran:** FRY **KJV:** fry, bake **Str:** #7246

רבע *RBAh* (ad) **Def:** The four sides of a square. **Rel:** spread-out

3826 רבע (vrb) *raw'bah / raw'bah* **Tran:** BE.SQUARE **Def:** Any four sided object. Also, to go down on the hands and knees, to be on all fours. **KJV:** square, foursquare, lay down, gender **Str:** #7250, #7251

3827 רבע (masc) *reh'bah / reh'bah* **Tran:** QUARTER **Def:** One portion from the whole that has been divided into four equal parts. One side of a four-sided square. A fourth. **KJV:** lying down, side, fourth, square **Str:** #7252, #7253

3828 ריבע (masc) *rib'bay'ah* **Tran:** FOURTH.GENERATION **Def:** A great-great grandchild, as a descendant of the fourth generation. **KJV:** fourth **Str:** #7256

3829 רובע (masc) *ro'bah* **Tran:** FOURTH.PART **Def:** As fourth in the order. **KJV:** fourth **Str:** #7255

3830 ארבעה (masc) ארבע (fem) *ar'bah / ar'baw'eem* **Tran:** FOUR **Alt:** forty. **Def:** A cardinal number. **Rel:** From the four sides of a square. **KJV:** four, fourth, forty, fortieth **Str:** #0702, #0705 **Aramaic:** *ar'bah* #0703

3831 רביעי (masc) *reb'ee'ee* **Tran:** FOURTH **Def:** An ordinal number. **KJV:** fourth, foursquare **Str:** #7243 **Aramaic:** *reb'ee'ah'ee* #7244

רבץ *RBTs* (ad) **Def:** The palate as a bed to lay down on to sleep or rest. **Rel:** spread-out

3832 רבץ (vrb) *raw'bats* **Tran:** STRETCH.OUT **Def:** To lie or stretch out as to rest; to crouch down to hide for an ambush. **KJV:** lay, couch **Str:** #7257

3833 רבץ (masc) *reh'bets* **Tran:** PALATE **Def:** sleeping or resting place. **KJV:** resting place, lay, lie down **Str:** #7258

3834 מרבץ (masc) *mar'bates* **Tran:** PALATE **Def:** sleeping or resting place. **KJV:** couchingplace, lie down **Str:** #4769

רבק *RBQ* (ad) **Def:** To tie fast. **Rel:** spread-out

3835 מרבק (masc) *mar'bake* **Tran:** STALL **Def:** Livestock that is penned or tied up to fatten it for a feast or sacrifice. **KJV:** stall, fat **Str:** #4770

רפד *RPD* (ad) **Def:** A spreading out such as a sheet for a bed. **Rel:** spread-out

3836 רפד (vrb) *raw'fad* **Tran:** SPREAD **KJV:** spread, make, comfort **Str:** #7502

3837 רפיד (masc) רפידה (fem) *ref'ee'daw* **Tran:** PILLAR.BASE **Def:** The lowest or deepest part of anything. **KJV:** bottom **Str:** #7507

~~~~~~~~

רג *RG* (pr) **Act:** Trample, Weave, Shake, Murmer, Quake, Roar **Obj:** Rug, Thunder, Crowd, Bed, Foot **Abs:** Thought, Fury **Def:** The treading underfoot of something. A woven rug as something tread upon. **AH:** ✓ଡ- The pictograph ଡ is a picture of the head of a man, the ✓ is a picture of a foot. Combined these mean "man of feet."

3838 רע (masc) *ray'ah* **Tran:** THOUGHT **Rel:** A weaving of thoughts in the mind. **KJV:** thoughts **Str:** #7454

3839 רעיון (masc) **Tran:** THOUGHT **KJV:** thoughts **Aramaic:** *rah'yone* #7476

ארג *ARG* (ch) **Def:** A woven rug that is laid on the floor of the tent for walking on.

3840 ארג (vrb) *aw'rag* **Tran:** BRAID **Def:** To twist, entwine or weave several pieces together in parallel to become one. **KJV:** weave, weaver **Str:** #0707

3841 ארג (masc) *eh'reg* **Tran:** BEAM **Def:** weavers beam. **KJV:** beam, shuttle **Str:** #0708

3842 ארגון (masc) *arg'ev'awn* **Tran:** PURPLE **Def:** A reddish-blue color used to dye yarn and used in weaving. **KJV:** purple, scarlet **Str:** #0710 **Aramaic:** #0711

3843 ארגמן (masc) *ar'gaw'mawn* **Tran:** PURPLE **Def:** A reddish-blue color used to dye yarn and used in weaving. **KJV:** purple **Str:** #0713

הרג *HRG* (ch) **Def:** The trampling over of another with the intent to kill.

3844 הרג (vrb) *haw'rag* **Tran:** KILL **Def:** To deprive of life; to slaughter. **KJV:** slay, kill, murderer, destroy, murder, slayer **Str:** #2026

3845 הרג (masc) *heh'reg* **Tran:** SLAUGHTER **KJV:** slaughter, slain **Str:** #2027

3846 הרגה (fem) *har'ay'gaw* **Tran:** SLAUGHTER **KJV:** slaughter **Str:** #2028

נרג *NRG* (ad) **Def:** A quiet whisper to be unheard or in slander. **Rel:** to trample on one by slandering

3847 נירגן (masc) *neer'gawn* **Tran:** WHISPERER **KJV:** talebearer, whisperer **Str:** #5372

סרג *SRG* (ad) **Def:** A weaving or wrapping.

3848 שרג (vrb) *saw'rag* **Tran:** WRAP **KJV:** wreath, wrap **Str:** #8276

3849 שריג (masc) *saw'reeg* **Tran:** TWIG **Def:** A secondary shoot or stem arising from a main trunk or axis.. **KJV:** branch **Str:** #8299

ערג *AhRG* (ad) **Def:** A hard breathing out of thirst, work or a desire. **Rel:** shaking

3850 ערג (vrb) *aw'rag* **Tran:** PANT **KJV:** pant, cry **Str:** #6165

3851 ערוגה (fem) *ar'oo'gaw* **Tran:** BED **Def:** place to rest when tired. **KJV:** bed, furrow **Str:** #6170

רגע *RGAh* (ad) **Def:** The stirring up of the sea or from a rest. Also a stirring of the eyes in rest or a wink.

3852 רגע (vrb) *raw'gah* **Tran:** REPOSE **Def:** To stir as in stirring the waters or to stir from sleep. **Rel:** In the sense of stirring the eyes. **KJV:** rest, divide, suddenly, break, ease, moment **Str:** #7280

3853 רגע (masc) *raw'gay'ah / reh'gah* **Tran:** MOMENT **Def:** A single point in time. A wink of the eye. **KJV:** moment, instant, space, suddenly, quiet **Str:** #7281, #7282

3854 מרגוע (masc) מרגעה (fem) *mar'gay'aw / mar'go'ah* **Tran:** REPOSE **Alt:** rest **Def:** To be in a state of rest or a state of being refreshed. **KJV:** refreshing, rest **Str:** #4771, #4774

רגז *RGZ* (ad) **Def:** A shaking or trembling out of fear or anger. **Rel:** shaking

3855 רגז (vrb) *raw'gaz* **Tran:** SHAKE **Def:** To tremble in fear or anger. **KJV:** tremble, move, rage, shake, disquiet, trouble, quake, afraid **Str:** #7264 **Aramaic:** *reg'az* #7265

3856 רגז (masc) *rag'gawz* **Tran:** SHAKING **Def:** A shaking anger. **KJV:** rage, trembling **Str:** #7268 **Aramaic:** *reg'az* #7266

3857 רגזה (fem) *rog'zaw* **Tran:** SHAKING **KJV:** trembling **Str:** #7269

3858 רוגז (masc) *ro'ghez* **Tran:** SHAKING **KJV:** trouble, troubling **Str:** #7267

3859 ארגז (masc) *ar'gawz* **Tran:** CHEST **Def:** box. **KJV:** coffer **Str:** #0712

רגל *RGL* (ad)

3860 רגל (vrb) *raw'gal / teer'gal* **Tran:** TREAD.ABOUT **Alt:** spy. **Def:** To be on foot walking through a foreign land, usually in the sense of spying; to trample another with the tongue. **KJV:** spy, view, backbite, espy, slander **Str:** #7270, #8637

3861 רגל (fem) *reh'gel* **Tran:** FOOT **Alt:** times. **Def:** The terminal part of the leg upon which the human, animal or object stands. Also, euphemistically for the leg. **KJV:** foot, after, times, follow, toe, journey, leg **Str:** #7272 **Aramaic:** *reg'al* #7271

3862 מרגלה (fem) *mar'ghel'aw* **Tran:** FOOT **KJV:** foot **Str:** #4772

3863 רגלי (masc) *rag'lee* **Tran:** ON.FOOT **Def:** A soldier, messenger or traveler who moves on foot. **KJV:** footman, foot **Str:** #7273

רגם *RGM* (ad) **Def:** The stone is used in a sling or thrown to kill. **Rel:** stoning

3864 רגם (vrb) *raw'gam* **Tran:** KILL.BY.STONING **Def:** To throw stones to execute. **KJV:** stone **Str:** #7275

3865 רגמה (fem) *rig'maw* **Tran:** CROWD **Def:** As a heap of stones. **KJV:** council **Str:** #7277

3866 מרגמה (fem) *mar'gay'maw* **Tran:** SLING **Def:** weapon for slinging stones. **KJV:** sling **Str:** #4773

רגן *RGN* (ad) **Rel:** shaking

3867 רגן (vrb) *raw'gan* **Tran:** WHISPER **KJV:** murmur **Str:** #7279

רגש *RGSh* (ad) **Rel:** as a trampling

3868 רגש (vrb) *raw'gash* **Tran:** BE.TUMULTUOUS **Def:** To gather in a crowd in the sense of a loud tumult. **KJV:** rage, assemble **Str:** #7283 **Aramaic:** *reg'ash* #7284

3869 רגש (fem) *reh'ghesh* **Tran:** CROWD **Def:** loud tumultuous group. **KJV:** company, insurrection **Str:** #7285

רדף *RDP* (ad)

3870 רדף (vrb) *raw'daf* **Tran:** PURSUE **Def:** To follow in order to overtake, capture, kill, or defeat; to pursue in chase or persecution. **KJV:** pursue, persecute, follow, chase, persecutors, pursuer, flight **Str:** #7291

3871 מרדף (masc) *moor'dawf* **Tran:** PURSUED **KJV:** persecuted **Str:** #4783

רעד *RAhD* (ad) **Def:** A trembling out of fear. **Rel:** shaking

3872 רעד (vrb) *raw'ad* **Tran:** SHAKE.IN.FEAR **KJV:** tremble **Str:** #7460

3873 רעד (masc) רעדה (fem) *rah'ad* **Tran:** SHAKING.IN.FEAR **Def:** Being physically effected by shivering or shaking from a dreadful event. **KJV:** trembling **Str:** #7461

רעל *RAhL* (ad) **Def:** The quivering of a scarf in the breeze. **Rel:** shaking

3874 רעל (vrb) *raw'al* **Tran:** QUIVER **Def:** To shake uncontrollably. **KJV:** shake **Str:** #7477

3875 רעל (masc) *rah'al* **Tran:** QUIVERING **KJV:** trembling **Str:** #7478

3876 רעלה (fem) *rah'al'aw* **Tran:** SCARF **Def:** As quivering in the breeze. **KJV:** muffler **Str:** #7479

3877 תרעלה (fem) *tar'ay'law* **Tran:** QUIVERING **KJV:** trembling, astonishment **Str:** #8653

רעם *RAhM* (ad) **Rel:** shaking

3878 רעם (vrb) *raw'am* **Tran:** THUNDER **Def:** To make a loud sound; to roar. **KJV:** thunder, roar, trouble, fret **Str:** #7481

3879 רעם (masc) *rah'am* **Tran:** THUNDER **KJV:** thunder **Str:** #7482

3880 רעמה (fem) *rah'maw* **Tran:** MANE.OF.A.HORSE **KJV:** thunder **Str:** #7483

    רעש *RAhSh* (ad) **Def:** As the shaking of the earth. **Rel:** shaking

3881 רעש (vrb) *raw'ash* **Tran:** QUAKE **Def:** To violently shake. **KJV:** shake, tremble, move, afraid, quake, remove **Str:** #7493

3882 רעש (masc) *rah'ash* **Tran:** QUAKE **KJV:** earthquake, rushing, shake, fierceness, noise, commotion, rattling, quaking **Str:** #7494

    רד *RD* (pr) **Act:** Spread, Roam, Rule, Descend **Obj:** Sheet, hailstones, Wild donkey **Def:** The floor of a tent is a covered with a spread-out sheet. **AH:** ⌂ᛎ- The pictograph ᛎ is a picture of the head of a man, the ⌂ is a picture of a door that allows entrance into the tent. Combined these mean "man through the door."

    רדד *RDD* (ch) **Def:** A covering of a large area.

3883 רדד (vrb) *raw'dad* **Tran:** SPREAD **KJV:** subdue, spent, spread **Str:** #7286

3884 רדיד (masc) *raw'deed* **Tran:** MANTLE **Def:** wide piece of clothing. **KJV:** veil **Str:** #7289

    רדה *RDH* (ch) **Def:** A ruler is one who walks among the people in the sense of spreading out rather than rule on the throne alone.

3885 רדה (vrb) *raw'daw* **Tran:** RULE **Def:** To exert control, direction, or influence over, especially by curbing or restraining; to spread-out through a land through authority or by walking among the subjects. **KJV:** rule, dominion, take, prevail, reign, ruler **Str:** #7287

    רוד *RWD* (ch)

3886 רוד (vrb) *rood* **Tran:** ROAM **Def:** To wander around restlessly. **KJV:** dominion, lord, rule **Str:** #7300

Benner's Lexicon of Biblical Hebrew

3887 מרוד (masc) *maw'rood* **Tran:** WANDERING **KJV:** misery, cast out **Str:** #4788

ירד *YRD* (ch) **Def:** As the man enters the tent he descends down on the sheet to sit.

3888 ירד (vrb) *yaw'rad* **Tran:** GO.DOWN **Alt:** come down; bring down. **Def:** To go or come lower from a higher place. **KJV:** down, descend, fell, let, abundantly, indeed, off, out, sank, subdue **Str:** #3381

3889 מורד (masc) *mo'rawd* **Tran:** DESCENT **Def:** place that descends. **KJV:** down, thin, steep **Str:** #4174

ברד *BRD* (ad) **Rel:** as coming down

3890 ברד (vrb) *baw'rad* **Tran:** HAIL **KJV:** hail **Str:** #1258

3891 ברד (masc) *baw'rawd* **Tran:** HAILSTONES **Def:** A precipitation in the form of irregular pellets or balls of ice. **KJV:** hail **Str:** #1259

3892 ברוד (masc) *baw'rode* **Tran:** SPOTTED **Def:** An animal with white spots which appear as hailstones. **KJV:** grisled **Str:** #1261

ערד *AhRD* (ad) **Rel:** as a wanderer

3893 ערד (masc) **Tran:** WILD.DONKEY **KJV:** wild ass **Aramaic:** *ar'awd* #6167

3894 ערוד (masc) *aw'rode* **Tran:** WILD.DONKEY **KJV:** wild ass **Str:** #6171

רה *RH* (pr) **Act:** Whine, Soak **Obj:** Lion, Drink **Abs:** Fear **AH:** רֶה

רהה *RHH* (ch) **Def:** The senseless flowing of words.

3895 רהה (vrb) *raw'haw* **Tran:** WHINE **Def:** The senseless flowing of words. **KJV:** afraid **Str:** #7297

ארה *ARH* (ch) **Def:** The flowing of the insides.

3896 אריה / ארי (masc) *ar'ee* **Tran:** LION **Def:** A large carnivorous chiefly nocturnal cat. A feared animal. **KJV:** lion **Str:** #0738 **Aramaic:** *ar'yay* #0744

רוה *RWH* (ch) **Def:** A heavy flowing of water.

3897 רוה (vrb) *raw'vaw* **Tran:** SOAK **Def:** To be satisfied, filled or drenched with water. **KJV:** water, drunk, fill, satiate, bath, satisfy, soak **Str:** #7301

3898 רוה (masc) *raw'veh* **Tran:** WATERED **KJV:** watered, drunkenness **Str:** #7302

3899 רויה (fem) *rev'aw'yaw* **Tran:** SOAKED **Def:** Something soaked with water. **KJV:** wealthy, run over **Str:** #7310

רו *RW* (pr) **Obj:** Form **Abs:** Appearance **AH:** ϒ◌

3900 רו (masc) **Tran:** FORM **KJV:** form **Aramaic:** *rave* #7299

רז *RZ* (pr) **Obj:** Cedar, Cypress, Thin **Def:** The bark of the cedar tree is pulled off in long thin strips which can be woven into a cords. **AH:** ☡◌

3901 רז (masc) **Tran:** SECRET **Rel:** As hidden and therefore thin. **KJV:** secret **Aramaic:** *rawz* #7328

3902 תרזה (fem) *teer'zaw* **Tran:** CYPRESS **Def:** tree similar to a cedar. **KJV:** cypress **Str:** #8645

ארז *ARZ* (ch)

3903 ארז (masc) *eh'rez* **Tran:** CEDAR **Def:** A coniferous tree from the cyprus family having wide, spreading branches. The wood or tree or something made it. **KJV:** cedar **Str:** #0730

3904 ארזה (fem) *ar'zaw* **Tran:** CEDAR.WORK **KJV:** cedar work **Str:** #0731

3905 ארוז (masc) *aw'raz* **Tran:** BOUND **Def:** Something bound securely with cords. **KJV:** cedar **Str:** #0729

רזה *RZH* (ch)

3906 רזה (vrb) *raw'zaw* **Tran:** SHRIVEL **Def:** To be made thin. **KJV:** famish, lean **Str:** #7329

3907 רזה (masc) *raw'zeh* **Tran:** LEAN **KJV:** lean **Str:** #7330

3908 רזי (masc) *raw'zee* **Tran:** LEANNESS **KJV:** leanness **Str:** #7334

3909 רזון (masc) *raw'zone* **Tran:** LEANNESS **Def:** Something made thin. **KJV:** leanness, scant **Str:** #7332

Benner's Lexicon of Biblical Hebrew

רח *RHh* (pr) **Act:** Travel, Tread, Trade, Ride, Smell **Obj:** Path, Wind, Moon, Aroma, Dawn, Merchandise, Chariot **Def:** The responsibilities of the nomad outside of the tent include the feeding, watering and caring for the livestock. Livestock are healthier and more productive when on a routine, therefore the man follows a routine or "a prescribed path" each day when caring for his livestock. **AH:** 𐤄𐩘- The pictograph 𐩘 is a picture of the head of a man, the 𐤄 is a picture of wall that separates the inside from the outside. Combined these mean "man outside."

- 3910 רחת (fem) *rakh'ath* **Tran:** SHOVEL **Def:** shovel used for winnowing grain in the wind. **Rel:** The winds which follows a prescribed path each season. **KJV:** shovel **Str:** #7371

  ארח *ARHh* (ch) **Def:** One who follows a prescribed path to arrive at a specific destination.

- 3911 ארח (vrb) *aw'rakh* **Tran:** TRAVEL **KJV:** wayfaring, go **Str:** #0732

- 3912 ארוחה (fem) *ar'oo'khaw* **Tran:** ALLOWANCE **Def:** An allotted amount of food. **KJV:** allowance, diet, dinner, victuals **Str:** #0737

- 3913 אורח (masc) *o'rakh* **Tran:** PATH **Def:** The road or route one travels. **KJV:** way, path, highway, manner, race, rank, traveler, troop **Str:** #0734

- 3914 אורחה (fem) *o'rekh'aw* **Tran:** CARAVAN **Def:** A traveling company that follows a prescribed path. **KJV:** company, way **Str:** #0736 **Aramaic:** *o'rakh* A road or path one travels. #0735

  רחה *RHhH* (ch) **Def:** The ancient hand mill consisted of two round stones, called millstones, the top was turned on top of the other to grind the grain. This top stone always followed the same path on top of the other.

- 3915 רחה (masc) *ray'kheh* **Tran:** MILLSTONE **Def:** A large circular stone that is revolved on top of another stone to grind grain into flour. **KJV:** millstone, mill, nether **Str:** #7347

  רוח *RWHh* (ch) **Def:** The Hebrew nomads were very familiar with the wind patterns as they would follow a prescribed path indicating the coming season. From this word comes the idea of breath as it is the wind of man which also follows a prescribed path of inhaling and exhaling.

3916 רוח (vrb) *raw'vakh / roo'akh* **Tran:** SMELL **Def:** The odor or scent of a thing. As carried on the wind. To be "refreshed", as when taking in a deep breath. **KJV:** smell, touch, understanding, accept, refresh, large **Str:** #7304, #7306

3917 רוח (fem) *reh'vakh / roo'akh* **Tran:** WIND **Def:** A natural movement of air; breath. The breath of man, animal or God. The character. A space in between. **KJV:** spirit, wind, breath, side, mind, blast, vain, air, anger, cool, courage, space, enlargement **Str:** #7305, #7307

3918 רוחה (fem) *rev'aw'khaw* **Tran:** RESPITE **Def:** A relief from labor, punishment or trouble. **Rel:** A relief from the heat from a wind. **KJV:** respite, breathing **Str:** #7309

ירח *YRHh* (ch) **Def:** The moon follows a prescribed path each night from horizon to horizon.

3919 ירח (masc) *yaw'ray'akh / yeh'rakh* **Tran:** MOON **Def:** The second brightest object in the sky which reflects the sun's light. Also, a month by counting its cycles. **KJV:** month, moon **Str:** #3391, #3394 **Aramaic:** *yeh'rakh* #3393

ריח *RYHh* (ch) **Def:** What is carried by the wind and smelled while breathing.

3920 ריח (fem) *ray'akh* **Tran:** AROMA **Def:** A distinctive pervasive and usually pleasant or savory smell or odor. **KJV:** savour, smell, scent **Str:** #7381 **Aramaic:** #7382

דרך *DRK* (ad) **Rel:** as a path

3921 דרך (vrb) *daw'rak* **Tran:** TAKE.STEPS **Alt:** string (a bow) **Def:** To take a walk or journey. Also, stringing of a bow (from the action of stepping through the bow and using the leg to string the bow). **KJV:** tread, bend, lead, archer, come, go, treader, walk, draw, guide, shoot, thresh **Str:** #1869

3922 דרך (masc) *deh'rek* **Tran:** ROAD **Def:** A route or path for traveled or walked. The path or manner of life. **KJV:** way, toward, journey, manner **Str:** #1870

3923 מדרך (masc) *mid'rawk* **Tran:** STEP **Def:** The distance between the feet of a step. **KJV:** breadth **Str:** #4096

זרח ZRHh (ad) Def: The rising of the sun in the eastern horizon. Rel: The perscribed path of the sun

3924 זרח (vrb) *zaw'rakh* **Tran:** COME.UP **Def:** To rise up, as the sun does at the horizon. **KJV:** arise, rise, shine, up **Str:** #2224

3925 זרח (masc) *zeh'rakh* **Tran:** RISING.SUN **Def:** The early morning appearence of the sun. **KJV:** rising **Str:** #2225

3926 מזרח (masc) *miz'rawkh* **Tran:** SUNRISE **Def:** When the first light of the sun comes over the horizon. An eastward direction as the place of the rising sun. **KJV:** east, eastward, sunrising **Str:** #4217

3927 אזרח (masc) *ez'rawkh* **Tran:** NATIVE **Def:** Born and raised in the Land. **KJV:** born, country, land, homeborn, nation, bay **Str:** #0249

סחר SHhR (ad) **Def:** To go about to and fro trading precious merchandises. **Rel:** travel

3928 סחר (vrb) *saw'khar* **Tran:** TRADE **Def:** The business of buying and selling or bartering commodities. To go about as a merchant trading goods. In Psalm 38:11 this word is used for the beating of the heart in the sense of going about to and fro. **KJV:** merchant, trade, pant, traffick **Str:** #5503

3929 סחר (masc) *sakh'ar / saw'khar* **Tran:** MERCHANDISE **Def:** Something that is traded. **KJV:** merchandise **Str:** #5504, #5505

3930 סחורה (fem) *sekh'o'raw* **Tran:** MERCHANDISE **Def:** Something that is traded. **KJV:** merchandise **Str:** #5506

3931 סוחרה (fem) *so'khay'raw* **Tran:** SHIELD **KJV:** buckler **Str:** #5507

3932 סוחרת (fem) *so'kheh'reth* **Tran:** BLACK **Def:** From the black goat hair tents of the traders. **KJV:** black **Str:** #5508

3933 מסחר (masc) *mis'khawr* **Tran:** MERCHANDISE **Def:** Something that is traded. **KJV:** traffick **Str:** #4536

רחל RHhL (ad)

3934 רחל (fem) *raw'kale* **Tran:** EWE **Def:** A female sheep. **KJV:** ewe, sheep **Str:** #7353

רחץ *RHhTs* (ad)

3935 רחץ (vrb) *raw'khats* **Tran:** BATHE **Def:** To cleanse by being immersed in, or washing with, water. **KJV:** wash, bathe, trust **Str:** #7364 **Aramaic:** *rekh'ats* #7365

3936 רחץ (masc) *rakh'ats* **Tran:** BATH **KJV:** washpot **Str:** #7366

3937 רחצה (fem) *rakh'tsaw* **Tran:** BATHING **KJV:** washing **Str:** #7367

רכב *RKB* (ad) **Rel:** traveling

3938 רכב (vrb) *raw'kab* **Tran:** RIDE **Def:** To sit and travel in any conveyance; to sit astride an animal, wagon or chariot. **KJV:** ride, rider, horseback, put, set, carry **Str:** #7392

3939 רכב (masc) *rak'kawb / reh'keb* **Tran:** VEHICLE **Def:** A wheeled transport such as a wagon or chariot used for transportation. Also, the top millstone as a wheel that rides on top of the lower millstone. **KJV:** ride, rider, horseback, put, set, carry **Str:** #7393, #7395

3940 רכוב (masc) *rek'oob* **Tran:** WAGON **Def:** A vehicle for riding or hauling. **KJV:** chariot **Str:** #7398

3941 ריכבה (fem) *rik'baw* **Tran:** CHARIOT **KJV:** chariot **Str:** #7396

3942 מרכב (masc) *mer'kawb* **Tran:** SADDLE **KJV:** chariot, saddle, covering **Str:** #4817

3943 מרכבה (fem) *mer'kaw'baw* **Tran:** CHARIOT **Def:** A light, two-wheeled battle vehicle for one or two persons, usually drawn by two horses and driven from a standing position. **KJV:** chariot **Str:** #4818

3944 ארכובה (fem) **Tran:** KNEE **Def:** In the sense of bending the knee to ride. **KJV:** knee **Aramaic:** ארכבא #0755

רכל *RKL* (ad) **Rel:** traveling

3945 רכל (vrb) *raw'kal* **Tran:** TRADE **KJV:** merchant **Str:** #7402

3946 רכלה (fem) *rek'ool'law* **Tran:** MERCHANDISE **Def:** Goods for trading. **KJV:** merchandise, traffick **Str:** #7404

3947 רכיל (masc) *raw'keel* **Tran:** TALEBEARER **Def:** A traveler selling stories and songs. As a talebearer. **KJV:** slander, talebearer, tales **Str:** #7400

3948 מרכולת (fem) *mar'ko'leth* **Tran:** MERCHANDISE **KJV:** merchandise **Str:** #4819

שרק *ShRQ* (ad) **Rel:** as from the wind

3949 שרק (com) *shaw'rak / sher'oo'kaw* **Tran:** WHISTLE **KJV:** hiss **Str:** #8292, #8319

3950 שרקה (fem) *sher'ay'kaw* **Tran:** WHISTLING **KJV:** hissing **Str:** #8322

3951 משרוקי (fem) **Tran:** FLUTE **Def:** musical instrument that whistles. **KJV:** flute **Aramaic:** *mash'ro'kee* #4953

רט *RTh* (pr) **Act:** Scour **Obj:** Trough, Rafter, Bright **Abs:** Fear **Def:** The digging out of something for making a basin or trough. **AH:** ⊗👁

רטט *RThTh* (ch) **Def:** A trembling as a turning of the insides.

3952 רטט (masc) *reh'tet* **Tran:** SPINNING.AROUND **KJV:** fear **Str:** #7374

רהט *RHTh* (ch) **Def:** Used to turn the direction of water.

3953 רהט (masc) *rah'hat* **Tran:** TROUGH **Def:** A long, shallow often V-shaped receptacle for the drinking water or food of domestic animals. **KJV:** gutter, trough, gallery **Str:** #7298

ירט *YRTh* (ch) **Def:** A scouring or polishing by rubbing.

3954 ירט (vrb) *yaw'rat* **Tran:** HAND.OVER **KJV:** perverse, turn over **Str:** #3399

3955 מורט (masc) *mo'rawt* **Tran:** BRIGHT **Def:** metal that is scoured to make it shine. **KJV:** peeled, furbished, bright **Str:** #4178

רחט *RHhTh* (ad) **Rel:** as a trough

3956 רחיט (masc) *rekh'eet* **Tran:** RAFTER **KJV:** rafter **Str:** #7351

רי *RY* (pr) **Act:** Flow **Obj:** Water **AH:** ⌣👁

3957 רי (masc) *ree* **Tran:** WATERING **Rel:** A flowing of water. **KJV:** watering **Str:** #7377

רך *RK* (pr) **Act:** Widen, Far **Obj:** Tender, Long, Loins, Street **Abs:** Width **Def:** The reproductive organs of the male including the lower abdomen which are always covered. **AH:** ₪℞- The pictograph ℞ is a picture of the head of a man, the ₪ is a picture of the palm representing a covering. Combined these mean "man covered."

3958 רך (masc) רכה (fem) *rak* **Tran:** TENDER **Def:** Having a soft or yielding texture; easily broken, cut, or damaged. From the tenderness of the loins. **Rel:** The tenderness of the loins. **KJV:** tender, soft, weak **Str:** #7390

    רכך *RKK* (ch) **Def:** The tenderness of the loins.

3959 רכך (vrb) *raw'kak* **Tran:** BE.SOFT **Def:** To be soft. **KJV:** tender, faint, mollified, soft **Str:** #7401

    ארך *ARK* (ch) **Def:** From the male reproductive organ.

3960 ארך (vrb) *aw'rak* **Tran:** PROLONG **Def:** To lengthen or delay. **KJV:** prolong, long, lengthen, draw out, defer, tarry **Str:** #0748 **Aramaic:** *ar'ak* #0749

3961 ארך (masc) *aw'rake* **Tran:** SLOW **Def:** Capable of calmly awaiting an outcome or result. **KJV:** slow, longsuffering, patient **Str:** #0750

3962 ארכה (fem) **Tran:** LENGTHENING **KJV:** lengthening **Aramaic:** ארכא #0754

3963 ארוך (masc) *aw'roke* **Tran:** LONG **KJV:** long, longer **Str:** #0752

3964 ארוכה (fem) *ar'oo'kaw* **Tran:** REPAIR **Def:** reconstruction or healing that causes longer life. **KJV:** health, perfected, made **Str:** #0724

3965 אורך (masc) *o'rek* **Tran:** LENGTH **Def:** A measured distance or dimension. **KJV:** length, long, ever, high **Str:** #0753

    רוך *RWK* (ch) **Def:** The tenderness of the loins.

3966 רוך (masc) *roke* **Tran:** TENDERNESS **KJV:** tender **Str:** #7391

ירך *YRK* (ch)

3967 ירך (fem) *yaw'rake* **Tran:** MIDSECTION **Def:** The lower abdomen and back. **KJV:** thigh, side, shaft, loins, body **Str:** #3409

3968 ירכה (fem) *yer'ay'kaw* **Tran:** FLANK **Def:** The hollow of the loins between the legs. **KJV:** thigh **Str:** #3411 **Aramaic:** ירכא *yar'kaw* #3410

3969 מורך (masc) *mo'rek* **Tran:** FAINT **Def:** From a blow to the loins. **KJV:** faintness **Str:** #4816

רחב *RHhB* (ad)

3970 רחב (vrb) *raw'khab* **Tran:** WIDEN **Def:** To increase the size of an area wide; large; roomy. **KJV:** enlarge, wide, large, room **Str:** #7337

3971 רחב (masc) רחבה (fem) *rakh'ab / raw'khawb* **Tran:** WIDE **Def:** Having great extent or breadth. **KJV:** large, broad, proud, wide, liberty, breadth **Str:** #7338, #7342

3972 רחוב (fem) *rekh'obe* **Tran:** STREET **Def:** A thoroughfare, especially in a city, town or village. **KJV:** street, ways, place **Str:** #7339

3973 רוחב (masc) *ro'khab* **Tran:** WIDTH **Def:** Largeness of extent or scope. From the width of a road. **KJV:** breadth, broad, thickness, largeness, thick, wilderness **Str:** #7341

3974 מרחב (masc) *mer'khawb* **Tran:** WIDE.PLACE **KJV:** large, breadth **Str:** #4800

רחק *RHhQ* (ad) **Rel:** being far

3975 רחק (vrb) *raw'khak* **Tran:** BE.FAR **Alt:** afar **Def:** To be distant, a long way off. **KJV:** far, off, away, remove, good way **Str:** #7368

3976 רחק (masc) *raw'khake* **Tran:** FAR **KJV:** far **Str:** #7369

3977 רחיק (masc) **Tran:** FAR **KJV:** far **Aramaic:** *rakh'eek* #7352

3978 רחוק (masc) רחוקה (fem) *raw'khoke* **Tran:** DISTANCE **Def:** Separation in space or time. A distant place or time. **KJV:** far, long ago, come, afar, old, long, space **Str:** #7350

3979 מרחק (masc) *mer'khawk* **Tran:** FAR **Def:** distant place or land. **KJV:** far, afar **Str:** #4801

רכש *RKSh* (ad) **Def:** A collection of possessions.

3980 רכש (vrb) *raw'kash* **Tran:** ACCUMULATE **Def:** To gather or pile up, especially little by little. **KJV:** get, gather **Str:** #7408

3981 רכש (masc) *reh'kesh* **Tran:** HORSE **Def:** As a collection of beasts. **KJV:** mule, dromedary, beast **Str:** #7409

3982 רכוש (masc) *rek'oosh* **Tran:** GOODS **Def:** Something that has economic utility or satisfies an economic want; personal property having intrinsic value but usually excluding money, securities and negotiable instruments. **Rel:** As collected substances. **KJV:** goods, substance, riches **Str:** #7399

רם *RM* (pr) **Act:** Lift, Throw **Obj:** Height, Palace **Abs:** Deceit, Pride **Def:** Anything that is high or lifted up. **AH:** ᴀᴍℚ

3983 רמה (fem) *raw'maw* **Tran:** HEIGHTS **Def:** high place. **KJV:** high place **Str:** #7413

3984 רמות (fem) *raw'mooth* **Tran:** HEIGHT **KJV:** height **Str:** #7419

3985 רמיה (fem) *rem'ee'yaw* **Tran:** DECEITFUL **KJV:** deceitful, deceit, slothful, false, guile, idle, slack **Str:** #7423

3986 מרמה (fem) *meer'maw* **Tran:** DECEIT **Def:** The act or practice of not being honest. **KJV:** deceit, false, guile, feign, subtlety, treachery **Str:** #4820

3987 תרמה (fem) *tor'maw* **Tran:** FRAUD **Def:** The act or practice of not being honest. **KJV:** deceit, deceitful, privily **Str:** #8649

3988 רמון (masc) *rim'mone* **Tran:** POMEGRANATE **Def:** A sweet deep red fruit prolific with seeds. A symbol of compassion and love. **KJV:** pomegranate **Str:** #7416

רמם *RMM* (ch)

3989 רמם (vrb) *raw'mam / ro'mawm* **Tran:** LIFT **KJV:** exalt, lift, up **Str:** #7426, #7318

3990 רוממה (fem) *ro'mem'aw* **Tran:** LIFT **KJV:** high **Str:** #7319

3991 רוממות (fem) *ro'may'mooth* **Tran:** LIFTING **KJV:** lifting **Str:** #7427

Benner's Lexicon of Biblical Hebrew

ארם *ARM* (ch)

3992 ארמון (masc) *ar'mone* **Tran:** CITADEL **Def:** A large palace or fortress usually constructed in a high place. **KJV:** palace, castle **Str:** #0759

ראם *RAM* (ch)

3993 ראם (vrb) *raw'am* **Tran:** LIFT **KJV:** lift **Str:** #7213

3994 ראם (masc) *reh'ame* **Tran:** RHINOCEROS **Def:** A large land animal where some species have one horn (Latin: unicornis) and others have two (Latin: bicornis). **KJV:** unicorn **Str:** #7214

3995 ראמה (fem) *raw'maw* **Tran:** CORAL **KJV:** coral **Str:** #7215

רמה *RMH* (ch) **Def:** A throwing of something high.

3996 רמה (vrb) *raw'maw* **Tran:** THROW.DOWN **Alt:** betray. **Def:** To lead astray; to deliver to an enemy by treachery; to reveal unintentionally. **KJV:** deceive, beguile, throw, betray, carry **Str:** #7411 **Aramaic:** *rem'aw* Cast down. #7412

רום *RWM* (ch) **Def:** Anything that is high or lifted up.

3997 רום (vrb) *room* **Tran:** RAISE.UP **Alt:** Tall. **Def:** To lift something up. **KJV:** lift, exalt, high, offer, give, heave, extol, lofty, take, tall **Str:** #7311 **Aramaic:** רון #7313

3998 רום (masc) *rome / room* **Tran:** HIGH **Def:** Something that is lifted up. **KJV:** high, haughtiness, height **Str:** #7312, #7315 **Aramaic:** *room* #7314

3999 רומה (fem) *ro'maw* **Tran:** PROUDLY **Def:** In the sense lifting oneself up. **KJV:** haughtily **Str:** #7317

4000 מרום (masc) *maw'rome* **Tran:** HEIGHTS **Def:** A place of considerable or great elevation. **KJV:** high, height, above, high place, dignity, haughty, loftily, upward **Str:** #4791

4001 תרומה (fem) *ter'oo'maw* **Tran:** OFFERING **Def:** A donation presented to another. **KJV:** offering, oblation, heave, gift, offered **Str:** #8641

4002 תרומיה (fem) *ter'oo'mee'yaw* **Tran:** OBLATION **Def:** As lifted up. **KJV:** oblation **Str:** #8642

רים *RYM* (ch)

4003 רימה (fem) *rim'maw* **Tran:** MAGGOT **Def:** The larvae of flies. **KJV:** worm **Str:** #7415

ערם *AhRM* (ad)

4004 ערם (vrb) *aw'ram* **Tran:** PILE **Def:** To mound up in a heap. **KJV:** gather **Str:** #6192

רן *RN* (pr) **Act:** Shout, Murmur **Obj:** Rattle **Def:** Any loud noise. **AH:** ᖫ

רנן *RNN* (ch) **Def:** A shout of joy, desperation or desire.

4005 רנן (vrb) *ran'nane / raw'nan* **Tran:** SHOUT.ALOUD **Def:** To cry out loudly in triumph or joy. **KJV:** sing, rejoice, shout, cry **Str:** #7442, #7444

4006 רנן (masc) *reh'nen* **Tran:** SHOUTING **Def:** site that shouts out beauty. **KJV:** goodly **Str:** #7443

4007 רננה (fem) *ren'aw'naw* **Tran:** SHOUTING **KJV:** joyful, triumphing, singing **Str:** #7445

ארן *ARN* (ch)

4008 אורן (masc) *o'ren* **Tran:** OREN **Def:** An unknown tree. **KJV:** ash **Str:** #0766

רנה *RNH* (ch) **Def:** A loud noise.

4009 רנה (vrb) *raw'naw* **Tran:** RATTLE **KJV:** rattle **Str:** #7439

רון *RWN* (ch) **Def:** A loud rumbling.

4010 לון (vrb) *loon* **Tran:** MURMUR **Def:** To make a low or indistinct sound, esp. Continuously. To complain in a low tone, usually in private. **KJV:** murmur, grudge **Str:** #3885

4011 רון (masc) רינה (fem) *rin'naw / rone* **Tran:** MURMUR **Def:** A low or indistinct sound, esp. Continuously. A complaint or request in a low tone, usually in private. **KJV:** cry, singing, rejoice, joy, gladness, proclamation, shouting, sing, song, triumph **Str:** #7438, #7440

4012 תלונה (fem) *tel'oo'naw* **Tran:** MURMURING **Def:** A continuously low or indistinct sound. A complaining in low tones, usually in private. **KJV:** murmuring **Str:** #8519

קרן *QRN* (ad)

4013 קרן (vrb) *kaw'ran* **Tran:** HAVE.HORNS **Def:** One of a pair of bony processes that arise from the head of many animals, sometimes used as a wind instrument. The horn-shaped protrusions of the altar or a musical instrument. **KJV:** shine, horns **Str:** #7160

4014 קרן (fem) *keh'ren* **Tran:** HORN **Def:** One of a pair of bony processes that arise from the head of many animals and used as a wind instrument. The horns of an animal or a musical instrument in the shape of a horn. **KJV:** horn, hill **Str:** #7161 **Aramaic:** #7162

רס *RS* (pr) **Act:** Demolish, Tread, Stomp **Obj:** Pieces, Mud, Ruin **Def:** The breaking or bringing down of something by throwing or pulling it down. **AH:** ‡۶

רסס *RSS* (ch) **Def:** Something broken or divided into pieces.

4015 רסס (vrb) *raw'sas* **Tran:** MOISTEN **Def:** To make wet by adding a liquid. In the sense of drops as pieces of water. **KJV:** temper **Str:** #7450

4016 רסיס (masc) *raw'sees* **Tran:** PIECE **Def:** Something broken into pieces. Also, the drops of dew as pieces of water. **KJV:** drip, breach **Str:** #7447

הרס *HRS* (ch) **Def:** Something broken into pieces.

4017 הרס (vrb) *haw'ras* **Tran:** CAST.DOWN **Def:** To ruin or break into pieces by throwing or pulling down. **KJV:** throw, break, overthrow, destroy, pull, ruin, beat, pluck, destroyer **Str:** #2040

4018 הרס (masc) *heh'res* **Tran:** RUIN **Def:** city that has been broken down into pieces. **KJV:** destruction **Str:** #2041

4019 הריסה (fem) *har'ee'saw* **Tran:** RUIN **Def:** city that has been broken down into pieces. **KJV:** ruin **Str:** #2034

4020 הריסות (fem) *har'ee'sooth* **Tran:** RUIN **Def:** city that has been broken down into pieces. **KJV:** destruction **Str:** #2035

רמס *RMS* (ad) **Rel:** trampling down

4021 רמס / רמש (vrb) *raw'mas / raw'mas* **Tran:** TREAD **Def:** To trample under foot. **KJV:** tread, stamp, trample, oppressor **Str:** #7429, #7430

4022 רמש (masc) *reh'mes* **Tran:** TREADER **Def:** A creature that crawls or creeps on something. **KJV:** creeping, moving **Str:** #7431

4023 מרמס (masc) *meer'mawce* **Tran:** TRAMPLED **Def:** place that is tread upon. **KJV:** tread, trodden **Str:** #4823

רפס *RPS* (ad) **Def:** A stamping with the feet through water causing the water to become muddied. **Rel:** stamping down

4024 רפס / רפש (vrb) *raw'fas / raw'fas* **Tran:** STOMP **Def:** To stomp down with the feet. The muddying of waters when stomping into the water. **KJV:** humble, submit **Str:** #7511, #7515 **Aramaic:** *ref'as* #7512

4025 רפש (masc) *reh'fesh* **Tran:** MUD **KJV:** mire **Str:** #7516

4026 מרפש (masc) *meer'paws* **Tran:** MUD **KJV:** foul **Str:** #4833

רע *RAh* (pr) **Act:** Feed **Obj:** Shepherd, Friend, Pasture, Tent curtain, Field **Abs:** Desire, Flourish **Def:** The shepherd closely watched over his flock, often they are his only companions. **AH:** ⊙�- The pictograph � is a picture of the head of a man, the ⊙ is a picture of they eye. Combined these mean "man watches."

4027 רע / ריע (masc) רעה (fem) *ray'ah / ray'aw* **Tran:** COMPANION **Def:** One that accompanies another; a friend. **Rel:** In the sense of a close companion or friend. **KJV:** neighbor, friend, another, fellow, companion, other, brother, husband, lover **Str:** #7453, #7464

4028 רעות (fem) *reh'ooth* **Tran:** FRIEND **Def:** A female companion as one who is close. **KJV:** neighbor, another, mate **Str:** #7468

4029 מרעית (fem) *meer'eeth* **Tran:** PASTURE **Def:** A grassy area for feeding livestock. **KJV:** pasture, flock **Str:** #4830

4030 מרע (masc) *may'ray'ah* **Tran:** PARTNER **Def:** One that shares. A close companion. **KJV:** companion, friend **Str:** #4828

רעה *RAhH* (ch) **Def:** One who provides and protects the flock and takes desire in them.

4031 רעה (vrb) *raw'aw* **Tran:** FEED **Def:** To give food to; to provide feed or pasture to the flock. Commonly used in the participle form meaning a "feeder" or "shepherd." **KJV:**

feed, shepherd, pastor, herdman, keep, companion, broken, company, devour, eat, entreat **Str:** #7462

4032 רעה (masc) *ray'eh* **Tran:** FRIEND **KJV:** friend **Str:** #7463

4033 רעות (fem) *reh'ooth* **Tran:** PURSUING **Def:** In the sense of hunting for good pastures. **KJV:** vexation, pleasure, will **Str:** #7469 **Aramaic:** #7470

4034 רעי (masc) *reh'ee* **Tran:** PASTURE **KJV:** pasture **Str:** #7471

4035 רעיה (fem) *rah'yaw* **Tran:** LOVE **Def:** The love of a friend or flock. **KJV:** love **Str:** #7474

4036 מרעה (masc) *meer'eh* **Tran:** FEEDING.PLACE **Def:** A place of feeding or grazing. **KJV:** pasture, feedingplace **Str:** #4829

4037 רעיון (masc) *rah'yone* **Tran:** PURSUANT **Def:** In the sense of hunting for good pastures. **KJV:** vexation **Str:** #7475

רוע *RWAh* (ch)

4038 רועי (masc) *ro'ee* **Tran:** SHEPHERD **KJV:** shepherd **Str:** #7473

ירע *YRAh* (ch)

4039 יריעה (fem) *yer'ee'aw* **Tran:** CURTAIN **Def:** The goat hair curtain, as tremulous, that are used for tents. **KJV:** curtain **Str:** #3407

רען *RAhN* (ad) **Def:** A green and fresh plant as flourishing with fruit or with sustenance. **Rel:** through the idea of pasture

4040 רען (masc) *rah'an'awn* **Tran:** FLOURISHING **Def:** A green plant bearing fruit. Also, prosperous. **KJV:** green, fresh, flourishing **Str:** #7488 **Aramaic:** #7487

רף *RP* (pr) **Act:** Heal, Sink, Pulverize, Burn **Obj:** Medicine, Idol, Venom **Abs:** Sick, Weak **Def:** Wounds, sickness and illnesses are cured with medicines made from plant materials which were pulverized into a medicinal powder. **AH:** ᗰᗡ- The pictograph ᗡ is a picture of the head of a man, the ᗰ is a picture of an open mouth. Combined these mean "man open."

4041 תרף (masc) *ter'aw'feme* **Tran:** FAMILY.IDOL **Def:** A household idol of a god, possibly believed to have a healing power. **KJV:** image, teraphim, idol, idolatry **Str:** #8655

רפא *RPA* (ch)

4042 רפא / רפה (vrb) *raw'faw* **Tran:** HEAL **Def:** To restore to health or wholeness. **KJV:** heal, physician, cure, repair **Str:** #7495

4043 רפא (masc) *raw'faw* **Tran:** DEAD **KJV:** dead, deceased **Str:** #7496

4044 מרפא (masc) *mar'pay* **Tran:** HEALTH **KJV:** healing, cure, healing, sound, wholesome, yielding **Str:** #4832

4045 רפואה (fem) *ref'oo'aw* **Tran:** MEDICINE **KJV:** medicine **Str:** #7499

4046 ריפאות (fem) *rif'ooth* **Tran:** HEALTH **KJV:** health **Str:** #7500

רפה *RPH* (ch) **Def:** One weakened by illness or disease.

4047 רפה (vrb) *raw'faw* **Tran:** SINK.DOWN **Alt:** lazy. **Def:** To drop down; to be slack or idle due to weakness, illness or laziness. **KJV:** feeble, fail, weaken, go, alone, idle, stay, slack, faint, forsake, abate, cease **Str:** #7503

4048 רפה (masc) *raw'feh* **Tran:** FRAIL **KJV:** weak **Str:** #7504

רוף *RWP* (ch)

4049 רוף (vrb) *roof* **Tran:** PULVERIZE **KJV:** tremble **Str:** #7322

4050 תרופה (fem) *ter'oo'faw* **Tran:** MEDICINE **KJV:** medicine **Str:** #8644

ריף *RYP* (ch)

4051 ריפה (fem) *ree'faw* **Tran:** WHEAT **Def:** grain pulverized with a mortar and pestle for making a flour. **KJV:** wheat, corn **Str:** #7383

4052 ריפיון (masc) *rif'yone* **Tran:** FEEBLE **KJV:** feeblenss **Str:** #7510

סרף *SRP* (ad) **Rel:** a burning wound

4053 שרף / סרף (vrb) *saw'raf / saw'raf* **Tran:** CREMATE **Def:** To reduce a dead body, or other object, to ashes by burning. **KJV:** burn, kindle, made **Str:** #5635, #8313

4054 שרף (masc) *saw'rawf* **Tran:** VENOMOUS **Def:** Able to inflict a poisoned bite, sting, or wound. In the Book of Isaiah this is a winged, possibly venomous, creature called a Seraph. **Rel:** From the fiery pain from a bite from a venomous creature. **KJV:** fiery, serpent, seraphim **Str:** #8314

4055 שרפה (fem) *ser'ay'faw* **Tran:** CREMATING **Def:** The act of burning a dead body to ashes. **KJV:** burn, burning **Str:** #8316

4056 משרפה (fem) *mis'raw'faw* **Tran:** BURNING **KJV:** burning **Str:** #4955

~~~~~~~~~~

רץ *RTs* (pr) **Act:** Crush, Run, Dry, Shatter, Murder, Fit, Swarm **Obj:** Potsherd, Land, Course, Clay, Wound **Abs:** Desire, Violence **Def:** Broken pieces of pottery were commonly used as writing tablets as they were inexpensive and durable. These potsherds were commonly used to send messages from one person to another, usually carried by runners. **AH:** ᐸ ᕲ

4057 רץ (masc) *rats* **Tran:** FRAGMENT **Rel:** Broken fragments of a pot which were commonly used as writing surfaces for messages. **KJV:** piece **Str:** #7518

רצץ *RTsTs* (ch)

4058 רצץ / רשש (vrb) *raw'shash / raw'tsats / ro'aw* **Tran:** CRUSH **Def:** To reduce to particles by pounding or grinding. Crush something to pieces. An oppression or struggle as crushing. **KJV:** oppress, break, bruise, crush, discourage, struggle **Str:** #7465, #7533, #7567רעע

4059 מרוצה (fem) *mer'oo'tsaw* **Tran:** VIOLENCE **Def:** In the sense of chattering. **KJV:** violence **Str:** #4835

ארץ *ARTs* (ch) **Def:** Land is divided up into fragments by tribe or nations.

4060 ארץ (fem) *eh'rets* **Tran:** LAND **Def:** The solid part of the earth's surface. The whole of the earth or a region. **KJV:** earth, land, country, ground, world, way, common, field, nations, inferior **Str:** #0776 **Aramaic:** ארס / ארק *ar'ah / ar'ak* #0772, #0778

4061 ארצה (fem) Tran: BOTTOM KJV: bottom **Aramaic:** ארעית *arh'eeth* #0773

רצא *RTsA* (ch) **Def:** Messengers ran messages written on potsherds.

4062 רצא (vrb) *raw'tsaw* **Tran:** RUN **KJV:** run **Str:** #7519

רצה *RTsH* (ch) **Def:** Ones will and desires are written on potsherds as messages to another.

4063 רצה (vrb) *raw'tsaw* **Tran:** ACCEPT **Def:** To receive from the messenger what is given as a message. **KJV:** accept, please, pleasure, delight, enjoy, favourable, acceptable, accomplish, affection, approve **Str:** #7521

4064 רצון (masc) *raw'tsone* **Tran:** SELF-WILL **Alt:** be accepted. **Def:** Used to express determination, insistence, persistence, or willfulness. One's desire. **Rel:** From instructions that are written on potsherds. **KJV:** favour, will, acceptable, delight, pleasure, accepted, desire, acceptance, selfwill **Str:** #7522

רוץ *RWTs* (ch) **Def:** Messengers ran messages written on potsherds.

4065 רוץ (vrb) *roots* **Tran:** RUN **Alt:** quickly bring. **Def:** To go faster than a walk. **KJV:** run, guard, post, speedily **Str:** #7323

4066 מרוץ (masc) *may'rotes* **Tran:** COURSE **Def:** The path of the runner. **KJV:** race **Str:** #4793

4067 מרוצה (fem) *mer'oo'tsaw* **Tran:** COURSE **Def:** The path of the runner. **KJV:** running **Str:** #4794

חרס *HhRS* (ad) **Def:** The process of drying clay bricks or pots in the sun. **Rel:** potsherd

4068 חרש (masc) *kheh'res* **Tran:** CLAY **Def:** An item made of baked and hardened clay such as a tile or pot. **KJV:** earthen, potsherd, sherd, stone, earth **Str:** #2789

4069 חרס (masc) *kheh'res* **Tran:** ITCH **Def:** A skin irritation. **Rel:** Skin irritations were treated by applying clay to the irritation and left to dry. **KJV:** sun, itch **Str:** #2775

4070 חרסית (fem) *khar'sooth* **Tran:** POTSHERD **KJV:** east **Str:** #2777

ערץ *AhRTs* (ad)

4071 ערץ (vrb) *aw'rats* **Tran:** BE.TERRIFIED **KJV:** afraid, fear, dread, terribly, break, affright, oppress, prevail, terrified **Str:** #6206

4072 מערצה (fem) *mah'ar'aw'tsaw* **Tran:** TERROR **KJV:** terror **Str:** #4637

4073 עריץ (masc) *aw'reets* **Tran:** TERRIBLE **KJV:** terrible, oppressor, mighty, power, strong, violent **Str:** #6184

4074 ערוץ (masc) *aw'roots* **Tran:** CHASM **Def:** fearful place. **KJV:** cliff **Str:** #6178

רעץ *RAhTs* (ad) **Def:** A breaking into pieces by throwing. **Rel:** being broken into pieces

4075 רעץ (vrb) *raw'ats* **Tran:** DASH.TO.PIECES **Def:** To shatter into pieces by force. **KJV:** dash, vex **Str:** #7492

רצח *RTsHh* (ad) **Def:** An unjustifiable killing or slaughter. **Rel:** dashed into pieces

4076 רצח (vrb) *raw'tsakh* **Tran:** MURDER **Def:** A killing committed with malice aforethought, characterized by deliberation or premeditation. **KJV:** slayer, murderer, kill, murder, slain, manslayer, killing, death **Str:** #7523

4077 רצח (masc) *reh'tsakh* **Tran:** WOUND **Def:** deadly wound. **KJV:** sword, slaughter **Str:** #7524

רצע *RTsAh* (ad)

4078 רצע (vrb) *raw'tsah* **Tran:** BORE.THROUGH **Def:** To pierce with a sharp object. **KJV:** bore **Str:** #7527

4079 מרצע (masc) *mar'tsay'ah* **Tran:** AWL **Def:** A sharp pointed tool for piercing holes in leather or the skin. **KJV:** aul **Str:** #4836

רצף *RTsP* (ad) **Def:** Stones are fitted together to build a road. **Rel:** pieces

4080 רצף (vrb) *raw'tsaf* **Tran:** FIT **Def:** To fit together. **KJV:** paved **Str:** #7528

4081 רצף (masc) *reh'tsef* **Tran:** HOT.STONE **Def:** Used for baking bread by placing the bread on hot stones. **KJV:** coal **Str:** #7529

4082 רצפה (fem) *rits'paw* **Tran:** PAVEMENT **Def:** road of stones. **KJV:** pavement **Str:** #7531

4083 מרצפת (fem) *mar'tseh'feth* **Tran:** PAVEMENT **Def:** road of stones. **KJV:** pavement **Str:** #4837

שרץ *ShRTs* (ad) **Def:** The moving mass of a swarm. This can be sea creatures (Gen 1:20) or land creatures (Gen 7:21) **Rel:** Related through the idea of many small individual parts forming one large formation.

4084 שרץ (vrb) *shaw'rats* **Tran:** SWARM **Def:** To move, as a large mass of creatures. **KJV:** creep, abundantly, move, breed, increase **Str:** #8317

4085 שרץ (masc) *sheh'rets* **Tran:** SWARMER **Def:** The creature(s) of a large swarm. **KJV:** creeping, creep, creature, move **Str:** #8318

שרש *ShRSh* (ad) **Rel:** Related through the idea of many small individual parts forming one large formation.

4086 שרש (vrb) *shaw'rash* **Tran:** ROOT **Def:** To take root in soil. Also to take out by the roots. **KJV:** root **Str:** #8327

4087 שורש (masc) *sheh'resh* **Tran:** ROOT **Def:** The underground part of a plant. The source or origin of a thing. **KJV:** root, bottom, deep, heel **Str:** #8328 **Aramaic:** *sho'resh* #8330

4088 שרושו (fem) **Tran:** UPROOT **Def:** In the sense of being taken out. **KJV:** banishment **Aramaic:** *sher'o'shoo* #8332

רק *RQ* (pr) **Act:** Draw, Spit **Obj:** Grass, Thin, Green **Abs:** Empty **Def:** Thin green blades of grass that are drawn out of the soil. **AH:** רק

4089 רק (masc) *rak* **Tran:** THIN **Def:** Not dense in distribution; not well-fleshed. **KJV:** thin, lean **Str:** #7534

4090 רק (com) *rak* **Tran:** ONLY **Alt:** at all. **Def:** A single instance or thing and nothing more or different. **KJV:** only, nothing, except, but **Str:** #7535

4091 רקה (fem) *rak'kaw* **Tran:** TEMPLE **Def:** The side of the head as a thin spot. **KJV:** temple **Str:** #7541

רקק *RQQ* (ch) **Def:** As green and drawn out of the mouth.

4092 רקק (vrb) *raw'kak* **Tran:** SPIT **KJV:** spit **Str:** #7556

4093 רקיק (masc) *raw'keek* **Tran:** THIN.BREAD **Def:** Dough that has been spread thin before baked. **KJV:** wafer, cake **Str:** #7550

רוק *RWQ* (ch) **Def:** Something that is drawn out.

4094 רוק (vrb) *rook* **Tran:** DRAW.OUT **Def:** To empty. To arm oneself by unsheathing a sword in the sense of emptying the scabbard. Acting in vain; empty-handed. **KJV:** out, empty, draw, arm, pour **Str:** #7324

4095 רוק (masc) *roke* **Tran:** SPIT **Def:** As drawn out of the mouth. **KJV:** spit, spiting, spittle **Str:** #7536

ירק *YRQ* (ch)

4096 ירק (vrb) *yaw'rak* **Tran:** SPIT **KJV:** spit **Str:** #3417

4097 ירק (masc) *yaw'rawk / yeh'rek* **Tran:** GREEN **Def:** A color somewhat less yellow than that of fresh growing grass and of that part of the spectrum between blue and yellow. The color of grasses and herbs as thin. **KJV:** green, herb **Str:** #3418, #3419

4098 ירוק (masc) *yaw'roke* **Tran:** GREEN.PASTURE **Def:** As filled with grasses. **KJV:** green **Str:** #3387

4099 ירקון (masc) *yay'raw'kone* **Tran:** MILDEW **Def:** As a thin green film. **KJV:** mildew, paleness **Str:** #3420

4100 ירקרק (masc) *yer'ak'rak* **Tran:** GREENISH **KJV:** greenish, yellow **Str:** #3422

ריק *RYQ* (ch) **Def:** A container where all of its contents have been drawn out. Also vanity as an emptiness.

4101 ריק (masc) *rake / reek* **Tran:** EMPTY **Def:** The lack of intelligence or significance in an action. An action or thought with no positive results. To empty by pouring out. **KJV:** vain, vanity, no purpose, empty **Str:** #7385, #7386

4102 ריקם (masc) *ray'kawm* **Tran:** EMPTINESS **Def:** Lack of contents which should be present. Void of contents or purpose. **KJV:** void, vain **Str:** #7387

רקם *RQM* (ad)

4103 רקם (vrb) *raw'kam* **Tran:** EMBROIDER **Def:** To decorate with ornamental and colorful needlework. **KJV:** needlework, embroiderer, wrought **Str:** #7551

4104 רקם (masc) ריקמה (fem) *rik'maw* **Tran:** EMBROIDERY **Def:** A decorative work of colorful needlework. **KJV:** broidered, needlework, divers colour **Str:** #7553

רקע *RQAh* (ad) **Def:** The pounding of a metal such as gold with a hammer to flatten it out for a metal sheet.

4105 רקע (vrb) *raw'kah* **Tran:** HAMMER **Def:** To beat a malleable metal with a hammer to make thin sheets. **KJV:** spread, stamp, stretch, beat, broad **Str:** #7554

4106 רקיע (masc) *raw'kee'ah* **Tran:** SHEET **Def:** A broad piece of cloth or metal. As hammered out flat. **KJV:** firmament **Str:** #7549

4107 ריקוע (masc) *rik'koo'ah* **Tran:** FLAT **Def:** As hammered out flat. **KJV:** broad **Str:** #7555

רר *RR* (pr) **Act:** Flow, Spit **Obj:** Spittle **Abs:** Curse **AH:** ՉՉ

ארר *ARR* (ch) **Def:** One shows a cursing by spitting.

4108 ארר (vrb) *aw'rar* **Tran:** SPIT.UPON **Def:** To eject saliva, usually on another in spite or disrespect. **KJV:** curse **Str:** #0779

4109 מארה (fem) *meh'ay'raw* **Tran:** SPITTING **KJV:** curse, cursing **Str:** #3994

רור *RWR* (ch) **Def:** The flowing of a liquid.

4110 רור (vrb) *roor* **Tran:** FLOW.OUT **KJV:** run **Str:** #7325

ריר *RYR* (ch)

4111 ריר (masc) *reer* **Tran:** DROOL **Def:** The thick drool of saliva or an egg white. **KJV:** spittle, white **Str:** #7388

רש *RSh* (pr) **Act:** Inherit, Request **Obj:** Head **Abs:** Poor, Inheritance **Def:** The head of the tribe (chief) or family (father) is passed from generation to generation. The head grants permission for the betrothal of his daughters and determines the inheritor of the tribe or family. The head of a person, place, thing or time. **AH:** ᗯՉ- The pictograph Չ is a picture of the head.

4112 רשת (fem) *reh'sheth* **Tran:** NETTING **Def:** A sheet of meshed fabric, cord or metal. **KJV:** net **Str:** #7568

4113 רשיון (masc) *rish'yone* **Tran:** PERMISSION **KJV:** grant **Str:** #7558

רשש RShSh (ch)

4114 תרשיש (masc) *tar'sheesh* **Tran:** TOPAZ **Def:** Possibly the Topaz, which may be yellow, gray, white, pink, green or blue in color. Other possible translations are Beryl, Lapis Lazuli, Amber, Jasper, Serpentine, Olivine, or Flint. **KJV:** beryle **Str:** #8658

ארש ARSh (ch) **Def:** A granting permission to marry.

4115 ארש (vrb) *aw'ras* **Tran:** BETROTH **Def:** A promise or contract of impending marriage. To request a woman for marriage. **KJV:** betroth, espouse **Str:** #0781

4116 ארשת (fem) *ar'eh'sheth* **Tran:** BETROTHAL **Def:** In a literal or figurative state of being betrothed or engaged. **KJV:** request **Str:** #0782

ראש RASh (ch)

4117 ראש / ריש (masc) *raysh / roshe* **Tran:** HEAD **Alt:** top; beginning; first; chief; best. **Def:** The top of the body. A person in authority or role of leader. **KJV:** head, chief, top, beginning, company, captain, sum, first, principal, chapters, rulers **Str:** #7218, #7389 **Aramaic:** *raysh* #7217

4118 ראשות (fem) *rah'ash'oth* **Tran:** HEADREST **Def:** place where the head is laid. **KJV:** bolster **Str:** #7226

4119 ראשית (fem) *ray'sheeth* **Tran:** SUMMIT **Def:** The first or beginning; the best or most important; the source. **Rel:** As the head. **KJV:** beginning, firstfruits, first, chief **Str:** #7225

4120 מראשה (fem) *mar'aw'shaw* **Tran:** HEAD.PLACE **KJV:** principality **Str:** #4761

4121 ריאשון (masc) *ree'shone* **Tran:** FIRST **Def:** The head of a time or position. **KJV:** first, former, beginning, chief, before, old, foremost, aforetime **Str:** #7223

4122 רואש (masc) *roshe* **Tran:** VENOM **Def:** The poison of serpents that comes sacks located in the head. Also, by extension any type of poison. **KJV:** gall, venom, poison, hemlock **Str:** #7219

4123 רואשה (fem) *ro'shaw* **Tran:** HEADSTONE **Def:** As at the top. **KJV:** beginnings **Str:** #7222

4124 מראשה (fem) *mer'ah'ash'aw* **Tran:** HEADREST **Def:** A support for the head. Place where the head is laid. **KJV:** bolster, pillow, head **Str:** #4763

4125 ריאשני (masc) *ree'sho'nee* **Tran:** FIRST **Def:** The head of a time or position. **KJV:** first **Str:** #7224

רוש *RWSh* (ch) **Def:** One who hangs down the head and is in need.

4126 רוש (masc) *roosh* **Tran:** POOR **KJV:** poor, lack, needy **Str:** #7326

ירש *YRSh* (ch) **Def:** The inheritor becomes the head of the family.

4127 ירש (vrb) *yaw'rash* **Tran:** POSSESS **Alt:** dispossess. **Def:** To come into possession of or receive especially as a right or divine portion; o receive from an ancestor at his death; to take possession, either by seizing or through inheritance. **KJV:** possession, out, inherit, heir, possession, succeed, dispossess, poverty, drive, enjoy, poor, expel **Str:** #3423

4128 ירשה (fem) *yer'ay'shaw* **Tran:** PROPERTY **KJV:** possession **Str:** #3424

4129 מורש (masc) מורשה (fem) *mo'raw'shaw / mo'rawsh* **Tran:** POSSESSION **Def:** Something that is personally owned. **KJV:** possession, inheritance, heritage **Str:** #4180, #4181

4130 ירושה (fem) *yer'oosh'shaw* **Tran:** HERITAGE **KJV:** possession, heritage, inheritance **Str:** #3425

4131 תירוש (masc) *tee'roshe* **Tran:** FRESH.WINE **Def:** Newly pressed wine as a desired possession. **KJV:** wine **Str:** #8492

~~~~~~~~~~

רת *RT* (pr) **Act:** Tremble, Attach, Bind **Obj:** Harness, Chain **AH:** +ק

4132 רתת (fem) *reth'ayth* **Tran:** TREMBLE **KJV:** tremble **Str:** #7578

רתם RTM (ad) **Def:** The harnessing of rig for attaching horses to a wagon or chariot. **Rel:** binding

4133 רתם (vrb) *raw'tham* **Tran:** ATTACH **KJV:** bind **Str:** #7573

4134 רתם (masc) רתמה (fem) *reh'them* **Tran:** JUNIPER **Def:** A species of tree, possibly the Juniper. **KJV:** juniper **Str:** #7574

רתק RTQ (ad) **Def:** A binding of something with a chain. **Rel:** binding

4135 רתק (vrb) *raw'thak* **Tran:** BIND **KJV:** loose, bound **Str:** #7576

4136 רתיקה (fem) *rat'tee'kaw* **Tran:** CHAIN **Def:** For binding. **KJV:** chain **Str:** #7572

4137 רתוק (masc) *rat'toke* **Tran:** CHAIN **Def:** For binding. **KJV:** chain **Str:** #7569

4138 רתוקה (fem) *reth'oo'kaw* **Tran:** CHAIN **Def:** For binding together or as bound on the wrist or neck. **KJV:** chain **Str:** #7577

רע RGh (pr) **Act:** Grieve, Shout **Abs:** Bad **AH:** 𐤀𐤏

4139 רע (masc) רעה (fem) *rah / ro'ah* **Tran:** DYSFUNCTIONAL **Def:** Impaired or abnormal action other than that for which a person or thing is intended. Something that does not function within its intended purpose. **KJV:** evil, wickedness, wicked, mischief, hurt, bad, trouble, sore, affliction, ill, adversity, favoured, harm, naught, noisesome, grievous, sad **Str:** #7451, #7455

רעע RGhGh (ch) **Def:** Something dysfunctional, wrong, evil or wicked.

4140 רעע (vrb) *may'rah / raw'ah* **Tran:** BE.DYSFUNCTIONAL **Def:** Impaired or abnormal filling of purpose; to act wrongly by injuring or doing an evil action. **KJV:** evil, evildoer, hurt, wickedly, worse, afflict, wicked, break, doer, ill, harm, displease, mischief **Str:** #4827, #7489

רוע RWGh (ch) **Def:** Something dysfunctional, wrong, evil or wicked.

4141 רוע (vrb) *roo'ah* **Tran:** SIGNAL **Def:** To shout or sound an alarm of war or for great rejoicing. **KJV:** shout, noise, alarm, cry, triumph, smart **Str:** #7321

4142 רוע (masc) *ray'ah* **Tran:** LOUD.NOISE **Def:** A loud, confused, constant noise or sound. **KJV:** shout, noise, aloud **Str:** #7452

4143 תרועה (fem) *ter'oo'aw* **Tran:** SIGNAL **Alt:** alarm. **Def:** A great shout or sound of alarm of war or for rejoicing. **KJV:** shout, shouting, alarm, sound, blowing, joy **Str:** #8643

ירע *YRGh* (ch) **Def:** A feeling from bad circumstances.

4144 ירע (vrb) *yaw'rah* **Tran:** GRIEVE **KJV:** displease, grieve, grievous, evil, ill, harm, sad **Str:** #3415

צרע *TsRGh* (ad) **Def:** An infection of the skin, usually leprosy, that causes welts. Also an infection of mildew or mold, as welts, on clothing or a building.

4145 צרע (vrb) *tsaw'rah* **Tran:** INFECT **Def:** To taint or contaminate with something that affects quality, character, or condition unfavorably. To be infected with leprosy, mildew or mold. **KJV:** leper, leprous **Str:** #6879

4146 צרעת (fem) *tsaw'rah'ath* **Tran:** INFECTION **Def:** A contaminated substance, such as a disease, mold or mildew, on the skin, cloth or a building. **KJV:** leprosy **Str:** #6883

4147 צירעה (fem) *tsir'aw* **Tran:** HORNET **Def:** A flying insect with a stinger that is capable of causing serious injury or death to one that is stung. **KJV:** hornet **Str:** #6880

רעב *RGhB* (ad)

4148 רעב (vrb) *raw'abe* **Tran:** BE.HUNGRY **Def:** To have an urgent craving for food; famished. **KJV:** hunger, hungry, famish **Str:** #7456

4149 רעב (masc) *raw'abe / raw'awb* **Tran:** HUNGER **Def:** A craving or urgent need for food. **KJV:** famine, hunger, dearth, famished, hungry **Str:** #7457, #7458

4150 רעבון (masc) *reh'aw'bone* **Tran:** FAMINE **Def:** An extreme scarcity of food. **KJV:** famine **Str:** #7459

Shin

שׁא *ShA* (pr) **Act:** Crash **Obj:** Storm, Thunder **Abs:** Desolate **Def:** The crashing of thunder or waves as a desolating storm. **AH:** ᛯᗯ

4151 שׁאת (fem) *shayth* **Tran:** TUMULT **Rel:** A loud rushing noise or crashing as thunder or the crashing of waves in the sea. **KJV:** desolation **Str:** #7612

4152 שׁאון (masc) *shaw'one* **Tran:** TUMULT **KJV:** noise, tumult, rushing, horrible, pomp **Str:** #7588

שׁאה *ShAH* (ch)

4153 שׁאה (vrb) *shaw'aw / shaw'aw* **Tran:** CRASH **Def:** To break violently and noisily. **KJV:** lay waste, rushing, waste, desolate **Str:** #7582, #7583

4154 שׁאיה (fem) *sheh'ee'yaw* **Tran:** CRASHING **KJV:** destruction **Str:** #7591

4155 תשׁואה (fem) *tesh'oo'aw* **Tran:** THUNDER **KJV:** noise **Str:** #8663

שׁוא *ShWA* (ch) **Def:** A desolating storm.

4156 שׁוא (masc) שׁואה (fem) *shah'av'aw / sho* **Tran:** STORM **Def:** loud and destructive crashing of thunder and waves. **KJV:** desolation, destruction, desolate, destroy, storm, wasteness **Str:** #7722, #7584

4157 משׁואה (fem) *mash'shoo'aw* **Tran:** DESOLATION **KJV:** desolation, destruction **Str:** #4876

4158 משׁאה (fem) *meh'o'aw* **Tran:** DESOLATION **KJV:** desolation, waste **Str:** #4875

שׁב *ShB* (pr) **Act:** Turn, Draw, Capture, Sit, Design, Weave **Obj:** Seat, Well, Captive, Wreath, Net, Plate, Bed **Abs:** Anguish, Copulation **Def:** A place of dwelling as the place returned to. A turning back or away from someone or something. A captive is one turned away from a place of dwelling. **AH:** ᗯᛯ- The pictograph ᗯ is a picture of the two front teeth representing pressing, the ᛯ is a picture of tent. Combined these mean "Press to the tent."

4159 שבת (fem) *sheh'beth* **Tran:** SEAT **Rel:** A returning to ones place of residence where one sits. **KJV:** seat, place **Str:** #7675

4160 שבו (fem) *sheb'oo* **Tran:** AGATE **Def:** Probably the Agate, a variety of quartz that may be gray, light blue, orange, red or black in color. The Septuagint uses achates meaning "Agate." **KJV:** agate **Str:** #7618

שבב *ShBB* (ch)

4161 שבב (masc) *shaw'bawb* **Tran:** BROKEN **Def:** To be broken into pieces. **KJV:** broken **Str:** #7616

4162 שביב (masc) *shaw'beeb* **Tran:** FLAME **KJV:** spark, flame **Str:** #7632 **Aramaic:** *seb'eeb* #7631

4163 שובב (masc) *sho'babe / sho'bawb* **Tran:** BACKSLIDING **Def:** turning back. **KJV:** backsliding, frowardly **Str:** #7726, #7728

שאב *ShAB* (ch)

4164 שאב (vrb) *sahw'ab* **Tran:** DRAW.WATER **Def:** To bring up water from a well, usually using a rope and a bucket. **KJV:** draw, drawer **Str:** #7579

4165 משאב (masc) *mash'awb* **Tran:** WELL **Def:** place for drawing water. **KJV:** draw **Str:** #4857

שבה *ShBH* (ch) **Def:** A forcible turning away from ones homeland to another place.

4166 שבה (vrb) *shaw'baw* **Tran:** CAPTURE **Def:** The act of catching, winning, or gaining control by force, stratagem, or guile; to take one away from his homeland as an involuntary prisoner. **KJV:** captive, away, carry, take **Str:** #7617

4167 שבות / שבית (fem) *sheb'ooth* **Tran:** CAPTIVITY **Def:** The state or period of being held, imprisoned, enslaved, or confined. **KJV:** captivity, captive **Str:** #7622

4168 שבי (masc) שביה (fem) *sheb'ee / shib'yaw* **Tran:** CAPTIVE **Def:** A person who is enslaved or dominated. **KJV:** captivity, captive, prisoner, taken **Str:** #7628, #7633

שוב *ShWB* (ch) **Def:** A turning back to a previous state or place.

Benner's Lexicon of Biblical Hebrew

4169 שוב (vrb) *shoob* **Tran:** TURN.BACK **Alt:** return. **Def:** To return to a previous place or state. **KJV:** return, again, turn, back, away, restore, bring, render, answer, recompense, recover, deliver, put, withdraw, requite **Str:** #7725 **Aramaic:** תוב *toob* #8421

4170 שובה (fem) *shoo'baw* **Tran:** TURNING.BACK **KJV:** returning **Str:** #7729

4171 תשובה (fem) *tesh'oo'baw* **Tran:** TURN.BACK **Def:** Also a reply as a return. **KJV:** return, expire, answer **Str:** #8666

4172 משובה (fem) *mesh'oo'baw* **Tran:** BACKSLIDING **Def:** turning back. **KJV:** backsliding, turning away **Str:** #4878

ישב *YShB* (ch) **Def:** A place of dwelling as the place returned to.

4173 ישב (vrb) *yaw'shab* **Tran:** SETTLE **Def:** To stay in a dwelling place for the night or for long periods of time; to sit down. **KJV:** dwell, inhabitant, sit, abide, inhabit, down, remain, in, tarry, set, continue, place, still, taken **Str:** #3427 **Aramaic:** יתב *yeth'eeb* #3488

4174 מושב (masc) *mo'shawb* **Tran:** SETTLING **Def:** The place of sitting, resting or dwelling, usually temporarily. **KJV:** habitation, dwelling, seat, dwellingplace, dwell, place, sitting, assembly, situation, sojourning **Str:** #4186

4175 תושב (masc) *to'shawb* **Tran:** SETTLER **Def:** One who stays temporarily. Travels from place to place. **KJV:** sojourner, stranger, foreigner **Str:** #8453

שיב *ShYB* (ch)

4176 שיבה (fem) *shee'baw / shee'baw* **Tran:** RETURN **KJV:** captivity **Str:** #7870, #7871

חשב *HhShB* (ad) **Def:** The process of designing a pattern or plan for an action or device. **Rel:** turning over thoughts

4177 חשב (vrb) *khaw'shab* **Tran:** THINK **Alt:** consider; plan. **Def:** To plan or design a course of action, item or invention. **KJV:** count, devise, think, imagine, cunning, reckon, purpose, esteem, account, impute, forecast, regard, workman, conceive **Str:** #2803 **Aramaic:** *khash'ab* #2804

4178 חשב (masc) *khay'sheb* **Tran:** DECORATIVE.BAND **Def:** An adornment with designs used to decorate or tie an article of clothing. **KJV:** girdle **Str:** #2805

4179 מחשבה (fem) *makh'ash'aw'baw* **Tran:** INVENTION **Def:** A product of the imagination. Designing or planning of inventions or plans. **KJV:** thought, device, purpose, work, imagination, cunning, devise, invent **Str:** #4284

4180 חשבון (masc) *khesh'bone* **Tran:** REASON **KJV:** reason, account, device **Str:** #2808

4181 חישבון (masc) *khish'shaw'bone* **Tran:** INVENTION **Def:** designed device. **KJV:** engine, invention **Str:** #2810

סבך *SBK* (ad) **Rel:** weaving

4182 סבך (vrb) *saw'bak* **Tran:** INTERWEAVE **KJV:** fold, wrap **Str:** #5440

4183 סבך / שבך (masc) *saw'bawk / seb'awk* **Tran:** NET **Def:** An open-meshed fabric twisted, knotted, or woven at regular intervals. Also, a thicket as an interwoven network of thorns. **KJV:** thicket, thick, net **Str:** #5442, #7638

4184 שבכה (fem) *seb'aw'kaw* **Tran:** NETTING **Def:** triangular musical instrument with four strings. **KJV:** network, wreath, checker, lattice, snare, sackbut **Str:** #7639 **Aramaic:** סבכא *sab'bek'aw* #5443

4185 סבוך (masc) *so'bek* **Tran:** THICKET.BUSH **Def:** As interwoven network of thorns. **KJV:** thicket **Str:** #5441

4186 שובוך (masc) *so'bek* **Tran:** BOUGHS **Def:** Thick interwoven branches. **KJV:** boughs **Str:** #7730

שבס *ShBS* (ad) **Rel:** weaving

4187 שביס (masc) *shaw'beece* **Tran:** WREATH **Def:** woven band for a woman's heads. **KJV:** caul **Str:** #7636

שבע *ShBAh* (ad) **Def:** To be seven.

4188 שבעה (masc) שבע (fem) *sheh'bah / shib'eem* **Tran:** SEVEN **Alt:** seventy. **Def:** A cardinal number. **KJV:** seven, seventh, seven times, sevenfold **Str:** #7651, #7657 **Aramaic:** #7655

4189 שבוע (masc) *shaw'boo'ah* **Tran:** WEEK **Def:** A period of time consisting of seven days or seven years. **KJV:** week **Str:** #7620

4190 שיבעה (fem) **Tran:** SEVENFOLD **Def:** To do seven times. **KJV:** seven **Aramaic:** *shib'aw* #7655

4191 שיבעת (fem) *shib'aw'thah'yim* **Tran:** SEVENTH.TIME **Alt:** sevenfold. **Def:** A sequence of events ending with the seventh. **KJV:** sevenfold, seven times **Str:** #7659

4192 שביעי (masc) *sheb'ee'ee* **Tran:** SEVENTH **Def:** An ordinal number. **KJV:** seventh, seven **Str:** #7637

4193 שיבענה (fem) *shib'aw'naw* **Tran:** SEVEN **KJV:** seven **Str:** #7658

שבע *ShBAh* (ad) **Def:** Literally to seven oneself. A common practice was to make seven declarations when making an oath. This declaration can be making the oath seven times or doing seven things to show the sincerity of the oath.

4194 שבע (vrb) *shaw'bah* **Tran:** SWEAR **Def:** To completely submit to a promise or oath with words and spoken seven times. **KJV:** swear, charge, oath, straitly **Str:** #7650

4195 שבועה (fem) *sheb'oo'aw* **Tran:** SWEARING **Def:** The act of taking an oath. **KJV:** oath, curse **Str:** #7621

שבץ *ShBTs* (ad) **Def:** A crisscross pattern of weaving. **Rel:** weaving

4196 שבץ (vrb) *shaw'bats* **Tran:** WEAVE **Def:** To interlace (threads, yarns, strips, fibrous material, etc.) so as to form a fabric or material. **KJV:** embroider, set **Str:** #7660

4197 שבץ (masc) *shaw'bawts* **Tran:** ANGUISH **Def:** As a weaving inside. **KJV:** anguish **Str:** #7661

4198 משבצה (fem) *mish'bets'aw* **Tran:** PLAIT **Def:** A woven or checkered work. **KJV:** ouches, wrought **Str:** #4865

4199 תשבץ (masc) *tash'bates* **Tran:** WOVEN.MATERIAL **Def:** Material made from weaving threads of fibers together to become a solid piece. **KJV:** broidered **Str:** #8665

שבת *ShBT* (ad) **Def:** The ceasing of work or activity in order to rest. **Rel:** sitting to rest

4200 שבת (vrb) *shaw'bath* **Tran:** CEASE **Def:** To come to an end; to die out; to stop an activity for the purpose of rest or celebration. **KJV:** cease, rest, away, fail, celebrate **Str:** #7673

4201 שבת (fem) *shab'bawth / sheh'beth* **Tran:** CEASING **Def:** A stopping of work or activity; An activity curtailed before completion. The seventh day of the week (often transliterated as Sabbath) when all business ceases for rest and celebration. **KJV:** sabbath, another, lost time, still, cease **Str:** #7674, #7676

4202 משבת (masc) *mish'bawth* **Tran:** CEASING **KJV:** sabbath **Str:** #4868

4203 שבתון (masc) *shab'baw'thone* **Tran:** REST.PERIOD **Def:** A day when work and normal activities are halted. **KJV:** rest, sabbath **Str:** #7677

שכב *ShKB* (ad) **Def:** A laying down for copulation.

4204 שכב (vrb) *shaw'kab* **Tran:** LIE.DOWN **Def:** To give up; to lie down for copulation, rest or sleep. **KJV:** lie, sleep, rest **Str:** #7901

4205 שכבה (fem) *shek'aw'baw* **Tran:** LYING.DOWN **Def:** A laying with another in copulation. Something spread-out. **KJV:** copulation, lie, carnally, from **Str:** #7902

4206 שכובת (fem) *shek'o'beth* **Tran:** COPULATION **KJV:** lie **Str:** #7903

4207 משכב (masc) *mish'kawb* **Tran:** LYING.PLACE **Def:** The location one reclines for rest or sleep. **KJV:** bed, couch **Str:** #4904 **Aramaic:** *mish'kab* #4903

שג *ShG* (pr) **Act:** Roar **Abs:** Error **Def:** When a work is found to be in error, the work must be redone. An error that is made out of ignorance or accident. **AH:** ✓∽- The pictograph ∽ is a picture of the two front teeth representing the idea of double, the ✓ is a picture of a foot representing the carrying of a burden. Combined these mean "double burden."

4208 משגה (fem) *mish'gay* **Tran:** MISTAKE **Def:** An error in calculation or understanding. **KJV:** oversight **Str:** #4870

שגג *ShGG* (ch)

Benner's Lexicon of Biblical Hebrew

4209 שגג (vrb) *shaw'gag* **Tran:** ERR **Def:** To make a mistake in calculation or understanding. **KJV:** err, flesh, sin, deceive, astray **Str:** #7683

4210 שגגה (fem) *sheg'aw'gaw* **Tran:** ERROR **Def:** A mistake in calculation or understanding. **KJV:** ignorance, unawares, error, unwittingly **Str:** #7684

שאג *ShAG* (ch) **Def:** The roaring like a lion.

4211 שאג (vrb) *shaw'ag* **Tran:** GROWL **KJV:** roar **Str:** #7580

4212 שאגה (fem) *sheh'aw'gaw* **Tran:** GROWLING **Def:** As the roar of a lion. **KJV:** roaring **Str:** #7581

שגה *ShGH* (ch)

4213 שגה (vrb) *shaw'gaw* **Tran:** GO.ASTRAY **Def:** To wander away from the desired path; to make an error. **KJV:** err, ravished, wander, deceive, astray, ignorance **Str:** #7686

4214 שגיאה (fem) *sheg'ee'aw* **Tran:** STRAYING **Def:** Wandering from the desired path; error. **KJV:** error **Str:** #7691

4215 משוגה (fem) *mesh'oo'gaw* **Tran:** ASTRAY **KJV:** error **Str:** #4879

שגע *ShGAh* (ad) **Def:** The actions of one insane.

4216 שגע (vrb) *shaw'gah* **Tran:** RAVE **KJV:** mad **Str:** #7696

4217 שיגעון (masc) *shig'gaw'yone* **Tran:** MADNESS **KJV:** madness, furiously **Str:** #7697

שד *ShD* (pr) **Act:** Spoil **Obj:** Breast, Ravine **AH:** ▽∾- The pictograph ∾ is a picture of the two front teeth, the ▽ is a picture of a tent door that dangles down. Combined these mean "two that dangle."

4218 שד (masc) *shad / shade* **Tran:** BREAST **Def:** Milk-producing glandular organs situated on the chest in the female; the fore part of the body between the neck and the abdomen. Also, a goat-idol from the teats of the goat. **KJV:** breast, teat, pap **Str:** #7699, #7700

4219 שדה (fem) *shid'dah* **Tran:** HAREM **KJV:** instrument **Str:** #7705

Benner's Lexicon of Biblical Hebrew

4220 שדמה (fem) *shed'ay'maw / sher'ay'maw* **Tran:** CROPLAND **Def:** A level field for growing crops. **KJV:** field, blast **Str:** #7709, #8309

שדד *ShDD* (ch) **Def:** Breasts that are dried up and shriveled.

4221 שדד (vrb) *shaw'dad* **Tran:** DESPOIL **Def:** To dry up and shrivel and be of no use. **KJV:** spoil, spoiler, waste, destroy, robber **Str:** #7703

אשד *AShD* (ch) **Def:** The channels of a hill or mountain that direct the flowing of water for nourishment to the lower lands.

4222 אשד (masc) *eh'shed* **Tran:** BANKS **Def:** The banks of a river as a channel for the water. **KJV:** stream **Str:** #0793

4223 אשדה (fem) *ash'ay'daw* **Tran:** RAVINE **KJV:** springs **Str:** #0794

שוד *ShWD* (ch) **Def:** Breasts that are dried up and shriveled.

4224 שוד (vrb) *shood* **Tran:** SPOIL **KJV:** waste **Str:** #7736

4225 שוד (masc) *shode* **Tran:** SPOILING **KJV:** destruction **Str:** #7701

שה *ShH* (pr) **Act:** Forget **Abs:** Equal **AH:** ש∽

שוה *ShWH* (ch)

4226 שוה (vrb) *shaw'vaw / shaw'vaw* **Tran:** BE.EQUAL **Def:** to make something like something else, or to compare it to something else. **KJV:** laid, equal, like, compare, profit, set **Str:** #7737, #7738 **Aramaic:** #7739

שיה *ShYH* (ch)

4227 שיה (vrb) *shaw'yaw* **Tran:** BE.UNMINDFUL **KJV:** unmindful **Str:** #7876

4228 שוא (com) *shawv* **Tran:** FALSENESS **Def:** Words or actions that are not true or are empty. A Deception. Lacking value and content. **KJV:** vain, vanity, false, lying lies **Str:** #7723

שח *ShHh* (pr) **Act:** Sink, Bow, Beat, Destroy **Obj:** Pit, Dark, Dawn, Deep **Abs:** Destruction, Darkness **Def:** A pit dug into the ground for the purpose of trapping someone or something. To go down or sink

Benner's Lexicon of Biblical Hebrew

down as going into the pit. **AH:** 𐤀𐤔- The pictograph 𐤔 is a picture of the teeth representing sharpness, the 𐤀 is a picture of wall. Combined these mean "sharp walls."

4229 שח (masc) *shakh* **Tran:** LOW **KJV:** humble **Str:** #7807

4230 שחת (fem) *shakh'ath* **Tran:** DITCH **Def:** A pit or hole in the ground. **KJV:** corruption, pit, destruction, ditch, grave **Str:** #7845

4231 שחות (fem) *shekh'ooth* **Tran:** PIT **KJV:** pit **Str:** #7816

4232 שחית (fem) *shekh'eeth* **Tran:** PIT **KJV:** pit, destruction **Str:** #7825

4233 שחין (masc) *shekh'een* **Tran:** BOILS **Def:** A festering under the skin. Pits in the skin from disease. **KJV:** boil, botch **Str:** #7822

שחח *ShHhHh* (ch) **Def:** A bringing down low are a sinking feeling.

4234 שחח (vrb) *shaw'khakh* **Tran:** BRING.DOWN **Def:** To be brought down or low. **KJV:** bow, cast, bring, low, down, bend, couch, humble, stoop **Str:** #7817

שחה *ShHhH* (ch) **Def:** A full bowing to another in respect by getting on the knees and pressing the face to the ground.

4235 שחה (vrb) *shaw'khaw* **Tran:** BEND.DOWN **Def:** To pay homage to another one by bowing low or getting on the knees with the face to the ground. **KJV:** worship, bow, obeisance, reverence, fall stoop, crouch **Str:** #7812

שוח *ShWHh* (ch)

4236 שוח (vrb) *shoo'akh* **Tran:** SINK **KJV:** bow, incline, humble **Str:** #7743

4237 שוחה / שיחה (fem) *shee'khaw / shoo'khaw* **Tran:** PIT **Def:** A hole dug into the ground. **KJV:** pit, ditch **Str:** #7882, #7745

ישח *YShHh* (ch)

4238 ישח (masc) *yeh'shakh* **Tran:** SINK **KJV:** cast down **Str:** #3445

חשך *HhShK* (ad) **Def:** As the darkness of a moonless night. **Rel:** a dark place

4239 חשך (vrb) *khaw'shak* **Tran:** DARKEN **Def:** To be deprived of light. To be dark as night. **Rel:** from the darkness of a pit. **KJV:** darken, dark, blacker, darkness, dim, hide **Str:** #2821

4240 חשכה (fem) *khash'ay'kaw / khesh'kaw* **Tran:** DARK **Def:** Devoid or partially devoid of light; not receiving, reflecting, transmitting, producing or radiating light. As the darkness of a moonless night. **KJV:** dark, darkness **Str:** #2824, #2825

4241 מחשך (masc) *makh'shawk* **Tran:** DARK.PLACE **Def:** As the darkness of a moonless night. **KJV:** darkness, dark **Str:** #4285

4242 חשוך (masc) *khaw'shoke* **Tran:** OBSCURITY **Def:** As the darkness of a moonless night. **KJV:** mean **Str:** #2823 **Aramaic:** *khash'oke* #2816

4243 חושך (masc) *kho'shek* **Tran:** DARKNESS **Def:** The state of being dark. As the darkness of a moonless night. **KJV:** darkness, dark, obscurity, night **Str:** #2822

רחש *RHhSh* (ad) **Rel:** a boiling pot

4244 רחש (vrb) *raw'khash* **Tran:** BOIL.UP **Def:** To vigourously stir a boiling pot. **KJV:** indite **Str:** #7370

4245 מרחשת (fem) *mar'kheh'sheth* **Tran:** BOILING.POT **KJV:** fryingpan **Str:** #4802

שחט *ShHhT* (ad) **Def:** The striking of a knife (or other weapon) for slaughtering or a hammer to pound out metal. **Rel:** destruction by striking

4246 שחט (vrb) *shaw'khat / shaw'khat* **Tran:** SLAY **Def:** To strike, beat or kill. **KJV:** kill, slay, offer, shoot, slaughter **Str:** #7819, #7820

4247 שחיטה (fem) *shekh'ee'taw* **Tran:** STRIKING **Def:** slaughtering with a knife. **KJV:** killing **Str:** #7821

שחל *ShHhL* (ad) **Rel:** destruction by striking

4248 שחל (masc) *shakh'al* **Tran:** LION **KJV:** lion **Str:** #7826

4249 שחלת (fem) *shekh'ay'leth* **Tran:** ONYCHA **Def:** An unknown spice. **KJV:** onycha **Str:** #7827

שחף *ShHhP* (ad) **Rel:** being thin from hunger

Benner's Lexicon of Biblical Hebrew

4250 שחף (masc) *shakh'af* **Tran:** SEAGULL **Def:** An unknown bird. **KJV:** cuckow **Str:** #7828

4251 שחפת (fem) *shakh'eh'feth* **Tran:** CONSUMPTION **Def:** A disease making one thin. **KJV:** consumption **Str:** #7829

4252 שחיף (masc) *shaw'kheef* **Tran:** PANEL **Def:** thin board. **KJV:** cieled **Str:** #7824

שחת *ShHhT* (ad) **Rel:** corrupt

4253 שחת (vrb) *shaw'khath* **Tran:** DAMAGE **Alt:** destroy. **Def:** To bring to ruin by destruction; to destroy through disfigurement or corruption. **KJV:** destroy, corrupt, mar, destroyer, corrupter, waster, spoiler, batter, corruptly, fault **Str:** #7843 **Aramaic:** *shekh'ath* #7844

4254 משחת (masc) *mash'khayth* **Tran:** DESTRUCTION **KJV:** destroying **Str:** #4892

4255 משחת (masc) *mish'khawth* **Tran:** CORRUPTION **KJV:** marred, corruption **Str:** #4893

4256 משחית (masc) *mash'kheeth* **Tran:** DAMAGING **Def:** To completely destroy with force. To tear or bring down. **KJV:** destroy, corruption, destruction, trap, destroying **Str:** #4889

שחק *ShHhQ* (ad) **Def:** A repetitive beating or pounding to pulverize or to make small such as the tumbling of stones in a river. **Rel:** destruction by striking

4257 שחק (vrb) *shaw'khak* **Tran:** PULVERIZE **Def:** To continually beat something to make it small or turn to powder. **KJV:** beat, wear **Str:** #7833

4258 שחק (masc) *shakh'ak* **Tran:** DUST.CLOUD **Def:** A mass of fine powder being blown by the wind. **KJV:** cloud, sky, dust, cloud **Str:** #7834

שקע *ShQAh* (ad)

4259 שקע (vrb) *shaw'kah* **Tran:** DROWN **Def:** To sink down. **KJV:** drown, quench, sink, down, deep **Str:** #8257

4260 משקע (masc) *mish'kaw* **Tran:** DEEP **KJV:** deep **Str:** #4950

שט *ShTh* (pr) **Act:** Scourge, Despise, Whip, Extend, Rule **Obj:** Whip, Oar **Abs:** Malice **Def:** A whipping or lashing out at someone or something out of hatred or punishment. **AH:** ⊗〰

4261 שטה (fem) *shit'taw* **Tran:** ACACIA **Def:** A thorny tree commonly found in the Near East. In its plural form can mean wood or boards from the tree. **KJV:** shittim, shittah **Str:** #7848

4262 משטמה (fem) *mas'tay'maw* **Tran:** HATRED **Def:** In the sense of lashing out. **KJV:** hatred **Str:** #4895

שטט ShThTh (ch) **Def:** The lashing of the whip.

4263 שטט (masc) *sho'tate* **Tran:** SCOURGE **Rel:** From the thorns of the Acacia used to scourge. **KJV:** scourge **Str:** #7850

שאט ShATh (ch) **Def:** A lashing out at someone or something.

4264 שאט (vrb) *shawt* **Tran:** DESPISE **KJV:** despise **Str:** #7590

4265 שאט (masc) *sheh'awt* **Tran:** MALICE **KJV:** despite, despiteful **Str:** #7589

שוט ShWTh (ch) **Def:** The back-and-forth movement of the whip.

4266 שוט (vrb) *shoot* **Tran:** GO **Def:** To go back an forth as a whip. **KJV:** run, go, gone, mariners, rowers **Str:** #7751

4267 שוט (masc) *shote* **Tran:** WHIP **KJV:** whip, scourge **Str:** #7752

4268 משוט (masc) *maw'shote* **Tran:** OAR **Def:** What goes back-and-forth to propel a boat. **KJV:** oar **Str:** #4880

ישט YShTh (ch) **Def:** The stretching forth with the whip.

4269 ישט (vrb) *yaw'shat* **Tran:** EXTEND **Def:** To stretch something out. **KJV:** hold out **Str:** #3447

שיט ShYTh (ch) **Def:** What goes back-and-forth to propel a boat.

4270 שיט (masc) *shay'yit* **Tran:** OAR **KJV:** oar **Str:** #7885

שטר ShThR (ad) **Rel:** punishment from a ruler

4271 שטר (vrb) *sho'tare* **Tran:** OFFICER **Def:** One who governs or prevails over others; one that is in ultimate control; one establishing order. **KJV:** officer, ruler, overseer **Str:** #7860

4272 משטר (masc) *mish'tawr* **Tran:** DOMAIN **KJV:** dominion **Str:** #4896

שׁי *ShY* (pr) **Obj:** Gift **AH:** ∽ᴜ⌐

4273 שׁי (masc) *shah'ee* **Tran:** GIFT **KJV:** present **Str:** #7862

שׁך *ShK* (pr) **Act:** Subside **Obj:** Testicles, Wander **AH:** 𝕎∽

   שׁכך *ShKK* (ch)

4274 שׁכך (vrb) *shaw'kak* **Tran:** SUBSIDE **Def:** Become quiet or less. To calm down or set down. **KJV:** appease, pacify, set, asswage, cease **Str:** #7918

   אשׁך *AShK* (ch)

4275 אשׁך (masc) *eh'shek* **Tran:** TESTICLES **KJV:** stones **Str:** #0810

   שׁכה *ShKH* (ch)

4276 שׁכה (vrb) *shaw'kaw* **Tran:** WANDER **KJV:** morning **Str:** #7904

שׁכל *ShKL* (ad) **Def:** Bereavement from a lack of children due to miscarriage, barrenness or loss of children.

4277 שׁכל (vrb) *shaw'kole* **Tran:** BE.CHILDLESS **Alt:** miscarry. **Def:** To be without children through miscarriage, barrenness or loss of children. **KJV:** bereave, barren, childless, cast, lost, rob, deprive **Str:** #7921

4278 שׁיכול (masc) *shik'koo'leem* **Tran:** BEREAVEMENT **Def:** From the loss of children or other unfruitfulness. **KJV:** loss, lost, spoiling **Str:** #7923

4279 שׁכול (masc) *shak'kool* **Tran:** CHILDLESS **Def:** Through barrenness or loss of children. **KJV:** barren, rob, bereave **Str:** #7909

4280 אשׁכול (masc) *esh'kole* **Tran:** CLUSTER **Def:** A number of similar things growing together or of things or persons collected or grouped closely together. A cluster of grapes from the vine or flowers from the plant. **KJV:** cluster **Str:** #0811

   שׁכם *ShKM* (ad)

Benner's Lexicon of Biblical Hebrew

4281 שכם (vrb) *shaw'kam* **Tran:** DEPART.EARLY **Def:** Literally, to put a load on the shoulder to go away or leave early. **KJV:** early, bedtime **Str:** #7925

4282 שכם (masc) *shek'em* **Tran:** SHOULDER **Def:** The top of the body where the arms and torso meet; Capable of bearing a task or figuratively a blame. **Rel:** As the place where loads are placed. **KJV:** shoulder, back, consent, portion **Str:** #7926

4283 שיכמה (fem) *shik'maw* **Tran:** SHOULDER **KJV:** shoulder **Str:** #7929

של *ShL* (pr) **Act:** Draw out, Send, Rule, Throw, Complete, Pull, Join, Shatter, Topple, Cast **Obj:** Projectile, Master, Joint **Abs:** Realm **AH:** ⌐∽

4284 של (masc) *shal* **Tran:** NEGLECT **Def:** In the sense of something being drawn out of something else. **Rel:** In the sense of quietness from prosperity. **KJV:** error **Str:** #7944

4285 של (masc) *shel* **Tran:** OF **KJV:** though, cause, for **Str:** #7945

4286 שלי (masc) *shel'ee* **Tran:** QUIETLY **Def:** In the sense of prosperity. **KJV:** quietly **Str:** #7987

4287 שלו (fem) **Tran:** NEGLECT **KJV:** amiss, fail, error **Aramaic:** *shaw'law / shaw'loo* #7955, #7960

שלל *ShLL* (ch) **Def:** The spoils drawn out after battle.

4288 שלל (vrb) *shaw'lal* **Tran:** SPOIL **KJV:** spoil, take, fall, prey, purpose **Str:** #7997

4289 שלל (masc) *shaw'lawl* **Tran:** SPOIL **Def:** Plunder taken from an enemy in war or robbery. To impair the quality or effect of. **KJV:** spoil, prey **Str:** #7998

4290 שולל (masc) *sho'lawl* **Tran:** SPOILED **Def:** What is taken as spoil. **KJV:** spoil, strip **Str:** #7758

אשל *AShL* (ch)

4291 אשל (masc) *ay'shel* **Tran:** TAMARISK **Def:** The tree or a grove of desert shrubs and trees with masses of minute flowers. **KJV:** grove, tree **Str:** #0815

שאל *ShAL* (ch) **Def:** To draw out something that is not known.

Benner's Lexicon of Biblical Hebrew

4292 שאל (vrb) *shaw'al* **Tran:** INQUIRE **Alt:** grant. **Def:** To ask about; to search into; to seek to understand what is not known. **KJV:** ask, enquire, desire, require, borrow, salute, demand, lent, request, beg **Str:** #7592 **Aramaic:** *sheh'ale* #7593

4293 שאלה (fem) *sheh'ay'law* **Tran:** REQUEST **Def:** A seeking for what is not known. **KJV:** petition, demand, loan **Str:** #7596 **Aramaic:** שאלא #7595

4294 משאלה (fem) *mish'aw'law* **Tran:** INQUIRY **Def:** seeking for what is not known. **KJV:** petition, desire **Str:** #4862

4295 שאול (com) *sheh'ole* **Tran:** UNDERWORLD **Def:** The place of the dead. **Rel:** as an unknown place. **KJV:** grave, hell, pit **Str:** #7585

שלה *ShLH* (ch)

4296 שלה (vrb) *shaw'law / shaw'law* **Tran:** NEGLECT **KJV:** negligent, deceive, take, rest **Str:** #7952, #7953 **Aramaic:** *shel'aw* #7954

4297 שילוה (masc) *shee'lo* **Tran:** TRANQUILITY **Def:** A state of rest. **KJV:** Shiloh **Str:** #7886

שול *ShWL* (ch) **Def:** As long and drawn out.

4298 שול (masc) *shool* **Tran:** HEM **Def:** The outer edge of a garment. **KJV:** hem, skirt, train **Str:** #7757

שלו *ShLW* (ch) **Def:** A drawing out of what is needed.

4299 שלו (vrb) *shaw'law* **Tran:** PROSPER **KJV:** prosper, safety, happy **Str:** #7951

4300 שלוה (fem) *shal'vaw / sheh'lev* **Tran:** PROSPERITY **KJV:** prosperity, peaceably, quietness, abundance, peace, tranquility **Str:** #7959, #7962 **Aramaic:** *shel'ay'vaw* #7963

4301 שליו (masc) *shaw'lave* **Tran:** PROSPERITY **KJV:** ease, peaceable, quietness, prosperity, quiet, prosper, wealthy **Str:** #7961

שיל *ShYL* (ch)

4302 שיליה (fem) *shil'yaw* **Tran:** INFANT **Def:** As drawn out of the mother. **KJV:** young **Str:** #7988

חשל *HhShL* (ad)

457

4303 חשל (vrb) *khaw'shal* **Tran:** SHATTER **KJV:** feeble, subdue **Str:** #2826 **Aramaic:** *khash'al* #2827

כשל *KShL* (ad) **Def:** A toppling down into ruins.

4304 כשל (vrb) *kaw'shal* **Tran:** TOPPLE **Def:** To fall over in death or from being pushed. **KJV:** fall, stumble, cast down, feeble, overthrown, ruin, decay, fail, weak **Str:** #3782

4305 מכשלה (fem) *mak'shay'law* **Tran:** RUIN **Def:** The toppled down buildings of a city. **KJV:** ruin, stumblingblock **Str:** #4384

4306 כשיל (masc) *kash'sheel* **Tran:** AXE **Def:** For toppling trees. **KJV:** axe **Str:** #3781

4307 כישלון (masc) *kish'shaw'lone* **Tran:** TOPPLING **KJV:** fall **Str:** #3783

4308 מכשול (masc) *mik'shole* **Tran:** STUMBLING.BLOCK **Def:** Used to cause someone to stumble or topple down. **KJV:** stumblingblock, offence, ruin, offend, fall **Str:** #4383

משל *MShL* (ad) **Def:** The dominion one rules over. Also the comparison of things as a rule of measurement.

4309 משל (vrb) *maw'shal / maw'shal* **Tran:** REGULATE **Def:** To govern or correct according to rule; to bring order, method, or uniformity to; to compare one thing to another in the sense of a rule of measurement, often as a proverb or parable. **KJV:** rule, ruler, reign, dominion, governor, power, like, proverb, speak, use, become, compare, utter **Str:** #4910, #4911

4310 משל (masc) *maw'shawl* **Tran:** PARABLE **Def:** An illustration of similitude; a story of comparisons; a proverb. **KJV:** proverb, parable, byword, like **Str:** #4912

4311 משול (masc) *mesh'ol* **Tran:** COMPARISON **Def:** comparison between one thing to another in the sense of a rule of measurement **KJV:** byword **Str:** #4914

4312 ממשל (masc) *mim'shawl* **Tran:** CONTROL **Def:** The realm of one's rule. **KJV:** dominion, rule **Str:** #4474

4313 מושל (masc) *mo'shel* **Tran:** COMPARISON **Def:** The realm of one's rule. **KJV:** dominion, like **Str:** #4915

4314 ממשלה (fem) *mem'shaw'law* **Tran:** REGULATION **Def:** An authoritative rule dealing with details or procedure. The power and authority of one to regulate and control over another. **KJV:** dominion, rule, government, power **Str:** #4475

נשל *NShL* (ad)

4315 נשל (vrb) *naw'shal* **Tran:** CAST.OFF **Def:** To remove with force and intention. **KJV:** cast, put, slip, loose, drive **Str:** #5394

שגל *ShGL* (ad)

4316 שגל (vrb) *shaw'gal* **Tran:** COPULATE **KJV:** lay **Str:** #7693

4317 שגל (fem) *shay'gawl* **Tran:** CONSORT **KJV:** queen **Str:** #7694 **Aramaic:** #7695

שלג *ShLG* (ad)

4318 שלג (vrb) *shaw'lag* **Tran:** SNOW **KJV:** snow **Str:** #7949

4319 שלג (masc) *sheh'leg* **Tran:** SNOW **Def:** A precipitation of water in the form of ice crystals. **KJV:** snow, snowy **Str:** #7950 **Aramaic:** תלג *tel'ag* #8517

שלח *ShLHh* (ad) **Rel:** sending

4320 שלח (vrb) *shaw'lakh* **Tran:** SEND **Alt:** send off. **Def:** To cause to go; to direct, order, or request to go. **KJV:** send, go, lay, put, cast, stretch, depart, sow, loose **Str:** #7971 **Aramaic:** *shel'akh* #7972

4321 שלח (masc) *sheh'lakh* **Tran:** PROJECTILE **Def:** A weapon that is sent by the hand. Also, plant shoots, as sent out of the ground. **KJV:** sword, weapon, dart, plant, put **Str:** #7973

4322 שלוחה (fem) *shil'loo'khaw* **Tran:** SHOOT **Def:** The shoots of a plant as sent out. **KJV:** branch **Str:** #7976

4323 משלוח (masc) משלחת (fem) *mish'lakh'ath / mish'lo'akh* **Tran:** SENDING **KJV:** sending, discharge, put, set, lay **Str:** #4916, #4917

4324 שילוח (masc) *shil'loo'akh* **Tran:** SEND.OFF **Def:** To send away a person or gift. **KJV:** present, send **Str:** #7964

4325 שולחן (masc) *shool'khawn* **Tran:** TABLE **Def:** A flat surface, usually made of wood and with four legs, for laying out the meal to be eaten. **Rel:** Where one sends his hand to receive food. **KJV:** table **Str:** #7979

שלט *ShLTh* (ad)

4326 שלט (vrb) *shaw'lat* **Tran:** DOMINATE **Def:** To be over or have mastery over another. **KJV:** rule, power, dominion, mastery **Str:** #7980 **Aramaic:** *shel'ate* #7981

4327 שלט (masc) *sheh'let* **Tran:** SHIELD **Def:** As placed over the head for protection from projectiles. **KJV:** shield **Str:** #7982

4328 שלטת (fem) *shal'leh'teth* **Tran:** BOLD **Def:** As being prominent. **KJV:** imperious **Str:** #7986

4329 שליט (masc) *shal'leet* **Tran:** GOVERNOR **Def:** An official elected or appointed to act as ruler, chief executive, or nominal head of a political unit. One who has dominion over another; also a rule or law as a master. **KJV:** governor, mighty, power, ruler, rule, captain, lawful **Str:** #7989 **Aramaic:** #7990

4330 שלטן (masc) **Tran:** REALM **KJV:** dominion **Aramaic:** *shol'tawn* #7985

4331 שילטון (masc) **Tran:** MASTERY **KJV:** power, ruler **Aramaic:** *shil'tone* #7983, #7984

שלך *ShLK* (ad) **Rel:** sending

4332 שלך (vrb) *shaw'lak* **Tran:** THROW.OUT **Def:** To remove from a place, usually in a sudden or unexpected manner; to cast out, down or away. **KJV:** cast, hurl **Str:** #7993

4333 שלך (masc) *shaw'lawk* **Tran:** CORMORANT **Def:** An unknown bird. **KJV:** cormorant **Str:** #7994

4334 שלכת (fem) *shal'leh'keth* **Tran:** THROWING **KJV:** cast **Str:** #7995

שלם *ShLM* (ad) **Def:** Made whole or complete by adding or subtracting. **Rel:** as a drawing out or in

4335 שלם (vrb) *shaw'lam* **Tran:** MAKE.RESTITUTION **Def:** To restore or make right through action, payment or restoration to a rightful owner. **KJV:** pay, peace, recompense, reward, render, restore, repay, perform, good, end, requite, restitution, finish, again, amend, full, deliver **Str:** #7999 **Aramaic:** *shel'am* #8000

Benner's Lexicon of Biblical Hebrew

4336 שלם (masc) *sheh'lem* **Tran:** OFFERING.OF.RESTITUTION **Def:** Having all necessary parts, elements or steps. A state of being whole or full. Left unaltered and whole in its original functional state without removing or adding to it. To finish. A sacrifice or offering given to bring about peace. **KJV:** peace offering, peace **Str:** #8002 **Aramaic:** *shel'awm* #8001

4337 שלם / שלום (masc) שלמה (fem) *shaw'lame / shaw'lome* **Tran:** COMPLETENESS **Def:** Something that has been finished or made whole. A state of being whole. **KJV:** peace, well, peaceable, welfare, prosperity, safe, health, perfect, whole, full, just **Str:** #7965, #8003

4338 שילם (masc) *shil'lame* **Tran:** RECOMPENSE **KJV:** recompense **Str:** #8005

4339 שלמון (masc) *shal'mone* **Tran:** PAYMENT **Def:** Given to make a completion of an action or transaction. **KJV:** reward **Str:** #8021

4340 שילום (masc) *shil'loom* **Tran:** PAYMENT **Def:** Given to make a completion of an action or transaction. **KJV:** recompense, reward **Str:** #7966

4341 שילומה (fem) *shil'loo'maw* **Tran:** PAYMENT **Def:** Given to make a completion of an action or transaction. **KJV:** reward **Str:** #8011

שלף *ShLP* (ad) **Def:** A pulling out, up or off. **Rel:** as a drawing out

4342 שלף (vrb) *saw'laf* **Tran:** PULL.OUT **Def:** To pull out, up or off. **KJV:** draw, pluck, grow **Str:** #8025

שלב *ShLB* (ad) **Def:** A joining together in an arranged or equal order.

4343 שלב (vrb) *shaw'lab* **Tran:** JOINED.TOGETHER **Def:** Two becoming one purposely. **KJV:** order, equally distant **Str:** #7947

4344 שלב (masc) *shaw'lawb* **Tran:** JOINT **KJV:** ledge **Str:** #7948

שלש *ShLSh* (ad)

4345 שלש (vrb) *shaw'lash* **Tran:** BE.THREEFOLD **Def:** Being three times as great or as many. **KJV:** three, third, threefold **Str:** #8027

4346 שלש (com) **Tran:** ONE.OF.THREE **Def:** The third within the order. **KJV:** three, third **Aramaic:** תלת *tel'ath / tel'awth* / #8531, #8532, #8533

4347 שליש / שלוש (masc) *shaw'leesh* **Tran:** LIEUTENANT **Def:** A leader who is responsible for a group of thirty. **KJV:** captain, lord, instrument, measure, excellent, prince **Str:** #7991

4348 שליש (masc) *shaw'leesh* **Tran:** SHALIYSH **Def:** A standard of measure. (A three stringed or triangular instrument.) **KJV:** captain, lord, instrument, measure, excellent, prince **Str:** #7991

4349 שלושה (masc) שלוש (fem) *shaw'loshe / shel'o'sheem* **Tran:** THREE **Alt:** thirty. **Def:** A cardinal number. **KJV:** three, third, thrice **Str:** #7969, #7970

4350 שילש (masc) *shil'laysh* **Tran:** THIRD.GENERATION **Def:** The third increment within the sequence. **KJV:** third **Str:** #8029

4351 שלישי (masc) *shel'ee'shee* **Tran:** THIRD **Def:** An ordinal number. **KJV:** third, three **Str:** #7992 **Aramaic:** תלתי / תליתי *tel'ee'thah'ee* #8523

4352 שילשום (masc) *shil'shome* **Tran:** THREE.DAYS.AGO **Def:** Literally the day before yesterday, but used as an idiom for the past. **KJV:** before, past **Str:** #8032

שקל *ShQL* (ad)

4353 שקל (vrb) *shaw'kal* **Tran:** WEIGH **Def:** To ascertain the heaviness of by a balance or scale. Weigh out, usually of silver for payment. **KJV:** weigh, pay, throughly, receive, receive, spend **Str:** #8254

4354 שקל (masc) *sheh'kel* **Tran:** SHEQEL **Def:** A chief Hebrew weight standard of measurement. **KJV:** shekel, tekel, weighted **Str:** #8255 **Aramaic:** תקל #8625

4355 משקל (masc) *mish'kawl* **Tran:** WEIGHT **Def:** The amount a thing weighs. Relative heaviness. **KJV:** weight, weigh **Str:** #4948

4356 משקלת (fem) *mish'keh'leth* **Tran:** PLUMB **Def:** weighted tool for leveling. **KJV:** plummet **Str:** #4949

4357 משקול (masc) *mish'kole* **Tran:** WEIGHT **KJV:** weight **Str:** #4946

שם *ShM* (pr) **Act:** Breathe **Obj:** Breath **Abs:** Desolate **Def:** The wind, or breath, of someone or something is its character. **AH:** ᴍᴄ

4358 שם (masc) *shame* **Tran:** TITLE **Def:** A word given to an individual or place denoting its character. The character of an individual or place. **Rel:** Hebrew names are words given to describe the character of the individual or place. **KJV:** name, renown, fame, famous **Str:** #8034 **Aramaic:** *shoom* #8036

4359 שם (masc) *shawm* **Tran:** THERE **Alt:** in. **Def:** Used to identify another place. **KJV:** there, therein, in it, thence, thereout, where **Str:** #8033 **Aramaic:** תמה *tawm* #8536

4360 משמה (fem) *mesh'am'maw* **Tran:** DESOLATE **Def:** wind blowing over the land pulls the moisture out of the ground drying it up, making a place of ruin or desert. **KJV:** desolate, astonishment **Str:** #4923

4361 אשמן (masc) *ash'mawn* **Tran:** DESOLATE **Def:** wind blowing over the land pulls the moisture out of the ground drying it up, making a place of ruin or desert. **KJV:** desolate **Str:** #0820

שמם *ShMM* (ch) **Def:** A wind blowing over the land pulls the moisture out of the ground drying it up, making a place of ruin or desert. One in horror or in astonishment is one dried up in the inside.

4362 שמם (vrb) *shaw'mame* **Tran:** DESOLATE **Def:** To be devoid of inhabitants or visitors. **KJV:** desolate, astonish, waste, destroy, wonder, amaze **Str:** #8074 **Aramaic:** *shem'am* #8075

4363 שממה (fem) *sham'maw / shem'aw'maw* **Tran:** DESOLATE **Def:** Vacant or void of required sources for life. **KJV:** desolate, waste, astonishment, desolation, wonderful **Str:** #8047, #8077

4364 שיממון (masc) *shim'maw'mone* **Tran:** DESOLATION **KJV:** astonishment **Str:** #8078

Benner's Lexicon of Biblical Hebrew

אשם *AShM* (ch) **Def:** One with a character of wrongdoing.

4365 אשם (vrb) *aw'sham* **Tran:** BE.GUILTY **Def:** To commit an offense, especially consciously. **KJV:** guilty, desolate, offend, trespass, destroy, faulty, offence **Str:** #0816

4366 אשם (masc) *aw'shame / aw'shawm* **Tran:** GUILT **Def:** The fact of having committed a breach of conduct especially violating law and involving a penalty; the state of one who has committed an offense, especially consciously. **KJV:** trespass, sin, guiltiness **Str:** #0817, #0818

4367 אשמה (fem) *ash'maw* **Tran:** GUILTINESS **KJV:** trespass, sin, offend **Str:** #0819

שהם *ShHM* (ch)

4368 שוהם (masc) *sho'ham* **Tran:** ONYX **Def:** Probably the Onyx, a form of quartz that may be of any color. The Septuagint uses beryllios (Beryl). Another possible translation is the Malachite. **KJV:** onyx **Str:** #7718

שמה *ShMH* (ch) **Def:** The breath of the sky.

4369 שמה (masc) *shaw'mah'yim* **Tran:** SKY **Def:** The upper atmosphere that constitutes an apparent great vault or arch over the earth. Place of the winds. (always written in the plural) **KJV:** heaven, air **Str:** #8064 **Aramaic:** *shaw'mah'yin* #8065

שום *ShWM* (ch) **Def:** A sense of smell from breathing.

4370 שום (masc) *shoom* **Tran:** GARLIC **Def:** From its strong odor. **KJV:** garlick **Str:** #7762

ישם *YShM* (ch) **Def:** A wind blowing over the land pulls the moisture out of the ground drying it up, making a place of ruin or desolation.

4371 ישם (vrb) *yaw'sham* **Tran:** DESOLATE **KJV:** desolate **Str:** #3456

4372 ישימה (fem) *yesh'ee'maw* **Tran:** DESOLATE **KJV:** seize **Str:** #3451

4373 ישימון (masc) *yesh'ee'mone* **Tran:** DESOLATE.WILDERNESS **Def:** A desolate place. **KJV:** desert, wilderness, solitary **Str:** #3452

גשם **GShM** (ad) **Rel:** skies as the place of rain

4374 גשם (vrb) *gaw'sham* **Tran:** RAIN **Def:** To rain down water from the skies. **KJV:** rain **Str:** #1652

4375 גשם (masc) *gheh'shem* **Tran:** RAIN.SHOWER **Def:** The rain of the skies. **KJV:** rain, shower, body **Str:** #1653 **Aramaic:** #1655

4376 גושם (masc) *go'shem* **Tran:** RAINED **KJV:** rained **Str:** #1656

חשם **HhShM** (ad)

4377 חשמן (masc) חשמנה (fem) *khash'man* **Tran:** WEALTHY **KJV:** prince **Str:** #2831

לשם **LShM** (ad)

4378 לשם (masc) *leh'shem* **Tran:** OPAL **Def:** Possibly the Opal, which may be found in a wide variety of colors. Other possible translates are Amber, Jacinth, Agate or Amethyst. **KJV:** ligure **Str:** #3958

נשם **NShM** (ad) **Def:** The breath of man or god. The breath is more than the exchange of air but the character of the individual.

4379 נשם (vrb) *naw'sham* **Tran:** PANT **KJV:** destroy **Str:** #5395

4380 נשמה (fem) *nesh'aw'maw* **Tran:** BREATH **Def:** Air inhaled or exhaled. The breath of man or god. The essence of life. **KJV:** breath, blast, spirit, inspiration, soul **Str:** #5397 **Aramaic:** נשמא *nish'maw* #5396

4381 תינשמת (fem) *tan'sheh'meth* **Tran:** IBIS **Def:** An unknown animal. **KJV:** swan, mole **Str:** #8580

שמד **ShMD** (ad) **Def:** A complete annihilation or extermination. **Rel:** destruction

4382 שמד (vrb) *shaw'mad* **Tran:** DESTROY **Def:** To bring to ruin a structure, existence, or condition. **KJV:** destroy, destruction, overthrow, perish, consume **Str:** #8045 **Aramaic:** #8046

שמט **ShMTh** (ad) **Def:** A letting go or throwing down by shaking loose. **Rel:** destruction

4383 שמט (vrb) *shaw'mat* **Tran:** RELEASE **Def:** To let go by dropping or shaking loose. **KJV:** release, throw, shake, stumble, discontinue, overthrow **Str:** #8058

4384 שמטה (fem) *shem'it'taw* **Tran:** RELEASE **Def:** As shaken off. **KJV:** release **Str:** #8059

שמן *ShMN* (ad) **Rel:** oil as the breath

4385 שמן (vrb) *shaw'man* **Tran:** GROW.FAT **Def:** To be fat or full of oil. **KJV:** fat **Str:** #8080

4386 שמן (masc) *shaw'mane / sheh'men* **Tran:** OIL **Alt:** fat. **Def:** A semi-liquid, often oily and thick. Usually olive oil and used as a medicinal ointment. Also, meaning "fat" or "rich." **KJV:** oil, ointment, olive, oiled, fat, things, plenteous, lusty **Str:** #8081, #8082

4387 שמונה (masc) שמונה (fem) *shem'o'neem / shem'o'neh* **Tran:** EIGHT **Alt:** eighty. **Def:** A cardinal number eight. May represent fullness from its connection to root meaning "fat" or "rich." **KJV:** eight, eighth, eighty, eightieth **Str:** #8083, #8084

4388 משמן (masc) *mash'mawn* **Tran:** FATNESS **Def:** place of fatness. **KJV:** fatness, fat, fattest **Str:** #4924

4389 שמיני (masc) *shem'ee'nee* **Tran:** EIGHTH **Def:** An ordinal number. **KJV:** eighth **Str:** #8066

4390 שמינית (fem) *shem'ee'neeth* **Tran:** SH'MINIT **Def:** An unknown eight-stringed musical instrument or possibly an unknown musical term. **KJV:** Shemenith **Str:** #8067

שמע *ShMAh* (ad) **Def:** A careful hearing of someone or something as well as responding appropriately in obedience or action. **Rel:** listening with the breath

4391 שמע (vrb) *shaw'mah* **Tran:** HEAR **Alt:** listen. **Def:** To perceive or apprehend by the ear; to listen to with attention. To obey. **KJV:** hear, obey, publish, understand, obedient, diligently, show, sound, declare, discern, noise, perceive, tell, report **Str:** #8085 **Aramaic:** *shem'ah* #8086

4392 שמע (masc) *shay'mah* **Tran:** REPORT **Def:** An account or statement of an event or happening. What is heard. **KJV:** fame, report, hear, tidings, bruit, loud, speech **Str:** #8088

4393 משמעת (fem) *mish'mah'ath* **Tran:** HEARER **Def:** One who hears and obeys. **KJV:** guard, bidding, obey **Str:** #4928

4394 שמעות (fem) *hashmaw'ooth* **Tran:** REPORTING **KJV:** hear **Str:** #2045

4395 שמועה (fem) *sehm'oo'aw* **Tran:** REPORT **Def:** News or tidings given to another. **KJV:** rumour, tidings, report, fame, bruit, doctrine, mentioned, news **Str:** #8052

4396 שומע (masc) *sho'mah* **Tran:** FAME **Def:** What is heard. **KJV:** fame **Str:** #8089

4397 מישמע (masc) *mish'maw* **Tran:** HEARING **KJV:** hearing **Str:** #4926

שמץ *ShMTs* (ad)

4398 שמץ (masc) *sheh'mets* **Tran:** WHISPER **KJV:** little **Str:** #8102

4399 שימצה (fem) *shim'tsaw* **Tran:** DERISION **Def:** To talk in a low quiet voice. **KJV:** shame **Str:** #8103

שמש *ShMSh* (ad) **Rel:** a hot wind from the sun causing desolation

4400 שמש (vrb) **Tran:** ATTEND **Def:** As the sun attends to the earth. **KJV:** minister **Aramaic:** *shem'ash* #8120

4401 שמש (fem) *sheh'mesh* **Tran:** SUN **Def:** The luminous body around which the earth revolves and from which it receives heat and light. **KJV:** sun, minister **Str:** #8121 **Aramaic:** #8122

שן *ShN* (pr) **Act:** Sharp, Rest **Obj:** Teeth, Two **Abs:** Previous **Def:** The two front teeth are sharp and used for cutting foods by pressing down. **AH:** ᓫᣞ- The pictograph ᣞ is a picture of the teeth, the ᓫ is a picture of a seed representing continuance. Combined these mean "teeth continue."

4402 שן (com) *shane* **Tran:** TOOTH **Def:** Hard bony appendages on the jaws used for chewing food and forming of sounds when talking. **KJV:** teeth, tooth, ivory, sharp, crag, forefront **Str:** #8127 **Aramaic:** #8128

Benner's Lexicon of Biblical Hebrew

4403 שנה (fem) *shaw'neh* **Tran:** YEAR **Def:** The period of around 365 solar days. **Rel:** In the sense of repeating. **KJV:** year **Str:** #8141 **Aramaic:** *shen'aw* #8140

4404 שני (masc) *shaw'nee* **Tran:** SCARLET **Def:** Any of various bright reds. **KJV:** scarlet, crimson **Str:** #8144

שנן *ShNN* (ch) **Def:** From the sharpness of the front teeth.

4405 שנן (vrb) *shaw'nan* **Tran:** WHET **Def:** To sharpen a knife or other cutting edge with a stone. **KJV:** sharp, whet, sharpen, prick, teach **Str:** #8150

4406 שנינה (fem) *shen'ee'naw* **Tran:** PIERCING **KJV:** byword, taunt **Str:** #8148

שאן *ShAN* (ch)

4407 שאן (vrb) *shaw'an* **Tran:** REST **Def:** To be in a state of rest. **KJV:** ease, quiet, rest **Str:** #7599

4408 שאנן (masc) *shah'an'awn* **Tran:** REST **KJV:** ease, quiet, tumult **Str:** #7600

שנא *ShNA* (ch)

4409 שנא / שנה (fem) *shay'naw* **Tran:** SNOOZE **Def:** To take a nap. **KJV:** sleep **Str:** #8142 **Aramaic:** *shen'aw* #8139

שנה *ShNH* (ch) **Def:** A repeating of the first or what was before.

4410 שנה (vrb) *shaw'naw / shaw'naw* **Tran:** CHANGE **Alt:** repeat. **Def:** To make radically different; exchange one thing for another. To repeat in the sense of a second time. **KJV:** change, second, again, diverse, alter, disguise, double, pervert, prefer, repeat **Str:** #8132, #8138 **Aramaic:** שנא *shen'aw* #8133

4411 שנים (masc) שתים (fem) *shen'ah'yim* **Tran:** TWO **Def:** A cardinal number. (Always written in the double plural form) **Rel:** From the two major changes of the seasons. A doubling of one. **KJV:** two, both, second, twain, twice, double **Str:** #8147 **Aramaic:** תרתין / תרין / תני *tin'yawn / ter'ane* #8578, #8648

4412 שני (com) *shay'nee* **Tran:** SECOND **Alt:** second time. **Def:** An ordinal number. **KJV:** second, other, time, again, another, more, either **Str:** #8145

4413 משנה (masc) *mish'neh* **Tran:** DOUBLE **Def:** To make twice as great or as many. As a second or a multiple of two. **KJV:** second, double, next, college, copy, twice, fatling **Str:** #4932

4414 שנינות (fem) **Tran:** AGAIN **Def:** second time. **KJV:** again **Aramaic:** תנינות *tin'yaw'nooth* #8579

4415 שנאן (masc) *shin'awn* **Tran:** TWICE **KJV:** angel **Str:** #8136

ישן *YShN* (ch) **Def:** What was before the second.

4416 ישן (vrb) *yaw'shane* **Tran:** SLEEP **Alt:** Store (To store produce in the sense of sleeping). **Def:** To rest in a state of suspended consciousness. Also, supplies being stored through the idea of them sleeping. **KJV:** sleep, remain, old **Str:** #3462

4417 ישן (masc) *yaw'shane / yaw'shawn* **Tran:** SLEEPING **Alt:** Storage (of produce in the sense of sleeping). **Def:** The condition of being asleep. Also, storage, in the sense of supplies being in a state of sleep. **KJV:** old, sleep **Str:** #3463, #3465

4418 שנת (fem) *shen'awth* **Tran:** NAP **KJV:** sleep **Str:** #8153

שש *ShS* (pr) **Act:** Plunder **Def:** The pressing into another's place and grabbing hold of his possessions. **AH:** ≠∽- The pictograph ∽ is a picture of the teeth representing pressure, the ≠ is a picture of thorn that grabs hold. Combined these mean "Press and grab hold."

שסס *ShSS* (ch)

4419 שסס (vrb) *shaw'sas* **Tran:** PLUNDER **KJV:** spoil, riffle **Str:** #8155

שאס *ShAS* (ch)

4420 שאס (vrb) *shaw'as* **Tran:** PLUNDER **KJV:** spoil **Str:** #7601

שסה *ShSH* (ch)

4421 ששה/שסה (vrb) *shaw'saw* **Tran:** PLUNDER **KJV:** spoil, spoiler, rob **Str:** #8154

שוס *ShWS* (ch)

4422 משוסה (fem) *mesh'oo'saw* **Tran:** PLUNDER **KJV:** spoil **Str:** #4882

שִׁיס *ShYS* (ch)

4423 מְשִׁיסָּה (fem) *mesh'is'saw* **Tran:** PLUNDER **KJV:** spoil, booty **Str:** #4933

שְׁסַע *ShSAh* (ad) **Rel:** cutting

4424 שסע (vrb) *shaw'sah* **Tran:** SPLIT.IN.TWO **KJV:** clovenfooted, cleave, rent, cleft, stay **Str:** #8156

4425 שסע (masc) *sheh'sah* **Tran:** SPLITTING **KJV:** cleave **Str:** #8157

שְׁסַף *ShSP* (ad) **Def:** A cutting or hacking into pieces. **Rel:** cutting

4426 שסף (vrb) *shaw'saf* **Tran:** HEW **Def:** To hew into pieces. **KJV:** hew **Str:** #8158

~~~~~~~~~~~~

שׁע *ShAh* (pr) **Act:** Watch, Cry, Rescue, Lean, Look **Obj:** Shepherd, Staff, Eye, Window **Abs:** Delight, Support **Def:** The shepherd carefully watches over the flock and the surrounding area always on the lookout for danger. When a predator comes to attack, the shepherd destroys the enemy. **AH:** ◎〜- The pictograph 〜 is a picture of the teeth used for devouring or destruction, the ◎ is a picture of the eye. Combined these mean "destroyer watches."

4427 שעה (fem) **Tran:** HOUR **Def:** A segment of time. The arch of the daylight sun is divided into 12 equal segments with the first segment being the first hour and the last segment being the twelfth hour. **Rel:** The shepherd watches over and cares for and delights in his sheep. **KJV:** hour **Aramaic:** *shaw'aw* #8160

4428 תשעה (masc) תשע (fem) *tay'shah / tish'eem* **Tran:** NINE **Alt:** ninety. **Def:** A cardinal number. The total number of hours in an ancient day or night. **KJV:** nine, ninth, ninety **Str:** #8672, #8673

4429 תשיעי (masc) תשיעית (fem) *tesh'ee'ee* **Tran:** NINTH **KJV:** ninth **Str:** #8671

4430 משעי (fem) *mish'ee* **Tran:** CLEANSE **Def:** As a preparation for inspection. **KJV:** supple **Str:** #4935

שעע *ShAhAh* (ch) **Def:** The shepherd takes delight in his sheep.

4431 שעע (vrb) *shaw'ah* **Tran:** DANDLE **Def:** To bounce in an up and down motion. To be excited (through the idea of bouncing up and down with excitement). **KJV:** delight, cry, play, dandle, shut **Str:** #8173

4432 שעשוע (masc) *shah'shoo'ah* **Tran:** OBJECT.OF.DELIGHT **KJV:** delight, pleasant **Str:** #8191

שעה *ShAhH* (ch) **Def:** The shepherd inspects and watches over the flock with compassion and protection.

4433 שעה (vrb) *shaw'aw* **Tran:** LOOK.WITH.RESPECT **Def:** To look upon with high regard. **KJV:** look, respect, dismay, turn, regard, spare, dim, depart **Str:** #8159

שוע *ShWAh* (ch) **Def:** When the sheep are in trouble they will cry out and the shepherd will deliver them.

4434 שוע (vrb) *shaw'vah* **Tran:** SHOUT.OUT **Def:** To cry out. **KJV:** cry, aloud, shout **Str:** #7768

4435 שוע (masc) *sheh'vah / sho'ah / shoo'ah* **Tran:** SHOUTING.OUT **KJV:** cry, riches **Str:** #7769, #7771, #7773

4436 שועה (fem) *shav'aw* **Tran:** OUTCRY **Def:** An expression of need, or help or injustice. A loud wail from distress. **KJV:** cry **Str:** #7775

ישע *YShAh* (ch) **Def:** When one of the flock is in trouble, the shepherd rescues it.

4437 ישע (vrb) *yaw'shah* **Tran:** RESCUE **Def:** To free or deliver from a trouble, burden or danger. **KJV:** save, saviour, deliver, help, preserved, salvation, avenge, defend, rescue, safe, victory **Str:** #3467

4438 ישע (masc) *yeh'shah* **Tran:** RESCUE **Def:** A deliverance or freedom from a burden, enemy or trouble. **KJV:** salvation, safety, saving **Str:** #3468

4439 מושעה (fem) *mo'shaw'aw* **Tran:** RESCUE **Def:** deliverance or freedom from a trouble. **KJV:** salvation **Str:** #4190

4440 ישועה (fem) *yesh'oo'aw* **Tran:** RELIEF **Def:** A deliverance or freedom from a trouble, burden or danger. **KJV:** salvation, help, deliverance, health, save, saving, welfare **Str:** #3444

4441 תשועה (fem) *tesh'oo'aw* **Tran:** DELIVERANCE **Def:** A rescue from a burden, enemy or trouble. **KJV:** salvation, deliverance, help, safety, victory **Str:** #8668

רשע *RShAh* (ad) **Def:** Leaving the well traveled path may result in becoming lost. In the same way a person who leaves the correct path of life will become lost and wicked.

4442 רשע (vrb) *raw'shah* **Tran:** DEPART **Alt:** convict. **Def:** To go astray from the correct path and become lost; to act against a law or teaching as one who has gone astray. **KJV:** condemn, wicked, depart, trouble, vex, wickedness **Str:** #7561

4443 רשע (masc) *raw'shaw / reh'shah* **Tran:** LOST **Def:** Departed from the correct path or way, either out of ignorance or revolt. **KJV:** wickedness, wicked, iniquity **Str:** #7562, #7563

4444 רישעה (fem) *rish'aw* **Tran:** WAYWARDNESS **KJV:** wickedness, wickedly, fault **Str:** #7564

4445 מרשעת (fem) *meer'shah'ath* **Tran:** WICKED **KJV:** wicked **Str:** #4849

שעל *ShAhL* (ad) **Def:** A hollowed-out depression.

4446 שעל (masc) *sho'al* **Tran:** HANDFUL **Def:** The filling of the hollow of the hand. **KJV:** handful, hollow **Str:** #8168

4447 שועל (masc) *shoo'awl* **Tran:** FOX **Def:** An unknown animal that lives in a hollow in the ground. **KJV:** fox **Str:** #7776

4448 משעול (masc) *mish'ole* **Tran:** NARROW.WAY **Def:** A hollow in the land. **KJV:** path **Str:** #4934

שען *ShAhN* (ad) **Def:** The staff carried by the shepherd is his support.

4449 שען (vrb) *shaw'an* **Tran:** LEAN **Def:** To cast one's weight to one side for support. Lean on something for rest or support. **KJV:** lean, stay, rely, rest **Str:** #8172

4450 משען (masc) *mish'ane* **Tran:** BRACE **Def:** A support. **KJV:** stay **Str:** #4937

4451 משענה (fem) *mish'ay'naw* **Tran:** STAVE **Def:** A staff made from a sapling or branch. A support for walking. **KJV:** staff, stave **Str:** #4938

שקד *ShQD* (ad) **Def:** Eyes open wide for watching carefully.

4452 שקד (vrb) *shaw'kad* **Tran:** WATCH **Def:** To be alert and watchful. **KJV:** watch, wake, remain, hasten **Str:** #8245

4453 שקד (vrb) *shaw'kad* **Tran:** BE.ALMOND.SHAPED **Def:** An object that is in the form of an almond. **Rel:** From the "eye" shape of the almond. **KJV:** almond **Str:** #8246

4454 שקד (masc) *shaw'kade* **Tran:** ALMOND **Def:** The nut or the tree. From the nut's shape like an open eye. **KJV:** almond **Str:** #8247

שקף *ShQP* (ad)

4455 שקף (vrb) *shaw'kaf* **Tran:** LOOK.DOWN **Def:** To look out and down as through a window. **KJV:** look, appear **Str:** #8259

4456 שקף (masc) *sheh'kef* **Tran:** WINDOW **KJV:** window **Str:** #8260

4457 שקוף (masc) *shaw'koof* **Tran:** WINDOW.FRAME **Def:** From a window. **KJV:** light, window **Str:** #8261

4458 משקוף (masc) *mash'kofe* **Tran:** LINTEL **Def:** A horizontal architectural member supporting the weight above an opening, as a window or a door. **KJV:** lintel, doorpost **Str:** #4947

שף *ShP* (pr) **Act:** Strike, Swallow **Obj:** Serpent **Def:** A serpent (venomous snake) has sharp fangs in the mouth. Its prey is taken into the mouth swallowed by drawing down into the belly. **AH:** ᘛᆻ- The pictograph ᆻ is a picture of the teeth, the ᘛ is a picture of the mouth. Combined these mean "sharp teeth in the mouth."

4459 שפה (fem) *shaw'faw* **Tran:** MILK **KJV:** cheese **Str:** #8194

4460 שפי (masc) *shef'ee* **Tran:** BARE.PLACE **Def:** A barren location. **Rel:** As a place of serpents. **KJV:** high place **Str:** #8205

שפף *ShPP* (ch)

4461 שפיפון (masc) *shef'ee'fone* **Tran:** ADDER **Def:** An unknown species of viper, possibly an adder. **KJV:** adder **Str:** #8207

אשף *AShP* (ch)

Benner's Lexicon of Biblical Hebrew

4462 אשף (masc) *ash'shawf* **Tran:** ENCHANTER **Def:** From their hissing. **KJV:** astrologer **Str:** #0825 **Aramaic:** #0826

4463 אשפה (fem) *ash'paw* **Tran:** QUIVER **Def:** pouch with a mouth for sharp arrows. **KJV:** quiver **Str:** #0827

שאף *ShAP* (ch) **Def:** A drawing in by swallowing as the snake swallows its prey.

4464 שאף (vrb) *shaw'af* **Tran:** PANT **Def:** To breathe heavily; to long for. **KJV:** swallow, snuff, pant, desire, devour **Str:** #7602

שפה *ShPH* (ch) **Def:** The serpent lifts its head up high to strike.

4465 שפה (vrb) *shaw'faw* **Tran:** SCRAPE.BARREN **KJV:** stick out, high **Str:** #8192

שוף *ShWP* (ch) **Def:** A striking of the serpent.

4466 שוף (vrb) *shoof* **Tran:** FALL.UPON **Def:** To suddenly and forcefully crash upon someone or something. **KJV:** bruise, break, cover **Str:** #7779

ישף *YShP* (ch)

4467 ישפה (fem) *yaw'shef'ay* **Tran:** JASPER **Def:** Probably the Jasper which may be red, yellow or brown in color. The Septuagint uses laspis meaning "Jasper." Other possible translations are Ruby, Hyacinth and Emerald. **KJV:** jasper **Str:** #3471

צפע *TsPAh* (ad) **Def:** The tongue of the viper that issues out of its mouth. The issuing or coming out of something.

4468 צפע / צפעוני (masc) *tseh'fah; or tsiph* **Tran:** VIPER **Def:** An unknown venomous snake. From its tongue that issues out of the mouth. **KJV:** cockatrice **Str:** #6848

4469 צפיעה (fem) *tsef'ee'aw* **Tran:** DESCENDANTS **Def:** What comes out of the father. **KJV:** issue **Str:** #6849

4470 צפוע (masc) *tsef'oo'ah* **Tran:** DUNG **Def:** The dung of cattle as a coming out. **KJV:** dung **Str:** #6832

כשף *KShP* (ad) **Def:** Supernatural powers used by idolaters.

4471 כשף (vrb) *kaw'shaf* **Tran:** DO.SORCERY **Def:** To perform supernatural magic. **KJV:** sorcerer, witch, witchcraft **Str:** #3784

4472 כשף (masc) *kash'shawf / keh'shef* **Tran:** SORCERY **KJV:** witchcraft, sorcery, sorcerer **Str:** #3785, #3786

רשף *RShP* (ad)

4473 רשף (masc) *reh'shef* **Tran:** SPARK **Def:** The spark of a fire or thunderbolt. Also, an arrow as a flashing thunderbolt. **KJV:** coal, heat, spark, arrow, thunderbolt **Str:** #7565

שפן *ShPN* (ad)

4474 שפן (masc) *shaw'fawn* **Tran:** RABBIT **Def:** An unclean animal of unknown species, probably the rabbit. **KJV:** shaphan, coney **Str:** #8227

שפע *ShPAh* (ad)

4475 שפע (masc) *sheh'fah* **Tran:** ABOUNDING **KJV:** abundance **Str:** #8228

4476 שיפעה (fem) *shif'aw* **Tran:** ABUNDANCE **KJV:** abundance, company, multitude **Str:** #8229

שפר *ShPR* (ad) **Def:** A bright or beautiful sight or sound.

4477 שפר (vrb) **Tran:** BE.FAIR **Def:** To be cheerful or fair. **KJV:** goodly, good, please, acceptable **Str:** #8232 **Aramaic:** *shef'ar* #8232

4478 שפר (masc) שפרה (fem) *shaw'far / sheh'fer* **Tran:** BRIGHT **Alt:** brightness **Def:** A radiating or reflective light. As cheerful. **KJV:** goodly **Str:** #8231, #8233

4479 שפיר (masc) **Tran:** BRIGHT **Def:** In the sense of being cheerful or beautiful. **KJV:** fair **Aramaic:** *shap'peer* #8209

4480 שיפרה (fem) *shif'raw* **Tran:** BRIGHTNESS **Def:** Harmonized and in balance. Cheerful. **KJV:** garnished **Str:** #8235

4481 שופר (masc) *sho'far* **Tran:** RAM.HORN **Def:** The horn of ram made into a trumpet that emits a bright and beautiful sound. **KJV:** trumpet, cornet **Str:** #7782

4482 שפרפר (masc) **Tran:** DAWN **Def:** As the beginning of brightness. **KJV:** early **Aramaic:** *shef'ar'far* #8238

4483 שפרור (masc) *shaf'roor* **Tran:** TAPESTRY **Def:** As brightly colored. **KJV:** pavilion **Str:** #8237

שץ *ShTs* (pr) **Act:** Flush, Surge **Obj:** Flood **AH:** ⌐↙

שטף *ShThP* (ad)

4484 שטף (vrb) *shaw'taf* **Tran:** FLUSH **Def:** To flow over with copious amounts of water. **KJV:** overflow, rinse, wash, drown, flow **Str:** #7857

4485 שטף (masc) *sheh'tef* **Tran:** OVERFLOWING **KJV:** flood, overflowing, outrageous **Str:** #7858

שצף *ShTsP* (ad)

4486 שצף (masc) *sheh'tsef* **Tran:** SURGE **KJV:** little **Str:** #8241

שק *ShQ* (pr) **Act:** Drink, Rush, Overflow **Obj:** River, Course, Beverage **Abs:** Desire **Def:** During the rain season, repeated each year, the riverbeds become full of water. The surrounding land is soaked with water allowing for the planting of crops. **AH:** ℘↙- The pictograph ↙ is a picture of the two front teeth representing the idea of two, the ℘ is a picture of the sun at the horizon that cycles around the earth. Combined these mean "repeat a cycle."

4487 שק (masc) **Tran:** LEG **Def:** From a leg of a river. **Rel:** The rushing course of a river through the land. **KJV:** leg **Aramaic:** *shawk* #8243

4488 משק (masc) *mash'shawk* **Tran:** RUSHING **Def:** From the rushing of a river. **KJV:** running **Str:** #4944

שקק *ShQQ* (ch) **Def:** The back-and-forth course of a river through the land.

4489 שקק (vrb) *shaw'kak* **Tran:** RUSH **Def:** rushing about and to and fro as a raging river. **KJV:** run, long, range, appetite, justle **Str:** #8264

שקה *ShQH* (ch) **Def:** The life-giving water from the rivers.

4490 שקה (vrb) *shaw'kaw* **Tran:** DRINK **Alt:** give drink to. **Def:** To swallow liquid, whether of man or of the land. **KJV:** drink, water, butler, cupbearer **Str:** #8248

4491 שקוי (masc) *shif'koov / shik'koo'ee* **Tran:** BEVERAGE **Def:** A thick or sludgy drink; marrow, the thick liquid inside the channel of bones and used as a type of butter. **KJV:** drink, marrow **Str:** #8249, #8250

4492 משקה (masc) *mash'keh* **Tran:** DRINKING **Def:** The act of swallowing water or other liquid. The drinking of the land in the sense of it being watered or irrigated. **KJV:** drink, watered, butlership, pasture **Str:** #4945

שוק *ShWQ* (ch) **Def:** The course of a river.

4493 שוק (vrb) *shook* **Tran:** OVERFLOW **Def:** To have the contents spilling, as an overfull container or a river running over its bank. **KJV:** overflow **Str:** #7783

4494 שוק (fem) *shoke / shook* **Tran:** THIGH **Def:** The upper part of the leg of a man or animal. Also, a street. **KJV:** street, shoulder **Str:** #7784, #7785

4495 שוקת (fem) *sho'keth* **Tran:** WATERING.TROUGH **Def:** A trench for bringing water into the village. A place for domestic animals to quench thirst. **KJV:** trough **Str:** #8268

4496 תשוקה (fem) *tesh'oo'kaw* **Tran:** FOLLOWING **Def:** To go, proceed or come after. Being next in order or time. Subsequent to. As the river follows the path of its banks. **KJV:** desire **Str:** #8669

שר *ShR* (pr) **Act:** Tie, Remain, Loose, Sing **Obj:** Cord, Straight, Relative, Caravan **Abs:** Prosperity, Happy **Def:** Ropes and cords were usually made of bark strips such as from the cedar or from the sinew (tendon) of an animal. The rope is made by twisting two fibers together. A single fiber is attached to a fixed point (top), and the two ends of the fiber are brought together. One fiber is twisted in a clockwise direction and wrapped over the other fiber in counter clockwise direction. The second fiber is then twisted in clockwise direction then wrapped around the first fiber in a counter clockwise direction. The process is repeated through the length of the rope. The twisting of the fibers in opposite directions causes the fibers to lock (press) onto each other making a stronger rope. The rope is used to tightly secure or support something, such as a load to a cart or the poles of the tent. **AH:** ℛ∽- The pictograph ∽ is a picture of the teeth representing pressure, the ℛ is a picture of the head representing the top or beginning. Combined these mean "press the beginning."

4497 שר (masc) *shore* **Tran:** CORD **Def:** The navel cord. **Rel:** Sinews were used for making cords by twisting them together. The umbilical cord, and navel, as a cord that binds the infant to the mother. **KJV:** navel **Str:** #8270

4498 שרה (fem) *shay'raw* **Tran:** BRACELET **Def:** cord around the wrist. **KJV:** bracelet **Str:** #8285

4499 שרה (fem) *shaw'raw* **Tran:** WALL **Def:** As encircling a city. **KJV:** wall **Str:** #8284

4500 משרה (fem) *mish'raw* **Tran:** JUICE **Def:** As loosened from the fruit. **KJV:** liquor **Str:** #4952

4501 שרן (masc) **Tran:** WALL **Def:** As an armor around the city. **KJV:** wall **Aramaic:** אושרנא *oosh'ar'naw* #0846

4502 שיריון (com) *shir'yone / sir'yone* **Tran:** HARNESS **Def:** A piece of armor made from tightly wound cords of leather. **KJV:** habergeon, coat, harness, breastplate, brigadine **Str:** #5630, #8302

4503 שרשרה (fem) *shar'shaw / shar'sher'aw* **Tran:** CHAIN **Def:** A strand of linked metal loops. **Rel:** As shaped like the embilical cord. **KJV:** chain **Str:** #8331, #8333

שרר *ShRR* (ch) **Def:** Sinews were used for making cords by twisting them together. The umbilical cord, and navel, as a cord that binds the infant to the mother.

4504 שרר (masc) *sho'rer* **Tran:** CORD **KJV:** navel **Str:** #8326

4505 שריר (masc) *shaw'reer* **Tran:** NAVEL **KJV:** navel **Str:** #8306

4506 שורר (masc) *shaw'rar* **Tran:** ENEMY **Def:** As one who is to be tied up. **KJV:** enemy **Str:** #8324

4507 שרירות (fem) *sher'ee'rooth* **Tran:** IMAGINATION **Def:** A twisting together of thoughts. **KJV:** imagination, lust **Str:** #8307

אשר *AShR* (ch) **Def:** A cord pulled tight is straight.

4508 אשר (vrb) *aw'shar* **Tran:** HAPPY **Def:** Enjoying well-being and contentment. One who is happy is one whose life is lived straightly. **KJV:** blessed, lead, go, guide, happy, leader, relieve **Str:** #0833

Benner's Lexicon of Biblical Hebrew

4509 אשר (masc) *eh'sher* **Tran:** HAPPY **Def:** A feeling of joy or satisfaction. **KJV:** blessed, happy **Str:** #0835

4510 אשרה (fem) **Tran:** GROVE **Def:** An area of planted trees. Trees planted in a straight line. **KJV:** grove **Str:** #0842

4511 אשר (masc) *ash'er* **Tran:** WHICH **Alt:** because; because of what; how; such as; that; what; when; where; who; whoever; whom; whose; whereas; just as; even though. **Def:** This word links the action of the sentence to the one doing the action. **Rel:** As a rope attaches two objects together **KJV:** which, wherewith, because, when, soon, as, that, until much, whosoever, whom, whose **Str:** #0834

4512 אשור (fem) *aw'shoor* **Tran:** GAIT **Def:** A manner of walking, stepping, or running. **KJV:** step, going **Str:** #0838

4513 אושר (masc) *o'sher* **Tran:** HAPPINESS **Def:** A state of well-being and contentment. One who is happy is one whose life is lived straightly. **KJV:** happy **Str:** #0837

4514 תאשור (fem) *teh'ash'shoor* **Tran:** CEDAR **Def:** An unknown tree. Possibly a type of cedar from its bark strips which can be used for making cords. **KJV:** box **Str:** #8391

שאר *ShAR* (ch) **Def:** When the nomadic tribe was larger than could be maintained the family divided in the sense of severing the umbilical cord.

4515 שאר (vrb) *shaw'ar* **Tran:** REMAIN **Alt:** leave. **Def:** To continue unchanged; to stay behind. **KJV:** leave, remain, remnant, let, rest **Str:** #7604

4516 שאר (masc) *sheh'awr / sheh'ayr* **Tran:** REMAINS **Def:** What is left behind, a residue. A relative as a remnant. Flesh as what remains after death. **KJV:** flesh, kinswoman, food, near, nigh, kin, body, kinsman, remnant, rest, residue, other **Str:** #7605, #7607 **Aramaic:** *sheh'awr* #7606

4517 שאר (masc) שארה (fem) *shah'ar'aw* **Tran:** KIN **Def:** A person of close relation. **KJV:** kinswoman **Str:** #7608

4518 שארית (fem) *sheh'ay'reeth* **Tran:** REMNANT **Def:** A usually small part, member, or trace remaining. **KJV:** remnant, residue, rest, remainder, escaped **Str:** #7611

שרה *ShRH* (ch) **Def:** The tying around of something with a cord, or the loosening of it.

Benner's Lexicon of Biblical Hebrew

4519 שרה (vrb) *shaw'raw* / *shay'rooth* **Tran:** LOOSE **Def:** To untie something or to let something go. **KJV:** loose, dissolve, dwell, began **Str:** #8281, #8293 **Aramaic:** *sher'ay* #8271

שור *ShWR* (ch) **Def:** A group that travels around an area carrying loads. The bull is used as a beast of burden to carry loads.

4520 שור (vrb) *shoor* **Tran:** LOOK.UPON **KJV:** behold, see, look, observe, wait, regard, perceive **Str:** #7789

4521 שור (masc) *shore* **Tran:** OX **Def:** A domestic bovine animal used for pulling heavy loads. **KJV:** ox, bullock, cow, bull **Str:** #7794 **Aramaic:** תור *tore* #8450

4522 שור (masc) *shoor* / *shoor* **Tran:** ROCK.WALL **Def:** A wall made of rocks or stones for protection. **KJV:** enemy, wall **Str:** #7790, #7791 **Aramaic:** *shoor* #7792

4523 שורה (fem) *so'raw* **Tran:** ROW **Def:** As a wall. **KJV:** principle **Str:** #7795

4524 תשורה (fem) *tesh'oo'raw* **Tran:** GIFT **Def:** As brought by a traveler. **KJV:** present **Str:** #8670

ישר *YShR* (ch) **Def:** A tight rope is straight. A righteous one is one who is straight and firmly holds up truth just as the cord is straight and firmly holds the wall of the tent upright.

4525 ישר (vrb) *yaw'shar* **Tran:** BE.STRAIGHT **Def:** To be in a direct or correct line, path or thought. **KJV:** please, straight, direct, right, well, fit, good, meet, upright **Str:** #3474

4526 ישר (masc) *yaw'shawr* **Tran:** STRAIGHT **Def:** Without a bend, angle, or curve. A straight line, path or thought. The cord of the bow as stretched taught. **KJV:** right, upright, righteous, straight, convenient, equity, just, meet, well **Str:** #3477

4527 יושר (masc) *yo'sher* **Tran:** STRAIGHTNESS **KJV:** uprightness, right, upright, meet **Str:** #3476

4528 מישר (masc) *may'shawr* / *may'thar* **Tran:** STRING **Alt:** straightness **Def:** A cord or rope, as straight. Also, a straight line, path or thought. **KJV:** cord, string, equity, uprightly, uprightness, right, agreement, aright, equal, sweetly **Str:** #4339, #4340

4529 מישר / מיתר (masc) *mee'shore* **Tran:** PLAIN **Def:** A level, or straight, place. One who is right or upright. **Rel:** In the sense of being level. **KJV:** plain, equity, straight, even, right, righteously, uprightness **Str:** #4334

4530 משורה (fem) *mes'oo'raw* **Tran:** MEASURE **Def:** A standard used to express the size or amount of something. **KJV:** measure **Str:** #4884

שיר *ShYR* (ch) **Def:** A stringed musical instrument uses thin cords for making music.

4531 שיר / שור (vrb) *sheer* **Tran:** SING **Def:** To express one's voice in a melody or to music. **KJV:** sing, singer, behold **Str:** #7891

4532 שיר (masc) שירה (fem) *sheer* **Tran:** SONG **Def:** The act or art of singing. **KJV:** song, musick, singing, musical, sing, singers **Str:** #7892

כשר *KShR* (ad) **Rel:** being straight

4533 כשר (vrb) *kaw'share* **Tran:** PROSPER **KJV:** right, prosper, direct **Str:** #3787

4534 כושרה (fem) *ko'shaw'raw* **Tran:** PROSPERITY **KJV:** chains **Str:** #3574

4535 כישור (masc) *kee'shore* **Tran:** SPINDLE **Def:** For keeping the twine straight. **KJV:** spindle **Str:** #3601

4536 כישרון (masc) *kish'rone* **Tran:** SUCCESS **KJV:** good, right, equity **Str:** #3788

שגר *ShGR* (ad) **Def:** The offspring that comes out of the womb. **Rel:** as a relative

4537 שגר (fem) *sheh'ger* **Tran:** BIRTH **Def:** What is brought forth from the womb. **KJV:** increase, come **Str:** #7698

שזר *ShZR* (ad) **Def:** A twisting of twine into a cord.

4538 שזר (vrb) *shaw'zar* **Tran:** TWIST.TOGETHER **Alt:** twisted. **Def:** To wrap separate pieces together forming one unit. **KJV:** twined **Str:** #7806

שחר *ShHhR* (ad) **Rel:** a dark place

4539 שחר (vrb) *shaw'khar / shaw'khar* **Tran:** BE.CHARRED **Def:** To be dark in color. To peer into the dim light of morning in search for something. **Rel:** Something that impedes recognition of truth, in the sense of being bound as by a cord. **KJV:** black, seek, betimes **Str:** #7835, #7836

4540 שחר (masc) *shakh'ar* **Tran:** DAWN **Def:** To begin to grow light as the sun rises in the east. The place of the rising sun. **KJV:** morning, day, early, dayspring, light, rise **Str:** #7837

4541 שחרות (fem) *shakh'ar'ooth* **Tran:** YOUTH **Def:** As having dark hair. **KJV:** youth **Str:** #7839

4542 שחור (masc) *shaw'khore / shekh'ore* **Tran:** COAL **Alt:** black as coal. **Def:** The dim light before the rising of the sun. As dark in color. **KJV:** black, coal **Str:** #7838, #7815

4543 משחר (masc) *mish'khawr* **Tran:** DAWN **Def:** The place of the rising sun. **KJV:** morning **Str:** #4891

4544 שחרחורת (fem) *shekh'ar'kho'reth* **Tran:** BLACKISH **KJV:** black **Str:** #7840

שכר *ShKR* (ad)

4545 שכר (vrb) *shaw'kar* **Tran:** BE.DRUNK **Def:** To be filled with intoxicating drink. **Rel:** Something that impedes recognition of truth, in the sense of being bound as by a cord. **KJV:** drunk, filled, abundantly, merry **Str:** #7937

4546 שכר (masc) *shay'kawr* **Tran:** LIQUOR **Def:** An intoxicating drink. **KJV:** drink, wine **Str:** #7941

4547 שיכור (masc) *shik'kore* **Tran:** DRUNKARD **Def:** One who is filled with intoxicating drink. **KJV:** drunken, drunkard, drunk **Str:** #7910

4548 שיכרון (masc) *shik'kaw'rone* **Tran:** DRUNKENNESS **KJV:** drunkenness, drunken **Str:** #7943

שער *ShAhR* (ad) **Def:** The entrance into the city as well the activities carried out there such as marketing and judging. As livestock pass through the gate they are counted.

4549 שער (vrb) *shaw'ar* **Tran:** SPLIT.OPEN **Def:** To make an opening and enter in, such as when a gate is opened and one enters; to calculate in the sense of opening and entering. **KJV:** think **Str:** #8176

4550 שער (masc) *shah'ar* **Tran:** GATE **Def:** The opening in a wall or fence through which livestock or people pass. Can be the gatekeeper. **KJV:** gate, city, door, port, porter, mouth **Str:** #8179 **Aramaic:** תרע *ter'ah / taw'raw* #8651, #8652

4551 שער (masc) *shah'ar* **Tran:** SHA'AR **Def:** A standard of measure. **KJV:** hundredfold **Str:** #8180

4552 שוער (masc) *sho'are* **Tran:** GATEKEEPER **Def:** One who guards the gate of a city or the door of a structure. **KJV:** porter, doorkeeper **Str:** #7778

שקר *ShQR* (ad) **Def:** False or untrue words meant to deceive.

4553 שקר (vrb) *shaw'kar* **Tran:** DEAL.FALSELY **Def:** To lie, trick or cheat. **KJV:** lie, falsely **Str:** #8266

4554 שקר (masc) *sheh'ker* **Tran:** FALSE **Def:** A deliberate lie. An expression of a non-truth. **KJV:** lie, lying, false, falsehood, falsely, vain, wrongfully, deceitful, deceit, liar **Str:** #8267

שרת *ShRT* (ad)

4555 שרת (vrb) *shaw'rath* **Tran:** MINISTER **Alt:** administer. **Def:** To give aid or service; to be in service to another. **KJV:** minister, serve, servant, service, servitor, waited **Str:** #8334

4556 שרת (masc) *shaw'rayth* **Tran:** MINISTRY **KJV:** ministry, minister **Str:** #8335

שש *ShSh* (pr) **Obj:** White, Linen, Old **Def:** The whiteness of the teeth. The white hair of the older men. **AH:** ᗯᗣ- The pictograph ᗣ is a picture of the two front teeth.

4557 שש / שׁשׁי (masc) *shah'yish / shaysh* **Tran:** LINEN **Def:** Fabric made of flax and noted for its strength, coolness and luster. A white cloth. Also, marble from its whiteness. **KJV:** linen, marble, silk **Str:** #7893, #8336

4558 ששון (masc) *saw'sone* **Tran:** JOY **Def:** In a state of gladness or exultation; rejoicing. **KJV:** joy, gladness, mirth, rejoicing **Str:** #8342

ששא *ShShA* (ch)

4559 ששא (vrb) *shaw'shaw* **Tran:** TAKE.A.SIXTH **Def:** To give a sixth. **KJV:** sixth **Str:** #8338

ששה *ShShH* (ch)

4560 ששה (vrb) *shaw'shaw* **Tran:** GIVE.A.SIXTH **Def:** To give a sixth. **KJV:** sixth **Str:** #8341

שוש *ShWSh* (ch)

4561 שושן (masc) שושנה (fem) *shoo'shan* **Tran:** LILLY **Def:** white flower. **KJV:** lily **Str:** #7799

ישש *YShSh* (ch) **Def:** The white hair of the older men.

4562 ישש (masc) *yaw'shaysh* **Tran:** OLD **KJV:** age **Str:** #3486

4563 ישיש (masc) *yaw'sheesh* **Tran:** OLD **KJV:** ancient, aged, old **Str:** #3453

שיש *ShYSh* (ch)

4564 ששה (masc) שש (fem) *shaysh / shish'sheem* **Tran:** SIX **Alt:** sixty. **Def:** A cardinal number. **KJV:** six, sixth, sixty, threescore **Str:** #8337, #8346 **Aramaic:** שת *shayth / shit'teen* #8353, #8361

4565 ששי (com) *shish'shee* **Tran:** SIXTH **Def:** An ordinal number. **KJV:** sixth **Str:** #8345

שת *ShT* (pr) **Act:** Sit, Feast **Obj:** Buttocks, Garment **Def:** A coming together and sitting to drink. **AH:** ✝︎〜

4566 שתה (masc) *shay'thaw* **Tran:** BUTTOCK **Def:** The back fleshy part on which a person sits. **KJV:** buttocks **Str:** #8357

4567 שתיה (fem) *sheth'ee'yaw* **Tran:** DRINKING **KJV:** drinking **Str:** #8360

4568 שתי (masc) *sheth'ee / sheth'ee* **Tran:** WARP **Def:** A tool used for weaving, an activity performed while sitting down. **KJV:** drunkenness, warp **Str:** #8358, #8359

שתת *ShTT* (ch)

4569 שתת (vrb) *shaw'thath* **Tran:** SET.IN **Def:** To set or lay down. **KJV:** lay, set **Str:** #8371

שתה *ShTH* (ch) **Def:** A time of seating together and drinking.

4570 שתה (vrb) *shaw'thaw* **Tran:** GULP **Def:** To drink plentifully; to swallow hurriedly or greedily or in one swallow. **KJV:** drink, drinker, drunkard, banquet **Str:** #8354 **Aramaic:** *sheth'aw* #8355

4571 שתה (masc) *shaw'thaw* **Tran:** FOUNDATION **Def:** As a level place of seating. **KJV:** foundation, purpose **Str:** #8356

4572 משתה (masc) *mish'teh* **Tran:** BANQUET **Def:** An elaborate meal often accompanied by a ceremony. **KJV:** feast, banquet, drink **Str:** #4960 **Aramaic:** #4961

שית *ShYT* (ch)

4573 שית (vrb) *sheeth* **Tran:** SET.DOWN **Def:** To cause to sit down; to lay down. **KJV:** set, made, lay, put, appoint, regard **Str:** #7896

4574 שית (masc) *shah'yith / sheeth* **Tran:** BRIER.THORN **Def:** Colorful or special garments for feasting or other special activity. As sticking to garments. **KJV:** garment, attire, thorn **Str:** #7897, #7898

Tav

תא *TA* (pr) **Act:** Point **Obj:** Mark, Room, Boundary **Def:** A mark identifies locations used to mark out a location. Two crossed sticks in the shape of cross were used to hang the family standard or flag. **AH:** 𐤕- The pictograph † is a picture of two crossed sticks representing a mark.

4575 תא (masc) *taw* **Tran:** ROOM **Def:** As a placed marked-out. **KJV:** chamber **Str:** #8372

4576 תאו (masc) *teh'o* **Tran:** ORYX **Def:** An unknown animal. **KJV:** ox **Str:** #8377

תאה *TAH* (ch)

4577 תאה (vrb) *taw'aw* **Tran:** POINT **Def:** To identify a mark. **KJV:** point **Str:** #8376

תאו *TAW* (ch)

4578 תאוה (fem) *tah'av'aw* **Tran:** LIMIT **Def:** As a marked-out boundary. **KJV:** bound **Str:** #8379

תב *TB* (pr) **Act:** Long **Abs:** Desire **AH:** 𐤈†

4579 תבה (fem) *tay'baw* **Tran:** VESSEL **Def:** A floating container for holding items. Used for the basket that carried Mosheh down the Nile river and the boat made by Noah. **KJV:** ark **Str:** #8392

תאב *TAB* (ch)

4580 תאב (vrb) *taw'ab / taw'ab* **Tran:** LONG **Def:** To long for something. **KJV:** long, abhor **Str:** #8373, #8374

4581 תאבה (fem) *tah'ab'aw* **Tran:** LONGING **Def:** longing for something. **KJV:** longing **Str:** #8375

תבה *TBH* (ch)

4582 תבה (vrb) **Tran:** BE.WILLING **KJV:** will **Aramaic:** צבא *tseb'aw* #6634

תד *TD* (pr) **Obj:** Peg **AH:** ▽╋

יתד *YTD* (ch) **Def:** A peg, nail or pin for securing something.

4583 יתד (fem) *yaw'thade* **Tran:** TENT.PEG **Def:** An instrument used to secure the corners and sides of the tent to the ground. **KJV:** pin, nail, stake, paddle **Str:** #3489

תה *TH* (pr) **Act:** Ignore **Abs:** Waste **AH:** ϒ╋

תוה *TWH* (ch)

4584 תוה (vrb) *taw'vaw* **Tran:** IGNORE **Def:** To consider something of no value, a waste. **KJV:** limited **Str:** #8428

4585 תוה (masc) **Tran:** ASTONISH **Def:** feeling of waste. **KJV:** astony **Aramaic:** *tev'ah* #8429

4586 תוהו (masc) *to'hoo* **Tran:** CONFUSION **Def:** To bring to ruin; to make indistinct; to fail to differentiate from an often similar or related other. A barren place. Vanity as a state of waste. **KJV:** vain, vanity, confusion, without, wilderness, nought, nothing, empty, waste **Str:** #8414

תו *TW* (pr) **Obj:** Mark **AH:** ϒ╋- The pictograph ╋ is a picture of two crossed sticks representing a mark.

4587 תו (masc) *tawv* **Tran:** MARK **KJV:** mark, desire **Str:** #8420

תוה *TWH* (ch)

Benner's Lexicon of Biblical Hebrew

4588 תוה (vrb) *taw'vaw* **Tran:** ETCH **Def:** To inscribe a mark. **KJV:** scrabble, set **Str:** #8427

תז *TZ* (pr) **Act:** Cut **AH:** ⌇✝- The pictograph ✝ is a picture of two crossed sticks representing a mark, the ⌇ is a picture of a cutting implement. Combined these mean "mark a cut."

    תזז *TZZ* (ch)

4589 תזז (vrb) *taw'zaz* **Tran:** CUT **Def:** To cut something down. **KJV:** cut **Str:** #8456

תח *THh* (pr) **Act:** Spread, Cut **Obj:** Spear, Wardrobe, Piece, Under **AH:** ⋈✝

    יתח *YTHh* (ch) **Def:** A weapon that divides flesh.

4590 תותח (masc) *to'thawkh* **Tran:** SPEAR **KJV:** dart **Str:** #8455

    לתח *LTHh* (ad) **Rel:** spreading

4591 מלתחה (fem) *mel'taw'khaw* **Tran:** WARDROBE **Def:** As spread-out. **KJV:** vestry **Str:** #4458

    מתח *MTHh* (ad) **Def:** A stretching or spreading out of something. **Rel:** spreading

4592 מתח (vrb) *maw'thakh* **Tran:** SPREAD **Def:** To spread something out such as a tent. **KJV:** spread **Str:** #4969

4593 אמתחת (fem) *am'takh'ath* **Tran:** GRAIN.SACK **Def:** A usually flexible container that may be closed for holding, storing, or carrying something; e.g. The mouth is spread apart to put something in or take something out. **KJV:** sack **Str:** #0572

    נתח *NTHh* (ad) **Rel:** dividing

4594 נתח (vrb) *naw'thakh* **Tran:** DIVIDE.INTO.PIECES **Def:** To sever or part into sections To distribute or to bestow in parts or shares. **KJV:** cut, divide, hew **Str:** #5408

4595 נתח (masc) *nay'thakh* **Tran:** PIECE **Def:** A part of the original. What has been cut from the whole. **KJV:** piece, part **Str:** #5409

    תחת *THhT* (ad) **Def:** The lower or bottom part of something. **Rel:** as the under part is divided from what is above

4596 תחת (masc) *takh'ath* **Tran:** UNDER **Alt:** by; in place of; now; underneath; below; how long; single one; because. **Def:** Beneath, below or underneath; a replacement, In the sense of being in place of something else. **KJV:** instead, under, for, as, with, from, flat, same **Str:** #8478 **Aramaic:** #8479

4597 תחות (masc) **Tran:** UNDERNEATH **KJV:** under **Aramaic:** *tekh'oth* #8460

4598 תחתי (masc) *takh'tee* **Tran:** LOWER.PART **Def:** The part beneath. A low place. **KJV:** nether, lowest, lower **Str:** #8482

4599 תחתון (masc) *takh'tone* **Tran:** LOWER **KJV:** nether, lower, lowest, nethermost **Str:** #8481

תחש *THhSh* (ad)

4600 תחש (masc) *takh'ash* **Tran:** DEER **Def:** An unknown species of clean animal, probably a species of deer or antelope. **KJV:** badger **Str:** #8476

תך *TK* (pr) **Act:** Bend, Melt, Lead **Obj:** Middle **Def:** The lines or marks in the center of the palm are formed by the bending of the palm. A bending in the middle, the center of something. **AH:** ⤴✝- The pictograph ✝ is a picture of two crossed sticks representing a mark, the ⤴ is a picture of a bent palm. Combined these mean "mark of the palm."

תכך *TKK* (ch)

4601 תכך (masc) *taw'kawk* **Tran:** OPPRESSOR **Def:** One who bends the will of another. **KJV:** deceitful **Str:** #8501

התך *HTK* (ch)

4602 היתוך (masc) *hit'took* **Tran:** MELTED **KJV:** melted **Str:** #2046

תכה *TKH* (ch) **Def:** The leading of a tame animal whose will has been bent.

4603 תכה (vrb) *taw'kaw* **Tran:** SIT.DOWN **Def:** Meaning dubious. **KJV:** sat **Str:** #8497

תוך *TWK* (ch)

4604 תוֹךְ (masc) *taw'vek* **Tran:** MIDST **Alt:** middle. **Def:** The center or middle of the whole. **KJV:** midst, among, within, middle, in, between, through, into **Str:** #8432

4605 תוּכִי (masc) *took'kee* **Tran:** PEACOCK **Def:** An unknown animal. **KJV:** peacock **Str:** #8500

תִיךְ *TYK* (ch)

4606 תִּיכוֹן (masc) *tee'kone* **Tran:** MIDDLEMOST **Def:** The absolute center. **KJV:** middle, middlemost, midst **Str:** #8484

~~~~~~~~~~

תל *TL* (pr) **Act:** Hang, Twist, Wrap **Obj:** Rope, Cord, Bandage, Wall **Abs:** Deceive **Def:** A rope made of twisted cords for suspending something. **AH:** ∠+

4607 תֵּל (masc) *tale* **Tran:** RUIN **Def:** A city that is covered over with dirt or sand forming a large mound. **KJV:** heap, strength **Str:** #8510

4608 תְּלִי (masc) *tel'ee* **Tran:** QUIVER **Def:** A case for holding or carrying arrows. As hung over the shoulder. **KJV:** quiver **Str:** #8522

הִתֵל *HTL* (ch) **Def:** A twisting of fibers to make a rope. The twisting of something as a deception.

4609 הִתֵל (vrb) *haw'thal* **Tran:** DEAL.DECEITFULLY **Def:** To give as one's portion by a false impression. **KJV:** mock, deceive, deceitfully **Str:** #2048

4610 מַהְתַלָּה (fem) *mah'hath'al'law* **Tran:** DECEIT **KJV:** deceit **Str:** #4123

4611 הָתוּל (masc) *haw'thole* **Tran:** DECEIVER **KJV:** mocker **Str:** #2049

תלה *TLH* (ch)

4612 תלה / תלא (vrb) *taw'law / taw'law* **Tran:** HANG **Def:** To suspend with no support from below. **KJV:** hang, bent **Str:** #8511, #8518

חתל *HhTL* (ad) **Def:** A bandage or cloth wrapped around someone or something. **Rel:** wrapping around

4613 חתל (vrb) *khaw'thal* **Tran:** WRAP **Def:** To wrap with a cloth. **KJV:** swaddle **Str:** #2853

4614 חתלה (fem) *khath'ool'law* **Tran:** CLOTH **Def:** For wrapping. **KJV:** swaddlingband **Str:** #2854

4615 חיתול (masc) *khit'tool* **Tran:** BANDAGE **KJV:** roller **Str:** #2848

כתל *KTL* (ad) **Rel:** being wrapped around the city

4616 כתל (masc) **Tran:** WALL **KJV:** wall **Aramaic:** *keth'al* #3797

4617 כותל (masc) *ko'thel* **Tran:** WALL **Def:** Of a house. **KJV:** wall **Str:** #3796

פתל *PTL* (ad) **Def:** Cords are made by twisting fibers together. **Rel:** from a rope

4618 פתל (vrb) *paw'thal* **Tran:** ENTWINE **Def:** To twist together or around; to become twisted. **KJV:** froward, wrestle, unsavory **Str:** #6617

4619 פתיל (masc) *paw'theel* **Tran:** CORD **Def:** A long slender flexible material made of several strands woven or twisted together. Made of twisted fibers. **KJV:** lace, bracelet, wire, ribband, bound, thread, line **Str:** #6616

4620 פתלתל (masc) *peth'al'tole* **Tran:** TWISTED **KJV:** crooked **Str:** #6618

4621 נפתול (masc) *naf'tool* **Tran:** WRESTLING **Def:** To entwine, such as when twisting cords together to make a rope; to be entwined together when wrestling. **KJV:** wrestling **Str:** #5319

תלף *TLP* (ad) **Rel:** hanging

4622 תלפיה (fem) *tal'pee'yaw* **Tran:** ARMORY **Def:** For hanging shields. **KJV:** armoury **Str:** #8530

תם *TM* (pr) **Act:** Fill, Seal **Obj:** Whole, Double, Orphan, Signet **Abs:** Amazed, Mature **Def:** An overfilling or overflowing. One who is mature and upright as one who is overfilled with integrity. **AH:** ᴡᴡ+

4623 תם (masc) *tawm* **Tran:** MATURE **Def:** Having completed natural growth and development. An upright and correct nature. **KJV:** perfect, undefiled, plain, upright **Str:** #8535

תמם *TMM* (ch)

4624 תמם (vrb) *taw'mam* **Tran:** BE.WHOLE **Def:** To be free of wound or injury, defect or impairment, disease or deformity; physically and mentally sound. **KJV:** consume, end, finish, clean, upright, spent, perfect, done, fail, accomplish **Str:** #8552

4625 תמים (masc) תמימה (fem) *taw'meem* **Tran:** WHOLE **Def:** Free of wound or injury; free of defect or impairment; having all its proper parts or components. **KJV:** without blemish, perfect, upright, without spot, uprightly, whole, sincere, complete, full **Str:** #8549

תאם *TAM* (ch) **Def:** In the sense of being full.

4626 תאם (vrb) *taw'am* **Tran:** BE.DOUBLE **Def:** To have two identical pieces placed together. Also, to bear twins as doubles. **KJV:** couple, twins **Str:** #8382

4627 תאום (masc) *taw'ome* **Tran:** TWIN **Def:** Born with one other or as a pair at birth. **KJV:** twins **Str:** #8380

תמה *TMH* (ch) **Def:** A full and overwhelmed mind.

4628 תמה (vrb) *taw'mah* **Tran:** MARVEL **Def:** Something that causes wonder or astonishment. To see or perceive a full sight, such as a wonder or miracle. **KJV:** marvel, wonder, marvelously, astony, amaze **Str:** #8539

4629 תמה (masc) **Tran:** WONDER **KJV:** wonder **Aramaic:** *tem'ah* #8540

4630 תימהון (masc) *tim'maw'hone* **Tran:** ASTONISHMENT **Def:** An overwhelming feeling. **Rel:** In the sense of overfilled. **KJV:** astonishment **Str:** #8541

תום *TWM* (ch)

4631 תום (masc) *tome* **Tran:** FULL.STRENGTH **Def:** Someone or something that is whole or complete. Full in power or force. One who is mature. **KJV:** integrity, upright, venture, full, perfect, simplicity **Str:** #8537

4632 תומה (fem) *toom'maw* **Tran:** MATURITY **KJV:** integrity **Str:** #8538

4633 מתום (masc) *meth'ohm* **Tran:** MATURE **KJV:** soundness, men **Str:** #4974

יתם *YTM* (ch) **Def:** One that is not full.

4634 יתום (masc) *yaw'thome* **Tran:** ORPHAN **Def:** Having no mother or father. **KJV:** fatherless, orphan **Str:** #3490

חתם **HhTM** (ad) **Def:** A document is rolled up and sealed with wet clay. The signet ring of the owner bears the image of his seal and is pressed into the clay. **Rel:** a completed document

4635 חתם (vrb) *khaw'tham* **Tran:** SEAL **Def:** To close tightly, often marked with the emblem of the owner that must be broken before opening. **KJV:** seal, mark, stop **Str:** #2856 **Aramaic:** *khath'am* #2857

4636 חותם (masc) *kho'thawm* **Tran:** SEAL **Def:** A seal used officially to give personal authority to a document. A signature ring or cylinder with the owner's seal that is pressed into clay to show ownership. **KJV:** signet, seal **Str:** #2368

4637 חותמת (fem) *kho'the'meth* **Tran:** SIGNET **Def:** ring or cylinder with the owners seal that is pressed into clay to show ownership. **KJV:** signet **Str:** #2858

שתם **ShTM** (ad)

4638 שתם (vrb) *shaw'tham* **Tran:** WIDE.OPEN **KJV:** open **Str:** #8365

תן **TN** (pr) **Act:** Hire, Give **Obj:** Gift **AH:** ⌐+

4639 תן / תנין (masc) *tan / tan'neen* **Tran:** CROCODILE **Def:** A large creature that lives in the seas and rivers (see Genesis 1:21, Psalm 74:13, Isaiah 27:1, Ezekiel 29:3, Ezekiel 32:2) and the land (see Psalm 91:13, Isaiah 13:22, Isaiah 34:13, Isaiah 43:20, Jeremiah 51:37). **KJV:** dragon, serpent, whale, monster **Str:** #8565, #8577

4640 תנה (fem) *tan'naw* **Tran:** TANAH **Def:** A large unknown serpent-like creature. **KJV:** dragon **Str:** #8568

אתן **ATN** (ch)

4641 אתנה (fem) *eth'naw* **Tran:** GIFT **KJV:** reward **Str:** #0866

4642 אתון (fem) *aw'thone* **Tran:** SHE-DONKEY **Def:** A female ass. **Rel:** As used as a gift. **KJV:** ass **Str:** #0860

4643 איתן (masc) *ay'thawn* **Tran:** CONSISTENCY **Def:** Agreement or harmony of parts or features; showing steady conformity to character, profession, belief, or custom. **KJV:** strong, mighty, strength, hard, rough **Str:** #0386

4644 אתנן (masc) *eth'nan* **Tran:** WAGES **Def:** What is brought to a harlot as a gift. **KJV:** hire, reward **Str:** #0868

תנה *TNH* (ch)

4645 תנה (vrb) *taw'naw / taw'naw* **Tran:** HIRE **Def:** To give a gift to a harlot. To retell or re-enact a previous incident. **KJV:** hire, lament, rehearse **Str:** #8566, #8567

מתן *MTN* (ad) **Def:** The slender part of the body above the hips.

4646 מתן (masc) *mo'then* **Tran:** WAIST **Def:** The slender part of the body above the hips. **KJV:** loins, side **Str:** #4975

4647 מתן (masc) *mo'then* **Tran:** STRUTTING **Def:** A word of uncertain meaning. **KJV:** greyhound **Str:** #4975

4648 אימתן (masc) Tran: TERRIBLE **KJV:** terrible **Aramaic:** #0574

נתן *NTN* (ad) **Rel:** removing

4649 נתן (vrb) *naw'than* **Tran:** GIVE **Alt:** allow; made; make; place. **Def:** To make a present; to present a gift; to grant, allow or bestow by formal action. To place in its proper position. **KJV:** give, put, deliver, made, set, up, lay, grant, suffer, yield, bring, cause, utter, send, recompense, appoint, show **Str:** #5414

4650 מתן (masc) *mat'tawn* **Tran:** GIFT **Def:** To endow with some power, quality, or attribute; the act, power or right of giving. What is given. **KJV:** gift **Str:** #4976

4651 מתנה (fem) *mat'taw'naw* **Tran:** CONTRIBUTION **Def:** What is given or supplied in common with others. **KJV:** gift **Str:** #4979 **Aramaic:** מתנא *mat'ten'aw* #4978

4652 מתת (fem) *mat'tawth* **Tran:** GIFT **Def:** What is given. **KJV:** gift, give, reward **Str:** #4991

תע *TAh* (pr) **Act:** Deceive **Abs:** Error **AH:** ⊙✝

4653 תעתוע (masc) *tah'too'ah* **Tran:** ERROR **KJV:** error **Str:** #8595

תעע TAhAh (ch) **Def:** Causing another to err through deception.

4654 תעע (vrb) *taw'ah* **Tran:** IMITATE **Def:** To follow as a model, pattern or example. **KJV:** deceiver, misuse **Str:** #8591

תעה TAhH (ch)

4655 תעה (vrb) *taw'aw* **Tran:** WANDER **Def:** To go astray due to deception or an outside influence. To stagger, as from being intoxicated. **KJV:** err, wander, astray, seduce, stagger, away, deceive **Str:** #8582

תוע TWAh (ch) **Def:** Causing another to err through deception.

4656 תוך (masc) *toke* **Tran:** FRAUD **KJV:** deceit, fraud **Str:** #8496

4657 תועה (fem) *to'aw* **Tran:** FRAUDULANCE **KJV:** hinder, error **Str:** #8442

תעב TAhB (ad)

4658 תעב (vrb) *taw'ab* **Tran:** ABHOR **Def:** To hate something that is disgusting. **KJV:** abhor, abominable **Str:** #8581

4659 תועבה (fem) *to'ay'baw* **Tran:** DISGUSTING **Def:** Something highly distasteful that arouses marked aversion in one. **KJV:** abomination, abominable **Str:** #8441

תף TP (pr) **Act:** Beat **Obj:** Tambourine **Def:** The beating of a Tambourine. **AH:** ᗑ✝

תפף TPP (ch)

4660 תפף (vrb) *taw'faf* **Tran:** BEAT **Def:** The rhythmic beating of a tambourine. **KJV:** timbrel, tabering **Str:** #8608

תוף TWP (ch)

4661 תוף (masc) *tofe* **Tran:** TAMBOURINE **Def:** A shallow, one-headed drum with loose disks at the sides played by shaking, striking with the hand, or rubbing with the thumb. **KJV:** timbrel, tabret **Str:** #8596

4662 תופת (fem) *to'feth* **Tran:** SPIT **KJV:** tabret **Str:** #8611

תפל *TPL* (ad) **Def:** A lack of ingredients that makes something worthless or bland.

4663 תפל (masc) *taw'fale* **Tran:** UNSEASONED **KJV:** untempered, foolish, unsavory **Str:** #8602

4664 תפלה (fem) *tif'law* **Tran:** UNSAVORY **KJV:** folly, foolishly **Str:** #8604

תפס *TPS* (ad)

4665 תפש (vrb) *taw'fas* **Tran:** SEIZE.HOLD **Def:** To take hold of something by force. **KJV:** take, handle, hold, catch, surprise **Str:** #8610

תפר *TPR* (ad)

4666 תפר (vrb) *taw'far* **Tran:** SEW.TOGETHER **Def:** To join two pieces of cloth with stitches of thread. **KJV:** sew **Str:** #8609

תק *TQ* (pr) **Obj:** Ledge **AH:** 𐤒𐤕

אתק *ATQ* (ch)

4667 אתיק (masc) *at'tooke* **Tran:** LEDGE **KJV:** gallery **Str:** #0862

מתק *MTQ* (ad)

4668 מתק (vrb) *maw'thak / maw'thawk* **Tran:** TASTE.SWEET **Def:** To have a pleasant taste to the mouth. **KJV:** sweet **Str:** #4985, #4988

4669 מתק (masc) מתקה (fem) *meh'thek* **Tran:** SWEETNESS **KJV:** sweetness **Str:** #4986

4670 ממתק (masc) *mam'tak* **Tran:** SWEET **KJV:** sweet **Str:** #4477

4671 מתוק (masc) *maw'thoke* **Tran:** SWEET.THING **KJV:** sweetness, sweeter, sweet **Str:** #4966

4672 מותק (masc) *mo'thek* **Tran:** SWEETNESS **KJV:** sweetness **Str:** #4987

תקע *TQAh* (ad)

4673 תקע (vrb) *taw'kah* **Tran:** THRUST **Alt:** blow **Def:** To push or drive with force a pole into the ground, such as when setting up the tent; to blow the trumpet in the sense of throwing out the sound. **KJV:** blow, fasten, strike, pitch, thrust, clap, sound **Str:** #8628

4674 תקע (masc) *tay'kah* **Tran:** THRUST **Def:** The sound of a trumpet. **KJV:** sound **Str:** #8629

4675 תקוע (masc) *taw'ko'ah* **Tran:** TRUMPET **Def:** An instrument of loud noise thrust out for rejoicing or alarm. **KJV:** trumpet **Str:** #8619

תר *TR* (pr) **Act:** Tour, Mark **Obj:** Border, Outline **Def:** The border of the land owned by an individual, or under his control, is marked by markers. An outline or border. To walk to border of the property as owner or spy. An extension of the border. **AH:** ᗑ+- The pictograph + is a picture of two crossed sticks representing a mark, the ᗑ is a picture of the head of a man. Combined these mean "mark of man."

אתר *ATR* (ch) **Def:** An area defined by a border.

4676 אתר (masc) **Tran:** SITE **Def:** A site or place that is sought out. The meaning of this Hebrew word is uncertain, but is used in Aramaic and means a site or place that is sought out. **KJV:** n/a **Aramaic:** *ath'ar* #0870

תאר *TAR* (ch)

4677 תאר (vrb) *taw'ar* **Tran:** MARK.OUT **Def:** To mark out a border or outline. **KJV:** draw, mark **Str:** #8388

4678 תואר (masc) *to'ar* **Tran:** FORM **Def:** The outline of an individual. **KJV:** form, goodly, favoured, comely, countenance, resemble, visage **Str:** #8389

תור *TWR* (ch)

4679 תור (vrb) *shoor / toor* **Tran:** SCOUT **Def:** To travel an area from border to border. **KJV:** search, spy, seek, descry, espy, went, sing **Str:** #7788, #8446

4680 תור (fem) *tore* **Tran:** TURTLEDOVE **Def:** A small wild pigeon. **KJV:** turtledove, turtle **Str:** #8449

4681 תור (masc) *tore* **Tran:** BORDER **KJV:** turn, row, border, estate **Str:** #8447

4682 תורן (masc) *to'ren* **Tran:** POLE **Def:** As a landmark of a border. Also a ship's mast. **KJV:** mast, beacon **Str:** #8650

יתר *YTR* (ch) **Def:** In the sense of expanding borders.

4683 יתר (vrb) *yaw'thar* **Tran:** LEAVE.BEHIND **Def:** To set aside; to retain or hold over to a future time or place; to leave a remainder. **KJV:** remain, leave, rest, remainder, remnant, reserve, residue, plenteous, behind, excel, preserve, much **Str:** #3498

4684 יתר (masc) *yeh'ther* **Tran:** REMAINDER **Alt:** string **Def:** A group, individual or item that is left behind or set apart. **KJV:** rest, remnant, residue, leave, excellency, exceeding, excellent, plentifully **Str:** #3499

4685 יתרה (fem) *yith'raw* **Tran:** ABUNDANCE **Def:** Often in the sense of wealthy. **KJV:** abundance, riches **Str:** #3502

4686 מותר (masc) *mo'thar* **Tran:** PROFIT **Def:** An abundance of wealth or respect. **KJV:** profit, plenteousness, preeminence **Str:** #4195

4687 יתיר (masc) **Tran:** EXCEEDING **Def:** In the sense of abundance. **KJV:** exceedingly, excellent **Aramaic:** *yat'teer* #3493

4688 יתור (masc) *yaw'thoor* **Tran:** RANGE **Def:** range of mountains as a border. **KJV:** range **Str:** #3491

4689 יותר (masc) *yo'thare* **Tran:** MORE **Def:** In the sense of abundance. **KJV:** more, better, over, profit, moreover, further **Str:** #3148

4690 יותרת (fem) *yo'theh'reth* **Tran:** LOBE **Def:** The extended point of the liver. **Rel:** as an extension of the liver. **KJV:** caul **Str:** #3508

4691 יתרון (masc) *yith'rone* **Tran:** MORE **Def:** As an abundance. **KJV:** profit, excel, excellency, profitable, better **Str:** #3504

כתב *KTB* (ad)

4692 כתב (vrb) *kaw'thab* **Tran:** WRITE **Def:** To inscribe a story, thoughts or instructions on in a variety of mediums including stone, papyrus, leather or parchment. **KJV:** write, describe, subscribe, record **Str:** #3789 **Aramaic:** *keth'ab* #3790

4693 כתב (masc) *kaw'thawb* **Tran:** WRITING **Def:** A record of a story, thoughts or instructions inscribed on a variety of mediums including stone, papyrus, leather or parchment.

KJV: writing, register, scripture, prescribing **Str:** #3791
Aramaic: *keth'awb* #3792

4694 כתובת (fem) *keth'o'beth* **Tran:** WRITING **KJV:** any **Str:** #3793

4695 מכתב (masc) *mik'tawb* **Tran:** THING.WRITTEN **Def:** A composition that has been recorded by the written words. **KJV:** writing **Str:** #4385

עתר *AhTR* (ad) **Def:** The burning of incense as a form of prayer for intercession or supplication.

4696 עתר (vrb) *aw'thar* **Tran:** INTERCEDE **Def:** To intervene between parties to reconcile differences. Supplicate on the behalf of another. **KJV:** intreat, pray, prayer **Str:** #6279

תש *TSh* (pr) **Obj:** Goat **Abs:** Success **AH:** ⲱ✝

תוש *TWSh* (ch)

4697 תושיה (fem) *too'shee'yaw* **Tran:** SUCCESS **KJV:** enterprise **Str:** #8454

תיש *TYSh* (ch)

4698 תיש (masc) *tah'yeesh* **Tran:** HE-GOAT **Def:** A male goat. **KJV:** goat **Str:** #8495

Ghayin

עב *GhB* (pr) **Act:** Thick, Dark **Obj:** Cloud, Raven **AH:** ⲧ𐤀- The pictograph 𐤀 is a picture of a twisted rope with the extended meaning of darkness. The ⲧ is a picture of a tent representing what is inside. Combined these mean "darkness inside."

4699 עב (com) *awb* **Tran:** THICK **Alt:** Thick clouds **Def:** Heavily compacted material, such as a cloud, forest or thicket, and is filled with darkness. **KJV:** cloud, clay, thick, thicket **Str:** #5645

4700 עבות (fem) *ab'oth / aw'both* **Tran:** THICK.WOVEN **Def:** A rope or other woven object that is tightly wrapped. **KJV:** thick, wreathen, cord, band, bough, rope, chain, branch **Str:** #5687, #5688

4701 עבי (masc) *ab'ee* **Tran:** THICK **KJV:** thick, thickness **Str:** #5672

עבה *GhBH* (ch)

4702 עבה (vrb) *aw'baw* **Tran:** BE.THICK **Def:** To be thick. Thick. **KJV:** thick **Str:** #5666

4703 מעבה (masc) *mah'ab'eh* **Tran:** CLAY **Def:** thick and dark soil. **KJV:** clay **Str:** #4568

עוב *GhWB* (ch) **Def:** A thick dark covering.

4704 עוב (vrb) *oob* **Tran:** CLOUD **KJV:** cloud **Str:** #5743

עד *GhD* (pr) **Act:** Slice **Obj:** Menstruation, Kid **AH:** 𐤏𐤃

4705 עד (fem) *ayd* **Tran:** MENSTRUATION **KJV:** filthy **Str:** #5708

עדד *GhDD* (ch) **Def:** From the bloodiness.

4706 גדד (vrb) **Tran:** SLICE **Def:** To cut something by slicing or cutting. **KJV:** cut, hew **Aramaic:** *ghed'ad* #1414

4707 גדוד (masc) גדודה (fem) *ghed'ood* **Tran:** SLICE **KJV:** furrow, cutting **Str:** #1417

4708 עדודה (fem) *ghed'oo'daw* **Tran:** SLICE **KJV:** furrow **Str:** #1418

עדי *GhDY* (ch) **Def:** Possibly from the bloodiness and filth of their birth.

4709 גדי (masc) *ghed'ee* **Tran:** MALE.KID **Def:** A young goat. **KJV:** kid **Str:** #1423

4710 גדיה (fem) *ghed'ee'yaw* **Tran:** FEMALE.KID **Def:** young female goat. **KJV:** kid **Str:** #1429

עה *GhH* (pr) **Act:** Twist **Obj:** Rope **AH:** 𐤏𐤄- The pictograph 𐤄 is a picture of a twisted rope. Twisted cords that form a thick rope.

עוה *GhWH* (ch)

4711 עוה (vrb) *aw'vaw* **Tran:** TWIST **Def:** To be twisted in ones actions. **KJV:** iniquity, perverse, pervert, amiss, turn, crooked, bow, trouble, wicked, wrong **Str:** #5753

4712 עוה (fem) *av'vaw* **Tran:** TWIST **KJV:** overturn **Str:** #5754

4713 עויה (fem) **Tran:** TWISTED **KJV:** iniquities **Aramaic:** *iv'yaw* #5758

עו *GhW* (pr) **AH:** 𐤏

4714 עוון (masc) *aw'vone* **Tran:** TWISTEDNESS **Def:** Gross injustice; wickedness. The result of twisted actions. **KJV:** iniquity, punishment, fault, mischief, sin **Str:** #5771

עז *GhZ* (pr) **Obj:** Goat **AH:** 𐤆𐤏

4715 עז (fem) *aze* **Tran:** SHE-GOAT **Def:** A female domestic animal related to the sheep. **KJV:** goat, kid **Str:** #5795 **Aramaic:** #5796

עי *GhY* (pr) **Obj:** Ruin **AH:** 𐤏𐤉- The pictograph 𐤏 is a twisted rope. The 𐤉 is a picture of the hand meaning work. Combined these mean "twisted work."

4716 עי (masc) *ee* **Tran:** PILE.OF.RUINS **KJV:** heap **Str:** #5856

4717 מעי (masc) *meh'ee* **Tran:** RUIN **KJV:** heap **Str:** #4596

על *GhL* (pr) **Obj:** Stain **Abs:** Wicked **Def:** A dark stain. **AH:** 𐤋𐤏

עאל *GhAL* (ch) **Def:** Clothing or hands that have been stained with blood. Any stain that pollutes something.

4718 גאל (vrb) *gaw'al* **Tran:** STAIN **KJV:** pollute, defile, stain **Str:** #1351

4719 גאול (masc) *go'el* **Tran:** STAINED **KJV:** defile **Str:** #1352

עול *GhWL* (ch) **Def:** An action that causes a stain of immorality.

4720 עול (vrb) *aw'val* **Tran:** BE.WICKED **KJV:** unjustly, unrighteous **Str:** #5765

4721 עול (masc) עולה (fem) *av'vawl / eh'vel* **Tran:** WICKED **KJV:** wicked, unjust, unrighteous, iniquity, perverse **Str:** #5766, #5767

Benner's Lexicon of Biblical Hebrew

4722 עויל (masc) *av'eel* **Tran:** WICKED **KJV:** ungodly **Str:** #5760

עלו *GhLW* (ch)

4723 עלוה (fem) *al'vaw* **Tran:** WICKEDNESS **KJV:** iniquity **Str:** #5932

יעל *YGhL* (ch) **Def:** From its dark colors as stains.

4724 יעל (masc) יעלה (fem) *yah'al'aw / yaw'ale* **Tran:** MOUNTAIN.GOAT **Def:** female wild goat. **KJV:** wild goat, roe **Str:** #3277, #3280

ען *GhN* (pr) **Obj:** Cloud **Abs:** Affliction **AH:** ⤳⁸

4725 ענות (fem) *en'ooth* **Tran:** AFFLICTION **Def:** An oppression or depression. **KJV:** affliction **Str:** #6039

4726 תענית (fem) *tah'an'eeth* **Tran:** FASTING **Def:** Through the idea of affliction. **KJV:** heaviness **Str:** #8589

ענן *GhNN* (ch) **Def:** As dark.

4727 ענן (masc) עננה (fem) *an'aw'naw / aw'nawn* **Tran:** CLOUD **Def:** A visible mass of particles of water or ice in the form of fog, mist, or haze suspended usually at a considerable height in the air. **KJV:** cloud **Str:** #6051, #6053 **Aramaic:** *an'an* #6050

ענה *GhNH* (ch) **Def:** As dark.

4728 ענה (vrb) *aw'naw* **Tran:** AFFLICT **Def:** To oppress severely so as to cause persistent suffering or anguish in the sense of making dark; to be or make humbled. **KJV:** afflict, humble, force, exercise, sing **Str:** #6031 **Aramaic:** #6033

4729 עני (masc) *aw'nee / on'ee* **Tran:** AFFLICTION **Alt:** afflicted **Def:** The cause of persistent suffering, pain or distress. **KJV:** affliction, trouble, poor, lowly, man **Str:** #6040, #6041

עס *GhS* (pr) **Act:** Tread **Obj:** Juice **Def:** Grapes are placed in a vat. A rope is suspended from above and is held onto by the grape treaders for support. **AH:** ∓⁸

עסס *GhSS* (ch)

4730 עסס (vrb) *aw'sas* **Tran:** TREAD.DOWN **KJV:** tread **Str:** #6072

4731 עסיס (masc) *aw'sees* **Tran:** JUICE **Def:** Juice from the grape or other fruit that has been pressed out. An unfermented juice. **KJV:** new wine, sweet wine, **Str:** #6071

עף *GhP* (pr) **Abs:** Darkness, Gloominess **AH:** ⌐8- The pictograph 8 is a picture of a twisted rope with the extended meaning of darkness.

יעף *YGhP* (ch)

4732 יעף (vrb) *yaw'af* **Tran:** BE.FATIGUED **KJV:** weary, faint, fly **Str:** #3286

4733 יעף (masc) *yaw'afe'; / yeh'awf* **Tran:** FATIGUE **KJV:** faint, weary, fatigued **Str:** #3287, #3288

4734 מועף (masc) *moo'awf* **Tran:** GLOOMINESS **KJV:** dimness **Str:** #4155

עיף *GhYP* (ch)

4735 עיפה (fem) *ay'faw* **Tran:** MURKINESS **KJV:** darkness **Str:** #5890

עק *GhQ* (pr) **Act:** Pluck **Obj:** Crooked, Root **AH:** 𐤒8

עקל *GhQL* (ad)

4736 עקל (vrb) *aw'kal* **Tran:** CROOKED **KJV:** wrong **Str:** #6127

4737 עקלקל (masc) *ak'al'kal* **Tran:** CROOKED **Def:** crooked path. **KJV:** crooked **Str:** #6128

עקר *GhQR* (ad) **Def:** The pulling up of the root out of the ground. **Rel:** from the crooked shape of the roots

4738 עקר (vrb) *aw'kar* **Tran:** PLUCK.UP **Def:** To pull or dig out the roots. **KJV:** hough, pluck, root, dig **Str:** #6131 **Aramaic:** *ak'ar* #6132

4739 עקר (masc) *aw'kawr* **Tran:** STERILE **Def:** Failing to produce or incapable of producing offspring, fruit or spores. Being without children in the sense of being plucked of fruit. **KJV:** barren **Str:** #6135

Benner's Lexicon of Biblical Hebrew

4740 עיקר (masc) Tran: STUMP **Def:** The part of the tree or plant that is connected to the roots. **KJV:** stump **Aramaic:** #6136

עקר *GhQR* (ad)

4741 עקר (masc) *ay'ker* **Tran:** OFFSHOOT **KJV:** stock **Str:** #6133

עקש *GhQSh* (ad) **Def:** To act or walk a crooked path as being perverse.

4742 עקש (vrb) *aw'kash* **Tran:** CROOKED **KJV:** perverse, pervert, crooked **Str:** #6140

4743 מעקש (masc) *mah'ak'awsh* **Tran:** CROOKED **Def:** crooked place. **KJV:** crooked **Str:** #4625

4744 עיקש (masc) *ik'kashe* **Tran:** CROOKED **KJV:** perverse, froward, crooked **Str:** #6141

4745 עיקשות (fem) *ik'kesh'ooth* **Tran:** CROOKEDNESS **KJV:** froward **Str:** #6143

ער *GhR* (pr) **Act:** Dark **Obj:** City, Forrest **AH:** ꕤ&- The pictograph & is a picture of a rope with the extended meaning of darkness. The ꕤ is a picture of a man. Combined these mean "dark man" or an enemy.

4746 ער (masc) *awr* **Tran:** ENEMY **KJV:** city, enemy **Str:** #6145 **Aramaic:** #6146

עור *GhWR* (ch)

4747 עור (vrb) *aw'var* **Tran:** BLIND **Def:** To become dark of site through blindness or the putting out of the eyes. **KJV:** put out, blind **Str:** #5786

4748 עור (masc) *iv'vare* **Tran:** BLIND **Def:** A darkness of the eye. **KJV:** blind **Str:** #5787

4749 עורון (masc) עורת (fem) *iv'vaw'rone* **Tran:** BLINDNESS **KJV:** blindness, blind **Str:** #5788

יער *YGhR* (ch) **Def:** A dark place.

4750 יער (masc) *yah'ar / yaw'ore* **Tran:** FOREST **Def:** A dark place dense with trees. **KJV:** forest, wood, honeycomb **Str:** #3264, #3293

4751 יערה (fem) *yah'ar'aw* **Tran:** FOREST **KJV:** forest **Str:** #3295

עיר *GhYR* (ch) **Def:** A dark and wicked place.

4752 עיר (masc) *eer* **Tran:** CITY **Def:** An inhabited place of greater size, population, or importance than a town or village. Usually protected by a wall. **KJV:** city, town, colt **Str:** #5892

4753 קרת (fem) *keh'reth* **Tran:** CITY **Def:** place of meeting within the city, either at the entrance or a high place. **KJV:** city **Str:** #7176

4754 עיר (com) *ah'yeer* **Tran:** COLT **Def:** A young male horse; a young untried person. As dark in color. **KJV:** colt, foal, ass **Str:** #5895

שער *ShGhR* (ad)

4755 שער (masc) שערה (fem) *sah'ar'aw / say'awr* **Tran:** HAIR **Def:** The covering of filaments on a human head or the body of an animal. **KJV:** hair **Str:** #8163, #8181, #8185 **Aramaic:** *seh'ar* #8177

4756 שעיר (masc) שעורה (fem) *saw'eer / seh'ee'raw* **Tran:** HAIRY.GOAT **Def:** A breed of goat with an unusual amount of hair. **Rel:** From its thick hair used to make tents. **KJV:** kid, goat, devil, satyr, hairy, rough **Str:** #8163, #8166

4757 שעורה (fem) *seh'o'raw* **Tran:** BARLEY **Def:** A grain, identified by its hairs, used as food, and for determining the month of Aviv. **Rel:** From its hair on its head. **KJV:** barley **Str:** #8184

ערב *GhRB* (ad)

4758 ערב (vrb) *aw'rab* **Tran:** GROW.DARK **Def:** To be dark as the evening sky. **KJV:** evening, darkened **Str:** #6150

4759 ערב (masc) *eh'reb* **Tran:** EVENING **Def:** The latter part and close of the day and the early part of the night. Dark of the evening or dark-skinned people. **KJV:** even, evening, night, mingled, people, eventide, Arabia, day **Str:** #6153

4760 ערבה (fem) *ar'aw'baw* **Tran:** DESERT **Def:** An expanse of land often barren of vegetation and people. **KJV:** plain, desert, wilderness, arbah, champaign, evening, heaven **Str:** #6160

Benner's Lexicon of Biblical Hebrew

4761 עורב (masc) *o'rabe* **Tran:** RAVEN **Def:** A glossy black bird. As black in color. **KJV:** raven **Str:** #6158

ערל *GhRL* (ad) **Def:** The part of the male organ that is removed in circumcision and considered forbidden.

4762 ערל (vrb) *aw'rale* **Tran:** CONSIDERED.UNCIRCUMCISED **Def:** To be uncircumcised. **KJV:** uncircumcised **Str:** #6188

4763 ערל (masc) *aw'rale* **Tran:** UNCIRCUMCISED **Def:** A male with a foreskin. **KJV:** uncircumcised **Str:** #6189

4764 ערלה (fem) *or'law* **Tran:** FORESKIN **Def:** A fold of skin that covers the end of the penis. **KJV:** foreskin **Str:** #6190

ערם *GhRM* (ad)

4765 ערם (vrb) *aw'ram* **Tran:** BE.SUBTLE **Def:** To be cunning; being sharp minded To becrafty or prudent. **KJV:** subtilty, crafty, prudent, beware **Str:** #6191

4766 ערמה (fem) *o'rem / or'maw* **Tran:** SUBTLETY **Def:** Performance that calls no attention to its self. To act in craftiness or prudence. **KJV:** guile, craftiness **Str:** #6193, #6195

4767 ערום (masc) *aw'room* **Tran:** SUBTLE **Def:** Difficult to understand or distinguish. In craftiness or prudence. **KJV:** prudent, crafty, subtil **Str:** #6175

4768 ערמון (masc) *ar'mone* **Tran:** CHESTNUT **Def:** Probably the chestnut tree but uncertain. **KJV:** chestnut **Str:** #6196

עש *GhSh* (pr) **Act:** Haste **AH:** ∽𐤀- The pictograph 𐤀 is a picture of a twisted rope. The ∽ is a picture of the teeth representing the idea of pressing. Combined these mean "twisting pressing."

עוש *GhWSh* (ch)

4769 עוש / חוש (vrb) *koosh / oosh* **Tran:** MAKE.HASTE **Def:** To quickly prepare. **KJV:** haste, ready **Str:** #2363, #5789

עיש *GhYSh* (ch)

4770 חיש (vrb) *kheesh* **Tran:** HASTEN **KJV:** haste **Str:** #2439

4771 חיש (masc) *kheesh* **Tran:** QUICKLY **KJV:** haste **Str:** #2440

Benner's Lexicon of Biblical Hebrew

עת GhT (pr) **Act:** Twist **Obj:** Rope, Crooked **AH:** +8- The pictograph 8 is a picture of a twisted rope. The + is a picture of a mark. Combined these mean "twisted mark."

עות GhWT (ch)

4772 עות (vrb) *aw'vath* **Tran:** TWIST **KJV:** pervert, crooked, bow, falsify, overthrow, subvert **Str:** #5791

4773 עותה (fem) *av'vaw'thaw* **Tran:** CROOKEDNESS **KJV:** wrong **Str:** #5792

עתד GhTD (ad)

4774 עתוד (masc) *at'tood / aw'thood* **Tran:** MALE.GOAT **Def:** A male member of a flock of goats. **KJV:** goat, ram, chief **Str:** #6259, #6260

עע GhGh (pr) **Obj:** Rope, Crooked **AH:** 88- The pictograph 8 is a picture of a twisted rope.

עעה GhGhH (ch) **Def:** A crooked nature.

4775 עועה (masc) *av'eh* **Tran:** CROOKED **KJV:** perverse **Str:** #5773

Adopted Roots

גלש GLSh (ad)

4776 גלש (vrb) *gaw'lash* **Tran:** APPEAR **Def:** To come into sight. **KJV:** appear **Str:** #1570

גמד GMD (ad)

4777 גמד (masc) *go'med* **Tran:** GOMED **Def:** standard of measure. **KJV:** cubit **Str:** #1574

גמץ GMTs (ad)

4778 גומץ (masc) *goom'mawts* **Tran:** PIT **KJV:** pit **Str:** #1475

דגר *DGR* (ad) **Def:** The brooding of a hen which gathers the eggs under her and sits on them.

4779 דגר (vrb) *daw'gar* **Tran:** BROOD **KJV:** gather, sit **Str:** #1716

דחן *DHhN* (ad)

4780 דוחן (masc) *do'khan* **Tran:** MILLET **Def:** type of grain. **KJV:** millet **Str:** #1764

דלח *DLHh* (ad) **Def:** The disturbing of water by walking or splashing through it.

4781 דלח (vrb) *daw'lakh* **Tran:** DISTURB **Def:** To stir up waters. **KJV:** trouble **Str:** #1804

דמן *DMN* (ad) **Def:** The dung of livestock was placed in a pit and mixed with straw. It was then dried in bricks and used as fuel for fires.

4782 מדמנה (fem) *mad'may'naw* **Tran:** MANURE.PIT **KJV:** dunghill **Str:** #4087

4783 דומן (masc) *do'men* **Tran:** MANURE **Def:** The droppings of livestock in the field. **KJV:** dung **Str:** #1828

דנג *DNG* (ad)

4784 דונג (masc) *do'nag* **Tran:** WAX **KJV:** wax **Str:** #1749

4785 מדקרה (fem) *mad'kaw'raw* **Tran:** PIERCING **KJV:** piercing **Str:** #4094

דרג *DRG* (ad)

4786 מדרגה (fem) *mad'ray'gaw* **Tran:** CLIFF **Def:** steep place. **KJV:** stairs, steep **Str:** #4095

זקף *ZQP* (ad) **Def:** A raising or setting up of something.

4787 זקף (vrb) *zaw'kaf* **Tran:** UPRAISE **Def:** To lift up from a low position. **KJV:** raise **Str:** #2210 **Aramaic:** *zek'af* #2211

חטר *HhThR* (ad)

4788 חטר (masc) *kho'ter* **Tran:** TWIG **KJV:** rod **Str:** #2415

חלך *HhLK* (ad)

4789 חלכא / חלכה (fem) *khay'lek'aw* **Tran:** UNFORTUNATE **Def:** One who is poor or unhappy. **KJV:** poor **Str:** #2489

חמק *HhMQ* (ad)

4790 חמק (vrb) *khaw'mak* **Tran:** TURN **KJV:** withdraw, go **Str:** #2559

4791 חמוק (masc) *kham'mook* **Tran:** ROUNDED **Def:** Something that is round. **KJV:** joints **Str:** #2542

חנק *HhNQ* (ad)

4792 חנק (vrb) *khaw'nak* **Tran:** STRANGLE **Def:** To strangle by hanging or gripping the neck. **KJV:** hang, strangle **Str:** #2614

4793 מחנק (masc) *makh'an'ak* **Tran:** STRANGLING **KJV:** strangling **Str:** #4267

חרז *HhRZ* (ad)

4794 חרוז (masc) *khaw'rooz* **Tran:** CHAIN **KJV:** chain **Str:** #2737

חשח *HhShHh* (ad)

4795 חשח (vrb) **Tran:** REQUIRE **Def:** To need something. **KJV:** need, careful **Aramaic:** *khash'akh* #2818

4796 חשחות (fem) *khash'khooth* **Tran:** REQUIRED **Def:** Something needed. **KJV:** needful **Str:** #2819

חתך *HhTK* (ad)

4797 חתך (vrb) *khaw'thak* **Tran:** DETERMINE **KJV:** determine **Str:** #2852

טבר *ThBR* (ad)

4798 טבור (masc) *tab'boor* **Tran:** MIDST **KJV:** middle, midst **Str:** #2872

טנף *ThNP* (ad)

4799 טנף (vrb) *taw'naf* **Tran:** DIRTY **KJV:** defile **Str:** #2936

טפל *ThPL* (ad) **Def:** The sewing of a garment or lies.

4800 טפל (vrb) *taw'fal* **Tran:** SEW **KJV:** sew, forge, forger **Str:** #2950

טפר ThPR (ad)

4801 טפר (masc) Tran: FINGERNAIL KJV: nail Aramaic: *tef'ar* #2953

טפש ThPSh (ad)

4802 טפש (vrb) *taw'fash* Tran: GREASY Def: To be slippery or slimy like fat. KJV: fat Str: #2954

כחל KHhL (ad)

4803 כחל (vrb) *kaw'khal* Tran: PAINT Def: To paint the eyes. KJV: paint Str: #3583

כלף KLP (ad)

4804 כילף (fem) *kay'laf* Tran: HAMMER KJV: hammer Str: #3597

כען KAhN (ad)

4805 כען (masc) Tran: NOW.THEREFORE KJV: now Aramaic: *keh'an* #3705

4806 כענת (fem) Tran: SUCH.A.TIME KJV: time Aramaic: *keh'eh'neth* #3706

כפס KPS (ad)

4807 כפיס (masc) *kaw'fece* Tran: BEAM Def: The beam that supports the roof of the house. KJV: beam Str: #3714

כפש KPSh (ad)

4808 כפש (vrb) *kaw'fash* Tran: COVER KJV: cover Str: #3728

פכת PKT (ad)

4809 כפת (vrb) Tran: BIND KJV: bind Aramaic: *kef'ath* #3729

כרז KRZ (ad) Def: A crying out in proclamation.

4810 כרז (vrb) Tran: PROCLAIM KJV: proclamation Aramaic: *ker'az* #3745

4811 כרוז (masc) Tran: HERALD Def: One who proclaims words. KJV: herald Aramaic: *kaw'roze* #3744

כרך KRK (ad)

Benner's Lexicon of Biblical Hebrew

4812 תכריך (masc) *tak'reek* **Tran:** GARMENT **KJV:** garment **Str:** #8509

כרס *KRS* (ad)

4813 כרש (masc) *ker'ace* **Tran:** JOWL **KJV:** belly **Str:** #3770

כתם *KTM* (ad)

4814 כתם (vrb) *kaw'tham* **Tran:** STAIN **KJV:** mark **Str:** #3799

4815 כתם (masc) *keh'them* **Tran:** FINE.GOLD **KJV:** gold **Str:** #3800

4816 מכתם (masc) *mik'tawm* **Tran:** MIKH'TAM **Def:** Of unknown meaning **KJV:** Michtam **Str:** #4387

כתר *KTR* (ad)

4817 כתר (vrb) *kaw'thar* **Tran:** COMPASS.ABOUT **KJV:** compass, inclose, beset, suffer, crown **Str:** #3803

4818 כתר (masc) *keh'ther* **Tran:** CROWN **Def:** As encircling the head. **KJV:** crown **Str:** #3804

4819 כותרת (fem) *ko'theh'reth* **Tran:** CAPITAL **Def:** The top of a pillar as a crown. **KJV:** chapiter **Str:** #3805

כתש *KTSh* (ad) **Def:** A hollowed-out stone bowl used to crush seeds, herbs or other plant material for food or medicine.

4820 כתש (vrb) *kaw'thash* **Tran:** POUND **KJV:** bray **Str:** #3806

4821 מכתש (masc) *mak'taysh* **Tran:** MORTAR **KJV:** hollow, mortar **Str:** #4388

לבט *LBTh* (ad)

4822 לבט (vrb) *law'bat* **Tran:** CAST.ASIDE **KJV:** fall **Str:** #3832

לעב *LAhB* (ad)

4823 לעב (vrb) *law'ab* **Tran:** MOCK **KJV:** mock **Str:** #3931

לפת *LPT* (ad)

4824 לפת (vrb) *law'fath* **Tran:** TWIST **Def:** To twist to the side. **KJV:** take, turn **Str:** #3943

לתך *LTK* (ad)

Benner's Lexicon of Biblical Hebrew

4825 לתך (masc) *leh'thek* **Tran:** LETEK **Def:** A standard of measure. **KJV:** half-homer **Str:** #3963

לתע *LTAh* (ad)

4826 מלתעה / מתלעה (fem) *mal'taw'aw / meth'al'leh'aw* **Tran:** FANG **KJV:** teeth, jaw **Str:** #4459, #4973

מגל *MGL* (ad)

4827 מגל (masc) *mag'gawl* **Tran:** SICKLE **KJV:** sickle **Str:** #4038

מגר *MGR* (ad)

4828 מגר (vrb) *maw'gar* **Tran:** CAST.DOWN **KJV:** terror, cast, destroy **Str:** #4048 **Aramaic:** *meg'ar* #4049

4829 ממגורה (fem) *mam'meg'oo'raw* **Tran:** GRANARY **Def:** The place where grain is deposited in the sense of being cast down. **KJV:** barn **Str:** #4460

מלץ *MLTs* (ad)

4830 מלץ (vrb) *maw'lats* **Tran:** BE.SMOOTH **KJV:** sweet **Str:** #4452

מעד *MAhD* (ad) **Def:** A slipping of the foot.

4831 מעד (vrb) *maw'ad* **Tran:** SLIP **KJV:** slip, slide, shake **Str:** #4571

4832 מועדת (fem) *moo'ay'deth* **Tran:** LAME **Def:** As a foot that has slipped and become lame. **KJV:** joint **Str:** #4154

מרג *MRG* (ad)

4833 מורג (masc) *mo'rag* **Tran:** THRESHING.SLEDGE **Def:** wooden board with imbedded stones on the bottom side that is dragged over the threshing floor by oxen to break open grain. **KJV:** threshing **Str:** #4173

משק *MShQ* (ad)

4834 ממשק (masc) *mim'shawk* **Tran:** POSSESSED **KJV:** breeding **Str:** #4476

מתג *MTG* (ad)

4835 מתג (masc) *meh'theg* **Tran:** BRIDLE **KJV:** bridle, bit **Str:** #4964

נזק *NZQ* (ad)

4836 נזק (vrb) Tran: INJURE **KJV:** damage, hurt, endamage, hurtful **Aramaic:** *nez'ak* #5142

4837 נזק (masc) *nay'zek* **Tran:** INJURY **KJV:** damage **Str:** #5143

נחץ *NHhTs* (ad)

4838 נחץ (vrb) *naw'khats* **Tran:** URGE **KJV:** haste **Str:** #5169

נטל *NThL* (ad)

4839 נטל (vrb) *naw'tal* **Tran:** LIFT **KJV:** bare, take, offer, lift **Str:** #5190 **Aramaic:** *net'al* #5191

4840 נטל (masc) *nay'tel* **Tran:** BURDEN **KJV:** weighty **Str:** #5192

4841 נטיל (masc) *net'eel* **Tran:** BURDEN **KJV:** bear **Str:** #5187

נעץ *NAhTs* (ad)

4842 נעצוץ (masc) *nah'ats'oots* **Tran:** PRICK **KJV:** thorn **Str:** #5285

נפק *NPQ* (ad) **Def:** A taking, coming or going forth.

4843 נפק (vrb) **Tran:** ISSUE **KJV:** take, come, go **Aramaic:** *nef'ak* #5312

4844 ניפקה (fem) **Tran:** EXPENSE **Def:** As going out. **KJV:** expense **Aramaic:** *nif'kaw* #5313

נצח *NTsHh* (ad)

4845 נצח (vrb) *naw'tsakh* **Tran:** ENDURE **Alt:** director. **Def:** Literally to sparkle from a distance. Figuratively, to be brilliant, pre-eminent or permanent. **KJV:** musician, set, overseer, excel, oversee, perpetual, singer, prefer **Str:** #5329 **Aramaic:** *nets'akh* #5330

4846 נצח (masc) *nay'tsakh / neh'tsakh* **Tran:** ENDURANCE **Alt:** never **Def:** A sparkling; in perpetuity or strength. **KJV:** ever, never, perpetual, always, end, victory, strength, alway, constantly, evermore, blood **Str:** #5331, #5332

נרד *NRD* (ad)

4847 נרד (masc) *nayrd* **Tran:** NARD **Def:** An aromatic plant. **KJV:** spikenard **Str:** #5373

נתב *NTB* (ad)

4848 נתיב (masc) נתיבה (fem) *naw'theeb* **Tran:** PATHWAY **Def:** A trail or road used by travelers. **KJV:** path, pathway, way **Str:** #5410

סבר *SBR* (ad) **Def:** A patient watching, waiting or expectation.

4849 שבר (vrb) *saw'bar* **Tran:** CONSIDER **KJV:** hope, wait, view, tarry, think **Str:** #7663 **Aramaic:** *seb'ar* #5452

4850 שבר (masc) *say'ber* **Tran:** CONSIDERATION **KJV:** hope **Str:** #7664

סגד *SGD* (ad) **Def:** Fall down to the knees with the face to the ground in homage.

4851 סגד (vrb) *saw'gad* **Tran:** PROSTRATE **Def:** To fall down to the knees and face in homage. **KJV:** fall down, worship **Str:** #5456 **Aramaic:** *seg'eed* #5457

סגן *SGN* (ad)

4852 סגן (masc) *saw'gawn* **Tran:** RULER **KJV:** ruler, governor **Str:** #5461 **Aramaic:** *seg'an* #5460

סחב *SHhB* (ad)

4853 סחב (vrb) *saw'khab* **Tran:** DRAG **KJV:** draw, tear **Str:** #5498

4854 סחבה (fem) *seh'khaw'baw* **Tran:** RAG **Def:** Old worn-out clothes as dragged. **KJV:** clout **Str:** #5499

סעף *SAhP* (ad) **Def:** A fork in a branch.

4855 סעף (vrb) *saw'af* **Tran:** DIVIDE **Def:** To divide by cutting off. **KJV:** lop **Str:** #5586

4856 סעף (masc) *say'afe* **Tran:** FORKED.BRANCH **Def:** A branch that splits into two. A double-minded thought as "divided." **KJV:** thought **Str:** #5588

4857 סעפה (fem) *seh'ap'paw* **Tran:** FORKED.BRANCH **Def:** Where nests of birds are made. **KJV:** bough **Str:** #5589

4858 סעיף / שעיף (fem) saw'eef / saw'eef **Tran:** CLEFT **Def:** division in a rock. **KJV:** opinion, thought, top, branch, clift **Str:** #5585, #5587

סקד *SQD* (ad)

4859 שקד (vrb) saw'kad **Tran:** BIND **KJV:** bind **Str:** #8244

סקר *SQR* (ad)

4860 שקר (vrb) saw'kar **Tran:** WANT **KJV:** wanton **Str:** #8265

סרת *SRT* (ad)

4861 משרת (masc) mas'rayth **Tran:** PAN **KJV:** pan **Str:** #4958

עבת *AhBT* (ad)

4862 עבת (vrb) aw'bath **Tran:** WEAVE **KJV:** wrap **Str:** #5686

עגם *AhGM* (ad)

4863 עגם (vrb) aw'gam **Tran:** GRIEVE **KJV:** grieve **Str:** #5701

עגן *AhGN* (ad)

4864 עגן (vrb) aw'gan **Tran:** STAY **KJV:** stay **Str:** #5702

עגר *AhGR* (ad)

4865 עגור (masc) aw'goor **Tran:** THRUSH **Def:** An unknown species of bird. **KJV:** swallow **Str:** #5693

עזק *AhZQ* (ad)

4866 עזק (vrb) aw'zak **Tran:** DIG **KJV:** fence **Str:** #5823

4867 עיזקה (fem) **Tran:** SIGNET **Def:** signet ring used for making seals. As being engraved. **KJV:** signet **Aramaic:** עזקא iz'kaw #5824

עטן *AhThN* (ad)

4868 עטן (masc) at'een **Tran:** BUCKET **KJV:** breast **Str:** #5845

עלק *AhLQ* (ad)

4869 עלוקה (fem) al'oo'kaw **Tran:** LEECH **KJV:** horseleach **Str:** #5936

ערב *AhRB* (ad)

4870 ערב (vrb) *aw'rabe* **Tran:** BE.PLEASANT **KJV:** sweet, pleasure, pleasing, pleasant **Str:** #6149

4871 ערב (masc) *aw'rabe* **Tran:** PLEASING **KJV:** sweet **Str:** #6156

עתם *AhTM* (ad)

4872 עתם (vrb) *aw'tham* **Tran:** BURN.UP **KJV:** darken **Str:** #6272

פדן *PDN* (ad)

4873 פדע (vrb) *paw'dah* **Tran:** REDEEM **KJV:** deliver **Str:** #6308

פחר *PHhR* (ad)

4874 פחר (masc) Tran: POTTER **KJV:** potter **Aramaic:** *peh'khawr* #6353

פנם *PNM* (ad)

4875 פנימה (fem) *pen'ee'maw* **Tran:** WITHIN **KJV:** within, inward, in, inner **Str:** #6441

4876 פנימי (masc) *pen'ee'mee* **Tran:** INNER **Def:** What is inside or inward. **KJV:** inner, inward, within **Str:** #6442

פנק *PNQ* (ad)

4877 פנק (vrb) *paw'nak* **Tran:** PAMPER **Def:** To delicately teach or bring up. **KJV:** bring up **Str:** #6445

פצם *PTsM* (ad) **Def:** A cracking open.

4878 פצם (vrb) *paw'tsam* **Tran:** CRACK **KJV:** break **Str:** #6480

צחן *TsHhN* (ad)

4879 צחנה (fem) *tsakh'an'aw* **Tran:** STENCH **KJV:** ill, savour **Str:** #6709

צפד *TsPD* (ad)

4880 צפד (vrb) *tsaw'fad* **Tran:** SHRIVEL **KJV:** cleave **Str:** #6821

צפת *TsPT* (ad)

4881 צפת (fem) *tseh'feth* **Tran:** CAPITAL **Def:** The top of a column. **KJV:** chapter **Str:** #6858

צקל *TsQL* (ad)

4882 ציקלון (masc) *tsik'lone* **Tran:** SACK **KJV:** husk **Str:** #6861

צרח *TsRHh* (ad)

4883 צרח (vrb) *tsaw'rakh* **Tran:** SHOUT **Def:** To cry out in battle. **KJV:** cry, roar **Str:** #6873

4884 צריח (masc) *tser'ee'akh* **Tran:** STRONGHOLD **Def:** In the sense of shouting out in battle. **KJV:** hold, high **Str:** #6877

צרך *TsRK* (ad)

4885 צורך (masc) *tso'rek* **Tran:** NEED **KJV:** need **Str:** #6878

צרף *TsRP* (ad) **Def:** The melting of metals in a crucible to remove the impurities and pour into a mold.

4886 צרף (vrb) *tsaw'raf* **Tran:** PURGE **Def:** To bring to a fine or a pure state free from impurities through smelting or testing. **KJV:** try, founder, goldsmith, refine, melt, pure, purge, cast, finer **Str:** #6884

4887 מצרף (masc) *mits'rafe* **Tran:** CRUCIBLE **Def:** Used for melting metals. **KJV:** pot **Str:** #4715

קלח *QLHh* (ad)

4888 קלח (fem) *kal'lakh'ath* **Tran:** KETTLE **KJV:** caldron **Str:** #7037

קלש *QLSh* (ad)

4889 קילשון (masc) *kil'lesh'one* **Tran:** FORK **Def:** tool used for pitching hay. **KJV:** fork **Str:** #7053

קצח *QTsHh* (ad)

4890 קצח (masc) *keh'tsakh* **Tran:** FITCHES **Def:** An unknown plant. **KJV:** fitch **Str:** #7100

קשב *QShB* (ad) **Def:** The pricking of the ears to intently listen.

4891 קשב (vrb) *kaw'shab* **Tran:** HEED **Def:** To hear and pay attention. **KJV:** hear, attend, heed, incline, mark, regard **Str:** #7181

4892 קשב (masc) *keh'sheb* **Tran:** RESPOND **KJV:** record, hearing, heed **Str:** #7182

4893 קשוב (masc) *kash'shawb* **Tran:** ATTENTIVE **KJV:** attentive, attent **Str:** #7183

רזם *RZM* (ad) **Def:** A wink of the eyes.

4894 רזם (vrb) *raw'zam* **Tran:** WINK **KJV:** wink **Str:** #7335

רמך *RMK* (ad)

4895 רמך (fem) *ram'mawk* **Tran:** STUD **Def:** male horse for breeding. **KJV:** dromedary **Str:** #7424

רעף *RAhP* (ad) **Def:** A dripping down of dew from the trees or rain from the clouds.

4896 רעף (vrb) *raw'af* **Tran:** DROP **KJV:** drop, distil **Str:** #7491

רפק *RPQ* (ad)

4897 רפק (vrb) *raw'fak* **Tran:** SUPPORT **KJV:** lean **Str:** #7514

רצד *RTsD* (ad) **Def:** An intense gazing out of envy.

4898 רצד (vrb) *raw'tsad* **Tran:** GAZE **KJV:** leap **Str:** #7520

רקב *RQB* (ad)

4899 רקב (vrb) *raw'kab* **Tran:** DECAY **KJV:** rot **Str:** #7537

4900 רקב (masc) *raw'kawb* **Tran:** DECAY **KJV:** rotten **Str:** #7538

4901 רקבון (masc) *rik'kaw'bone* **Tran:** DECAY **KJV:** rotten **Str:** #7539

רקד *RQD* (ad) **Def:** A jumping up and down out of joy as in a dance.

4902 רקד (vrb) *raw'kad* **Tran:** SKIP.ABOUT **KJV:** dance **Str:** #7540

רשם *RShM* (ad)

4903 רשם (vrb) *raw'sham* **Tran:** INSCRIBE **KJV:** note **Str:** #7559 **Aramaic:** *resh'am* #7560

רתח *RTHh* (ad)

4904 רתח (vrb) *raw'thakh* **Tran:** BOIL **KJV:** boil **Str:** #7570

4905 רתח (masc) *reh'thakh* **Tran:** BOILING **KJV:** well **Str:** #7571

שבח *ShBHh* (ad) **Def:** A calming or quieting of something by speaking or stroking smoothly.

4906 שבח (vrb) *shaw'bakh* **Tran:** EXTOL **Def:** To praise or commend another with a soft comforting tone. To stroke or smooth over gently. **KJV:** praise, still, keep, glory, triumph, commend **Str:** #7623 **Aramaic:** *sheb'akh* #7624

שגח *ShGHh* (ad)

4907 שגח (vrb) *shaw'gakh* **Tran:** LOOK **KJV:** look **Str:** #7688

שדר *ShDR* (ad)

4908 שדר (vrb) **Tran:** STRUGGLE **KJV:** labour **Aramaic:** *shed'ar* #7712

4909 אשדור (masc) **Tran:** REVOLT **KJV:** sedition **Aramaic:** אשתדור *esh'tad'dure* #0849

שזב *ShZB* (ad)

4910 שזב (vrb) **Tran:** DELIVER **KJV:** deliver **Aramaic:** *shez'ab* #7804

שזף *ShZP* (ad)

4911 שזף (vrb) *shaw'zaf* **Tran:** LOOK **KJV:** see, look **Str:** #7805

שחס *ShHhS* (ad)

4912 שחיס / סחיש (masc) *shaw'khece* **Tran:** SPRING **Def:** To voluntarily sprout up from the ground. **KJV:** spring **Str:** #7823

שחץ *ShHhTs* (ad)

4913 שחץ (masc) *shakh'ats* **Tran:** PRIDE **KJV:** lion, pride **Str:** #7830

שנב *ShNB* (ad) **Def:** The window coverings that allow the cool breeze to pass through.

4914 אשנב (masc) *esh'nawb* **Tran:** LATTICE **Def:** The window coverings that allow the cool breeze to pass through. **KJV:** lattice, casement **Str:** #0822

שעט *ShAhTh* (ad)

4915 שעטה (fem) *shah'at'aw* **Tran:** STOMPING **KJV:** stamping **Str:** #8161

שקט *ShQTh* (ad)

4916 שקט (vrb) *shaw'kat* **Tran:** TRANQUIL **Def:** To be quiet and at rest. **KJV:** rest, quiet, still, appease, idle **Str:** #8252

4917 שקט (masc) *sheh'ket* **Tran:** TRANQUILITY **KJV:** quietness **Str:** #8253

שקם *ShQM* (ad)

4918 שקם (fem) *shaw'kawm* **Tran:** SYCAMORE **Def:** The tree or fruit. **KJV:** sycamore **Str:** #8256

שרב *ShRB* (ad) **Def:** The heat from the sun causing waves over the ground to appear like water.

4919 שרב (masc) *shaw'rawb* **Tran:** MIRAGE **KJV:** parched, heat **Str:** #8273

ששר *ShShR* (ad)

4920 ששר (masc) *shaw'shar* **Tran:** VERMILION **Def:** reddish color. **KJV:** vermillion **Str:** #8350

שתל *ShTL* (ad)

4921 שתל (vrb) *shaw'thal* **Tran:** TRANSPLANT **KJV:** plant **Str:** #8362

4922 שתל (masc) *sheth'eel* **Tran:** TRANSPLANTED.SHOOT **KJV:** plant **Str:** #8363

שתן *ShTN* (ad)

4923 שתן (vrb) *shaw'than* **Tran:** URINATE **KJV:** piss **Str:** #8366

שתק *ShTQ* (ad)

4924 שתק (vrb) *shaw'thak* **Tran:** CALM **KJV:** calm, quiet, cease **Str:** #8367

שער *ShGhR* (ad)

4925 שוער (masc) *sho'awr* **Tran:** OFFENSIVE **KJV:** vile **Str:** #8182

תקן *TQN* (ad)

4926 תקן (vrb) *taw'kan* **Tran:** STRAIGHT **Def:** To set in a straight row, or in its proper alignment. **KJV:** straight, order, establish **Str:** #8626 **Aramaic:** *tek'an* #8627

תקף *TQP* (ad)

4927 תקף (vrb) *taw'kaf* **Tran:** FIRM **Def:** To be firm in strength and authority. **KJV:** prevail, strong, harden, firm **Str:** #8630 **Aramaic:** *tek'afe* #8631

4928 תקף (masc) **Tran:** FIRMNESS **KJV:** strength, might **Aramaic:** *te'kof* #8632

4929 תקיף (masc) *tak'keef* **Tran:** MIGHTY **KJV:** mightier, strong, mighty **Str:** #8623 **Aramaic:** #8624

4930 תוקף (masc) *to'kef* **Tran:** AUTHORITY **Def:** In the sense of firmness. **KJV:** strength, power, authority **Str:** #8633

4931 עתר (masc) *aw'thawr* **Tran:** FRAGRANT **Def:** As a thick and dark cloud of incense. **KJV:** thick, suppliant **Str:** #6282

Four-Letter Words

4932 אגרטל (masc) *ag'ar'tawl* **Tran:** BASIN **Def:** basket or bag. **KJV:** charger **Str:** #0105

4933 אדרזדא (com) **Tran:** CAREFUL **KJV:** diligently **Aramaic:** *ad'raz'daw* #0149

4934 אדרכון (masc) *ad'ar'kone* **Tran:** DRAM **Def:** coin **KJV:** drams **Str:** #0150

4935 אחשדרפן (masc) *akh'ash'dar'pan* **Tran:** GOVERNOR **KJV:** lieutenants, princes **Str:** #0323 **Aramaic:** #0324

4936 אחשתרן (com) *akh'ash'taw'rawn* **Tran:** CAMEL **KJV:** camel **Str:** #0327

4937 אלגום / אלמוג (masc) *al'goom'meem / al'moog'gheem* **Tran:** ALGUM **Def:** The species of tree found in Lebanon. **KJV:** algum, almug **Str:** #0418, #0484

4938 אספרנא (com) **Tran:** SPEED **KJV:** speedily, speed, fast, forthwith **Aramaic:** *os'par'naw* #0629

4939 אפדן (masc) *ap'peh'den* **Tran:** PALACE **KJV:** palace **Str:** #0643

4940 אפריון (masc) *ap'pir'yone* **Tran:** CHARIOT **KJV:** chariot **Str:** #0668

4941 אפתם (masc) **Tran:** REVENUE **KJV:** revenue **Aramaic:** *ap'pe'thome* #0674

4942 אריך (masc) **Tran:** LION.LIKE **KJV:** Arioch **Str:** #0746

4943 ארנבת (masc) *ar'neh'beth* **Tran:** HARE **KJV:** hare **Str:** #0768

4944 אררט (masc) **Tran:** HIGH.LAND **KJV:** Ararat, Armenia **Str:** #0780

4945 אשדת (fem) *esh'dawth* **Tran:** FIERY.LAW **KJV:** fiery **Str:** #0799

4946 בדולח (masc) *bed'o'lakh* **Tran:** AMBER **Def:** A fossil gum resin. **KJV:** bdellium **Str:** #0916

4947 בילעדי (masc) *bil'ad'ay* **Tran:** APART.FROM **Def:** At a little distance; away from in space or time; holding different opinions. **KJV:** beside, save, without, not in me, not **Str:** #1107

4948 ברזל (masc) *bar'zel* **Tran:** IRON **Def:** A heavy element frequently used in the making of weapons and tools. The most used of metals. **KJV:** iron, head **Str:** #1270 **Aramaic:** פרזל *par'zel* #6523

4949 גזבר (masc) *ghiz'bawr* **Tran:** TREASURER **KJV:** treasurer **Str:** #1489 **Aramaic:** גיזבר *ghed'aw'bawr / ghiz'bawr* #1411, #1490

4950 גיבעול (masc) *ghib'ole* **Tran:** BUDDING **Def:** To sprout flowers or blooms. To come into a fullness. **KJV:** bolled **Str:** #1392

4951 גלמוד (masc) *gal'mood* **Tran:** BARREN **KJV:** solitary, desolate **Str:** #1565

4952 גנזך (masc) *ghin'zak* **Tran:** TREASURY **KJV:** treasury **Str:** #1597

4953 דרכמון (masc) *dar'kem'one* **Tran:** DRACHMA **Def:** coin. **KJV:** drachma **Str:** #1871

4954 דתבר (masc) **Tran:** COUNSELOR **KJV:** counselors **Aramaic:** *deth'aw'bawr* #1884

4955 המניך (masc) Tran: NECKLACE KJV: chain Aramaic: ham'neek #2002

4956 זלעפה (fem) zal'aw'faw Tran: RAGING.HEAT Def: A hot wind or fever. KJV: horror, terrible, horrible Str: #2152

4957 זרזיף (masc) zar'zeef Tran: SOAKING Def: watering of the land. KJV: water Str: #2222

4958 חלמיש (masc) klal'law'meesh Tran: QUARTZ Def: An unknown stone. KJV: flint, flinty, rock Str: #2496

4959 חנמל (masc) khan'aw'mawl Tran: FROST KJV: frost Str: #2602

4960 חספס (vrb) khas'pas Tran: FLAKE.OFF Def: To scale off particles from an object. KJV: round Str: #2636

4961 חצוצרה (fem) khats'o'tser'aw Tran: STRAIGHT.TRUMPET Def: A loud wind instrument. KJV: trumpet Str: #2689

4962 חרגול (masc) khar'gole Tran: LEAPING.LOCUST KJV: beetle Str: #2728

4963 חרמש (masc) kher'mashe Tran: SICKLE KJV: sickle Str: #2770

4964 חרצובה (fem) khar'tsoob'baw Tran: BAND Def: For binding the hands or feet. KJV: band Str: #2784

4965 חשמל (masc) khash'mal Tran: AMBER Def: An unknown material of a reddish color. KJV: amber Str: #2830

4966 טיפסר (masc) tif'sar Tran: CAPTAIN KJV: captain Str: #2951

4967 כפתור (masc) kaf'tore Tran: KNOB Def: An ornamental round lump or protuberance on the surface or at the end of something. KJV: knop, lintel Str: #3730

4968 כרבל (masc) כרבלה (fem) kar'bale Tran: CLOTHED KJV: clothed Str: #3736 Aramaic: kar'bel'aw Robe #3737

4969 כרכוב (masc) kar'kobe Tran: OUTER.RIM Def: The out edge of something. KJV: compass Str: #3749

4970 כרכום (masc) kar'kome Tran: SAFFRON KJV: saffron Str: #3750

4971 כרמיל (masc) kar'mele Tran: CRIMSON KJV: crimson Str: #3758

4972 כרמל (masc) *kar'mel* **Tran:** PLANTATION **Def:** A field that produces an abundance of grains, fruit or another crop. By metonymy, the crops of the plantation. **KJV:** fruitful field, plentiful field, full ear, green ear, full ears of corn, plentiful **Str:** #3759

4973 כרסם (com) *kir'same* **Tran:** TEAR **KJV:** waste **Str:** #3765

4974 כרפס (masc) *kar'pas* **Tran:** GREEN.THING **KJV:** green **Str:** #3768

4975 נביזבה (fem) **Tran:** REWARD **KJV:** reward **Aramaic:** *neb'iz'baw* #5023

4976 נברשה (fem) **Tran:** LAMPSTAND **KJV:** candlestick **Aramaic:** *neb'reh'shaw* #5043

4977 נידבך (masc) **Tran:** ROW **KJV:** row **Aramaic:** *nid'bawk* #5073

4978 נשתון (masc) *nish'tev'awn* **Tran:** LETTER **KJV:** letter **Str:** #5406 **Aramaic:** #5407

4979 סומפוניה (masc) **Tran:** PIPE **Def:** musical instrument. **KJV:** dulcimer **Aramaic:** *soom'po'neh'yaw* #5481

4980 סירפד (masc) *sar'pawd* **Tran:** BRAMBLE.BUSH **KJV:** brier **Str:** #5636

4981 שמאל / שמאלי / שמואל (vrb) *saw'mal / sem'aw'lee / sem'ole* **Tran:** LEFT.HAND **Def:** To choose the left hand or path. **KJV:** left, left hand, left side **Str:** #8040, #8041, #8042

4982 סמדר (masc) *sem'aw'dar* **Tran:** GRAPE.BLOSSOM **KJV:** tender grape **Str:** #5563

4983 סנפיר (masc) *sen'ap'peer* **Tran:** FIN **Def:** The fins of a fish. **KJV:** fin **Str:** #5579

4984 סרבל (masc) **Tran:** OUTFIT **Def:** An article of clothing. **KJV:** coat **Aramaic:** *sar'bal* #5622

4985 שרעף (masc) *sar'af* **Tran:** THOUGHT **KJV:** thought **Str:** #8312

4986 סרעפה (fem) *sar'ap'paw* **Tran:** BOUGH **KJV:** bough **Str:** #5634

4987 עטלף (masc) *at'al'lafe* **Tran:** BAT **KJV:** bat **Str:** #5847

4988 עכביש (masc) *ak'kaw'beesh* **Tran:** SPIDER **KJV:** spider **Str:** #5908

4989 עכבר (masc) *ak'bawr* **Tran:** MOUSE **Def:** A small rodent. **KJV:** mouse **Str:** #5909

4990 עכשוב (masc) *ak'shoob* **Tran:** ASP **Def:** An unknown species of poisonous viper. **KJV:** adder **Str:** #5919

4991 עקלתון (masc) *ak'al'law'thone* **Tran:** CROOKED **KJV:** crooked **Str:** #6129

4992 עקרב (masc) *ak'rawb* **Tran:** SCORPION **KJV:** scorpion **Str:** #6137

4993 ערפל (masc) *ar'aw'fel* **Tran:** THICK.DARKNESS **Def:** A heavy darkness that can be felt. **KJV:** thick darkness, darkness, gross darkness, dark cloud, dark **Str:** #6205

4994 עשתרה (fem) *ash'ter'aw* **Tran:** YOUNG.SHEEP **Def:** A young one of the flock. **KJV:** flock **Str:** #6251

4995 פילגש (fem) *pee'leh'ghesh* **Tran:** CONCUBINE **Def:** Cohabitation of persons not legally married; a woman living in a socially recognized state of being a mistress. **KJV:** concubine, paramours **Str:** #6370

4996 פסנתרין / פחנתירין (masc) **Tran:** HARP **KJV:** psaltery **Aramaic:** *pes'an'tay'reen* #6460

4997 פרדס (masc) *par'dace* **Tran:** ORCHARD **KJV:** orchard, forest **Str:** #6508

4998 פרעוש (masc) *par'oshe* **Tran:** FLEA **KJV:** flea **Str:** #6550

4999 פרשגן / פתשגן (masc) *par'sheh'ghen* **Tran:** COPY **KJV:** copy **Str:** #6572 **Aramaic:** #6573

5000 פרשדון (masc) *par'shed'one* **Tran:** EXCREMENT **KJV:** dirt **Str:** #6574

5001 פרשז (com) *par'shaze* **Tran:** SPREAD.OVER **KJV:** spread **Str:** #6576

5002 פרתם (masc) *par'tam* **Tran:** NOBLE **KJV:** noble, prince **Str:** #6579

5003 פתבג (masc) *pathbag* **Tran:** MEAT **KJV:** meat **Str:** #6598

5004 פתגם (masc) *pith'gawm* **Tran:** DECREE **KJV:** decree, sentence, answer, matter, word, letter **Str:** #6599 **Aramaic:** #6600

5005 פתיגיל (masc) *peth'eeg'eel* **Tran:** ROBE **Def:** An expensive robe. **KJV:** stomacher **Str:** #6614

5006 צנתר (fem) *tsan'taw'raw* **Tran:** PIPE **KJV:** pipe **Str:** #6804

5007 צפרדע (fem) *tsef'ar'day'ah* **Tran:** FROG **Def:** A four-legged amphibious animal. **KJV:** frog **Str:** #6854

5008 קרדום (masc) *kar'dome* **Tran:** AXE **Def:** An expensive robe. **KJV:** axe **Str:** #7134

5009 קרסול (fem) *kar'sole* **Tran:** ANKLE **KJV:** feet **Str:** #7166

5010 קרקע (masc) *kar'kah* **Tran:** BOTTOM **KJV:** floor, other, bottom **Str:** #7172

5011 קתרוס (masc) **Tran:** HARP **KJV:** harp **Aramaic:** *kee'thaw'roce* #7030

5012 רטפש (com) *roo'taf'ash* **Tran:** FRESH **KJV:** fresher **Str:** #7375

5013 רפסודה (fem) *raf'so'daw* **Tran:** RAFT **KJV:** float **Str:** #7513

5014 שלאנן (masc) *shal'an'awn* **Tran:** QUIET **KJV:** ease **Str:** #7946

5015 שנחב (masc) *shen'hab'beem* **Tran:** TUSK **Def:** An ivory tusk. **KJV:** ivory **Str:** #8143

5016 שעטנז (masc) *shah'at'naze* **Tran:** LINSEY-WOOLSEY **KJV:** garment of diverse sorts, linen and woollen **Str:** #8162

5017 שקערורה (fem) *shek'ah'roo'raw* **Tran:** SPOT **KJV:** hollow strakes **Str:** #8258

5018 שרביט (masc) *shar'beet* **Tran:** SCEPTER **KJV:** sceptre **Str:** #8275

5019 תרגם (vrb) *teer'gam* **Tran:** TRANSLATE **KJV:** interpret **Str:** #8638

Benner's Lexicon of Biblical Hebrew

Strong's to Benner's Lexicon

1: 1	75: 333	132: 750	197: 1910	253: 13
2: 1	76: 348	134: 776	199: 1840	254: 30
3: 6	79: 373	142: 807	200: 1809	255: 32
4: 6	80: 374	147: 810	202: 89	258: 1102
6: 160	81: 375	149: 4933	205: 22	259: 1103
7: 160	82: 385	150: 4934	212: 3142	260: 31
8: 160	83: 386	153: 1052	213: 105	262: 1129
9: 161	84: 387	155: 808	214: 3492	263: 1130
10: 162	86: 411	155: 809	215: 111	264: 33
11: 162	92: 493	156: 846	216: 112	268: 1387
12: 163	93: 522	157: 864	217: 112	269: 29
13: 163	95: 631	158: 865	219: 113	270: 1135
14: 178	96: 550	159: 867	220: 108	272: 1136
15: 180	98: 585	160: 866	225: 145	280: 1111
16: 179	99: 585	162: 13	226: 146	306: 1207
17: 237	100: 586	165: 37	227: 26	309: 1382
18: 334	101: 598	166: 897	228: 951	310: 1388
19: 197	102: 618	167: 897	230: 946	311: 1388
20: 3025	103: 630	168: 899	231: 928	312: 1383
24: 2	104: 632	174: 898	232: 3491	314: 1389
34: 238	105: 4932	176: 19	233: 27	317: 1383
35: 239	106: 660	178: 3	234: 1774	318: 1391
46: 388	107: 632	180: 259	235: 968	319: 1384
47: 388	108: 8	181: 9	236: 968	320: 1384
55: 240	109: 674	182: 10	238: 992	321: 1390
56: 256	113: 777	183: 15	239: 992	322: 1392
57: 257	116: 2986	184: 25	240: 993	323: 4935
58: 257	117: 809	185: 18	241: 994	324: 4935
60: 257	119: 744	188: 20	246: 1024	327: 4936
61: 258	120: 745	190: 21	247: 1029	328: 34
68: 314	122: 747	191: 1810	248: 1053	329: 1472
69: 314	124: 748	193: 47	249: 3927	330: 1499
70: 315	125: 749	194: 1839	251: 28	331: 1492
73: 233	127: 746	196: 1811	252: 28	332: 1515

334: 1516	395: 1610	479: 887	543: 67	592: 2244
335: 35	396: 1643	480: 1806	544: 72	594: 2291
336: 84	398: 1639	481: 1902	545: 68	595: 77
337: 13	399: 1639	482: 1903	546: 68	596: 86
338: 36	400: 1644	483: 1905	547: 73	597: 2317
339: 84	402: 1640	484: 4937	548: 68	598: 2317
340: 5	403: 1681	485: 1904	551: 74	599: 99
341: 5	404: 1743	488: 1907	552: 75	600: 100
342: 7	405: 1744	489: 1906	553: 2095	601: 101
343: 12	406: 1759	490: 1908	554: 2099	602: 2363
344: 17	408: 1802	491: 1909	555: 2100	603: 2364
346: 35	409: 1802	492: 1911	556: 2096	604: 2365
349: 38	410: 39	502: 54	559: 2031	605: 2410
351: 35	411: 887	503: 55	560: 2031	606: 2411
352: 49	412: 887	504: 57	561: 2032	607: 79
353: 49	413: 40	505: 56	562: 2036	607: 81
354: 49	418: 4937	506: 56	563: 2125	608: 79
355: 50	421: 43	509: 1944	565: 2033	608: 80
360: 51	422: 43	517: 59	570: 2164	608: 81
361: 53	423: 44	518: 64	571: 69	610: 3471
363: 52	424: 41	519: 60	572: 4593	611: 2592
366: 1550	426: 45	520: 62	574: 4648	612: 2664
367: 1549	427: 41	523: 63	575: 76	613: 2664
369: 90	428: 887	524: 63	576: 77	614: 2625
370: 90	429: 887	525: 70	577: 2186	615: 2663
371: 90	430: 45	527: 61	578: 2243	616: 2663
374: 98	431: 889	529: 71	579: 87	618: 2571
375: 35	432: 1803	530: 71	580: 78	622: 2623
376: 2411	433: 45	533: 2098	581: 912	624: 2626
377: 2411	434: 1805	534: 2035	582: 2411	625: 2628
380: 124	436: 52	535: 2123	584: 2258	626: 2624
383: 1570	437: 52	536: 2126	585: 2259	627: 2627
386: 4643	441: 58	537: 2124	586: 78	628: 2629
389: 1681	444: 1854	539: 65	587: 78	629: 4938
391: 1607	451: 42	540: 65	589: 77	631: 2661
393: 1608	457: 1804	541: 2068	590: 91	632: 2665
394: 1609	459: 887	542: 66	591: 92	633: 2662

Benner's Lexicon of Biblical Hebrew

636: 2917	693: 3795	755: 3944	826: 4462	890: 433
637: 94	695: 3796	759: 3992	827: 4463	891: 434
638: 94	696: 3800	766: 4008	829: 3512	892: 156
639: 93	697: 3806	768: 4943	830: 3314	897: 182
640: 3011	698: 3797	772: 4060	833: 4508	898: 3015
642: 3012	699: 3799	773: 4061	834: 4511	899: 3016
643: 4939	702: 3830	776: 4060	835: 4509	900: 3018
644: 95	703: 3830	778: 4060	837: 4513	901: 3017
645: 3030	705: 3830	779: 4108	838: 4512	905: 157
646: 3012	707: 3840	780: 4944	842: 4510	906: 157
648: 3091	708: 3841	781: 4115	846: 4501	907: 165
650: 3170	710: 3842	782: 4116	849: 4909	908: 164
651: 3087	711: 3842	784: 116	852: 146	909: 158
652: 3092	712: 3859	785: 116	853: 143	910: 159
653: 3088	713: 3843	786: 1570	854: 143	913: 169
655: 3141	717: 107	787: 121	855: 142	914: 167
656: 3150	718: 889	793: 4222	857: 144	915: 168
657: 3151	723: 109	794: 4223	858: 144	916: 4946
659: 3315	724: 3964	799: 4945	859: 79	918: 171
660: 3316	727: 110	800: 117	859: 80	919: 172
661: 3157	729: 3905	801: 122	859: 81	921: 173
662: 3169	730: 3903	802: 2412	859: 82	922: 181
665: 3197	731: 3904	803: 125	860: 4642	923: 230
666: 3197	732: 3911	808: 119	861: 118	924: 265
667: 3235	734: 3913	809: 120	862: 4667	925: 397
668: 4940	735: 3914	810: 4275	865: 2052	926: 263
674: 4941	736: 3914	811: 4280	866: 4641	927: 263
676: 366	737: 3912	814: 2536	868: 4644	928: 264
677: 366	738: 3896	815: 4291	870: 4676	929: 304
678: 3403	744: 3896	816: 4365	872: 148	930: 304
679: 3404	746: 4942	817: 4366	873: 434	931: 317
680: 3401	748: 3960	818: 4366	874: 389	933: 376
681: 3402	749: 3960	819: 4367	875: 390	934: 396
685: 3460	750: 3961	820: 4361	877: 391	935: 149
686: 3490	752: 3963	821: 2613	887: 431	936: 190
688: 3570	753: 3965	822: 4914	888: 431	937: 191
689: 106	754: 3962	825: 4462	889: 432	939: 192

Benner's Lexicon of Biblical Hebrew

943: 245	989: 174	1093: 251	1198: 353	1251: 381
944: 269	990: 231	1094: 260	1200: 354	1252: 404
947: 336	992: 232	1097: 249	1204: 355	1253: 404
948: 369	995: 323	1098: 253	1205: 356	1254: 393
950: 377	996: 324	1101: 252	1206: 367	1257: 382
951: 3210	997: 324	1102: 278	1207: 368	1258: 3890
952: 1763	998: 325	1103: 3101	1208: 3516	1259: 3891
953: 392	999: 325	1104: 279	1210: 3515	1261: 3892
954: 435	1000: 370	1105: 280	1211: 973	1262: 398
955: 436	1001: 406	1107: 4947	1214: 195	1264: 3216
956: 449	1002: 406	1110: 281	1215: 196	1265: 416
957: 183	1003: 407	1115: 282	1216: 340	1266: 416
958: 186	1004: 450	1116: 305	1217: 341	1267: 399
959: 187	1005: 450	1119: 1999	1219: 3513	1270: 4948
960: 188	1055: 451	1121: 309	1220: 3514	1272: 3212
961: 184	1057: 241	1123: 309	1222: 3514	1274: 402
962: 185	1058: 242	1124: 318	1225: 3519	1277: 400
963: 189	1059: 242	1129: 318	1226: 3517	1278: 394
965: 193	1060: 212	1140: 319	1228: 371	1279: 403
967: 194	1061: 216	1143: 324	1233: 3175	1280: 3213
969: 201	1062: 213	1146: 313	1234: 3173	1281: 3213
970: 205	1063: 217	1147: 313	1235: 3174	1285: 401
971: 200	1065: 244	1149: 339	1236: 3176	1287: 405
972: 204	1067: 211	1154: 3509	1237: 3176	1288: 408
973: 2803	1068: 243	1155: 3511	1238: 372	1289: 408
974: 198	1069: 209	1156: 349	1239: 3190	1290: 409
975: 199	1070: 210	1157: 2731	1240: 3190	1291: 409
976: 202	1072: 215	1158: 349	1241: 3209	1293: 410
977: 203	1073: 214	1161: 357	1242: 3211	1295: 410
979: 206	1077: 248	1163: 351	1243: 3191	1297: 3215
981: 228	1079: 1813	1164: 347	1244: 3192	1299: 412
982: 3019	1080: 267	1165: 3209	1245: 3177	1300: 413
983: 3020	1082: 3099	1166: 2804	1246: 3178	1303: 415
985: 3022	1086: 266	1167: 2805	1247: 309	1304: 414
986: 3024	1087: 267	1169: 2805	1248: 309	1305: 383
987: 3021	1089: 266	1172: 2806	1249: 384	1309: 3510
988: 174	1091: 268	1197: 352	1250: 381	1310: 974

Benner's Lexicon of Biblical Hebrew

1311: 975	1361: 462	1417: 4707	1473: 2797	1525: 561
1313: 2574	1362: 463	1418: 4708	1475: 4778	1528: 644
1314: 2575	1363: 466	1419: 501	1478: 606	1530: 539
1317: 430	1364: 465	1420: 501	1479: 619	1532: 569
1318: 342	1365: 464	1421: 507	1480: 620	1534: 541
1319: 3508	1366: 566	1422: 506	1481: 635	1535: 541
1320: 3509	1367: 567	1423: 4709	1482: 637	1536: 541
1321: 3509	1368: 424	1428: 495	1484: 637	1538: 542
1322: 437	1369: 422	1429: 4710	1486: 650	1539: 570
1323: 310	1370: 422	1430: 853	1487: 668	1540: 553
1324: 448	1371: 472	1431: 498	1488: 519	1541: 553
1325: 448	1372: 472	1432: 499	1489: 4949	1541: 554
1326: 227	1375: 476	1433: 502	1490: 4949	1543: 540
1327: 227	1376: 420	1434: 500	1491: 524	1544: 548
1330: 176	1377: 421	1438: 504	1492: 526	1545: 573
1331: 175	1378: 3672	1442: 505	1494: 521	1546: 2778
1333: 234	1379: 564	1443: 822	1496: 520	1547: 2778
1334: 235	1383: 565	1444: 823	1497: 527	1548: 571
1335: 236	1384: 474	1447: 823	1498: 528	1549: 563
1341: 452	1385: 473	1448: 823	1499: 528	1550: 546
1342: 510	1386: 475	1454: 950	1500: 529	1552: 547
1343: 511	1389: 477	1455: 513	1501: 531	1556: 543
1344: 453	1392: 4950	1456: 514	1503: 523	1557: 544
1346: 457	1396: 417	1457: 633	1504: 532	1558: 545
1347: 455	1397: 418	1458: 515	1505: 532	1560: 544
1348: 454	1399: 418	1459: 515	1506: 533	1561: 544
1349: 456	1400: 418	1460: 515	1508: 536	1563: 572
1350: 551	1401: 423	1461: 467	1509: 534	1564: 574
1351: 4718	1404: 419	1462: 469	1510: 534	1565: 4951
1352: 4719	1406: 488	1464: 496	1512: 537	1566: 611
1353: 552	1407: 490	1465: 460	1513: 1200	1570: 4776
1354: 459	1409: 489	1466: 516	1516: 458	1571: 583
1355: 459	1411: 4949	1467: 516	1517: 497	1572: 587
1356: 468	1413: 491	1468: 525	1518: 538	1573: 588
1357: 469	1414: 4706	1469: 530	1519: 538	1574: 4777
1358: 468	1415: 494	1471: 517	1523: 559	1576: 591
1360: 461	1416: 492	1472: 518	1524: 560	1578: 591

Benner's Lexicon of Biblical Hebrew

1580: 589	1631: 648	1687: 827	1740: 709	1786: 851
1581: 590	1632: 649	1690: 283	1741: 701	1788: 852
1584: 2142	1633: 651	1692: 379	1742: 701	1790: 717
1585: 2142	1634: 652	1693: 379	1743: 724	1791: 950
1588: 593	1635: 652	1694: 380	1744: 727	1792: 719
1589: 599	1637: 653	1695: 380	1745: 757	1793: 720
1590: 600	1638: 654	1696: 824	1747: 759	1794: 722
1591: 601	1639: 656	1697: 825	1748: 743	1795: 723
1593: 594	1640: 658	1698: 826	1749: 4784	1796: 718
1594: 596	1641: 629	1699: 830	1750: 798	1797: 950
1595: 602	1643: 655	1700: 829	1751: 724	1798: 1771
1596: 602	1644: 661	1701: 829	1752: 817	1799: 1775
1597: 4952	1645: 662	1703: 825	1753: 817	1800: 728
1598: 597	1646: 663	1706: 681	1754: 803	1801: 735
1600: 605	1652: 4374	1707: 682	1755: 818	1802: 732
1602: 612	1653: 4375	1709: 683	1758: 849	1803: 728
1604: 613	1655: 4375	1710: 683	1759: 849	1803: 731
1605: 614	1656: 4376	1711: 687	1760: 708	1804: 4781
1606: 615	1659: 667	1713: 575	1761: 707	1805: 734
1607: 617	1660: 670	1714: 576	1762: 705	1808: 733
1610: 459	1665: 671	1715: 684	1763: 1201	1809: 730
1611: 2905	1668: 950	1716: 4779	1764: 4780	1811: 736
1612: 1746	1669: 675	1717: 691	1765: 711	1812: 737
1613: 3218	1670: 676	1718: 692	1766: 713	1814: 1950
1614: 3217	1671: 677	1722: 931	1767: 714	1815: 1950
1615: 644	1672: 685	1724: 753	1768: 950	1816: 1951
1616: 636	1674: 686	1725: 814	1770: 690	1817: 729
1618: 645	1675: 699	1726: 815	1771: 690	1818: 740
1620: 627	1676: 700	1727: 679	1772: 700	1819: 754
1621: 628	1677: 680	1728: 688	1773: 716	1820: 754
1623: 646	1678: 680	1729: 689	1777: 778	1821: 754
1624: 634	1679: 678	1730: 693	1778: 778	1822: 757
1625: 621	1680: 673	1731: 694	1779: 779	1823: 755
1626: 622	1681: 672	1733: 695	1780: 779	1824: 758
1627: 625	1682: 828	1736: 698	1781: 779	1825: 756
1628: 623	1684: 218	1738: 702	1782: 779	1826: 741
1629: 647	1685: 219	1739: 703	1785: 726	1827: 742

Benner's Lexicon of Biblical Hebrew

1828: 4783	1887: 858	1935: 878	1989: 1914	2041: 4018
1830: 760	1888: 858	1942: 884	1991: 907	2042: 921
1831: 761	1889: 13	1943: 884	1992: 861	2045: 4394
1832: 762	1889: 28	1945: 886	1993: 906	2046: 4602
1836: 950	1890: 863	1946: 1877	1994: 861	2048: 4609
1843: 782	1891: 261	1947: 894	1995: 904	2049: 4611
1844: 783	1892: 262	1948: 895	1998: 908	2050: 926
1846: 126	1894: 316	1949: 909	1999: 2046	2053: 927
1847: 784	1895: 395	1951: 915	2000: 905	2054: 1036
1848: 793	1897: 874	1952: 916	2002: 4955	2056: 1825
1849: 794	1898: 512	1957: 1137	2003: 2083	2061: 929
1851: 799	1899: 875	1958: 885	2004: 912	2063: 950
1852: 801	1900: 870	1959: 877	2005: 912	2064: 936
1854: 800	1901: 873	1960: 879	2006: 912	2065: 937
1855: 800	1902: 872	1961: 882	2007: 862	2070: 2448
1856: 3735	1903: 871	1962: 884	2008: 913	2073: 939
1858: 802	1906: 876	1964: 1651	2009: 914	2076: 218
1859: 818	1911: 1546	1965: 1651	2010: 2260	2077: 219
1860: 811	1915: 721	1966: 893	2013: 918	2082: 938
1863: 804	1916: 752	1969: 917	2014: 2999	2084: 940
1864: 832	1917: 751	1970: 1760	2015: 3068	2085: 943
1865: 805	1918: 781	1971: 1761	2017: 3072	2086: 944
1866: 806	1920: 792	1972: 900	2018: 3069	2087: 945
1869: 3921	1921: 812	1973: 901	2019: 3074	2088: 950
1870: 3922	1922: 812	1974: 896	2020: 3407	2089: 2488
1871: 4953	1923: 813	1975: 1846	2021: 1501	2090: 950
1872: 1050	1925: 813	1976: 1847	2022: 919	2091: 931
1875: 833	1926: 813	1977: 1848	2026: 3844	2092: 986
1876: 847	1927: 813	1978: 1879	2027: 3845	2094: 1031
1877: 848	1929: 880	1979: 1880	2028: 3846	2095: 1031
1878: 854	1930: 883	1980: 1877	2029: 922	2096: 1032
1879: 855	1931: 859	1981: 1877	2030: 923	2097: 950
1880: 855	1931: 860	1982: 1878	2031: 920	2098: 952
1881: 857	1932: 859	1983: 1878	2032: 924	2100: 934
1882: 857	1932: 860	1984: 891	2034: 4019	2101: 935
1883: 848	1933: 881	1986: 1913	2035: 4020	2102: 947
1884: 4954	1934: 881	1988: 902	2040: 4017	2103: 947

Benner's Lexicon of Biblical Hebrew

2106: 953	2161: 984	2203: 1016	2253: 1062	2305: 1105
2107: 969	2162: 985	2204: 1691	2254: 1067	2306: 1140
2108: 970	2163: 987	2205: 1692	2255: 1067	2308: 738
2109: 999	2164: 987	2206: 1692	2256: 1068	2310: 739
2110: 999	2165: 988	2207: 1695	2257: 1068	2312: 1112
2111: 1007	2166: 988	2208: 1693	2258: 1069	2314: 1113
2112: 1007	2167: 2388	2209: 1694	2259: 1072	2315: 1114
2113: 1008	2168: 2388	2210: 4787	2260: 1071	2318: 1115
2114: 1037	2169: 2390	2211: 4787	2263: 1074	2319: 1116
2115: 3498	2170: 2389	2212: 961	2264: 1075	2320: 1117
2116: 3497	2171: 2389	2213: 1025	2266: 1076	2323: 1116
2118: 957	2172: 2391	2214: 1030	2267: 1077	2324: 1128
2119: 1201	2173: 2396	2215: 1039	2269: 1077	2325: 1063
2121: 948	2176: 2397	2219: 1033	2270: 1077	2326: 1064
2122: 954	2177: 990	2220: 1051	2271: 1077	2328: 1091
2123: 956	2178: 990	2221: 1045	2272: 1084	2329: 1092
2131: 1023	2179: 1002	2222: 4957	2273: 1078	2330: 1106
2132: 1056	2180: 1003	2223: 1027	2274: 1078	2331: 1128
2134: 959	2181: 996	2224: 3924	2278: 1079	2333: 1127
2135: 963	2183: 991	2225: 3925	2279: 1082	2336: 1150
2136: 960	2184: 997	2229: 1040	2280: 1085	2337: 1150
2137: 962	2185: 1000	2230: 1041	2281: 1086	2338: 1155
2138: 1773	2186: 1004	2231: 1042	2282: 1088	2339: 1156
2141: 961	2187: 1005	2232: 1043	2283: 1090	2342: 1195
2142: 1770	2188: 1006	2233: 1044	2284: 479	2344: 1196
2143: 1772	2189: 1008	2234: 1044	2287: 1089	2345: 1242
2145: 1771	2191: 3442	2235: 1047	2288: 1094	2346: 1248
2146: 1775	2192: 3442	2236: 1048	2289: 1096	2347: 1314
2149: 971	2193: 2765	2237: 1028	2290: 1097	2348: 1331
2150: 965	2194: 1010	2239: 1026	2296: 1095	2351: 1356
2151: 967	2195: 1011	2243: 1057	2297: 1099	2352: 392
2152: 4956	2196: 1012	2244: 1059	2298: 1099	2353: 1399
2154: 982	2197: 1013	2245: 1058	2299: 1099	2355: 1400
2156: 2395	2198: 1013	2247: 1061	2300: 1100	2356: 392
2158: 2393	2199: 1014	2248: 1070	2302: 1104	2357: 1398
2158: 2394	2200: 1014	2250: 1081	2303: 1101	2358: 1399
2159: 2393	2201: 1015	2251: 1066	2304: 1105	2363: 4769

Benner's Lexicon of Biblical Hebrew

2368: 4636	2420: 1110	2471: 1175	2524: 1237	2570: 2171
2370: 1137	2421: 1162	2472: 1206	2525: 1241	2571: 2168
2372: 1137	2422: 1163	2474: 1180	2527: 1241	2572: 2170
2373: 1138	2423: 1165	2475: 1213	2528: 1238	2573: 1239
2374: 1141	2424: 1161	2476: 1220	2529: 1246	2580: 1289
2376: 1143	2425: 1162	2479: 1182	2530: 1255	2583: 1298
2377: 1132	2426: 3734	2480: 1159	2531: 1256	2587: 1296
2378: 1131	2427: 1198	2481: 1178	2532: 1257	2588: 1290
2380: 1131	2428: 1176	2483: 1194	2534: 1238	2589: 1294
2384: 1133	2429: 1176	2484: 1179	2535: 1245	2590: 2281
2385: 1134	2430: 1177	2485: 1187	2541: 1266	2591: 2282
2386: 1054	2433: 1300	2486: 1188	2542: 4791	2593: 1172
2388: 1145	2434: 1357	2487: 1212	2543: 1270	2594: 1295
2389: 1146	2435: 1358	2488: 1217	2545: 1240	2595: 1291
2390: 1146	2436: 1065	2489: 4789	2546: 2025	2596: 1171
2391: 1146	2439: 4770	2490: 1185	2548: 1265	2597: 1173
2392: 1148	2440: 4771	2491: 1186	2549: 2172	2598: 1173
2393: 1147	2441: 1166	2492: 1204	2550: 1302	2600: 1293
2394: 1147	2442: 1168	2493: 1206	2551: 1303	2602: 4959
2397: 1149	2443: 1167	2495: 1205	2552: 1244	2603: 1294
2398: 1152	2445: 1254	2496: 4958	2553: 1243	2604: 1294
2399: 1153	2447: 1170	2498: 1208	2554: 1260	2610: 1305
2400: 1153	2448: 1169	2499: 1208	2555: 1261	2611: 1306
2401: 1153	2449: 1250	2500: 1209	2556: 1263	2612: 1308
2402: 1153	2450: 1251	2502: 1214	2557: 1264	2613: 1307
2403: 1153	2451: 1252	2504: 1215	2558: 1267	2614: 4792
2404: 1359	2452: 1252	2505: 1952	2559: 4790	2616: 1317
2405: 1360	2454: 1253	2506: 1953	2560: 1268	2617: 1318
2406: 2282	2455: 1174	2509: 1958	2561: 1269	2620: 1312
2408: 1151	2456: 1189	2512: 1960	2562: 1269	2622: 1311
2409: 1154	2457: 1190	2513: 1954	2563: 1271	2623: 1319
2413: 1157	2459: 1821	2513: 1959	2563: 1272	2624: 1320
2414: 1158	2461: 1821	2514: 1959	2564: 1269	2625: 2555
2415: 4788	2464: 1822	2515: 1957	2565: 1270	2626: 2602
2416: 1160	2465: 1202	2519: 1961	2567: 2169	2627: 1323
2417: 1160	2467: 1203	2522: 1218	2568: 2170	2628: 2554
2418: 1162	2470: 1192	2523: 1219	2569: 2171	2629: 1453

Benner's Lexicon of Biblical Hebrew

2630: 2600	2681: 1369	2746: 1379	2795: 1432	2849: 1447
2632: 2601	2682: 2556	2747: 1221	2796: 1231	2851: 1450
2633: 2604	2683: 1363	2748: 1223	2799: 1234	2852: 4797
2634: 2603	2684: 1364	2749: 1223	2801: 1236	2853: 4613
2635: 2637	2685: 1365	2750: 1377	2803: 4177	2854: 4614
2636: 4960	2686: 1352	2751: 1400	2804: 4177	2856: 4635
2637: 1321	2687: 1353	2754: 1222	2805: 4178	2857: 4635
2638: 1322	2689: 4961	2757: 1227	2808: 4180	2858: 4637
2639: 1322	2690: 1366	2758: 1233	2810: 4181	2859: 1455
2640: 1324	2691: 1367	2759: 1434	2814: 1425	2860: 1456
2642: 1325	2706: 1373	2760: 1412	2816: 4242	2861: 1457
2643: 1327	2707: 1372	2761: 1412	2818: 4795	2862: 1458
2644: 1329	2708: 1373	2762: 1413	2819: 4796	2863: 1459
2645: 1330	2710: 1370	2763: 1415	2820: 2519	2864: 1460
2646: 1332	2711: 1371	2763: 1417	2821: 4239	2865: 1448
2648: 1334	2713: 1776	2764: 1416	2822: 4243	2866: 1449
2649: 1335	2714: 1777	2764: 1418	2823: 4242	2868: 1465
2651: 1336	2715: 1399	2770: 4963	2824: 4240	2869: 1464
2653: 1328	2716: 1393	2775: 4069	2825: 4240	2871: 285
2654: 1339	2717: 1404	2777: 4070	2826: 4303	2872: 4798
2655: 1340	2718: 1404	2778: 1224	2827: 4303	2873: 222
2656: 1340	2719: 1405	2778: 1419	2830: 4965	2874: 223
2658: 1747	2720: 1406	2779: 1225	2831: 4377	2876: 223
2659: 1747	2721: 1407	2781: 1420	2833: 1426	2877: 223
2661: 1748	2723: 1406	2782: 1226	2834: 2636	2878: 226
2664: 1337	2724: 1406	2783: 1215	2835: 2638	2879: 224
2665: 1338	2725: 1408	2784: 4964	2836: 1427	2881: 284
2666: 3273	2727: 1409	2785: 1228	2837: 1428	2883: 358
2667: 3275	2728: 4962	2786: 1229	2838: 1429	2885: 359
2668: 3276	2729: 1410	2787: 1380	2839: 1430	2889: 1519
2669: 3277	2730: 1411	2788: 1381	2840: 1436	2890: 1519
2670: 3274	2731: 1411	2789: 4068	2841: 1435	2891: 1517
2671: 1348	2734: 1396	2790: 1230	2842: 3752	2892: 1520
2672: 1361	2737: 4794	2790: 1431	2844: 1444	2893: 1518
2673: 1354	2738: 1414	2791: 1231	2846: 1451	2894: 1463
2676: 1349	2740: 1378	2793: 1433	2847: 1446	2895: 1466
2677: 1351	2742: 1226	2794: 1235	2848: 4615	2896: 1467

Benner's Lexicon of Biblical Hebrew

2898: 1467	2940: 1504	2988: 272	3093: 925	3211: 1831
2901: 1473	2941: 1504	2990: 273	3095: 903	3212: 1877
2902: 1478	2942: 1504	2992: 306	3104: 275	3213: 1894
2903: 1483	2943: 1506	2993: 307	3105: 277	3214: 1895
2904: 1490	2944: 1507	2994: 308	3117: 1551	3215: 1896
2905: 1521	2945: 1508	3001: 439	3118: 1551	3216: 1930
2906: 1521	2946: 3042	3002: 440	3119: 1552	3217: 1940
2907: 1530	2947: 3043	3004: 441	3121: 1553	3218: 1752
2908: 1537	2948: 3044	3006: 442	3123: 1554	3219: 1974
2909: 1477	2949: 3046	3007: 442	3126: 2373	3220: 1547
2910: 1475	2950: 4800	3009: 470	3127: 2374	3221: 1547
2911: 1476	2951: 4966	3010: 471	3138: 1567	3222: 1548
2912: 1309	2952: 1509	3013: 1541	3148: 4689	3225: 2069
2913: 1310	2953: 4801	3014: 1541	3154: 1009	3227: 2072
2914: 1421	2954: 4802	3015: 1540	3161: 1107	3231: 2068
2915: 1479	2956: 1523	3016: 643	3162: 1108	3233: 2070
2916: 1482	2957: 1523	3018: 609	3173: 1109	3235: 2141
2917: 1482	2958: 1527	3019: 609	3175: 1402	3237: 2167
2918: 1522	2959: 1524	3021: 607	3176: 1401	3238: 2249
2919: 1484	2960: 1525	3022: 608	3179: 1249	3240: 2265
2920: 1484	2961: 1514	3023: 608	3180: 1273	3242: 2372
2921: 1487	2962: 1526	3024: 610	3182: 1333	3243: 2371
2922: 1488	2963: 3520	3025: 642	3186: 1401	3244: 2419
2924: 1489	2964: 3521	3027: 1542	3187: 1315	3245: 2476
2925: 1485	2965: 3521	3028: 1542	3188: 1316	3246: 2478
2926: 1486	2966: 3522	3029: 1546	3190: 1468	3247: 2478
2927: 1486	2968: 4	3032: 1544	3191: 1468	3248: 2478
2930: 1493	2969: 14	3033: 697	3196: 1555	3249: 2680
2931: 1494	2973: 1812	3034: 1546	3197: 1542	3250: 2679
2932: 1494	2974: 48	3039: 696	3198: 1613	3251: 3474
2933: 1493	2975: 1561	3045: 787	3201: 1659	3254: 2635
2934: 1495	2976: 123	3046: 787	3202: 1659	3255: 2635
2935: 1500	2978: 147	3049: 790	3205: 1826	3256: 2676
2936: 4799	2980: 1538	3051: 868	3206: 1827	3257: 1556
2937: 1502	2981: 274	3052: 868	3207: 1828	3259: 2739
2938: 1503	2986: 271	3053: 869	3208: 1829	3261: 1557
2939: 1503	2987: 271	3054: 1545	3209: 1832	3264: 4750

Benner's Lexicon of Biblical Hebrew

3267: 2750	3336: 3504	3417: 4096	3504: 4691	3549: 1684
3271: 2757	3338: 3505	3418: 4097	3508: 4690	3550: 1683
3272: 2922	3341: 3531	3419: 4097	3510: 1571	3551: 1603
3276: 2798	3342: 3541	3420: 4099	3511: 1572	3553: 480
3277: 4724	3344: 3560	3422: 4100	3512: 1598	3554: 1599
3280: 4724	3345: 3560	3423: 4127	3513: 1575	3555: 1601
3282: 2879	3346: 3561	3424: 4128	3514: 1580	3556: 1588
3283: 2878	3349: 3580	3425: 4130	3515: 1576	3557: 1656
3284: 2880	3350: 3563	3426: 1570	3516: 1576	3558: 1671
3286: 4732	3351: 3640	3427: 4173	3517: 1577	3559: 1687
3287: 4733	3352: 3762	3444: 4440	3518: 1574	3561: 1688
3288: 4733	3353: 3763	3445: 4238	3519: 1578	3563: 1723
3289: 2922	3357: 3733	3447: 4269	3520: 1579	3563: 1724
3293: 4750	3358: 3733	3451: 4372	3523: 1585	3564: 1764
3295: 4751	3363: 3667	3452: 4373	3524: 1585	3574: 4534
3302: 1559	3364: 3691	3453: 4563	3525: 286	3576: 1604
3303: 1560	3365: 3731	3455: 2572	3526: 343	3577: 1605
3304: 1560	3366: 3732	3456: 4371	3527: 1581	3581: 1611
3306: 3039	3367: 3732	3462: 4416	3528: 1582	3581: 1612
3307: 3040	3368: 3732	3463: 4417	3530: 1586	3582: 1118
3308: 1558	3369: 3760	3465: 4417	3531: 1583	3583: 4803
3313: 3155	3372: 1562	3467: 4437	3532: 1726	3584: 1615
3314: 3156	3373: 1563	3468: 4438	3533: 344	3585: 1616
3318: 3321	3374: 1564	3471: 4467	3534: 345	3586: 1616
3319: 3321	3381: 3888	3474: 4525	3535: 1726	3587: 1623
3320: 3336	3384: 1566	3476: 4527	3536: 346	3588: 1624
3321: 3336	3387: 4098	3477: 4526	3537: 1589	3589: 1592
3322: 3350	3391: 3919	3486: 4562	3538: 1606	3590: 1591
3323: 3496	3393: 3919	3487: 143	3539: 1590	3591: 1593
3326: 3439	3394: 3919	3488: 4173	3541: 1600	3593: 1594
3329: 3324	3399: 3954	3489: 4583	3542: 1600	3595: 1767
3330: 3337	3401: 3808	3490: 4634	3543: 1596	3596: 1661
3331: 3438	3407: 4039	3491: 4688	3544: 1597	3597: 4804
3332: 3474	3409: 3967	3493: 4687	3545: 1595	3599: 1725
3333: 3477	3410: 3968	3498: 4683	3546: 1652	3600: 1769
3334: 3503	3411: 3968	3499: 4684	3547: 1682	3601: 4535
3335: 3503	3415: 4144	3502: 4685	3548: 1684	3602: 1600

Benner's Lexicon of Biblical Hebrew

3603: 1780	3655: 1685	3712: 1741	3759: 4972	3807: 1799
3603: 1781	3658: 2400	3713: 1343	3764: 1718	3808: 1808
3604: 1779	3660: 1678	3714: 4807	3765: 4973	3809: 1802
3605: 1657	3664: 1696	3715: 1342	3766: 1784	3811: 1834
3606: 1657	3665: 1698	3717: 3102	3767: 1785	3813: 1863
3607: 1646	3666: 1699	3718: 3103	3768: 4974	3814: 1864
3608: 1647	3670: 1700	3719: 1749	3769: 1758	3816: 1912
3610: 1649	3671: 1701	3720: 1750	3770: 4813	3820: 1813
3611: 1662	3673: 1702	3721: 1742	3772: 3694	3821: 1813
3615: 1653	3674: 1703	3722: 1341	3773: 3695	3823: 1814
3616: 1654	3675: 1703	3723: 1345	3775: 1726	3824: 1813
3617: 1625	3676: 1709	3724: 1345	3776: 1727	3825: 1813
3618: 1633	3677: 1717	3725: 1346	3780: 1719	3826: 1813
3619: 1663	3678: 1718	3727: 1344	3781: 4306	3827: 1819
3623: 1635	3680: 1719	3728: 4808	3782: 4304	3828: 330
3624: 1664	3681: 1722	3729: 4809	3783: 4307	3830: 444
3627: 1626	3682: 1712	3730: 4967	3784: 4471	3831: 444
3628: 1648	3683: 1728	3733: 1753	3785: 4472	3832: 4822
3629: 1627	3684: 1731	3734: 1765	3786: 4472	3833: 1817
3631: 1631	3687: 1732	3735: 1762	3787: 4533	3834: 1815
3632: 1634	3688: 1729	3736: 4968	3788: 4536	3835: 326
3634: 1632	3689: 1730	3737: 4968	3789: 4692	3836: 327
3635: 1632	3690: 1733	3738: 1762	3790: 4692	3839: 331
3637: 1917	3697: 1735	3739: 1762	3791: 4693	3840: 328
3639: 1918	3698: 1736	3740: 1754	3792: 4693	3842: 329
3640: 1919	3699: 1716	3741: 1754	3793: 4694	3843: 328
3642: 1670	3700: 1737	3742: 1422	3795: 1800	3847: 443
3644: 1999	3701: 1738	3744: 4811	3796: 4617	3848: 443
3646: 1672	3702: 1738	3745: 4810	3797: 4616	3849: 1823
3647: 1674	3704: 1711	3746: 1755	3799: 4814	3851: 1818
3648: 1274	3705: 4805	3748: 3696	3800: 4815	3852: 1819
3649: 1275	3706: 4806	3749: 4969	3801: 1801	3854: 1824
3650: 1278	3707: 2895	3750: 4970	3802: 1751	3856: 1837
3651: 1677	3708: 2896	3753: 1757	3803: 4817	3857: 1866
3652: 1677	3709: 1740	3754: 1782	3804: 4818	3858: 1867
3653: 1675	3710: 1740	3755: 1783	3805: 4819	3859: 1916
3654: 1676	3711: 1745	3758: 4971	3806: 4820	3860: 862

Benner's Lexicon of Biblical Hebrew

3861: 912	3914: 1843	3963: 4825	4001: 338	4053: 659
3862: 3624	3915: 1898	3964: 2058	4002: 350	4054: 664
3863: 1838	3916: 1900	3965: 335	4003: 378	4055: 1988
3867: 1841	3917: 1899	3966: 11	4004: 208	4056: 220
3868: 1849	3918: 1980	3967: 1986	4005: 207	4057: 831
3869: 1850	3920: 1965	3969: 1986	4007: 2198	4058: 1992
3871: 1855	3921: 1966	3970: 23	4008: 229	4059: 1993
3874: 1868	3924: 1892	3971: 2055	4009: 3023	4060: 1989
3875: 1869	3925: 1920	3972: 2056	4010: 3100	4061: 1989
3880: 1844	3926: 1999	3973: 2082	4011: 320	4062: 932
3883: 1893	3928: 1922	3974: 114	4013: 3518	4063: 1995
3884: 1807	3930: 1927	3975: 115	4015: 3214	4064: 704
3885: 1924	3931: 4823	3976: 995	4016: 438	4065: 710
3885: 4010	3932: 1933	3977: 995	4018: 976	4066: 774
3886: 1929	3933: 1934	3978: 1641	4020: 568	4067: 1990
3887: 1945	3934: 1934	3979: 1642	4021: 478	4069: 786
3888: 1979	3937: 1936	3980: 1645	4022: 508	4070: 819
3890: 1842	3938: 1937	3981: 2097	4026: 503	4071: 820
3891: 1845	3939: 1938	3982: 2034	4030: 509	4072: 706
3892: 1851	3940: 1941	3983: 2034	4032: 638	4073: 712
3893: 1851	3942: 3144	3983: 2037	4033: 639	4078: 715
3894: 1281	3943: 4824	3984: 83	4034: 640	4079: 775
3895: 1852	3944: 1942	3985: 2062	4035: 641	4082: 780
3897: 1853	3945: 1943	3986: 2063	4037: 535	4083: 780
3898: 1279	3947: 1968	3987: 2063	4038: 4827	4085: 725
3899: 1280	3948: 1969	3988: 2081	4039: 562	4087: 4782
3900: 1280	3950: 1972	3989: 96	4040: 562	4090: 773
3901: 1280	3951: 1973	3990: 3089	4041: 584	4093: 785
3904: 1962	3952: 1853	3991: 3090	4042: 603	4094: 4785
3905: 1963	3953: 1975	3992: 2127	4043: 595	4095: 4786
3906: 1964	3954: 1976	3993: 3798	4044: 604	4096: 3923
3907: 1437	3955: 1982	3994: 4109	4045: 616	4097: 834
3908: 1438	3956: 1985	3995: 170	4046: 2215	4098: 850
3909: 1861	3957: 2520	3996: 150	4048: 4828	4100: 2058
3910: 1862	3958: 4378	3997: 152	4049: 4828	4101: 2058
3911: 1865	3960: 1983	3998: 246	4050: 626	4102: 1998
3913: 1531	3961: 1984	3999: 270	4052: 657	4103: 911

Benner's Lexicon of Biblical Hebrew

4106: 2133	4152: 2741	4198: 2000	4245: 1193	4293: 225
4107: 2047	4154: 4832	4201: 955	4246: 1199	4294: 2017
4108: 1881	4155: 4734	4202: 1001	4247: 1181	4295: 2278
4109: 1881	4156: 2923	4203: 1001	4252: 1210	4296: 2275
4110: 892	4157: 2950	4204: 1038	4253: 1211	4297: 2280
4112: 1915	4159: 3298	4205: 3501	4254: 1216	4298: 2276
4113: 2130	4160: 2092	4206: 958	4255: 1955	4299: 1474
4114: 3070	4161: 3322	4207: 977	4256: 1956	4300: 1491
4115: 3071	4163: 3323	4208: 979	4260: 1247	4301: 1496
4116: 2131	4164: 3394	4209: 983	4261: 1258	4302: 2285
4117: 2131	4165: 3475	4210: 2399	4262: 1259	4303: 1505
4118: 2132	4166: 3476	4211: 2392	4263: 1304	4304: 3045
4119: 2134	4167: 2109	4212: 2398	4264: 1299	4305: 1528
4120: 2132	4168: 3562	4213: 3444	4267: 4793	4306: 1529
4123: 4610	4169: 3562	4214: 1034	4268: 1313	4307: 1513
4127: 1987	4170: 3761	4215: 1035	4269: 1454	4310: 2059
4128: 1994	4171: 2137	4217: 3926	4270: 1326	4315: 1469
4129: 788	4172: 1565	4218: 1046	4272: 2006	4323: 1660
4130: 789	4173: 4833	4219: 1049	4273: 2007	4325: 1997
4131: 2018	4174: 3889	4220: 2001	4274: 1362	4327: 2075
4132: 2019	4175: 1569	4221: 2005	4275: 1355	4328: 2478
4133: 2020	4177: 2136	4222: 2003	4276: 1350	4329: 2515
4134: 2027	4178: 3955	4223: 2003	4277: 2008	4330: 2104
4135: 2048	4180: 4129	4224: 1060	4278: 1778	4334: 4529
4136: 2049	4181: 4129	4225: 1080	4279: 1385	4339: 4528
4138: 1830	4184: 2163	4226: 1083	4280: 1394	4340: 4528
4139: 2050	4185: 2166	4227: 1087	4281: 1232	4341: 1573
4141: 2451	4186: 4174	4228: 1098	4282: 1232	4342: 1581
4142: 2452	4189: 2175	4229: 2004	4283: 1386	4345: 1587
4143: 2477	4190: 4439	4230: 1093	4284: 4179	4346: 1584
4144: 2477	4191: 2179	4231: 1144	4285: 4241	4347: 2297
4145: 2477	4192: 2180	4234: 1197	4286: 2639	4348: 1602
4146: 2477	4193: 2180	4236: 1139	4288: 1452	4349: 1689
4147: 2677	4194: 2180	4237: 1142	4289: 1445	4350: 1679
4148: 2678	4195: 4686	4239: 2002	4290: 1461	4351: 1768
4150: 2740	4196: 221	4241: 1164	4291: 2101	4355: 2026
4151: 2740	4197: 2086	4242: 1788	4292: 1462	4356: 1650

Benner's Lexicon of Biblical Hebrew

4357: 1655	4403: 445	4457: 1970	4498: 2329	4544: 2531
4358: 1637	4404: 332	4458: 4591	4499: 2330	4545: 3481
4359: 1636	4405: 2028	4459: 4826	4500: 2387	4546: 2546
4360: 1638	4406: 2028	4460: 4829	4501: 2384	4547: 2546
4361: 1658	4408: 1860	4461: 1991	4502: 2256	4548: 2585
4362: 1673	4410: 1890	4463: 2181	4503: 2266	4549: 2080
4364: 1277	4411: 1925	4464: 1055	4504: 2266	4550: 2335
4365: 1276	4412: 1926	4465: 1789	4510: 2061	4551: 2335
4369: 1680	4414: 1856	4466: 1789	4512: 2301	4552: 2743
4370: 1697	4415: 1856	4467: 1888	4513: 2076	4553: 2641
4371: 1714	4416: 1857	4468: 1889	4514: 2812	4554: 2630
4372: 1720	4417: 1857	4469: 2087	4515: 2811	4555: 3053
4373: 1713	4418: 1858	4470: 2114	4516: 2845	4556: 3050
4374: 1721	4419: 1857	4472: 2120	4517: 2435	4557: 2653
4376: 1786	4420: 1859	4473: 2013	4518: 2360	4560: 2682
4377: 1787	4421: 1282	4474: 4312	4521: 2060	4561: 2678
4378: 1792	4422: 1870	4475: 4314	4522: 2077	4562: 2675
4379: 1794	4423: 1871	4476: 4834	4523: 2077	4563: 2711
4380: 1756	4425: 2030	4477: 4670	4524: 2445	4564: 2709
4383: 4308	4426: 1946	4479: 2058	4525: 2522	4565: 2710
4384: 4305	4427: 1883	4480: 2074	4526: 2525	4566: 2721
4385: 4695	4428: 1884	4481: 2074	4527: 2470	4567: 2721
4386: 1798	4430: 1884	4482: 2073	4528: 837	4568: 4703
4387: 4816	4431: 1884	4483: 2064	4529: 2084	4569: 428
4388: 4821	4433: 1885	4484: 2065	4530: 2078	4570: 578
4390: 2038	4434: 1967	4485: 2209	4530: 2327	4571: 4831
4391: 2038	4436: 1885	4486: 791	4533: 2489	4574: 2485
4392: 2039	4437: 1887	4487: 2064	4534: 2514	4575: 2486
4393: 2043	4438: 1887	4488: 2065	4535: 2333	4576: 840
4394: 2044	4446: 1886	4489: 2066	4536: 3933	4577: 2091
4395: 2040	4448: 2029	4490: 2057	4537: 2085	4578: 2091
4396: 2045	4449: 2029	4491: 2202	4538: 2086	4579: 2090
4397: 1874	4451: 1921	4492: 2381	4539: 2507	4580: 2729
4398: 1874	4452: 4830	4493: 2230	4540: 2514	4581: 2749
4399: 1876	4454: 1978	4494: 2264	4541: 3480	4583: 2875
4400: 1875	4455: 1971	4496: 2264	4542: 2529	4585: 2875
4402: 2041	4456: 1977	4497: 2313	4543: 2530	4588: 2910

Benner's Lexicon of Biblical Hebrew

4589: 2966	4634: 844	4678: 3341	4725: 3636	4769: 3834
4591: 3597	4635: 845	4679: 3352	4726: 1766	4770: 3835
4592: 3598	4636: 2954	4680: 2102	4727: 3584	4771: 3854
4593: 2756	4637: 4072	4682: 2094	4728: 3585	4772: 3862
4594: 2755	4639: 2894	4683: 2347	4729: 3611	4773: 3866
4595: 2762	4642: 129	4684: 3409	4730: 3612	4774: 3854
4596: 4717	4643: 2901	4685: 3356	4731: 3616	4775: 2143
4598: 2802	4645: 3005	4687: 3371	4733: 1873	4776: 2144
4599: 2883	4646: 3048	4688: 3414	4734: 3631	4777: 2144
4600: 2766	4647: 3034	4689: 3393	4735: 3661	4779: 2144
4603: 2807	4650: 3161	4690: 3473	4736: 3653	4780: 2145
4604: 2808	4651: 3106	4691: 3393	4738: 2588	4783: 3871
4605: 2779	4652: 3096	4692: 3501	4740: 3703	4784: 2135
4606: 2783	4653: 3113	4694: 3502	4741: 3702	4786: 2139
4607: 2799	4654: 3107	4695: 2348	4742: 3704	4787: 2116
4608: 2794	4655: 3121	4696: 2105	4743: 2108	4788: 3887
4609: 2780	4656: 3129	4697: 2106	4744: 3727	4790: 2147
4611: 2787	4657: 3126	4698: 972	4745: 3726	4791: 4000
4612: 2850	4658: 3108	4699: 3396	4746: 3728	4793: 4066
4613: 2850	4659: 2837	4700: 964	4747: 3718	4794: 4067
4614: 2089	4660: 3164	4701: 3455	4748: 3757	4795: 2152
4615: 2856	4661: 3164	4702: 3435	4749: 3758	4797: 3386
4616: 2868	4662: 3183	4703: 3459	4750: 3754	4798: 3385
4617: 2873	4664: 3252	4704: 3445	4751: 2112	4799: 2146
4618: 2869	4665: 3255	4705: 3444	4752: 2112	4800: 3974
4620: 2927	4666: 3287	4707: 3451	4753: 2138	4801: 3979
4621: 2930	4667: 3282	4710: 3465	4754: 2128	4802: 4245
4622: 2946	4668: 3302	4711: 2093	4756: 2129	4803: 2148
4623: 2944	4669: 3304	4712: 3487	4758: 3779	4804: 2148
4624: 2948	4670: 3307	4715: 4887	4759: 3776	4805: 2113
4625: 4743	4671: 2103	4716: 2107	4760: 3782	4806: 2042
4626: 2951	4672: 2101	4717: 3546	4761: 4120	4808: 3811
4627: 2970	4673: 3328	4718: 3545	4763: 4124	4814: 2117
4629: 2962	4673: 3339	4720: 1124	4765: 3823	4815: 2121
4630: 2962	4674: 3345	4721: 3625	4766: 3805	4816: 3969
4631: 1756	4675: 3329	4723: 3578	4767: 3785	4817: 3942
4633: 843	4676: 3340	4724: 3579	4768: 3784	4818: 3943

Benner's Lexicon of Biblical Hebrew

4819: 3948	4869: 482	4911: 4309	4960: 4572	5009: 2367
4820: 3986	4870: 4208	4912: 4310	4961: 4572	5010: 2376
4823: 4023	4871: 2165	4914: 4311	4962: 2177	5012: 153
4827: 4140	4874: 2404	4915: 4313	4963: 312	5013: 153
4828: 4030	4875: 4158	4916: 4323	4964: 4835	5014: 2192
4829: 4036	4876: 4157	4917: 4323	4966: 4671	5016: 155
4830: 4029	4878: 4172	4923: 4360	4969: 4592	5017: 155
4832: 4044	4879: 4215	4924: 4388	4970: 2178	5023: 4975
4833: 4026	4880: 4268	4926: 4397	4971: 1708	5024: 2196
4834: 2149	4881: 2514	4928: 4393	4972: 1836	5027: 2197
4835: 4059	4882: 4422	4929: 2610	4973: 4826	5029: 154
4836: 4079	4883: 2659	4930: 2585	4974: 4633	5030: 154
4837: 4083	4884: 4530	4931: 2611	4975: 4646	5031: 154
4838: 2150	4885: 2618	4932: 4413	4975: 4647	5033: 247
4839: 2151	4886: 2009	4933: 4423	4976: 4650	5034: 287
4840: 3591	4887: 2010	4934: 4448	4978: 4651	5035: 288
4841: 3592	4888: 2011	4935: 4430	4979: 4651	5036: 291
4842: 3590	4889: 4256	4937: 4450	4984: 2318	5038: 289
4843: 2115	4890: 1376	4938: 4451	4985: 4668	5039: 292
4844: 2118	4891: 4543	4939: 3052	4986: 4669	5040: 290
4845: 2116	4892: 4254	4940: 3058	4987: 4672	5042: 360
4846: 2119	4893: 4255	4941: 3063	4988: 4668	5043: 4976
4849: 4445	4894: 1481	4942: 3313	4991: 4652	5045: 2216
4853: 2320	4895: 4262	4943: 2176	4994: 2186	5046: 2217
4855: 2403	4896: 4272	4944: 4488	4995: 2185	5047: 2217
4856: 2325	4897: 2162	4945: 4492	4997: 2225	5048: 2218
4857: 4165	4899: 2012	4946: 4357	4998: 2188	5049: 2218
4858: 2321	4900: 2173	4947: 4458	4999: 2187	5050: 2203
4859: 2404	4901: 2174	4948: 4355	5000: 2189	5051: 2204
4860: 2405	4903: 4207	4949: 4356	5001: 2305	5053: 2200
4862: 4294	4904: 4207	4950: 4260	5002: 2305	5054: 2204
4863: 2667	4905: 1667	4951: 2657	5003: 102	5055: 2205
4864: 2322	4906: 3469	4952: 4500	5004: 103	5056: 2206
4865: 4198	4907: 2541	4953: 3951	5005: 104	5057: 2219
4866: 3267	4908: 2541	4955: 4056	5006: 2351	5058: 2208
4867: 3268	4909: 2537	4958: 4861	5007: 2352	5059: 2207
4868: 4202	4910: 4309	4959: 2163	5008: 2366	5060: 2211

Benner's Lexicon of Biblical Hebrew

5061: 2212	5101: 2368	5145: 2254	5201: 3523	5245: 2154
5062: 2213	5102: 2377	5148: 2261	5202: 3523	5246: 2154
5063: 2214	5103: 2378	5150: 2273	5203: 1532	5251: 2315
5064: 2220	5104: 2378	5153: 1443	5204: 2287	5252: 2455
5065: 2210	5105: 2379	5154: 1443	5205: 2231	5253: 2466
5066: 669	5106: 2190	5155: 1183	5206: 2232	5254: 2326
5067: 2221	5107: 2193	5156: 1424	5207: 2290	5255: 2332
5068: 2233	5108: 2194	5157: 2267	5208: 2290	5256: 2332
5069: 2233	5110: 2228	5158: 2268	5209: 2314	5257: 3482
5071: 2234	5111: 2228	5159: 2269	5211: 2331	5258: 3478
5073: 4977	5112: 2229	5162: 2270	5213: 2350	5259: 3478
5074: 2223	5115: 2250	5164: 2271	5214: 2385	5260: 3478
5075: 2223	5116: 2251	5165: 2272	5215: 2386	5261: 3479
5076: 2224	5117: 2262	5168: 78	5216: 2375	5262: 3479
5077: 2226	5118: 2263	5169: 4838	5217: 2292	5263: 2316
5078: 2227	5120: 2279	5170: 1423	5218: 2293	5264: 2316
5079: 2232	5122: 2304	5172: 1439	5219: 2294	5265: 2334
5080: 2237	5123: 2309	5173: 1441	5220: 2299	5266: 2336
5081: 2235	5124: 2310	5174: 1441	5221: 2295	5267: 2336
5082: 2236	5125: 2312	5175: 1440	5222: 2296	5271: 2815
5083: 2222	5127: 2328	5178: 1442	5223: 2296	5273: 2846
5084: 2238	5128: 2436	5181: 2424	5226: 1617	5274: 2809
5085: 2239	5130: 2340	5182: 2424	5227: 1620	5275: 2810
5086: 2240	5131: 2341	5183: 2257	5228: 1618	5276: 2843
5087: 2241	5132: 2355	5185: 2425	5229: 1619	5278: 2844
5088: 2242	5133: 2356	5186: 2277	5230: 1665	5282: 2847
5089: 2248	5134: 2370	5187: 4841	5231: 1666	5285: 4842
5090: 2201	5135: 2382	5188: 1512	5232: 1739	5286: 2437
5091: 2245	5136: 2409	5189: 1533	5233: 1739	5287: 2437
5092: 2246	5137: 2252	5190: 4839	5234: 1790	5288: 2813
5093: 2247	5138: 949	5191: 4839	5235: 1791	5289: 2813
5094: 2380	5139: 2255	5192: 4840	5236: 1791	5290: 2816
5095: 2302	5140: 978	5193: 2283	5237: 1793	5291: 2814
5097: 2303	5141: 989	5194: 2284	5238: 2289	5296: 2438
5098: 2306	5142: 4836	5195: 2286	5239: 2300	5299: 2338
5099: 2307	5143: 4837	5197: 1510	5243: 2053	5301: 3047
5100: 2308	5144: 2253	5198: 1511	5244: 2054	5306: 3077

Benner's Lexicon of Biblical Hebrew

5307: 3104	5349: 3566	5392: 2415	5438: 2444	5486: 2632
5308: 3104	5350: 3567	5393: 2416	5439: 2447	5487: 2632
5309: 3105	5351: 3565	5394: 4315	5440: 4182	5488: 2633
5310: 3162	5352: 2369	5395: 4379	5441: 4185	5490: 2633
5311: 3163	5354: 3599	5396: 4380	5442: 4183	5491: 2633
5312: 4843	5355: 2359	5397: 4380	5443: 4184	5492: 2634
5313: 4844	5356: 2361	5398: 2417	5445: 293	5493: 2672
5314: 3278	5357: 2362	5399: 2418	5446: 293	5494: 2673
5315: 3279	5358: 3643	5400: 2336	5447: 294	5496: 2703
5316: 2339	5359: 3644	5401: 2420	5448: 296	5497: 2704
5317: 2342	5360: 3644	5402: 2421	5449: 294	5498: 4853
5319: 4621	5361: 3668	5403: 2422	5450: 295	5499: 4854
5322: 2345	5362: 3673	5404: 2422	5451: 302	5500: 2492
5322: 2346	5363: 3675	5405: 2423	5452: 4849	5501: 2491
5323: 2353	5364: 3674	5406: 4978	5456: 4851	5502: 2498
5324: 3338	5365: 1795	5407: 4978	5457: 4851	5503: 3928
5325: 3343	5366: 1796	5408: 4594	5458: 2523	5504: 3929
5326: 3344	5367: 3764	5409: 4595	5459: 2467	5505: 3929
5327: 2354	5368: 3764	5410: 4848	5460: 4852	5506: 3930
5328: 2357	5372: 3847	5413: 2426	5461: 4852	5507: 3931
5329: 4845	5373: 4847	5414: 4649	5462: 2521	5508: 3932
5330: 4845	5375: 2318	5420: 2427	5463: 2521	5509: 2465
5331: 4846	5376: 2318	5421: 2428	5464: 2527	5518: 2681
5332: 4846	5377: 2402	5422: 2429	5465: 2469	5519: 2506
5333: 3342	5378: 2402	5423: 2430	5466: 2471	5520: 2513
5336: 3526	5379: 2319	5424: 2431	5468: 835	5521: 2513
5337: 3415	5380: 2413	5425: 2433	5469: 2668	5522: 2517
5338: 3415	5381: 2466	5426: 2433	5470: 2669	5526: 2511
5339: 2358	5382: 2406	5427: 2434	5472: 2464	5528: 1729
5340: 2349	5383: 2402	5428: 2432	5473: 2464	5529: 1730
5341: 3524	5384: 2407	5429: 2439	5474: 2526	5530: 1730
5342: 3525	5385: 2324	5430: 2594	5475: 2475	5531: 1734
5343: 2369	5386: 2401	5431: 2593	5478: 2493	5532: 2528
5344: 3542	5387: 2323	5432: 2441	5480: 3472	5533: 2528
5345: 3543	5388: 2408	5433: 2449	5481: 4979	5534: 2521
5347: 3544	5389: 2412	5435: 2450	5483: 2616	5535: 2538
5348: 3564	5391: 2414	5437: 2446	5484: 2617	5536: 2542

Benner's Lexicon of Biblical Hebrew

5537: 2547	5589: 4857	5637: 2660	5693: 4865	5756: 2747
5539: 2557	5590: 2713	5638: 2705	5694: 579	5758: 4713
5541: 2548	5591: 2714	5640: 2706	5695: 581	5759: 557
5542: 2549	5592: 2619	5641: 2707	5696: 580	5760: 4722
5544: 2553	5594: 2640	5642: 2707	5697: 582	5763: 555
5545: 2558	5595: 2631	5643: 2708	5699: 577	5764: 556
5546: 2559	5596: 3049	5645: 4699	5701: 4863	5765: 4720
5547: 2560	5597: 3050	5646: 2717	5702: 4864	5766: 4721
5549: 2544	5599: 3051	5647: 2718	5703: 2731	5767: 4721
5550: 2545	5600: 2644	5648: 2718	5704: 2731	5768: 558
5551: 2551	5601: 2651	5649: 2719	5705: 2731	5769: 2824
5552: 2543	5602: 2642	5650: 2719	5706: 2753	5770: 2881
5553: 2562	5603: 2643	5652: 2719	5707: 2730	5771: 4714
5556: 2563	5604: 2645	5656: 2723	5708: 4705	5772: 2874
5557: 2564	5605: 2622	5657: 2719	5709: 2735	5773: 4775
5558: 2565	5606: 2646	5659: 2720	5710: 2735	5774: 2908
5559: 2566	5607: 2647	5666: 4702	5712: 2732	5775: 2909
5560: 2550	5608: 2648	5667: 2725	5713: 2730	5776: 2909
5561: 2569	5609: 2649	5668: 425	5715: 2733	5777: 3222
5563: 4982	5610: 2650	5669: 429	5716: 2734	5779: 2921
5564: 2576	5612: 2649	5670: 2724	5719: 2487	5781: 2949
5566: 2581	5613: 2649	5671: 2726	5727: 2482	5782: 2964
5567: 2578	5615: 2652	5672: 4701	5728: 2484	5783: 2964
5568: 2583	5619: 3628	5673: 2722	5730: 2483	5784: 2965
5569: 2584	5620: 2655	5674: 425	5732: 2988	5785: 2965
5572: 2598	5621: 2683	5675: 425	5736: 2481	5786: 4747
5575: 2524	5622: 4984	5676: 426	5737: 838	5787: 4748
5577: 1497	5627: 2674	5678: 427	5739: 839	5788: 4749
5579: 4983	5628: 2687	5679: 427	5742: 856	5789: 4769
5580: 2614	5629: 2688	5685: 447	5743: 4704	5790: 2987
5582: 2742	5630: 4502	5686: 4862	5746: 2727	5791: 4772
5583: 2742	5631: 2694	5687: 4700	5748: 486	5792: 4773
5584: 2712	5632: 2692	5688: 4700	5749: 2736	5794: 2744
5585: 4858	5633: 2658	5689: 483	5750: 2737	5795: 4715
5586: 4855	5634: 4986	5690: 484	5751: 2737	5796: 4715
5587: 4858	5635: 4053	5691: 485	5753: 4711	5797: 2748
5588: 4856	5636: 4980	5692: 2728	5754: 4712	5800: 941

Benner's Lexicon of Biblical Hebrew

5801: 942	5913: 2767	5957: 2824	6025: 2199	6082: 3221
5805: 941	5914: 2768	5958: 2822	6026: 2884	6083: 3220
5807: 2746	5916: 2769	5959: 2823	6027: 2886	6086: 2917
5808: 2746	5919: 4990	5965: 2827	6028: 2885	6087: 2924
5810: 2745	5920: 2775	5966: 1939	6029: 2888	6088: 2924
5822: 2760	5921: 2776	5967: 3411	6030: 2872	6089: 2925
5823: 4866	5922: 2776	5968: 2828	6031: 4728	6090: 2928
5824: 4867	5923: 2796	5969: 2829	6032: 2872	6091: 2925
5826: 2751	5924: 2792	5970: 2830	6033: 4728	6092: 2925
5828: 2752	5926: 1935	5971: 2838	6035: 2876	6093: 2929
5833: 2752	5927: 2792	5972: 2838	6037: 2877	6094: 2926
5835: 1368	5928: 2777	5973: 2842	6038: 2877	6095: 2919
5842: 2753	5929: 2793	5974: 2842	6039: 4725	6096: 2920
5843: 2918	5930: 2797	5975: 2848	6040: 4729	6097: 2917
5844: 2754	5931: 2800	5976: 2848	6041: 4729	6098: 2918
5845: 4868	5932: 4723	5977: 2853	6045: 2871	6099: 2938
5846: 1534	5934: 2785	5978: 2852	6049: 2870	6101: 2931
5847: 4987	5936: 4869	5979: 2849	6050: 4727	6102: 2932
5848: 2761	5937: 2817	5980: 2841	6051: 4727	6103: 2933
5849: 2763	5938: 2818	5982: 2851	6053: 4727	6104: 2934
5850: 2764	5939: 2820	5994: 2857	6056: 2344	6105: 2935
5856: 4716	5940: 2781	5995: 2862	6057: 2344	6106: 2936
5860: 2758	5942: 2801	5997: 2839	6058: 2344	6108: 2939
5861: 2759	5943: 2801	5998: 2832	6059: 2889	6109: 2937
5865: 2826	5944: 2795	5999: 2833	6060: 2890	6110: 2939
5868: 2842	5945: 2784	6001: 2833	6064: 2891	6113: 2941
5869: 2882	5946: 2784	6004: 2840	6065: 2892	6114: 2942
5870: 2882	5947: 2819	6006: 2088	6066: 2892	6115: 2945
5888: 2912	5948: 2788	6009: 2854	6071: 4731	6116: 2943
5889: 2913	5949: 2789	6010: 2855	6072: 4730	6117: 2770
5890: 4735	5950: 2790	6011: 2859	6073: 2906	6118: 2772
5892: 4752	5951: 2831	6012: 2855	6074: 2906	6119: 2771
5894: 2968	5952: 2795	6013: 2858	6075: 2914	6120: 2771
5895: 4754	5953: 2786	6014: 2860	6076: 2915	6121: 2774
5903: 2957	5954: 2786	6015: 2861	6076: 2916	6122: 2773
5908: 4988	5955: 549	6016: 2863	6079: 2907	6123: 3574
5909: 4989	5956: 2821	6016: 2864	6080: 3219	6124: 3575

Benner's Lexicon of Biblical Hebrew

6125: 2947	6174: 2956	6225: 2981	6275: 2992	6331: 3207
6127: 4736	6175: 4767	6226: 2982	6276: 2993	6333: 3208
6128: 4737	6176: 2955	6227: 2982	6277: 2993	6335: 3272
6129: 4991	6178: 4074	6229: 2898	6279: 4696	6337: 3031
6131: 4738	6181: 2963	6231: 127	6280: 2995	6338: 3032
6132: 4738	6182: 2975	6233: 132	6282: 4931	6339: 3032
6133: 4741	6183: 666	6234: 128	6283: 2996	6340: 3165
6135: 4739	6184: 4073	6235: 2900	6284: 3028	6341: 3033
6136: 4740	6185: 2959	6236: 2900	6285: 2997	6342: 361
6137: 4992	6186: 841	6237: 2899	6286: 3198	6343: 362
6140: 4742	6187: 842	6238: 133	6287: 3199	6344: 362
6141: 4744	6188: 4762	6239: 135	6288: 3200	6345: 363
6143: 4745	6189: 4763	6240: 2900	6289: 3202	6346: 3036
6145: 4746	6190: 4764	6241: 2903	6291: 2998	6347: 3036
6146: 4746	6191: 4765	6242: 2900	6292: 3002	6348: 3054
6148: 2969	6192: 4004	6243: 2900	6293: 3003	6349: 3055
6148: 3812	6193: 4766	6244: 2980	6294: 3004	6350: 3056
6149: 4870	6195: 4766	6245: 136	6296: 3006	6351: 3035
6150: 4758	6196: 4768	6246: 136	6297: 3007	6352: 1283
6151: 3812	6199: 2953	6247: 137	6298: 3008	6353: 4874
6153: 4759	6201: 665	6248: 138	6299: 3013	6354: 3299
6154: 3813	6202: 2976	6249: 140	6302: 3014	6356: 3299
6155: 3814	6203: 2977	6250: 141	6304: 3009	6357: 3059
6156: 4871	6205: 4993	6251: 4994	6306: 3010	6358: 3223
6157: 3815	6206: 4071	6256: 2983	6308: 4873	6359: 3225
6158: 4761	6207: 2978	6257: 2989	6309: 3026	6360: 1535
6160: 4760	6209: 2958	6258: 2985	6310: 3027	6361: 1535
6161: 2971	6210: 2974	6259: 2991	6311: 3029	6362: 3223
6162: 2972	6211: 2897	6259: 4774	6313: 3000	6363: 3224
6165: 3850	6212: 2897	6260: 4774	6314: 3001	6365: 166
6167: 3893	6213: 2893	6261: 2984	6315: 3037	6366: 3065
6168: 2960	6216: 130	6263: 2990	6320: 3076	6368: 3041
6169: 2961	6217: 131	6264: 2990	6321: 3098	6370: 4995
6170: 3851	6218: 2902	6266: 2994	6323: 3145	6371: 3137
6171: 3894	6219: 139	6267: 2994	6327: 3159	6374: 3066
6172: 2967	6223: 134	6268: 2994	6328: 3171	6375: 3172
6173: 2967	6224: 2904	6272: 4872	6329: 3171	6378: 3067

Benner's Lexicon of Biblical Hebrew

6379: 3075	6437: 3143	6487: 3184	6537: 3242	6593: 3292
6381: 3093	6438: 3146	6488: 3180	6538: 3244	6594: 3292
6382: 3094	6440: 3144	6490: 3181	6541: 3245	6595: 3293
6383: 3095	6441: 4875	6491: 3185	6544: 3246	6596: 3297
6385: 3109	6442: 4876	6493: 3186	6545: 3247	6597: 3309
6386: 3109	6443: 3140	6495: 3187	6546: 3248	6598: 5003
6387: 3110	6445: 4877	6496: 3180	6550: 4998	6599: 5004
6388: 3110	6446: 3147	6497: 3188	6555: 3249	6600: 5004
6390: 3111	6447: 3147	6498: 3189	6556: 3250	6601: 3295
6391: 3112	6448: 2468	6499: 3193	6561: 3253	6603: 3300
6392: 3112	6451: 3148	6500: 3203	6562: 3253	6605: 3300
6393: 3114	6452: 3152	6501: 3204	6563: 3254	6606: 3300
6395: 3097	6455: 3153	6504: 3226	6564: 3254	6607: 3301
6398: 3115	6456: 2568	6505: 3227	6565: 3195	6608: 3301
6399: 3115	6458: 2567	6506: 3229	6566: 3284	6609: 3303
6400: 3116	6459: 2568	6507: 3228	6567: 3284	6610: 3305
6402: 3117	6460: 4996	6508: 4997	6568: 3284	6612: 3296
6403: 3118	6461: 3149	6509: 3205	6569: 3285	6613: 3296
6405: 3119	6463: 3154	6510: 3194	6571: 3243	6614: 5005
6412: 3120	6466: 2834	6512: 1754	6572: 4999	6615: 3296
6413: 3120	6467: 2836	6517: 3196	6573: 4999	6616: 4619
6414: 3082	6468: 2835	6518: 3230	6574: 5000	6617: 4618
6415: 3083	6470: 2865	6519: 3231	6575: 3286	6618: 4620
6416: 3084	6471: 2866	6520: 3232	6576: 5001	6620: 3306
6417: 3085	6472: 2867	6521: 3231	6579: 5002	6621: 3308
6418: 1891	6473: 2979	6523: 4948	6580: 3270	6622: 3256
6419: 3081	6475: 3158	6524: 3233	6581: 3271	6623: 3258
6422: 3123	6476: 3166	6525: 3234	6582: 3288	6626: 3294
6423: 3122	6478: 980	6526: 3236	6584: 3289	6627: 3317
6424: 3124	6479: 981	6527: 3237	6585: 3280	6628: 3405
6425: 3125	6480: 4878	6528: 3238	6586: 3290	6629: 3429
6426: 3127	6481: 3167	6529: 3206	6587: 3281	6631: 3318
6427: 3128	6482: 3168	6530: 3251	6588: 3291	6632: 3326
6428: 1981	6484: 3527	6531: 3239	6589: 3283	6632: 3327
6433: 3136	6485: 3179	6532: 3240	6590: 3256	6633: 3332
6434: 3138	6486: 3179	6533: 3241	6591: 3257	6634: 4582
6435: 3139	6486: 3182	6536: 3242	6592: 3257	6635: 3333

Benner's Lexicon of Biblical Hebrew

6638: 3334	6684: 3426	6736: 3507	6783: 2184	6832: 4470
6639: 3335	6685: 3427	6737: 3506	6784: 2110	6833: 3263
6640: 3331	6687: 1021	6738: 3395	6785: 2155	6835: 3461
6641: 364	6688: 1022	6739: 3406	6788: 2156	6836: 3450
6642: 3346	6692: 3466	6740: 3410	6789: 2183	6838: 3462
6643: 3330	6693: 3391	6742: 3400	6791: 2590	6840: 3464
6646: 3330	6694: 3472	6743: 3416	6792: 3429	6841: 3261
6647: 364	6695: 3392	6744: 3416	6793: 2599	6842: 3261
6648: 365	6696: 3498	6745: 3417	6794: 3433	6843: 3262
6651: 3347	6697: 3499	6746: 3419	6795: 3430	6844: 3446
6652: 3348	6699: 3500	6747: 3418	6796: 2591	6845: 3463
6653: 3349	6702: 3530	6748: 3412	6797: 3454	6848: 4468
6654: 3351	6703: 3372	6749: 3398	6798: 3428	6849: 4469
6655: 3351	6704: 3378	6750: 3398	6800: 3431	6850: 673
6656: 3354	6705: 3373	6751: 3398	6801: 3452	6851: 1020
6658: 3353	6706: 3374	6752: 3399	6802: 3453	6852: 3259
6660: 3355	6707: 3375	6754: 3420	6803: 1498	6853: 3260
6662: 3365	6708: 3377	6755: 3420	6804: 5006	6854: 5007
6663: 3362	6709: 4879	6760: 3367	6805: 3456	6856: 3264
6664: 3363	6710: 3376	6761: 3368	6806: 3457	6858: 4881
6665: 3366	6711: 1374	6763: 3411	6807: 3458	6861: 4882
6666: 3364	6712: 1375	6767: 966	6808: 3437	6862: 3483
6668: 930	6713: 3381	6767: 3397	6809: 3440	6864: 3485
6669: 933	6715: 3382	6770: 3423	6810: 3442	6866: 3528
6670: 3408	6716: 3387	6771: 3424	6812: 3443	6867: 3529
6671: 3494	6718: 3360	6772: 3424	6813: 3434	6869: 3484
6672: 3495	6719: 3358	6773: 3424	6816: 3436	6872: 3489
6673: 3369	6720: 3359	6774: 3425	6817: 3383	6873: 4883
6674: 3319	6723: 3388	6775: 2021	6818: 3384	6875: 3486
6675: 3320	6724: 3390	6776: 2022	6819: 3441	6877: 4884
6676: 3493	6725: 3390	6776: 2023	6821: 4880	6878: 4885
6677: 3493	6728: 3389	6777: 3421	6822: 3449	6879: 4145
6679: 3357	6729: 3432	6778: 2111	6823: 1017	6880: 4147
6680: 3370	6731: 3467	6779: 2014	6824: 1018	6883: 4146
6681: 3379	6733: 3467	6780: 2015	6826: 1019	6884: 4886
6682: 3380	6734: 3468	6781: 2024	6828: 3447	6887: 3488
6683: 3413	6735: 3507	6782: 3422	6830: 3448	6892: 3532

Benner's Lexicon of Biblical Hebrew

6893: 3533	6940: 3572	6990: 3595	7044: 3621	7088: 3676
6894: 3536	6941: 3573	6991: 3602	7045: 3622	7089: 3677
6895: 3540	6942: 1119	6992: 3602	7046: 1947	7090: 3678
6896: 3537	6944: 1123	6993: 3603	7047: 1948	7091: 3679
6897: 3538	6945: 1120	6994: 3604	7048: 1949	7092: 3680
6898: 3539	6948: 1120	6995: 3606	7049: 3629	7093: 3681
6899: 3551	6949: 3576	6996: 3605	7050: 3630	7094: 3698
6900: 3554	6950: 3623	6998: 3607	7051: 3630	7095: 3699
6901: 3555	6951: 3624	6999: 3608	7052: 3619	7096: 3686
6902: 3555	6952: 3624	7000: 3608	7053: 4889	7097: 3687
6903: 3556	6957: 3581	7002: 3610	7054: 3633	7098: 3687
6904: 3557	6958: 3534	7004: 3609	7057: 3650	7099: 3690
6905: 3556	6959: 3549	7006: 3535	7058: 3645	7100: 4890
6906: 3547	6960: 3577	7007: 3693	7059: 3646	7101: 3683
6907: 3548	6961: 3581	7008: 3613	7060: 3647	7102: 3701
6908: 3550	6962: 3596	7009: 3641	7061: 3648	7105: 3710
6910: 3550	6963: 3627	7010: 3641	7062: 3649	7106: 3700
6912: 3552	6965: 3634	7011: 3641	7063: 3651	7107: 3705
6913: 3553	6966: 3634	7012: 3642	7064: 3652	7108: 3705
6915: 3559	6967: 3635	7013: 3664	7065: 3656	7109: 3706
6916: 3701	6968: 3639	7015: 3663	7066: 3660	7110: 3706
6918: 1122	6969: 3662	7019: 3693	7067: 3657	7111: 3707
6919: 3568	6971: 3670	7020: 3684	7068: 3658	7112: 3685
6920: 3569	6972: 3692	7021: 3614	7069: 3660	7113: 3685
6921: 765	6973: 3596	7022: 3632	7070: 1686	7114: 3708
6922: 1121	6974: 3692	7023: 3734	7072: 3659	7115: 3711
6923: 763	6975: 3688	7030: 5011	7075: 3655	7116: 3709
6924: 764	6977: 3689	7031: 3615	7076: 3665	7117: 3682
6925: 768	6978: 3583	7032: 3615	7077: 3654	7118: 3682
6926: 766	6979: 1763	7033: 3626	7078: 3697	7119: 3715
6927: 764	6980: 3729	7034: 3626	7080: 2586	7120: 3715
6928: 764	6982: 3730	7035: 3623	7081: 2587	7121: 3719
6930: 769	6983: 3759	7036: 3618	7082: 3685	7122: 3723
6931: 770	6985: 3594	7037: 4888	7083: 1711	7123: 3719
6933: 767	6986: 3600	7038: 1872	7085: 3666	7124: 3722
6936: 3558	6987: 3601	7039: 3617	7086: 1797	7125: 3723
6937: 3571	6988: 3609	7043: 3620	7087: 3669	7126: 3816

Benner's Lexicon of Biblical Hebrew

7127: 3816	7179: 3748	7225: 4119	7270: 3860	7315: 3998
7128: 3817	7180: 3753	7226: 4118	7271: 3861	7317: 3999
7129: 3817	7181: 4891	7227: 3783	7272: 3861	7318: 3989
7130: 3818	7182: 4892	7228: 3783	7273: 3863	7319: 3990
7131: 3818	7183: 4893	7229: 3783	7275: 3864	7321: 4141
7132: 3819	7184: 1710	7230: 3807	7277: 3865	7322: 4049
7133: 3821	7185: 3755	7231: 3792	7279: 3867	7323: 4065
7134: 5008	7186: 3756	7232: 3792	7280: 3852	7324: 4094
7135: 3716	7187: 3767	7233: 3793	7281: 3853	7325: 4110
7136: 3723	7188: 3765	7234: 3822	7282: 3853	7326: 4126
7137: 3724	7189: 3768	7235: 3804	7283: 3868	7328: 3901
7138: 3820	7190: 3750	7236: 3804	7284: 3868	7329: 3906
7139: 3737	7192: 3766	7238: 3789	7285: 3869	7330: 3907
7140: 3736	7193: 1715	7239: 3790	7286: 3883	7332: 3909
7142: 3738	7194: 3769	7240: 3790	7287: 3885	7333: 2701
7144: 3739	7195: 3770	7241: 3794	7289: 3884	7334: 3908
7146: 3739	7196: 3771	7242: 3824	7290: 771	7335: 4894
7147: 3717	7197: 3751	7243: 3831	7291: 3870	7336: 2700
7148: 3720	7198: 3749	7244: 3831	7292: 3801	7337: 3970
7149: 3725	7199: 3749	7246: 3825	7295: 3802	7338: 3971
7150: 3721	7200: 3778	7250: 3826	7296: 3803	7339: 3972
7151: 3725	7201: 3775	7251: 3826	7297: 3895	7341: 3973
7159: 3740	7202: 3778	7252: 3827	7298: 3953	7342: 3971
7160: 4013	7203: 3781	7253: 3827	7299: 3900	7347: 3915
7161: 4014	7207: 3778	7255: 3829	7300: 3886	7349: 1287
7162: 4014	7209: 3777	7256: 3828	7301: 3897	7350: 3978
7164: 3741	7210: 3780	7257: 3832	7302: 3898	7351: 3956
7165: 3742	7212: 3778	7258: 3833	7304: 3916	7352: 3977
7166: 5009	7213: 3993	7260: 3788	7305: 3917	7353: 3934
7167: 3743	7214: 3994	7261: 3791	7306: 3916	7355: 1284
7168: 3744	7215: 3995	7263: 487	7307: 3917	7356: 1285
7169: 3745	7217: 4117	7264: 3855	7309: 3918	7358: 1285
7170: 3745	7218: 4117	7265: 3855	7310: 3899	7359: 1285
7171: 3746	7219: 4122	7266: 3856	7311: 3997	7360: 1286
7172: 5010	7222: 4123	7267: 3858	7312: 3998	7361: 1285
7175: 3747	7223: 4121	7268: 3856	7313: 3997	7362: 1288
7176: 4753	7224: 4125	7269: 3857	7314: 3998	7363: 1347

Benner's Lexicon of Biblical Hebrew

7364: 3935	7406: 3773	7460: 3872	7512: 4024	7555: 4107
7365: 3935	7407: 3774	7461: 3873	7513: 5013	7556: 4092
7366: 3936	7408: 3980	7462: 4031	7514: 4897	7558: 4113
7367: 3937	7409: 3981	7463: 4032	7515: 4024	7559: 4903
7368: 3975	7411: 3996	7464: 4027	7516: 4025	7560: 4903
7369: 3976	7412: 3996	7465: 4058	7517: 3310	7561: 4442
7370: 4244	7413: 3983	7468: 4028	7518: 4057	7562: 4443
7371: 3910	7415: 4003	7469: 4033	7519: 4062	7563: 4443
7372: 1470	7416: 3988	7470: 4033	7520: 4898	7564: 4444
7373: 1471	7419: 3984	7471: 4034	7521: 4063	7565: 4473
7374: 3952	7420: 2016	7473: 4038	7522: 4064	7567: 4058
7375: 5012	7423: 3985	7474: 4035	7523: 4076	7568: 4112
7376: 1536	7424: 4895	7475: 4037	7524: 4077	7569: 4137
7377: 3957	7426: 3989	7476: 3839	7527: 4078	7570: 4904
7378: 3809	7427: 3991	7477: 3874	7528: 4080	7571: 4905
7379: 3810	7429: 4021	7478: 3875	7529: 4081	7572: 4136
7381: 3920	7430: 4021	7479: 3876	7531: 4082	7573: 4133
7382: 3920	7431: 4022	7481: 3878	7533: 4058	7574: 4134
7383: 4051	7438: 4011	7482: 3879	7534: 4089	7576: 4135
7385: 4101	7439: 4009	7483: 3880	7535: 4090	7577: 4138
7386: 4101	7440: 4011	7487: 4040	7536: 4095	7578: 4132
7387: 4102	7442: 4005	7488: 4040	7537: 4899	7579: 4164
7388: 4111	7443: 4006	7489: 4140	7538: 4900	7580: 4211
7389: 4117	7444: 4005	7491: 4896	7539: 4901	7581: 4212
7390: 3958	7445: 4007	7492: 4075	7540: 4902	7582: 4153
7391: 3966	7447: 4016	7493: 3881	7541: 4091	7583: 4153
7392: 3938	7448: 2702	7494: 3882	7543: 3586	7584: 4156
7393: 3939	7450: 4015	7495: 4042	7544: 3587	7585: 4295
7395: 3939	7451: 4139	7496: 4043	7545: 3589	7588: 4152
7396: 3941	7452: 4142	7499: 4045	7546: 3587	7589: 4265
7398: 3940	7453: 4027	7500: 4046	7547: 3593	7590: 4264
7399: 3982	7454: 3838	7502: 3836	7548: 3588	7591: 4154
7400: 3947	7455: 4139	7503: 4047	7549: 4106	7592: 4292
7401: 3959	7456: 4148	7504: 4048	7550: 4093	7593: 4292
7402: 3945	7457: 4149	7507: 3837	7551: 4103	7595: 4293
7404: 3946	7458: 4149	7510: 4052	7553: 4104	7596: 4293
7405: 3772	7459: 4150	7511: 4024	7554: 4105	7599: 4407

Benner's Lexicon of Biblical Hebrew

7600: 4408	7649: 2457	7694: 4317	7743: 4236	7806: 4538
7601: 4420	7650: 4194	7695: 4317	7745: 4237	7807: 4229
7602: 4464	7651: 4188	7696: 4216	7750: 2501	7808: 2490
7603: 2666	7653: 2459	7697: 4217	7751: 4266	7809: 1125
7604: 4515	7654: 2458	7698: 4537	7752: 4267	7810: 1126
7605: 4516	7655: 4188	7699: 4218	7753: 2512	7811: 2492
7606: 4516	7655: 4190	7700: 4218	7754: 2509	7812: 4235
7607: 4516	7657: 4188	7701: 4225	7757: 4298	7813: 2494
7608: 4517	7658: 4193	7702: 2472	7758: 4290	7814: 1375
7611: 4518	7659: 4191	7703: 4221	7760: 2572	7815: 4542
7612: 4151	7660: 4196	7704: 2474	7761: 2572	7816: 4231
7613: 2440	7661: 4197	7705: 4219	7762: 4370	7817: 4234
7616: 4161	7662: 303	7709: 4220	7768: 4434	7818: 2497
7617: 4166	7663: 4849	7710: 795	7769: 4435	7819: 4246
7618: 4160	7664: 4850	7711: 796	7771: 4435	7820: 4246
7620: 4189	7665: 3265	7711: 797	7773: 4435	7821: 4247
7621: 4195	7666: 297	7712: 4908	7775: 4436	7822: 4233
7622: 4167	7667: 3266	7713: 836	7776: 4447	7823: 4912
7623: 4906	7668: 298	7716: 2488	7778: 4552	7824: 4252
7624: 4906	7670: 3269	7717: 2473	7779: 4466	7825: 4232
7625: 177	7673: 4200	7718: 4368	7782: 4481	7826: 4248
7626: 177	7674: 4201	7720: 2670	7783: 4493	7827: 4249
7628: 4168	7675: 4159	7721: 2442	7784: 4494	7828: 4250
7631: 4162	7676: 4201	7722: 4156	7785: 4494	7829: 4251
7632: 4162	7677: 4203	7723: 4228	7786: 2660	7830: 4913
7633: 4168	7679: 2461	7725: 4169	7787: 2672	7832: 1374
7635: 299	7680: 2461	7726: 4163	7788: 4679	7833: 4257
7636: 4187	7682: 481	7728: 4163	7789: 4520	7834: 4258
7637: 4192	7683: 4209	7729: 4170	7790: 4522	7835: 4539
7638: 4183	7684: 4210	7730: 4186	7791: 4522	7836: 4539
7639: 4184	7685: 2463	7734: 2464	7792: 4522	7837: 4540
7640: 300	7686: 4213	7735: 2464	7794: 4521	7838: 4542
7641: 302	7688: 4907	7736: 4224	7795: 4523	7839: 4541
7642: 301	7689: 2462	7737: 4226	7797: 2615	7840: 4544
7646: 2456	7690: 2462	7738: 4226	7799: 4561	7843: 4253
7647: 2457	7691: 4214	7739: 4226	7804: 4910	7844: 4253
7648: 2460	7693: 4316	7742: 2496	7805: 4911	7845: 4230

Benner's Lexicon of Biblical Hebrew

7846: 2499	7898: 4574	7943: 4548	7987: 4286	8057: 2580
7847: 2500	7899: 2506	7944: 4284	7988: 4302	8058: 4383
7848: 4261	7900: 2506	7945: 4285	7989: 4329	8059: 4384
7849: 1480	7901: 4204	7946: 5014	7990: 4329	8063: 2577
7850: 4263	7902: 4205	7947: 4343	7991: 4347	8064: 4369
7852: 2502	7903: 4206	7948: 4344	7991: 4348	8065: 4369
7853: 2503	7904: 4276	7949: 4318	7992: 4351	8066: 4389
7854: 2504	7905: 2508	7950: 4319	7993: 4332	8067: 4390
7855: 2505	7907: 2518	7951: 4299	7994: 4333	8068: 2608
7857: 4484	7909: 4279	7952: 4296	7995: 4334	8068: 2609
7858: 4485	7910: 4547	7953: 4296	7997: 4288	8071: 2582
7859: 3361	7911: 1621	7954: 4296	7998: 4289	8074: 4362
7860: 4271	7912: 1621	7955: 4287	7999: 4335	8075: 4362
7862: 4273	7913: 1622	7957: 1820	8000: 4335	8077: 4363
7863: 2443	7914: 3470	7958: 2552	8001: 4336	8078: 4364
7867: 2453	7915: 2510	7959: 4300	8002: 4336	8079: 2570
7868: 2453	7916: 2534	7960: 4287	8003: 4337	8080: 4385
7869: 2454	7917: 2535	7961: 4301	8005: 4338	8081: 4386
7870: 4176	7918: 4274	7962: 4300	8008: 2561	8082: 4386
7871: 4176	7919: 1667	7963: 4300	8011: 4341	8083: 4387
7872: 2454	7920: 1667	7964: 4324	8021: 4339	8084: 4387
7873: 2465	7921: 4277	7965: 4337	8025: 4342	8085: 4391
7874: 2479	7922: 1668	7966: 4340	8027: 4345	8086: 4391
7875: 2480	7923: 4278	7969: 4349	8029: 4350	8088: 4392
7876: 4227	7924: 1669	7970: 4349	8032: 4352	8089: 4396
7878: 2495	7925: 4281	7971: 4320	8033: 4359	8102: 4398
7879: 2496	7926: 4282	7972: 4320	8034: 4358	8103: 4399
7880: 2516	7929: 4283	7973: 4321	8036: 4358	8104: 2605
7881: 2496	7931: 2539	7976: 4322	8040: 4981	8105: 2606
7882: 4237	7932: 2539	7979: 4325	8041: 4981	8107: 2612
7885: 4270	7933: 2540	7980: 4326	8042: 4981	8108: 2607
7886: 4297	7934: 2540	7981: 4326	8045: 4382	8109: 2605
7891: 4531	7936: 2532	7982: 4327	8046: 4382	8120: 4400
7892: 4532	7937: 4545	7983: 4331	8047: 4363	8121: 4401
7893: 4557	7938: 2533	7984: 4331	8052: 4395	8122: 4401
7896: 4573	7939: 2533	7985: 4330	8055: 2579	8127: 4402
7897: 4574	7941: 4546	7986: 4328	8056: 2580	8128: 4402

Benner's Lexicon of Biblical Hebrew

8130: 2595	8176: 4549	8228: 4475	8267: 4554	8319: 3949
8131: 2595	8177: 4755	8229: 4476	8268: 4495	8320: 2698
8132: 4410	8178: 2714	8231: 4478	8269: 2655	8321: 2699
8133: 4410	8179: 4550	8232: 4477	8270: 4497	8322: 3950
8135: 2596	8180: 4551	8232: 4477	8271: 4519	8323: 2672
8136: 4415	8181: 4755	8233: 4478	8273: 4919	8324: 4506
8138: 4410	8182: 4925	8235: 4480	8275: 5018	8326: 4504
8139: 4409	8183: 2714	8237: 4483	8276: 3848	8327: 4086
8140: 4403	8184: 4757	8238: 4482	8277: 2684	8328: 4087
8141: 4403	8185: 4755	8239: 3311	8278: 2685	8330: 4087
8142: 4409	8186: 2715	8240: 3312	8279: 2685	8331: 4503
8143: 5015	8191: 4432	8241: 4486	8280: 2671	8332: 4088
8144: 4404	8192: 4465	8242: 2654	8281: 4519	8333: 4503
8145: 4412	8193: 2620	8243: 4487	8282: 2656	8334: 4555
8146: 2597	8194: 4459	8244: 4859	8284: 4499	8335: 4556
8147: 4411	8196: 3062	8245: 4452	8285: 4498	8336: 4557
8148: 4406	8198: 3057	8246: 4453	8288: 2693	8337: 4564
8150: 4405	8199: 3060	8247: 4454	8291: 2697	8338: 4559
8151: 2337	8200: 3060	8248: 4490	8292: 3949	8341: 4560
8153: 4418	8201: 3061	8249: 4491	8293: 4519	8342: 4558
8154: 4421	8205: 4460	8250: 4491	8295: 2689	8345: 4565
8155: 4419	8207: 4461	8251: 3714	8296: 2690	8346: 4564
8156: 4424	8209: 4479	8252: 4916	8299: 3849	8350: 4920
8157: 4425	8210: 3078	8253: 4917	8300: 2686	8353: 4564
8158: 4426	8211: 3079	8254: 4353	8302: 4502	8354: 4570
8159: 4433	8212: 3080	8255: 4354	8305: 2696	8355: 4570
8160: 4427	8213: 3131	8256: 4918	8306: 4505	8356: 4571
8161: 4915	8214: 3131	8257: 4259	8307: 4507	8357: 4566
8162: 5016	8215: 3132	8258: 5017	8308: 2691	8358: 4568
8163: 4755	8216: 3132	8259: 4455	8309: 4220	8359: 4568
8163: 4756	8217: 3132	8260: 4456	8311: 2695	8360: 4567
8164: 2716	8218: 3135	8261: 4457	8312: 4985	8361: 4564
8166: 4756	8219: 3133	8262: 3712	8313: 4053	8362: 4921
8168: 4446	8220: 3134	8263: 3713	8314: 4054	8363: 4922
8172: 4449	8222: 2621	8264: 4489	8316: 4055	8365: 4638
8173: 4431	8226: 2643	8265: 4860	8317: 4084	8366: 4923
8175: 2713	8227: 4474	8266: 4553	8318: 4085	8367: 4924

Benner's Lexicon of Biblical Hebrew

8368: 2707	8416: 890	8464: 1262	8522: 4608	8569: 2191
8371: 4569	8417: 888	8466: 1292	8523: 4351	8570: 2195
8372: 4575	8418: 1882	8467: 1301	8524: 1486	8571: 2298
8373: 4580	8419: 3073	8469: 1297	8525: 1901	8572: 2311
8374: 4580	8420: 4587	8473: 1395	8527: 1923	8573: 2343
8375: 4581	8421: 4169	8474: 1397	8529: 1928	8574: 2383
8376: 4577	8424: 1539	8476: 4600	8530: 4622	8575: 2274
8377: 4576	8426: 1543	8478: 4596	8531: 4346	8577: 4639
8378: 16	8427: 4588	8479: 4596	8532: 4346	8578: 4411
8379: 4578	8428: 4584	8481: 4599	8533: 4346	8579: 4414
8380: 4627	8429: 4585	8482: 4598	8534: 965	8580: 4381
8381: 46	8431: 1403	8484: 4606	8535: 4623	8581: 4658
8382: 4626	8432: 4604	8486: 2071	8536: 4359	8582: 4655
8383: 24	8433: 1614	8490: 2158	8537: 4631	8584: 2738
8384: 85	8435: 1833	8492: 4131	8538: 4632	8585: 2782
8385: 88	8437: 1897	8495: 4698	8539: 4628	8586: 2791
8386: 2288	8438: 1931	8496: 4656	8540: 4629	8587: 2825
8388: 4677	8438: 1932	8497: 4603	8541: 4630	8588: 2887
8389: 4678	8441: 4659	8498: 1706	8543: 2051	8589: 4726
8391: 4514	8442: 4657	8499: 1690	8544: 2067	8591: 4654
8392: 4579	8443: 2911	8500: 4605	8545: 2140	8592: 2940
8393: 151	8444: 3325	8501: 4601	8546: 2182	8593: 2952
8394: 322	8446: 4679	8502: 1628	8548: 1996	8594: 2973
8395: 337	8447: 4681	8503: 1630	8549: 4625	8595: 4653
8397: 254	8449: 4680	8504: 1629	8551: 2589	8596: 4661
8398: 276	8450: 4521	8505: 1704	8552: 4624	8597: 3201
8399: 250	8451: 1568	8506: 1707	8557: 2079	8598: 3038
8400: 255	8452: 1568	8508: 1705	8558: 2157	8600: 3160
8401: 311	8453: 4175	8509: 4812	8560: 2159	8601: 97
8403: 321	8454: 4697	8510: 4607	8561: 2160	8602: 4663
8406: 3265	8455: 4590	8511: 4612	8562: 2153	8604: 4664
8408: 592	8456: 4589	8513: 1835	8563: 2122	8605: 3086
8409: 624	8457: 998	8514: 1816	8564: 2161	8606: 3130
8410: 816	8458: 1073	8516: 446	8565: 4639	8608: 4660
8411: 821	8460: 4597	8517: 4319	8566: 4645	8609: 4666
8414: 4586	8462: 1184	8518: 4612	8567: 4645	8610: 4665
8415: 910	8463: 1191	8519: 4012	8568: 4640	8611: 4662

Benner's Lexicon of Biblical Hebrew

8614: 3064
8615: 3582
8617: 3637
8618: 3638
8619: 4675
8622: 3671
8623: 4929
8624: 4929
8625: 4354
8626: 4926
8627: 4926
8628: 4673
8629: 4674
8630: 4927
8631: 4927
8632: 4928
8633: 4930
8635: 3786
8636: 3787
8637: 3860
8638: 5019
8639: 772
8641: 4001
8642: 4002
8643: 4143
8644: 4050
8645: 3902
8648: 4411
8649: 3987
8650: 4682
8651: 4550
8652: 4550
8653: 3877
8655: 4041
8658: 4114
8663: 4155
8665: 4199

8666: 4171
8667: 2573
8668: 4441
8669: 4496
8670: 4524
8671: 4429
8672: 4428
8673: 4428

Benner's Lexicon of Biblical Hebrew

www.ingramcontent.com/pod-product-compliance
Lightning Source LLC
Chambersburg PA
CBHW050247170426
43202CB00011B/1582